I0878107

PHOTIUS

BIBLIOTHÈQUE

CODICES 246 - 256

COLLECTION DES UNIVERSITÉS DE FRANCE
publiée sous le patronage de l'ASSOCIATION GUILLAUME BUDÉ

PHOTIUS

BIBLIOTHÈQUE

TOME VII

CODICES 246 - 256

TEXTE ÉTABLI ET TRADUIT

PAR

RENÉ HENRY

Docteur en Philosophie et Lettres
Professeur honoraire de l'Athénée Royal de Charleroi

Deuxième tirage

PARIS
LES BELLES LETTRES
2003

Conformément aux statuts de l'Association Guillaume Budé, ce volume a été soumis à l'approbation de la commission technique, qui a chargé Mme Marie Delcourt d'en faire la révision et d'en surveiller la correction en collaboration avec M. René Henry.

Tous droits de traduction, de reproduction et d'adaptation réservés pour tous les pays.

© 2003. Société d'édition Les Belles Lettres
95 boulevard Raspail, 75006 Paris
www.lesbelleslettres.com

Première édition 1974

ISBN : 2-251-32226-4
ISSN : 0184-7155

SIGLES

A = Marcianus gr. 450, xe s.
M = Marcianus gr. 451, xiie s.
B = Parisinus gr. 1266, xiiie s.
Bekker = éd. de Bekker, Berlin, 1824-1825.

BIBLIOTHÈQUE

246.

[400 b 6] Lu d'Aristide*, le *Panathénaïque*[1] qui offre un choix de locutions, de mots, de périodes et aussi de pensées agencées en vue de l'ingéniosité et de la beauté.

La terre était en pleine vigueur pour recevoir toutes les semences[2]. Les Athéniens ayant ainsi reçu les présents [des] dieux, imitèrent si bien les auteurs de ces dons qu'ils firent eux-mêmes figure de dieux auprès des autres hommes. Et la première preuve qu'ils donnèrent d'avoir mérité les bienfaits qu'ils avaient reçus fut le bon usage qu'ils firent de leurs biens. Ils ne jugèrent pas, en effet, qu'il suffisait de cacher ces dons mêmes en terre, mais ils appréhendèrent si peu de faire des autres leurs égaux qu'ils pensèrent que le plus beau moyen de faire voir quelle était leur propre supériorité était de se montrer leurs bienfaiteurs à tous[3].

Mais mon discours, tel un torrent impétueux, m'a emporté malgré moi. C'est donc le moment de revenir à mon point de départ. Ils envoient donc en un cortège sacré, partout sur la terre, des ressources vitales comme pour distribuer je ne sais quel théorique[4]. Car leur bienfaisance devançait le désir de ceux qui en avaient besoin[5]. En effet, il n'y a pour ainsi dire aucune tribu de l'Hellade qui n'ait eu affaire à cette cité[6]. Tous ces hommes, il est impossible d'abord de les rappeler et de leur consacrer des récits qui soient dignes de leur mé-

1. Discours XIII de Dindorf, t. I, p. 150-320.
2. I, p. 165, 19. — 3. I, p. 166, 15-167, 5.
4. I, p. 117, 13-15. — 5. I, p. 167, 23-25. — 6. I, p. 173, 9-11.

ΒΙΒΛΙΟΘΗΚΗ

246 [400 b]

Ἀνεγνώσθη Ἀριστείδου ὁ Παναθηναϊκός, ἐκλογὴν ὑπέχων ῥημάτων τε καὶ ὀνομάτων καὶ περιόδων, ἀλλὰ καὶ νοημάτων εἰς δεινότητα καὶ κάλλος διεσκευασμένων.

Ἔρρωτο μὲν ἡ γῆ πρὸς ἁπάσας γονάς. Λαβόντες δὲ οὕτω τὰς παρὰ [τῶν] θεῶν δωρεάς, οὕτως εὖ τοὺς δόντας ἐμιμήσαντο, ὥστε αὐτοὶ τοῖς ἄλλοις ἀνθρώποις ἀντὶ τῶν θεῶν κατέστησαν. Καὶ πεῖραν ταύτην πρώτην ἔδοσαν τοῦ κατ' ἀξίαν τυχεῖν, τὸ χρήσασθαι τοῖς ὑπάρχουσιν ὡς προσῆκεν. Οὐ γὰρ ἠξίωσαν αὐτὸ δὴ τοῦτο γῇ κρύψαντες ἐξαρκεῖν, ἀλλὰ τοσοῦτον ἀπέσχον τοῦ φοβηθῆναι μὴ ἄρα τοὺς ἄλλους ἐξ ἴσου σφίσι ποιήσωσιν, ὥστε οὐκ εἶναι κάλλιον ᾠήθησαν ὅσῳ τῶν ἄλλων προέχουσιν ἐνδείξασθαι, ἢ εἰ πάντας εὖ ποιοῦντες ὀφθήσονται.

Ἀλλ' ὁ λόγος γὰρ ὥσπερ ῥεῦμα φέρων ὑπήνεγκε βίᾳ · ἀναχωρεῖν οὖν ὅθεν ἐξέβην καιρός. Πέμπουσι δὴ θείᾳ πομπῇ γῆν ἐπὶ πᾶσαν ἀφορμὰς τοῦ βίου, καθάπερ θεωρικοῦ τινος διάδοσιν. Εὖ γὰρ ποιοῦντες ἔφθανον τὴν ἐπιθυμίαν τῶν εὖ παθεῖν δεομένων. Οὐ γὰρ ἔστι γένος οὐδὲν τῆς Ἑλλάδος, ὡς ἔπος εἰπεῖν, ὃ τῆσδε τῆς πόλεως ἀπείρατόν ἐστιν. Ὧν ἁπάντων μὲν ἀμήχανον καὶ μνημονεῦσαι πρῶτον καὶ τῆς μνήμης τοὺς λόγους

[400 b] **7** 246] σμϛʹ M : σμεʹ A || **8** Παναθηναϊκός A^{2}M : *quid prius praeb.* A *non liquet* || **10** διεσκευασμένων A *et* M *in textu* : κατεσκευασμένων M *pinax* || **12** τῶν M^{3}Ar. || **15** τὸ AMAr. : τῷ A^2 || **16** αὐτὸ A^{2}MAr. : αὐτῷ A || **19** ὅσῳ A^{2}MAr. : *quid prius praeb.* A *non liquet* || **24** διάδοσιν M^{3}Ar. : δίδωσιν AM.

moire[1], mais j'exposerai, parmi les actions anciennes, les plus considérables et qui furent comme un point de départ pour la plupart des autres ; quand Héraclès eut quitté le monde des hommes, cette cité fut la première à lui ériger des temples et des autels[2].

La phrase précédente a une tournure elliptique qui est engageante ; l'auteur l'a souvent employée[3].

Et maintenant, c'est grâce à la cité que les Messéniens existent[4]. Car Athènes a été la seule, pour ainsi dire, à poursuivre une lutte contre les malheurs de tous les autres et à tenter de changer leurs infortunes à tous contre un sort meilleur. Elle a démenti le proverbe en démontrant qu'elle ne se détournait pas d'un ami dans le malheur et en se faisant beaucoup d'amis à l'occasion de leurs revers, même parmi ses anciens ennemis. En effet, elle ne s'est pas attachée aux favoris de la [401 a] fortune pour les dédaigner ensuite dans leurs malheurs en mesurant son amitié à leur destin. Au contraire, elle faisait de leurs infortunes des occasions de prospérité en donnant à la plupart d'entre eux ses biens à elle, et en les associant à des avantages qu'ils n'espéraient pas, même quand leur situation était des plus favorables[5].

Et maintenant, aux deux extrémités de la terre, habitent des enfants de nos enfants ; les uns sont établis de Marseille à Gadès, les autres sont répandus dans les régions du Tanaïs et du Marais[6]. Voici maintenant la partie de mon discours qu'on attend depuis longtemps, je crois : il s'agit des exploits accomplis [au profit de beaucoup d'Hellènes] au milieu des dangers ; ces hauts faits, je crains bien qu'ils ne soient plus périlleux à raconter pour celui qui les évoque qu'ils ne l'étaient à

1. I, p. 173, 14-16.
2. I, p. 173, 18-174, 1. On voit que Photius a fait ici un seul extrait de deux morceaux d'Aristide séparés par quelques lignes.
3. Cf. III, p. 70, 29.
4. I, p. 178, 11-12. — 5. I, p. 180, 8-18.
6. I, p. 183, 2-5.

συμμέτρους ἀποδοῦναι. Ἃ δέ ἐστι τῶν παλαιῶν ἐντιμότατα καὶ ὥσπερ ἀρχὴ τοῖς πολλοῖς διηγεῖσθαι· Ἡρακλέους ἐξ ἀνθρώπων ἀπελθόντος ἡ μὲν πόλις καὶ νεὼς καὶ βωμοὺς ἱδρύεται πρώτη.

κατὰ ἔλλειψιν ἡ προκειμένη φράσις, ἔχουσά τι ἐπαγωγόν· πολλαχοῦ δὲ αὐτῇ κέχρηται.

Καὶ νῦν εἰσὶ Μεσσήνιοι διὰ τὴν πόλιν· Μόνη γάρ, ὡς εἰπεῖν, διαγέγονε πρὸς τὴν ἁπάντων τύχην ἁμιλλωμένη καὶ πειρωμένη περιτρέπειν πᾶσι τὰς συμφορὰς ἐπὶ θάτερα. Καὶ τὴν παροιμίαν ἐνήλλαξεν· οὐ γὰρ ἐκποδὼν εἶναι κατέδειξε φίλου κακῶς πράσσοντος, ἀλλὰ πολλοὺς καὶ τῶν πρόσθεν διαφόρων ἐπὶ τοῖς ἀτυχήμασι φίλους πεποίηται. Οὐδ' εὖ μὲν πράττουσι κέχρηται, [401 a] κακῶς δ' ἀπαλλάξαντας ἠτίμακε, τῇ τύχῃ μετροῦσα τὴν φιλανθρωπίαν. Ἀλλὰ τοὺς τοῦ δυστυχεῖν καιροὺς τοῦ πράττειν εὖ πεποιήκει, τοῖς πολλοῖς τὰ παρ' αὐτῆς ἀγαθὰ προσθεῖσα, καὶ ποιησαμένη κοινωνοὺς ὧν ὅτε κάλλιστα ἔπραττον οὐδὲ ἐλπὶς ἦν αὐτοῖς.

Καὶ νῦν ἐπ' ἀμφοτέροις τοῖς πέρασι τῆς γῆς ἡμετέρων παίδων παῖδες οἰκοῦσι, οἱ μὲν ἄχρι Γαδείρων ἀπὸ Μασσαλίας παρήκοντες, οἱ δὲ ἐπὶ τῷ Ταναΐδι καὶ τῇ λίμνῃ μεμερισμένοι. Ἐκδέχεται ἡ πάλαι τοῦ λόγου προσδοκωμένη μοῖρα, ὡς ἐμοὶ δοκεῖ, [καὶ ὑπὲρ πολλῶν], αἱ μετὰ τῶν κινδύνων πράξεις· ἃς ἐγὼ δέδοικα μὴ τῷ λέγοντι κίνδυνον ἔχωσιν εἰπεῖν μᾶλλον ἢ τῇ πόλει τῶν

31 ἐξ ἀνθρώπων ἀπελθόντος Photius : ἀπελθόντος ἐξ ἀνθρώπων Ar. || **33** προκειμένη M : προσκειμένη A || **36** τύχην *post* A^2A^4 *et* M : τυχεῖν A || ἁμιλλωμένη AAr. : διαμιλλωμένη M || **39** κακῶς AM^3Ar. : κακῶ M || **41** πεποίηται AM^xAr. : πεποίηνται M.

[401 a] **3** αὐτῆς Bekker *et* Ar. *vulg.* : αὑτῆς AM || **5** κάλλιστα M^2Ar. : κάλλιστον AM || **9** ἡ AM : δ' ἡ M^3Ar. || **10** καὶ ὑπὲρ (ὑπὸ Ar.) πολλῶν M^3Ar.

réaliser pour la cité au moment où elle les accomplissait. Néanmoins, il faut s'y attacher désormais[1]. Et certes, il y a ceci même à dire d'abord : tous ceux qui avaient besoin d'aide cherchaient refuge en toute hâte auprès de la cité et ne tournaient vraiment leurs yeux vers aucune autre ; c'est là un grand, un éclatant symbole, plus valable qu'un monument, pour montrer que, loin d'être une cité obscure, elle eut les premiers rangs dès ses débuts et témoigna [du moins] des deux vertus les plus belles : le courage et l'humanité ; et, si l'on veut, je dirai justice au lieu d'humanité. Car tous ceux qu'elle a aidés ont été pour elle comme des hérauts et ils ont proclamé par les faits eux-mêmes que personne n'a plus que les Athéniens le souci de la justice, que personne n'est plus capable qu'eux d'empêcher ce qui est contraire au bon droit, tandis que toutes les autres cités que compte l'Hellade ont besoin des Athéniens et qu'Athènes émerge vraiment comme une cité au milieu de villages, aussi éminente par son apparat que par son intelligence, plus ferme que ceux qui honorent la justice, plus équitable que ceux qui exercent la puissance, ou plutôt, plus exacte pour la conception même du juste que ceux qui honorent la justice et absolument plus puissante que ceux qui se tournent vers la violence au point de surpasser ces deux qualités par ces qualités elles-mêmes. [Ce sont là des indices communs[2].]

La présente tournure porte différents noms : on l'appelle, en effet, solution et réciproque, véhément, diagonal, chiasme, « discours en croix », assemblage et solution, suppression d'un mal interne — solution du fait qu'il [401 b] *réduit ce qu'on dit au moyen de termes opposés,*

1. I, p. 186, 4-9.
2. I, p. 188, 11-189, 8.

ἔργων ὅτε ἐπραγματεύετο. Οὐ μὴν ἀλλ' ἀναγκαῖον ἅψασθαι καὶ τούτων ἤδη. Καὶ μὴν αὐτὸ τοῦτο πρῶτον, τὸ πάντας τοὺς ἐν χρείᾳ βοηθείας καταφεύγειν ἐπὶ τὴν πόλιν ὥσπερ ἐκ δυοῖν ποδοῖν ὡς ἀληθῶς καὶ μηδεμίαν τῶν ἄλλων πόλεων ὁρᾶν, μέγα καὶ φανερὸν σύμβολόν ἐστι καὶ στήλης ἄμεινον, τοῦ προέχειν εὐθὺς ἐξ ἀρχῆς οὐχ ὅσον λανθάνειν καὶ μαρτύριόν [γε] δυεῖν τοῖν καλλίστοιν, ἀνδρείας καὶ φιλανθρωπίας, εἰ δὲ βούλει λέγω δικαιοσύνης ἀντὶ τῆς φιλανθρωπίας. Ὥσπερ γὰρ κήρυκες ἅπαντες οὗτοι περὶ αὐτῆς γεγόνασι, καὶ τὴν ἀνάρρησιν ἀπ' αὐτῶν τῶν ἔργων πεποίηνται μήτε μέλειν τισὶ τοῦ δικαίου μᾶλλον τῶν Ἀθηναίων, μήτε ἀμείνους εἶναι κωλύειν ὅσα ἂν ἔξω τοῦ καλοῦ γίγνηται, ἀλλ' εἶναι τὰς μὲν ἄλλας πόλεις τῶν Ἀθηναίων δεομένας, αὐτὰς δ' ἐφ' ἑαυτῶν ἀριθμὸν πληρούσας τῇ Ἑλλάδι, τὴν δὲ ὡς ἀληθῶς ὥσπερ πόλιν ἐν χωρίοις ἀνέχουσαν ὁμοίαν τῇ κατασκευῇ καὶ τοῖς λογισμοῖς, τῶν μὲν τὰ δίκαια τιμώντων ὀχυρωτέραν, τῶν δὲ τὰς δυνάμεις ἐχόντων ἐπιεικεστέραν, μᾶλλον δὲ τῶν μὲν τὰ δίκαια τιμώντων ἀκριβεστέραν εἰς αὐτὸν τὸν τοῦ δικαίου λόγον, τῶν δὲ ἐπὶ τοῦ βιάζεσθαι δυνατωτέραν εἰς τέλος, ὥστε ἄμφω τὼ γένη δι' ἀμφοῖν νικᾶν. [Ταυτὶ μὲν οὖν κοινὰ δείγματα.]

τὸ προκείμενον τοῦ λόγου σχῆμα διαφόροις ὀνόμασι κέκληται· καὶ γὰρ στρεπτόλυτον καλεῖται καὶ διάλληλον, ἐναγώνιον, διαγώνιον, χῖ, χιαστόν, πλεκτὸν καὶ λυτόν, παρακειμένου κακοῦ ἀναίρεσις· στρεπτόλυτον μὲν παρὰ τὸ ἐκ τῶν ἀντιστρόφων λύειν τὰ λεγόμενα, ἐναγώνιον δὲ διὰ τὸ δοκεῖν ἔχειν

13-14 ἅψασθαι καὶ AAr. : καὶ ἅψασθαι καὶ M ‖ **15** χρείᾳ A^{2}MAr. : τῇ χρείᾳ A ‖ **16** ὥσπερ — μηδεμίαν MAr. : ὡς μηδεμίαν A ‖ **19** γε M^{3}Ar. ‖ δυεῖν Photius : δυοῖν Ar. ‖ **20-21** εἰ — φιλανθρωπίας MAr. : *om.* A ‖ **23** μέλειν A^{1}Ar. : μέλλειν AM ‖ **26** τῶν AM : τῆς M^{3} *v. l.* Ar. ‖ **28** ἐν χωρίοις A^{2}MAr. : ἐγχωρίοις A *ut vid.* ‖ **29** τῶν A^{2}MAr. : τῷ A ‖ **32** εἰς AM^{3}Ar. : *om.* M ‖ **34** γένη A^{2}Ar. : γένει AM ‖ ταυτὶ — δείγματα M^{3}Ar.

véhément parce qu'il semble qu'il y a un combat dans la façon d'amener les pensées — chiasme et « discours en croix » parce que, étant donné deux termes, le juste et la puissance, ce qu'il fallait appliquer au juste, il l'a appliqué à la puissance et, inversement, ce qu'il fallait appliquer à la puissance, il l'a appliqué en retour au juste en renversant l'ordre des idées. On l'appelle d'autre part suppression d'un mal interne parce que, en tant que justes, il leur est propre de souffrir aisément et de subir l'injustice et, en tant que forts, de commettre l'injustice; et qu'il a enlevé à chacun des deux caractères le mal qu'il peut impliquer, c'est-à-dire que, quoique juste, la cité ne subit pas d'injustice et que, quoique forte, elle n'en commet pas. Car si, à la fin, il a mis un mot de forme comparative, la figure n'est pas comparative mais, comme on l'a dit, elle ménage la suppression d'un mal interne.*

Ils rencontrèrent, en effet, dans un combat de cavalerie, les Amazones dont les exploits surpassaient la nature féminine et ils les anéantirent complètement alors que personne, jusqu'à l'Attique, ne leur avait résisté, mais qu'elles avaient déjà submergé ces régions* en partant du Thermodon [comme en se lançant] à partir de la borne d'une piste*. De là, comme un câble qui se serait rompu, elles revinrent en arrière ; ce fut la fin du royaume des Amazones et de leur raid ; [la cité], là encore, vint au secours de la nature commune et, maintenant, elle a rejeté l'existence des Amazones parmi les choses douteuses*. Il est à présent aussi difficile de trouver ce qu'il faut laisser de côté que d'évoquer dignement les actions qui l'ont emporté ; personne n'a passé le tout en revue, fût-ce dans un simple récit ; sur cette seule cité, d'autre part, tous ont parlé d'abondance ; bien plus, on en a dit d'elle seule presque plus long qu'on n'en a dit de toutes les autres ; il n'est pas possible de passer tout minutieusement en revue, mais il faut laisser de côté la plupart des faits pour ne traiter que des plus importants. Car qui ne serait heureux de

[401 b] ἀγῶνα τῇ ἐπαγωγῇ τῶν νοημάτων, χῖ δὲ καὶ χιαστόν, διότι δύο προτάσεων οὐσῶν τοῦ δικαίου καὶ τοῦ δυνατοῦ, ὃ μὲν ἔδει τῷ δικαίῳ δοῦναι, τοῦτο ἀπένειμε τῷ δυνατῷ, ὃ δὲ ἔδει τῷ δυνατῷ ἀνέθηκε τῷ δικαίῳ πάλιν, ἐναλλάξας τὰς ἐννοίας. Παρακειμένου δὲ κακοῦ ἀναίρεσις λέγεται, ἐπειδὴ παράκειται ὡς δικαίοις τὸ εὐχερῶς πάσχειν καὶ ἀδικεῖσθαι, ὡς δὲ ἀνδρείοις τὸ ἀδικεῖν, ἀνεῖλε τὴν ἑκατέρου κακίαν, οἷον δικαία οὖσα καὶ οὐ πάσχουσα, καὶ ἀνδρεία οὖσα καὶ οὐκ ἀδικοῦσα. Εἰ γὰρ καὶ ἐν τέλει ἔθηκε τὸ συγκριτικὸν τοῦ ὀνόματος, ἀλλ' οὐκ ἔστι τὸ σχῆμα συγκριτικόν, ἀλλ' ὡς εἴρηται παρακειμένου κακοῦ μεθοδεύει ἀναίρεσιν.

Ἀμαζόσι μὲν γάρ, αἳ παρῆλθον τοῖς ἔργοις τὴν φύσιν, ἱππομαχίᾳ συνάψαντες πανωλεθρίᾳ διέφθειραν, οὐδενὸς ἀνταίροντος [τῶν] μέχρι τῆς Ἀττικῆς · ἀλλ' ἐξισώκεσαν ἤδη τὰς ἠπείρους ὥσπερ ἀπὸ σημείου τοῦ Θερμώδοντος [ὁρμώμεναι]. Ἐντεῦθεν δέ, ὥσπερ κάλω ῥαγέντος, ἐχώρησεν ὀπίσω · καὶ διελέλυτο Ἀμαζόσιν ἥ τε ἀρχὴ καὶ ὁ δρόμος, [καὶ ἡ πόλις] κἀνταῦθα ἐβοήθησε τῇ κοινῇ φύσει, καὶ νῦν εἰς ἄπιστον περιέστηκεν εἴ ποτε ἐγένοντο. Νῦν δ' ἐξ ἴσου καθεστῶτος τοῦ τε εὑρεῖν ἃ χρὴ παραλιπεῖν καὶ τοῦ ὡς ἀξίαν εἰπεῖν τὰ νικήσαντα, καὶ οὐδενὸς μὲν οὐδ' ἐν ἁπλῇ διηγήσει πάντα πω διελθόντος, πλεῖστα δὲ ὑπὲρ μιᾶς πόλεως ταύτης ἁπάντων εἰρηκότων, μᾶλλον δὲ ὑπὲρ μόνης πλείω σχεδὸν ἢ τῶν ἄλλων ἁπασῶν, οὐκ ἐνδέχεται διεξιέναι καθ' ἕκαστον ἀκριβῶς, ἀλλ' ἀνάγκη τὰ πλεῖστα παραλιπεῖν, ἵνα δὴ τοῖς μεγίστοις χρησώμεθα. Ἐπεὶ τίς οὐκ

[401 b] 8 οὐκ ἀδικοῦσα A : ἀδικοῦσα οὐδ' ὅλως M ‖ **9-10** ἀλλ' — συγκριτικόν M : *om.* A ‖ **13** ἱππομαχίᾳ Photius : ἱππομαχίαν Ar. ‖ **14** τῶν M³Ar. ‖ **15** τὰς ἠπείρους M³Ar. : ταύτας AM ‖ **16** ὁρμώμεναι M³Ar. ‖ δὲ ὥσπερ AM : πάντα δ' ὥσπερ M³Ar. ‖ κάλω M³Ar. : κάλου AM ‖ **18** καὶ ἡ πόλις M³Ar. ‖ **20** τε MAr. : *om.* A ‖ **21** ὡς A : πρὸς MAr. κατ' A³*mg* ‖ **22** νικήσαντα AMAr. : δόξαντα καλλίω λεχθῆναι M³ *v. l.* ‖ **23** διελθόντος AM : διεξελθόντος M³ *v. l.* Ar. ‖ **27** δὴ AM : *exp.* M³ *del.* Mˣ *non habet* Ar.

les mettre aussi en évidence[1]? En effet, quand le destin se jouait entre Hellènes et barbares, qu'un petit pays luttait contre un pays immense, que la lutte avait pour enjeu le salut et la vertu à la fois, sur les deux plans, la cité l'emporta alors mieux qu'on n'osait l'espérer si bien que l'un parut ne lui donner qu'un accroissement minime et l'autre sembla d'autant plus méprisable qu'on l'avait cru plus grand[2].

Aussi, dans ces circonstances mémorables, les actions furent-elles dépassées par les paroles — je veux dire les actions des autres par nos paroles à nous — et un décret plus mémorable qu'un trophée a fait triompher le souvenir à la fois par la parole et par l'action. Car, aussitôt pris, il fut efficace non seulement par la vertu des mains levées, comme l'est une loi, mais par la mort [402 a] des messagers. Pour l'interprète qui avait traduit le message, ils prirent un vote décidant que, puisqu'il s'agissait d'un Hellène, il bénéficiât d'un verdict ayant davantage la forme d'un jugement, mais ils le mirent à mort lui aussi, jugeant indécent de servir les barbares même rien que par la parole, et son avantage se retourna contre lui. En effet, ils estimèrent qu'un colon de la cité et un Hellène ne devait pas se faire l'interprète de l'ennemi naturel contre la cité et contre les Hellènes. C'est ainsi qu'ils le firent jeter dans un précipice de manière que d'autres eussent à annoncer la réponse au roi[3].

L'interprète qui fut mis à mort était un Samien qui s'appelait Mys[4].

Et la cité avait l'air de célébrer une grande cérémonie plutôt que de se préparer au combat ; car tous les temples étaient ouverts, elle réunissait tous ses prêtres et elle envoyait ses représentants aux dieux suivant la

1. I, p. 194, 10 18.
2. I, p. 195, 8-196, 1.
3. I, p. 198, 6-199, 2.
4. III, p. 123, 27-30.

ἂν ἄσμενος καὶ ταῦτα εἰς μέσον ἤνεγκεν; Ὅτε γὰρ τοῖς Ἕλλησι καὶ βαρβάροις τὰ πράγματα ἐκρίνετο καὶ μικρὸν πρὸς πολὺ μέρος τῆς γῆς ἠγωνίζετο, ὁ δὲ ἀγὼν ἦν ὑπὲρ σωτηρίας ἅμα καὶ ἀρετῆς, τότε ἐνίκησεν ἡ πόλις ἄμφω τὼ γένη κάλλιον εὐχῆς, ὡς τὸ μὲν προσθήκην αὐτῆς μικρὰν ἀποφανθῆναι, τὸ δὲ πλεῖον χεῖρον ἢ ὅσῳ πλεῖον ἐδόκει.

Ἐν ἐκείνοις μέντοι τοῖς καιροῖς ἔργα λόγων ἡττήθη, — λέγω δὲ τὰ τῶν ἄλλων ἔργα λόγων τῶν παρ' ἡμῖν· καὶ ψήφισμα τροπαίου κρεῖττον εἰς μνήμην ἐνίκησεν, ἅμα λόγῳ καὶ ἔργῳ νικῆσαν. Εὐθὺς γὰρ ἐν χεροῖν κύριον ἦν, οὐ τῇ χειροτονίᾳ μόνον ὡς νόμος, ἀλλὰ καὶ τῷ διαφθεῖραι τοὺς ἀγγέλους. [402 a] **Τῷ δὲ ἑρμηνεύσαντι τὰ γράμματα διαχειροτονίαν μὲν ἀπέδοσαν, ἵνα ἐπειδήπερ Ἕλλην ἦν, ἔχοι πλέον τὴν τῆς κρίσεως εἰκόνα, ἀπέκτειναν δὲ καὶ τοῦτον ὡς οὐδ' ἄχρι φωνῆς διακονῆσαι προσῆκον τοῖς βαρβάροις, καὶ τὸ ἰσχυρὸν περιῆλθεν αὐτῷ. Τὸν γὰρ τῆς πόλεως ἄποικον οὐκ ἠξίουν κατὰ τῆς πόλεως καὶ τῶν Ἑλλήνων ἑρμηνέα τῷ φύσει πολεμίῳ γίνεσθαι. Καὶ οὕτω δὴ ῥίπτουσιν εἰς τὸ βάραθρον, ὥστε ἄλλους ἀναγγεῖλαι τῷ βασιλεῖ τὰς ἀποκρίσεις.**

Ὁ ἑρμηνεὺς ὁ ἀναιρεθεὶς Σάμιος μὲν ἦν τὸ γένος, τοὔνομα δὲ Μῦς.

Ἡ δὲ πόλις πομπὴν ἀγούσῃ προσεῴκει μᾶλλον ἢ πρὸς ἀγῶνα κοσμουμένῃ· ἱερά τε γὰρ πάντα ἀνέῳγε, καὶ τὰ τῶν ἱερέων γένη συνῆγε, καὶ διεπρεσβεύετο πρὸς

28 ἄσμενος AM : ἀσμένως M^3 *v. l.* Ar. || **31** σωτηρίας Photius : τῆς σωτηρίας Ar. || **32** τὼ γένη *post* A^2A^4 *et* M^2Ar. : τῷ γένει A *et* M *ut vid.* || **33** αὐτῆς μικρὰν AM : μικρὰν αὐτοῖς M^3 *v. l.* μικρὰν αὐτῆς Ar. || πλεῖον AM : πλέον M^xAr. || **34** πλεῖον M^2 : πλειόνων AM πλέον Ar. || **36** ἡμῖν Photius *et* Ar.ΘΝ : ἡ μῶν Ar. *cet.*

[402 a] **1** διαχειροτονίαν Ar. : διὰ χειροτονίαν Photius || **7** *post* εἰς : *ras. in* M || **10** τὸ M : *om.* A.

coutume antique[1]. Et d'abord ils éclipsèrent le souvenir des courses pour les couronnes en montrant leur ardeur d'une façon d'autant plus admirable qu'ils combattaient pour de plus belles récompenses[2]. Les barbares avaient mis tant d'orgueil dans leurs préparatifs et dans leurs actes qu'ils croyaient qu'il leur suffirait de se montrer ; ils pensaient, en effet, que, comme dans les jeux, tous renonceraient d'emblée et se rendraient sans combat. Tel fut le premier affrontement public devant l'humanité entre la valeur et la richesse, entre l'intelligence grecque et la horde des barbares avec tout son équipement ; et il ne fut pas réglé par la beauté des paroles mais par la démonstration des faits et par l'appel de l'événement. Car le spectacle ne leur fit pas peur[3] ; ils ne furent pas stupéfaits par le caractère insolite de ce qu'ils voyaient ; au contraire, ils se réjouirent en voyant de quelle foule ils allaient triompher et en se disant qu'ils avaient reçu du sort l'occasion de surpasser tous les hommes en bravoure ; que l'avantage d'une armée aussi considérable était de mettre à leur disposition des ressources illimitées ; ils pensèrent qu'à présent ils allaient être comme à un festin somptueux et digne de leur valeur, offert à eux par les barbares. Car chevaux, armes, navires, anneaux, colliers, chiens, toutes les richesses sont des dons que la fortune met à portée de la main pour les plus vaillants[4].

Voilà ce que leurs généraux mêmes se disaient et de quoi ils s'entretenaient ; puis, commençant par les dieux et par Péan leur ami, ils chargèrent comme s'ils [402 b] couraient à travers une plaine vide sans donner aux barbares le temps de voir ce qui se passait, alors que

1. I, p. 200, 16-201, 1.
2. I, p. 201, 4-7.
3. Après ἔτρεψαν (402 a 27), Photius a sauté ἀλλ' εἰς προθυμίαν κατεχρήσαντο que M[3] a restitué entre les lignes mais qui n'est pas passé dans la descendance de M.
4. I, p. 201, 15-201, 10.

τοὺς θεοὺς τὸν ἀρχαῖον τρόπον. Καὶ πρῶτον μὲν τοὺς ἐν τοῖς στεφανίταις δρόμους ἀκέκρυψαν, ὅσῳ περὶ καλλιόνων [τῶν] ἄθλων ἠγωνίζετο τοσούτῳ θαυμαστότερον τὴν προθυμίαν ἐπιδειξάμενοι. Τοσαύτη δ' ἦν ὑπερηφανία τῆς παρασκευῆς καὶ τῶν ποιουμένων, ὥστε ἐξαρκεῖν ἐδόκει τοῖς βαρβάροις ὀφθῆναι μόνον· ᾤοντο γὰρ ὥσπερ ἐν ἄθλοις ἅπαντας εὐθὺς ἀπογνώσεσθαι καὶ δώσειν ἑαυτοὺς ἀκονιτί. Αὕτη πρώτη δημοτελὴς κρίσις ἐν τῷ μέσῳ κατὰ ἀνθρώπους ἐγένετο ἀρετῆς πρὸς πλοῦτον καὶ φρονήματος Ἑλληνικοῦ πρὸς βαρβάρων πλῆθος καὶ κατασκευήν, οὐ λόγων εὐφημίᾳ κριθεῖσα, ἀλλ' ἔργων ἀποδείξει καὶ τῷ καλοῦντι τοῦ καιροῦ. Οὐ γὰρ εἰς φόβον τὴν θέαν ἔτρεψαν οὐδ' ἐξεπλάγησαν τῶν ὁρωμένων τὴν ἀήθειαν, ἀλλ' ἥσθησαν ὁρῶντες ὅσων κρείττους γενήσονται, καὶ νομίσαντες ὥσπερ ἀφορμὴν εἰληφέναι παρὰ τῆς τύχης ὑπερβάλεσθαι πάντας ἀνθρώπους ἀνδραγαθίᾳ, καὶ τοῦτ' εἶναι πλέον τῆς τοσαύτης στρατιᾶς, ἔχειν ὥσπερ χρήμασιν ἀφθόνως χρήσασθαι, καὶ διανοηθέντες ὅτι νῦν ὥσπερ ἑστιάσονται λαμπρῶς ὑπὸ τῶν βαρβάρων καὶ τῆς ἀρετῆς ἀξίως τῆς ἑαυτῶν. Καὶ γὰρ ἵπποι καὶ βέλη καὶ νῆες καὶ ψέλλια καὶ στρεπτοὶ καὶ κύνες καὶ πάντα χρήματα δῶρα τῆς τύχης ἐστὶ προκείμενα τοῖς κρείττοσι.

Ταῦτα καὶ στρατηγοὶ πρὸς ἑαυτοὺς εἰπόντες, καὶ πρὸς αὑτοὺς ἕκαστοι διαλεχθέντες, ἐκ θεῶν ἀρξάμενοι καὶ τοῦ φίλου παιῶνος ἐχώρουν δρόμῳ καθάπερ διὰ ψιλοῦ τοῦ πεδίου θέοντες, [402 b] καὶ τοῖς βαρβάροις οὐκ ἔδωκαν ἰδεῖν ὅ τι ἔστι τὰ

17 τῶν M³Ar. ‖ τοσούτῳ MAr. : τοσοῦτον A ‖ θαυμαστότερον AM : θαυμαστοτέραν MˣAr. ‖ **18** ἐπιδειξάμενοι AM : παρασχόμενοι M³ *v. l.* Ar. ‖ δ' ἦν A : δ' ἦν ἡ M ‖ **23** ἀρετῆς AM³ *v. l.* Ar. : ἀρετὴ M ‖ **24** βαρβάρων AAr. : βάρβαρον M ‖ **27** ἔτρεψαν MAr. : ἔτρεψεν A.

déjà leurs lignes étaient rompues, leurs hommes abattus, leurs chevaux capturés, leurs navires tirés au rivage, leurs richesses pillées et que les événements ressemblaient à une danse panique[1].

[Et un guerrier déjà mort s'était dressé, quoique percé de toutes parts par les traits des barbares, effrayant ceux qui restaient comme s'il avait été immortel[2].]

Mais alors ils se rendirent compte qu'ils n'étaient vraiment qu'une horde, qu'ils étaient pour eux-mêmes le principal obstacle et ils eurent le dessous avec des soldats plus nombreux que ceux auxquels on aurait cru se mesurer au départ[3]. En sorte qu'on a raison de dire que la cité, à la suite de ses exploits, doit honorer Zeus Libérateur tandis que les autres Hellènes doivent honorer la cité et considérer le peuple athénien comme le libérateur des autres[4]. C'est pourquoi, si ne pouvoir se maintenir au même niveau est la marque des faibles, c'est l'humanité entière qu'ils ont vaincue[5]. Et celui qui surpassa tous les rois par ses projets et qui n'a rien laissé qu'on pût juger extraordinaire après lui, Xerxès, le fils de Darius, qui avait accusé son père de n'avoir pas assez préparé son entreprise, qui a méprisé la cité et les Hellènes parce que, croyait-il, ils n'oseraient même pas se montrer, Xerxès livra un combat qui avait un double objectif : surpasser Darius et tirer vengeance de la cité avec un succès bien plus grand[6]. Et il me semble que Xerxès se mesura alors avec les signes célestes eux-mêmes et avec tout ce que les hommes pouvaient voir et attendre d'inespéré, comme s'il voulait montrer que la terre était sienne sans conteste[7].

Isocrate s'est exprimé avec une tournure plus fleurie en

1. I, p. 202, 11-19.
2. I, p. 202, 19-203, 1.
3. I, p. 203, 5-8.
4. I, p. 204, 3-7.
5. I, p. 205, 4-7.
6. I, p. 206, 8-14.
7. I, p. 206, 16-19.

γινόμενα, ἀλλ' ἅμα τάξεις ἐρρώγεσαν καὶ ἄνδρες ἐκτείνοντο καὶ ἵπποι συνελαμβάνοντο καὶ νῆες εἵλκοντο καὶ χρήματα ἤγετο καὶ χορεία Πανὸς ἦν τὰ ποιούμενα.

[Ἤδη δέ τις καὶ τελευτήσας εἱστήκει περιτοξευθεὶς ὑπὸ τῶν βαρβάρων, φοβῶν τοὺς λοιποὺς ὥσπερ ἀθάνατος ὤν.]

Ἀλλὰ τότε ὡς ἀληθῶς ὄχλος ὄντες ᾐσθάνοντο, καὶ μέγιστον ἐναντίωμα ἑαυτοῖς, καὶ τοῖς πλείοσιν ἥττους ἐγένοντο ἢ ὅσοις ἄν τις ἐξ ἀρχῆς ἐθάρρησεν ἀντιστῆναι. Ὥστ' εἰκότως εἰπεῖν εἶναι τὴν μὲν πόλιν τὸν ἐλευθέριον Δία τιμᾶν ἐπὶ τοῖς πραχθεῖσι προσήκειν, τοῖς δ' ἄλλοις Ἕλλησι τὴν πόλιν, καὶ νομίζειν τὸν Ἀθηναίων δῆμον ὥσπερ ἐλευθέριον τοῖς ἄλλοις εἶναι. Ὥστε εἰ τὸ μὴ ἔχειν ἐξ ἴσου γενέσθαι τῶν ἡττόνων ἐστίν, ἅπαντας ἀνθρώπους νενικήκασιν. Ὁ δὲ πάντας βασιλέας παρενεγκὼν ταῖς ἐπινοίαις, καὶ μηδὲν καταλιπὼν ἄτοπον νομίσαι, Ξέρξης ὁ Δαρείου καταγνοὺς μὲν τοῦ πατρὸς ὡς ἐνδεῶς ἐπιχειρήσαντος, ὑπεριδὼν δὲ τῆς πόλεως καὶ τῶν Ἑλλήνων ὡς οὐδαμοῦ φανησομένων, ἀγῶνα διπλοῦν ἀγωνίζεται τὸν μὲν ὑπερβαλέσθαι, τὴν δὲ τιμωρήσασθαι μετὰ πολλοῦ τοῦ κρείττονος. Δοκεῖ δέ μοι καὶ πρὸς τὰς διοσημείας τότε Ξέρξης ἁμιλλήσασθαι, καὶ πρὸς ἅπασαν ὄψιν τε καὶ ἀκοὴν ἀνθρώποις ἀνέλπιστον, ὥσπερ ἐνδείξασθαι βουλόμενος ὅτι αὐτοῦ βεβαίως ἐστὶν ἡ γῆ.

Ὅτι Ἰσοκράτης ἀνθηρότερον εἶπεν, οὕτω τὴν πρᾶξιν ἀπαγ-

[402 b] **2** γινόμενα AM : γιγνόμενα M^3 *v. l.* Ar. ‖ ἐκτείνοντο A^{2}MAr. : *quid prius praeb.* A *non liquet* ‖ **5-7** ἤδη — ὤν M^{3}Ar. ‖ **9** τις A^{2}MAr. : τοῖς A ‖ **11** πραχθεῖσι Ar. : προαχθεῖσι A^{2}M *quid prius praeb.* A *non liquet* ‖ **13** ἐλευθέριον MAr. : ἐλευσῖνα A^4 ἐλευ A ‖ ἄλλοις A : Ἕλλησι MAr. ‖ **15** ἀνθρώπους *add.* Photius ‖ **20** τὸν μὲν ὑπερβαλέσθαι MAr. : *om.* A ‖ **25** βεβαίως MAr. : βεβαίωσις A.

exposant l'idée comme ceci : « Comme s'il avait partagé l'univers avec Zeus, lui laissant le ciel et s'attribuant la terre ».*

Quelles craintes relatives à la terre et à la mer n'a-t-il pas dû calmer chez les siens, lui dont on ne pouvait écouter les menaces d'une oreille assurée? Mais ils s'en allaient jusqu'aux confins de la terre et il prédisait des événements que personne hormis lui [seul] ne pouvait imaginer[1]. Il menaçait même d'humilier les colonies de la mer Atlantique et d'en créer une en dehors des régions habitées en forçant des mutilés à entasser de la terre dans la mer, [puisant l'eau, creusant le roc], leurs corps étant réduits aux membres nécessaires à leur travail. Et quand il se livrait à des menaces aussi insolites, démesurées, plus effrayantes que tout ce qu'on pourrait craindre, ce n'était pas pour s'en tenir à des paroles, mais il fit oublier ses menaces par ses actes sans pouvoir, je le proclame, avoir la cité à sa merci[2]. Et l'Athos nous [403 a] reste, haut fait substitut d'une stèle[3]. Des chameaux resplendissaient d'or et d'argent ; leurs troupeaux s'étendaient à perte de vue et, s'il voulait de l'ombre, un arbre en or lui en donnait. Ainsi, la nuit, il faisait briller des éclairs d'argent et d'or ; le jour, il amenait la nuit partout où il ordonnait de lancer des flèches[4]. La cité cependant appelait les Hellènes au combat commun, gênée qu'elle était, selon moi, de se montrer seule au barbare comme elle l'avait fait auparavant à Marathon. Car ce n'était pas elle qui plaçait en d'autres ses espérances de salut, mais tous espéraient d'elle le leur[5]. [En vérité], quelle ardeur plus éclatante, quelle vaillance plus évidente et chez quels Hellènes et, en somme, chez quels hommes, se révèle à l'observateur? Eux qui quittèrent leur pays pour n'être asservis ni

1. I, p. 206, 23-207, 1.
2. I, p. 207, 13-208, 5.
3. I, p. 209, 13-210, 1.
4. I, p. 210, 3-7.
5. I, p. 211, 16-21.

γείλας· « Καθάπερ πρὸς τὸν Δία τὰ ὄντα διανειμάμενος, καὶ τῷ μὲν Διὶ παραχωρήσας τοῦ οὐρανοῦ, ἑαυτῷ δὲ τὴν γῆν ».

Ποίους φόβους ἐγγείους ἢ θαλαττίους οὐχὶ συνέστειλε τοῖς παρ' αὐτοῦ; Οὗ τὰς ἀπειλὰς πρῶτον οὐκ ἦν ἑστῶσι τοῖς ὠσὶν ἀκοῦσαι. 'Αλλ' ἀπῆγον εἰς ἔσχατα γῆς, καὶ προὔλεγεν ἃ μηδενὸς ἦν εὑρεῖν πλὴν ἐκείνου [μόνου]. Ἔτι δὲ 'Ατλαντικοῦ πελάγους κληρουχίας ἀτίμους ἠπείλει, καὶ γῆς ποίησιν ἔξω τῆς οἰκουμένης, ἣν ἀναγκάσειν ἠκρωτηριασμένους προσχοῦν εἰς τὸ πέλαγος, [ὕδωρ μὲν ἀντλοῦντας πέτρας δὲ ὀρύττοντας], τοσαῦτα ἔχοντας τοῦ σώματος, ὅσα τοῖς ἔργοις ἀρκέσει. Καὶ οὐκ ἠπείλει μὲν οὕτως ἀήθη καὶ ὑπερόρια καὶ φόβου μείζονα, ἐτελεύτησε δ' ἐνταῦθα· ἀλλ' ἀπέκρυψε τοῖς ἔργοις τὰς ἀπειλάς, ἄνευ τοῦ τι δυνηθῆναι λέγω δὴ χρήσασθαι τῇ πόλει. Καὶ ὁ Ἄθως [403 a] ἀντὶ στήλης τῷ ἔργῳ λέλειπται.

Κάμηλοι δὲ χρυσοῦ καὶ ἀργύρου κατέλαμπον, ὅσον μήκιστον ἀνύσαι, τοσοῦτον ὑπέχουσαι, εἰ δ' ἐπιθυμήσειε σκιᾶς, δένδρον ἦν αὐτῷ χρυσοῦν ἡ σκιά. Ὥστε νύκτωρ μὲν ἤστραπτεν ἀργύρῳ καὶ χρυσῷ, μεθ' ἡμέραν δὲ νύκτα ἐπῆγεν ὁσαχοῦ τοξεῦσαι κελεύσειεν. 'Αλλὰ τούς [τε] Ἕλληνας συνεκάλει πρὸς τὸν ἀγῶνα τὸν κοινόν, αἰσχυνομένη, δοκεῖ μοι, μόνη φανῆναι τῷ βαρβάρῳ καθάπερ πρότερον Μαραθῶνι. Οὐ γὰρ αὐτή γε ἐν ἄλλοις εἶχε τὰς ἐλπίδας τῆς σωτηρίας, ἀλλὰ πάντες εἶχον ἐν αὐτῇ τὰς ὑπὲρ αὐτῶν. [Καίτοι] τίς προθυμία λαμπροτέρα, τίς εὐψυχία φανερωτέρα τίνων Ἑλλήνων ἢ καθάπαξ εἰπεῖν ἀνθρώπων ἐξετάζοντι φανήσεται; Οἳ τῆς γῆς ἐξέστησαν ὑπὲρ τοῦ

29 ποίους AM : ἢ ποίους M³Ar. ‖ **32** μόνου M³Ar. ‖ **35-36** ὕδωρ — ὀρύττοντας M³Ar. ‖ **38** μείζονα AM : μείζω MˣAr.

[403 a] **5** χρυσῷ MAr. : χρυσίῳ A ‖ **6** τε M³Ar. ‖ **7** τὸν ἀγῶνα MAr. : *om.* A ‖ δοκεῖ μοι A : δοκεῖν μοι M μοι δοκεῖν M³ *v. l.* Ar. ‖ **11** καίτοι M³Ar. ‖ **13** ἐξετάζοντι AMAr. : ἐξεταζόντων A² ‖ οἳ AAr. : οἷον M.

sur terre ni sur mer, ils considéraient que veiller sur leurs biens était un premier pas dans l'esclavage ; ils voyaient dans la perte de leurs possessions le point de départ d'acquisitions futures ; enfin, c'est en abandonnant leurs biens qu'ils sauvaient ceux qui gardaient les leurs[1].

[Après cela, choisissez entre les deux thèses[2].] En parlant de la sorte, auraient-ils tenu des propos contraires à la justice ou rendus excusables par les nécessités de l'heure[3] ? Et si tout était mis en commun sans que personne eût le pas sur personne ; si tous apportaient une contribution égale ; si tous les amiraux étaient égaux [entre eux] par leurs dons naturels ; que ce fût comme un repas collectif et qu'il fallût désigner les chefs en se référant à la situation, comment eux ne devaient-ils pas briller parmi tous les autres comme des astres[4] ? Loin de là ! Comme pour les décrets et comme pour l'aile à tenir dans la disposition de l'armée, de même, dans l'action, ils laissèrent le commandement à d'autres. Pourquoi ? C'est que les uns apportaient en contribution le nom de chefs et que les autres en apportaient les actes. Et leur position s'affirmait d'autant plus belle qu'ils avaient le commandement sur les commandants eux-mêmes. Car, chaque fois où un Athénien n'était pas d'accord, toutes les décisions des Hellènes étaient sans effet [en sorte que le navarque lacédémonien commandait à chacun des chefs et que celui des Athéniens commandait au chef des chefs][5].

Mais notre souci d'apporter des preuves et des déductions nous a entraînés trop loin. Je reviens aux actes

1. I, p. 216, 12-20.

2. Les mots πρὸς ταῦτα αἱρεῖσθε ὁπότερα· que Bekker a mis entre crochets sont une addition interlinéaire de M[3] qui, en réalité, a écrit πρὸς ταῦτα αἱρεῖσθε ὁπότερα βούλεσθε qu'on lit dans le passage correspondant d'Aristide.

3. I, p. 219, 13-16.

4. I, p. 220, 3-8.

5. I, p. 223, 9-17.

μήτε ἐν γῇ μήτε ἐν θαλάσσῃ δουλεῦσαι, τὸ μὲν τηρεῖν τὰ ὑπάρχοντα δουλείας ἀρχὴν νομίσαντες εἶναι, τὴν δὲ τῶν ὄντων στέρησιν ἀφορμὴν τῶν μελλόντων ἀγαθῶν ποιησάμενοι, καὶ τοὺς ἔχοντας τὰ ἑαυτῶν ἔσωζον ἀφ' ὧν αὐτοὶ πρόοιντο τὴν ἑαυτῶν.

[Πρὸς ταῦτα αἱρεῖσθε ὁπότερα] ἆρ' ἢ τῷ δικαίῳ λόγους οὐχὶ συμβαίνοντας ἢ ταῖς παρούσαις ἀνάγκαις οἵους ἐγχωρεῖ παριδεῖν, εἶπον ἄν, εἰ τούτοις ἐχρῶντο; Ἀλλ' εἰ κοινὰ μὲν πάντα ἦν, μηδεὶς δὲ ὑπερεῖχε μηδενός, πάντες δ' ἐξ ἴσου συνετέλουν, οἱ δὲ ναύαρχοι παραπλησίως εἶχον τὰς φύσεις [ἀλλήλοις], ἔρανος δ' ἦν, ἔδει δ' ἐκ τῶν ὑπαρχόντων σκεψαμένους τοὺς ἡγησομένους καταστῆσαι, πῶς οὐκ ἐκεῖνοι διὰ πάντων ἐξέλαμπον ὥσπερ ἄστερες;

Οὐ μὴν ὥσπερ τοῖς ψηφίσμασι καὶ τῷ κέρᾳ τῆς παρατάξεως, οὕτω κἂν ταῖς πράξεσι τὴν ἡγεμονίαν ἑτέροις παρεῖσαν, πόθεν; Ἀλλ' οἱ μὲν ὄνομα ἡγεμόνων, οἱ δὲ ἔργα παρείχοντο. Καὶ τοσούτῳ κάλλιον αὐτοῖς τὸ σχῆμα καθίστατο, ὅσῳ τῶν ἡγεμόνων αὐτῶν εἶχον τὴν ἡγεμονίαν. Ὅ τι γὰρ Ἀθηναίων μὴ δόξειεν ἑνί, πάντ' ἦν τῶν ἄλλων Ἑλλήνων ἄκυρα, [ὥσθ' ὁ μὲν Λακεδαιμονίων ναύαρχος τῶν ἀφ' ἑκάστων ἀρχόντων ἦρχεν, ὁ δὲ τῶν Ἀθηναίων ἄρχοντος ἀρχόντων].

Ἀλλὰ γὰρ ἡ περὶ τὰς ἀποδείξεις σπουδὴ καὶ λόγῳ λόγος παραδιδοὺς ἡμᾶς παρήνεγκε περαιτέρω. Εἶμι δὲ ἐπ' αὐτὰς

18 πρόοιντο Photius : προεῖντο Ar. ‖ **18-19** πρὸς — ὁπότερα M^3 : *secl.* Bekker ‖ **20** ἐγχωρεῖ MAr. : ἐχώρει A ‖ **23** παραπλησίως AMAr. : παραπλησίας M^3 *v. l.* ‖ εἶχον A^{2}MAr. : ἔσχον A *ut vid.* ‖ **24** ἀλλήλοις M^{3}Ar. ‖ **25** σκεψαμένους A^{3}M^{x}Ar. : σκεψομένους AM ‖ **27** οὐ μὴν ὥσπερ AAr. : ταῦτα δὲ ἐποίουν καὶ M^3 *quid prius praeb.* M *non liquet* ‖ τοῖς ψηφίσμασι Photius : τῷ ῥήματι Ar. ‖ τῷ A^1 *s. v.* MAr. : *om.* A ‖ **32** ὅ τι MAr. : οὕτω A ‖ **33** τῶν ἄλλων Ἑλλήνων *add.* A ‖ ἄκυρα AM^{3}Ar. : *om.* M ‖ **33-35** ὥσθ' — ἀρχόντων M^{3}Ar. ‖ **36** λόγῳ λόγος AM : λόγος λόγῳ M^3 *v. l.* Ar. ‖ **37** περαιτέρω AM^3 *v. l.* Ar. : πορρωτέρω M.

[403 b] eux-mêmes puisque, dans l'intervalle, j'ai traité de ce que je voulais[1]. Lesquels ont été de meilleurs champions de la vertu? Ou qui, parmi les hommes de tous les temps, en a fait une démonstration plus suffisante? Eux qui restèrent invaincus devant l'or, l'argent et le fer, devant toutes les richesses; eux qui démontrèrent qu'elles étaient toutes aussi inutiles au roi que si elles étaient encore enfouies en terre; eux qui honorèrent la pauvreté au lieu de la richesse, qui choisirent les dangers au lieu de la sécurité et la justice au lieu de la bienveillance bien connue du roi[2]?

Mais, pour ne pas trop m'écarter du sujet et pour éviter ainsi des longueurs, je vais maintenant me tourner vers la suite normale de mon discours[3]. Mais là, j'ai dévié en somme malgré moi et au fil de mes propos [plutôt] qu'à dessein, car ce n'était pas dans cette direction que je poursuivais[4].

Au fil des propos, ou normalement, dit-il, comme la voie droite se présente ou, comme il arrive que cela se fasse, en chemin; souvent celui qui fait une certaine route en fait une autre entraîné par un ami[5].

En affrontant tout l'empire perse à la fois [sur terre], ils détruisaient et capturaient non pas une foule de guerriers, mais une foule de peuplades. Et voici que deux trophées leur échurent en un seul jour et la bataille navale eut son pendant dans un combat sur terre[6]. Seuls de tous les hommes qui ont vécu en démocratie, ils ont considéré leur cité comme une cité étrangère; et la cité étrangère, ils l'ont considérée comme étrangère non pour eux mais pour ceux qui y vivaient dans le mal. Ils ont eu une vie de gardiens, non pas celle de gardiens qui occupent un poste et qui veillent sur un endroit

1. I, p. 224, 13-16.
2. I, p. 234, 12-19.
3. I, p. 239, 22-24.
4. I, p. 242, 2-5.
5. Je n'ai pas retrouvé cette scolie parmi celles de Dindorf, III.
6. I, p. 246, 19-247, 1.

πάλιν τὰς πράξεις, ἐπειδὴ περὶ ὧν ἐβουλόμην ἐν τῷ [403 b] μέσῳ διέλαβον. Τίνες οὖν ἀρετῆς ἀγωνισταὶ καλλίους; ἢ τίνες τῶν πώποτε διαρκέστερον τὴν ἐπίδειξιν αὐτῆς ἐποιήσαντο; Οἳ καὶ χρυσῷ καὶ ἀργύρῳ καὶ σιδήρῳ καὶ τοῖς πᾶσιν ἀήττητοι διεγένοντο, καὶ πάντα ἀπέφηναν ὁμοίως ἄχρηστα τῷ βασιλεῖ, ὥσπερ ἂν εἰ ἐκρύπτετο ὑπὸ γῆς ἔτι, πενίαν μὲν ἀντὶ πλούτου τιμήσαντες, κινδύνους δὲ ἀντ' ἀσφαλείας ἑλόμενοι, δικαιοσύνην δὲ ἀντὶ τῆς βασιλέως τοσαύτης φιλανθρωπίας.

Ἀλλ' ἵνα μὴ πλέον τῶν ἀναγκαίων παραιτούμενος αὐτῷ τούτῳ μηκύνω, πρὸς τοὺς ἑξῆς τῶν λόγων καὶ συνεχεῖς καὶ δὴ τρέψομαι. Ἀλλὰ γὰρ ἐνταῦθα μὲν ὥσπερ ἄκων ἐνέπεσον, καὶ καθ' ὁδὸν τοῦ λόγου [μᾶλλον] ἢ προειδόμενος · οὐ γὰρ εἰς τοῦτο ὁρῶν ἠπειγόμην.

Τὸ καθ' ὁδὸν ἢ κατ' ἀξίαν λέγει, ὥσπερ ἐστὶν εὐθεῖα ἡ ὁδός, ἢ ὥσπερ συμβαίνει ἐν ὁδῷ γενέσθαι · πολλάκις γάρ τις ἀπερχόμενος τήνδε τὴν ὁδόν, ἄλλην ἕλκοντος αὐτὸν βαδίζει φίλου.

Ὁμοῦ δὲ πρὸς πᾶσαν τὴν τῶν Περσῶν ἀρχὴν διακινδυνεύοντες [ἐν τῇ γῇ] ἀντ' ἀριθμοῦ σωμάτων ἐθνῶν ἀριθμοὺς διαφθείροντές τε καὶ λαμβάνοντες. Ἤδη δὲ καὶ δύο τρόπαια εἰς μίαν ἡμέραν ἦλθε, καὶ ναυμαχία πεζομαχίᾳ παρισώθη. Μόνοι δ' ἀνθρώπων τῶν εἰς κοινὸν πολιτευσαμένων τὴν μὲν οἰκείαν ὥσπερ ἀλλοτρίαν ἐνόμισαν, τὴν δ' ἀλλοτρίαν οὐχ αὑτῶν ἀλλοτρίαν ἀλλὰ τῶν σὺν κακίᾳ νεμομένων. Φυλάκων δ' ἐβίωσαν βίον, οὐδὲ τούτων ἱδρυμένων, οὐδέ γε ἑνὸς τόπου τινὸς

[403 b] **1** οὖν AM³Ar. : *om.* M || καλλίους MAr. : κάλλους A || **2** διαρκέστερον AMAr. : διαρκεστέραν A² || **6** γῆς M³ *v. l.* Ar. : γῆν AM || **9** πλέον A : πλείω MAr. || **10** αὐτῷ τούτῳ AMAr. : αὐτὸ τοῦτο A² || ἑξῆς AM : ἐφεξῆς M³Ar. || **12** μᾶλλον M³Ar. || **13** τοῦτο A : ταῦτα MAr. || **14** ὥσπερ M : ὅπερ A || **18** διακινδυνεύοντες AM³Ar. : κινδυνεύοντες M || **19** ἐν τῇ γῇ M³Ar. || **22** δ' AM : γὰρ M³ *v. l.* Ar. || **24** αὑτῶν Ar. : αὐτῶν A ἑαυτῶν M.

donné. Non : il faut les appeler les gardiens de tout ce qu'il y a d'hellénique sur la terre entière[1]. Jusqu'au moment où le roi comprit que s'attaquer à la cité équivalait à peu près à combattre les progrès d'un grand incendie en jetant du bois devant lui. Car il [n'y avait] rien qu'il ne subît, mais il se ruinait lui-même et se rendait compte que son pays était une base exploitée contre son propre salut[2].

Son propre pays contre lui-même, car c'est de ce pays, c'est-à-dire de l'Asie, que les Athéniens partaient comme d'une base pour lui porter des coups[3].

Auparavant, il tenait le pays jusqu'au Pénée. Et pourtant, j'ai retranché ce qui est merveilleux, jugeant que ce que je dis l'est déjà bien assez. Il l'avait tout entier jusqu'à l'Attique jusqu'au moment où il rencontra [404 a] les gens de l'Attique sur mer ; tant il était allé plus loin que le centre de la terre et de l'Hellade, Delphes. Mais à la suite des combats livrés par la cité et des raids accomplis par sa flotte, il dut se résigner à ne plus naviguer au-delà de deux limites, celle, au sud, des îles Chélidoniennes, celle, au nord, des îles Cyanées ; il accepta de même de se tenir partout à cinq cents stades de la mer ; en sorte que ce cercle fut comme une autre couronne sur la tête des Hellènes et une zone de garnison prélevée sur le territoire même du roi[4].

Et cependant, pourrait-on imaginer plus beau couronnement de la paix ou de la guerre, soit aux yeux des Hellènes, soit aux yeux des barbares que celui par lequel la cité alors termina ses exploits ? Ces exploits, cependant, ces exploits si nombreux, si considérables, elle

1. I, p. 248, 4-10.
2. I, p. 248, 16-21.
3. III, p. 212, 35-215, 2.
4. I, p. 249, 10-250, 4.

περιπόλων. Ἀλλὰ τοῦ διὰ πάσης γῆς Ἑλληνικοῦ περιπόλους ἐκείνους χρὴ καλεῖν. Ἕως ἔγνω βασιλεὺς ἀνταίρων τῇ πόλει παραπλήσιον ποιῶν ὥσπερ ἂν εἰ πρὸς φλόγα πολλὴν ἐπιοῦσαν ὕλην ἐπηρμένος ἠγωνίζετο. Οὐδὲν γὰρ [ἦν] ὅ τι οὐκ ἔπασχεν, ἀλλ' ἀνηλίσκετο αὐτὸς ἐξ αὑτοῦ, καὶ τὴν χώραν ἐπιτείχισμα τῆς ἑαυτοῦ σωτηρίας ἔχων ᾔσθετο.

Τὴν ἰδίαν χώραν καθ' ἑαυτοῦ· ἐξ αὐτῆς γὰρ οἱ Ἀθηναῖοι ἤτοι τῆς Ἀσίας ὡς ἐξ ὁρμητηρίου ἀφορμῶντες ἔβλαπτον αὐτόν.

Εἶχε μέν [γε] πρὸ τοῦ τὸν μέχρι Πηνειοῦ τόπον. Καίτοι τὸ θαυμαστὸν ἀφεῖλον, ὡς ἤδη τι θαυμαστὸν λέγων. Εἶχε πάντα τὸν μέχρι τῆς Ἀττικῆς, ἕως ἐνέτυχε [404 a] τοῖς ἐκ τῆς Ἀττικῆς ἐν τῇ θαλάττῃ· τοσοῦτον παρελήλυθε τὸν ὀμφαλὸν τῆς γῆς τε καὶ τῆς Ἑλλάδος τοὺς Δελφούς. Ἐκ δὲ τῶν τῆς πόλεως ἀγώνων καὶ ἀποστόλων τοσοῦτον κατῆλθεν, ὥστε ὡμολόγησε δυοῖν μὲν ὅροιν εἴσω μηκέτι πλευσεῖσθαι, πρὸς μεσημβρίαν μὲν Χελιδονέας, πρὸς δὲ ἄρκτον Κυανέας θέμενος, θαλάσσης δ' ἀφέξειν ἴσον πανταχῇ σταδίους πεντακοσίους· ὥστ' εἶναι τὸν κύκλον τοῦτον ἀντ' ἄλλου τινὸς στεφάνου τοῖς Ἕλλησιν ὑπὲρ κεφαλῆς, καὶ τὴν φρουρὰν ἐξ αὐτῆς τῆς χώρας τοῦ βασιλέως.

Καίτοι τί κάλλιον εἴποι τις εἰρήνης ἢ πολέμου κεφάλαιον, ἢ πρὸς Ἕλληνας ἢ πρὸς βαρβάρους, ᾧ κατέκλεισε τότε τὰς πράξεις ἡ πόλις, καὶ ταῦτα μέντοι τοσαῦτα καὶ τοιαῦτα διῆλθε σὺν πολ-

27 γῆς A : τῆς γῆς MAr. || **28-29** ἀνταίρων — ποιῶν AM : παραπλήσιον ποιῶν ἀνταίρων τῇ πόλει M³ *v. l.* Ar. || **31** ἦν M³Ar. || **32** αὑτοῦ AAr. : ἑαυτοῦ M || **35** ἀφορμῶντες A : ἀφορῶντες M || **36** γε M³Ar. || **37** ἤδη Photius : δὴ Ar. || **38** εἶχε Photius : εἶχε δὲ Ar.

[404 a] **4** τοσοῦτον A *et* M *ut vid.* : εἰς τοῦτο M³Ar. || δυοῖν AAr. : δυεῖν M || **5** Χελιδονέας MAr. : Χελιδονίας A || **6** Κυανέας MAr. : κυνέας A || **7** ἴσον AM³Ar. : *om.* M || **8** κύκλον MAr. : κύκλων A || **13** τοσαῦτα A : τὰ τοσαῦτα MAr.

les accomplit malgré une forte opposition de la part des Hellènes qui tiraient tous, pour ainsi dire, en sens contraire[1]. Car le fait, au milieu de la guerre et de la jalousie des Hellènes dressés contre elle, de ne relâcher nullement sa sollicitude à l'égard des intérêts des Hellènes, mais de faire la guerre au roi partout sur terre et sur mer pour le bien commun, à quelle grandeur d'âme ne [faut-il] pas l'attribuer? Et, en plus du fait qu'elle s'est tellement partagée et qu'elle a atteint l'ensemble de ses objectifs comme si chacun avait été le seul, ne donne-t-elle pas à admirer le courage de sa résolution et l'excellence de sa préparation militaire? Car ses opérations contre les barbares, elle les mena comme si elle avait été libre de toute préoccupation; et les Hellènes qui la gênaient ne purent pas davantage profiter des circonstances, car elle leur tenait tête à eux aussi de sorte qu'on peut compter les occasions par cinq et plus, comme tout ce qui se compte globalement. Victoire, en effet, sur les Péloponnésiens dans un combat naval près de Cécryphalie; victoire sur les Éginètes devant Égine, et nouvelle victoire sur les Péloponnésiens. Ils bâtirent pour les Mégariens un rempart qui allait jusqu'à la mer et ils conservèrent leur liberté avec [leur] territoire. Ils avaient aussi battu les Corinthiens avant les Mégariens et, avant qu'il se fût passé douze jours, ils les vainquirent encore une fois pour avoir vilainement essayé de leur enlever leur trophée.

Ce ne sont pas encore là des exploits considérables; je les dirai néanmoins, bien que le temps me presse, car l'addition révélera la somme. En effet, les troupes de la cité étaient au loin : un contingent — [il comptait des navires plus nombreux qu'il n'y en avait alors en Hellade, ils y étaient presque tous] — secourait les Égyptiens; d'autre part, on assiégeait Égine, situation qui incita davantage les adversaires de Mégare

1. I, p. 250, 10-15.

λοῖς ὅμως ἐναντιώμασι τῶν Ἑλλήνων, καὶ πάντων ὥσπερ ἀνθελκόντων. Τὸ γὰρ ἐν πολέμῳ καὶ φιλονεικίᾳ τῶν Ἑλλήνων πρὸς αὐτὴν καθεστηκότων τῆς ὑπὲρ τῶν Ἑλλήνων προνοίας μηδὲν μᾶλλον ἀφεῖσθαι, ἀλλ' ὑπὲρ τῶν κοινῇ συμφερόντων βασιλεῖ πολεμεῖν διὰ γῆς ἁπάσης καὶ θαλάττης, ποσῇ τινι [χρὴ] τῇ μεγαλοψυχίᾳ προσθεῖναι; Χωρὶς τοῦ τοσαῦτα μερισθῆναι, καὶ πάντων ὡς μόνων ἑκάστων ἐφικέσθαι, τῆς μὲν γνώμης τὴν ἀνδρείαν, τῆς δὲ παρασκευῆς τὴν ὑπερβολὴν παρέχειν θαυμάσαι; Τά τε γὰρ πρὸς τοὺς βαρβάρους ὡς πᾶσαν ἄγουσα ἀπὸ πάντων σχολήν, οὕτω διῳκήσατο, καὶ τοῖς ἐνοχλοῦσι τῶν Ἑλλήνων οὐδὲν μᾶλλον ὑπῆρχε χρήσασθαι τῷ καιρῷ, ἀλλὰ καὶ τούτοις οὕτως ἀπήντησεν, ὥστε σὺν πέντε καὶ σὺν πλείω ταῦτ' ἔχειν ἀριθμεῖν, ὥσπερ ἄλλα ἄττα συλλήβδην ἀριθμούμενα. Ἐνίκων μέν [γε] ναυμαχίᾳ Πελοποννησίους ἐπὶ Κεκρυφαλίᾳ, ἐνίκων δ' Αἰγινήτας πρὸς Αἰγίνῃ, καὶ Πελοποννησίους αὖθις. Μεγαρεῦσι δ' ἔστησαν τεῖχος μέχρι θαλάσσης, καὶ τὴν ἐλευθερίαν ἅμα καὶ [τὴν] χώραν διεφύλαξαν. Ἐνίκων δε Κορινθίους πρὸ Μεγαρέων· καὶ πρὶν δώδεκα ἐξήκειν ἡμέρας ἐνίκων αὖθις ἑτέραν, οὐ καλῶς τὸ τρόπαιον ὑφαρπάζοντας.

Καὶ οὔπω ταῦτα μεγάλα· ἀλλ' εἰρήσεται γάρ, κἂν ἐπείγωμαι· ἡ γὰρ προσθήκη δείξει τὸ πᾶν. Ἀπῆσαν μὲν γὰρ αἱ δυνάμεις τῇ πόλει, ἡ μὲν [κατὰ τὴν τῶν] Αἰγυπτίων χρείαν, [νῆες πλείους ἢ τοτ' ἦσαν ἐν τοῖς Ἕλλησιν αἱ σύμπασαι σχεδόν], ἡ δ' Αἰγίνῃ προσεκάθητο, ὅπερ καὶ τοὺς ἐναντίους μᾶλλον ἐπῆρεν ὁρμῆσαι πρὸς

15 τὸ A¹MAr. : τῶ A ‖ **19** χρὴ M³Ar. ‖ **21** ἐφικέσθαι MAr. : ἀφικέσθαι A ‖ **24** ἄγουσα MAr. : ἄγουσαν A ‖ **26-27** ὥστε σὺν πέντε M : πέντε A ὥστε σύμπεντε Ar. ‖ **27** σὺν πλείω Photius : συμπλείω Ar. ‖ ἀριθμεῖν AM : ἀπαριθμεῖν M³Ar. ‖ **28** γε M³Ar. ‖ **31** τεῖχος μέχρι A : μέχρι τείχη M τείχη μέχρι M³ *v. l.* Ar. ‖ **32** τὴν *add.* M³ ‖ **34** ὑφαρπάζοντας MAr. : ὑφαρπάζοντες A ‖ **37** κατὰ τὴν τῶν M³Ar. : κατ' AM ‖ **38-39** νῆες — σχεδόν M³Ar.

[404 b] à se jeter sur cette cité ; ils jugeaient, en effet, l'inaction des Athéniens favorable à leur propre entreprise. Et si même la cité l'emportait une seconde fois, elle devrait abandonner un second siège d'Égine, car les Athéniens ne pourraient plus venir à la rescousse avec d'autres moyens. Mais les Athéniens se moquèrent si bien de ce beau raisonnement que les forces qui étaient devant Égine ne bougèrent pas, pas plus que celles qui étaient en Égypte et qui ne savaient rien[1].

Mais en vérité, seule parmi toutes les cités, Athènes fut, par les risques qu'elle assuma, la pourvoyeuse du bien commun à toute la race, la seule qui acquit l'hégémonie par des services rendus à tous, et qui modifia la loi antique : ce n'est pas, en effet, en asservissant les cités qu'elle conquit le pouvoir, mais c'est en les affranchissant. C'est ainsi que la même époque apporta aux Hellènes l'avantage de la liberté et à la cité celui de l'hégémonie. Car les Athéniens furent les seuls à commander à des gens consentants ; et, seul entre tous, ce peuple, tel un chef élu parmi tous, fut vainqueur en réduisant les barbares par les armes, sans avoir convaincu ses frères de race, mais en se laissant convaincre par eux de leur commander, en détenant le pouvoir comme un signe de justice et non comme un signe d'injustice. Et, pour tout dire en un mot, elle fut la seule cité qui domina les barbares malgré eux et les Hellènes par leur consentement volontaire[2].

Avec quelle qualité d'âme humaine ces hauts faits sont-ils à mettre en relation? Et ne faut-il pas les admirer plus que n'importe quelle heureuse fortune? Survint la grande épreuve, car je ne la passerai pas sous silence ; elle me semble, au contraire, faire apparaître la cité plus grande encore. Elle fut, en effet, amenée par ses autres exploits à se considérer comme ayant conquis toute la Sicile. Car elle n'avait pas l'aspect d'une cité dépouillée de sa puissance, mais d'une cité qui vient

1. I, p. 251, 16-254, 1.
2. I, p. 258, 7-21.

[404 b] τὰ Μέγαρα · ᾤοντο γὰρ εἶναι σχολὴν Ἀθηναίων εἰς τὸ ἔργον ἑαυτοῖς. Εἰ δ' ἄρα καὶ τὰ δεύτερα νικῴη, ἀλλ' ἑτέραν πολιορκίαν λύσειν τῆς Αἰγίγης · οὐ γὰρ ἄλλοθέν γε λοιπὸν ἥξειν αὐτούς. Οἱ δὲ τοσοῦτον κατεγέλασαν τοῦ σοφίσματος, ὥστε οὐδὲν μᾶλλον οἱ πρὸς Αἰγίνῃ τότε ἐκινήθησαν τῶν ἐν Αἰγύπτῳ καὶ μηδὲν πεπυσμένων.

Ἀλλὰ μὴν μόνη μὲν ἁπασῶν πόλεων ἰδίοις κινδύνοις κοινὴν ἅπαντι τῷ γένει τὴν ὠφέλειαν ἐπορίσατο, μόνη δὲ ἐκ τῶν κοινῶν εὐεργεσιῶν τὴν ἡγεμονίαν ἐκτήσατο, καὶ μετέθηκε τὸν θεσμόν · οὐ γὰρ ἐξ ὧν κατεδουλώσατο τὰς πόλεις ἔσχε τὴν ἀρχήν, ἀλλ' ἐξ ὧν ἐποίησεν ἐλευθέρας. Ὥστε συμβῆναι τοὺς αὐτοὺς χρόνους τοῖς μὲν Ἕλλησι τὸ τῆς ἐλευθερίας, τῇ δὲ πόλει τὸ τῆς ἀρχῆς κέρδος ἐνεγκεῖν. Μόνοι γὰρ ἑκόντων ἦρξαν, καὶ μόνος οὗτος δήμων ὥσπερ εἷς ἄρχων αἱρετὸς ἐξ ἁπάντων ἐνίκησε, τοὺς μὲν βαρβάρους τοῖς ὅπλοις βιασάμενος, τοὺς δ' ὁμοφύλους οὐ πείσας ἀλλ' ὑπ' αὐτῶν ἄρχειν πεισθείς, σύμβολον δικαιοσύνης ἔχων τὴν ἀρχήν, ἀλλ' οὐκ ἀδικίας. Εἰ δὲ δεῖ διελόντα εἰπεῖν, μόνη πόλεων τῶν μὲν βαρβάρων ἀκόντων, τῶν δὲ Ἑλλήνων ἑκόντων ἔσχε τὴν ἀρχὴν.

Ποίᾳ ταῦτ' ἔστι ψυχῇ παραβάλλειν ἀνθρωπίνῃ, καὶ τίνος οὐκ εὐτυχίας μᾶλλον θαυμάσαι; Γενομένου δὲ τοῦ μεγάλου πάθους · οὐ γὰρ [οὖν] σιωπήσομαι, ἀλλὰ καὶ τοῦτο ἔτι μείζω μοι δοκεῖ δεικνύναι τὴν πόλιν. Οὕτω γὰρ τοῖς ὑπολοίποις προσηνέχθη πράγμασιν, ὥσπερ ἂν εἰ πᾶσαν εἰλήφει τὴν Σικελίαν. Οὐ γὰρ ἐστερημένῃ δυνάμεως ἐῴκει, ἀλλ' ἄρτι προσκε-

[404 b] **2** ἑαυτοῖς Photius : αὐτοῖς Ar. || **3** πολιορκίαν λύσειν AM : λύσειν πολιορκίαν M^3 *v. l.* Ar. || τῆς Photius : τὴν Ar. || **9** μόνη — ἐκτήσατο MAr. : *om.* A || **10** ἐξ ὧν κατεδουλώσατο A^2MAr. : *quid prius praeb.* A *non liquet* || **18** ἀλλ' AM : *del.* M^x *non habet* Ar. || **20** ἑκόντων A : δεηθέντων MAr. || **21** παραβάλλειν A : περιλαβεῖν M παραβαλεῖν M^3 *v. l.* Ar. || **23** οὖν M^3Ar. || **24** ἔτι AM^3Ar. : *om.* M || **25** γὰρ *add.* Photius.

de l'acquérir. Et la douceur de mœurs, la modération, l'existence bien réglée que les citoyens avaient choisies pour ne consentir à rien qui fût mal, personne ne pourrait les évoquer dignement.

Tous les Hellènes les cernaient et ceux d'entre eux qui étaient leurs ennemis se prenaient pour la première fois à espérer et à s'exalter devant la fortune ; c'était la révolte de presque tous les alliés : habitants des îles, habitants du continent, tous, ou peu s'en faut, prenaient une attitude hostile et les Athéniens étaient encerclés de toutes parts ; survint en plus un acte imprévu, insensé : le roi fut appelé pour combattre la cité par ceux que les exploits de celle-ci avaient sauvés de lui ; [lui aussi] se [405 a] joignit à eux avec empressement et il fit la guerre à leurs côtés avec une armée, avec une flotte, avec son or ; et quelles bases terrestres ou maritimes n'apportait-il pas dans le conflit ?

Il n'était donc personne qui ne s'attendît, en considérant ainsi les choses du dehors, à voir la cité bientôt mise au pillage, [pressée qu'elle était ainsi par une guerre que lui faisaient ensemble barbares et Hellènes] ; mais les Athéniens renversèrent la situation, comme si c'était pour eux et non contre eux que toutes ces forces s'étaient dressées, ou comme si les ennemis se battaient à leurs côtés[1]. Ils jalonnèrent l'Hellespont de trophées, poursuivant les uns par ici, les autres par là, comme s'ils faisaient des manœuvres entre eux au lieu de livrer sans relâche des combats sur mer contre ceux qu'ils rencontraient. On l'a dit et je l'ai pensé comme quelqu'un l'a dit avant moi. Finalement, devant Cyzique, ils tombèrent à la fois sur les Lacédémoniens, sur les barbares

1. I, p. 262, 16-263, 19.

κομμένῃ. Καὶ τὴν μὲν τῶν τρόπων εὐκολίαν καὶ σωφροσύνην καὶ τάξιν διαίτης, ἣν ὑπὲρ τοῦ μηδὲν αἰσχρὸν συγχωρῆσαι προείλοντο, οὐδ' ἂν εἷς ἀξίως εἴποι.

Περιστάτων δ' αὐτοὺς τῶν Ἑλλήνων ἁπάντων, καὶ τῶν μὲν ὑπαρχόντων πολεμίων τότε πρῶτον λαβόντων ἐλπίδας καὶ παροξυνθέντων ὑπὸ τῆς τύχης, ἐπελθόντων δὲ τῶν ἐκ Σικελίας, μεταστάσης δὲ τῆς συμμαχίας ὀλίγου δεῖν ἁπάσης, καὶ νήσων καὶ ἠπείρου καὶ πάντων ὡς εἰπεῖν πολεμίων καταστάντων, καὶ πανταχόθεν κεκυκλωμένοι, ἔτι δ' ἀγνωμοσύνης ἀπροσδοκήτου συμβάσης ὥστε καὶ βασιλέα κληθῆναι κατὰ τῆς πόλεως ὑπὸ τῶν ἀπ' ἐκείνου σωθέντων ταῖς ἀπὸ τῆς πόλεως πράξεσιν, προσγενομένου δὲ [κἀκείνου] μάλα ἀσμένως, καὶ [405 a] συμπολεμοῦντος καὶ σώμασι καὶ ναυσὶ καὶ χρυσῷ, καὶ τίνα γῆς ἢ θαλάττης οὐ παρέχοντος ἀφορμὴν τῷ πολέμῳ;

Ἦν μὲν οὖν οὐδεὶς ὅστις οὐκ ἂν ἤλπισεν, ἔξωθεν οὑτωσὶ σκοπῶν, ἀναρπασθήσεσθαι νῦν ἤδη τὴν πόλιν [οὕτω κοινῷ πολέμῳ βαρβάρων τε καὶ Ἑλλήνων συνεχομένην]· οἱ δὲ οὕτω μετέστησαν τὰ πράγματα, ὥσπερ ἁπάντων τούτων ὑπὲρ αὐτῶν ἀλλ' οὐ κατ' αὐτῶν γινομένων, ἢ στρατηγούντων σφίσι τῶν πολεμίων. Διέλαβον δὲ τροπαίοις τὸν Ἑλλήσποντον ἄλλους ἄλλοσε καταδιώκοντες, ὥσπερ μελέτας μᾶλλον ἐν σφίσιν αὐτοῖς ἢ ναυμαχίας πρὸς τοὺς ἐντυγχάνοντας ἀεὶ ποιούμενοι. Εἴρηταί τε, καὶ ἐνεθυμήθην ὡς ἑτέρῳ προείρηται. Τέλος δ' ἐπὶ Κυζίκῳ συμπεσόντες ὁμοῦ Λακεδαιμονίοις καὶ

28-29 καὶ — τάξιν AM^3 *v. l.* Ar. : καὶ τάξιν καὶ σωφροσύνην M ‖ 37 κεκυκλωμένοι AM : κεκυκλωμένων M^3 *v. l.* Ar. ‖ 40 κἀκείνου M^{3}Ar. ‖ ἀσμένως AM : ἀσμένου M^3 *v. l.*

[405 a] 2 οὐ παρέχοντος ἀφορμὴν AM^3 *v. l.* Ar. : ἀφορμὴν οὐ παρέχοντος M ‖ 5 οὕτω — συνεχομένην M^{3}Ar. ‖ 7 ὑπὲρ αὐτῶν ἀλλ' οὐ κατ' αὐτῶν AM^3 *v. l.* Ar. : οὐ κατ' αὐτῶν ἀλλ' ὑπὲρ αὐτῶν M.

d'Hellade et d'Asie, sur Pharnabaze et ils capturèrent tous les navires qu'ils ne détruisirent pas[1]. En sorte que la cité, pourtant si accablée par la coalition des insurgés, ne pensa même pas pendant ce temps-là au mot paix mais ceux qui avaient débuté par de si nombreux et de si grands succès furent abattus et cherchèrent aussitôt un refuge dans la paix[2].

En outre, la cité a été forcée de combattre à la fois contre tous ceux qui venaient l'attaquer ou qui s'agitaient contre elle ; la plupart de ses adversaires ont pu tenir devant une partie de ses forces ; mais à l'ensemble de celles-ci, absolument personne ne s'est mesuré. En sorte que la cité athénienne a remporté de grandes et nombreuses victoires tout en restant elle-même ce qu'elle était, invaincue. Et l'essentiel, c'est que personne ne la domina — car personne n'a infléchi sa volonté, ses échecs ayant été tous des échecs militaires — tandis qu'elle, elle s'est soumis les volontés [de ses adversaires] à la fois en mettant à l'actif de sa fierté la fuite de Xerxès qui abandonna ses entreprises, et en faisant plier les Lacédémoniens, aussi bien ceux qui lui obéissaient que ceux qui étaient au combat et qui s'y étaient fait battre[3].

Vers quoi penchait-elle, sinon vers le désir de paix[4]*?*

Les Lacédémoniens, en effet, regardèrent comme indigne d'eux de faire la paix avec les Thébains, estimant que céder à la seule cité d'Athènes était un revers honorable. Mais quand ils furent mêlés aux autres ennemis, il leur fut également impossible d'en sauver d'autres [405 b] et de demander aux autres de les sauver eux-mêmes[5].

1. I, p. 264, 7-265, 3.
2. I, p. 265, 10-14.
3. I, p. 269, 1-13.
4. Je n'ai pas retrouvé cette scolie parmi celles de Dindorf, III.
5. I, p. 270, 2-6.

τοῖς ἀπὸ τῆς Ἑλλάδος καὶ τοῖς ἀπὸ τῆς Ἀσίας βαρβάροις καὶ Φαρναβάζῳ λαμβάνουσι τὰς ναῦς παρὰ τοσοῦτον οὐ πάσας, παρ' ὅσας διέφθειραν. Ὥστε ἡ μὲν τοσοῦτον ὑπερβληθεῖσα ὑπὸ τῆς συστάσεως πόλις οὐδ' ὄνομα εἰρήνης ἐπ' ἐκείνων τῶν χρόνων ἐνενόησεν, οἱ δ' ἀπὸ τοσούτων καὶ τηλικούτων πλεονεκτημάτων ὁρμώμενοι πληγέντες κατέφευγον εὐθὺς ἐπὶ τὴν εἰρήνην.

Ἔτι δὲ αὕτη μὲν πρὸς ἅπαντας ὁμοῦ πολεμεῖν ἠνάγκασται τοὺς ἐπιόντας ἢ κινοῦντας, τῶν δ' ἐναντίων οἱ πλεῖστοι πρὸς μέρος αὐτῆς ἀντήρκασιν, ἀθρόας δὲ τῆς δυνάμεως ἤ τις ἢ οὐδεὶς ἐπειράθη. Ὥστε ἡ τῶν Ἀθηναίων πόλις νενίκηκε μὲν πολλὰ δὴ πολλάκις, αὐτὴ δ' ἴσα καὶ ἀήττητός ἐστι. Τὸ δὲ πάντων μέγιστον, ὅτι αὐτῆς μὲν οὐδεὶς ἐκράτησεν (οὐδεὶς γὰρ αὐτῆς τὴν γνώμην παρεστήσατο, ἀλλὰ στρατιᾶς γέγονε πάντα τὰ τοιαῦτα ἀτυχήματα), αὕτη δὲ τὰς γνώμας [τῶν ἐναντίων] ἅμα τοῖς ἔργοις δεδούλωται, Ξέρξην μὲν φεύγειν ἀπὸ τῶν πραγμάτων ποιήσασα ἐν εὐχῆς μέρει, Λακεδαιμονίους δὲ ἀνακλίνασα οὐχ ἧττον τοὺς ἀκούοντας ἢ τοὺς ἐν ταῖς μάχαις παρόντας καὶ πταίσαντας αὐτῶν.

Εἰς τί ἀνέκλινεν; Ἢ εἰς τὸ ἐπιθυμῆσαι εἰρήνης;

Εἰρήνην γὰρ Λακεδαιμόνιοι ἀπηξίωσαν ποιήσασθαι πρὸς Θηβαίους, μόνῃ τῇ τῶν Ἀθηναίων πόλει νομίζοντες εἴκειν εὐπρεπῆ συμφορὰν εἶναι. Ἀναμιχθέντες δὲ τοῖς ἄλλοις πολεμίοις οὐ μᾶλλον σῴζειν ἑτέ-
[405 b] ρους εἶχον, ἢ τῶν ἄλλων ἐδέοντο σῴζειν σφᾶς.

16 διέφθειραν M^{x}Ar. : διέφθειρον AM ‖ **21** αὕτη A : αὐτὴ MAr. ‖ **21** ὁμοῦ πολεμεῖν AM^{3} *v. l.* Ar. : πολεμεῖν ὁμοῦ M ‖ **22** ἠνάγκασται A : ἠνάγκαστο MAr. ‖ **23** ἀντήρκασιν MAr. : ἀντήρκεσαν A^{2} *quid prius praeb.* A *non liquet* ‖ **29** αὕτη Photius : αὐτὴ Ar. ‖ **30** τῶν ἐναντίων M^{3}Ar. ‖ **34** καὶ πταίσαντας *habet bis perperam* A ‖ **36** Λακεδαιμόνιοι *add.* Photius ‖ **39** πολεμίοις AM : Πελοποννησίοις M^{2}Ar.

[Ils n'étaient guère plus de cinquante les premiers] qui, ayant pris cette résolution à la fois contre la suprématie lacédémonienne sur terre et sur mer et contre leurs adversaires dans la cité même, affrontèrent le danger, estimant qu'il fallait ou bien vivre libres ou bien renoncer à voir la lumière du soleil qui témoignerait contre eux de leur lâcheté[1]. La cité fit, en effet, une maladie commune à la nature humaine, mais elle trouva sa guérison en elle-même, si bien que ce malheur même lui valut plus d'envie que d'infortune[2]. Quand ils eurent vaincu leurs ennemis de l'extérieur par leur vaillance, ils vainquirent ceux de l'intérieur par leur clémence. Grâce à ces deux qualités : le courage au combat et la décision opportune après l'action, ils rétablirent la situation de leur cité. En sorte que, si quelqu'un voulait ne pas tout dire, il pourrait escamoter tout le malheur survenu au cours de la guerre ; ainsi, c'est d'une manière conforme à leurs exploits antérieurs qu'ils choisirent ceux qu'ils accomplirent plus tard et qu'ils les menèrent à bien[3].

[En vertu de quelle supériorité faut-il estimer que cette cité l'emporte][4]? Voici un fait qui ne mérite pas moins d'être rapporté et apprécié qu'aucun autre de ceux qu'ils ont accomplis : quand les Lacédémoniens réclamèrent le prêt qu'ils avaient fait aux Trente pour combattre le peuple, il y eut un accord et le peuple rembourse afin de confirmer le traité par un acte[5]. Et ils devinrent pour l'humanité un exemple de l'espérance au sein du malheur. Le peuple était déjà rassemblé ; les gens se rapprochaient, prêts à bientôt discuter comme si les deux partis avaient lutté l'un pour l'autre et non chacun pour son compte, de sorte qu'on ne pouvait décider s'il fallait abominer le conflit des partis adverses ou joindre ses prières pour la cité à celles des gens bien

1. I, p. 271, 11-16.
2. I, p. 272, 5-8
3. I, p. 272, 17-273, 2.
4. I, p. 273, 4.
5. I, p. 273, 5-9.

[Οἵ γε ὀλίγων μὲν πλείους ὄντες ἢ πεντήκοντα οἱ πρῶτοι] ταῦτα δὲ βουλεύσαντες ὁμοῦ πρός τε τὴν Λακεδαιμονίαν ἀρχὴν γῆς καὶ θαλάττης οὖσαν, καὶ πρὸς τοὺς ἐν αὐτῇ τῇ πόλει κινδυνεύειν ὑπέστησαν, οἰόμενοι δεῖν ἢ ζῆν ἐν ἐλευθερίᾳ ἢ μὴ προσορᾶν τὸν ἥλιον κακίας μάρτυρα ἑαυτοῖς γενόμενον. Ἐνόσησε μὲν γὰρ τῇ τῶν πάντων ἀνθρώπων φύσει, ἰάθη δὲ τῇ ἑαυτῆς, ὥστε καὶ τοῦτο ζῆλον αὐτῇ μᾶλλον ἐνήνοχεν ἢ συμφοράν. Κρατήσαντες δὲ εὐψυχίᾳ τοὺς ἐχθρούς, ἐπιεικείᾳ τοὺς οἰκείους ἐνίκησαν. Χρησάμενοι δὲ ἀμφοτέροις, καὶ τῇ παρὰ τοὺς ἀγῶνας ἀνδρείᾳ καὶ τῷ μετὰ τὰς πράξεις ἃ δεῖ βουλεύσασθαι, οὕτως ἀνεκτήσαντο τὴν πόλιν. Ὥστ' εἴ τις βούλοιτο μὴ πάντα διηγεῖσθαι, ἐνεῖναι κλέψαι τὴν σύμπασαν ἐπὶ τοῦ πολέμου συμφοράν· οὕτως ἀκολούθως ταῖς ἄνω πράξεσι τὰς ἐφεξῆς καὶ προείλοντο καὶ κατώρθωσαν.

[Πόσῃ τινὶ τῇ περιουσίᾳ χρὴ νομίζειν ταύτην ὑπεραίρειν]; Ὁ δὲ οὐδενὸς ἧττον τῶν ὑπ' ἐκείνων πραχθέντων ἄξιον εἰπεῖν τε καὶ τιμῆσαι· Λακεδαιμονίων γὰρ ἃ τοῖς Τριάκοντα ἐδάνεισαν ἐπὶ τὸν δῆμον ἀπαιτούντων, ἐπειδὴ συνέβησαν, συνέτισεν ὁ δῆμος, ἵν' ἔργῳ τὰς συνθήκας βεβαιώσηται. Παράδειγμα δὲ ἀνθρώποις τῶν ἐν τοῖς δεινοῖς ἐλπίδων ἐγένοντο. Ὁ δῆμος ἤδη συνειλεγμένοι ἅμα τε εἰς χεῖρας παρῆσαν καὶ σχεδὸν εἰς λόγους, ὥσπερ ὑπὲρ ἀλλήλων, οὐχ ὑπὲρ ἑαυτῶν πολεμήσαντες ἑκάτεροι· ὥστε μὴ εἶναι διελέσθαι, πότερον τῶν ἐναντίων ἦν καταρᾶσθαι τὴν στάσιν, ἢ τῶν

[405 b] **2-3** οἵ — πρῶτοι M^{3}Ar. || **3** δὲ A : *om.* M *non habet* Ar. || Λακεδαιμονίαν A : Λακεδαιμονίων MAr. || **6** ἐν AM^{3}Ar. : *om.* M || **7** ἑαυτοῖς MAr. : ἐπ' αὐτοῖς A || **9** τοῦτο AAr. : τοῦτον M || **10** δὲ εὐψυχίᾳ AAr. : εὐτυχίᾳ M || **13** ἀνεκτήσαντο AM^{2}Ar. : ἀνεκτήσατο M || **15** ἐνεῖναι MAr. *et fortasse* A : ἔνιοι A^2 || σύμπασαν A : συμβᾶσαν MAr. || **16** πολέμου AAr. : *om.* M || **18** πόσῃ — ὑπεραίρειν M^{3}Ar. || **22** συνέτισεν A : συνεξέτισεν MAr. || ἵν' MAr. : εἰ A || **24** ἐγένοντο MAr. : ἐγίνοντο A || **25** συνειλεγμένοι AAr. : συνειλεγμένος M.

intentionnés, puisque la guerre civile s'est terminée de cette manière[1]. Puisque j'ai parlé de la paix, je veux y revenir brièvement à présent[2].

C'est ainsi qu'elle a été la première et la seule à vaincre les barbares ; et, quand elle s'est trouvée jointe à d'autres cités, elle n'a pas moins surpassé ses alliés que ses adversaires[3].

Ceux qui ne savent pas chasser ne lâchent pas une prise inespérée ; même si quelqu'un offre de la leur payer, ils sont incapables alors de l'estimer à sa valeur mais ils la surestiment en proportion de leur propre incompétence. La cité, qui au contraire avait conscience de sa totale supériorité, n'a jamais usé de mesquinerie parce qu'elle attendait autant de ses biens éloignés que [406 a] de ses biens présents. C'est pourquoi elle a tout restitué aux ennemis plus aisément qu'eux n'avaient réclamé leurs biens[4].

Peut-être donc semblé-je, moi aussi, me comporter d'une façon bizarre en blâmant ceux qui comparent Athéniens et Lacédémoniens*, pour en venir moi-même à des propos analogues et parler d'eux dans le même esprit où je déconseille d'en parler. Ce sont là, en effet, des raisons capables de montrer à chacun que la reconnaissance qu'il estime revenir à la cité n'a rien d'extraordinaire et qu'il ne faut pas discuter de pareils projets à dessein mais en passant, comme je le fais pour l'instant*. De sorte que si quelqu'un estimait que ces sujets nous sont interdits à nous aussi, nous en avons parlé tout juste pour les mentionner[5].

Les Lacédémoniens, qui prétendent à la suprématie sur les Hellènes [et qui s'exposent les premiers quand la nécessité l'exige], ne sont que des enfants quand on les compare à la cité[6].

Aussi voudrais-je que les trophées dont je vais parler

1. I, p. 271, 18-272, 5.
2. I, p. 276, 13-14.
3. I, p. 277, 1-3.
4. I, p. 279, 2-9.
5. I, p. 280, 14-281, 1.
6. I, p. 281, 9-11.

εὔνων συνεύξασθαι τῇ πόλει τοῦτόν γε λυθεῖσαν τὸν τρόπον. Ἐπεὶ δὲ τῆς εἰρήνης ἐμνήσθην, πάλιν ἐνταῦθα ἐπανελθεῖν βούλομαι βραχύ τι.

Ὥστε καὶ πρώτη τοὺς βαρβάρους καὶ μόνη ἐνίκησε · καὶ σὺν ἄλλοις γενομένη οὐκ ἔλαττον τοὺς συμπαρόντας ἢ τοὺς ἀντιπάλους ἐνίκα. Ὥσπερ οἱ θηρᾶν ἀδύνατοι τὸ ληφθὲν ἀπροσδοκήτως οὐ μεθιᾶσιν, οὐδ' ἂν ἀποδόσθαι τις ἀξιώσῃ, τῆς ἀξίας τιμήσαιντ' ἄν, ἀλλὰ τὴν αὑτῶν ἀδυναμίαν προστιθέντες πλεονάζουσιν. Ἡ δέ, οἶμαι, συνειδυῖα ἑαυτῇ κρείττων οὖσα τοῖς ὅλοις, οὐδὲ πώποτε ἐμικρολογήσατο, ἐξ ἴσου τοῖς παροῦσι τὰ ἀπόντα ἐλπίζουσα. [406 a] Διὸ πάντα ῥᾷον τοῖς πολεμίοις ἀπέδωκεν ἢ ἐκεῖνοι τὰ σφέτερα αὐτῶν ἀπῄτησαν.

Ἴσως μὲν οὖν κἀγώ τισιν ἄτοπον ποιεῖν δοκῶ, μεμφόμενος μὲν τοὺς συγκρίνοντας Ἀθηναίοις Λακεδαιμονίους, αὐτὸς δὲ εἰς τοὺς ὁμοίους λόγους προεληλυθώς, καὶ δι' αὐτά γε ταῦτα εἰρηκὼς αὐτούς, δι' ἅ φημι δεῖν μὴ λέγειν. Οὐ μὴν ἀλλ' ἐξ αὐτῶν γε τούτων καὶ μάλιστα ἄν τις κατίδοι ὡς οὔτε ἡ χάρις θαυμαστή, ἣν οἴονται τῇ πόλει κατατίθεσθαι, οὔτε ἐξεπίτηδες τά γε τοιαῦτα ἀγωνιστέον, ἀλλὰ κατὰ τὸ πάρεργον οἷον ὥσπερ νῦν ἐγώ. Ὥστε εἴ τις ἀξιοῖ καὶ ἡμῖν ἄρρητα ταῦτα εἶναι, σχεδὸν τούτου χάριν εἴρηται.

Καὶ Λακεδαιμόνιοι τῶν Ἑλλήνων προέχοντες καὶ [προκινδυνεύοντες ἐν ταῖς χρείαις] παῖδες τῇ πόλει παραβάλλειν εἰσίν. Ὥστε ἐβουλόμην ἂν καὶ τὰ τρό-

29 συνεύξασθαι AM³Ar. : ἐπεύξασθαι M || λυθεῖσαν A²Ar. *et* M *ut vid.* : λυθῆσαν A λυθεῖσα Mˣ || **31-32** ὥστε — μόνῃ Photius : ὥστε καὶ μόνη τοὺς βαρβάρους καὶ πρώτη Ar. || **32** ἐνίκησε A : νενίκηκε MAr. || **36** αὑτῶν Ar. : αὐτῶν Photius.

[406 a] **3** ἄτοπον ποιεῖν AM : ποιεῖν ἄτοπον M³ *v. l.* Ar. || **3-4** τοὺς — Λακεδαιμονίους A : *om.* M || **5** προεληλυθώς AAr. : παρεληλυθώς M || **7** γε *add.* Ph. || **12** Λακεδαιμόνιοι AM : Λακεδαιμόνιοι οἱ M³ Λακεδαιμόνιοι οἱ Ar. || **12-13** καὶ — χρείαις M³Ar.

eussent été accumulés par la cité au détriment d'autres ennemis et qu'il ne fallût pas ajouter, à propos de la plupart d'entre eux, qu'ils l'ont été au détriment des Lacédémoniens. Mais en fait, ce sont les événements eux-mêmes qui la mettent en cause, de sorte que je n'en parlerai pas pour faire une comparaison, mais pour ne pas passer ses hauts faits complètement sous silence, car il y en a que j'ai omis. Il faut en faire, me semble-t-il, autre chose qu'une revue hâtive[1]. Car ils n'ont pas fait montre d'une forme unique de bienfaisance, mais ils n'en ont laissé aucune de côté[2].

J'ai autour de moi des matériaux de toute sorte, comme s'il s'agissait d'écrire une histoire de cette période même ; événements qu'il n'est pas facile de passer tous en revue, loin de là ! Il n'est même pas facile de narrer l'une après l'autre toutes les actions d'un seul général. Que laisser de côté, que rappeler[3]?

Voici pourquoi il faut surtout admirer le naturel des Athéniens et le juger supérieur à la normale humaine : alors qu'il leur était possible d'avoir les Lacédémoniens à leurs ordres sur terre et sur mer ou de les voir renversés par la révolte de leurs alliés, des périèques et de [tous] les esclaves, ils les accueillirent en égaux. Et quand la puissance thébaine déferla comme un incendie vers la cité de Lacédémone et vers le reste du Péloponnèse, ils furent les seuls des Hellènes et des barbares à se dresser pour l'arrêter. Les Athéniens y gagnèrent une telle considération de la part de tous qu'on fit de leur cité le siège de toute la confédération[4]. Désormais, va-t-on encore accuser la cité ou les événements? En effet, si c'est la cité qu'on accuse, on ignore, semble-t-il, tout ce [406 b] qu'il y a de plus important, mais en perdant de vue ce qui fait son renom. Si ce sont les événements qu'on critique, c'est, semble-t-il, parce qu'on les juge différents de ceux avec lesquels la cité avait été aux prises auparavant ; de telle manière qu'un éloge de la cité résulte de l'accusation contre l'événement. En effet,

1. I, p. 281, 17-23. — 2. I, p. 283, 9-11.
3. I, p. 284, 11-14. — 4. I, p. 285, 16-286, 8.

παια ἃ μέλλω λέγειν ἀπ' ἄλλων ὑπάρχειν ἀνακείμενα τῇ πόλει, καὶ μὴ ἀναγκαῖον εἶναι προστιθέναι τοῖς πολλοῖς ὅτι ἀπὸ Λακεδαιμονίων. Νῦν δὲ αὐτὰ τὰ πράγματα ταύτην ἄγει, ὥστε οὐ τοῦ παρεξετάσαι χάριν εἰρήσεται, ἀλλὰ τοῦ μὴ παντάπασιν τὰς πράξεις παρελθεῖν· καὶ γάρ εἰσιν ἃς παρεξέλιπον. Δεῖ δέ, ὡς ἔοικεν, οὐ τοῦ τυχόντος δρόμου. Καὶ οὐχ ἓν εἶδος εὐεργεσίας ἐπεδείξαντο, ἀλλ' οὐδὲν εἶδος εὐεργεσίας ἀπέλιπον.

Περιΐσταται δέ με παντοδαπὰ ὥσπερ ἐν συγγραφῇ τῶν αὐτῶν χρόνων, ἃ μὴ ὅτι πάντα διεξελθεῖν εὔπορον, ἀλλ' οὐδενὸς στρατηγοῦ πάντα ἑξῆς. Ὧν τί παρεὶς τίνος μνησθῶ; Ὃ δὲ δεῖ μάλιστα τῆς ἐκείνων φύσεως ἀγασθῆναι καὶ κρεῖττον ἢ κατὰ ἄνθρωπον ἡγήσασθαι· ἐξὸν γὰρ ἑαυτοῖς ἀκολουθοῦντας ἔχειν Λακεδαιμονίους καὶ κατὰ γῆν καὶ κατὰ θάλατταν, ἢ περιϊδεῖν ἐπὶ κεφαλὴν ὠσθέντας, συμμάχων, περιοίκων, οἰκετῶν [ἁπάντων] ἐπανεστηκότων, ἐπὶ τοῖς ἴσοις ἐδέξαντο. Καὶ πορευομένης ὥσπερ φλογὸς τῆς Θηβαίων δυνάμεως ἐπὶ τὴν πόλιν τὴν Λακεδαιμονίων καὶ τὰ λοιπὰ τῆς Πελοποννήσου, μόνοι καὶ Ἑλλήνων καὶ βαρβάρων προστάντες ἐκώλυσαν. Ἐξ ὧν οὕτως ὑπὸ πάντων ἑωρῶντο ὥστε καταστῆναι τὴν πόλιν συνέδριον τῆς συμμαχίας ἁπάσης. Ἔτι τοίνυν πότερον τῆς πόλεως ἢ τῶν συμβάντων κατηγοροῦσιν; Εἰ μὲν γὰρ τῆς πόλεως, οὐδέν, ὡς ἔοικε, τῶν μεγίστων ἐπίστανται, ἀλλ' ἐκπέφευγεν αὐ-
[406 b] τοὺς ἀφ' ὧν ἡ πόλις γνωρίζεται. Εἰ δὲ τὰ συμβάντα μέμφονται, οὐχ ὅμοια τοῖς ἄλλοις, ὡς ἔοικεν, οἷς προείληπτο ἡ πόλις νομίζοντες, οὕτω μέμφονται· ὥστε ἐξ ὧν

17 αὐτὰ AMAr. : ταῦτα A^{1} || 23 με MAr. : με τὰ A || 26 δεῖ *Photii edd.* : δὴ Ar. *et Photii codd.* || 30 ὠσθέντας MAr. : ὀφθέντας A^{2} ὠφθέντας A || ἁπάντων M^{3}Ar. || 33 τὴν Λακεδαιμονίων A : Λακεδαιμονίων τῶν MAr. || 35 πάντων M^{3}Ar. : πᾶν AM || ἑωρῶντο MAr. : ἑωρῶντο οἱ Ἀθηναῖοι Πελοποννησίων A || 37-38 ἢ — πόλεως MAr. : *om.* A.

[406 b] 1 ἀφ' AMAr. : ἐξ M^{3} || 2 προείληπτο A : προείλετο MAr.

la malice, dans un État aussi bien que chez un particulier, apparaît ou bien lorsqu'il n'y a en lui que matière à critique, ou bien lorsque quelqu'un prouve que le mal l'emporte en fréquence ou en importance sur le bien; cela va de soi, en effet. Si, dans ton examen, tu t'attaches à un fait ou deux, tu fais, sans le savoir, un éloge de ce que tu passes sous silence surtout si ce n'est pas un particulier que tu juges mais une cité qui est, [de surcroît], la plus ancienne des cités helléniques et qui a en quantité à son actif un maximum d'actes nécessaires[1]. Car tout empire appartient aux plus forts, en dépit de la loi de l'égalité. Sinon, comment y a-t-il égalité ou justice dans le fait de lever des impôts sur une autre cité, de donner des lois à ceux qui n'en ont nul besoin, de juger leurs affaires, de commander, de faire la guerre ou d'acquérir ce qui ne vous appartient pas? Car, en somme, rien de ces actes ne procède de l'égalité. De sorte que si quelqu'un veut discuter avec précision sur la justice et veut finasser plutôt que s'incliner devant la nature des faits, il ne manquera pas de supprimer d'un trait de plume tout empire ou toute domination dans l'idée que tout cela relève de la loi du plus fort. Ensuite, poussé par la sagesse, il remontera jusqu'aux dieux pour les mettre en cause et pour dire qu'eux non plus n'ont pas de rapports d'égalité avec les humains, mais qu'ils ont choisi d'être les plus forts.

Mais je pense que ce raisonnement est le propre de gens faits pour vivre dans un coin sombre et qui n'ont jamais vu le soleil, lui qui enlève leur éclat aux autres astres. Et s'il faut nécessairement que ces caractéristiques s'appliquent à toute puissance et à toute suprématie, et si la règle du pouvoir est de ne pas être jugé sur le même pied que ceux qu'il domine, alors qu'il sorte triomphant, celui qui aura montré, parmi toutes les

1. I, p. 286, 17-287, 14.

τὸ πρᾶγμα κακίζουσι, τὴν πόλιν ἐγκωμιάζουσι. Τότε γὰρ κακία καὶ πόλεως καὶ ἰδιώτου δείκνυται, ὅταν ἢ μόνα τῳ προσῇ τὰ ὑπαίτια, ἢ πλείω τὰ φαῦλα τῶν ἐπιεικῶν ἐλέγχῃ τις ἢ μείζω· προσκείσθω γάρ. Ὅταν δ' ἐξετάζων διὰ πάντων ἑνὸς ἢ δυεῖν λαμβάνῃ, λέληθας ἐπαινῶν οἷς ἀφίης, ἄλλως τε εἰ μὴ δι' ἰδιώτου ποιῇ τὴν κρίσιν, ἀλλὰ πόλεως, [καὶ ταύτης] πρεσβυτάτης τῶν Ἑλληνίδων καὶ ᾗ πλεῖστα ὑπάρχει τὰ δέοντα συμβάντα. Ἅπασα γὰρ δήπουθεν ἀρχὴ τῶν κρειττόνων ἐστὶ καὶ παρ' αὐτὸν τὸν τῆς ἰσότητος νόμον. Εἰ δὲ μή, πῶς ἴσον ἢ ποῦ δίκαιον ἢ φόρους ἐκλέγειν ἀπὸ τῆς ἀλλοτρίας, ἢ νόμους τιθέναι τοῖς οὐδὲν δεομένοις, ἢ κρίνειν τὰ ἐκείνων, ἢ προστάττειν, ἢ πολεμεῖν, ἢ κτᾶσθαι τὰ μὴ προσήκοντα; Ὅλως γὰρ οὐδὲν τούτων ἀπὸ τοῦ ἴσου γίνεται. Ὥστ' εἴ τις ἀκριβολογεῖται περὶ τῶν δικαίων, καὶ σοφιστὴς εἶναι μᾶλλον βούλεται ἢ τῇ τῶν πραγμάτων φύσει συγχωρεῖν, οὐκ ἂν φθάνοι διαγράφων πάσας ἀρχὰς καὶ δυνάμεις ἁπλῶς, ὡς ἅπαντά γε ταῦτά ἐστιν ἐν τῷ θεσμῷ τοῦ κρείττονος. Εἶτα ὑπὸ σοφίας ἄνεισι μέχρι τῶν θεῶν ἐλέγχων, καὶ λέγων ὡς οὐδὲ οὗτοι τοῖς ἀνθρώποις ἐξ ἴσου προσομιλοῦσιν, ἀλλ' ᾕρηνται κρείττους εἶναι.

Ἀλλ' οἶμαι ταῦτ' ἐστὶ γωνίας ἀξίων ἀνθρώπων, καὶ τὸν ἥλιον οὐχ ἑωρακότων, ὃς ἀφαιρεῖται τοὺς ἄλλους ἀστέρας τὸ φαίνεσθαι. Εἰ δὲ ἀναγκαῖον τὸ πάσῃ δυναστείᾳ καὶ πάσῃ περιουσίᾳ τὰ τοιαῦτα προσεῖναι, καὶ οὗτός ἐστιν ἀρχῆς θεσμός, μὴ ἀπὸ τοῦ ἴσου πρὸς τοὺς ὑπηκόους κρίνεσθαι, τότε νικῶν ἀπίτω τις ὅταν

5 ἢ μόνα MAr. : *om.* A ‖ 7 προσκείσθω MAr. : προκείσθω A ‖ δ' MAr. : *om.* A ‖ 8 ἢ δυεῖν Photius : ἢ δυοῖν Ar. ‖ 9 εἰ AM³Ar. : *om.* M ‖ 10 καὶ ταύτης M³Ar. ‖ 16 προστάττειν MAr. : τάττειν A ‖ 19 τῇ MAr. : τι A ‖ 22 κρείττονος MAr. : κηρύττοντος A ‖ 27 τὸ A²M²Ar. : τῷ AM ‖ 28 πάσῃ AMAr. : ἁπάσῃ M³ ‖ δυναστείᾳ AM³ *v. l.* : δυνάμει M ‖ 30 ἀπίτω MAr. : ἀπίστω A ‖ τις A¹MAr. : τής A.

puissances helléniques et toutes les royautés barbares, un pouvoir quelconque qui ait moins usé de la puissance qui lui était échue qu'on ne le constate chez le peuple athénien. On verra, en effet, que les décisions remarquables qu'il a prises, il les a prises en agissant selon le caractère d'un homme d'élite ; ce que certains lui reprochent, ce ne sont pas des fautes dues à la nature du commun des hommes, mais des conséquences des impératifs du pouvoir ; de plus, mis au commandement dans les premiers temps par sa puissance, il a, dans sa générosité, redouté le pouvoir, il s'en est démis de lui-[407 a] même et il est pour ainsi dire devenu pour lui-même la cause des griefs qu'on lui a faits. Car, pour avoir le plus souvent usé du droit ordinaire et de la modération en toute chose, pour avoir, en quelque sorte, associé ses alliés au pouvoir au lieu de les dominer au titre du plus fort, il lui est arrivé ce qui arrive aux bons maîtres : il n'a, en effet, récolté aucune reconnaissance chez certains pour sa mansuétude habituelle mais, pour peu qu'il ait formulé des exigences, on l'a taxé d'user de violence caractérisée.

Et certes, s'il est évident qu'il a agi de la sorte envers des gens qui lui témoignaient de la soumission, laissons-le accuser par qui voudra ; mais si c'est envers des rebelles, envers des gens qui lui ont fait injustement violence et qui se sont montrés ses ennemis déclarés, à qui est-il juste de faire des reproches? Je pense [en tout cas] que c'est à ceux qui ont provoqué les mesures de contrainte. Car ces gens-là, me semble-t-il, se sont enhardis parce qu'ils avaient la sorte de garantie que voici et ils n'ont commis leur faute que pour s'être fiés à elle : non en l'espoir de dominer la cité pour toujours, mais comptant que, même vaincus, il ne leur arriverait rien de grave, les Athéniens étant naturellement enclins à acquitter. Voici une preuve évidente : concernant leur revirement à propos des Mityléniens, quelle cité peut vaincre grâce

δείξῃ τῶν ἄλλων εἴτε Ἑλληνικῶν δυνάμεων εἴτε καὶ βαρβαρικῶν βασιλειῶν ἡντιναοῦν ἐλάττονι τῷ τῆς πλεονεξίας γιγνομένῳ χρησαμένην, ἢ τὸν τῶν Ἀθηναίων δῆμον ἔστιν εὑρεῖν. Φανήσεται γάρ, ἃ μὲν διαφερόντως ἐβουλεύσατο, ἑνὸς ἀνδρὸς ἤθει κεχρημένος τοῦ βελτίστου, ἃ δὲ ἐγκαλοῦσί τινες, οὐ τῇ κοινῇ φύσει τῶν ἀνθρώπων ἐξαμαρτών, ἀλλὰ τῇ τῆς ἀρχῆς ἀκολουθήσας ἀνάγκῃ, καὶ δυνάμει μὲν ἄρχων καταστὰς τὸ ἐξ ἀρχῆς, φιλανθρωπίᾳ δὲ τὸ τῆς ἀρχῆς δεδοικὸς ἑκὼν μεθείς, καὶ σχε- [407 a] δὸν τῶν ἐγκλημάτων αἴτιος αὐτῷ γεγονώς. Πλείστῳ γὰρ τῷ κοινῷ καὶ μετρίῳ πρὸς ἅπαντα χρησάμενος, καὶ τρόπον τινὰ τῆς πολιτείας μᾶλλον κοινωνοὺς ποιησάμενος ἢ δυναστείας νόμῳ κατέχων, ταὐτὸν τοῖς χρηστοῖς ἔπαθε τῶν δεσποτῶν· οὐ γὰρ διὰ τὴν ἄλλην ἐπιείκειαν χάριτος παρ' ἐνίων ἔτυχεν, ἀλλ' εἴ τι προσηνάγκασεν, ἐπιφανῶς ἔδοξε βιάζεσθαι.

Καὶ μὴν εἰ μὲν ἔχοντας τὸ τῶν ὑπηκόων σχῆμα ταῦτα εἰργασμένος φαίνεται, δῶμεν τοῖς ἐθέλουσι βλασφημεῖν· εἰ δὲ τοὺς μὲν ἀποστάντας καὶ παρ' ἀξίαν ὑβρίσαντας εἰς αὐτόν, τοὺς δὲ ἐκ τοῦ φανεροῦ πολεμίους ὄντας, ποτέροις ἄξιον ἐγκαλεῖν; Οἶμαί [γε] τοῖς τὴν ἀνάγκην παρασχοῦσιν. Ἐπεὶ κἀκεῖνοί μοι δοκοῦσιν ὥσπερ ἐνέχυρον αὐτὸ τοῦτο ἔχοντες ἐπαρθῆναι, καὶ τούτῳ μάλιστα πιστεύσαντες ἁμαρτεῖν, οὐ τῷ διὰ τέλους κρατήσειν τῆς πόλεως, ἀλλὰ τῷ μηδ' ἂν ληφθῶσι μηδὲν δεινὸν πείσεσθαι, ὡς Ἀθηναίους γε πεφυκότας σῴζειν. Δῆλον δέ· ἃ γὰρ περὶ Μιτυληναίων μετέγνωσαν,

34 μὲν MAr. : μὲν γάρ A || **35** ἐβουλεύσατο A[1]MAr. : ἐβουλεύσαντο A || **39** δὲ AM[3]Ar. : *om.* M || δεδοικὸς A[1] *et* M *ut vid.* Ar. : δεδοικὼς A δεδωκὼς M[x].

[407 a] **1** αὐτῷ A[x] : αὐτῷ AM *post* σχεδὸν *transp.* M[3] αὐτὸς αὐτῷ Ar. || **6** χάριτος AM[2]Ar. : *quid prius praeb.* M *non liquet* || **7** μὴν MAr. : τὴν A || **12** γε M[3]Ar. || κἀκεῖνοι AAr. *et* M *ut vid.* : κἀκεῖνο M[3] || **14** τούτῳ MAr. : τοῦ A || **15** κρατήσειν M[x]Ar. : κρατῆσαι A *et* M *ut vid.*

aux premières mesures qu'elle a prises? Car ce qu'ils avaient décidé la veille était le fait du tribunal et la conséquence du tort qu'on leur avait fait ; ce qu'ils ont abrogé le lendemain était le fait de la cité seule. Une trière avait rejoint l'autre. Je m'étonne que tout le monde approuve qu'on défende les particuliers en tablant sur des faits, tandis que les gens sérieux de la cité ne voient pas [les actions] nombreuses et considérables qu'elle peut alléguer pour se défendre à propos de ces faits. Quand il s'agit du soleil et de la lune, nous ne les accusons pas des maux qu'ils provoquent ; nous admirons les nombreux biens dont ils sont la cause ; et la cité, est-ce parce qu'elle a offensé certaines gens que nous allons la juger et non d'après le bien qu'elle a fait à tous ni d'après l'ensemble de son comportement naturel? Je ne le crois pas, en tout cas : c'est comme si on reprochait aux dieux la foudre, les coups de tonnerre, [les tremblements de terre] en oubliant de considérer tous leurs bienfaits habituels[1].

J'ai encore beaucoup d'événements ultérieurs à rapporter, des batailles extraordinaires, de stupéfiants coups d'audace, des résistances sans pareilles, mais je vois que le temps va me manquer. Je n'ai plus que peu de choses à ajouter à mon discours sur ce sujet et je vais conclure[2].

En effet, comme si la nature avait prévu dès l'origine combien Athènes allait l'emporter sur les autres par ses œuvres, elle lui a dispensé une littérature digne d'elle afin qu'elle s'embellisse de ses propres biens et que, si d'autres en avaient besoin, elle puisse leur faire aussi ce [407 b] présent en plus des autres. Auparavant, vous sauviez les Hellènes réfugiés auprès de vous ; à présent,

1. I, p. 288, 1-290, 4.
2. I, p. 292, 11-14.

τίς ἔχει νικῆσαι πόλις οἷς ἐξ ἀρχῆς ἐβουλεύσατο; Ἐκεῖνοι γὰρ ἃ μὲν τῇ προτεραίᾳ διέγνωσαν, τῆς κρίσεως ἦν καὶ ὧν ἠδίκηντο · ἃ δὲ τῇ ὑστεραίᾳ μετέγνωσαν, τῆς πόλεως ἦν μόνης. Καὶ ἡ τριήρης τὴν τριήρη κατειλήφει. Θαυμάζω δὲ εἰ τῶν [μὲν] ἰδιωτῶν τὴν ἔργῳ πάντες ἀπολογίαν τιμῶσι, τῆς πόλεως δὲ οὐχ ὁρῶσιν οἱ σεμνοί [τὰ ἔργα] δι' οἵων καὶ ὅσων ἀπολογεῖται περὶ τούτων. Καὶ ἡλίου μὲν καὶ σελήνης οὐχ ὅσα βλάπτουσι κατηγοροῦμεν, ἀλλ' ὅσων ἀγαθῶν αἴτιοι γίνονται θαυμάζομεν · τὴν πόλιν δ' ἐξ ὧν ἐνίοις προσέκρουσεν, ἀλλ' οὐκ ἐξ ὧν ἅπασιν ὡμίλησεν οὐδὲ ἐκ τῆς ὅλης φύσεως κρινοῦμεν; Οὐκ οἴομαί γε · ὥσπερ καὶ τῶν θεῶν εἴ τις ἂν κατηγοροίη τοὺς σκηπτοὺς καὶ τὰς βροντάς, [κἂν εἴ τι σεισθῇ] τὰς ὅλας καὶ κοινὰς αὐτῶν εὐεργεσίας ἀμελήσας σκοπεῖν.

Ἔχων δὲ πολλὰ καὶ τῶν ὕστερον εἰπεῖν, καὶ μάχας ἀτόπους καὶ τολμήματα θαυμαστὰ καὶ καρτερίας ὑπερφυεῖς, οὐκέθ' ὁρῶ τὸν καιρὸν ἀρκοῦντα. Τοσοῦτον δ' ἔτι προσθεὶς τοῖς περὶ τούτων λόγοις ἀπαλλάττομαι.

Ὥσπερ γὰρ προειδυῖα ἐξ ἀρχῆς ἡ φύσις περὶ τῆς πόλεως, ὅσον τοῖς ἔργοις προέξει τῶν ἄλλων, κατεσκευάσατο αὐτῇ πρὸς ἀξίαν τοὺς λόγους, ἵνα αὐτή τε κοσμοῖτο ὑπὸ τῶν ἑαυτῆς ἀγαθῶν, κἂν τισι τῶν ἄλλων δέῃ, καὶ τοῦτ' ἔχῃ
[407 b] μετὰ τῶν ἄλλων χαρίζεσθαι. Πρότερον μὲν οὖν τοὺς καταφεύγοντας ἐφ' ὑμᾶς τῶν Ἑλλήνων διεσώζετε · νυνὶ δ'

18 ἐβουλεύσατο AMAr. : ἐβουλεύσαντο A² ‖ **20** ἠδίκηντο AM²Ar. : ἠδίκητο M ‖ **22** μὲν M³Ar. ‖ **23** δὲ MAr. : *om.* A ‖ **23-24** τὰ ἔργα M³Ar. ‖ **24** ἀπολογεῖται AM : ἀπολελόγηται M³Ar. ‖ **25** ἡλίου MAr. : ἥλιον A ‖ σελήνης AMAr. : σελήνην A² ‖ **26** γίνονται M² : γίγνονται Ar. *om.* A *quid prius praeb.* M *non liquet* ‖ **29** καὶ — ἂν A *et fortasse* M : εἴ τις καὶ των θεῶν Mˣ Ar. ‖ **30** κἂν — σεισθῇ M³Ar. ‖ **31** αὐτῶν εὐεργεσίας AM : εὐεργεσίας αὐτῶν M³ *v. l.* Ar. ‖ ἀμελήσας MAr. : ἀμελὴς A ἀμελεῖς A² ‖ **34** δ' ἔτι AAr. : δέ τι M ‖ **36** περὶ AM³Ar. : *om.* M ‖ **36-37** τοῖς ἔργοις προέξει AM³ *v. l.* Ar. : προέξει τοῖς ἔργοις M.

c'est bel et bien tous les hommes, toutes les races que vous accueillez avec le plus beau des bienfaits en vous faisant leurs guides dans l'éducation et dans toutes les formes de la sagesse[1].

On garde le souvenir de cinq empires — puisse-t-il ne pas y en avoir davantage ! C'est sous le plus ancien d'entre eux, celui des Assyriens, que se situent les premiers exploits de la cité ainsi que toutes les actions extraordinaires qui tombent dans cette période ; c'est sous le second de ces empires qu'elle a grandi ; le troisième, elle l'a complètement vaincu ; sous le quatrième, elle a été la seule à résister et elle s'en est tirée mieux que toutes les autres cités ; sous celui qui est en tout point le meilleur et le plus considérable, celui qui existe de nos jours, la cité détient le premier rang de toute l'Hellade et elle mène une existence telle qu'on ne pourrait guère souhaiter pour elle que son état ancien remplace son état présent.

On pourrait constater à quel point la cité l'emporte depuis toujours si, prenant ce qui lui appartient — prendre tout n'est pas possible, ou plutôt il est clair que c'est impossible — ou du moins ce qu'il est possible d'en prendre, on en faisait des parts pour en donner une à chaque cité et à chaque pays, afin d'établir ensuite une comparaison comme celles qu'on fait dans un concours de poésie ou de danse : on ne trouverait pas aisément, à mon avis, la cité qui l'emporterait. L'une se vanterait, par exemple, d'avoir été la première à faire naître l'espèce humaine ; une autre d'avoir la première produit des moissons ; une troisième d'en avoir fait part au plus grand nombre d'autres ; une quatrième d'avoir instauré les lois ; une cinquième, les fêtes religieuses ; une sixième se prévaudrait d'être située dans le plus bel environnement à la fois continental et marin ; une septième se glorifierait de posséder les biens de la sagesse ; la huitième énumérerait nos exploits guerriers ; une autre

1. I, p. 296, 14-22.

ἀτεχνῶς πάντας ἀνθρώπους καὶ πάντα γένη τῇ καλλίστῃ τῶν εὐεργεσιῶν ἀνέχετε, ἡγεμόνες παιδείας καὶ σοφίας ἁπάσης γινόμενοι.

Ἀλλὰ μὴν πέντε μέν ἐστι μνήμη βασιλειῶν · μὴ γένοιτο δὲ πλειόνων. Τούτων δ' ἐπὶ μὲν τῶν Ἀσσυρίων τῆς πρεσβυτάτης αἱ πρῶται τῆς πόλεώς εἰσι πράξεις, καὶ ὅσα τῶν θείων εἰς τοῦτον ἐμπίπτει τὸν χρόνον · ἐπὶ δὲ τῆς δευτέρας ἦρετο ἡ πόλις · τὴν δὲ τρίτην διὰ τέλους ἐνίκησεν · ἐν δὲ τῇ τετάρτῃ μόνη μὲν ἀντέσχεν, ἄριστα δ' ἀπήλλαξε τῶν ἄλλων · ἐπὶ δὲ τῆς πάντα ἀρίστης καὶ μεγίστης, τῆς νυνὶ καθεστηκυίας, τὰ πρεσβεῖα παντὸς ἔχει τοῦ Ἑλληνικοῦ, καὶ πέπραγεν οὕτως ὥστε μὴ ῥᾳδίως ἄν τινα αὐτῇ τὰ ἀρχαῖα ἀντὶ τῶν παρόντων συνεύξασθαι.

Γνοίη δ' ἄν τις ὅσον τῇ πόλει περίεστιν ἐκ τοῦ παντὸς αἰῶνος εἰ τὰ ὑπάρχοντα αὐτῇ, πάντα μὲν οὐκ ἴσως δυνατόν, μᾶλλον δὲ σαφῶς ἀδύνατον, ἀλλ' ὅσα γε ἐγχωρεῖ, μερίσας, ἄλλο ἄλλῃ πόλει καὶ χώρᾳ προσθείς, εἶτα ἀγῶνα τῷ λόγῳ ποιήσειε καθάπερ ποιητῶν ἢ χορῶν · οὐ γάρ μοι δοκεῖ τὴν νικῶσαν εὑρεῖν [ἂν] ῥᾳδίως. Οἷον εἰ φιλοτιμοῖτο ἡ μὲν ὡς πρώτη τεκοῦσα τὸ τῶν ἀνθρώπων γένος, ἡ δὲ ὡς πρώτη δείξασα τοὺς καρπούς, ἡ δὲ ὡς πλείστοις μεταδοῦσα, ἡ δέ τις ὡς νόμους καταδείξασα, ἡ δὲ πανηγύρεις, ἡ δὲ ὡς ἐν καλλίστοις κεῖται γῆς ἅμα καὶ θαλάσσης, ἡ δὲ τοῖς τῆς σοφίας ἀγαθοῖς ἀγάλλοιτο, ἡ δὲ τὰς ἐν τοῖς πολέμοις πράξεις καταλέγοι,

[407 b] 5 ἁπάσης AM^{2}Ar. : πάσης M ‖ 5-6 ἐστι μνήμη AMAr. : εἰσι μνῆμαι M^3 *v. l.* ‖ 6 τούτων δ' AM^{3}Ar. : τούτων M ‖ 7 τῶν A : τῆς MAr. ‖ 11 μὲν AM^{3}Ar. : *om.* M ‖ 12 τῆς νυνὶ AAr. : νυνὶ M ‖ 13 παντὸς AM^{2}Ar. : *quid prius praeb.* M *non liquet* ‖ 14 πέπραγεν M^{2}Ar. : πέπραχεν AM ‖ 19 ἄλλο Ar. : ἄλλος Photius ‖ πόλει καὶ χώρᾳ Photius : χώρᾳ καὶ πόλει Ar. ‖ 20 ποιήσειε MAr. : ποιήσει A ‖ καθάπερ MAr. : ἐνθάπερ A ‖ χορῶν A^{1}MAr. : χωρῶν A ‖ 21 ἂν M^{3}Ar.

ferait le compte de tous les Hellènes qu'elle a accueillis ; une autre compterait les colonies qu'elle a fondées ; une autre ce qu'elle aurait reçu des biens appartenant à la cité ; je prétends, moi, que c'est surtout ainsi que se manifesteraient les grands avantages par lesquels, à notre point de vue, la cité a surpassé les autres. En effet, puisqu'elle a distribué à l'Hellade les biens susceptibles de lui suffire, c'est qu'à elle seule elle les possède tous ensemble[1].

Et certes, distinguer parmi les dons quel est [de même] le plus grand n'est pas facile : les cités peuvent aussi rivaliser entre elles sur ce chapitre, l'une apportant les fruits de Déméter, l'autre ceux de Dionysos — et ici non pas ceux de la vigne seuls, mais aussi ceux des autres cultures — la troisième peut alléguer le don d'Athéna — et ici un double don. Pour beaucoup de cités, les biens [408 a] partagés des dieux ne suffisent-ils pas à laisser chacune se vanter de posséder le plus beau de ces dons[2] ?

[Soit, mais en voilà assez là-dessus.] Et sa grandeur et tous ses autres ornements, qui ne les déclarerait pas dignes de l'ensemble de sa fortune et du grand nom des Athéniens ? Voici l'enceinte même de la cité, la plus grande qui soit chez les Hellènes et la plus belle de n'importe où ! Et je ne dis rien des murailles qui s'étendaient autrefois jusqu'à la mer, [dont la longueur totale était d'une journée de marche] ; rien non plus, du côté de la mer, d'autres enceintes qui faisaient face à celle de la cité. On peut aussi considérer les dèmes — quelques-uns d'entre eux ont des ornements plus brillants que ceux des cités d'autres régions — ainsi que tous les embellissements de la nature et de l'art qui rivalisent aussi bien à l'intérieur de la cité que dans la région. Pour ce qui

1. I, p. 299, 7-301, 1.
2. I, p. 301, 14-302, 2.

ἄλλη δὲ ὅσους ὑπεδέξατο τῶν Ἑλλήνων, ἡ δὲ τὰς ἀποικίας ἃς ἀπέστειλεν, ἡ δὲ ὅτι καὶ δοίη τις αὐτῇ τῶν ὑπαρχόντων τῇ πόλει, φήμ' ἔγωγε μάλιστ' ἂν οὕτω γενέσθαι καταφανὲς ὁπόσοις τισὶ τοῖς κρείττοσιν ἡ πόλις ἡμῖν τὰς ἄλλας παρελήλυθεν. Ἃ γὰρ ἐξαρκεῖ νειμαμένη τῇ Ἑλλάδι, ταῦτα μόνη συλλήβδην ἔχει.

Καὶ μὴν τῶν γε δωρεῶν [ὡσαύτως] τὴν μεγίστην οὐ ῥᾴδιον εὑρεῖν, ἁμιλλάσθω δὲ καὶ περὶ τούτων ἄλλη πρὸς ἄλλην πόλις, ἡ μὲν τοὺς Δήμητρος καρποὺς κομίζουσα, ἡ δὲ τοὺς τοῦ Διονύσου, καὶ τούτους οὐ μόνον τοὺς ἀπὸ τῆς ἀμπέλου, ἀλλὰ καὶ τῶν ἄλλων ἡμέρων· ἡ δὲ τρίτη λεγέτω τὴν τῆς Ἀθηνᾶς δωρεάν, καὶ ταύτην διπλῆν. Ἆρ' οὐ πολ- [408 a] λαῖς πόλεσι μεριζόμενα ἐξαρκεῖ τὰ ἐκ τῶν θεῶν ἑκάστῃ φιλοτιμεῖσθαι ὡς ἐχούσῃ τὸ κάλλιστον; [Εἶεν· ἀλλὰ ταῦτα μὲν τοιαῦτα]. Τὰ δ' αὖ τοῦ μεγέθους καὶ τῆς ἄλλης κατασκευῆς τίς ἂν οὐκ ἄξια τῆς ὅλης τύχης εἴποι καὶ τοῦ μεγάλου τῶν Ἀθηναίων ὀνόματος; Τοῦτο μὲν αὐτὸν τὸν κύκλον τοῦ ἄστεως, μέγιστον μὲν τῶν Ἑλληνικῶν, κάλλιστον δὲ τῶν πανταχοῦ. Καὶ σιωπῶ τείχη καθήκοντά ποτε ἐπὶ τὴν θάλατταν, [ἡμερησίας ὁδοῦ μῆκος τὰ σύμπαντα], καὶ πρὸς τῇ θαλάττῃ κύκλους ἑτέρους ἀντιστρόφους τῶν περὶ τὴν πόλιν. Ἀλλὰ τοὺς δήμους πάρεστι δήπου θεωρεῖν, ὧν ἔνιοι λαμπρότερον τῶν ἀλλαχοῦ πόλεων κατεσκευασμένοι εἰσί, καὶ πάντα δὴ τὸν κόσμον καὶ τὸν παρὰ τῆς φύσεως καὶ τὸν παρὰ τῆς τέχνης ἐφάμιλλον κἀν τῇ πόλει κἀν τῇ χώρᾳ. Τῶν μὲν αὐ-

28 ἄλλη δὲ MAr. : ἄλλη A ‖ **32** ἡμῖν AMAr. : ἡμῶν A[2] ‖ **34** ὡσαύτως M[3]Ar. ‖ τὴν — εὑρεῖν AM : οὐ ῥᾴδιον τὴν μεγίστην εὑρεῖν M[3] *v. l.* Ar. ‖ **36** τοὺς Δήμητρος AAr. : τῆς Δήμητρος M.

[408 a] **2-3** εἶεν — τοιαῦτα M[3]Ar. ‖ **3** αὖ τοῦ MAr. : αὐτοῦ A ‖ **8-9** ἡμερησίας — σύμπαντα M[3]Ar. ‖ **11** ὧν MAr. : ὡς A ‖ λαμπρότερον AAr. : λαμπρότεροι M ‖ **12** κατεσκευασμένοι εἰσί AM : εἰσι κατεσκευασμένοι M[3] *v. l.* Ar.

est des dons de la nature, son ciel est sans pareil ; les ports y sont tels qu'un seul en vaut beaucoup d'autres ; à quoi s'ajoutent la situation de l'Acropole et un régime agréable qui semble envoyer ses souffles partout. Et voici qui, au milieu de ces avantages, mérite encore d'être signalé : aux autres cités, quel que soit leur climat, il arrive d'être un peu désavantagées par rapport à leur région. Mais, le ciel de l'Attique étant ce qu'il est, c'est au-dessus de la cité qu'il est le plus beau et le plus pur. [On peut la reconnaître à ce ciel qui la surplombe comme à une lumière qui se voit de loin.] Voilà ses beautés naturelles parmi beaucoup d'autres ; quant aux beautés artistiques, laquelle [faut-il] nommer la première ou proclamer la plus grande ? Car les temples sont [chez elle] à la fois plus grands et plus beaux que tous ceux qu'on peut voir ailleurs ; les statues, sans compter celles qui sont tombées du ciel, anciennes ou nouvelles, sont au premier rang du plus grand art. A cela s'ajoutent des trésors de livres comme on n'en voit nulle part ailleurs sur terre : ornement assurément propre à Athènes, normal au sein de son opulence et de son actuel régime de vie ; elle a des bains remarquables par leur aspect imposant et par leur luxe, des pistes, des gymnases. En sorte que si on enlevait à la cité ses Erichtonios, ses Cécrops, ses légendes, ses fruits, ses trophées, les biens qu'elle possède sur terre et sur mer, sa littérature, ses grands hommes, tout ce avec quoi elle a traversé les siècles, et si on l'examinait comme celles qui sont maintenant fières d'elles-mêmes, [408 b] elle aurait de quoi l'emporter par tout ce qu'on peut voir chez elle[1]. [Mais] elle est la seule des cités qui dépasse les antiquités par les antiquités et les nouveautés

1. I, p. 304, 24-306, 14.

τοφυῶν ἀήρ τε οὗτος ἐξαίρετος τοῦ πολλοῦ, καὶ λιμένες τοσοῦτοι, ὧν εἷς ἕκαστος ἀντάξιος πολλῶν, ἔτι δὲ αὐτῆς τῆς ἀκροπόλεως ἡ θέσις, καὶ τὸ ὥσπερ αὔρας εὔχαρι προσβάλλον πανταχοῦ. Ὃ δὲ καὶ ἐν αὐτοῖς τούτοις ἄξιον ἐπισημήνασθαι. Ταῖς μὲν [γὰρ] ἄλλαις πόλεσιν, ὅπως ἂν ἔχωσι τοῦ οὐρανοῦ, τῆς γε αὐτῶν χώρας ἐπιεικῶς ἡττᾶσθαι συμβέβηκε. Τοῦ δὲ πάσης Ἀττικῆς ἀέρος οὕτως ἔχοντος, ἄριστος καὶ καθαρώτατός ἐστιν ὁ τῆς πόλεως ὑπερέχων. [Γνοίης δ' ἂν αὐτὴν ἐπὶ τῇ πόρρωθεν ὥσπερ αὐγῇ τῷ ὑπὲρ κεφαλῆς ἀέρι.] Καὶ τὰ μὲν [παρὰ] τῆς φύσεως τοιαῦτα, πολλὰ τῶν ὄντων ἀφελόντι · τῶν δ' ἂν τῆς τέχνης τί [χρὴ] πρῶτον εἰπεῖν ἢ μέγιστον θεῖναι; Νεῴ τε γὰρ [ἐνταῦθα] οἱ αὐτοὶ μέγιστοι καὶ κάλλιστοι τῶν πανταχοῦ, καὶ ἀγάλματα, ἄνευ τῶν οὐρανίων, τῆς πρώτης τέχνης τὰ πρῶτα, καὶ παλαιὰ καὶ καινά. Πρὸς δὲ τούτοις βιβλίων ταμιεῖα οἷα οὐχ ἑτέρωθι γῆς φανερᾶς, καὶ μάλα τῶν Ἀθηναίων κόσμος οἰκεῖος, καὶ οἷα δὴ τῆς παρούσης ἐξουσίας [τε] καὶ διαίτης, λουτρά τε σεμνότητι καὶ τρυφῇ νικῶντα καὶ δρόμοι καὶ γυμνάσια. Ὥστε εἴ τις περιέλοι τῆς πόλεως τοὺς Ἐριχθονίους, τοὺς Κέκροπας, τὰ μυθώδη, τὰ τῶν καρπῶν, τὰ τρόπαια, τὰ ἐν τῇ γῇ καὶ τῇ θαλάττῃ, τοὺς λόγους, τοὺς ἄνδρας, πάντα δι' ὧν τὸν αἰῶνα διεξελήλυθε, σκοποῖτο δ' αὐτὴν ὥσπερ τὰς νῦν φρονούσας ἐφ' ἑαυταῖς, ἐξαρκεῖν αὐτὴν τοῖς
[408 b] ὁρωμένοις νικᾶν. [Ἀλλὰ] μόνη δὴ πόλεων τὰ μὲν παλαιὰ τοῖς παλαιοῖς νικᾷ, τὰ δὲ καινὰ τοῖς καινοῖς ·

16 ὧν A¹MAr. : ὦ A ‖ **19** γὰρ M³Ar. ‖ **20** οὐρανοῦ MAr. : ἀνθρώπου A ἀέρος M³ *v. l.* ‖ αὐτῶν Ar. : αὑτῶν Photius ‖ **21** πάσης AM : τῆς πάσης M³Ar. ‖ **23-24** γνοίης — ἀέρι M³Ar. ‖ **24** παρὰ M³Ar. ‖ **26** χρὴ M³Ar. ‖ ἢ AM : ἢ τί M³Ar. ‖ θεῖναι MAr. : εἶναι A ‖ **27** ἐνταῦθα M³Ar. ‖ **30** ταμιεῖα AMAr. : ταμεῖα M² ‖ **32** τε M³Ar. ‖ διαίτης A²MAr. : διέτης A ‖ **34** περιέλοι τῆς πόλεως AM : τῆς πόλεως περιέλοι M³ *v. l.* Ar. ‖ **36** καὶ MAr. : τὰ ἐν A ‖ **37** διεξελήλυθε AMAr. : διεξῆλθε A².

[408 b] **1** ἀλλὰ M³Ar ‖ δὴ MM³ Ar. : δὲ A.

par les nouveautés et, si l'on veut les antiquités par les nouveautés et les nouveautés par les antiquités, je veux dire celles des autres par les siennes[1].

Il use fréquemment de figures; on pourrait en donner une à ce passage en le transposant comme ceci : elle surpasse les antiquités par les antiquités et les nouveautés par les antiquités. Et mieux encore, au lieu de « si on veut etc. » : et encore les antiquités par les antiquités et les nouveautés par les nouveautés. Ensuite, comment dire? Mais aussi les antiquités par les nouveautés et les nouveautés par les antiquités. On pourrait dire encore mieux et expliquer en disant avec plus d'à-propos ou bien « on ne se tromperait pas... » et « de beaucoup d'autres façons... »[2].

En somme, c'est chez vous seuls que tout existe ou de qui tout provient. Et, en une fois, trois bonheurs vous sont échus d'un coup : certaines choses, en effet, ont commencé chez vous, les plus belles y sont, les plus nombreuses aussi. Il y a certes des gens qui, ne pouvant rien montrer de remarquable ni rien signaler comme leur œuvre propre, ni rien faire valoir dont ils puissent s'enorgueillir légitimement, se rabattent sur l'époque troyenne et élèvent des prétentions à la gloire sans pouvoir, même ainsi, rien citer qui soit leur œuvre à tous mais en se raccrochant à la gloire d'un seul héros, comme des paysans qui se donnent de l'importance parce que l'un des leurs est riche. La cité, elle, outre qu'elle n'a pas besoin d'un tel artifice, n'est pas toutefois privée de cet avantage non plus, mais le poète de tous les Hellènes, dans son Catalogue des vaisseaux et des cités, a dit d'un chef athénien qu'il était passé maître pour « ranger chevaux et guerriers porteurs de boucliers »[3].

Il fait allusion à Ménesthée Alexandre[4].

Car s'il faut, laissant les autres sujets, parler seulement de démocratie, on verra que, dans leurs décisions

1. I, p. 306, 16-307, 2. — 2. III, p. 321, 10-23.
3. *Iliade*, II, 554 ; I, p. 312, 3-18. — 4. III, p. 330, 35.

εἰ δὲ βούλει, τὰ μὲν παλαιὰ τοῖς καινοῖς, τὰ δὲ καινὰ τοῖς παλαιοῖς, τοῖς ἑαυτῆς λέγω τὰ τῶν ἄλλων.

Ὅτι πολλάκις σχηματίζεται· σχηματίσαις δ' ἂν τὸ χωρίον μεταλαμβάνων καὶ οὕτω. Τὰ μὲν παλαιὰ τοῖς παλαιοῖς νικᾷ, τὰ δὲ καινὰ τοῖς παλαιοῖς. Μᾶλλον δὲ ἀντὶ τοῦ· « εἰ βούλει » καὶ ἑξῆς, καὶ ἔτι τὰ μὲν παλαιὰ τοῖς παλαιοῖς νικᾷ, τὰ δὲ καινὰ τοῖς καινοῖς. Εἶτα, πῶς εἶπον; Ἀλλὰ καὶ τὰ παλαιὰ τοῖς καινοῖς καὶ τὰ καινὰ τοῖς παλαιοῖς. Ἔτι δὲ εἴποι ἄν τις ἄμεινον, ἢ διέλοι δ' ἄν τις οἰκειότερον λέγων, ἢ οὐκ ἂν διαμάρτοις, καὶ πολλαχῶς ἄλλως.

Ὡς δ' εἰπεῖν, ἅπαντα ἢ παρ' ὑμῖν ἐστι μόνοις ἢ καὶ παρ' ὑμῶν. Καὶ τριῶν ἕν γέ τι συμβέβηκε· τὰ μὲν γὰρ παρ' ὑμῶν ἤρξατο, τὰ δὲ ὡς κάλλιστα παρ' ὑμῖν ἐστι, τὰ δ' ὡς πλεῖστα. Εἰσὶ τοίνυν οἳ μηδὲν ἔχοντες φανερὸν δεῖξαι μηδὲ εἰπεῖν ἔργον ἑαυτῶν, μηδὲ ἐφ' ὅτῳ ἂν δικαίως φρονοῖεν, ἐπὶ τοὺς τρωϊκοὺς καταφεύγουσι χρόνους καὶ φιλοτιμίας ἀμφισβητοῦσιν οὐδ' οὕτω λέγοντες οὐδὲν κοινὸν ἑαυτῶν, ἀλλ' ἑνὸς ἀνδρὸς δόξης ἐξαρτώμενοι, ὥσπερ τινὲς γεωπεῖναι δι' ἑνὸς τῶν πλουσίων ἑαυτοὺς ποιούμενοι. Ἡ πόλις δὲ πρὸς τῷ μηδὲν δεῖσθαι τοιαύτης κατασκευῆς, οὐδὲ τούτου στέρεται τοῦ ἡδύσματος, ἀλλ' ὁ κοινὸς τῶν Ἑλλήνων ποιητὴς ἐν τῷ καταλόγῳ τῶν νεῶν τε καὶ πόλεων τῶν Ἀθηναίων στρατηγὸν εἰς ἄκρον ἔφησεν ἐλθεῖν κοσμῆσαι ἵππους [τε] καὶ ἀνέρας ἀσπιδιώτας.

Εἰς Μενεσθέα Ἀλέξανδρον ἀποτείνεται.

Εἰ γὰρ δεῖ τῶν ἄλλων ἀποστάντα ὑπὲρ τῆς δημοκρατίας μόνον εἰπεῖν, φανήσονται τοῖς μὲν βουλήμασι καὶ

11 ἢ — λέγων M : *om.* A ‖ **13** δ' AAr. : δ' ἂν M ‖ ἢ καὶ AM³Ar. : ἢ M ‖ **15** ἤρξατο A²MAr. : ἤρξαντο A ‖ **17** ἂν δικαίως Photius : δικαίως ἂν Ar. ‖ **23** κατασκευῆς AM : καταφυγῆς M²Ar. ‖ **25** τῶν Ἀθηναίων AM : τὸν Ἀθηναίων A²Ar. ‖ **26** ἔφησεν AMAr. : φησὶν M³ *v. l.* ‖ τε M³Ar. ‖ **28** εἰς — ἀποτείνεται M³ : εἰς Ἀλέξανδρον ἀποτείνεται M *om.* A ‖ **30** μόνον AMAr. : μόνης A².

et dans leurs passions, tous ceux qui ont adopté cette formule politique ont été beaucoup plus impérieux et plus excessifs qu'Athènes ; mais, en dignité et en éclat, ils ne sont même pas de ceux qui se classent après elle. Et assurément, voici un principe qu'elle a été la première à démontrer : qu'il ne faut ni s'attacher à la richesse ni l'admirer. En effet, elle n'a jamais exalté ceux qui dépassaient les autres en richesse, mais [elle estimait] devoir les en laisser jouir dans la mesure où elle n'en souffrait nul dommage ; jamais non plus, en aucune occasion, elle n'a moins bien partagé ceux qui, moins favorisés par la fortune, l'emportaient par leur valeur, ju-
[409 a] geant honteux, je pense, de tenir pour les meilleurs de ses serviteurs non les mieux nantis mais les plus fidèles et, parmi ceux qui se prévalaient de la condition libre, de distribuer les dignités selon la fortune au lieu d'estimer chacun pour ce qu'il est*. Pour moi, je ne crois pas non plus que les « pentathles » qui remportent la compétition combinée soient pour autant les meilleurs dans toutes les épreuves[1].

[Il a substitué les choses aux personnages car, alors qu'il aurait fallu parler des athlètes qui l'emportent au pentathle, il a dit « les pentathles »] *pour le concours combinant cinq épreuves : lutte, course, javelot, disque, pancrace, ou au lieu de ceux qui concourent aux cinq épreuves. Ou ceux qui l'emportent aux cinq épreuves. Non que les champions du pentathle l'emportent aux cinq épreuves : trois victoires suffisent, en effet, pour l'emporter. On dit que c'est Pélée qui, au temps où il était avec les Argonautes, régla ce concours le premier ; les cinq épreuves étaient celles qu'on a dites plus haut ; d'autres y mettent le saut au lieu du pancrace*[2].

Et parmi les peuples, lequel eut l'esprit le plus vif et le plus policé? Quels chefs de parti méritent plus d'admiration que les siens[3]? Un aigle dans les nuées : ainsi

1. I, p. 318, 1-2.
2. III, p. 339, 5-15.
3. I, p. 318, 8-9.

ταῖς ἐπιθυμίαις πολλῷ προπετέστεροι καὶ ὑβριστότεροι πάντες οἱ τοῦ σχήματος τούτου μετασχόντες, τῷ δ' ἀξιώματι καὶ τῇ λαμπρότητι μηδὲ τοῖς ἀπὸ τῆς πόλεως γεγενημένοι. Καὶ μὴν ἐκεῖνό γε ἡ πόλις πρώτη κατέδειξε, μὴ τίθεσθαι πλούτῳ μηδὲ θαυμάζειν. Οὔτε γὰρ τοὺς ὑπερέχοντας ταῖς οὐσίαις οὐδὲ πώποτε ἐπῆρεν, ἀλλ' ὅσον μὴ ἀδικεῖσθαι διὰ τοῦτο, τοσοῦτον αὐτοῖς [ἠξίου] παρ' αὐτῆς ὀφείλεσθαι · οὔτε τοῖς ἀρετῇ μὲν ὑπερφέρουσι χρήμασι δ' ἡττημένοις οὐδαμοῦ πώποτε τὸ ἔλαττον ἔνειμεν, [409 a] αἰσχρὸν οἶμαι νομίζουσα τῶν μὲν οἰκετῶν οὐ τοὺς εὐπορωτάτους ἀλλὰ τοὺς πιστοτάτους βελτίστους νομίζειν, τῶν δὲ ἐλευθέρων φασκόντων εἶναι τὴν ἀξίαν ὡρίσθαι χρήμασιν, ἀλλὰ μὴ ὁποῖός τις ἂν αὐτὸς ἕκαστος ᾖ, τοιοῦτον καὶ νομίζεσθαι. Ἐμοὶ μὲν οὐδὲ πένταθλοι δοκοῦσιν οἱ πάντα νικῶντες τοσοῦτον τοῖς πᾶσι κρατεῖν.

[Πράγματα εἶπεν ἀντὶ προσώπου · δέον γὰρ εἰπεῖν οἱ τοὺς πεντάθλους νικῶντες, ὁ δὲ εἶπεν οἱ πένταθλοι.] Ἀντὶ τοῦ ἆθλος ἔχων πέντε ἀγωνίσματα, πάλην, δρόμον, ἀκόντιον, δίσκον, παγκράτιον, ἢ ἀντὶ τοῦ οἱ πέντε ἀγωνιζόμενοι. Ἢ οἱ ἐν τοῖς πέντε ἀγωνίσμασι νικῶντες. Οὐχ ὅτι δὲ οἱ πένταθλοι πάντα νικῶσιν · ἀρκεῖ γὰρ αὐτοῖς τρία τῶν πέντε πρὸς νίκην. Λέγεται δὲ Πηλεύς, ὅτε ἦν μετὰ τῶν Ἀργωναυτῶν, τοῦτον θεῖναι τὸν ἀγῶνα πρῶτος · τὰ δὲ πέντε ἆθλα ἦν ἃ προείρηται · οἱ δὲ ἀντὶ τοῦ παγκρατίου τὸ ἅλμα συναριθμοῦσι.

Καὶ τίς δήμων αὐτὸς ὀξύτερος καὶ πραότερος; Ἢ τίνες δημαγωγοὶ μᾶλλον ἄξιοι θαυμάσαι; Ἀετόν

33 μηδὲ Photius : μηδ' ἐγγὺς Ar. || **35** τίθεσθαι AM³ *v. l.* Ar. : τιθέναι M || **37** ἀδικεῖσθαι A¹MˣAr. : διακεῖσθαι M δικεῖσθαι A || αὐτοῖς ἠξίου παρ' αὐτῆς M³Ar. : αὐτοῖς παρ' αὐτοῖς A αὐτοῖς M || **38** ὀφείλεσθαι AMAr. : ἀφελέσθαι A² || **39** ἡττημένοις AMAr. : ἡττωμένοις M² || τὸ *add.* Photius.

[409 a] **4** αὐτὸς AAr. : αὐτῶν M || **7-8** πράγματα — πένταθλοι M³ || **8-9** ἀντὶ — ἀγωνίσματα A : *om.* M || **13** Ἀργωναυτῶν A : Ἀργείων αὐτῶν M || **15** ἅλμα AM² : ἄγαλμα M || **16** αὐτὸς AMAr. : αὐτοῦ A².

l'appelle le dieu en la comparant aux autres cités. Elle est, semble-t-il, la seule qui ait eu ce double sort contraire : [les gens] ont tenu sur elle quantité de discours et des plus beaux ; et il n'en est pas une qui en ait moins reçu son compte. Elle a été admirée plus que toutes les autres mais elle n'a rien entendu qui soit digne d'elle.

Autrefois, j'étais heureux de l'entendre appeler le palais de la sagesse, le foyer de l'Hellade et sa pierre augulaire, ainsi que d'écouter tout ce qu'on chantait d'elle en ce genre ; maintenant, tout cela me semble porter à faux. Mais s'il faut appeler une cité la lieutenante des dieux ou leur parente ou bien l'image et le modèle de la nature humaine, c'est elle, me semble-t-il, qui mérite d'être ainsi désignée. Voilà pourquoi, Hellènes, il est naturel non de nourrir de l'envie envers la cité ou de rougir en lui cédant le pas, mais bien de contribuer autant que possible et à l'envi à sa grandeur. En effet, quand les Athéniens sont vainqueurs, c'est chez vous qu'est la victoire. Car il serait impossible que tous fussent les meilleurs entre tous ; quand un chef se distingue, la cité participe à sa gloire ; de même, quand la cité maîtresse reçoit les honneurs qui lui sont dus, tous partagent sa fierté. Je ne pense pas qu'on indisposerait les Athéniens en célébrant l'Acropole[1].

[409 b] *Au lieu de : si quelqu'un disait que l'Acropole est plus digne d'honneur et plus glorieuse que toute l'Attique*[2].

[Il faut donc que vous aussi vous considériez la cité comme une Acropole, comme un sommet de l'Hellade et de ses sœurs de race ; il faut que vous l'embellissiez par vos actions, par vos discours, et que vous estimiez que vous participez à sa gloire, non que vous en êtes

1. I, p. 319, 3-320, 4.
2. III, p. 342, 26-27.

τε ἐν νεφέλαις αὐτὴν ὁ θεὸς καλεῖ πρὸς τὰ ἄλλα πολίσματα. Μόνη, δ' ὡς ἔοικε, ταύτῃ πόλεων δύο τἀναντία συμβέβηκε· πλεῖστά τε γὰρ καὶ κάλλιστα [ἀνθρώποις] εἴρηται περὶ ταύτης, καὶ οὐκ ἔστιν ἥτις ἐλαττόνων τετύχηκε. Πρὸ μὲν γὰρ τῶν ἄλλων τεθαύμασται, ἄξιον δ' αὐτῆς οὐδὲν ἤκουσε.

Πρότερον μὲν οὖν ἠγάμην τὸ τῆς σοφίας ἀκούων πρυτανεῖον καὶ τὴν τῆς Ἑλλάδος ἑστίαν καὶ τὸ ἔρεισμα, καὶ ὅσα τοιαῦτα εἰς τὴν πόλιν ᾔδετο· νῦν δέ μοι δοκεῖ ταῦτα πάντα εἴσω πίπτειν. Ἀλλ' εἴ τινα χρὴ πόλιν θεῶν ὕπαρχον ἢ συγγενῆ προσειπεῖν, ἢ τῆς φύσεως τῆς ἀνθρωπείας εἰκόνα καὶ ὅρον, ἥδ' ἄν μοι δοκεῖ δικαίως κληθῆναι. Ἀνθ' ὧν, ὦ ἄνδρες Ἕλληνες, οὔτε φθόνον εἰκὸς ἔχειν τῇ πόλει οὔθ' ὑποχωροῦντας αἰσχύνεσθαι, ἀλλὰ συναύξειν ἐκ τῶν ἐνόντων καὶ φιλοτιμεῖσθαι. Τῶν γὰρ Ἀθηναίων νικώντων παρ' ὑμῖν ἐστι τὸ νικᾶν. Πάντας μὲν γὰρ πάντων ἂν εἶναι ἀρίστους ἀδύνατον· ὥσπερ δὲ ὅταν στρατηγὸς προέχῃ, μετέχει τῆς δόξης ἡ πόλις, οὕτω τῆς ἡγουμένης πόλεως τὰ εἰκότα τιμωμένης ἅπασι μέτεστι τῆς φιλοτιμίας. Οἶμαι δ' οὐδ' αὐτοῖς Ἀθηναίοις φέρειν αἰσχύνην, ἄν τις αὐτοῖς πρεσβεύῃ τὴν ἀκρόπολιν.

[409 b] Ἀντὶ τοῦ τιμιωτέραν καὶ ἐνδοξοτέραν τῆς πάσης Ἀττικῆς εἴ τις λέγοι τὴν ἀκρόπολιν.

[Χρὴ τοίνυν καὶ ὑμᾶς ὥσπερ ἀκρόπολίν τινα ἢ κορυφὴν νομίσαντας τῆς Ἑλλάδος καὶ τῶν ὁμοφύλων τὴν πόλιν, καὶ ἔργῳ καὶ λόγῳ κοσμεῖν, καὶ μετέχειν τῆς

20 ἀνθρώποις M^3Ar. ‖ **22** δ' αὐτῆς Ar. : δ' αὐτῇ M^3 δὲ AM ‖ **24** ἀκούων A : *om.* M *ante* τὸ (*v.* 23) *ponunt* M^3Ar. ‖ **25** ᾔδετο MAr. : ἤδετο A ‖ **27** ὕπαρχον MAr. : ὑπάρχων A ὑπάρχειν A^2 ‖ **33** πάντων Photius : ἁπάντων Ar. ‖ ἂν A : *om.* M *non habet* Ar. ‖ **34** προέχῃ A^2MAr. : προέχει A ‖ **37** αὐτοῖς πρεσβεύῃ M^3Ar. : αὐτοῖς πρεσβεύοι A πρεσβεύοι αὐτοῖς M *ut vid.*

[409 b] **1-2** ἀντὶ — ἀκρόπολιν A : *om.* M ‖ **3-9** χρὴ — πόλις M^3Ar.

écartés. Nous, faute de tisser un voile aussi, nous avons composé un discours afin d'orner la pompe des Panathénées et afin de rendre grâce à la même déesse à qui mon discours, tout comme la cité, est consacré[1].]

247.

Lu, parmi les œuvres d'Aristide, les quatre discours *Contre Platon, pour la défense de la rhétorique*[2] ; ils offrent le même intérêt que le précédent.

Quiconque veut bien parler et [bien disposer] de son suffrage ne doit pas, je pense, considérer d'un œil jaloux que, parmi les hommes plus anciens et pourvus de renom, quelqu'un ait parlé autrement sur le même sujet ; qu'on se préoccupe, au contraire, en toute circonstance, de chercher, même dans ce cas, de quel côté est la vérité et d'accepter que ce soit elle qui l'emporte. Il est curieux, en effet, que, dans les assemblées, on ne fasse pas confiance au premier qui a pris la parole ni davantage dans les tribunaux, mais que tout le monde sache parfaitement que, si les procès étaient jugés de cette manière, aucun accusé ne serait acquitté, tous, en effet, parlant évidemment après le plaignant. Pour les œuvres littéraires, au contraire, et pour le jugement à porter sur elles, il est curieux que ce soient ceux qui ont la priorité dans le temps qui l'emportent et non pas ceux qui démontreront ce qui est en question*. N'est-il pas assez étonnant que ceux qui exercent leur corps et lui attribuent de l'importance mettent si haut la beauté et la probité de la raison — [ou du bon ordre puisque tout ce qui est en bon ordre est conforme à la raison et que tout ce qui manque d'ordre manque de raison] — tandis

1. I, p. 320, 4-10.
2. Discours XLV de Dindorf, t. II, p. 1-155. Le chiffre de *quatre* discours que donne Photius (409 b 12) s'explique sans doute par le fait que le traité *Pour la rhétorique* est divisé en *deux* livres dans les manuscrits, que l'œuvre dédiée *A Capiton* est considérée comme un *troisième* discours platonicien et le plaidoyer *Pour les quatre* comme un *quatrième* discours platonicien.

δόξης ἀλλ' οὐκ ἀποστερεῖσθαι νομίζοντας. Εἴργασται καὶ ἡμῖν ὁ λόγος ἀντὶ τοῦ πέπλου κόσμος Παναθηναίων τῇ θεωρίᾳ · δοῦναι δὲ χάριν τῆς αὐτῆς θεοῦ, ἧσπερ καὶ ὁ λόγος καὶ ἡ πόλις].

247

Ἀνεγνώσθη ἐκ τῶν Ἀριστείδου πρὸς Πλάτωνα ὑπὲρ ῥητορικῆς λόγοι τέσσαρες, τὴν αὐτὴν τῷ προειρημένῳ παρεχόμενοι χρείαν.

Οἶμαι δεῖν, ὅστις μέλλει τὰ δέοντα ἐρεῖν ἢ ψήφου κύριος [ὀρθῶς ἔσεσθαι], μὴ τοῦτο σκοπεῖν μηδὲ βασκαίνειν, εἴ τινι τῶν πρότερον καὶ δόξαν ἐχόντων ἑτέρως εἰρῆσθαι περὶ τῶν αὐτῶν συμβέβηκεν, ἀλλ' οὗ πανταχοῦ πλεῖστον εἰκός ἐστι λόγον εἶναι, τοῦτο κἀν τῷ παρόντι ζητεῖν ὁποτέρωθι τἀληθές, καὶ τοῦτο συμβούλεσθαι νικᾶν. Ἄτοπον γὰρ ἐν μὲν ταῖς ἐκκλησίαις μὴ τὸν πρῶτον εἰπόντα πιστεύεσθαι, μηδὲ ἐν τοῖς δικαστηρίοις, ἀλλὰ τοῦτό γε εὖ εἰδέναι πάντας, ὅτι εἰ ταύτῃ ταῦτα κριθήσεται, τῶν φευγόντων οὐδεὶς ἀποφεύξεται · πάντες γὰρ δήπουθεν ὕστεροι τοῦ διώκοντος λέγουσιν · ἐν δὲ τοῖς λόγοις αὐτοῖς καὶ τῇ περὶ τούτων κρίσει τοὺς τῷ χρόνῳ προλαβόντας κρατεῖν, ἀλλὰ μὴ τοὺς ἀποδείξοντας περὶ ὧν ἀγωνίζονται. Καίτοι πῶς οὐκ ἀλογία πολλὴ τοὺς μὲν ἃ τῆς τοῦ σώματος τύχης ἔχεται μελετῶντας ἢ τιμῶντας οὕτω σφόδρα καὶ πρότερον τὸ τοῦ λόγου καλὸν καὶ δίκαιον τετιμηκέναι,

[ἤτοι τῆς εὐταξίας, ἐπειδὴ πᾶν τὸ εὔτακτον κατὰ λόγον γίνεται, τὸ δὲ ἄτακτον ἀλόγως,]

10 247] σμζ' A *in textu et* M : σμς' A² *in textu et* A *pinax* ‖ **11** ἐκ τῶν Ἀριστείδου A : τοῦ αὐτοῦ M ‖ **14** μέλλει AMAr. : μέλλοι Mˣ ‖ **15** ὀρθῶς ἔσεσθαι M³Ar. ‖ **19** συμβούλεσθαι MAr. : συμβουλεύεσθαι A ‖ **24** δήπουθεν ὕστεροι AM : ὕστεροι δήπου M³ *v. l.* Ar. ‖ **31-32** ἤτοι — ἀλόγως M³ *mg*.

que les gens qui tiennent un haut rang dans les lettres et qui n'accepteraient même pas de vivre sans s'y adonner ont une attitude aussi passive, ou plutôt aussi malhonnête : ils n'accordent leur confiance en toute chose qu'à un seul homme pourvu qu'il soit venu le premier ; ils choisissent d'admirer les mots plus que la vérité comme s'il fallait reconnaître le bien, non le découvrir, changer les [410 a] lois elles-mêmes quand il est utile de le faire, mais sans accepter de mettre en toute première place les propos qui traitent de ce qui est permanent par nature ; non, ils respectent comme des bornes et des monuments ceux qui sont venus les premiers ; en outre, ils ne s'en libèrent pas comme quand, s'agissant de lois, il en faut remplacer d'anciennes par des dispositions contraires et admettre que d'autres prennent leur place, comme il faut prescrire en outre qu'il est permis de faire des coupes dans les formules de serments publics ou d'y ajouter ce qui, plus tard, paraîtra bon à l'examen ; quant aux œuvres littéraires qu'il faut examiner constamment avec la même liberté, ils les confrontent uniquement au seul temps passé, comme si on pouvait prétendre que seuls les premiers hommes ont connu la santé et sans voir qu'un tel jugement et un tel raisonnement ne servent même pas les anciens qu'ils honorent.

Car s'il faut se soumettre au temps et mesurer le mérite d'après lui, il n'y a plus de place pour le respect que tous ont [de nos jours] pour les anciens. En effet, c'est Iasos qui, selon ce critère, aurait la première place [dans le domaine des lettres] avec Criasos et Crotopos [et Phoroneus] et l'Argien de la fable[1] [et Deucalion, mais non ceux qui sont vantés de nos jours][2]. Si nous jugeons de cette façon, Codrus n'aura plus de motif de fierté, car lui aussi sera un enfant en comparaison de ceux dont j'ai parlé ; il

1. II, p. 2, 12-3, 11.

2. II, p. 3, 11-13. Les mots αἰπιῶν βεβοημένων qu'on lit dans Bekker (410 a 18-19) ne sont sans doute qu'une mauvaise transcription du manuscrit copié sur M qu'il lisait. La leçon de M^3 est parfaitement claire et conforme au texte d'Aristide.

τοὺς δὲ ἐπὶ τῶν λόγων ἀνέχοντας, καὶ χωρὶς τῆς ἐν τούτοις διατριβῆς οὐδ' ἂν ζῆν δεξαμένους οὕτως ἀργῶς, μᾶλλον δὲ ἀδίκως ἔχειν, ὥστε ἑνὶ πιστῷ χρῆσθαι περὶ πάντων, ἄν τις φθάσῃ γενόμενος, καὶ τὰ ὀνόματα ἀντὶ τῆς ἀληθείας θαυμάζειν ᾑρῆσθαι, ὥσπερ νομίσαι δέον, οὐχ εὑρεῖν τὸ βέλτιον, καὶ τοὺς μὲν νόμους [410 a] αὐτοὺς ἂν συμφέρῃ κινεῖν, τοὺς δὲ περὶ τῶν ἀεὶ μενόντων τῇ φύσει λόγους ἐπὶ τοῖς πρώτοις μὴ δέχεσθαι, ἀλλ' ὥσπερ ὅρους ἢ στήλας τοὺς προκατεσχηκότας πρεσβεύειν, καὶ ταῦτα οὐ λύειν ὥσπερ ἐν τοῖς νόμοις τοὺς προτέρους διὰ τῶν ἐναντίων δέον, ἀλλὰ τῆς αὐτῆς χώρας καὶ ἑτέρους ἀξιοῦν αὐτοῖς, καὶ τοῖς μὲν ὅρκοις τοῖς κοινοῖς προσπαραγράφειν ἐξεῖναι ἀνελεῖν καὶ προσθεῖναι ὅ τι ἂν σκοπουμένοις ὕστερον συνδοκῇ, οὓς δὲ ἀπὸ τῆς αὐτῆς ἐξουσίας ἀεὶ καὶ διὰ παντὸς ἐξετάζειν δεῖ λόγους, τῷ παρελθόντι χρόνῳ μόνῳ προσθεῖναι, ὥσπερ ἂν εἴ τις καὶ ὑγιαίνειν φάσκοι χρῆναι μόνους τοὺς πρώτους γενομένους, καὶ μηδὲ ἐκεῖνο ὁρᾷ, ὅτι ἡ τοιαύτη κρίσις καὶ ὁ λογισμὸς ὁ τοιοῦτος αὐτοῖς πρώτοις οὓς τιμῶσιν οὐ λυσιτελεῖ.

Εἰ γὰρ τῷ χρόνῳ δεῖ συγχωρεῖν καὶ τὴν ἀξίαν ἀπὸ τούτου μετρεῖν οὐκέτ' ἔχει τόπον ἡ [νῦν] παρὰ πάντων εἰς ἐκείνους αἰδώς. Ἴασος γὰρ [ἂν] οὕτω νικῴη [περὶ λόγους], καὶ Κρίασος καὶ Κρότωπος [καὶ Φορωνεύς], καὶ εἴ τις Ἀργεῖος ἐκ μύθου, [καὶ Δευκαλίων ἀντὶ τῶν νῦν βεβοημένων]. Ἐὰν οὕτω κρίνωμεν, ὡς οὐ Κόδρῳ γε μετέσται τῆς φιλοτιμίας, ἀλλὰ καὶ οὗτος παῖς οἷς εἶπον

36 πάντων A : ἁπάντων MAr. || **37** ᾑρῆσθαι A : ἡρῆσθαι M αἱρεῖσθαι M^3 *v. l.* Ar.

[410 a] **10** χρόνῳ A^1MAr. : λόγῳ A || **11** φάσκοι χρῆναι AM : χρῆναι φάσκοι M^3 *v. l.* Ar. || **13** ὁ λογισμὸς ὁ τοιοῦτος AM : ὁ τοιοῦτος λογισμὸς M^3 *v. l.* Ar. || **15** νῦν M^3Ar. || **16** ἂν M^3Ar. || **17** περὶ λόγους M^3Ar. || Κρότωπος AM : ὁ Κρότωπος M^x || καὶ Φορωνεύς M^3Ar. || **18-19** καὶ Δευκαλίων ἀντὶ τῶν νῦν βεβοημένων M^3.

aura cessé d'être un ancien et, de fil en aiguille, nous en viendrons à rechercher s'il a existé quelqu'un avant la lune. Homère et Hésiode et ceux qui ont été les premiers de notre temps, Platon, si on veut, et Démosthène et ceux qui les ont précédés de peu n'ont pas à espérer qu'une gloire semblable leur soit attachée même dans très peu de temps, puisque ce qui les a précédés avance toujours du même mouvement qu'eux.

Et s'il est évident pour tout le monde que ces auteurs distingués par leur talent et leur génie ont éclipsé leurs prédécesseurs, il n'est pas normal non plus qu'on écarte purement et simplement tous ceux qui sont venus après eux, ni qu'on soit en défiance si quelqu'un, même parmi nos contemporains, a son mot à dire sur le sujet en discussion. [Mais, à ce qu'il semble, nous pouvons savoir de ceux-là mêmes que nous honorons quelle différence il y a entre précéder et exceller.] Oui, respecter tous les anciens est juste, sans doute, mais trembler devant eux est un manque de dignité, si du moins il ne faut point paraître honorer ceux qui sont honorés pour leurs œuvres plus que les œuvres elles-mêmes ; [que s'il faut avoir cette attitude envers d'autres, et notamment envers Platon, je n'ai pas besoin d'un autre témoin, car lui-même suffit : non seulement du fait qu'il proclame et recom-
[410 b] mande partout qu'il ne faut rien faire passer avant la vérité, mais parce qu'il le fait au moyen d'un exemple de peu de poids].

Platon, en effet, en mettant Homère, son si lointain prédécesseur, en accusation sur beaucoup de sujets, ne manque pas de raisons mais est en mesure de répondre à ceux qui s'indignent de ce qu'il dit, selon Platon lui-même, semble-t-il, et selon les approbateurs qui le tiennent quitte de tout grief, il nous est toutefois permis

συμβαλεῖν καὶ οὐκ ἀρχαῖος · καὶ κατὰ μικρὸν οὕτω ζητήσομεν εἴ τις ἦν πρὶν σελήνην εἶναι. Ὁμήρου δὲ καὶ Ἡσιόδου καὶ τῶν εἰς ἡμᾶς νενικηκότων, Πλάτωνος, εἰ βούλει, καὶ Δημοσθένους καὶ τῶν ὀλίγον πρὸ τούτων οὐδ' εἰς πολλοστὸν χρόνον ἐλπὶς ὁμοίαν ἐγγενέσθαι δόξαν, συμπροιόντος ἴσου τοῦ πρὸ αὐτῶν ἐκείνοις ἀεί.

Εἰ δὲ τοῦτο εὔδηλον ἅπασιν, ὅτι καὶ οὗτοι φύσει καὶ δυνάμει διενεγκόντες τοὺς πρὸ αὐτῶν ἀπέκρυψαν οὐδὲ τοὺς ὕστερον παντάπασιν ἅπαντας ἀπείργειν εἰκός, οὐδ' ἀπιστεῖν, εἴ τις καὶ τοῦ νυνὶ χρόνου μετεσχηκὼς ἔχει συμβαλέσθαι γνώμην περὶ ὧν πρόκειται λόγος, [ἀλλὰ παρ' αὐτῶν, ὡς ἔοικεν, ὧν τιμῶμεν ὑπάρχειν εἰδότας τὸ προσιέσθαι καὶ προσέχειν ὁπόσον διαφέρει]. Ἅπαντας μὲν οὖν τοὺς παλαιοὺς αἰδεῖσθαι μὲν ἴσως δίκαιον, φρίττειν δὲ οὐκ ἄξιον, εἴπερ μὴ τοὺς ἐπὶ τοῖς λόγοις ὀνομασθέντας μᾶλλον ἢ τοὺς λόγους αὐτοὺς δεῖ δοκεῖν τιμᾶν · [ὅτι δ' εἰ πρὸς ἄλλον τινά, χρὴ γνώμης οὕτως ἔχειν καὶ πρὸς Πλάτωνα, οὐκ ἄλλου δέομαι μάρτυρος, ἀλλ' αὐτὸς ἐξαρκεῖ οὐ μόνον οἷς ἁπανταχοῦ βοᾷ καὶ παρακελεύεται μηδὲν [410 b] πρότερον ποιεῖσθαι τῆς ἀληθείας, ἀλλὰ καὶ ὀλίγῳ τῷ παραδείγματι].

Εἰ γὰρ ἐκεῖνος Ὁμήρῳ τῷ τοσοῦτον πρὸ αὐτοῦ περὶ πολλῶν ἐπιτιμῶν οὐκ ἀπεστέρηται λόγου, ἀλλ' ἔχει πρὸς τοὺς ἀγανακτοῦντας ὅ τι εἴπῃ, κατ' αὐτόν, ὡς ἔοικε, Πλάτωνα καὶ τοὺς ἐκεῖνον ἐπαινοῦντας καὶ πάσης αἰτίας ἀφιέντας ἔστι, κἂν ἄλλος τις ἐκείνῳ δοκῇ τι λέ-

21 συμβαλεῖν AM : συμβάλλειν M³Ar. ‖ κατὰ MAr. : τὰ κατὰ A ‖ 25 πολλοστὸν AMAr. : ὕστερον M³ *v. l.* ‖ συμπροιόντος AMAr. : προιόντος M³ *v. l.* ‖ 28 αὐτῶν Bekker : αὐτῶν Photius *et* Ar. ‖ τοὺς ὕστερον MAr. : τούτους ὕστερον A ‖ 31-33 ἀλλὰ — διαφέρει M³Ar. ‖ 34 ἴσως *hic* AM : *post* οὖν (*v.* 33) *ponunt* M³ *et* Ar. ‖ 35 μὴ MAr. : *om.* A ‖ 36-b 2 ὅτι — παραδείγματι M³Ar.

[410 b] 4 εἴπῃ AAr. : εἴποι M ‖ 6 δοκῇ M²Ar. : δοκεῖ AM.

d'oser prêter l'oreille à quelqu'un qui nous semblerait le contredire, sans lui reprocher cette audace, sauf si nous le prenons en défaut sur des questions de fait[1].

Platon, en effet, en entreprenant de mettre ouvertement la rhétorique en accusation, a pu faire discuter deux ou trois personnes contre elle en forme dialoguée ; il serait étrange que nous qui, en somme, pouvons venir à son secours et qui voulons y venir, n'osions pas le faire, comme s'il ne fallait contredire Platon que dans la mesure où il consentirait à se contredire lui-même. Et il me semble bizarre que Platon n'ait pas honte de blâmer la rhétorique alors qu'il en faisait usage, et que nous, nous ayons honte, en la défendant, de froisser quelqu'un à cause de lui.

Mais qu'il faille en outre ne rien dire pour la défendre, mais la laisser condamner par défaut comme au tribunal, et cela alors qu'elle est l'art des discours, ce serait là une injonction toute différente. Et si quelqu'un a le devoir de la défendre, sans doute est-ce à nous que cette tâche revient afin de faire apparaître le bon droit, en tout premier lieu, dans le domaine dont nous nous sommes faits les défenseurs ; car il est raisonnable qu'on fasse profiter des biens que nous lui devons celle-là même de qui nous tenons le moyen de parler pour défendre les autres. De deux choses l'une : il faut qu'elle apparaisse telle que Platon a voulu qu'elle fût, ou bien qu'on fasse en sorte qu'elle le paraisse. Car il n'est pas toujours valide l'axiome qui veut que le silence renforce les accusations. Mais, du même coup, elle n'obtiendra pas qu'on lui rende justice et sa dignité sera ravalée, car elle paraîtra incapable de sauvegarder la justice[2].

1. II, p. 3, 16-4, 17.
2. II, p. 4, 20-5, 14.

γειν ὑπεναντίον, τολμᾶν ἀκροᾶσθαι μήπω τοῦτο ἔγκλημα ποιουμένους, ἀλλ' ἐὰν τοῖς περὶ τῶν πραγμάτων λόγοις ἀπολειφθῇ.

Καὶ γὰρ ἂν εἴη δεινόν, εἰ ἐκεῖνος μὲν ὑποστὰς κατηγορεῖν ἐκ προφανοῦς οὐκ ἀπεστέρησε τρόπον γέ τινα αὐτὴν τῶν ὑπὲρ ἑαυτῆς λόγων, ἀλλ' ἀπέδωκε δυσὶ καὶ τρισὶν ἀντειπεῖν ὡς γοῦν ἐν σχήματι διαλόγων, ἡμεῖς δὲ οἱ τὸ ὅλον βοηθεῖν ἔχοντες καὶ προῃρημένοι μὴ τολμήσομεν, ὥσπερ τοσαῦτ' ἀντιλέγειν Πλάτωνι δέον, ὁπόσα ἂν αὐτὸς πρὸς αὐτὸν βουληθείη. Ἄτοπον δέ μοι δοκεῖ, εἰ Πλάτων μὲν οὐκ ᾐδέσθη ψέγων ῥητορικήν, ἧς ἴσως γε καὶ αὐτῷ μετῆν, ἡμεῖς δ' αἰσχυνόμεθα ὑπὲρ ῥητορικῆς λέγοντες, μή τις δι' ἐκεῖνον ἀχθεσθείη.

Χωρὶς δὲ τούτων, εἰ μὲν μηδὲν ἀντειπεῖν δεῖ ἀλλ' ἐρήμην ἑαλωκέναι καθάπερ ἐν δικαστηρίῳ, καὶ ταῦτα λόγων τέχνην οὖσαν, ἄλλο τι τοῦτ' ἂν εἴη τὸ ἐπίταγμα. Εἰ δ' ἔστιν ὅντινα δεῖ, σχεδὸν ἡμῖν ἂν πρέποι, ἵνα καὶ τὸ δίκαιον εὐθὺς ἐν αὐτῷ τούτῳ πρώτῳ δείξωμεν, οὗ προεστήκαμεν · ὡς ἔστιν οὐ λόγον σῷζον, παρ' ἧς τὸ τοῖς ἄλλοις συναγορεύειν ἔστι, ταύτῃ τῶν παρ' αὐτῆς μὴ μεταδοῦναι, ἀλλὰ δυεῖν θάτερον, ἢ τοιοῦτον εἶναι δοκεῖν αὐτὴν οἷον Πλάτων βεβούληται, ἢ τοιοῦτον εἶναι δοκεῖν ποιῆσαι. Οὐ γάρ ἐστιν ἓν τοῦτο ὃ πανταχοῦ, ὅτι τὰς αἰτίας ἡ σιωπὴ βεβαιοῖ · ἀλλ' ἅμα τῶν τε δικαίων οὐ τεύξεται, καὶ τὸ σεμνὸν αὐτῆς ἐπ' αὐτῆς ἐξελήλεκται · δόξει γὰρ οὐχ οἵα τε εἶναι σῴζειν τὰ δίκαια.

7 ἀκροᾶσθαι AM : ἀκροάσασθαι M^{2}Ar. ‖ 14 τολμήσομεν AM^3 *v. l.* : τολμήσωμεν A^{x}M *et* Ar.N ‖ 16 ἄτοπον AM : ἄλογον M^3 *v. l.* Ar. ‖ δοκεῖ AM : φαίνεται M^3 *v. l.* Ar. ‖ 17 γε AM : τι M^3 *v. l.* Ar. ‖ 21 ἄλλο A^{2}MAr. : ἄλλω A ‖ τοῦτ' AAr. : ταῦτ' M ‖ 22 τὸ ἐπίταγμα A : τοὐπίταγμα MAr. ‖ ὅντινα AM^{3}Ar. : ὧν τινα A^2 ὄντι M ‖ ἂν πρέποι MAr. : ἀνατρέπειν A ‖ 24 σῷζον A^{1}M^{2}Ar. : σῴζων AM ‖ 26 δυεῖν Photius : δυοῖν Ar. ‖ 27 οἷον MAr. : οἵαν A ‖ τοιοῦτον Photius : τοιοῦτόν γ' Ar. ‖ 28 ἓν τοῦτο MAr. : ἐν τοῦτο A ἐν τούτῳ A^2.

En tout cela, il n'existe pas la moindre démonstration ni la moindre preuve développée de façon péremptoire ; nous disposons comme d'une simple concession de ce qui a coûté tant de sueur auparavant, absolument comme si la rhétorique demandait en grâce cette concession aux auditeurs. Cependant, s'il est ridicule de supposer que l'objet d'une recherche est chose admise, comment est-il raisonnable d'admettre dès le départ ce qu'il est ridicule de rechercher ? Car comment n'est-il pas ridicule de rechercher si l'art oratoire et l'art culinaire sont de même nature ? Or, il a pris cette proposition comme [411 a] une chose admise.

Chacun pourrait s'en rendre compte en supprimant le nom de la rhétorique pour mettre à sa place celui de la philosophie et en utilisant ensuite tous les mêmes éléments. Et que personne ne condamne ni la lourdeur ni la froideur de ce propos. En effet, quand deux disciplines ou deux facultés sont en présence et que des gens sont maîtres dans l'une des deux parties, même s'ils en viennent à dire des erreurs à l'égard de l'autre, nous ne leur imputons aucune grossièreté et nous accordons à cette autre partie de se défendre par des moyens différents ; en outre, nous parlerons non pour frapper lourdement mais afin de faire une démonstration qui, nous le soutenons, n'existe pas chez nos adversaires[1].

([Ce serait manquer de raison bien plus qu'eux.]) D'ailleurs, nous avons un témoignage et un suffrage apportés par presque tous les dieux : ils attestent qu'un discours ne vaut rien, soit quand il ne recherche que l'art, soit quand il dénigre de bout en bout ce qui n'est pas fait avec art[2].

De plus, par Zeus, parler en vers sans les ressources de l'art quand on est possédé par la Muse est un phénomène non pas étrange mais souvent divin ; ce qui est étrange, serait-ce de tenir, [comme le font les orateurs], des

1. II, p. 9, 4-20.
2. II, p. 13, 16-20.

Ἐνταῦθα ἀπόδειξις μὲν οὐδ' ἡτισοῦν ἐστιν, οὐδ' ἔλεγχος ἀνάγκῃ προεληλυθώς · ὑπόκειται δὲ ἁπλῶς ὥσπερ ἐξόν, οὗ πολὺς ἱδρὼς πρότερον, οὐδὲν διαφερόντως ἢ εἰ χάριν ᾔτει τοὺς ἀκούοντας ταῦτα συγχωρῆσαι. Καίτοι εἰ τὰ ζητούμενα ὡς ὁμολογούμενα ὑποτίθεσθαι γέλως, πῶς εἰκός, ἅ γε ζητεῖν γέλως ταῦτα ἐξ ἀρχῆς ὑποτίθεσθαι; Πῶς γὰρ οὐ γέλως, εἰ τῆς αὐτῆς φύσεως ῥητορικὴ καὶ ὀψοποιητική, ζητεῖν; Ὁ δὲ ὥσπερ ὁμολογούμενον εἴ-
[411 a] ληφεν αὐτό.

Γνοίη δ' ἄν τις ἐκείνως, εἰ τὸ τῆς ῥητορικῆς ὄνομα ἐξελὼν τὸ τῆς φιλοσοφίας ἀντ' ἐκείνου ὄνομα μεταλάβοι καὶ ἐπὶ τούτῳ πᾶσι τοῖς αὐτοῖς χρήσαιτο. Καὶ μηδεὶς μήτ' ἀγροικίαν μήτε ψυχρότητα καταγνῷ τοῦ λόγου. Μάλιστα μὲν γὰρ οὐ δήπου δυοῖν ἐπιστήμαιν ἢ δυνάμεοιν τοῖς μὲν τὴν ἑτέραν προϊσταμένοις οὐδ' ἂν ὁτιοῦν βλασφημῶσιν εἰς τοὺς ἑτέρους, οὐδὲν ἄγροικον ὑπεῖναι φήσομεν, τοῖς δ' οὐδὲ τοῖς αὐτοῖς ἀμύνεσθαι δώσομεν · ἔπειτ' οὐ τοῦ φορτικοῦ χάριν εἰρήσεται, ἀλλὰ τῆς ἀποδείξεως, ἣν οὐδαμοῦ τούτοις εἶναί φαμεν. [Πολλῷ μέντ' ἂν πλέον ἐκείνων ἐλλείποιμεν τοῦ σωφρονεῖν.] Οὐκοῦν παρὰ πάντων ὡς εἰπεῖν τῶν θεῶν μαρτυρία καὶ ψῆφος ἐπῆκται τοῦ μηδενὸς ἄξιον εἶναι τὸν τοιοῦτον λόγον, ὅστις ἢ τὴν τέχνην ζητεῖ ἢ φαυλίζει τὸ μὴ σὺν ταύτῃ πανταχοῦ.

Εἶτ' οὖν, ὦ πρὸς Διός, ἐν μέτρῳ μὲν εἰπεῖν μουσοληπτούμενον ἄνευ τέχνης οὐ δεινόν, ἀλλὰ καὶ θεῖον πολλάκις, [ὥσπερ οἱ ῥήτορες], οὑτωσὶ δὲ εἰπεῖν

32 ἐστιν AM : ἔνεστιν M³ *v. l.* Ar. || 34 οὗ MAr. : οὐ A || διαφερόντως AMAr. : διαφέροντος A².

[411 a] 3 ὄνομα AM : *del.* Mˣ *non habet* Ar. || 6 τὴν ἑτέραν AMAr. : τῆς ἑτέρας A² || 7 βλασφημῶσιν MˣAr. : βλασφημοῦσιν A *et* M *ut vid.* || 10-11 πολλῷ — σωφρονεῖν M³ *et om.* ἐκείνων Ar. || 16 μουσοληπτούμενον AM : *exp.* M³ *non habet* Ar. || 17 ὥσπερ οἱ ῥήτορες M³.

propos excellents mais sans art? Pour moi, je ne vois pas que cela s'impose. Comment, en effet, ne serait-il pas étonnant que le poète, en imitant l'orateur, fasse bien ses vers sans le secours de l'art et tienne des propos excellents, et que l'orateur lui-même ne tienne pas des propos excellents s'il ne le fait [avec les ressources] de l'art[1]?

Si donc, ô Zeus, ô dieux, un certain genre de folie est supérieur à la sagesse et si c'est des dieux qu'elle vient aux hommes, comment est-il permis de blâmer tout ce qui ne se fait pas avec l'aide de l'art et de tenir l'art oratoire pour une chose [simplement] honteuse[2]?

Platon ne considère pas la rhétorique comme un art. Lui-même, cependant, prescrit [d'emblée] qu'il ne faut pas chercher l'art dans les très grandes choses[3]. Eh bien, si Platon est digne de foi, c'est lui qui refuse les honneurs à l'art. Et si [ce qui serait très plausible] quelqu'un n'est pas d'accord là-dessus, comment la rhétorique est-elle chose honteuse du fait de ses affirmations? Pour moi, en général, je ne crois pas Platon moins digne de foi que tel ou tel parmi les Hellènes et je demanderais volontiers à ses disciples s'il vaut mieux croire telle de ses opinions ou telle autre. Et certes, qu'il soit des plus respectables, il en témoigne hautement devant nous et c'est pour notre avantage qu'il l'est. En effet, quand nous disons la même chose que lui, tandis que ce qu'il dit ne s'accorde ni avec lui-même ni avec nous, c'est là moins une [411 b] contradiction qu'une preuve qu'il ne dit pas la vérité[4].

Sur ce fait-là, à savoir que beaucoup de gens ont été

1. II, p. 14, 9-15.
2. II, p. 17, 3-6.
3. II, p. 17, 14-17. Ici (411 a 26-28) j'ai relégué la leçon de M[a] dans l'apparat parce qu'elle a supplanté un original AM qui offre un sens cohérent et qui est bien conforme à la « manière d'abréviateur » de Photius.
4. II, p. 19, 7-17.

τὰ βέλτιστα δεινόν, ἐὰν μὴ σὺν τέχνῃ; Ἐγὼ μὲν γὰρ οὐχ ὁρῶ τὴν ἀνάγκην. Πῶς γὰρ οὐκ ἄτοπον, εἰ ὁ μὲν ποιητὴς ἄνευ τέχνης ποιῶν ὀρθῶς τὸν ῥήτορα μιμήσεται καὶ τὰ βέλτιστα ἐρεῖ, ὁ ῥήτωρ δ' αὐτὸς οὐκ ἐρεῖ τὰ βέλτιστα, ἐὰν μὴ [σὺν] τέχνῃ; Εἰ τοίνυν, ὦ Ζεῦ καὶ θεοί, μανία τίς ἐστιν ἀμείνων σωφροσύνης καὶ παρὰ θεῶν ἀνθρώποις γινομένη, πῶς ἄξιόν γε πᾶν τὸ μὴ τέχνῃ γινόμενον ψέγειν, ἢ πῶς ῥητορικὴν [ἁπλῶς] αἰσχρὸν ἡγεῖσθαι;

Ὅτι Πλάτων αὐτὴν οὐ τέχνην νομίζει. Καίτοι αὐτὸς Πλάτων [ἤδη] διορίζεται τὸ μὴ δεῖν ἐπὶ τῶν μεγίστων τέχνην ζητεῖν. Καὶ μὴν εἰ μὲν ἀξιόπιστος Πλάτων, αὐτός ἐστιν ὁ μὴ διδοὺς τῇ τέχνῃ τὰ πρεσβεῖα. Εἰ δὲ [τὸ ἀξιόπιστον ἦν ἂν] οὐδὲ τοῦτό τις συγχωρεῖ, πῶς ῥητορικὴ διὰ τοὺς ἐκείνου λόγους αἰσχρόν; Ἐγὼ δὲ ἀξιόπιστον μὲν τοῖς ὅλοις οὐδενὸς ἧττον τῶν Ἑλλήνων ἡγοῦμαι, ἡδέως δ' ἂν ἐροίμην τοὺς πρὸς ἐκείνου πότερον αὐτῷ μᾶλλον πιστεύειν ἄξιον ταῦτα ἢ κεῖνα. Καὶ μὴν εἰ τὰ μάλιστα σεμνός ἐστι, φαίνεται μαρτυρῶν ἡμῖν, ὥστε ὑπὲρ ἡμῶν σεμνός ἐστιν. Ὅταν γὰρ ἡμεῖς μὲν καὶ ἡμῖν αὐτοῖς ταὐτὰ λέγωμεν κἀκείνῳ, ἐκεῖνος δὲ μήθ' αὐτῷ μηδὲ ἡμῖν, οὐκ [411 b] ἀντιλέγει μᾶλλον ἢ μαρτυρεῖ κατ' αὐτὸ τοῦτο μὴ τἀληθῆ λέγειν.

Περὶ δέ γε τούτου τοῦ μέρους οὐκέτι ἐκ

21 ἐρεῖ — βέλτιστα MAr. : *om.* A || **22** σὺν M^{3}Ar. || **24** γινομένη AM : γιγνομένη M^{3}Ar. || γε πᾶν AM : πᾶν γε M^{3}Ar. || **25** ἁπλῶς M^{3}Ar. || **26-27** ὅτι — αὐτὸς A *et fortasse* M : ἀλλ' ἔστιν οὗ καὶ λαμπρότερον καὶ θεοφιλέστερον εἶναι τὸ μὴ δουλεύειν τέχνῃ. Σαφῶς γὰρ οὑτωσὶ M^{3}Ar. || **27** ἤδη M^3 || **29** αὐτὸς AM : οὗτος αὐτὸς M^{3}Ar. || **30** τῇ τέχνῃ MAr. : αὐτῇ A^2 *quid prius praeb.* A *non liquet* || **30-31** τὸ — ἂν M^3 *secl. edd.* : *non habet* Ar. || **31** οὐδὲ Ar. : οὐδὲν M || συγχωρεῖ M^2 : συγχωρῇ A *et* M *ut vid.* || **33** τῶν AM : *exp.* M^3 *non habet* Ar. || Ἑλλήνων MAr. : ἑλληνικῶν A || **37** ταὐτὰ MAr. : ταῦτα A.

[411 b] **1** ἀντιλέγει AMAr. : ἡμῖν ἀντιλέγει M^3 || **2** δέ γε Photius : γε μὴν Ar. || οὐκέτι MAr. : οὐκέτι οὐκ A.

sauvés par une intervention divine, je ne discuterai pas davantage avec Platon. Et, sans doute, ni Eschine, le fils de Lysanias, ni aucun autre, ne m'en voudra si je dis que je suis plus à même de l'attester par mes paroles et que je n'ai pas besoin de son témoignage sur ce sujet. Mais en réalité, de même que les devins inspirés ont été initiés par chaque dieu aux choses de son domaine, c'est des dieux eux-mêmes que je tiens mon savoir ; des maux auxquels nul médecin ne savait quel nom donner, qu'il savait encore moins guérir et qu'il n'avait pas vu se produire [dans] un organisme humain, grâce à divers conseils venant de la divinité, j'y ai échappé et je vis contre tout ce qu'on pouvait attendre à partir de ce qu'on sait aujourd'hui[1].

Et pourtant, aucun de ceux qui sont guéris n'a la moindre connaissance de l'art de guérir, mais peut-être le mépris de cet art est-il le premier pas vers le recours aux dieux. D'ailleurs, pour parler avec l'aide des dieux, ceux-ci ne nous méprisent pas de raisonner ainsi, et beaucoup de ceux qui ont choisi la chance qu'offrent les dieux plutôt que l'art de guérir n'ont pas eu à le regretter[2]. Ainsi, rien n'empêche que les médecins eux-mêmes aient le frisson à entendre parler de plus d'un résultat. Sont-ce les songes qui font que les affaires humaines sont confiées aux dieux? Ou bien est-ce la sollicitude divine à l'égard des hommes qui fait que les hommes sont sauvés par des songes? Pour moi, c'est ce que je pense. Et quoi, ô toi la plus grande langue des Hellènes, [comme l'a dit le poète Cratinos][3]. [Et tes écrits ont été jugés si conformes et si apparentés au génie de Socrate que cette opinion a trouvé audience]. Or il me semble

1. II, p. 21, 5-22, 5. Allusion assez claire à la matière des *Discours sacrés* d'Aristide que Photius n'a pas lus. Sur ce problème des « miracles » dont Aristide prétend avoir bénéficié, cf. G. Michenaud-J. Dierkens, *Les rêves dans les « Discours sacrés » d'Aelius Aristide, IIe siècle après J.-C. Essai d'analyse psychologique*. Université de Mons, 1972.

2. II, p. 22, 8-14.

3. II, p. 22, 21-23, 5. Cratinos, fr. 293 Kock. On retrouvera l'apostrophe μεγίστη γλῶττα, p. 424 a 20 (*infra*, p. 81) appliquée à Périclès.

λόγου πρὸς Πλάτωνα ἀγωνιοῦμαι ὡς ἄρα πολλοὶ διὰ θείας μοίρας ἐσώθησαν. Οὐδέ μοι νεμεσήσει δήπουθεν οὔτε Αἰσχίνης ὁ Λυσανίου οὔτε ἄλλος οὐδείς, εἰ φαίην αὐτὸς ἔχειν μαρτυρῆσαι μᾶλλον τοῖς ῥήμασιν ἢ τῆς παρ' ἐκείνου πρὸς δὴ ταῦτα προσδεῖσθαι μαρτυρίας. 'Αλλ' ὡς ἀληθῶς ὥσπερ οἱ θεομάντεις οἱ τοῖς τῶν πραγμάτων ἐπωνύμοις τετελεσμένοι, παρ' αὐτῶν τῶν θεῶν ἔχω τὸ μάθημα · ὑφ' ὧν ἃ μηδεὶς ἰατρῶν μήτε οἶδεν ὅτι χρὴ προσειπεῖν, μὴ ὅτι ἰάσασθαι, μήτε εἶδεν [ἐν] ἀνθρώπου φύσει συμβάντα, ἄλλοτε ἄλλαις παραμυθίαις τε καὶ συμβουλαῖς, ἐκ τοῦ θεοῦ διαφεύγω ζῶν παρὰ πᾶν τὸ ἐκ τῶν παρόντων εἰκός.

Καίτοι τέχνης μὲν ἡμῶν οὐδ' ὁτιοῦν εἰς ταῦτα μέτεστιν οὐδενὶ δήπουθεν τῶν ἰωμένων, ἀλλὰ καὶ τοῦ καταφυγεῖν ἐπὶ τοὺς θεοὺς σχεδὸν ἀρχὴ τὸ τῆς τέχνης ὑπεριδεῖν ἐστιν. Ὅμως δὲ σὺν αὐτοῖς εἰπεῖν, οὔθ' οἱ θεοὶ τὸν τοιοῦτον ἡμῶν λογισμὸν ἀτιμάζουσιν, οὔτε πολλοὶ μετέγνωσαν τῶν πρὸ τῆς τέχνης τὴν παρὰ τῶν θεῶν τύχην ἑλομένων. Ὥστε καὶ τοὺς ἰατροὺς οὐδὲν κωλύει φρίττειν, ἐπειδὰν ἀκούσωσι πολλὰ τῶν ἔργων. Πότερ' οὖν τὰ ὀνείρατα ποιεῖ θεοῖς ἀνακεῖσθαι τὰ ἀνθρώπινα; Ἢ τὸ θεοὺς ἀνθρώπων κήδεσθαι ποιεῖ καὶ δι' ὀνειράτων ἀνθρώπους σῴζεσθαι; 'Εγὼ μὲν οἶμαι τοῦτο. Τί οὖν, ὦ μεγίστη σὺ γλῶττα τῶν Ἑλληνίδων, [ἔφη Κρατῖνος ποιῶν; ['Αλλ' οὕτω σφόδρα ταῦτ' οἰκεῖα τῷ Σωκράτους ἤθει καὶ προσήκοντα ἐκρίθη, ὥστε καὶ ταύτῃ τῇ δόξῃ γενέσθαι χώραν]. Δοκεῖ δέ μοι καὶ Σωκράτης

11 μὴ ὅτι A : οὐχ ὅπως M^{x}Ar. *quid prius praeb.* M *non liquet* || ἐν M^{3}Ar. || **13** διαφεύγω ζῶν M^{3} : φεύγω AM διαφεύγων ζῶ Ar. || **15** τῶν ἰωμένων AM : *exp.* M^{3} *non habet* Ar. || **20** ἑλομένων AMAr. : ἀνελομένων M^{3} || **21** τῶν ἔργων AMAr. : τῶν ἔργων τῶν θείων M^{3} || **22** πότερ' MAr. : πότερον A || τὰ ἀνθρώπινα A : τὰ ἀνθρώπεια M τἀνθρώπεια Ar. || **25** Ἑλληνίδων M^{3}Ar. : Ἑλλήνων AM || **25-28** ἔφη — χώραν M^{3}Ar.

que Socrate lui-même, bien qu'aucun ouvrage de lui ne nous soit conservé, ne porte pas moins témoignage que le grave Platon ou que l'élégant Eschine, témoignage plus beau encore et adressé réellement à tous. On admet, en effet, qu'il disait ne rien savoir, ainsi que l'affirment tous ceux qui l'ont connu ; on admet d'autre part que la Pythie a déclaré [qu'il était] le plus savant de tous les hommes. Comment donc cela se peut-il? Il ne serait guère permis, en effet, de croire qu'un dieu eût désigné comme le plus savant des hommes celui qui se trompe sur tout. Quant à l'art, à ce qu'il semble, il niait le pra-
[412 a] tiquer ; et il n'a évidemment pas prisé les enseignements d'Anaxagore qu'il a fréquenté[1].

En outre, il est impossible que tout ce qu'il faut savoir soit ignoré [du moins] d'un homme accompagné par la divinité. Qu'il ne sût rien, lui-même le disait. Et, en le disant, il ne mentait pas, sinon le dieu ne l'aurait pas non plus proclamé le plus savant des hommes. Et, en fin de compte, qu'est-ce que prétendre qu'il ne savait rien? Je pense qu'il entend par là [ne rien savoir] en vertu d'un art. Mais [vraiment, si] d'une façon comme de l'autre, il n'était plus le plus savant, ni en mentant à son propre sujet, puisque mentir est une chose honteuse, ni en disant la vérité, si ne pas pratiquer un art était parmi les choses qui sont vraiment honteuses, Socrate porte par sa parole un double témoignage tant de ce qu'il niait que de ce qu'il admettait ; et par Socrate, le dieu a témoigné dans les deux sens en proclamant par l'oracle

1. II, p. 23, 21-25, 12.

αὐτός, εἰ καὶ μηδεὶς λόγος αὐτοῦ γραφῇ σῴζεται, οὐχ ἧττον οὔτε Πλάτωνος τοῦ σεμνοῦ οὔτε Αἰσχίνου τοῦ κομψοῦ μαρτυρεῖν, ἀλλ' ἔτι κάλλιον καὶ ὡς ἀληθῶς εἰς τὸ μέσον. Ὁμολογεῖται μὲν γὰρ λέγειν αὐτὸν ὡς ἄρα οὐδὲν ἐπίσταιτο, καὶ πάντες τοῦτό φασιν οἱ συγγενόμενοι· ὁμολογεῖται δὲ αὖ καὶ τοῦτο, σοφώτατον [εἶναι] εἰρηκέναι τὴν Πυθίαν Σωκράτη. Πῶς οὖν ταῦτ' ἔχει; Οὐ γὰρ ἂν τόν γε τοῦ παντὸς ἐσφαλμένον ὡς ἀνέλοι σοφώτατον ἀνθρώπων πιστεῦσαι θεμιτὸν περὶ τοῦ θεοῦ. Τέχνην δέ, ὡς ἔοικεν, οὐκ ἔφασκεν ἀσκεῖν, ἀληθῆ λέγων· ᾧ γοῦν συν-
[412 a] εγένετο Ἀναξαγόρᾳ οὐ τἀκείνου τιμήσας φαίνεται.

Ἔτι δὲ εἰ μηδὲν ἐπίστασθαι τῶν δεόντων ἀμήχανον, ᾧ [γε] παρηκολούθει τὸ δαιμόνιον. Ὅτι δὲ οὐδὲν ἐπίσταιτο, αὐτὸς ἔλεγε. Λέγων δὲ οὐκ ἐψεύδετο, εἴπερ γε μηδ' ὁ θεὸς σοφώτατον αὐτὸν εἰρηκώς. Λοιπὸν οὖν, τί ποτέ ἐστι τὸ φάσκειν αὐτὸν οὐκ εἰδέναι; Οἶμαί γε τὸ μὴ τέχνῃ [τί ποτε ἐπίστασθαι]. Ἀλλὰ [μὴν εἰ] μηδετέρως γ' ἂν σοφώτατος ἦν ἔτι μήτε ψευδόμενος περὶ αὐτοῦ, εἴπερ ἕν τι τῶν αἰσχρῶν τὸ ψεύδεσθαι, μήτε ἀληθῆ λέγων, εἰ τὸ μὴ χρῆσθαι τέχνῃ τῶν ἁπλῶς αἰσχρῶν ἦν, ἅμα Σωκράτης [τε] δι' ἀμφοτέρων μαρτυρεῖ τῷ λόγῳ καὶ ὧν ἔξαρνος ἦν καὶ ὧν ὡμολόγει, καὶ διὰ τοῦ Σωκράτους ὁ θεὸς μεμαρτύρηκε περὶ ἀμφοῖν, χρήσας ἐκεῖνον σοφώτατον

32 γὰρ AM : γε M³Ar. || **34** εἶναι M³Ar. || **34-35** εἰρηκέναι — Σωκράτη AM : Σωκράτη τὴν Πυθίαν εἰρηκέναι M³ *v. l.* Ar. || **35** ἂν AM : *exp.* M³ *non habet* Ar. || **36** ἀνέλοι MAr. : ἂν ἕλλοι A || ἀνθρώπων Photius : ἀνδρῶν Ar. || **38** οὐκ ἔφασκεν AM : ἔφασκεν οὐκ M³ *v. l.* Ar.

[412 a] **2** ἔτι δὲ εἰ μηδὲν AM : οὐκοῦν μηδὲν μὲν M³Ar. || γε M³Ar. || **4** λέγων MAr. : λέγω A || **5** αὐτὸν AM³Ar. : *om.* M || **6** αὐτὸν AM : *exp.* M³ *non habet* Ar. || γε AM³Ar. : *om.* M || **7** τί ποτε ἐπίστασθαι M³ : *secl.* Bekker || μὴν εἰ M³Ar. || **8** αὐτοῦ MAr. : αὑτοῦ A || **9** εἰ τὸ MAr. : εἰ τῷ A || **11** τε M³Ar. || **12** Σωκράτους AM³Ar. : κράτους M || **13** μεμαρτύρηκε περὶ ἀμφοῖν AMAr. : περὶ ἀμφοῖν μεμαρτύρηκε M³ *v. l.*

que c'était lui le plus savant de tous et il confirme par une autre caution le double témoignage de Socrate[1].

Le présent raisonnement est un dilemme et voici le sens qu'il offre : Socrate, dit l'auteur, a dit qu'il ne savait rien. Si nous admettons qu'il dit vrai, Socrate n'est pas savant; s'il ment, il n'est pas sage non plus, car mentir est honteux. Et s'il n'est pas savant pour les deux raisons, il l'est d'autre part pour toutes les deux, tant par le fait qu'il dit ne pas savoir — car il ne savait rien en vertu d'un art et il disait vrai en disant qu'il ne savait rien — que parce qu'il avoue que la divinité lui parlait. Et le témoignage de Socrate est double : d'une part, parce qu'il dit qu'une divinité lui donnait des avertissements et d'autre part parce qu'il dit ne rien savoir. Et les deux témoignages sont marqués par le sceau d'Apollon qui dit qu'il est le plus savant des hommes, c'est-à-dire qu'il ne ment pas et qu'il n'y a pas de honte à ne rien savoir en vertu d'un art[2].

Faut-il aussi produire des témoignages de poètes? C'est toute une affaire ou de les produire tous ou de produire les témoignages de ceux qui ont brillé parmi tous les autres; toutefois, ce serait de la paresse de manquer de citer un choix de témoignages des plus notables. Tous les poètes donc attestent réellement tous ensemble qu'ils sont poètes par la raison [qui est supérieure à l'art]. Mais ce n'est pas de ce témoignage que j'ai besoin pour l'instant, car il est contenu dans ce que j'ai dit, mais j'ai besoin d'un témoignage textuel[3].

Et ce n'est pas non plus pour l'ajouter comme un hors d'œuvre pris au hasard ou comme un appendice [à ce que j'ai dit plus haut, mais pour démontrer et at-
[412 b] tester d'un même coup que cette élégance et cet éclat ne leur viennent pas d'un métier, mais d'une inspiration divine][4].

Donc, ô Platon, dit Aristide, l'invention est supérieure

1. II, p. 25, 16-26, 2. — 2. III, p. 383, 39-384, 26.
3. II, p. 26, 10-17. — 4. II, p. 28, 5-8.

εἶναι, ὥστε διπλῆν οὖσαν τὴν τοῦ Σωκράτους μαρτυρίαν ἑτέρᾳ κυρίᾳ τῇ παρ' αὐτοῦ βεβαιοῖ.

Τὸ μὲν παρὸν ἐπιχείρημα διλήμματόν ἐστι, νοῦν δὲ τοιοῦτον δηλοῖ. Εἶπε (φησίν) ὁ Σωκράτης μηδὲν ἐπίστασθαι. Εἰ μὲν ἀληθῆ δῶμεν λέγειν αὐτόν, οὐ σοφὸς Σωκράτης, εἰ δὲ ψευδῆ, πάλιν οὐ σοφός· αἰσχρὸν γὰρ τὸ ψεύδεσθαι. Εἰ τοίνυν κατ' ἀμφότερα οὐ σοφός, καὶ κατ' ἀμφότερα σοφός, καὶ δι' ὧν ἀρνεῖταί τι εἰδέναι (οὐ γὰρ ᾔδει τέχνη, καὶ ἠλήθευε λέγων μὴ εἰδέναι) καὶ δι' ὧν ὁμολογεῖ τὸ δαιμόνιον αὐτῷ λέγειν. Καὶ διπλῇ δὲ μαρτυρεῖ Σωκράτης, μιᾷ μὲν ὅτι τὸ δαιμόνιον αὐτῷ προλέγειν φάσκει, δευτέρᾳ δὲ ὅτι λέγοι μὴ εἰδέναι. Καὶ ἑκατέραν μαρτυρίαν ἐπισφραγίζεται ὁ Ἀπόλλων, σοφώτατον εἶναι λέγων, τουτέστι μήτε ψευδόμενον, μήτ' αἰσχρὸν εἶναι τὸ μὴ εἰδέναι τέχνη.

Εἰ δὲ δεῖ καὶ ποιητῶν παρασχέσθαι μαρτυρίας, ἔστι μὲν ἔργον ἢ τὰς ἁπάντων ἢ τὰς τῶν προκριθέντων διὰ πάντων παρασχέσθαι, ὅμως δέ, ὡς ἄν τις ἔχοι τῶν γνωριμωτάτων ἐκλέξας εἰπεῖν, ῥᾳθυμία παραλιπεῖν. Κοινῇ μὲν οὖν πάντες ποιηταὶ μαρτυροῦσι τὴν ἔργῳ μαρτυρίαν, εἴπερ εἰσὶ ποιηταὶ τῷ κρατοῦντι [τῷ ὑπὲρ τὴν τέχνην] λόγῳ τῆς τέχνης. Ἀλλ' οὐ ταύτης δέομαι τὰ νῦν (ἔστι γὰρ ἐν τοῖς εἰρημένοις) ἀλλὰ τῆς κατὰ ῥῆμα. Οὐδὲ τοῦτο πάρεργον προσθεὶς οὐδὲ εἰκῇ οὐδὲ ἐφόλκιον [ἄλλως ἐπὶ τοῖς ἄνω, ἀλλ' ἐνδεικνύμενος καὶ πρὸς ἓν

[412 b] **σημαινόμενος ὅτι τοῦτο τὸ ἐν κόσμῳ καὶ λαμπρῶς οὐκ ἐκ τέχνης ἀλλ' ἐπινοίᾳ θεῶν παραγίνεται].**

Εὑρεῖν οὖν, φησίν, ὦ Πλάτων κρεῖττον ἢ μαθεῖν; Καὶ τέχνη

15 αὐτοῦ Ar. : αὑτοῦ Photius ‖ **16** νοῦν A : εἰ οὖν M ‖ **18** δὲ A : *om.* M ‖ **19-20** αἰσχρὸν — σοφός A : *om.* M ‖ **21** ἠλήθευε A : ἠλήθευσε M ‖ **22** αὐτῷ Bekker : αὑτῷ *codd.* ‖ **24** προλέγειν φάσκει M : προλέγει φάσκειν A ‖ **26** εἶναι A : αὐτὸν εἶναι M ‖ **30** ὡς ἂν AAr. : ὃς ἂν M ὅσας ἂν M² ‖ **33-34** τῷ — τέχνην M³ : *secl.* Bekker ‖ **35** τῆς M³ Ar. : τοὺς A *et* M *ut vid.* ‖ **36** προσθεὶς — εἰκῇ AM : οὐδὲ εἰκῇ προσθεὶς M³ *v. l.* ‖ **37-b 2** ἄλλως — παραγίνεται M³Ar.

à l'étude? L'art vient en second rang après le génie naturel et c'est avec raison qu'Hésiode pense et parle dans ce sens en rappelant la branche de laurier qui, de pâtre qu'il était, [le fit devenir] poète dès qu'il l'eut reçue. D'ailleurs, ces arts eux-mêmes ainsi que les métiers, ce sont sans doute des hommes éminents et exceptionnellement doués par la nature qui les ont inventés. [Car ce ne sont pas les arts qui ont fait les dons naturels mais les natures supérieures qui ont inventé les meilleurs des arts. Aussi, en vertu de l'ordre des choses et en vertu des talents, la préséance revient-elle à la nature.] Et si nous n'attribuons pas à des hommes seuls l'invention [des arts], mais, si nous affirmons que les dieux les ont guidés et leur en ont donné révélation, n'est-il pas évident que l'art est nécessairement un don de quelque être fort supérieur? Certes, si cela était évident pour tout le monde, si tout le monde convenait que ce ne sont pas les dieux qui ont reçu les connaissances des hommes, [mais les hommes qui les ont reçues des dieux], et que les dieux ont rang de maîtres et nous celui de disciples, l'invention est au-dessus de l'étude dans la même mesure où un dieu est supérieur à un homme. Les dieux, en effet, ont tout inventé d'un seul coup et nous, je pense, nous recevons et nous utilisons. C'est donc en toute raison et justice [et tout à fait naturel de la part d'un homme qui avait reçu des dieux l'inspiration qui le faisait parler, que l'habitant de l'Hélicon a déclaré dieu, mis à un rang proche des dieux, considéré comme le premier] et comme le plus fort celui qui pense tout par lui-même, tandis qu'il a mis au second rang celui qui a entendu et appris[1].

Si apprendre était la chose éminente et primordiale, elle ne serait même pas [en première place], car il faudrait

1. II, p. 32, 19-33, 19.

φύσεως δεύτερον, εἰκότως ὁ Ἡσίοδος καὶ φρονῶν οὕτω καὶ λέγων, καὶ τῆς δάφνης οὐκ ἀμνημονῶν, ἣν ἅμα τῷ λαβεῖν ποιητὴς ἦν [γεγονὼς] ἐκ ποιμένος · ἐπεὶ καὶ τὰς τέχνας αὐτὰς καὶ τὰ ἐπιτηδεύματα φύσει δήπου διενεγκόντες ἄνθρωποι καὶ νικήσαντες ἀνεῦρον τὸ ἐξ ἀρχῆς. [Οὐ γὰρ αἱ τέχναι τὰς φύσεις ἐποίησαν, ἀλλ' αἱ κράτισται φύσεις τὰς βελτίστας τῶν τεχνῶν εὗρον. Ὥστε καὶ τῇ τάξει καὶ τῇ δυνάμει παρὰ τῇ φύσει τὰ πρεσβεῖα εἶναι.] Εἰ δὲ [δὴ] μηδ' ἁπλῶς ἀνθρώποις τὴν εὕρεσιν προστίθεμεν [τῶν τεχνῶν], ἀλλὰ θεοὺς ἡγήσασθαί φαμεν αὐτοῖς καὶ καταδεῖξαι, πῶς οὐκ εὔδηλον ὅτι πολλῷ τινος εἶναι νικῶντος δεῖ προσθήκην τὴν τέχνην; Καὶ μὴν εἰ τοῦτο δῆλον ἅπασι, καὶ πάντες ἂν συμφαῖεν μὴ θεοὺς παρ' ἀνθρώπων λαβεῖν τὰς ἐπιστήμας [ἀλλ' ἀνθρώπους παρὰ θεῶν], καὶ διδασκάλων μὲν ἐκείνους μαθητῶν δ' ἡμᾶς τάξιν ἔχειν, τοσούτῳ κρεῖττον, ὡς ἔοικεν, εὑρεῖν ἢ μαθεῖν, ὅσῳ κρείττων ἀνθρώπου θεός. Οἱ μὲν γὰρ εὑρήκασιν ἅμα πάντα, ἡμεῖς δέ, οἶμαι, λαβόντες χρώμεθα. Ὀρθῶς ἄρα καὶ δικαίως ὁ τοῦ Ἑλικῶνος πρόσοικος, [καὶ ὡς εἰκὸς ἦν τὸν αὐτὸν ἐκ θεῶν ἐπινοίας λέγειν εἰληφότα, τὸν μὲν τοιοῦτον ἄνδρα ὡς θεὸν καὶ θεῷ ἐγγὺς πρῶτον καὶ] κράτιστον μὲν ἔφη, ὃς αὐτὸς πάντα νοήσει, τὸν δ' ἀκούσαντα καὶ μαθόντα δεύτερον.

Εἰ γὰρ ἦν τὸ μαθεῖν ἄριστον καὶ πρῶτον, οὐδ' [ἂν] αὐτὸ [πρῶτον] τὸ μαθεῖν ἦν. Ἐχρῆν μὲν γὰρ [δήπου] μαθεῖν παρ'

[412 b] **5** τῆς A^1 *s. v.* MAr. : *om.* A ‖ δάφνης AMAr. : δάφνης σου A^2 ‖ **6** λαβεῖν MAr. : *om.* A ‖ γεγονὼς M^3Ar. ‖ **9-11** οὐ — εἶναι M^3Ar. ‖ **12** δή M^3Ar. ‖ **13** τῶν τεχνῶν M^3Ar. ‖ **15** τὴν MAr. : *om.* A ‖ **16-17** καὶ — παρ' M^xAr. : *om.* A *quid prius praeb.* M *non liquet* ‖ **17-18** ἀλλ' — θεῶν M^3Ar. ‖ **19** τάξιν ἔχειν AM : ἔχειν τάξιν M^3 *v. l.* Ar. ‖ **21** ἅμα AM : *exp.* M^3 *non habet* Ar. ‖ πάντα AM : ἅπαντα M^3Ar. ‖ **23-25** καὶ ὡς — πρῶτον καὶ M^3Ar. ‖ **25** μὲν *add.* Photius ‖ ἔφη AM : ἔθετο M^3 *v. l.* ‖ αὐτὸς AMAr. : καὶ αὐτὸς M^3 ‖ **26** νοήσει Photius : νοήσῃ Ar. ‖ **27** ἂν M^3Ar. ‖ **28** πρῶτον M^3Ar. ‖ τὸ μαθεῖν A^4MAr. : τὸ μαθεῖ A ‖ μὲν AM : *exp.* M^3 *non habet* Ar. ‖ δήπου M^3Ar.

[évidemment] s'instruire auprès d'un autre et, de la sorte, celui qui enseigne ne serait pas le premier, si apprendre était ce qu'il y a de mieux et qui vient au premier rang. Car, ô toi qui fus l'ornement du Portique, qui écouteras-tu, par qui te laisseras-tu convaincre si celui qui apprend est supérieur à celui qui a été le premier à découvrir et s'il n'est pas son second, au cas, du moins, où il doit apprendre quelque chose? En effet, quiconque apprend reconnaît sans doute son infériorité du fait même qu'il a besoin d'apprendre. [Car s'il ne se persuadait pas qu'il a d'abord lui-même besoin d'apprendre, comment apprendrait-il? Ou comment écouterait-il la parole d'un [413 a] autre?] Il est donc étrange [que celui-là même] qui a reconnu son infériorité soit déclaré supérieur et cela alors qu'on le loue du fait qu'il a reconnu son infériorité parce qu'il a cherché à apprendre[1].

Il est étrange, d'autre part[2], [aussi] qu'on ne voie pas ceci : que non seulement ce sont les dons naturels qui ont suscité l'apparition des arts à l'origine, mais aussi que, dans le domaine des arts, ce sont les hommes qui l'emportent par les dons innés qui se sont distingués. Ceux, en effet, qui avaient appris les mêmes notions en vue d'acquérir l'art devaient être tous à peu près semblables ; ceux qui venaient en second rang devaient, à mon avis, être toujours inférieurs à ces premiers jusqu'au moment où on en est venu à la désagrégation de l'art ; car celui qui recevait les notions d'un autre ne pouvait les recevoir toutes exactement, mais devait toujours en laisser échapper l'une ou l'autre. Et c'est, je pense, par la vigueur de leurs dons naturels et par leur haute valeur que ceux qui ont été les meilleurs ont acquis la gloire ; et personne n'admire Dédale ni ceux d'avant lui plus que Phidias mais au contraire, c'est après des débuts modestes et pauvres que les arts ont atteint à plus de grandeur et de perfection.

Honorer l'art avant la nature n'est, à mon sens, nulle-

1. II, p. 33, 22-34, 10.
2. Ces mots sont de Photius.

ἑτέρου, ὥστε οὐκ ἂν ἦν ὁ διδάσκων πρῶτος, εἰ τὸ μαθεῖν κρεῖττον καὶ πρῶτον ἦν. Παρὰ τοῦ γάρ, ᾧ καὶ σὺ τὴν ποικίλην στοὰν κοσμήσας, ἀκούσῃ, τίσι πεισθῇ, εἰ κρείττων ὁ μαθών ἐστι τοῦ [τὸ] πρῶτον εὑρόντος, καὶ μὴ ἀνάγκῃ δεύτερος, εἴπερ τι μέλλοι μαθήσεσθαι; Πᾶς γὰρ ὁ μανθάνων ὡμολόγηκε δήπουθεν εἶναι χείρων αὐτῷ γε τῷ δεῖσθαι μαθεῖν. [Ὡς εἴγε μὴ πείσειεν αὐτὸν δεῖσθαι πρότερον, πῶς ἂν μάθοι; Ἢ πῶς ἄλλῳ γ' ἂν εἰπόντι πεισθείη]; Οὐκοῦν ἄτοπον τόν [γε αὐτὸν] ὡμολογηκότα [413 a] εἶναι χείρω, τοῦτον ἀμείνω καλεῖν, καὶ ταῦτα δι' αὐτὸ τοῦτ' ἐπαινούμενον, ὅτι ὡμολόγηκεν οἷς ἐζήτησε μαθεῖν χείρων εἶναι.

Ἄτοπον δὲ [καὶ] μηδ' ἐκεῖνο ὁρᾶν, ὅτι οὐ μόνον ἐξ ἀρχῆς αἱ φύσεις τὰς τέχνας συνεστήσαντο ἀλλὰ καὶ περὶ αὐτὰς τὰς τέχνας οἱ τῇ φύσει νικήσαντες διενηνόχασιν. Ἕνεκα μὲν γὰρ τῆς τέχνης πάντας ἔδει παραπλησίους τοὺς τὰ αὐτὰ μαθόντας εἶναι οἶμαι δὲ καὶ χείρους τοὺς δευτέρους ἀεὶ τῶν προτέρων, ἕως εἰς τὸ λυθῆναι τὴν τέχνην ἀφίκετο· οὐ γὰρ ἂν ἦν πάντα λαβεῖν ἀκριβῶς παρ' ἑτέρου λαμβάνοντα, ἀλλ' ἔδει διαφυγεῖν ἀεί τι. Ῥώμῃ δέ, οἶμαι, φύσεως καὶ περιουσίᾳ τὴν δόξαν οἱ κρατήσαντες εἰλήφασι· καὶ οὐδεὶς τὸν Δαίδαλον οὐδὲ τοὺς ἄνω θαυμάζει παρὰ τὸν Φειδίαν, ἀλλὰ τοὐναντίον ἐκ μικρῶν καὶ φαύλων τὸ κατ' ἀρχὰς εἰς τὸ μεῖζον καὶ τελειότερον αἱ τέχναι κατέστησαν.

Αὐταῖς τοίνυν,

30 παρὰ τοῦ *edd. et* Ar. *vet.* : παρά του Photius *et* Ar. *vulg.* || **31** στοὰν AM : *exp.* M³ *non habet* Ar. || ἀκούσῃ AM Ar. : ἀκούσει A² || πεισθῇ M³ *v. l.* Ar. : πεισθείη AM || **32** τὸ M³Ar. || **33** πᾶς MAr. : πῶς A || **35-37** ὡς — πεισθείη M³Ar. || **37** γε αὐτὸν M³Ar. || ὡμολογηκότα MAr. : ὁμολογηκότα A

[413 a] **2** οἷς — μαθεῖν AM : *exp.* M³ *non habet* Ar. || **3** χείρων AMAr. : χεῖρον A² || ἄτοπον δὲ AM : *exp.* M³ *non habet* Ar. || καὶ M³Ar. || **4** αἱ A³MAr. : *om.* A || συνεστήσαντο M³Ar. : συνέστησαν AM || **7** εἶναι *hic* AM : *post* παραπλησίους *ponunt* M³Ar. || **15** τελειότερον A : τελεώτερον MAr. || **15-21** αὐταῖς — παρέλαβον *hic* AM³Ar. : *post* παρεληλύθασιν (*v.* 25) *ponit* M.

ment avantageux pour les arts, car ils n'auraient pu progresser ni atteindre à leur stade actuel ni s'attirer le respect. Ce ne sont pas, je pense, les arts qui ont fait la grandeur des hommes, mais ce sont ceux qui ont excellé par le talent qui ont mis les arts en honneur parce qu'ils ne les ont pas laissés au stade où ils les avaient reçus. Et c'est là un fait évident pour tout le monde, même s'il n'a pas été dit auparavant mais seulement à présent, les plus grands dans les arts n'ont pas été les plus grands parce qu'ils ont reçu l'art en partage, mais parce qu'ils l'ont dépassé[1].

[Mais en s'attachant les uns à la nature du langage] et les autres à celle des choses, ils ont montré par leur valeur naturelle que leurs devanciers n'étaient que des enfants[2]. Or, tous les arts, comme je l'ai dit, c'est la nature qui les a inventés. Car si les arts avaient dû inventer les arts, ils n'auraient pu avoir de commencement. En effet, tant que les arts n'existaient pas, il était impossible d'inventer un art, car comment l'art qui n'existait pas aurait-il pu en inventer un autre[3]? Donc, tant chez ceux qui ont inventé les arts à l'origine que chez ceux qui y excellent, c'est le naturel qui l'emporte[4].

Il apparaît donc [également, selon ce raisonnement], que la nature a le rôle d'un chef, l'art qui résulte de l'étude celui d'un serviteur qui obéit à son supérieur[5].

Donc, si même nous n'accordons pas que la rhétorique soit un art, ce qu'on pourrait dire pour sa dé-
[413 b] fense, [c'est], avec beaucoup d'omissions, ce que je viens de dire. Peut-être estimera-t-on, après cette dé-

1. II, p. 38, 1-22.
2. II, p. 38, 27-39, 2.
3. II, p. 39, 13-17.
4. II, p. 39, 20-22.
5. II, p. 40, 8-11.

ὡς ἔοικε, ταῖς τέχναις οὐ λυσιτελοῦν φαίνεται τὴν τέχνην πρὸ τῆς φύσεως τετιμῆσθαι. Οὔκουν προελθεῖν γ' ἂν αὐταῖς ἦν οὐδὲ τυχεῖν τοῦ νῦν σχήματος οὐδὲ σεμνύνεσθαι. Ἀλλ' οἶμαι οὐχ αἱ τέχναι τοὺς ἄνδρας ἦραν μεγάλους, ἀλλ' οἱ τῇ δυνάμει πρωτεύσαντες ἐντίμους τὰς τέχνας ἐποίησαν, οὐ μείναντες ἐφ' ὧν παρέλαβον. Εἰ δὲ τοῦθ' ἅπασιν εὔδηλον, εἰ καὶ μὴ πρότερον, ἀλλὰ νῦν γε εἰρημένον, οἱ μέγιστοι τῶν ἐν ταῖς τέχναις οὐχ ᾧ μετεσχήκασι τῆς τέχνης μέγιστοι γεγόνασιν, ἀλλ' ᾧ τὴν τέχνην παρεληλύθασιν.

[Ἀλλ' ἐνδιδόντες τῇ φύσει τῶν λόγων], οἱ δὲ τῶν πραγμάτων, παῖδας τοὺς πρὸ αὑτῶν δυνάμει φύσεως ἀπέδειξαν. Ἀλλὰ πάσας τὰς τέχνας, ὅπερ εἶπον, ἡ φύσις εὗρεν. Εἰ γὰρ αἱ τέχναι τὰς τέχνας ἔμελλον εὑρήσειν, οὐκ ἂν ἦν λαβεῖν τὴν ἀρχήν. Οὐ γάρ πω τεχνῶν οὐσῶν οὐκ ἂν ἦν τέχνην εὑρεῖν· τῇ γὰρ μὴ οὔσῃ πῶς ἐνῆν εὑρεῖν; Οὐκοῦν καὶ κατὰ τοὺς εὑρόντας τὰς τέχνας ἐξ ἀρχῆς καὶ κατὰ τοὺς ὑπερέχοντας ἐν αὐταῖς ἡ φύσις νικᾷ. Φαίνεται τοίνυν [καὶ κατὰ τοῦτον τὸν λόγον] ἡ μὲν φύσις ἄρχοντος λόγον ἔχουσα, ἡ δὲ ἐκ τοῦ μαθεῖν τέχνη διακόνου καὶ πειθομένου τῷ κρείττονι.

Ἃ μὲν οὖν, εἰ καὶ μὴ τέχνην εἶναι δοίημεν τὴν ῥητορικήν, ἔχοι τις ἂν λέγειν ὑπὲρ [413 b] αὐτῆς, πολλὰ ἀφελόντι τῶν ἐπιόντων τοσαῦτα καὶ τοιαῦτά [ἐστιν]. Ἴσως δέ τις οἰήσεται, τούτων οὕτως ἀποδε-

25 ἀλλ' (ἐνιδόντες M^3) — λόγων M^3Ar. ‖ **26** τῶν πραγμάτων M^3Ar. : *om.* A *quid prius praeb.* M *non liquet* ‖ τοὺς MAr. : τῶν A ‖ αὑτῶν Ar. : αὐτῶν Photius ‖ **27** δυνάμει φύσεως AM : *exp.* M^3 *non habet* Ar. *secl. edd.* ‖ τὰς A^1MAr. : *om.* A ‖ **30-31** τῇ — εὑρεῖν MAr. : *om.* A ‖ **32** τὰς τέχνας *add.* Photius ‖ **33** ἐν αὐταῖς AM : *exp.* M^3 *non habet* Ar. ‖ **33-34** καὶ — λόγον M^3Ar. ‖ **34** λόγον A : χώραν Ar. ‖ **37** τὴν ῥητορικήν Photius : αὐτὴν Ar.

[413 b] **2** ἐστιν M^3Ar. ‖ δέ M^xAr. : δ' ἂν AM.

monstration, qu'en nous efforçant d'enseigner aussi grâce à un art, nous prenons le mauvais parti. Quant à moi, je ne change rien à ce que j'ai dit ; je ne concède pas à Platon que la rhétorique n'a rien d'un art, mais, pour autant qu'elle a quelque chose d'un art — [car j'emploierai les mots mêmes de Platon] — je continue[1].

Et cependant, comment n'est-ce pas une contradiction d'affirmer d'une part que la rhétorique poursuit une fin et de dire d'autre part que, pour ce motif même, elle ne fait pas appel au raisonnement? Car ceux qui poursuivent une fin la poursuivent sans doute en s'adonnant au raisonnement. Il n'est pas possible, en effet, qu'on poursuive une fin sans recourir au raisonnement, mais le raisonnement relatif à l'objet qui fait viser à la fin est basé sur la réalité. Et viser à une fin, c'est atteindre l'objet, car ceux qui le manquent en commençant ne l'atteignent même pas[2]. Donc, ce n'est pas du fait qu'on poursuit une fin qu'on la manque, mais c'est du fait qu'on l'a manquée qu'on ne la poursuit pas. Et c'est normal, car personne ne manque une fin du fait qu'il recourt au raisonnement, mais c'est du fait même qu'il s'est égaré qu'il a perdu le fil de son raisonnement[3].

[En choisissant ce qui doit être avantageux à chacun.] Et cela, Platon, est démontré par tes impératifs durs comme l'acier[4].

[Et pourquoi t'étonner, au sujet de la rhétorique, si elle tend à atteindre une fin?] La rhétorique, d'autre-part, ressemble à la mantique, à ceci près que la mantique a fini son rôle quand elle a atteint sa fin et que la rhétorique ne se contente pas de tendre à atteindre les réalités, mais réalise par ceux qui la servent ce qu'elle a découvert de mieux. En sorte qu'elle joue à la fois le rôle de la mantique et celui de la stratégie, dont Platon ne dira pas qu'elle est sans rapport avec la politique.

1. II, p. 42, 15-23.
2. II, p. 43, 2-12.
3. II, p. 43, 14-18.
4. II, p. 48, 11-13.

δειγμένων, τὸ φαυλότερον σπεύδειν ἡμᾶς λοιπόν, ἐὰν ὅτι καὶ τέχνῃ διδάσκειν πειρώμεθα. Ἐγὼ δὲ οὔτε τῶν εἰρημένων οὐδὲν μετατίθεμαι, οὔτε Πλάτωνι συγχωρῶ τὸ μηδὲν μετεῖναι ῥητορικῇ τέχνης, ἀλλ' ὅσον αὐτῇ τέχνης [χρήσομαι γὰρ τοῖς τοῦ Πλάτωνος αὐτοῦ ῥήμασι], τοῦτ' ἐπέξειμι.

Καίτοι πῶς οὐχ ὑπεναντίον φάσκειν μὲν στοχάζεσθαι τὴν ῥητορικήν, λέγειν δὲ ὡς οὐ χρῆται λόγῳ δι' αὐτὸ τοῦτο; Πάντες γὰρ οἱ στοχαζόμενοι δήπου τῷ λόγῳ προσάγοντες ἑαυτούς, οὕτω στοχάζονται. Οὐ γὰρ ἔστι μὴ λόγῳ χρώμενον στοχάζεσθαι, ἀλλ' ὁ τοῦ πράγματος λόγος οὗτός ἐστιν ὁ ποιῶν στοχάζεσθαι. Ἔστι δὲ στοχάζεσθαι τὸ τυχεῖν τοῦ πράγματος, ὡς οἵ γε ἀποτυγχάνοντες ἀρχὴν οὐδὲ στοχάζονται. Οὐκοῦν οὐχ ᾧ στοχάζεται ἁμαρτάνει τις, ἀλλ' ᾧ διήμαρτεν οὐκ ἐστοχάσατο. Εἰκότως · οὐδεὶς γὰρ ἁμαρτάνει λόγῳ χρώμενος, ἀλλ' ἅμα ἐσφάλη καὶ τὸν λόγον οὐ διεσώσατο. [Τὸ μέλλον ἑκάστῳ συνοίσειν ἐκλέγοντες]. Καὶ ταῦτα, ὦ Πλάτων, ταῖς σαῖς ἀδαμαντίναις ἀνάγκαις ἀποδείκνυται.

[Τί δὲ περὶ ῥητορικῆς, εἰ στοχάζεται, θαυμάζεις]; Φαίνεται δ' ἡ ῥητορικὴ ὁμοίως διακειμένη τῇ μαντικῇ, πλὴν ὅσον μαντικὴ μὲν ἀπήλλακται στοχασαμένη, ῥητορικὴ δὲ οὐ στοχάζεται μόνον τῶν πραγμάτων, ἀλλὰ καὶ πράττει διὰ τῶν ὑπηρετῶν ἅττα ἂν εὑρίσκῃ βέλτιστα. Ὥστε καὶ τὸν τῆς μαντικῆς ἐπέχει λόγον καὶ τὸν τῆς στρατηγικῆς, ἣν μηδὲν προσήκειν τῇ πολιτικῇ Πλάτων οὐκ ἐρεῖ.

4-5 οὔτε — μετατίθεμαι MAr. : οὐ μαι A || **7** χρήσομαι — ῥήμασι M³Ar. || **8** ἐπέξειμι MAr. : ἔξειμι A || **9** τὴν ῥητορικήν AM : *exp.* M³ *non habet* Ar. || **11** προσάγοντες AAr. : προάγοντες M || **15** οὐχ ᾧ MAr. : οὐ A || **18-19** τὸ — ἐκλέγοντες M³Ar. || **20-21** τί — θαυμάζεις M³Ar. || **21** δ' A : γὰρ MAr. || ἡ ῥητορικὴ AM : *exp.* M³ *non habet* Ar. || **27** ἣν MAr. : ἦν A ἢν Ar. || προσήκειν τῇ πολιτικῇ AM : τῇ πολιτικῇ προσήκειν M³ *v. l.* Ar.

Comment donc, s'il n'en était pas ainsi, la rhétorique pourrait-elle être le fantôme d'une partie de la politique[1] ? Mais ainsi, elle n'en est sûrement pas un fantôme[2].

« *Ainsi* » *est dit par ironie; par exemple, si ce n'est pas dans sa ressemblance avec l'art militaire et, quant au reste, à la suite d'une distinction, parce qu'elle ne pourrait être un fantôme même pas de cette façon*[3].

C'est donc [en somme] un sophisme de prétendre que les orateurs donnent aux foules des conseils qui plaisent à celles-ci et n'ont que ce but en vue ; un enfant le réfuterait, ou, en tout cas, tout homme de bon sens. Pour moi, il me semble que c'est tout le contraire et que, dans la nature de la rhétorique, aucune tendance n'est [414 a] plus forte que celle qui consiste à ne pas laisser faire [d'emblée] aux foules ce qui leur plaît ; les orateurs n'ont en vue rien [de plus] que ce qu'il y a de mieux et les gens eux-mêmes n'ignorent pas que les orateurs leur sont supérieurs quand il s'agit de réfléchir aux affaires, de régler toute leur façon de vivre et leur condition ; cela ressort à l'évidence des honneurs qu'ils leur attribuent[4].

Et si tu prétends que les orateurs cèdent aux foules et font leurs volontés au lieu de leur commander, tu prends la servante pour la maîtresse du logis et, en critiquant les esclaves publics, tu fais tort aux orateurs. Mais les esclaves publics n'ont pas de quoi être fiers d'eux-mêmes, car ils sont soumis aux volontés de la cité ; les orateurs, au contraire, tirent leur fierté du fait qu'ils ne disent pas ce qui agrée aux foules, mais ce qui

1. Réminiscence de Platon, *Gorgias*, 463 d.
2. II, p. 52, 16-53, 5.
3. III, p. 405, 13.
4. II, p. 54, 5-16.

Πῶς οὖν ῥητορικὴ πολιτικῆς μορίου εἴδωλον, εἰ μὴ οὕτως; Ἀλλὰ μὴν οὕτω γε οὐκ εἴδωλον.

Κατ' εἰρωνείαν τὸ οὕτως, οἷον εἰ μὴ κατὰ τὸ ἐοικέναι τῇ στρατηγικῇ, καὶ λοιπὸν ἐξ ἐπικρίσεως, ὅτι οὔτε κατὰ τοῦτο δύναιτ' ἂν εἴδωλον εἶναι.

Ὅτι τοίνυν [ὅλως] ἐστὶ σόφισμα τὸ φάσκειν τὰ δοκοῦντα τοῖς πλήθεσι, ταῦτα συμβουλεύειν τοὺς ῥήτορας καὶ τούτου μόνου στοχάζεσθαι, εἰ καὶ μὴ παῖς ἐλέγξειεν, ἀλλ' ὅστις γε εὖ φρονεῖ. Ἐμοὶ μὲν γὰρ τοὐναντίον πᾶν φαίνεται, μήτε ἐν τῇ τῆς ῥητορικῆς φύσει πλεῖον εἶναι μηδὲν [414 a] **ἢ τὸ μὴ τὰ δοκοῦντα τοῖς πλήθεσιν [εὐθὺς] ἐὰν γίνεσθαι, μήτε τοὺς ῥήτορας ἄλλο [τι μᾶλλον] σκοπεῖν ἢ τὰ βέλτιστα, μήτε τοὺς δήμους αὐτοὺς τοῦτό γε ἐκφυγεῖν, ὡς οὐκ ἀμείνους σφῶν οἱ ῥήτορες λογίσασθαι περὶ τῶν πραγμάτων καὶ πᾶσαν ὅλως τὴν τοῦ βίου σχέσιν καὶ τὴν τύχην, καὶ τοῦτο ἐξ αὐτῶν τῶν τιμῶν εἶναι δῆλον ὧν αὐτοῖς ἀπονέμουσιν.**

Εἰ δὲ τοὺς ῥήτορας τοῖς πλήθεσιν ὑπείκειν φῂς καὶ ποιεῖν τὰ κελευόμενα ἀλλ' οὐ κελεύειν, τὴν θεράπαιναν εἴληφας ἀντὶ τῆς δεσποίνης, καὶ τοὺς δημοσίους ψέγων ἀδικεῖς τοὺς ῥήτορας. Ἀλλ' οὐθ' οἱ δημόσιοι μέγα φρονοῦσιν ἐφ' ἑαυτοῖς, ὅτι δουλεύουσι τοῖς τῆς πόλεως βουλήμασι, καὶ τοῖς ῥήτορσι τοῦ φρονεῖν αὐτὸ τοῦτο αἴτιόν ἐστι τὸ μὴ τὰ δοκοῦντα τοῖς δήμοις λέγειν, ἀλλ' ἃ δοκοῦσιν αὐτοὶ βέλτιστα εἶ-

29 ἀλλὰ — εἴδωλον MAr. : *om.* A || *post* εἴδωλον : εἶεν M^{3}Ar. || **30** κατ' — οὕτως M : *om.* A || **32** ἂν *edd.* : *om. codd.* || **33** ὅλως M^{3}Ar. || **35** ἐλέγξειεν AMAr. : ἐξελέγξειεν M^3 || **36** ὅστις MAr. : ὥς τις A.

[414 a] **1** τὸ AMAr. : *exp.* M^3 || εὐθὺς M^{3}Ar. || **2** μήτε τοὺς ῥήτορας M^{3}Ar.M : μήθ' οἱ ῥήτορες AMAr. *cet.* || τι μᾶλλον M^{3}Ar. || **4** λογίσασθαι M^{x}Ar. : βουλεύονται A *quid prius praeb.* M *non liquet* || **7** τοὺς ῥήτορας AM : αὐτοὺς M^{3}Ar. || **8** ὑπείκειν AM : εἴκειν M^3 *post* εἰ δὲ *ponit* Ar. || **9** θεράπαιναν A^{2}M^2 Ar. : θεραπείαν A *et* M *ut vid.* || **10** ἀδικεῖς AM : δοκεῖς M^3 *v. l.* Ar.

leur paraît à eux le meilleur parti. [S'ils étaient asservis au bon plaisir de la foule et disaient dans leurs discours ce qui plaît à leurs auditoires, il ne leur serait jamais permis de parler avec franchise ni de manière à être plus fiers que les autres.] Mais je pense qu'ils ont conscience non pas de servir le bon plaisir des foules, mais de modérer leurs passions ; [ils n'ont pas les yeux sur la foule mais c'est la foule qui a les yeux sur eux] ; ils ont conscience de n'être pas menés par les simples citoyens, mais de commander eux-mêmes à la foule. Et c'est pour cela qu'ils ont reçu de la foule le nom qu'ils en ont reçu, au lieu d'un autre symbole, un nom qui témoigne bien de leur pouvoir, je veux dire le nom de « démagogues »; ils ne l'ont pas reçu parce qu'ils se laissent mener par le peuple, ô toi qui mets tout sens-dessus-dessous, mais parce qu'ils le mènent ; tout comme, je crois, il y a des gens que nous appelons « pédagogues » non parce qu'ils sont sous la coupe des enfants, mais parce qu'ils les guident. Car, quoi que tu puisses dire, voici des noms qu'il convient que l'orateur [s'entende donner] : chef, patron, maître. Tous ces noms sont propres à l'orateur[1].

Or, tous les chefs, dans toute action, l'emportent par leurs qualités sur ceux qui sont sous leurs ordres ; celui qui, librement, plaît en persuadant sans contraindre et qui, tout en cherchant à sauvegarder son rang, vise à réaliser aussi ce que désirent ceux qui dépendent de lui, celui-là, c'est le véritable politique[2]. Ne dis donc pas comme une insulte à l'adresse des orateurs qu'ils plaisent, mais dis que, non sans chercher à plaire, ils cherchent à atteindre ce qu'il y a de mieux. Rends ainsi à la rhé-

1. II, p. 57, 7-58, 8.
2. II, p. 59, 4-8.

ναι. [Εἰ δὲ ἦσαν διάκονοι τῆς τῶν πολλῶν ἐπιθυμίας καὶ τὰ δοκοῦντα τοῖς καθημένοις ἐδημηγόρουν, οὐδ' ἂν παρρησιάσασθαί ποτ' αὐτοῖς ἐξῆν, οὐχ ὅπως ὑπὲρ τοὺς ἄλλους φρονεῖν.] Ἀλλ' οἶμαι συνίσασιν ἑαυτοῖς οὐ τὰς ἡδονὰς θεραπεύουσιν, ἀλλὰ τῶν δήμων τὰς ἐπιθυμίας σωφρονίζουσιν · [οὐδὲ ὁρῶσιν εἰς τοὺς πολλούς, ἀλλὰ πολλοὶ ὁρῶσιν εἰς τούτους] · οὐδ' ἀρχομένοις ὑπὸ τῶν ἰδιωτῶν ἀλλ' ἄρχουσιν αὐτοῖς τῶν πολλῶν. Καὶ τὴν ἐπωνυμίαν διὰ τοῦτο εἰλήφασι παρ' αὐτῶν ἀντ' ἄλλου συμβόλου μαρτύριον τῆς ἐξουσίας, λέγω τὴν τῶν δημαγωγῶν, οὐκ ἐπειδήπερ ὑπὸ τῶν δήμων ἄγονται, ὦ πάντα ἄνω καὶ κάτω ποιῶν, ἀλλ' ὅτι τοὺς δήμους ἄγουσιν, ὥσπερ [γε] δὴ καὶ τοὺς παιδαγωγοὺς οἶμαι καλοῦμεν οὐκ ἐπειδήπερ ὑποπεπτώκασι τοῖς παισίν, ἀλλ' ὅτι αὐτοῖς ἡγοῦνται. Ὅ τι γὰρ ἂν φαίης, ἁρμόττει τὸ τοιοῦτον [ἀκοῦσαι] τῷ ῥήτορι, ἄρχων, προστάτης, διδάσκαλος. Πάντα ἐστὶ τοῦ ῥήτορος τὰ ὀνόματα.

Πάντες μὲν οὖν ἄρχοντες ἐν ἑκάστῃ πράξει κρείττους φύσει τῶν ὑφ' ἑαυτοῖς · εἰ δέ τις μετ' ἐξουσίας καὶ χαρίζεται πείθων, οὐκ ἀναγκάζων, καὶ πρὸς τὸ σῴζειν τὴν ἑαυτοῦ τάξιν στοχάζεται καὶ τῆς ἐπιθυμίας τῆς τῶν ὑφ' ἑαυτῷ, οὗτος ἐκεῖνός ἐστιν ὁ τῷ ὄντι πολιτικός. Μὴ δὴ τοῦτο λέγε ὡς ὄνειδος κατὰ τῶν ῥητόρων, εἰ χαρίζονται, ἀλλ' εἰ μετὰ τοῦ βελτίστου καὶ τῆς χάριτος στοχάζονται. Καὶ κατὰ τοῦτο ἀπόδος τῇ

15-18 εἰ — φρονεῖν M³Ar. (*qui* ὄχλων *in loco* πολλῶν *habet*) || **19** τῶν δήμων AM : *exp.* M³ *non habet* Ar. || **20-21** οὐδὲ — τούτους M³Ar. || **22** ἀλλ' AM : ἀλλ' ἑαυτοῖς Ar.LMN || αὐτοῖς AM : αὐτοῖς Ar. Θ ἑαυτοῖς M³Ar.ELMN || **24** συμβόλου AMˣAr. : συμβούλου M || **25** ἄγονται AMAr. : ἄγωνται A² || **27** γε M³Ar. || **29** ἀκοῦσαι M³Ar. || **30** πάντα AM : πάντα ταῦτα M³ πάντα ταῦτ' Ar. || **32** ἐν ἑκάστῃ πράξει AM : *exp.* M³ *non habet* Ar. || κρείττους φύσει AM : φύσει κρείττους M³ *v. l.* Ar. || **34** τὸ AM : τῷ M³Ar. || ἑαυτοῦ MAr. : αὑτοῦ A || **35** τῆς AM : *exp.* M³ *non habet* Ar. || ἑαυτῷ AM³ : ἑαυτὸν M αὑτῷ Ar. || **37-38** ἀλλ' — στοχάζονται AM³ *mg* Ar. *om.* M.

[414 b] torique la louange qui lui revient [afin qu'on voie que tu lui donnes en retour autant qu'elle te donne][1]. Comment quelqu'un, d'autre part, pourra-t-il se mettre au service des innombrables idées du peuple et de [ses désirs] contradictoires ? [Car, quand il faut servir beaucoup de gens, que ceux-ci n'ont pas les mêmes idées] et qu'il est impossible de plaire de même à tous ces gens ainsi disposés, comment donc l'orateur complaira-t-il à leurs désirs ? Car il plaira aux uns et froissera les autres, si bien qu'il ne parlera pas plus pour plaire que pour déplaire[2].

Si donc la rhétorique est un agent de persuasion, et si persuader est le propre des orateurs, les orateurs ne sont pas des flatteurs ; en effet, ils ne servent pas les foules mais ils les persuadent ; si, au contraire, les orateurs disent ce qui plaît aux foules, la rhétorique n'est pas un agent de persuasion puisqu'elle transforme les orateurs en hommes qui obéissent aux foules et non en hommes qui les persuadent. Dès lors, choisis de quel côté est le mensonge. Car, que Platon ait confondu Platon, cela résulte pour nous — et c'est là le plus beau — non d'arguments étrangers mais de morceaux tirés pêle-mêle de ses propres écrits[3]. [La rhétorique n'est pas du nombre de ces multiples arts que je viens de passer en revue à l'instant], mais il est juste de montrer qu'elle tient avant tout de la raison ; bien plus, qu'elle est tout entière dans les raisonnements, qu'elle est ce qu'il y a de plus grand, qu'elle est au premier rang dans le domaine de l'humain, ce qui existe de plus parfait et, si on peut dire, l'aboutissement de tout ce qu'on peut souhaiter[4].

Je pense toutefois que tous ceux qui le peuvent se-

1. II, p. 59, 10-14.
2. II, p. 61, 1-7.
3. Entre ces deux extraits, Photius a sauté deux lignes d'Aristide.
4. II, p. 62, 1-63, 1.

ῥητορικῇ τὴν πρέπουσαν εὐφημίαν, [ἵνα τοῖς ὁμοίοις [414 b] αὐτὴν ἀμειβόμενος φανείης]. Πῶς δέ τις καὶ διακονήσεται μυρίαις γνώμαις δήμου καὶ ἀλλήλαις μαχομέναις [ταῖς ἐπιθυμίαις; Ὅταν γὰρ δέῃ μὲν διακονεῖν πολλοῖς, οὗτοι δ' ὡς μὴ κατὰ ταὐτὰ γινώσκοντες, πᾶσι δὲ] ἀμήχανον τοῖς τοιούτοις ἐκ τῶν αὐτῶν τὰ αὐτὰ χαρίζεσθαι, πῶς οὖν ὁ ῥήτωρ χαριεῖται ταῖς ἐπιθυμίαις αὐτῶν; Ἅμα γὰρ χαριεῖται τοῖς ἑτέροις καὶ τοὺς ἑτέρους ἀνιάσει, ὥστε οὐ μᾶλλον πρὸς ἡδονὴν ἢ πρὸς ἀηδίαν ἐρεῖ.

Οὐκοῦν εἰ μὲν ἡ ῥητορικὴ πειθοῦς δημιουργὸς καὶ τὸ πείθειν τῶν ῥητόρων, οὐ κολακεύουσιν οἱ ῥήτορες · οὐ γὰρ διακονοῦσι τοῖς πολλοῖς, ἀλλὰ πείθουσιν · εἰ δ' οἱ ῥήτορες τὰ δοκοῦντα λέγουσι τοῖς πολλοῖς, οὐ δημιουργὸς ἡ ῥητορικὴ πειθοῦς · πειθομένους γὰρ τοῖς πολλοῖς, ἀλλ' οὐ πείθοντας παρέχεται. Πρὸς ταῦτα ἑλοῦ ὁποτέρωθι τὸ ψεῦδος. Πλάτων γὰρ ἡμῖν ἐλέγχει Πλάτωνα, καὶ τὸ κάλλιστον, οὐ πόρρωθεν, ἀλλ' ἐκ τῶν αὐτῶν λόγων καὶ τοῖς αὐτοῖς τούτοις λόγοις ἀναμίξ. [Οὐδὲ μεθ' ὧν ἀρτίως διεξῄειν τεχνῶν εἶναι τῶν πολλῶν ἀλλὰ καὶ] ὅτι τοίνυν πλεῖστον λόγου μετέχον ἡ ῥητορική, μᾶλλον δ' αὖ πᾶν ἐν λόγοις, καὶ μέγιστον καὶ πρῶτον τῶν ἐν ἀνθρώποις καὶ τελεώτατον καὶ πέρας, εἰ οἷόν τ' εἰπεῖν, εὐχῆς, ἄξιον δεῖξαι.

Οἶμαι τοίνυν ἅπαντας τοὺς ἀνθρώπους οἷς δυνατόν,

39-b 1 ἵνα — φανείης M^3Ar.

[414 b] **1** πῶς δέ τις (τῆς A) καὶ AM : *exp.* M^3 καὶ πῶς Ar. || διακονήσεται AMAr. : διακονήσει ταῖς A^3 || **2** μυρίαις — μαχομέναις AM : *exp.* M^3 *non habet* Ar. || **3-5** ταῖς — δὲ M^3 *s. v.* Ar. || **5** τοῖς τοιούτοις *add.* Photius || **6** οὖν AM : *exp.* M^3 *non habet* Ar. || χαριεῖται ταῖς ἐπιθυμίαις AM : θεραπεύσει τὰς ἐπιθυμίας M^3 *v. l.* Ar. || **9** εἰ μὲν AM^xAr. : *quid prius praeb.* M *non liquet* || **16** λόγων AM : *exp.* M^3 *non habet* Ar. || **17-18** οὐδὲ — καὶ M^3Ar. || **18** ὅτι τοίνυν A : *om.* M *non habet* Ar. *secl. edd.* || **19** ἡ ῥητορική AM : *exp.* M^3 *non habet* Ar. || αὖ πᾶν A : ἅπαν MAr. || **22** τοὺς ἀνθρώπους] τὰς ἀνθρώπους A : ἀνθρώπους M ἂν M^3Ar.

ront d'accord pour dire que tous les hommes ne sont pas semblables, mais qu'ils appartiennent à deux classes : l'une inclinée à contraindre [et à dominer : on pourrait l'appeler la classe des puissants, j'entends ceux qui dominent par la force, non par la vertu] ; l'autre tend à la soumission, et même [à l'encontre de sa pensée, parce qu'elle n'a aucun moyen d'empêcher quoi que ce soit ; nous reconnaissons en elle la classe des faibles]. Telle fut donc la cause qui fit inventer aux hommes un tel moyen pour se défendre eux-mêmes, ou qui fit inventer aux dieux un moyen de défendre les hommes : un moyen qui barrerait la route à la violence, qui serait comme un garant de l'égalité et de la justice pour tous, avantageux à la fois pour la foule et pour ceux qui sont nés pour la violence. Car les violents eux-mêmes ne pouvaient pas échapper aux conséquences de leurs injustices et de leurs mauvaises actions ; après le massacre des plus faibles, puis la destruction d'autres par d'autres et la destruction incessante des survivants, ces violents devaient enfin en arriver à s'en prendre à eux-mêmes comme le firent, dit-on, les Spartes, si tel est du moins le sens caché de la fable.

Il fallait donc découvrir quelque remède bon pour [415 a] toute l'espèce et qui fût également avantageux pour les forts, pour les faibles et, pour les braves gens, un remède qui [ou bien] arrêtât les uns avant l'injustice ou bien les punît dans l'instant, qui ménageât aux autres une existence assurée et une juste reconnaissance à tous ceux qui honoreraient spontanément la justice. C'est en partant de là qu'on inventa la rhétorique ; elle se présenta comme une sauvegarde de la justice et comme un lien

1. II, p. 60, § 19.

συμφῆσαι τὸ μὴ κατ' αὐτὰ φῦναι τοὺς ἀνθρώπους, ἀλλὰ δυοῖν μερίδοιν τὴν μὲν οἵαν βιάζεσθαι [καὶ πλεονεκτεῖν εἶναι, ἣν τῶν κρειττόνων τις ἂν εἴποι, λέγω δ' οὐκ ἀρετῇ βελτιόνων, ἀλλ' ἰσχυροτέρων], τὴν δὲ οἵαν ἐλαττοῦσθαι [καὶ παρὰ γνώμην συγχωρεῖν ἀπειρίᾳ τοῦ κωλύειν, ἣν τῶν ἀσθενεστέρων οὖσαν γινώσκομεν]. Τοῦτο οὖν ἦν αἴτιον τὸ ποιῆσαν ἀνθρώπους εὑρεῖν τι τοιοῦτον ὑπὲρ αὑτῶν ἢ θεούς γε ὑπὲρ [τῶν] ἀνθρώπων, ὃ τὴν μὲν ἰσχὺν ἐπισχήσει, τοῦ δὲ ἴσου καὶ δικαίου πᾶσιν ὥσπερ ἐνέχυρον γενήσεται, ταὐτὸν τοῖς τε πολλοῖς συμφέρον καὶ τοῖς πρὸς τὸ βιάζεσθαι πεφυκόσιν αὐτοῖς. Οὐδὲ γὰρ ἐκεῖνοι ἔμελλον ἐκφεύξεσθαι τῶν ἀδίκων καὶ κακῶν ἔργων τὰ ἐπίχειρα, ἀλλὰ τῶν ἀσθενεστάτων πρώτων ἀναιρεθέντων ἄλλων ὑπ' ἄλλων, κατὰ μικρὸν οὕτως ἀεὶ τῶν λοιπῶν ὑπεξαιρουμένων, ἔμελλε τελευτῶντας αὐτοὺς ἐφ' ἑαυτοὺς ἐλθεῖν, ὥσπερ φασὶ τοὺς Σπαρτούς, εἰ ἄρα καὶ ὁ μῦθος τοῦτο αἰνίττεται.

Ἔδει δὴ κοινόν τι φάρ- [415 a] μακον εὑρεθῆναι τῷ γένει, ταὐτὸν ἅπασι συμφέρον, τοῖς ἰσχυροῖς, τοῖς ἥττοσι, τοῖς ἐπιεικέσιν, ὡς τοὺς μὲν [ἢ] κωλῦσαι πρὸ τῶν ἀδικημάτων ἢ παρ' αὐτὰ τιμωρήσασθαι, τοῖς δὲ ἄδειαν τοῦ βίου παρασκευάσαι, τοῖς δὲ χάριν τὴν πρέπουσαν, ὅσοι τὸ δίκαιον ἐτίμων ἑκόντες. Εὑρέθη τοίνυν ἐκ τούτων ῥητορική, καὶ παρῆλθε φυλακτήριον δικαιοσύνης καὶ σύνδεσμος τοῦ βίου τοῖς

23 κατ' αὐτὰ Photius : κατὰ ταὐτὰ Ar. || **24** δυοῖν AAr. : δυεῖν M || **24-26** καὶ — ἰσχυροτέρων M^3Ar. || **27-28** καὶ — γινώσκομεν M^3Ar. || **27** ἀπειρίᾳ M^3 : ἀπορίᾳ Ar. || **28** ἣν AM : εἶναι M^3 *s. v.* Ar. || **29** αἴτιον AM : *exp.* M^3 *non habet* Ar. || ἀνθρώπους *hic* AM : *post* τοιοῦτον *ponunt* M^3Ar. || **30** αὑτῶν MAr. : αὐτῶν A || ὑπὲρ AM^3 Ar. : *om.* M || τῶν M^3Ar. || **37** ἔμελλε A : ἔμενε MAr. || **38** σπαρτούς MAr. : παρτοὺς A || **39** δὴ AM^3Ar. : δὲ M || κοινόν τι AM : τι κοινὸν M^3Ar. || **39-415 a 1** φάρμακον εὑρεθῆναι Photius : εὑρεθῆναι φάρμακον Ar.

[415 a] **3** ἢ κωλῦσαι M^3Ar. : κωλῦσαι AM.

entre les vies humaines [ou le droit de possession ou le nombre ou la grandeur] afin d'éviter que la force ou les armes ou aucun des autres facteurs d'inégalité pût décider dans les affaires, mais que ce fût à la raison de distribuer la justice en toute tranquillité. Voilà [donc] le principe et la nature de la rhétorique ; sa volonté est d'assurer le salut de tous les hommes et de refouler la violence par la force de persuasion[1].

Il est donc évident que la fonction de la rhétorique est de même nature que celle du législateur, [si l'on veut examiner exactement l'une et l'autre] ; bien plus, la seconde n'est qu'une partie [de la rhétorique] et elle lui est inférieure en tout. Comment? D'abord parce que les lois elles-mêmes avaient besoin du discours qui engendre la persuasion. [Les lois, en effet, devaient évidemment être faites afin que chacun reçût son dû ; relativement à ce que la coalition des plus forts allait imposer, comment, dès le départ, se passer d'un langage persuasif?] Il était, en effet, impossible de réduire par la contrainte les adversaires de l'égalité incluse dans les lois ; ce n'eût du reste pas été là un bon début de législation puisque c'était précisément pour se défendre contre la contrainte qu'on faisait des lois. On ne pouvait donc les établir par contrainte, car c'eût été commencer par les violer[2].

Il y a donc évidemment [ici aussi] identité de volonté entre la rhétorique et le judiciaire, mais la première est supérieure dans la mesure où, à elle seule, elle embrasse fermement à la fois [l'action législative et l'action judiciaire]. Car la justice en voulant, comme cela se passe dans une

1. II, p. 64, 8-20.
2. II, p. 65, 20-66, 9.

ἀνθρώποις, ὅπως μὴ ταῖς χερσὶ μηδὲ τοῖς ὅπλοις [μηδὲ τῷ προλαβεῖν μηδὲ πλήθει καὶ μεγέθει], μηδ' ἄλλῳ τινὶ τῶν ἀνίσων κρίνοιτο τὰ πράγματα, ἀλλ' ὁ λόγος τὸ δίκαιον ἐφ' ἡσυχίας διαιροῖ. Ἀρχὴ μὲν [οὖν] αὕτη καὶ φύσις ῥητορικῆς, καὶ βούλημα τοῦτο, σῶσαι πάντας ἀνθρώπους καὶ τὴν βίαν διὰ τῆς πειθοῦς ἀπώσασθαι.

Φαίνεται τοίνυν ἡ ῥητορικὴ τῇ νομοθετικῇ τῆς αὐτῆς μετειληφυῖα φύσεως, [εἴπερ τό γε ἀκριβὲς ἐπ' ἀμφοτέρων δεῖ θεωρεῖν], μᾶλλον δὲ μέρος οὖσα [τῆς ῥητορικῆς] ἡ νομοθετική, καὶ τοῖς πᾶσι δευτέρα. Πῶς; πρῶτον μὲν ὅτε καὶ περὶ αὐτῶν ἔδει τῶν νόμων λόγου τοῦ πείθοντος. [Εἰ γάρ ἐστιν εὔδηλον ὅτι οἱ νόμοι μὲν ὑπὲρ τοῦ πάντας τὸ προσῆκον ἔχειν ἔμελλον τεθήσεσθαι, τοῦτο δὲ οἱ τῇ χειρὶ κρείττους ἔμελλον συμβουλήσεσθαι, πῶς οὐκ ἀναγκαίως ἔδει λόγου τοῦ πείθοντος ἤδη]; Οὐ γὰρ βιάσασθαι ἐνῆν τοὺς τὴν ἐκείνων ἰσότητα μὴ αἱρουμένους, οὐδ' ἦν αὕτη νόμων ἀρχή· ὑπὲρ γὰρ αὐτοῦ τοῦ μὴ βιάζεσθαι τοὺς νόμους ἔδει θέσθαι. Οὔκουν ἦν τιθέναι βιασάμενον, ἀλλὰ τοῦτ' ἦν πρῶτον παρὰ τοὺς νόμους.

Φαίνεται τοίνυν [κἀνταῦθα] ἡ ῥητορικὴ βουλομένη μὲν ταὐτὰ τῇ δικαστικῇ, τοσοῦτον δὲ νικῶσα ὅσον ἀμφοτέρας [τὴν νομοθετικὴν καὶ δικαστικὴν] συνέχει μόνη βεβαίως. Βουλομένη γὰρ ἡ δικαστικὴ καθάπερ

9 μηδὲ — μεγέθει M^3Ar. || 10 ἄλλῳ — ἀνίσων AM : τῶν ἀνίσων μηδενὶ M^3 *v. l.* Ar. || 11 διαιροῖ A^3MAr. : διεροῖ A || ἀρχὴ AM : ἄρχει A^x || οὖν M^3Ar. || 12 αὕτη M : αὐτὴ AAr. || 14 τῇ MAr. : *om.* A || 15 μετειληφυῖα φύσεως AM : φύσεως μετειληφυῖα M^3 *v. l.* Ar. || 15-16 εἴπερ — θεωρεῖν M^3Ar. || 17 τῆς ῥητορικῆς M^3Ar. || 18 πῶς Photius : πως Ar. || 19-23 εἰ — ἤδη M^3Ar. || 23 βιάσασθαι ἐνῆν AM : βιάσασθαι ἐνῆν γε M^3 βιάσασθαί γε ἐνῆν Ar. || 23-24 τοὺς — αἱρουμένους AM : τοὺς πρὸς αὐτὸ τοῦτο πεφυκότας M^3 *v. l.* Ar. || 27 κἀνταῦθα M^3Ar. || 29 τὴν — δικαστικὴν M^3Ar.

bataille, venir à l'aide de la législative, a connu le même sort que celle-ci. La première, en effet, a eu auparavant besoin que la rhétorique ouvrît la voie aux lois ; et la justice, en prenant la condition d'une servante des lois, a eu besoin elle-même dès le début d'être aidée par la rhétorique. Elle devait, en effet, être mise en état de secourir et c'était impossible sans le secours de la rhétorique[1].

Maintenant, la rhétorique est-elle le fantôme d'une partie de la politique ou bien, comme tu le dis, les parties [415 b] de la politique sont-elles maintenues ensemble par la rhétorique ? Car pour moi, sincèrement, Platon ne me semble pas ici maltraiter la rhétorique ni faire d'elle l'image d'une partie de la politique, mais se saisir d'une sorte d'image de la rhétorique et s'en prendre à cette image sans atteindre la rhétorique elle-même, pareil aux Troyens de Stésichore qui détenaient le fantôme d'Hélène comme si c'était elle-même, avec cependant cette différence qu'un fantôme ne ressemble en rien à la rhétorique[2].

Il dit qu'il ne veut ni commettre l'injustice ni la subir : il est donc évident qu'il tient le fait de subir l'injustice comme un mal, un mal moindre, toutefois, que de la commettre, mais plus grand que le fait de ne la commettre[3] ni de ne la subir ; [c'est là, selon moi, penser et parler juste]. Si donc la rhétorique empêchait qu'on subît l'in-

1. II, p. 67, 24-68, 9.
2. II, p. 71, 24-72, 8.
3. Ce texte (415 b 8-11) est la version originale de Photius AM ; elle a un sens acceptable et je l'ai reprise de préférence à l'arrangement qu'en a fait M³ qu'on peut lire ci-contre dans les notes critiques et qui reprend le texte d'Aristide (Dindorf, II, p. 82, 1-4).

ἐν μάχῃ τῇ νομοθετικῇ βοηθῆσαι, ταὐτὸν ἔπαθεν τῇ νομοθετικῇ. Ἐκείνη τε γὰρ πρότερον ῥητορικῆς ἐδέησεν, ὥστε ταύτῃ ἔχειν πάροδον τοὺς νόμους· ἥ τε δικαστικὴ σχῆμα ἐπικούρου λαβοῦσα τοῖς νόμοις, αὕτη πρότερον ἐδεήθη τῆς παρὰ τῆς ῥητορικῆς βοηθείας. Ἔδει γὰρ δυνηθῆναι βοηθῆσαι, τοῦτο δ' οὐκ ἦν ἄνευ ῥητορικῆς.

Πότερον οὖν πολιτικῆς μορίου εἴδωλον ἡ ῥητορική, ἢ τὰ τῆς πολιτικῆς, ὡς σύ φῄς, [415 b] μόρια ὑπὸ τῆς ῥητορικῆς συνέχεται; Ἐμοὶ μὲν γὰρ ὡς ἀληθῶς οὐ ῥητορικὴν ἐν τούτοις κακίζειν φαίνεται, οὐδὲ πολιτικῆς μορίου εἴδωλον δεικνύναι, ἀλλ' οὕτως ὥσπερ εἴδωλον ἀπολαβὼν ῥητορικῆς ἐπὶ τούτῳ σπουδάζειν, αὐτῆς δὲ οὐδ' ἅπτεσθαι, ὥσπερ οἱ Στησιχόρου Τρῶες οἱ τὸ τῆς Ἑλένης εἴδωλον ἔχοντες ὡς αὐτήν. Διαφέροι δ' ἂν τοσοῦτον, ὅτι οὐδὲν ὅμοιον τὸ εἴδωλον τῇ ῥητορικῇ.

Οὐκοῦν ὁπότε μήτ' ἀδικεῖν μήτ' ἀδικεῖσθαί φησι βούλεσθαι, δῆλον ὅτι ἀδικεῖσθαι κακὸν ἡγεῖται ἄμεινον δ' ὅμως τοῦ ἀδικεῖν
οὐ μὴν τοῦ μήτ' ἀδικεῖν
μήτ' ἀδικεῖσθαι, [ὀρθῶς οἶμαι καὶ γινώσκων καὶ λέγων].
Εἰ τοίνυν ἡ ῥητορικὴ ἀδικεῖσθαι μὲν ἐκώλυεν, ἀδι-

32 τῇ AM : αὕτη τῇ M³ αὐτῇ Ar. || ἐκείνη A³MAr. : ἐκεῖ A || **32-33** πρότερον — ἐδέησεν A : ῥητορικῆς πρότερον ἐδεήθη M ῥητορικῆς πρότερον ἐδέησε M³ *v. l.* Ar. || **33-35** ὥστε — ἐδεήθη (προσεδεήθη Ar.) AM³Ar. : *om.* M || **36** δυνηθῆναι Photius : αὐτὴν δυνηθῆναι Ar.

[415 b] **2** ὡς — ῥητορικὴν AM³Ar. : *om.* M || **4** ἀπολαβὼν ῥητορικῆς AM : ῥητορικῆς ἀπειληφὼς M³ *v. l.* Ar. || **5** οἱ Στησιχόρου A²Ar. : ὁ Στησίχο (ω M) ρος AM || **6** διαφέροι AM²Ar. : διάφοροι M || **7-8** τὸ εἴδωλον τῇ ῥητορικῇ AM : τῇ ῥητορικῇ τὸ εἴδωλον M³ *v. l.* Ar. || **8** μήτ' ἀδικεῖν μήτ' ἀδικεῖσθαι AM : οὐδέτερον M³Ar. || **9** φησὶ M³Ar. : φῇ AM || ἀδικεῖσθαι A : καὶ τὸ ἀδικεῖσθαι M || **10** ἡγεῖται AM : ἡγούμενος M³Ar. || **10-11** ἄμεινον — ἀδικεῖν AM : οὔ φησι βούλεσθαι, ἀλλὰ τοῦ μὲν ἀδικεῖν ἄμεινον τὸ ἀδικεῖσθαι, οὐ μὴν ἐκείνου γε τοῦ μήτ' ἀδικεῖν M³ *v. l.* Ar. || **12** ὀρθῶς — λέγων M³Ar. || **13** εἰ AM : εἰ μὲν M³Ar.

justice et forçait à la commettre, même dans ce cas, elle ne serait [peut-être] pas un mal absolu, puisqu'elle serait un mal tout en empêchant qu'on subît l'injustice ; peut-être serait-elle un mal par rapport à un plus grand bien puisque [subir une injustice vaut mieux que de la commettre]. Et si elle ne pousse pas à commettre l'une mais empêche de subir l'autre, dans le premier cas, elle n'est ni un bien ni un mal — concédons-le, en effet, du moins pour l'instant — et dans l'autre, elle est un bien dans toute la force du terme[1].

Celui d'ailleurs qui a décidé de ne pas commettre d'injustice n'est pas, du fait qu'il s'abstient de faire le mal, à l'abri de l'injustice à subir : commettre une injustice étant à proprement parler léser celui qu'on ne devrait pas. Tant que la malice existera parmi les hommes, il y aura donc des injustices. Et celui qui se garde contre l'injustice empêche du même coup qu'on la commette ; car, dès que quelqu'un commet une injustice, quelqu'un d'autre, en même temps, la subit ; celui qui est assez fort pour ne pas subir l'injustice est donc capable du même coup de ne pas la laisser commettre. En sorte que si Platon pose que ne pas subir l'injustice est le but de la rhétorique, tandis que ne pas la commettre est le fait de la philosophie, alors, la rhétorique est inférieure à la philosophie dans la mesure où l'injustice commise est pire que l'injustice subie. Mais, en revanche, lorsqu'il pose préalablement l'idée d'éviter l'une et l'autre, la rhétorique prend le pas sur la philosophie puisqu'elle détruit du même coup l'injustice subie et l'injustice commise vu que les lois qui empêchent qu'on subisse l'injustice empêchent en même temps qu'on la commette[2].

Les propos que vient de tenir Aristide sont plus plausibles que contraignants. En effet, les arguties qu'il développe sur le fait de ne pas subir l'injustice et sur la rhétorique, en se targuant de démontrer la supériorité de la rhéto-

1. II, p. 82, 5-14.
2. II, p. 82, 15-83, 3.

κεῖν δὲ προσηνάγκαζεν, οὐδ' οὕτω μὲν [ἴσως ἂν] καθάπαξ πονηρὸν ἦν, πονηρόν γε ὂν κωλύουσα τὸ ἀδικεῖσθαι, χεῖρον δ' ἂν ἴσως βελτίονος, [ὅπερ ἀδικεῖσθαι κρεῖττον ἢ ἀδικεῖν]. Εἰ δ' οὔτ' ἐκεῖνο ἐπαναγκάζει καὶ τοῦτο κωλύει, κατ' ἐκεῖνο μὲν οὔτε ἀγαθὸν οὔτε κακόν πω (δῶμεν γὰρ ὡς ἐν τῷ παρόντι), κατὰ τοῦτο δὲ κυρίως ἀγαθόν.

Καὶ μὴν ὁ μὲν μὴ ἀδικεῖν ἐγνωκὼς οὐχ ἅμα αὐτός τε τοῦ κακουργεῖν ἀπέχεται καὶ τὸ ἀδικεῖσθαι πέφευγεν · αὐτὸ γὰρ τοῦτο ἦν ἀδικεῖν, τὸ κακῶς ὂν οὐ προσῆκε ποιεῖν. Ὥσθ' ἕως ἂν ἐν ἀνθρώποις ᾖ τὸ κακουργεῖν, ἀδικήσεται. Ὁ δὲ τὴν τοῦ μὴ ἀδικεῖσθαι φυλακὴν ἔχων ἅμα καὶ τὸ ἀδικεῖν που κωλύει · ὥσπερ γὰρ ἅμα ἠδίκηκε καὶ ἠδίκηται ἕτερος, οὕτως ὁ τὴν τοῦ μὴ ἀδικεῖσθαι δύναμιν ἔχων τὴν αὐτὴν τοῦ μὴ ἐᾶν ἀδικεῖν ἔχει. Ὥστε εἰ τὸ μὲν μὴ ἀδικεῖσθαι τῆς ῥητορικῆς τίθησι, τὸ δὲ μὴ ἀδικεῖν τῆς φιλοσοφίας, τοσούτῳ χείρων φιλοσοφίας ῥητορική, ὅσῳ τοῦ ἀδικεῖσθαι τὸ ἀδικεῖν. Ὁπότε δ' αὖ πρὸ τούτου τίθησι τὸ μήτε ἀδικεῖν μήτε ἀδικεῖσθαι, τούτῳ βελτίων αὖ γίνεται ῥητορικὴ φιλοσοφίας, ἐπειδή [γε] ὁμοῦ τὸ ἀδικεῖσθαι καὶ τὸ ἀδικεῖν ἀναιρεῖ, ἐπεὶ καὶ οἱ νόμοι κωλύοντες ἀδικεῖσθαι ἅμα τε ἀδικεῖν δήπου κωλύουσιν.

Ταῦτα πιθανῶς μᾶλλον ἢ ἀναγκαίως λέγει Ἀριστείδης. Ἃ γὰρ περὶ τοῦ μὴ ἀδικεῖσθαι καὶ τῆς ῥητορικῆς στωμυλεύεται, κρείττω δεικνύναι φιλοσοφίας φιλοτιμούμενος τὴν ῥητορικήν,

14 ἴσως ἂν M³Ar. ‖ **16-17** ὅπερ (εἴπερ Ar.) — ἀδικεῖν M³Ar. ‖ **17** ἐκεῖνο AM³Ar. : *om.* M ‖ **22** αὐτὸ MAr. : αὐτὸς A ‖ **23** ἂν ἐν AAr. : ἃ μὲν M ‖ **25** που AM²Ar. : πω M *ut vid.* ‖ **26** ἅμα Photius : ἅμα τε Ar. ‖ ἠδίκηκε — ἕτερος A : ἠδίκηται καὶ ἠδίκηκεν ὁ ἕτερος M *et om.* ὁ Ar. ‖ **28** μὴ AMˣAr. : μὴ τὸ M ‖ **30** φιλοσοφίας ῥητορικὴ Photius Ar. MN : φιλοσοφία ῥητορικῆς Ar. *cett.* ‖ τὸ MAr. : *om.* A ‖ **32** αὖ MAr. : ἂν A ‖ **33** γε M³Ar. ‖ **34** τε AM: καὶ M³Ar.

[416 a] *rique sur la philosophie, on pourrait, sans rien y changer, les utiliser à propos du fait de ne pas commettre l'injustice et à propos de la philosophie pour démontrer la supériorité de la philosophie sur la rhétorique*[1].

[Et si nous prouvons au total que la rhétorique a été inventée pour venir en aide à la justice et qu'elle a absolument] le même rôle que les lois, ainsi qu'on l'a démontré, il semble bien que l'orateur n'a pas uniquement le même rôle et qu'il ne s'en tiendra pas à pouvoir éviter l'injustice, mais à renforcer celle-ci ; non : il n'est rien qu'il empêchera autant que l'injustice. Non seulement, en effet, il saura prévoir ce qui le concerne lui-même, mais il saura veiller aussi à prévenir pour chacun tout dommage, si l'idée triomphe que la rhétorique, elle aussi, a été inventée pour la même fin que les lois. Assurément, celui qui force les autres à faire ce qui est juste s'y préparera longtemps à l'avance. Car il est inadmissible qu'on prétende venir en aide à la justice tout en étant soi-même le premier à la détruire[2].

Si Platon prétend que la rhétorique n'offre [d'ailleurs] pas beaucoup d'utilité [et qu'elle ne vaut ni qu'on s'y intéresse ni qu'on en fasse cas] pour la raison que subir l'injustice n'est pas un mal aussi grave que la commettre, qu'est-ce qui l'empêche, en vertu du même raisonnement, d'abolir toutes les lois[3]?

[Mais, comme s'il s'agissait de condamner une association, la rhétorique sera expulsée avec les lois dont l'intention va dans le même sens.] Et nous bannirons

1. Je n'ai pas retrouvé cette scolie parmi celles de Dindorf, III.
2. II, p. 83, 7-18.
3. II, p. 84, 8-13.

[416 a] ταῦτα περὶ τοῦ μὴ ἀδικεῖν καὶ τῆς φιλοσοφίας ἀπαραλλάκτως μεταλαβὼν τὴν φιλοσοφίαν ἀμείνω τῆς ῥητορικῆς ἐπιδείξειέ τις.

Εἰ δὲ [δὴ καὶ ὅλως βοηθείας ἕνεκα τῷ δικαίῳ τὴν ῥητορικὴν δείκνυμεν εὑρεθεῖσαν], καὶ τὴν [αὐτὴν καθαρῶς] τάξιν [ἔχουσαν] τοῖς νόμοις, ὡς δέδεικται, ἔχει τὴν αὐτὴν οὐ μόνον, ὡς ἔοικεν, ὁ ῥήτωρ· οὐ τὸ μὲν ἀδικεῖσθαι φεύξεται, τὸ δ' ἀδικεῖν βεβαιώσει, ἀλλ' οὐδὲν οὕτως ὡς τὸ ἀδικεῖν κωλύσει. Οὐ γὰρ μόνον τῶν εἰς αὑτὸν σχήσει προνοίαν, ἀλλ' ὅπως μηδ' ἄλλος πείσεται κακῶς, εἴπερ ὧν τοὺς νόμους χάριν, τούτων καὶ τὴν ῥητορικὴν εὑρέσθαι νενίκηκεν. Ἀλλὰ μὴν ὅ γε ἑτέρους τὰ δίκαια πράττειν ἐπαναγκάζων πολύ που πρότερον αὑτός [γε] παρασκευάσεται. Οὐ γὰρ ἐγχωρεῖ βοηθεῖν μὲν τῷ δικαίῳ, τοῦ δὲ καταλύειν τὸ δίκαιον αὑτὸν πρῶτον ὑπάρχειν.

[Οὐ μὴν] ἀλλ' εἰ τοῦτο Πλάτων διϊσχυρίζεται ὡς οὐ πολλήν τινα [οὐδ' ἀξίαν σπουδῆς οὐδὲ λόγου] χρείαν ἡ ῥητορικὴ παρέχεται, ὅτι οὐ τηλικοῦτόν ἐστι τὸ ἀδικεῖσθαι κακὸν ἡλίκον τὸ ἀδικεῖν, τί κωλύει καὶ τοὺς νόμους αὐτὸν ἅπαντας τοῖς αὐτοῖς τούτοις διαγράφειν λόγοις; [Ἀλλ' ὥσπερ ἑταιρείας καταγνωσθείσης, μετὰ καὶ τῶν ταῦτα συμβουλομένων νόμων ἐξελαθήσεται.] Καὶ τότε ῥη-

[416 a] **1** ἀπαραλλάκτως AM^{2} : ἀπαλλάκτως M || **3-4** δὴ — εὑρεθεῖσαν M^{3}Ar. || **4-5** αὐτὴν καθαρῶς M^{3}Ar. || **5** ἔχουσαν M^{3}Ar. : ἡ ῥητορικὴ AM || **5-6** ὡς — αὐτὴν *add.* Photius || **7** οὐ τὸ MAr. : οὕτω A || **9** τῶν MAr. : τὸν A^{1} τὴν A *ut vid.* || ἄλλος A^{1}MAr. : ἄλλως A || **11** τὴν ῥητορικὴν MAr. : τῆς ῥητορικῆς A || **12** ἐπαναγκάζων AM^{3}Ar. : ἀναγκάζων M || πρότερον Photius : πρῶτον Ar. : || **13** γε M^{3}Ar. || **14-15** πρῶτον ὑπάρχειν AM^{3} *v. l.* Ar. : ὑπάρχειν πρῶτον M || **15** οὐ μὴν M^{3}Ar. || τοῦτο Photius : τούτῳ Ar. || διϊσχυρίζεται A : ἰσχυρίζεται MAr. || **16** τινα A^{3}MAr. : τὴν A || οὐδ' — λόγου M^{3}Ar. || χρείαν A^{3}MAr. : ἄχρειαν A || **18** ἅὑτὸν MAr. : αὐτῶν A || **19** λόγοις AM : *exp.* M^{3} *non habet* Ar. || **20-21** ἀλλ' — ἐξελαθήσεται M^{3} *et omisso* καὶ (*v.* 20) Ar. || **21** ταῦτα M^{3} : ταὐτὰ Ar.

la rhétorique, nous la couvrirons d'outrages lorsqu'il [nous semblera bon de renvoyer avec elle] les lois, que nous bannirons également de notre cité et de notre vie[1].

Mais toi, le grand homme, l'inventeur de toutes ces merveilles, si subir l'injustice [n'est] rien, si la puissance qui empêche qu'on la subisse [ne mérite aucun égard, si tout ce qui existe et tout ce qui arrive grâce à elle n'est rien de bon, mais est assez vil et assez servile pour n'être qu'une partie de flatterie[2] et d'ombre], pourquoi donner à la cité que tu fondes sur le papier une constitution qui lui évitera de subir aucun dommage? Pourquoi mettre à part, au premier rang, la classe des défenseurs afin que la cité soit à l'abri de toute atteinte et ne subisse aucun tort de la part de l'un ou l'autre ennemi? Car, s'il suffit de ne pas commettre l'injustice, que crains-tu [à partir du moment où tu as prémuni ta cité contre ce danger]? Et si le sort de ceux qui commettent l'injustice est encore pire quand ils ne subissent aucun châtiment, s'il faut, d'après toi, quand on a commis une injustice, accuser et soi-même et son enfant et jusqu'à son père même, laisser tranquilles ses ennemis personnels, pourquoi ne pries-tu pas du même coup les [416 b] ennemis de l'État d'attaquer la cité, de s'en emparer et, par Zeus, de massacrer tous les hommes adultes au pied même des autels, d'emmener enfants et femmes en esclavage, de piller et détruire tous les temples et tous les tombeaux [sans même laisser ceux-ci à l'abri de leur rapacité], afin qu'ayant commis les pires des

1. II, p. 84, 17-21.
2. Allusion à Platon, *Gorgias*, 466 a.

τορικὴν ἐκπέμψομεν καὶ προπηλακιοῦμεν, ὅταν καὶ τοὺς νόμους [συνεκπέμψαι καλῶς ὑμῖν ἔχῃ] ἐκβάλλωμεν τῆς πόλεως καὶ τοῦ βίου. Ἀλλ' ὦ δαιμόνιε καὶ πάντα σὺ θαυμαστὰ εὑρίσκων, εἰ μηδέν [ἐστι] πρᾶγμα τὸ ἀδικεῖσθαι, μηδ' ἡ τοῦτο κωλύουσα δύναμις [μηδενὸς ἀξία λόγου, μηδ' ὁπόσα ἐστὶ καὶ γίνεται μὴ δι' αὐτῆς μηδὲν χρηστόν, ἀλλ' οὕτως ἄτιμον καὶ ἀνελεύθερον ὥστ' εἶναι μόριον κολακείας καὶ σκιᾶς], τοῦ χάριν ταύτην οἰκίζων τὴν ἐν τῇ βίβλῳ πόλιν καθίστης αὐτῇ πολιτείαν, ἀφ' ἧς μηδ' ὁτιοῦν πείσεται καὶ τὸ μάχιμον χωρὶς τῶν ἄλλων ἱδρῦσθαι κελεύεις, τιμὴν τὴν πρώτην ἀποδούς, ἵνα μή τι πάθῃ μηδ' ὑπό τινων ἀδικηθῇ πολεμίων; Εἰ γὰρ ἐξαρκεῖ μὴ ἀδικεῖν, τί δέδοικας, [εἰ πρὸς τοῦτό τ' αὐτὴν παρεσκεύασας]; Εἰ δὲ δὴ καὶ χεῖρον τοῖς ἀδικοῦσιν, ὅταν μὴ δίδωσι δίκην, καὶ χρὴ κατά σε καὶ αὐτὸν ἑαυτοῦ κατήγορον, ὅταν ἀδικήσῃ, γίνεσθαι καὶ παίδων καὶ πατρὸς αὐτοῦ, τοὺς δ' ἐχθροὺς ἐάν, τί οὐ συνεύχῃ τοῖς πολεμίοις [416 b] ἐπελθεῖν καὶ λαβεῖν τὴν πόλιν, καὶ νὴ Δία τοὺς μὲν ἐν ἡλικίᾳ πάντας κατακόψαι, καὶ ταῦτα πρὸς τοῖς βωμοῖς, παῖδας δὲ καὶ γυναῖκας ἐξανδραποδίσασθαι καὶ ἱερὰ πάντα καὶ τάφους συλῆσαι καὶ κατασκάψαι [πάντα, μὴ λιπεῖν δὲ μηδὲ τοὺς τάφους ἀθώους τῆς ἑαυτῶν πλεονεξίας], ἵν' ἀδικήσαντες τὰ μέγιστα ἐν τοῖς με-

23 συνεκπέμψαι — ἔχῃ M³ Ar. : *secl.* Bekker ‖ **23-24** ἐκβάλλωμεν — βίου *add.* Photius ‖ **24** ἀλλ' AM : ἀλλ' εἴ τις αὐτὸν ἔροιτο M³ *s. v.* Ar. ‖ πάντα MAr. : πάν A ‖ **25** ἐστι M³Ar. ‖ **26-29** μηδενὸς — σκιᾶς M³ *et omisso* δι' αὐτῆς (*v.* 27) Ar. ‖ **29** ταύτην οἰκίζων τὴν Photius : οἰκίζων ταύτην τὴν Ar. ‖ **33** μηδ' ὑπό τινων (πολλῶν M³ ποίων Ar.) ἀδικηθῇ MAr. : *om.* A ‖ ἐξαρκεῖ AM : ἐξήρκει M³Ar. ‖ **34** εἰ — παρεσκεύασας M³Ar. ‖ **36** χρὴ AM : χρὴ δὴ M³Ar. χρήματα Aˣ ‖ αὐτὸν ἑαυτοῦ MAr. : αὐτοῦ A ‖ **37** παίδων AM : παιδίων M³Ar.

[416 b] **3** δὲ AM³Ar. : *om.* M ‖ **4** καὶ ἱερὰ — κατασκάφαι AM : *his expunctis* πέρα, εἰ βούλει, Γαδείρων, τὰ δὲ ἱερὰ συλήσαντας κατασκάψαι M³ *mg.* ‖ **5-6** πάντα — πλεονεξίας M³Ar.

crimes, ils se trouvent plongés dans les pires des maux pour n'avoir pas été punis? Loin de consentir à ce désastre, tu veux l'empêcher et tu as imaginé un régime militaire pour qu'il n'arrive rien de semblable ; et si un traître se dévoile, tu ne le fais pas couronner [ni honorer d'un décret], mais tu réagis comme les autres à son sujet[1]. Dis-moi, au nom de Zeus des miracles, que faut-il que nous pensions? [Allons, mon bon, pourquoi veux-tu nous donner des lois][2]? Car, mon cher, si infliger un châtiment et ne pas laisser commettre d'injustice ne sont pas au nombre des choses sérieuses, pourquoi promulgues-tu des lois et veilles-tu que personne des gens de ta cité ne subisse d'injustice[3]? Et pourtant, dans ce que nous disons, nous, il y a des points de vue sur lesquels nous avons l'accord des autres et qui sont proches de ceux de Platon ; mais ce qu'il a dit en cet endroit est contredit non seulement par le langage des faits, mais aussi par les propos et les volontés exprimées par Platon lui-même. Si ce sont nos propos qu'on reconnaît valides, l'avis et le juste suffrage des autres témoignent en leur faveur ; mais si nous laissons prévaloir les principes de Platon, il s'en faut que personne parmi les autres soit d'accord avec eux. Et mieux vaut être d'accord avec tout le monde et avec Platon qu'être en désaccord avec tous et avec Platon [comme c'est le cas pour lui en d'autres occasions. Aussi ne récuserons-nous pas son témoignage à cause de celui des autres, mais, à celui des autres, je joindrai le sien]. Je pense cependant apporter ici en plus le témoignage des faits. Car, en opposant paroles à paroles, montrer que l'adver-

1. II, p. 85, 2-86, 4.
2. II, p. 86, 8-10.
3. II, p. 02, 15-18.

γίστοις δὴ κακοῖς ὦσι, μὴ δόντες δίκην. Ἀλλὰ τοσοῦτον ἀπέχεις τοῦ ταῦτα συμπράττειν, ὥστε κωλύεις καὶ βίον ἐν τοῖς ὅπλοις εὕρηκας, ἵνα μὴ τοιοῦτόν τι γένοιτο· κἂν τις ἐγγένηται προδότης, τοῦτον οὐ στεφανοῦν κελεύεις, [οὐδὲ κηρύττειν] ἀλλὰ ταὐτὰ τοῖς ἄλλοις περὶ τούτων νομίζεις.

Εἰπέ, πρὸς Διὸς τεραστίου, τί χρὴ περὶ τούτων νομίζειν ἡμᾶς; [Εἶεν, ὦ γενναῖε, νόμους δὲ δὴ τοῦ χάριν ἡμῖν ἐτίθης]; Εἰ γάρ, ὦ τᾶν, τὸ δίκην λαμβάνειν καὶ τὸ μὴ ἐᾶν ἀδικεῖν οὐχ ἕν τι τῶν σπουδαίων ἦν, τοῦ χάριν νόμους εἰσφέρεις, καὶ σκοπεῖς ὅπως μηδείς που τῶν ἐν τῇ πόλει ἀδικήσεται; Καὶ μὴν ἐν μὲν οἷς ἡμεῖς λέγομεν, καὶ τοῖς ἄλλοις συνδοκοῦν ἐστι καὶ τῷ Πλάτωνι πρόσεστιν· ἃ δ' οὗτος ἐνταῦθα εἴρηκεν, οὐ μόνον τοῖς τῶν πραγμάτων λόγοις ἀλλὰ καὶ τοῖς αὐτοῦ Πλάτωνος ἐξελέγχεται καὶ λόγοις καὶ βουλήμασιν. Ἐκείνων μὲν ὀρθῶς ἔχειν συγχωρουμένων, καὶ ἡ παρὰ τῶν ἄλλων μαρτυρεῖ δόξα καὶ ψῆφος ὀρθή· ταῦτα δὲ εἰ δοίημεν κρατεῖν, ἄπεστι τὸ ὁτῳοῦν συνδοκεῖν τῶν ἄλλων. Ἰσχυρότερον δὲ τὸ καὶ ἅπασι καὶ Πλάτωνι τοῦ μηδενὶ καὶ μηδὲ Πλάτωνι συνδοκεῖν, [ὡς οὗτος ἀλλαχοῦ. Οὐκοῦν οὐ τὴν παρὰ τούτου μαρτυρίαν διὰ τὴν παρὰ τῶν ἄλλων φευξόμεθα, ἀλλὰ τῇ τῶν ἄλλων τὴν παρὰ τούτου προσθήσομαι]. Ἡγοῦμαι μὲν τοίνυν κἂν τούτοις τὴν ἔργῳ μαρτυρίαν παρέχεσθαι. Τὸ γὰρ δὴ λόγοις πρὸς λόγους ἀγωνιζόμενον λόγοις ἑτέροις σπουδαίοις

8 τοῦ M^{x}Ar. : *om.* AM || καὶ AM : *exp.* M^{3} προκόπτεις Ar. || **9** τοιοῦτόν τι AM : τι τοιοῦτον M^{3} *v. l.* Ar. || **10** τις A^{5}M : της A || **11** οὐδὲ κηρύττειν M^{3}Ar. || ἄλλοις AMAr. : ἄλλοις νομοθέταις M^{3} || **12** νομίζεις AMAr. : νομοθετεῖς M^{3} *v. l.* || **13** νομίζειν ἡμᾶς AM : ἡμᾶς νομίζειν M^{3} *v. l.* Ar. || **13-14** εἶεν — ἐτίθης M^{3}Ar. || **15** μὴ A M^{2}Ar. : *om.* M || **16-17** νόμους — ἀδικήσεται A : νόμους — ἀδικηθήσεται *et his expunctis* ταῦτα πραγματεύῃ καὶ σκοπεῖς ὅπως μηδεὶς ἀδικήσεται M^{3} *mg.* || **20** τῶν MAr. : *om.* A || **26-29** ὡς — προσθήσομαι M^{3} *mg.* : ὡς — προσθήσομεν Ar. || **30-33** τὸ — παρέχεσθαι *bis habet* A *del.* A^{x}.

saire apporte un témoignage par des propos sérieux, c'est apporter le témoignage de la réalité. Mais je veux aller encore plus avant afin, puisqu'il admet que le seul adversaire contre lequel il discute, se soumet lui aussi au suffrage, de montrer qu'il est d'accord avec moi tant en paroles qu'en fait[1].

Toi, en faveur d'un étranger syracusain qui était un ennemi de ta patrie, tu as fait non pas une fois mais deux [417 a] et trois fois une bien longue traversée dans ta vieillesse ; tu n'as pas craint de paraître le familier d'un tyran, car tu avais comme excuse à ton séjour le prétexte que Dion pût demeurer chez lui et maître de ses biens. Et dans le cas de quelqu'un qui vivrait dans son pays, qui prendrait garde que ses concitoyens, ses parents et ses frères ne subissent pas d'injustice, qui assurerait leur sauvegarde et la sienne et qui, par Zeus, serait capable, grâce à cela, de barrer la route à un homme en passe de devenir un tyran pareil à Denys, capable par ses discours de rendre vains ses agissements et d'assurer à tous la sécurité que donnent les lois, allons-nous dire qu'il n'y a là rien qui vaille et que cet art — qu'il faille ou non [l'appeler ainsi] — ne mérite pas de louanges ? Parce que, par Zeus, [ce serait là] un grand mal que de commettre l'injustice tandis que la subir n'est rien[2] !

Car moi, je ne fais pas [évidemment] grief à Platon d'avoir pensé devoir aller en Sicile quand, comment et pour quelle raison il le jugerait bon ; je n'estime pas sage

1. II, p. 86, 20-87, 17.
2. II, p. 88, 18-89, 9.

μαρτυροῦντα ἀποφαίνειν τὸν ἀντίπαλον τὴν ἔργῳ μαρτυρίαν παρέχεσθαί ἐστιν. Οὐ μὴν ἀλλ' ἔτι καὶ προσωτέρω προελθεῖν βούλομαι, ἵνα, ἐπειδὴ τιμᾷ τὸ ἕνα ἐπιψηφίζειν καὶ αὐτὸν πρὸς ὃν ἂν οἱ λόγοι γίγνωνται, καὶ λόγῳ καὶ ἔργῳ σύμψηφον ὄντα αὐτόν μοι δείξω.

Σὺ μὲν ξένου χάριν Συρακουσίου, κοινοῦ τῆς πατρίδος ἐχθροῦ, ἔπλεις οὐχ ἅπαξ ἀλλὰ καὶ δὶς καὶ τρὶς ἐν γήρᾳ, πέλα- [417 a] γος τοσοῦτον, καὶ τῷ τυράννῳ συνεῖναι δοκεῖν οὐκ ἔφυγες, ὡς ἔχων παραμυθίαν τὸ σχῆμα τῆς διατριβῆς, ὃ Δίωνα μένειν οἴκοι καὶ τῆς οὐσίας κρατεῖν ἦν. Τὴν δ' αὑτοῦ τις οἰκῶν καὶ τοῖς αὑτοῦ πολίταις καὶ γονεῦσι καὶ ἀδελφοῖς εἰ τὴν ὅπως μὴ ἀδικήσωνται φυλακὴν ἔχοι, καὶ σῴζοι καὶ τούτους καὶ ἑαυτόν, καὶ νὴ Δία γε εἰ τοῦτ' αὐτὸ τύραννον ἔσεσθαί τινα μέλλοντα καὶ Διονυσίῳ προσόμοιον οἷός τε εἴη κωλῦσαι καὶ παρελέσθαι λόγῳ τὰς πράξεις, καὶ τὴν ἐκ τῶν νόμων ἄδειαν πᾶσι βεβαιῶσαι, ἔπειτ' οὐδὲν σπουδαῖον τοῦτ' εἶναι φήσομεν, οὐδ' ἐπαινεῖν χρὴ τὴν τοιαύτην εἴτε τέχνην εἴτε μηδὲ τέχνην [εἰπεῖν] δεῖ; Ὅτι νὴ Δία ἓν μέγα [τοῦτ' ἦν] κακὸν τὸ ἀδικεῖν, τὸ δὲ ἀδικεῖσθαι πρᾶγμα οὐδέν.

Ἐγὼ γὰρ οὔτ' αὐτὸς ἐπέγκλημα [δήπου] τοῦτο ποιοῦμαι, εἴ ποι καὶ ὁπωσοῦν ᾠήθη δεῖν εἰς Σικελίαν Πλάτων ἐλθεῖν ἡστινοσοῦν ἕνεκα αἰτίας, οὐθ' ὅστις ἄλλος προφέρει τι τοιοῦ-

32-33 μαρτύριαν παρέχεσθαι A : παρέχεσθαι μαρτυρίαν MAr.

[417 a] **1** τῷ *add.* Photius ‖ συνεῖναι AAr. : τὸ συνεῖναι M ‖ **2** ἔφυγες A : ἐξέφυγες M ἔφευγες M³Ar. ‖ **3** τῆς MAr. : *om.* A ‖ αὑτοῦ Ar. : αὐτοῦ Photius ‖ **4** οἰκῶν MAr. : οἴκων A ‖ αὑτοῦ Ar. : αὐτοῦ Photius ‖ **6** ἑαυτόν A¹MAr. : ἓν αὐτόν A ‖ **7** τινα *add.* Photius ‖ **8** παρελέσθαι AMAr. : ἐκκόψαι M³ *v. l.* ‖ **9** πᾶσι AM : ἅπασι M³Ar. ‖ **11** χρὴ Photius : ἐχρῆν Ar. ‖ **12** εἰπεῖν M³Ar. ‖ τοῦτ' ἦν M³Ar. ‖ **13** δὲ AM³Ar. : *om.* M ‖ **14** δήπου M³Ar. ‖ **15** εἰς M : εἰ A *exp.* M³ *non habet* Ar. ‖ Σικελίαν AM : *exp.* M³ *non habet* Ar. ‖ **16** προφέ (αι A¹) ρει AM²Ar. : προσφέρει M.

qui lui fait grief d'une telle action ; en un mot, je ne m'intéresse à rien qui soit étranger à mon propos, sans cependant que le prix de la victoire me soit de moindre valeur. Mais ce qu'il a fait, lui, et pourquoi il l'a fait, il l'a dit lui-même ouvertement et je prétends que ces propos concordent avec les discours par lesquels on défend la rhétorique [1].

Oui, autant la sagesse est au-dessus du courage, autant la rhétorique l'emporte sur l'ardeur guerrière. Car, s'il faut le dire en un mot, la rhétorique n'est rien autre qu'une sagesse qui a pris à son service la force des discours [de manière que l'orateur lui-même fasse autre chose qu'accomplir les actions les meilleures : qu'il soit aussi en mesure de convaincre les autres]. Je pense donc que ce sont là des preuves suffisantes et plus que suffisantes de la vérité ; j'en viens maintenant au sommet, pour le désigner d'un terme cher à Platon. Car je ne veux pas seulement le montrer lui apportant le témoignage par lequel on le confond, mais aussi comme s'il paraissait en personne pour témoigner de vive voix [2]. Donc, [puisque la rhétorique ne pousse ni à commettre l'injustice ni à la laisser subir], il résultait du raisonnement que la rhétorique ne laisse ni commettre l'injustice ni la subir ; si le domaine de la philosophie est le même, la rhétorique est donc, évidemment, une philosophie ; et s'il suffit à la philosophie de ne pas commettre l'injustice, la rhétorique est plus complète qu'elle [3].

[417 b] Qui ignore que la rhétorique et la tyrannie sont aussi loin l'une de l'autre que la persuasion est éloignée de la contrainte? [Certes, personne ne serait gêné de dire qu'elles ont des natures opposées. [4]]

Comment les orateurs, alors, sont-ils rangés en même

1. II, p. 93, 9-16.
2. II, p. 97, 27-98, 10.
3. II, p. 98, 21-26.
4. II, p. 99, 17-21.

τον εὖ φρονεῖν ἡγοῦμαι, οὐθ' ὅλως ἔξω τῶν εἰς τὸν λόγον ἡκόντων οὐδὲν περιεργάζομαι· μὴ τοσούτου μηδὲν ἄξιον ἔστω νικητήριον. Ἀλλ' ἃ αὐτὸς ἔπραξε καὶ ἅ τινων ἔπραξε χάριν αὐτὸς καθαρῶς εἴρηκε, ταῦτα συμβαίνειν φημὶ τοῖς ὑπὲρ τῆς ῥητορικῆς λόγοις. Καὶ μὴν ὅσῳ κάλλιον φρόνησις ἀνδρείας, τοσούτῳ ῥητορικὴ τῆς κατὰ πόλεμον εὐψυχίας. Εἰ γὰρ δεῖ συνελόντα εἰπεῖν, οὐδέν ἐστιν ἄλλο ῥητορικὴ ἢ φρόνησις λόγων δύναμιν προσειληφυῖα, [ὡς μὴ μόνον αὐτὸς ἔρδειν τὰ βέλτιστα ἀλλὰ καὶ ἑτέρους πείθειν ἔχοι]. Ἡγοῦμαι μὲν οὖν καὶ ταῦτα πίστεις ἱκανὰς ἔχειν τῆς ἀληθείας, εἰ μὴ καὶ πλείους ἄρα τῶν ἱκανῶν· εἶμι δ' ἐπ' αὐτὸν ἤδη τὸν κολοφῶνα [τοῦ] Πλάτωνος, ὡς ἄν τις εἴποι, ῥήματι. Οὐ γὰρ μόνον ἐξ ὧν ἐλέγχεται βούλομαι φανῆναι μαρτυροῦντα αὐτόν, ἀλλὰ καὶ ὥσπερ ἂν εἰ καὶ παραστὰς αὐτὸς ἐμαρτύρει τῇ ἑαυτοῦ φωνῇ. Οὐκοῦν [ὅτ' ἀδικεῖν μὲν οὐκ ἐπηνάγκαζεν, ἀδικεῖσθαι δ' οὐκ ἐᾷ, ὡς δ'] ἐκ τοῦ λόγου συνέβαινε τὴν ῥητορικὴν μήτ' ἀδικεῖν μήτ' ἀδικεῖσθαι ἐᾶν, εἰ μὲν καὶ τῆς φιλοσοφίας ὁ αὐτός ἐστιν ὅρος, φιλοσοφία τις οὖσα ἡ ῥητορικὴ φαίνεται· εἰ δὲ ἐξαρκεῖ τῇ φιλοσοφίᾳ μηδ' ἀδικεῖν, ἡ ῥητορικὴ τελεώτερον.

[417 b] Τίς δ' οὐκ οἶδεν ὅτι ῥητορικὴ καὶ τυραννὶς τοσοῦτον ἀλλήλων κεχώρισται, ὅσον τοῦ πείθειν τὸ βιάζεσθαι; [Ἀλλὰ μὴν ταῦτά γε οὐδεὶς ἔστιν ὃς ἂν τὴν ἐναντίαν φύσιν εἰπὼν ἔχειν αἰσχυνθείη]. Πῶς δ' ὁμοῦ μὲν κολα-

17 τὸν MAr. : τῶν A || **18** μὴ τοσούτου M³Ar. : τοσοῦτον οὐ A *om.* M || **20** ἅ *add.* Photius || **22** κάλλιον A¹MAr. : καλλίων A || τοσούτῳ MAr. : τοσούτων A || **25-26** ὡς — ἔχοι M³Ar. || **26** οὖν Photius : τοίνυν Ar. || **27** πίστεις — ἀληθείας AM : ἔχειν πίστεις ἱκανὰς τῆς ἀληθείας M³ *v. l.* Ar. || **29** τοῦ M³ : τῶν Ar. *om.* AM || ῥήματι AM : ῥημάτων M²Ar. || **32-33** ὅτ' — ὡς δ' M³Ar. || **34-35** τὴν ῥητορικὴν μήτ' ἀδικεῖν μήτ' ἀδικεῖσθαι ἐᾶν AM : οὐδέτερον τούτων ἐᾷ μήτ' ἀδικεῖν μήτ' ἀδικεῖσθαι M³Ar. || **35** *post* ἐᾶν : εἰ δὲ τοῦτο AM *del.* Mˣ || **37** μηδ' A : μὴ MAr.

[417 b] **1** δ' AM : γὰρ M³Ar. || **2** κεχώρισται A³MAr. : καὶ χώρισται A || τοῦ — τὸ Photius : τὸ — τοῦ Ar. || **2-4** ἀλλὰ — αἰσχυνθείη M³Ar. || **3** ὃς M³ : ὅστις Ar. || **4** δ' AM : γὰρ Ar. || μὲν A : *om.* M.

temps parmi les flatteurs et parmi les gouvernants[1]?

Les tyrans, cependant, sont si loin de s'adonner à la flatterie qu'ils repoussent tout le monde avec violence et qu'on ne peut obtenir d'eux même la plus juste faveur ni, à plus forte raison, un service dépassant la normale ; [de sorte que le tyran outrepasse presque les pouvoirs d'un maître]. Et s'il n'est, sans doute, rien de plus vil qu'un flatteur, [rien qui soit plus enclin à s'asservir], on ne pourrait rien citer de plus cruel qu'un tyran, rien qui ait plus de propension à commander en despote. De sorte que, si la rhétorique est une flatterie, les reproches qu'on fait aux tyrans ne la concernent pas. Et si, avec la tyrannie, elle a aussi largement surpassé la flatterie, les deux griefs sont évidemment faux[2]. Mais il y a autant de différence entre la rhétorique et la tyrannie que, osons le dire, entre Platon et Denys[3]. Il est évident que là où la rhétorique est sauvegardée, jamais il n'y a eu de tyran [tant qu'elle est sauve] ; et d'autre part, que, là où règne la tyrannie, la rhétorique ne subsiste pas ; car l'orateur fait tout pour qu'aucun tyran ne puisse s'établir et, [tant pour lui-même que pour la communauté, il veille que nul ne lui enlève le pouvoir de persuader par ses discours que nul n'exerce un pouvoir personnel] ;

1. II, p. 100, 11-12.
2. II, p. 100, 16-101, 6.
3. II, p. 102, 2-3.

κεύουσιν οἱ ῥήτορες, ὁμοῦ δ' ἐν τοῖς δυνασταῖς εἰσίν; Καίτοι τοσοῦτον ἀπέχουσιν οἱ τύραννοι τοῦ κολακεύειν ὥστε βίᾳ πάντας ὠθοῦσι, καὶ οὐδενός ἐστι παρ' αὐτῶν τυχεῖν οὐδὲ τῶν μετρίων, μή τι γε δὴ τῆς ὑπὲρ τὸ προσῆκον θεραπείας · [ὥσθ' ὁ τύραννος μικροῦ δεῖν καὶ τὸ τοῦ δεσπότου μέτρον παρελήλυθε]. Καὶ κόλακος μὲν οὐδέν ἐστι δήπου ταπεινότερον, [οὐδ' ὅ τι μᾶλλον ᾕρῆσθαι δουλεύειν], τυράννου δὲ οὐδὲν ἂν εἴποις ἀγριώτερον, οὐδ' ὅ τι μᾶλλον πρὸς τὸ δεσπόζειν ἐθέλειν ἐστίν. Ὥστε εἰ [μὲν] κολακεία ἡ ῥητορική, τὰ τῶν τυράννων ἐγκλήματα οὐ πρὸς αὐτήν. Εἰ δ' ὁμοῦ τῇ τυραννίδι τὴν κολακείαν μεγάλοις τοῖς ὁρίοις παρελήλυθεν, οὐκοῦν τά γε ἕτερα ψευδῆ. Τοσοῦτον δ' ἡ ῥητορικὴ κεχώρισται δυναστείας ὅσον, εἰ καὶ τοῦτ' εἰπεῖν δεῖ, Πλάτων Διονυσίου. Φαίνεται δ' ὅπου ῥητορικὴ σῴζεται οὐδαμοῦ τύραννος ἐγγενόμενος, [μέχρις ἂν σῴζεται λόγῳ] οὔτ' αὖ ἐν οἷς τυραννὶς κρατεῖ, ῥητορικὴ περιοῦσα · ἀλλ' ὅ τε ῥήτωρ πάντα πράττων ὥστε μηδεὶς τύραννος ἐγγενήσεται, [τό τε αὑτοῦ καὶ τὸ κοινὸν ὁμοῦ προορῶν, ὅπως μηδεὶς αὐτὸν τῷ λόγῳ πείθειν παρελόμενος αὐτὸς ἄγῃ κατ' ἀρχὴν τὰ πράγματα], οἵ

6 καίτοι — τύραννοι AM : οἱ δ' αὖ τύραννοι ἀπέχουσι τοσοῦτον (τοσοῦτον ἀπέχουσι Ar.) M^{3} *v. l.* Ar. ‖ **7-8** οὐδενὸς — μετρίων Photius : οὐδὲ τῶν μετρίων οὐδενὸς ἔστι παρ' αὐτῶν τυχεῖν Ar. ‖ **9-10** ὡσθ' — παρελήλυθε M^{3}Ar. ‖ **10** καὶ AM : *exp.* M^{3} *non habet* Ar. ‖ μὲν AM : μὲν γὰρ M^{3}Ar. ‖ **11-12** οὐδ' — δουλεύειν M^{3}Ar. ‖ **13** ὅ τι A^{3}MAr. : ὅστις A *ut vid.* ‖ τὸ AAr. : τῷ M ‖ **14** μὲν M^{3}Ar. ‖ **15** αὐτήν A : αὐτῆς M αὐτῆς ἐστιν M^{3} αὐτήν ἐστιν Ar. ‖ εἰ δ' MAr. : οὐδ' A ‖ **17** ψευδῆ A : πάντως ψευδῆ M πάντως ἤδη ψευδῆ M^{3}Ar. ‖ **18** δ' ἡ AM : γὰρ ἡ M^{3}Ar. ‖ εἰ AM^{3}Ar. : *om.* M ‖ **19** φαίνεται Photius : φανήσεται Ar. ‖ δ' A : γὰρ MAr. ‖ ὅπου A : οὐθ' ὅπου M^{x}Ar. *quid prius praeb.* M *non liquet* ‖ **20** οὐδαμοῦ M : οὐδαμῶς A *del.* M^{x} *non habet* Ar. ‖ ἐγγενόμενος A : ἐγγινόμενος MAr. ‖ **20-21** μέχρις — λόγῳ M^{3}Ar. ‖ **21-22** αὐ — περιοῦσα AM : αὖ ῥητορικὴ περιοῦσα ἔνθα τυραννὶς κρατεῖ M^{3} *v. l.* Ar. ‖ **22** ὥστε AM : ὅπως M^{3} *v. l.* Ar. ‖ **23** ἐγγενήσεται AM : ἐγγένηται M^{3} Ar. ‖ **23-25** τό — πράγματα M^{3}Ar.

les tyrans, eux, n'ont pas de plus grand souci et de plus grande crainte que de voir apparaître un homme capable de parler et de persuader, de grouper les masses, de se faire leur conseiller, de leur indiquer ce qu'il faut faire, et qui puisse les dépouiller, eux, de leur pouvoir et de leur arbitraire. C'est pourquoi il y a entre eux une inimitié inévitable, la sauvegarde et la puissance des uns étant en principe que les autres n'existent pas[1].

Comment, dit l'auteur, les orateurs se contredisent-ils entre eux? [Ceci ne figure plus dans ce qu'a dit Platon; néanmoins, pour épuiser complètement la discussion, ne laissons pas non plus ce point sans l'examiner. Et voilà] donc ce qu'il y a [à peu près] de plus solide dans ce qu'a [418 a] dit Platon parmi ses mensonges; [c'est, à mon avis, que nous aussi nous nous contredisons en parlant, ainsi que je viens moi-même de le faire]. Mais le raisonnement initial ne se trouve pas davantage ruiné, puisque ceux qui passent pour philosophes n'usent évidemment pas tous des mêmes raisonnements, mais aussi de raisonnements qui s'opposent les uns aux autres; rien, toutefois, selon ceux qui visent à la vérité, n'empêche que la philosophie soit une belle chose. Ce n'est sans doute pas une discipline double ni une discipline faite de contradictions. Comment alors, pourrait-on dire, déclarerons-nous, que des gens qui se contredisent s'adonnent les uns et les autres à la philosophie, ou bien que la philosophie est une belle chose? Ainsi que je l'ai dit, on peut bien voir aussi des pilotes lutter les uns contre les autres;

1. II, p. 102, 6-18.

τε τύραννοι σκοποῦντες καὶ φοβούμενοι τῶν πάντων οὐδὲν μᾶλλον ἢ μή τις ἐγγένηται λέγειν καὶ πείθειν δυνατός, ὅστις συναγαγὼν τὰ πλήθη καὶ σύμβουλος καὶ μηνυτὴς τοῦ προσήκοντος γινόμενος ὁμοῦ τῆς ἀρχῆς καὶ τῆς ἐξουσίας ἀκύρους αὐτοὺς καταστήσῃ. Διόπερ τὴν ἔχθραν ἀναγκαίως ἀλλήλοις ἔχουσιν· ἡ γὰρ τῶν ἑτέρων σωτηρία καὶ δύναμις μὴ εἶναι τοὺς ἑτέρους ἐστὶ τὴν ἀρχήν.

Πῶς οὖν τἀναντία, φησίν, ἀλλήλοις οἱ ῥήτορες λέγουσιν; Ἔστι μὲν [οὐκέτι τοῦτ' ἐν τοῖς εἰρημένοις ὑπὸ Πλάτωνος· ὅμως δὲ ὑπὲρ τοῦ πανταχῇ διακαθᾶραι τὸν λόγον μηδὲ τοῦθ' ἡμῖν ἀνεξέταστον ἀφείσθω. Καὶ τοῦτ'] οὖν ἰσχυρότατον πάντων, ὡς ἐν ψεύδεσιν [ὂν σχεδόν], ὧν ὁ Πλάτων [418 a] εἴρηκεν, [ὅτι οἶμαι καὶ ἡμῖν αὐτοῖς ἀπαντῶμεν ἐν τῷ λόγῳ αὐτὸ τοῦτο κἀγὼ νῦν πεποίηκα]. Ἀλλ' οὐδὲν μᾶλλον ὅ γε ἐξ ἀρχῆς λόγος διαφθείρεται, ἐπεὶ καὶ οἱ φιλοσοφεῖν οὕτω λεγόμενοι οὐ τοῖς αὐτοῖς λόγοις ἅπαντες δήπου χρῶνται, ἀλλὰ καὶ τοῖς ἐναντίοις ἀλλήλοις· ἀλλ' οὐδὲν κωλύει κατὰ τοὺς τυγχάνοντας τῆς ἀληθείας φιλοσοφίαν εἶναι καλόν. Οὐ δή που διπλοῦν ἐστιν οὐδ' ἐναντίον αὐτὸ ἑαυτῷ. Πῶς οὖν, ἂν φαίη τις; ἢ φιλοσοφεῖν ἀμφοτέρους φήσομεν τἀναντία λέγοντας, ἢ τὸ φιλοσοφεῖν εἶναι καλόν; οὕτως ὡς ἔφην. Ἴδοις δ' ἂν καὶ κυβερνήτας ἀλλήλοις ἐναντία ναυμαχοῦντας· ἀλλ'

26 τῶν AM³Ar. : *om.* M ‖ οὐδὲν A¹MAr. : οὐδὲ A ‖ **27** ἢ MAr. : *om.* A ‖ **29** γινόμενος AM : γενόμενος M³ *v. l.* Ar. ‖ **31** τῶν AM³ : *om.* M ‖ **33** φησίν AM : *exp.* M³ *non habet* Ar. ‖ ἀλλήλοις -- λέγουσιν AM : ἀλλήλοις λέγουσιν οἱ ῥήτορες M³ *v. l.* Ar. ‖ **34-36** οὐκέτι — τοῦτ' (καὶ ταῦτα *v.* 36 Ar.) M³Ar. ‖ **36** οὖν A : *om.* M ‖ **37** ὂν σχεδόν M³Ar. ‖ ὁ Πλάτων AM : ἐκεῖνος Mˣ *v. l.* Ar.

[418 a] **1-2** ὅτι οἶμαι καὶ ἡμῖν αὐτοῖς ἀπαντῶμεν ἐν τῷ λόγῳ (τοῖς λόγοις Ar.) αὐτὸ τοῦτο κἀγὼ (ὃ κἀγὼ Ar.) νῦν πεποίηκα M³Ar. ‖ **5** ἐναντίοις A : ἐναντιωτάτοις MAr. ‖ **6** τυγχάνοντας A : ἐντυγχάνοντας MAr. ‖ **8** αὐτὸ ἑαυτῷ M²Ar. : αὐτῷ ἐπ' αὐτῷ AM ‖ **10** ὡς AAr. : *om.* M ‖ δ' MAr. : *om.* A ‖ **11** ἀλλήλοις ἐναντία A : ἀλλήλοις τἀναντία M ἐναντία ἀλλήλοις M³ *v. l.* Ar.

et pourtant, l'affaire du pilotage, c'est de sauver le bateau. Ainsi donc, quand des orateurs se contredisent, comme on pourrait le prétendre, le principe premier de la rhétorique n'en est pas ruiné, mais il faut examiner ce qui est conforme à la raison en se souvenant des fins pour lesquelles la rhétorique a été inventée. Et l'art de la parole a été inventé pour la défense de la justice. [Tel est donc ce discours pour la défense de la rhétorique [1].]

[Le premier discours n'était consacré qu'à la défense de la rhétorique ; celui-ci est consacré à la défense de la rhétorique et des orateurs [2].]

Tiré des écrits d'Aristide contre Platon
pour la défense de la rhétorique.
L'exorde du deuxième discours [3].

Bien qu'il s'en soit pris aussi à Miltiade, à Thémistocle, à Cimon et à Périclès en prétendant que, dans leur façon de conduire la cité, ils n'ont pas poursuivi son plus grand bien, il n'y a sans doute pas d'urgence à discuter pour l'instant à leur sujet. En effet, si c'est avec de bonnes raisons que Platon les a accusés, on peut conclure à juste titre qu'ils ne valaient pas grand-chose ; mais, si nous admettons même qu'ils ont été au-dessous de tout, la rhétorique n'encourt pas plus de reproches pour autant. Si donc nous faisons cette concession, notre raisonnement pour la défense de la rhétorique tient toujours. Et si, à propos de ces hommes aussi, Platon est convaincu de n'avoir pas raisonné de façon tout à fait sage, il apparaîtra sur toute la ligne comme un chicaneur. Voilà pourquoi il vaut la peine de parler d'eux également [4].

« Nous sommes nous-mêmes pour les autres un exemple de la manière dont il faut tenir bon en montrant — qu'on nous permette de le dire — notre propre vertu dans l'adversité et au milieu des périls extrêmes. Pourquoi donc

1. II, p. 105, 5-25.
2. Ce morceau (418 a 19-20) est de M³. Il ressemble fort à une note marginale passée dans le texte d'un manuscrit copié sur M.
3. Dindorf, II, p. 104. περὶ ῥητορικῆς λόγος δεύτερος.
4. II, p. 104, 2-12.

ὅμως τῆς κυβερνητικῆς ἐστι σῴζειν τὴν ναῦν. Οὕτω τοίνυν καὶ ὅταν οἱ ῥήτορες ἀλλήλοις ἐναντία, ὡς ἂν τις φαίη, λέγωσιν, οὐ κωλύεται τὸ ἐξ ἀρχῆς κεφάλαιον τῆς ῥητορικῆς, ἀλλὰ τὸ συμβαῖνον τῷ λόγῳ χρὴ σκοπεῖν, μεμνημένους ὧν ἕνεκα εὑρέθη. Εὑρέθη δὲ τὸ λέγειν ὑπὲρ τῶν δικαίων. [Ὁ μὲν οὖν ὑπὲρ ῥητορικῆς λόγος οὗτος.]

[Ὁ μὲν α' λόγος ὑπὲρ ῥητορικῆς μόνον ἦν · οὗτος δὲ καὶ ὑπὲρ ῥητορικῆς καὶ ὑπὲρ ῥητόρων.]v

Ἐκ τῶν Ἀριστείδου πρὸς Πλάτωνα ὑπὲρ ῥητορικῆς.
Τὸ προοίμιον τοῦ δευτέρου λόγου.

Ἐπεὶ δὲ καὶ Μιλτιάδου καὶ Θεμιστοκλέους καθήψατο καὶ Κίμωνος καὶ Περικλέους, οὐ πρὸς τὸ βέλτιστιν φάσκων προστῆναι τῆς πόλεως, ἔστι μὲν οὖν ἴσως οὐδὲν κατεπεῖγον περὶ τούτων νῦν διαφέρεσθαι. Οὗτοι μὲν γάρ, εἰ δίκαια Πλάτων αὐτῶν κατηγόρηκε, δικαίως ἂν φαῦλοι νομίζοιντο · ῥητορικὴ δέ, εἰ καὶ πάντων μοχθηροτάτους τούτους θείημεν, οὐδὲν μᾶλλον ἐλέγχεται. Συγχωρούντων μὲν οὖν ἡμῶν, ὅ γε ὑπὲρ ῥητορικῆς οὐκ ἀπόλωλε λόγος. Εἰ δὲ δὴ καὶ περὶ τούτων ἐλέγχοιτο, οὐ παντάπασιν εὐγνωμόνως τῷ λόγῳ κεχρημένος, πανταχῇ δειχθήσεται φιλονεικῶν. Τοῦτ' ἐστὶ προύργου τὸ καὶ περὶ τούτων εἰπεῖν.
Αὐτοὶ παράδειγμα τοῖς ἄλλοις γινόμενοι τοῦ πῶς δεῖ καρτερεῖν, ἐν αὐτοῖς τοῖς δεινοῖς καὶ ταῖς ἀκμαῖς τῶν κινδύνων τὴν ἡμετέραν αὐτῶν, εἰ συγχωρεῖς εἰπεῖν, ἀρετὴν ἐπιδεικνύμενοι. Τί οὖν ἡμῖν προφέρεις κολακείαν

13 ἀλλήλοις ἐναντία Photius : ἐναντία ἀλλήλοις Ar. ‖ **16-17** εὑρέθη δὲ — δικαίων AM : *exp.* M³ *non habet* Ar. ‖ **18-19** ὁ μὲν — οὗτος M³Ar. ‖ **19-20** ὁ μὲν — ῥητόρων M³ ‖ **26** οὖν *add.* Photius ‖ ἴσως οὐδὲν AM : οὐδὲν ἴσως M³ *v. l.* Ar. ‖ **28** νομίζοιντο M²Ar. : νομίζονται AM ‖ **29** πάντων μοχθηροτάτους AMAr. : πάνυ τῶν μοχθηροτάτων M³ *v. l.* ‖ **31** ἀπόλωλε λόγος MAr. : ἀπολωλεγὸς A ‖ **38** προφέρεις MAr. : προσφέρεις A.

nous reprocher flatterie et servilité et, quand tu as admis que ceux qui, dans la vie privée, refusent de donner les aliments sont vraiment des gens de rien, pourquoi [418 b] nous refuses-tu une belle reconnaissance pour le salut et pour l'entretien de tous les Hellènes dont vous avez bénéficié, toi et les autres, afin de vivre dans la liberté? » S'ils parlaient ainsi, ces grands hommes, quelles tortueuses habiletés déploierait-il ou que dirait-il pour être en mesure de leur répondre en tout point? Tous, assurément, sont en mesure de faire cette réponse bien plus que Platon. Pourquoi? Parce qu'elle se trouve dans les écrits mêmes qu'il a adressés à l'entourage de Dion et dans les propos qu'il fait tenir à Dion mort comme s'il était vivant[1].

Et ce qu'il y a de plus étonnant, c'est qu'il emploie ces exemples pour convaincre la rhétorique de n'être que flatterie, comme si ces personnages étaient des orateurs et que, par ailleurs, il les tient quittes du grief de flatterie, car il ne dit pas qu'ils y ont recouru quand il parle de leurs épreuves. Là aussi, donc, il ment nécessairement d'un côté ou de l'autre. Si, en effet, l'art oratoire est une flatterie, ces gens-là furent nécessairement des flatteurs puisqu'ils sont des orateurs, comme il dit. Et s'il n'y a rien de commun entre eux et la flatterie, comment l'art oratoire est-il flatterie à cause d'eux et quel besoin avait-il de ces exemples? Je ne crois pas juste non plus que, passant en revue les résolutions qu'ont prises ces hommes, on mette en ligne de compte les revers qu'ils ont subis. Car ce n'est pas pour des projets manqués qu'ils ont été de mauvais dirigeants, c'est pour n'avoir pas pris les décisions les mieux faites pour assurer le succès. Dans le premier cas, on en vient

1. II, p. 106, 6-20.

καὶ διακονίαν καὶ τοὺς ἰδίᾳ τροφεῖα μὴ ἐκτίνοντας φαύλους ἂν εἶναι συμφήσας αὐτὸς ἡμῖν οὐ καλὴν χάριν [418 b] ἐκτίνεις τῆς κοινῆς τῶν Ἑλλήνων σωτηρίας καὶ τροφῆς, ἣν σύ τε καὶ οἱ ἄλλοι δι' ἡμᾶς ἐν ἐλευθερίᾳ τέτραφθε. Εἰ ταῦτα λέγοιεν οἱ ἄνδρες, ποίους λαβυρίνθους σοφίας ἀνελίττων ἢ τί λέγων τῶν πάντων οἷός τε γένοιτ' ἂν ἀντειπεῖν; Πᾶσι τοίνυν προτέροις ἐστὶ λόγος [πρὸς ταῦτα] ἢ Πλάτωνι. Διὰ τί; Διότι ἐν αὐτοῖς τούτοις ἃ πρὸς τοὺς Δίωνος ἔγραψεν ἑταίρους καὶ ἐν οἷς ὁ Δίων αὐτῷ τετελευτηκὼς ὑπόκειται λέγων ὡς ἔμπνους, ἔνεστι ταυτί.

Τὸ δὲ πάντων ἀτοπώτατον, ὅτι χρῆται μὲν τούτοις ἐν ἐλέγχῳ τοῦ κολακείαν εἶναι τὴν ῥητορικήν, ὡς δὴ τούτους ὄντας ῥήτορας, πάλιν δ' αὐτὸς αὐτοὺς ἀφίησι τῆς κολακείας, οὔκουν φησί γε αὐτοὺς ταύτῃ χρῆσθαι, ἐν οἷς περὶ ὧν ἔπαθον λέγει. Κἀν τούτοις οὖν ἀνάγκη θάτερα ἐψεῦσθαι. Εἰ μὲν γὰρ ἡ ῥητορικὴ κολακεία, πάντως δεῖ κόλακας τούτους εἶναι, ῥήτοράς γε ὄντας, ὥς φησιν. Εἰ δὲ οὐδὲν οὗτοι κολακείᾳ προσήκουσι, πῶς ῥητορικὴ κολακεία διὰ τούτους, ἢ τί τούτων ἔδει τῶν παραδειγμάτων; Ὤιμην δὲ οὐδὲ τοῦτο τῶν δικαίων εἶναι, τὰς προαιρέσεις τὰς ἐκείνων ἐξετάζοντας τὰς συμφορὰς αἷς ἐχρήσαντο ὑπολογίζεσθαι. Οὐ γὰρ εἰ μὴ κατὰ νοῦν ἀπήλλαξαν, φαῦλοι γεγόνασιν, ἀλλ' εἰ μὴ τὰ βέλτιστα ἐβουλεύσαντο τοῖς πράγμασιν. Ἐκεῖνο μὲν γάρ ἐστι

39 ἐκτίνοντας MAr. : ἐκτείνοντας A.

[418 b] **1** ἐκτίνεις MAr. : ἐκτείνοις A ‖ **2** ἐν AAr. : *om.* M ‖ τετράφθε MAr. : τετράφθαι A ‖ **5** πρὸς ταῦτα M^3Ar. ‖ **6** διότι AM : ὅτι M^xAr. ‖ ἐν AM^3Ar. : *om.* M ‖ **7** ἔγραψεν AM : γέγραφεν M^3Ar. ‖ ἑταίρους MAr. : ἑτέρους A ‖ **8** λέγων MAr. : λόγων A ‖ **11** αὐτοὺς ἀφίησι A^1MAr. : αὐτοῖς ἅ φησι A ‖ **13** λέγει MAr. : λέγειν A ‖ **14-15** πάντως δεῖ (δὴ A) — εἶναι Photius : πάντως κόλακας δεῖ τούτους εἶναι Ar. ‖ **16-17** προσήκουσι — κολακεία M : *om.* A προσήκουσι ποῦ ῥητορικὴ κολακείᾳ (κολακεία Ar.) προσήκει (*om.* Ar.) M^3 *v. l.* Ar. ‖ **17** τῶν AAr. : *om.* M ‖ **19** ἐξετάζοντας AAr. : ἐξετάζοντα M ‖ **22** ἐβουλεύσαντο AM : ἐβουλεύοντο M^3 *v. l.* Ar.

à accuser le hasard, dans l'autre, à critiquer leur jugement [1].

Je cherche à me représenter, quant à moi, comment admettre l'idée qu'Alcibiade et Critias ont été des familiers de Socrate, eux qui ont été l'objet de tant d'accusations [non seulement de la part des gens du commun mais aussi de la part de gens en vue, à telle enseigne qu'on imagine difficilement quelqu'un de plus funeste que Critias — il fut à la tête des Trente, les plus abjects de tous les Hellènes —] et qu'on refuse de voir en eux des preuves de ce que Socrate corrompait la jeunesse ; [l'on dit que leurs fautes n'ont rien à voir avec Socrate, lequel ne niait pas avoir des entretiens avec les jeunes]. Et si le peuple d'Athènes, dans les nombreuses et grandes tâches qu'il a assumées dans son propre intérêt et dans celui des Hellènes, a parfois pris des décisions bonnes, [et opportunes] s'il a parfois commis des fautes envers ses dirigeants, on estime qu'il faut les imputer aux dirigeants eux-mêmes [2].

C'est comme si quelqu'un mettait la divinité en cause [en vertu des mêmes raisonnements] en alléguant que sa providence devrait être assez efficace [419 a] pour extirper radicalement de l'humanité l'injustice et l'ingratitude [et empêcher tout homme de jamais commettre une faute en aucune occasion. En fait, s'il faut croire que les dieux exercent une providence, comment admettre, quand ceux qui leur sont soumis ne cessent de commettre des fautes, qu'ils sont injustement délaissés par certains dieux [3]?] Le cocher qui prend en main ses chevaux qui ruent les calme et les flatte [et, finalement, il les mène où il veut en toute sécurité et en toute facilité] ; alors que les dieux n'ont pas encore

1. II, p. 109, 1-15. — 2. II, p. 110, 27-111, 13.
3. II, p. 111, 18-112, 4 ; mais, si 418 b 38-419 a 2 reprend textuellement II, p. 111, 18-33, la suite (419 a 3-4) est un arrangement très libre de II, 111, 23-112, 4.

τῆς τύχης κατηγορεῖν, τοῦτο δὲ τὴν γνώμην ἐλέγχειν. Ἐνθυμοῦναι δὲ ἔγωγε πῶς ἀνέχεσθαι χρή, ὅταν Ἀλκιβιάδην μὲν καὶ Κριτίαν Σωκράτει συγγενομένους, οἳ τοσαύτας καὶ τηλικαύτας αἰτίας ἐσχήκασι [καὶ ὑπὸ τῶν πολλῶν καὶ ὑπὸ τῶν ἐπιεικῶν, ὥστε Κριτίου γε οὐδ' ἐπινοῆσαι ῥᾴδιον ἐξωλέστερον, ὃς ἐν τριάκοντα τοῖς πονηροτάτοις τῶν Ἑλλήνων πρῶτος ἦν], τοὺς μὲν οὔ φασι δεῖν ἐν τεκμηρίῳ ποιεῖσθαι ὅτι Σωκράτης τοὺς νεοὺς διέφθειρεν, [οὐδ' εἶναι τὰ ἐκείνων ἁμαρτήματα οὐδ' ὁτιοῦν πρὸς Σωκράτην τὸν οὐδὲ αὐτὸν ἔξαρνον ὄντα τὸ μὴ οὐ διαλέγεσθαι τοῖς νέοις]. Εἰ δ' Ἀθηναίων δῆμος ἐν πολλοῖς καὶ μεγάλοις οἷς καὶ ὑπὲρ αὐτοῦ καὶ ὑπὲρ τῶν Ἑλλήνων διεχείρισεν, ἔσθ' ἃ μὲν ὀρθῶς [καὶ προστηκόντως] ἐβουλεύσατο, ἔστι δὲ ἃ καὶ ἐξήμαρτεν εἰς τοὺς προεστηκότας, ταῦτ' ἀξιοῦσιν αὐτοῖς τοῖς προστάταις λογίζεσθαι. Ὥσπερ εἴ τις καὶ τοῦ θείου κατηγοροίη [τοῖς αὐτοῖς λόγοις] ὅτι χρῆν αὐτοῦ τὴν πρόνοιαν εἶναι τοιαύτην ὥστ' ἀδικίαν καὶ ἀγνωμοσύνην ἀνελεῖν παντάπασιν [419 a] ἐξ ἀνθρώπων [καὶ μηδὲν ἁμαρτάνειν μηδένας ἀνθρώπων μηδαμῇ. Νῦν δὲ πῶς, εἰ προνοιεῖν αὐτοὺς χρὴ νομίζειν, ὅταν μὴ παύωνται] πλημμελοῦντες [ὧν ἄρχουσι μὴ δικαίως] ὑπ' ἐνίων ἀμελεῖσθαι; Καὶ ὁ μὲν ἡνίοχος παραλαβὼν λακτίζοντας τοὺς ἵππους πραΰνει καὶ τιθασσεύει, [καὶ τελευτῶν ἐπ' αὐτῶν ἀσφαλῶς κατὰ πολλὴν ῥᾳστώνην εἶσιν ὅποι βούλεται]· οἱ θεοὶ δὲ οὔπω καὶ νῦν

23 τοῦτο MAr. : τούτῳ A ‖ **26-29** καὶ ὑπὸ — ἦν M³Ar. ‖ **29** τοὺς Photius : τούτους Ar. ‖ **30** ὅτι AM³Ar. : ὅτι ὁ M ‖ **31-33** οὐδ' — νέοις M³Ar. ‖ **34** οἷς καὶ MAr. : οἷς A ‖ αὐτοῦ MAr. : αὑτοῦ A ‖ **35** καὶ προσηκόντως M³ *s. v.* Ar. ‖ **38** ὥσπερ AM : ὥσπερ ἂν M³Ar. ‖ τοῦ θείου AM : θεοῦ M³ θεῶν Ar. ‖ τοῖς αὐτοῖς λόγοις M³Ar. ‖ **39** αὐτοῦ Photius : αὐτῶν Ar.

[419 a] **1-2** καὶ — νομίζειν M³Ar. ‖ **3-4** ὅταν — ἀμελεῖσθαι M³Ar. : οἱ δὲ οὐ παύονται πλημμελοῦντες διὸ μηδ' ἀδίκως αὐτὸ ὑπ' ἐκείνων ἀμελεῖσθαι A *et fortasse* M ‖ **5** παραλαβὼν MAr. : παραλαβὸν A ‖ **6-7** καὶ — βούλεται M³Ar. ‖ **7** οὔπω AAr. : οὐδέπω M.

à l'heure actuelle, depuis si longtemps, extirpé l'injustice de l'humanité, et cela alors qu'ils gouvernent de toute éternité, [constatant, en outre, que des gens commettent des fautes contre eux]. Mais certes, si personne de sensé ne peut dire une chose pareille sérieusement, excepté comme nous le faisons pour le moment afin de réfuter un raisonnement, comment Platon ne tombe-t-il pas tout à fait dans la calomnie? Car si ce que les dieux eux-mêmes n'ont jamais obtenu, ce qu'il ne pouvait pas demander à Athéna Poliade elle-même, il l'exige de Thémistocle et de Périclès, n'est-ce pas, je le lui demande, tomber dans la calomnie?

Mais, j'y pense, ils n'ont pu changer la nature du peuple ; et cette nature est telle que le peuple n'est jamais entièrement bon ni innocent ; quant à tout ce qu'ils auraient dû prévoir à leurs risques et périls, et en quoi [ils pouvaient] être les bienfaiteurs à la fois du peuple et de la noblesse, soit en usant de leur influence pour détourner toujours le peuple des situations les plus difficiles et pour réduire le plus possible les effets de ses défauts naturels, ces tâches-là, on ne saurait dire qu'on ne les trouve accomplies chez eux ; Platon lui-même, en plus de notre argumentation et de nos démonstrations, en apporte la preuve et il est pour nous, ici également, un témoin aussi empressé qu'auparavant, toujours au moment où on en a besoin [1].

Comment ne [serait-il] pas étrange pourtant d'embellir les œuvres de ceux dont on peut blâmer la conduite? Et ce que l'on considère comme des marques de vertu chez ceux qui se laissent persuader, comment ne pas estimer que ce sont d'abord des marques de la vertu de ceux qui les ont persuadés [2]?

1. II, p. 112, 14-113, 2.
2. II, p. 113, 17-20.

ἐξῃρήκασιν ἀδικίαν ἐξ ἀνθρώπων ἐκ τοσούτου, καὶ ταῦτα ἐκ τοῦ αἰῶνος παντὸς πολιτευσάμενοι, [καὶ προσέτι εἰς ἑαυτοὺς ἁμαρτάνοντας ὁρῶντες ἔστιν οὓς αὐτῶν]. Ἀλλὰ μὴν εἰ ταῦτα οὐδ' ἂν εἷς ὑγιαίνων εἴποι σπουδῇ, πλὴν ὡς ἡμεῖς μὲν νῦν εἰς ἔλεγχον λόγου, πῶς οὐ κομιδῇ Πλάτων συκοφαντεῖ; Εἰ γὰρ ἃ μηδ' οἱ θεοὶ πώποτε πεποιήκασι, μηδὲ παρ' αὐτῆς τῆς Ἀθηνᾶς τῆς πολιάδος εἶχεν ἀπαιτῆσαι, ταῦτα παρὰ Θεμιστοκλέους καὶ Περικλέους ἀπαιτεῖ, αὐτὸν ἐρωτῶ πῶς οὐ συκοφαντεῖ;

Ἀλλ' οἶμαι τὴν μὲν τοῦ δήμου φύσιν οὐκ ἠδυνήθησαν μεταποιῆσαι· ἔστι δ' αὕτη μηδέποτε γενέσθαι πάντα χρηστὸν μηδ' ἀναμάρτητον· ὅσα δὲ κινδυνεύοντας ἔδει προνοήσασθαι, ἐν οἷς ἅμα καὶ τῶν πολλῶν καὶ τῶν ἐπιεικῶν [ἦν] εὐεργέτας εἶναι, ἢ κατ' ἐξουσίαν πράττοντας ἀπάγειν ἀπὸ τῶν δυσχερεστάτων ἀεὶ καὶ εἰς ἐλάχιστον τρέπειν τὰ τῆς φύσεως ἁμαρτήματα, ταῦτα οὐκ ἔστιν ὅπως οὐ παρὰ τούτοις ὄντα φανήσεται, καὶ ταῦτα πρὸς τῷ λόγῳ τῷ παρ' ἡμῶν καὶ ταῖς ἀποδείξεσι Πλάτων αὐτὸς ἐπισφραγίζεται, καὶ ἔστιν ἡμῖν κἀνταῦθα μάρτυς ὑπὸ τῆς αὐτῆς δεξιότητος, ἧσπερ κἀν τοῖς ἄνω κατὰ τὴν χρείαν ἀεί.

Καίτοι πῶς οὐκ ἄτοπον [ἦν] τὰ ἔργα κοσμεῖν ὧν τὴν πολιτείαν φαυλίζειν ἔστι· καὶ ἃ τῆς τῶν πεισθέντων ἀρετῆς τίθεταί τις δείγματα, ταῦτα μὴ τῆς τῶν πεισάντων πρῶτον ἡγεῖσθαι;

Ἔγκειται μὲν

8 ἀδικίαν ἐξ ἀνθρώπων AM : ἐξ ἀνθρώπων ἀδικίαν M^{3} *v. l.* Ar. ‖ **9** τοῦ αἰῶνος παντὸς AM : παντὸς τοῦ αἰῶνος M^{3} *v. l.* Ar. ‖ πολιτευσάμενοι A : πολιτευόμενοι MAr. ‖ **9-10** καὶ — αὐτῶν M^{3}Ar. ‖ **11** εἰ AM : ὅτε M^{3}Ar. ‖ **12** μὲν A : *om.* M *non habet* Ar. ‖ **15** καὶ Περικλέους MAr. : *om.* A ‖ **16** ἐρωτῶ MAr. : ἐρωτῶν A ‖ **17** μεταποιῆσαι AM : μεταποιῆσαι οὐδ' ἀφανίσαι M^{3}Ar. ‖ **20** ἦν M^{3}Ar. ‖ **22** εἰς AM : ὡς M^{3} *v. l.* Ar. ‖ τὰ A^{1}MAr. : τὰς A ‖ **25** ἡμῶν MAr. : ἡμῖν A ‖ **27** ἧσπερ M^{2}Ar. : οἷσπερ A ‖ **28** ἦν M^{3}Ar. ‖ τὰ ἔργα κοσμεῖν ὧν AM : τὰ ἔργα κοσμεῖν τούτων M^{3} ὧν τὰ ἔργα κοσμεῖ τούτων Ar. ‖ **29** τὴν AMAr. : τὴν δὲ M^{3} ‖ ἔστι AM : *del.* M^{x} *non habet* Ar. ‖ **30** τις AM : *del.* M^{x} *non habet* Ar. ‖ **31** πρῶτον AM : πρῶτον ὑπάρχειν M^{3}Ar.

Tout cela est, [en effet, peut-être], mêlé à la légende [sans mauvaise raison], et non pas sans intention, à mon avis, [ni à la légère] ni au hasard, mais dissimulé le mieux possible afin de ne point paraître avoir été négligé par l'auteur [mais par elle] au cas où quelqu'un découvrirait et utiliserait l'argument. Platon, ainsi, a trouvé un moyen terme, mettant tout à la fin de son discours ce qui, placé au début, ne lui aurait pas permis, je pense, d'utiliser ce qui vient ensuite[1].

[419 b] Il ne s'agissait pas, en effet, d'examiner s'il est facile ou non d'être un véritable orateur, puisque nous aussi, si on veut, nous en témoignons ; et aurions-nous la voix de Stentor que nous clamerions encore que ce n'est pas facile, même si le Nil, mon bon ami, prenait voix par ses sept bouches comme le Scamandre chez Homère. Mais est-ce possible ou non et est-il naturel que cela se produise, telle était la question[2].

Il n'apparaîtra pas simplement, comme nous nous contentons [de le montrer] à présent, être parti en des discours où il se contredit lui-même. Non. Les raisons pour lesquelles il attaque les autres lui interdisent de louer Aristide ainsi qu'il l'a fait ; ou bien, s'il a raison de louer Aristide, cela même suffit à l'empêcher d'accuser les autres. Pourquoi ? Parce que, je pense, il voit une preuve de ce qu'ils ont mal dirigé les Athéniens dans le fait qu'ils ont souffert eux-mêmes des Athéniens, comme si ceux qu'ils avaient rendus meilleurs n'eussent pas dû commettre de fautes contre ceux qui leur avaient appris à n'en pas commettre même contre les autres.

Ayant ainsi posé ces principes et introduit à cet en-

1. II, p. 116, 9-15.
2. II, p. 117, 7-14.

[γάρ που] ταῦτα μεταξὺ τοῦ μύθου [χωρίς τινος προφάσεως] οὐκ ἀσκέπτως ἐμοὶ δοκεῖν [οὐδὲ φαύλως] οὐδ' ὡς ἐξέπεσεν, ἀλλ' ὅπως συγκρυφθείη τε ὡς δυνατὸν μάλιστα, καὶ εἴ τις εὑρὼν χρῷτο, μηδ' αὐτὸς δοκῇ παρελθεῖν [ἀλλ' ἐκείνη] · οὕτω μέσην τινὰ εὗρε τάξιν, καὶ ἅμα πρὸς τῇ τελεύτῃ τοῦ λόγου τοῦ παντός, ἃ θεὶς ἐν ἀρχῇ, τοῖς ἐφεξῆς οὐκ ἔμελλεν ἕξειν οἶμαι χρῆσθαι.

[419 b] Οὐ γὰρ εἰ ῥᾴδιον ἢ μὴ τῷ ὄντι γενέσθαι ῥήτορα προὔκειτο σκοπεῖν, ἐπεὶ τοῦτό γε καὶ ἡμεῖς, εἰ βούλει, μαρτυροῦμεν, κἂν εἰ τὴν Στέντορος φωνὴν κτησαίμεθα, φθέγξαιμεθ' ἂν ὡς οὐ ῥᾴδιον, κἂν ὁ Νεῖλος, ὦ μακάριε, τοῖς ἑπτὰ στόμασιν εἰ λάβοι φωνήν, ὥσπερ ὁ Σκάμανδρος καθ' Ὅμηρον. Ἀλλ' εἰ δυνατὸν ἢ μή, καὶ φύσιν ἔστ' ἔχον συμβῆναι, τοῦτ' ἦν ἐκ τοῦ λόγου.

Φανήσεται δ' οὐχ ἁπλῶς, οὐδ' ὡς νῦν μόνον [δείκνυμεν] εἰς τοὺς ἐναντίους ἐληλυθὼς αὐτὸς ἑαυτῷ, ἀλλὰ καὶ ἐξ ὧν ἐκείνους ᾐτιᾶται Ἀριστείδην ὃν ἐπῄνεσεν ἐπαινεῖν οὐκ ἔχων, ἢ εἴπερ ὀρθῶς ἐπαινεῖ τοῦτον, διὰ τὸ αὐτὸ τοῦτο οὐδ' ἐκείνους ἔχων αἰτιάσασθαι. Πῶς; Ὅτι σύμβολον οἶμαι ποιεῖ τοῦ κακῶς Ἀθηναίων ἐκείνους προστῆναι τὸ παθεῖν αὐτοὺς ὑπ' Ἀθηναίων κακῶς, ὡς οὐκ ἂν τούς [γε] βελτίους ὑπ' αὐτῶν γενομένους ἁμαρτόντας εἰς τούτους, ὑφ' ὧν μηδ' εἰς τοὺς ἄλλους ἁμαρτάνειν ἐπαιδεύθησαν.

Ταῦτα δὲ οὕτω θείς,

32 γάρ που M^3Ar. || χωρίς — προφάσεως M^3 : *secl. edd. non habet* Ar. || **33** οὐδὲ φαύλως M^3Ar. *secl.* Hoeschel || **35** δοκῇ M^2 : δοκεῖ AM δοκοῖ Ar. || **36** ἀλλ' ἐκείνη M^3Ar. || εὗρε τάξιν Photius : τάξιν εὗρε Ar.

[419 b] **1** οὐ γὰρ εἰ M^3Ar. : ἡμῖν δ' οὐ AM || **2** καὶ AM^3 *s. v.* Ar. : *om.* M || **8** δ' AM : γὰρ M^xAr. || δείκνυμεν M^3Ar. || **9** ἐναντίους Photius : ἐναντίους λόγους Ar. || **10** Ἀριστείδην AM : τοῦτον M^3 *v. l.* Ar. || ἐπήνεσεν AM : *exp.* M^3 *non habet* Ar. || **12** διὰ τὸ αὐτὸ Photius : δι' αὐτὸ Ar. || οὐδ' AM^3Ar. : οὐδὲν M || **13** σύμβολον MAr. : σύμβουλον A || ποιεῖ AM : ποιεῖται M^3Ar. || **15** γε M^3Ar. || **16** ἁμαρτόντας AAr. : ἁμαρτῶντας M.

droit l'image des cochers et d'autres du même genre, non seulement il n'a dit aucun mal d'Aristide, mais il lui a nettement donné une place de choix parmi les autres. Pourtant, si être mal traité par les Athéniens prouvait qu'on ne les avait pas bien dirigés, Aristide, lui non plus, ne les a pas bien dirigés ; en effet, lui non plus assurément ne leur a pas échappé sans dommage : il a été banni. Et j'ajouterai que, dans son cas, ce n'est pas après un jugement malheureux, comme Miltiade et Périclès, et non pas du fait de gens auxquels il s'était heurté pour la défense du peuple, mais à la suite d'une mesure d'ostracisme prise par le peuple lui-même [1].

Un pilote, ou n'importe qui, peut savoir qu'un pilote est quelqu'un qui a sauvé d'un seul coup un très grand nombre de personnes, [plus] d'un millier, tandis que le le nombre de gens que sauve l'orateur n'est pas à la mesure d'un bateau égyptien ou d'une flotte ; mais ce qui tombe sous le pouvoir de la rhétorique et dans son domaine, ce sont des ports [mêmes], des cités, et non pas seulement des cités de dix mille habitants au lieu de navires pouvant porter dix mille amphores, mais des cités dont la population ne se laisse pas dénombrer. Le pilote, dès qu'il a abordé, n'a plus que faire de son art tandis que nul domaine n'est interdit à l'orateur [2]. Mais pour qu'un discours ne succède pas à un autre, puisque nous voulons bien nous contenter de l'essentiel, je laisse pour l'instant la discussion sur ce sujet [3].

[420 a] La rhétorique s'étend à tous les domaines de la vertu : inventée par la sagesse, inventée pour la défense de la justice, elle est sauvegardée par la sagesse et

1. II, p. 119, 10-120, 25.
2. II, p. 123, 12-124, 8.
3. II, p. 125, 6-8.

καὶ ἡνιόχους καὶ τὰ τοιαῦτα ἐπεισαγαγὼν ἐνταυθοῖ, τόν [γε] Ἀριστείδην οὐ μόνον οὐδὲν φαῦλον εἴρηκεν, ἀλλὰ καὶ σαφῶς ἐξαίρετον τῶν ἄλλων πεποίηκε. Καίτοι εἰ τὸ παθεῖν κακῶς ὑπ' Ἀθηναίων ἦν τι δεῖγμα τοῦ μὴ καλῶς Ἀθηναίων προστῆναι, οὐδ' Ἀριστείδης προὔστη καλῶς· οὐδὲ γὰρ οὗτος ἀθῷος δήπου διέφυγεν, ἀλλ' ἐξέπεσε. Προσθήσω δὲ ὅτι οὗτός γε οὐδ' ἐν δικαστηρίῳ δυστυχήσας ὥσπερ Μιλτιάδης καὶ Περικλῆς, οὐδ' ὑπὸ τούτων οἷς προσέκρουσεν ὑπὲρ τῶν πολλῶν, ἀλλ' ἐξοστρακισθεὶς ὑπ' αὐτοῦ τοῦ δήμου.

Ἔστι δὲ καὶ κυβερνήτῃ καὶ παντὶ συνιδεῖν ὅτι κυβερνήτης μὲν ὅστις πλείστους ἀθρόως ἔσωσεν [ὑπὲρ] χιλίους, τὸ δὲ τοῦ ῥήτορος πλήρωμα ὃ σῴζει οὐ κατὰ ναῦν ἐστιν αἰγυπτίαν, οὐδέ γε ὅλως μετρεῖται στόλῳ, ἀλλὰ καὶ λιμένες [αὐτοὶ] καὶ πόλεις οὐ μυρίανδροι μόνον ἀντὶ τῶν μυριοφόρων, ἀλλὰ καὶ μετρῆσαι χαλεπαί, τῇ τῆς ῥητορικῆς ὑποπίπτουσι τύχῃ τε καὶ προστασίᾳ. Καὶ ὁ μέν [γε] κυβερνήτης κατάρας οὐκ ἔχει τί χρήσεται τῇ τέχνῃ· τοῦ δὲ ῥήτορος οὐδέν ἐστι χωρίον ἐξαίρετον. Ἀλλ' ἵνα μὴ λόγος ἡμῖν λόγον ἐκδέξηται, ἀγαπητὸν ὂν εἰ καὶ τοῖς ἐπικαίροις ἐξαρκέσαιμεν, ἐῶ τὸ νῦν εἶναι τὴν ὑπὲρ τούτου [420 a] διαφοράν.

Ὅτι ἡ ῥητορικὴ διὰ πάντων τῶν τῆς ἀρετῆς μορίων διήκει, φρονήσει μὲν εὑρεθεῖσα, εὑρεθεῖσα δὲ ὑπὲρ δικαιοσύνης, σωφροσύνῃ δὲ καὶ ἀνδρείᾳ

18 καὶ ἡνιόχους MAr. : *om.* A ‖ **19** γε M^{3}Ar. ‖ φαῦλον AM : φλαῦρον M^{3} *v. l.* Ar. ‖ **19-20** ἀλλὰ — πεποίηκε (πεποίηται M^{3}) AM^{3}Ar. : *om.* M ‖ **21** ἦν τι *add.* Photius ‖ **22** προστῆναι Photius : προστῆναί ἐστιν Ar. ‖ **29** ἀθρόως A : ἀθρόους MAr. ‖ ὑπὲρ M^{3}Ar. ‖ **31** αὐτοὶ M^{3}Ar. ‖ **34** γε M^{3}Ar. ‖ **35** οὐκ AM^{3}Ar. : οὐκέτι M ‖ τί AMAr. : *exp.* M^{3} ‖ **37** ἀγαπητὸν ὂν εἰ AM^{x}Ar. : *quid prius praeb.* M *non liquet* ‖ **38** τούτου AM^{3} *v. l.* Ar. : τούτων M.

[420 a] **1** ἡ AM : *exp.* M^{3} *non habet* Ar.

par le courage. Et cela peut se voir aussi dans les propos [que je vais tenir sur elle]. Pratiquer l'art oratoire est, en effet, [évidemment] découvrir ce dont on a besoin, l'agencer et l'exprimer de façon convenable avec élégance et vigueur. L'invention est, évidemment, du domaine de la réflexion [puisqu'il est impossible qu'un homme dépourvu de réflexion découvre quoi que ce soit d'utile] ; la sagesse concerne la mise en œuvre et l'harmonisation des éléments principaux avec ceux qui s'y rattachent ; [mais elle met la convenance à la place de la justice même]. Cela implique le genre et la quantité d'éléments qu'il faut se ménager pour chaque objet. Quant au courage, rien n'en requiert sur-le-champ autant que l'éloquence n'en réclame en partage, car l'humilité et la bassesse, rien autant que l'éloquence ne les rejette. [Soit [1]] [Celui qui avertit aboutit, celui qui accuse persuade [2].] Et certes, celui qui sait ce qu'il convient de dire sait ce qu'il convient de faire. Personne, en effet, ne saurait dire ce qu'il convient de faire s'il ignore ce qu'il convient de faire et il n'est personne qui, ignorant ce qu'il faut faire, serait capable de le dire [3].

Et autant la condition de celui qui commande est supérieure à celle de celui qui sert, autant dire ce qu'il faut l'emporte sur faire ce qu'il faut. Car celui qui parle se fait, selon moi, le conseiller d'un grand nombre de gens ; n'importe qui est l'égal de l'autre. De même que les architectes ont nécessairement le pas sur les charpentiers quoique leur domaine soit celui qui relève [aussi] de l'activité des charpentiers, ainsi ceux qui l'emportent dans les

1. II, p. 128, 5-19.
2. II, p. 129, 10-11.
3. II, p. 129, 19-130, 3.

φυλαττομένη. Τοῦτο δὲ καὶ κατὰ τούτους τοὺς λόγους [οὓς μέλλω εἰπεῖν αὐτῆς] ἰδεῖν ἔστιν. Ἔστι μὲν γὰρ [δήπου] ῥητορεύειν τὸ τὰ δέοντα εὑρεῖν καὶ τάξαι καὶ τὰ πρέποντα ἀποδοῦναι μετὰ κόσμου καὶ δυνάμεως. Φαίνεται δὲ ἡ μὲν εὕρεσις κατὰ τὴν φρόνησιν ἔχουσα, [εἴπερ ἀμήχανον φρονήσεως ἀπολειπόμενον τῶν χρησίμων εὑρεῖν ὁτιοῦν], ἡ δὲ σωφροσύνη κατὰ τὴν διαχείρισιν οὖσα καὶ τὴν τῶν ἡγουμένων τε καὶ εἰκότων συμφωνίαν· [ἀντὶ δ' αὐτῆς δικαιοσύνης τὸ πρέπον τιθεῖ]. Τοῦτο δέ ἐστιν ὁποῖα ἄττα ἢ ὁπόσα προσήκει ἑκάστῳ σῶσαι τῷ πράγματι. Ἀλλὰ μὴν ἀνδρείας ἐκ τοῦ εὐθέος οὐδ' οὕτω μετέχειν ὡς ὁ λόγος βούλεται· τὸ γὰρ ταπεινὸν καὶ ἀγεννὲς οὐδὲν οὕτως, ὡς ὁ λόγος, ἐξορίζει καὶ ὑπεφρονεῖ. [Εἶεν. Οὗτος ὁ νουθετῶν ἀνύτει, οὗτος ὁ κατηγορῶν πιστεύεται.]

Καὶ μὴν ὅστις γε ἃ προσῆκε λέγειν οἶδεν, οἶδεν ἃ πράττειν προσήκει. Οὐδεὶς γάρ ἐστιν ὅστις ἃ προσήκει πράττειν εἰπεῖν εἰδώς, ἃ προσήκει πράττειν ἀγνοεῖ, οὐδ' ὅστις ἀγνοῶν ἃ προσήκει πράττειν, εἰπεῖν ἔχει. Ὅσῳ δ' ἄρχειν βέλτιον ἢ διακονεῖν, τοσούτῳ λέγειν τὰ δέοντα βέλτιον ἢ πράττειν. Ὁ μὲν γάρ, οἶμαι, πολλοῖς σύμβουλος γίνεται, ὁ δὲ ἀνθ' ἑνὸς ἄλλου τινὸς γίνεται. Ὥσπερ οὖν τοὺς ἀρχιτέκτονας τῶν τεκτόνων ἀνάγκη προέχειν, ὄντας ὅμως περὶ ταὐτὰ ἃ [καὶ] τῆς τῶν τεκτόνων ἐστὶν ἐμπειρίας, οὕτω καὶ τοὺς

4-5 οὓς — αὐτῆς M^{3}Ar. ‖ **5** δήπου M^{3}Ar. ‖ **6** εὑρεῖν AM : ἐξευρεῖν M^{3}Ar. ‖ **8-10** εἴπερ — ὁτιοῦν M^{3}Ar. ‖ **12** ἀντὶ δ' αὐτῆς (αὖ τῆς Ar.) — τιθεῖ M^{3}Ar. ‖ **13** ὁποῖα MAr. : ποῖα A ‖ ἢ AM : καὶ M^{3}Ar. ‖ **13-14** προσήκει — πράγματι AM : ἑκάστῳ προσήκει τῷ πράγματι σῶσαι M^{3} *v. l.* Ar. ‖ **14-15** εὐθέος οὐδ' οὕτω M^{x} : εὐθέως A εὐθέος οὐδὲν οὕτω Ar. *quid prius praeb.* M *non liquet* ‖ **17-18** εἶεν — πιστεύεται (ἀνύτειν — πιστεύεσθαι Ar.) M^{3}Ar. ‖ **22** δ' ἄρχειν βέλτιον AM : γὰρ βέλτιον ἄρχειν M^{3} *v. l.* Ar. ‖ **23** τοσούτῳ MAr. : τοσούτων A ‖ **26** ὄντας MAr. : ὄντως A ‖ **27** καὶ M^{3} ‖ καὶ τοὺς Photius : τοὺς Ar.

assemblées et sur le terrain de l'éloquence, le poète les a situés sur un plan supérieur à ceux qui servent et il l'a dit en les proclamant, tout à fait à juste titre, « éminents »[1].

Faut-il aussi raconter une histoire? Je crains que quelque poète comique ne nous raille en disant que nous avons perdu un procès d'usurpation contre les vieilles femmes[2]; mais je vais dire une fable qui n'a pas sa fin en elle-même et qui, ici aussi, a pour elle la garantie des faits[3]. Prométhée avait donc façonné un à un pour tout le monde les organes des sens et les membres du corps [pour commencer]; Zeus n'avait pas ordonné à Hermès [420 b] de faire sa distribution comme pour le théorique afin que tous, les uns après les autres, eussent part à l'art oratoire comme ils avaient des mains, des yeux et des pieds, mais il lui avait ordonné de choisir les meilleurs, les plus nobles et ceux qui étaient naturellement les plus forts et de leur mettre ce don entre les mains pour leur donner la possibilité d'assurer à la fois leur propre sauvegarde et celle des autres. Quand la rhétorique fut ainsi arrivée du monde des dieux chez les hommes, ceux-ci purent s'évader du genre de vie pénible qu'ils partageaient avec les bêtes ; ils cessèrent d'être tous indéfiniment des ennemis les uns pour les autres et ils découvrirent un principe de vie en commun. Descendus ensuite des montagnes dans différentes parties du monde habité, ils se groupèrent d'abord en plein air, puis, grâce au triomphe du langage, ils se bâtirent une cité [et ils cessèrent de se répartir au hasard

1. II, p. 130, 21-131, 5.

2. Sans doute pour avoir usurpé leur place en se mettant à « raconter des histoires »?

3. II, p. 133, 18-22.

ἐν ταῖς ἀγοραῖς καὶ τοῖς λόγοις προέχοντας τῶν τούτοις ὑπηρετούντων βελτίους ὁ ποιητὴς ἔθηκε καὶ προσεῖπεν ἀριπρεπεῖς μάλα ὀρθῶς προσειπών.

Εἰ δὲ δεῖ καὶ μῦθον λέγειν, δέδοικα μὲν ἐγὼ μὴ καὶ ταῖς γραυσὶν ἡμᾶς ἐξούλης ὀφλεῖν ἐπισκώπτων φῇ τις ἀνὴρ κωμικός, ἐρῶ δὲ οὐ μῦθον ἄλλως αὐτὸν εἰς αὐτὸν τελευτῶντα, ἀλλὰ καὶ ἐνταῦθα ἡ παρὰ τῶν πραγμάτων πρόσεστι πίστις. Ὁ μὲν οὖν Προμηθεὺς καθ' ἕκαστον ἅπασι τάς τε αἰσθήσεις καὶ τὰ μέλη τοῦ σώματος πεπλακὼς ἦν [πρότερον]· τὸν δὲ Ἑρμῆν οὐχ οὕτως ἐκέλευσεν ὁ Ζεὺς ὥσπερ θεωρικοῦ διάδοσιν διε- [420 b] **λεῖν, ἵνα πάντες ῥητορικῆς ἐφεξῆς μετέχοιεν ὥσπερ ὀφθαλμῶν καὶ χειρῶν καὶ ποδῶν, ἀλλ' ἐπιλεξάμενον τοὺς ἀρίστους καὶ γενναιοτάτους καὶ τὰς φύσεις ἐρρωμενεστάτους, τούτοις ἐγχειρίσαι τὸ δῶρον ἵνα ὁμοῦ σφᾶς τε αὐτοὺς καὶ τοὺς ἄλλους σῴζειν ἔχοιεν. Ἀφικομένης δὲ ῥητορικῆς ἐκ θεῶν οὕτως εἰς ἀνθρώπους, ἠδυνήθησαν [μὲν] ἄνθρωποι τὴν μετὰ τῶν θηρίων δίαιταν χαλεπὴν ἐκφυγεῖν, ἐπαύσαντο δὲ ἐχθροὶ πάντες ὄντες ἀλλήλοις ἐν κύκλῳ, κοινωνίας δὲ εὗρον ἀρχήν. Καταβάντες δὲ ἐκ τῶν ὀρῶν ἄλλοι κατ' ἄλλα μέρη τῆς οἰκουμένης ἐπλησιάσαντό γε πρῶτον ὕπαιθροι, μετὰ δὲ τοῦτο ἤδη λόγου νικήσαντος πόλιν τε κατεσκευάσαντο [καὶ διεκρίθησαν, οὐχ ὥσπερ πρότερον, ὡς ἔτυχε],**

32 ἡμᾶς MAr. : *om.* A ‖ **33** αὐτὸν AAr. : ἑαυτὸν M ‖ **35** πρόσεστι AM : προσέσται M^{3}Ar. ‖ **36** ἅπασι AMAr. : ἐπ' ἴσης ἅπασι M^{3} ‖ **37** πεπλακὼς ἦν πρότερον M^{3} πεπλακὼς ἦν AM ἦν συμπεπλακὼς πρότερον Ar. ‖ **38** ὁ Ζεὺς AM : *exp.* M^{3} *non habet* Ar.

[420 b] **3** γενναιοτάτους AM^{3} *v. l.* Ar. : τελεωτάτους M ‖ τὰς φύσεις AM^{3} *v. l.* Ar. : τὴν φύσιν M ‖ **6** ἐκ θεῶν οὕτως εἰς ἀνθρώπους AM : ἐκ θεῶν εἰς ἀνθρώπους οὕτως M^{3} *v. l.* εἰς ἀνθρώπους οὕτως ἐκ θεῶν Ar. ‖ **7** μὲν M^{3}Ar. ‖ ἄνθρωποι Photius : οἱ ἄνθρωποι Ar. ‖ **9** κοινωνίας MAr. : κυκωνίας A ‖ **10** ὀρῶν M Ar. : ὅρων A ‖ **11** ἐπλησιάσαντό Photius : ἐπλησίασάν Ar. ‖ **13** καὶ — ἔτυχε M^{3}Ar.

comme ils le faisaient auparavant][1]; avec le temps, ils s'élevèrent petit à petit à leur organisation et à leur condition actuelles[2].

Arrêtons ici notre histoire dont le début n'est pas, je pense, sans valeur. Que ce ne soit pas du tout [là] une fable ou un rêve, mais le récit d'un homme éveillé et la relation même des faits, c'est évident d'après ces faits mêmes[3]. Si toutefois je pousse mon propos encore plus loin, ce pourrait n'être qu'un luxe de la démonstration et personne ne pourrait sans doute y trouver l'idée ni l'espoir de réfutations plus valides. Car, comme nous l'avons souvent montré, ce n'est pas seulement auparavant, mais aussi dans ces propos-ci eux-mêmes, que Platon en personne reconnaît expressément, par son étonnant ouvrage, qu'il appartient [à la rhétorique] de réaliser ce qu'il y a de mieux[4].

Tous les autres domaines, pour parler de la façon la plus générale, ont ou bien du charme ou bien de l'utilité ; seul l'art oratoire possède l'un et l'autre à part entière et, en plus de l'utilité, possède la grâce à un degré étonnant si bien que, quand les hommes en viennent à se faire la guerre, ils accueillent et renvoient les ambassadeurs qui viennent de chez ceux qui veulent les massacrer parce qu'ils ont de la considération pour les orateurs, qu'ils placent très haut l'essence de l'éloquence et qu'ils la respectent, considérant qu'elle est intervenue dès les origines pour la sauvegarde et le bien commun de l'humanité[5].

Quelqu'un, à propos de Platon, nous objectera peut-être que [la rhétorique] dont il dit du mal n'est pas celle pour la défense de laquelle nous parlons à présent, mais qu'il existe deux arts oratoires et qu'il n'attaque que l'un des deux. Mais d'abord, ce que nous avons dit ne s'en

1. II, p. 135, 5-20.
2. La phrase de Photius 419 b 14-15 καὶ εἰς τὸ νῦν — ἀνήχθησαν condense fortement II, p. 135, 20-136, 5.
3. II, p. 136, 9-13.
4. II, p. 141, 11-17.
5. II, p. 142, 21-143, 6.

καὶ εἰς τὸ νῦν σχῆμα καὶ ἀξίωμα χρόνῳ τε καὶ κατὰ μικρὸν ἀνήχθησαν.

Καὶ ὁ μῦθος μὲν ἡμῖν ταύτην ἐχέτω τὴν τελευτήν, οἶμαι, κεφαλὴν οὐδὲ ἄτιμον εἰληφώς. Ὅτι δὲ οὐκ ἄλλως μῦθος [ταῦτα] οὐδ' ὄναρ, ἀλλ' ὕπαρ καὶ ὁ τῶν πραγμάτων αὐτῶν ἐστι λόγος, δῆλον ἐξ αὐτῶν. Ἐὰν τοίνυν ἔτι τούτων ἐγγυτέρω προσαγάγω τὸν λόγον, ἦ που τρυφή τις ἂν εἴη τῆς ἀποδείξεως, καὶ οὔτε ἔννοιαν οὔτε ἐλπίδ' ἐλέγχων ἰσχυροτέρων οὐδ' ἂν εἷς ἔτι δή που λάβοι. Οὐ γὰρ μόνον αὐτὸς Πλάτων, ὡς πολλάκις ἐδείξαμεν πρότερον, ἀλλὰ καὶ ἐν αὐτοῖς τούτοις τοῖς λόγοις τῷ παραδόξῳ δὴ συγγράμματι διαρρήδην ὁμολογεῖ [τῇ ῥητορικῇ] τὰ κάλλιστα εἶναι πράττειν.

Τὰ μὲν οὖν ἄλλα ἢ ψυχαγωγίαν ἢ χρείαν, ὡς ἐπὶ τὸ πλεῖστον εἰπεῖν, ἔχει, μόνον δὲ τὸ τῆς ῥητορικῆς μάλιστά γε ἄμφω πληροῖ, καὶ μετὰ τῶν ὠφελειῶν τὴν χάριν θαυμαστὴν ἔχει, ὥστε καὶ ὅταν εἰς πολέμους ἀλλήλοις ἔλθωσιν ἄνθρωποι, τοὺς παρὰ τῶν αὐτοχείρων πρέσβεις ἀφικνουμένους δέχονται καὶ ἀποπέμπουσιν, ἐνθυμούμενοι τὸ τῶν ῥητόρων φῦλον, ὑπεξαιρούμενοι τὴν τοῦ λόγου φύσιν, αἰδούμενοι ὅτι ἐξ ἀρχῆς ἐπὶ σωτηρίᾳ καὶ κοινῇ χρείᾳ τοῦ γένους εἰσῆλθεν.

Εἰ δέ τις ἡμῖν περὶ Πλάτωνος ὑπολάβοι ὅτι οὐ ταύτην κακῶς εἴρηκε [τὴν ῥητορικὴν] ὑπὲρ ἧς νῦν ἡμεῖς τοὺς λόγους ποιούμεθα, ἀλλὰ δύο οὐσῶν τὴν ἑτέραν κακίζει, πρῶτον μὲν οὐδὲν μᾶλλον τά γε ἡμῖν εἰρημένα φαύλως ἔχοντα ἐλέγχονται,

14-15 καὶ εἰς — ἀνήχθησαν (ἀνηνέχθηραν M) AM : *exp.* M[3] || **15** ὁ μῦθος μὲν AM : ὁ μὲν μῦθος M[3] *v. l.* Ar. || **16** οὐδὲ AM : οὐδὲν M[3]Ar. || **17** ταῦτα M[3]Ar. || **19** προσαγάγω MAr. : προσαγαγὼν A || **20** ἦ MAr : ἢ A || **21** ἐλέγχων — ἂν MAr. : *om.* A || **22-23** ὡς — πρότερον AM : *exp.* M[3] *non habet* Ar. || **25** ὁμολογεῖ A[1]MAr. : ὁμολογῇ A || τῇ ῥητορικῇ M[3]Ar. || **26** οὖν *add.* Photius || τὸ *add.* Photius || **31** ἀφικνουμένους MAr. : ἀμφικνουμένους A || **35-36** τὴν ῥητορικὴν M[3]Ar. || **38** ἡμῖν M[2]Ar. : ἡμῶν AM.

[421 a] trouve pas davantage réfuté, [mais l'excuse témoigne par elle-même que tout cela a été avancé bien à propos]; car, tout comme Platon blâme à juste titre la mauvaise rhétorique, qu'est-ce qui nous empêche, nous, quand nous louons celle qui lui est opposée, de bien agir? En outre, cette excuse ne ruine pas nos arguments ; mais, même dans ce cas, il serait assez évident que Platon s'est contredit si, alors qu'il estime qu'il y a deux arts oratoires, il a lancé son accusation comme s'il n'y en avait qu'un seul et unique. Car il est clair que, si cela est vrai, il se devait de critiquer l'un et de louer l'autre en faisant une distinction entre eux, ainsi qu'on voit qu'il l'a fait dans ses propos sur l'amour, où il a jugé l'amour bon digne d'éloges bien plus grands que les blâmes dont il a jugé l'autre passible [1].

Le [même] raisonnement est aussi valide également pour toute philosophie et pour le domaine de la vertu ; on pourrait, si l'on voulait, faire une distinction et proclamer d'abord qu'il y a deux philosophies, l'une grâce à laquelle nous comprenons les notions les meilleures, l'autre par laquelle on fait le mal ; on pourrait ensuite proclamer qu'il y a une sagesse double, l'une qui vaut d'être recherchée et qui est celle de l'homme libre, l'autre qui est celle des gens paresseux et de basse condition ; et on pourrait dire de même qu'il y a une justice double et un courage double [2] dont l'un est réfléchi et raisonné et dont l'autre n'est qu'irréflexion et folie furieuse. Mais, à mon avis, toutes ces propositions sont le fait des gens qui confondent les noms ; [il existe une distinction entre sagesse et malice, entre modération et mollesse, entre justice et naïveté, entre courage et témérité ; dans chacune de ces paires, il ne s'agit ni d'un bien inaccessible ni d'un bien convenable]. Il y a, en effet, grande

1. II, p. 150, 3-18.

2. Je conserve le texte de AM qui offre un sens satisfaisant et que M³ a remplacé par le texte du manuscrit d'Aristide qu'il lisait.

[421 a] [ἀλλὰ κατ' αὐτὸ τοῦτο καλῶς καὶ προσηκόντως ἅπαντα ταῦτα ἡνύσθαι μαρτυρεῖ] · ὥσπερ γὰρ ἐκεῖνος τὴν φαύλην δικαίως ψέγει, τί κωλύει τήν γε ἐναντίαν ἡμᾶς ἐπαινοῦντας ὀρθῶς ποιεῖν; Ἔπειτα οὐκ ἀναιρεῖ τοὺς παρ' ἡμῶν ἐλέγχους ἡ παραίτησις αὕτη, ἀλλὰ καὶ οὕτως ἐναντία φαίνοιτ' ἂν εἰρηκὼς αὐτὸς ἑαυτῷ εἰ διττὴν εἶναι τὴν ῥητορικὴν ἀξιῶν εἶθ' ὡς μιᾶς καὶ ἁπλῆς τινος οὔσης τὴν κατηγορίαν πεποίηται. Δῆλον γὰρ ὅτι εἰ τοῦτ' ἐστὶν ἀληθές, τὴν μὲν φαυλίζειν τὴν δ' ἐπαινεῖν προσῆκεν αὐτῷ διελομένῳ, ὥσπερ ἐν τοῖς περὶ ἔρωτος λόγοις φαίνεται πεποιηκώς, καὶ πολύ γε μειζόνων εὐφημιῶν τὸν χρηστὸν ἠξιωκὼς ἢ οἵων τὸν ἕτερον βλασφημιῶν.

Ὁ δ' οὖν [αὐτὸς] λόγος καὶ περὶ πάσης φιλοσοφίας καὶ περί γε τῶν τῆς ἀρετῆς, εἴ τις βούλοιτο διαιρούμενος πρῶτον μὲν σοφίας δύο προσαγορεύειν, τὴν μὲν ᾗ τὰ βέλτιστα συνίεμεν, τὴν δὲ ἑτέραν ᾗ κακουργοῦσιν, ἔπειτα σωφροσύνην διπλῆν, τὴν μὲν σπουδῆς ἀξίαν καὶ πολιτικήν, τὴν δὲ νωθράν τε καὶ ὑπτίαν, καὶ δικαιοσύνην διπλῆν καὶ ἀνδρείαν ὁμοίως, τὴν μὲν σὺν νῷ καὶ φρεσί, τὴν δὲ ἀπόνοιαν καὶ μανίαν οὖσαν. Ἀλλ', οἶμαι, πάντα ταῦτα τῶν φυρόντων ἐστὶ τὰ ὀνόματα, [καὶ διῄρηται σοφία καὶ κακουργία, σωφροσύνη καὶ βλακεία, δικαιοσύνη τε καὶ εὐήθεια, ἀνδρεία καὶ θρασύτης · οὐδέτερον δέ γε οὔτε καλὸν χαλεπὸν οὔτε προσῆκον]. Πολλῷ γὰρ ταῦτα ἀπ' ἀλλήλων διῄρηται,

[421 a] **1-2** ἀλλὰ — μαρτυρεῖ M³Ar. ‖ **6** εἰ AM²Ar. : ἢ M ‖ **8** οὔσης AMAr. : *exp.* M³ ‖ **9-10** προσῆκεν αὐτῷ AM : αὐτῷ προσῆκεν M³ *v. l.* Ar. ‖ **10** λόγοις MAr. : *om.* A ‖ **11** πολύ MAr. : πολλοί A ‖ **13** αὐτὸς M³Ar. ‖ **16** συνίεμεν AM³Ar. : σύνισμεν M ‖ **18** νωθρὰν — ὑπτίαν M³ *v. l.* : νωθρῶν — ὑπτίων AMAr. ‖ καὶ AM : ἔτι δ' αὖ M³Ar. ‖ **19** διπλῆν — ὁμοίως AM : ὀρθὴν καὶ ἑτέραν ταπεινήν, καὶ διπλῆν ἀνδρείαν M³Ar. ‖ **21** πάντα ταῦτα AAr. : ταῦτα πάντα M ‖ **22-25** καὶ διῄρηται — προσῆκον M³Ar.

distance entre ces notions et il ne faut ni farder les vices en utilisant les noms des vertus, ni rabaisser les vertus en leur accolant à chacune le nom d'un vice[1].

Surtout si Platon pensait ainsi, ce que de mon côté je ne conteste pas, et s'il a fait une exception pour la rhétorique pure et vraie, il est juste qu'on ne se laisse pas égarer, que le commun des gens n'ignore pas cette façon [même] de voir et qu'ils n'aillent pas, d'une sorte de suffrage pur et simple, trancher plus vite qu'il ne le faut sur [les] sujets de cette importance[2]. Car c'est de toutes parts et à travers tout que nous tombent les suffrages. Et Platon lui-même, le premier à voter, vote encore [dit-on,] au milieu de la série et à la fin. Et je risque, en ayant l'air de contredire Platon, d'abonder plutôt dans son sens. Et s'il est aussi permis de plaisanter un peu, j'ai [421 b] l'air, à la manière des auteurs comiques, de l'attirer, lui qui s'enfuit, du côté des orateurs parce qu'il se vante de ce qu'il a appris[3].

D'Aristide, tiré du discours intitulé :
« Troisième discours platonicien, à Capiton »[4].
L'exorde.

Nous t'aimons davantage à présent que tu t'attaches avec tant d'ardeur à Platon dont je pourrais dire, en parlant comme Homère, que [j'en fais autant de cas] « quo de moi-même »[5]. Car si tous les autres sont peu de chose quand on les compare à lui, néanmoins chacun est pour soi-même dit-on, ce qu'il y a de plus précieux. Dès lors, que dire ? Je ne sais, en effet, si tu me crois, mais je dirai la vérité.

1. II, p. 151, 10-152, 1.
2. II, p. 153, 1-6.
3. II, p. 154, 17-22.
4. Discours XLVII de Dindorf ; t. II, p. 415-436.
5. *Iliade*, XVIII, 83.

καὶ οὐ δεῖ κακίας ὑποκορίζεσθαι τοῖς τῆς ἀρετῆς ὀνόμασιν οὐδὲ τὰς ἀρετὰς φαυλίζειν τὰ τῆς κακίας ἑκάστῃ παρατίθεντας.

Εἰ δ' ὅτι μάλιστα οὕτω Πλάτων διενοεῖτο, ὥσπερ ἔγωγε οὐκ ἀντιλέγω, ἀλλ' ὑπεξῄρηται τὴν καθαρὰν καὶ τῷ ὄντι ῥητορικήν, ἄξιον μὴ παρακρουσθῆναι, μηδ' ἀγνοῆσαι τοῦτο [αὐτὸ] τοὺς πολλούς, μήδ' ὡς ψήφῳ καθαρᾷ προσέχοντας θᾶττον ἢ συμφέρει βουλεύσασθαι περὶ [τῶν] τηλικούτων. Πανταχῇ δὴ καὶ διὰ πάντων ἐκπίπτουσιν ἡμῖν αἱ ψῆφοι. Πρῶτος δὲ Πλάτων αὐτὸς ψηφίζεται καὶ μέσος [φασὶ] καὶ τελευταῖος. Καὶ κινδυνεύω δοκῶν ἀντιλέγειν Πλάτωνι παντὸς μᾶλλον συναγορεύειν. Εἰ δὲ δεῖ τι καὶ παῖξαι, δοκῶ [421 b] μοι κατὰ τοὺς κωμῳδοποιοὺς ὥσπερ ἀποδιδράσκοντα αὐτὸν ἕλξειν εἰς τοὺς ῥήτορας, ὅτι μαθὼν καλλωπίζεται.

Ἀριστείδου ἐκ τοῦ ἐπιγραφομένου λόγου
Πλατωνικὸς τρίτος πρὸς Καπίτωνα
τὸ προοίμιον.

Νῦν σε καὶ μᾶλλον φιλοῦμεν, οὕτως ἐρωτικῶς τοῦ Πλάτωνος ἔχοντα, ὃν ἐγὼ φαίην [ἂν τιμῶν] καθ' Ὅμηρον ἶσον ἐμῇ κεφαλῇ. Εἰ γὰρ [τοι] καὶ πάντες φαῦλοι πρὸς ἐκεῖνον, ἀλλ' ἕκαστος τιμιώτατος αὐτὸς ἑαυτῷ, φασί. Καίτοι, τί λέγω; Οὐκ οἶδα μὲν γὰρ εἰ πιστεύεις, ἀλη-

26 καὶ AM : *exp.* M³ *non habet* Ar. ‖ δεῖ AM : τε M³ *v. l.* ‖ ὑποκορίζεσθαι AMAr. : τῷ σεμνολογεῖν ὑποκορίζεσθαι M³ ‖ τοῖς — ὀνόμασι AM : τῷ-ὀνόματι M³ *v. l.* Ar. ‖ **27** οὐδὲ AM : οὔτε MˣAr. ‖ **28** παρατίθεντας AM : παρατίθεντα M²Ar. ‖ δ' AM : γὰρ M³Ar. ‖ Πλάτων *add.* Photius ‖ **30** μὴ M³Ar. : μὲν A *om.* M ‖ **31** αὐτὸ M³Ar. ‖ **33** τῶν M³Ar. ‖ δὴ A : δὲ MAr. ‖ **34** διὰ πάντων MAr. : ἁπάντων A ‖ ἐκπίπτουσιν ἡμῖν AM : ἡμῖν ἐκπίπτουσιν M³ *v. l.* Ar. ‖ **35** φασὶ M³Ar. ‖ **36** Πλάτωνι M²Ar. : Πλάτωνα AM.

[421 b] **7** ἂν τιμῶν M³ : ἂν τιμᾶν Ar. ‖ **8** τοι M³Ar. ‖ **10** οἶδα μὲν MAr. : οἴδαμεν A.

Car si tu avais dit qu'il est loin de nous valoir tu m'aurais fait moins de plaisir qu'en montrant ta préférence pour lui, tant cet homme m'est cher et plus cher que des amis. [Il m'est arrivé aussi à l'égard de Démosthène quelque chose de semblable que je te dirai également.] Un membre du Sénat romain originaire d'une ancienne souche libyenne, nommé Maxime, homme de valeur s'il en fut —[ceux qui s'y connaissent disent qu'il est parmi les meilleurs orateurs romains] — s'appliquait avec un zèle extraordinaire à étudier les discours de Démosthène et je ne sais comment il fut attiré par ces miens discours[1].

Or, je venais d'achever le troisième discours contre Leptine, [que j'avais commencé dans les circonstances que voici]. J'avais, en effet, entre les mains le discours de Démosthène et, quand je fus arrivé aux chapitres interrompus par le moment où Leptine va prendre la parole, j'ai laissé Démosthène et je me suis livré à des considérations personnelles. Quand j'eus trouvé deux ou trois données utiles, j'en cherchai d'autres. Mes efforts aboutissaient toujours au même résultat. Je reconstituai ainsi le manteau à partir de la frange ou, si l'on veut, le lion à partir de la griffe[2]. Ce discours, j'entrepris de le montrer à Maxime et, [au moment où j'allais le lui montrer], je l'avertis [que ce que j'avais découvert contre Leptine, il le trouverait avec l'aide du discours contre Leptine]. « Est-ce que j'agis mal [envers toi]? » [dis-je]. Et lui, par Zeus, noblement et avec tout l'amour et l'admiration de tout amateur de discours : « Sais-tu, dit-il, que je m'en tiens

1. II, p. 415, 1-416, 1.

2. On retrouvera cette expression à peu près telle quelle introduite par Photius dans un texte tout différent de celui-ci, la *Vie de Métrophane et d'Alexandre* (« codex » 256), p. 471 b 6-7, *infra*, p. 220.

θές δ' ἐρῶ. Εἰ δὲ μὴ ἐγγὺς ἐκεῖνον ἔφησας ἡμῶν εἶναι, οὐκ ἂν οὕτω με ηὔφρανας, ὡς ὅτι προκατείληψαι δείξας · οὕτως ἐμοὶ φίλος ἀνὴρ καὶ φίλων ἐπέκεινα. [Συνέβη δέ μοι καὶ περὶ Δημοσθένην τοιοῦτον ἕτερον · φράσω δὲ καὶ πρός σε.] Ἀνὴρ τῶν ἐκ τῆς γερουσίας τῆς Ῥωμαίων, Λίβυς τὰ ἀρχαῖα, Μάξιμος τοὔνομα, ἄξιος ὅτου βούλει [(φασὶ δὲ οἱ ταῦτα δεινοὶ καὶ ῥήτορα αὐτὸν ἐν πρώτοις εἶναι Ῥωμαίων), οὗτος] τοῖς τε Δημοσθένους λόγοις προσέκειτο ὑπερφυῶς, καὶ οὐκ οἶδ' ὅντινα τρόπον καὶ τοῖς ἡμετέροις ἑάλω τούτοις.

Ἔτυχε δέ μοι λόγος τις πεποιημένος ἐκ τρίτων πρὸς Λεπτίνην [ἐξ ἀρχῆς τοιᾶσδε]. Εἶχον μὲν γὰρ ἐν χερσὶ τὸν τοῦ Δημοσθένους λόγον, καὶ ὡς ἐγενόμην ἐπὶ τῶν κεφαλαίων ἃ τοῦ Λεπτίνου μέλλοντος ἐρεῖν ὑποτέμνεται, ἀποστήσας ἐμαυτὸν τοῦ Δημοσθένους ὑπ' ἐμαυτοῦ τι συνεώρων. Ὡς δὲ εὗρον καὶ δύο καὶ τρία τῶν χρησίμων, ἐνταῦθα πάλιν αὖ ἐπ' ἄλλο τι ἐχώρουν. Καί μοι πειρωμένῳ τὸ αὐτὸ ἀεὶ συνέβαινε. Καὶ οὕτω δὴ ἀπὸ τοῦ κρασπέδου θοἰμάτιον, εἰ δὲ βούλει, τὸν λέοντα ἀπὸ τοῦ ὄνυχος ἀπειργασάμην. Τοῦτον αὐτῷ τὸν λόγον δεῖξαι ἐπεχείρησα · καὶ [μέλλων δείξειν], προεῖπον [ὅτι πρὸς Λεπτίνην ἐφευρημένα σὺν τῷ πρὸς Λεπτίνην ἐφευρήσει]. Ἆρα μὴ ἀδικῶ [σε; ἔφην ἐγώ]. Καὶ ὃς μὰ Δία εὐγενῶς τε καὶ ὡς ἂν πᾶς ἠράσθη τε καὶ ἠγάσθη ὅστις φιλόλογος, οἶσθα, ἔφη,

12 ηὔφρανας AM : εὔφρανας M^{3} || **13-15** συνέβη — σε M^{3}Ar. || **17-18** φασὶ — οὗτος M^{3}Ar. || **20** δέ AM : γάρ M^{3} *v. l.* Ar. || **21-22** ἐξ ἀρχῆς τοιᾶσδε M^{3}Ar. || **22** εἶχον μὲν γὰρ M : εἴχομεν γὰρ A εἶχον M^{3} εἶχον δὲ Ar. || **22-23** τὸν τοῦ Δημοσθένους λόγον AM : τὸν λόγον τοῦ Δημοσθένους M^{3} *v. l.* τὸν λόγον τὸν τοῦ Δημοσθένους Ar. || **24** ὑποτέμνεται AM : ὑπετέμνετο M^{3} *v. l.* Ar. || **25** ὑπ' AMAr. : ἐπ' M^{3} *v. l.* || **28** θοἰμάτιον M^{2}Ar. : θοίματι AM || **30** τοῦτον Photius : τοῦτον οὖν Ar. || **30** δεῖξαι M^{2}Ar. : δείξειν M *ut vid. om.* A || **31** μέλλων δείξειν M^{3}Ar. || **31-32** ὅτι — ἐφευρήσει M^{3}Ar. || **32** ἆρα AM : *exp.* M^{3} || **33** σε; ἔφην δ' ἐγω M^{3}Ar. : γε AM || ὃς MAr. : ὅσα A.

aux discours de Démosthène? » Et moi : « Tu te repais donc du même auteur que moi, dis-je, de sorte que, même s'il me surpasse, ce ne sera pas un ennemi qui aura la couronne, mais un homme pour qui toi et moi nous avons le même zèle ». Et quand il me demanda de [422 a] lui montrer mon œuvre en détail et que nous fûmes tout à la tâche « Ainsi, dis-je, j'ai la même opinion que toi sur Démosthène et je pense qu'il n'est pas facile du tout de surpasser ce grand homme »[1]. Et lui se réjouit à ces paroles comme moi j'avais été heureux de lui entendre dire son attachement pour Démosthène ; [et il me laissa lui montrer mon discours]. Quels furent ses sentiments après cette lecture, lui-même le sait peut-être[2]. Tu peux savoir [qu'il] y a quelque parenté entre Platon et nous et que, si elle n'est pas comparable à celle qui le lie aux philosophes, elle est assez forte pour que nous puissions nous complaire en lui[3].

Mais allons[4], examinons [plus clairement] ce qui t'a choqué dans les propos que certaines gens nous accusent d'avoir tenus contre lui. Car, pour moi, je voulais tenter de montrer son accord total avec moi ; en effet, ou bien j'ai dit quelque ineptie, et je n'ai pas besoin de la palinodie de Stésichore : une éponge arrangera tout ; ou bien il y a dans mes discours quelque chose d'assez valide pour mériter une autre récompense. Pour toi, si tel n'est pas ton avis, ne me loue pas davantage ; sois indulgent pourtant ; et, faute de me juger digne d'estime, juge-moi du moins digne d'indulgence. Tu as été, à ce que j'apprends, mécontent

1. II, p. 416, 5-417, 7. En 422 a 3-4, je garde le texte de AM qui est valable. Celui que Bekker donne sans en indiquer la provenance est celui d'une des copies parisiennes de M qui a accueilli un remaniement de M^3.

2. II, p. 417, 12-15.

3. II, p. 418, 4-6.

4. Ici, Photius a sauté plusieurs lignes d'Aristide.

ὅτι κάθημαι πρὸς τοῖς Δημοσθένους; Κἀγώ· τὸν αὐτὸν ἄρα, ἔφην, μοι βουκολεῖς, ὥστε εἰ νικῴη μ', οὐκ ἐχθρὸς ὁ στεφανούμενος, ἀλλ' ᾧ σύ γε κἀγὼ συσπεύδομεν. Ὡς [422 a] δὲ ἐκέλευσε τὰ βιβλία ἐν μέρει δεικνύναι καὶ τὸ πρᾶγμα πανταχῇ σπουδὴ ἦν, οὑτωσὶ τοι, ἔφην ἐγώ, σοι ταὐτὰ γινώσκω περὶ Δημοσθένους, καὶ ἡγοῦμαι μηδὲν εἶναι ὃ ῥᾴδιον παρελθεῖν ἐκεῖνον τὸν ἄνδρα. Καὶ ὃς ἥσθη τε ἀκούσας, ὥσπερ ἐγὼ ἐκείνου ἀκούσας ἥσθην ὅτι τῷ Δημοσθένει συνεστήκοι, [καὶ ἔδωκεν ἄδειαν δεῖξαι τὸν λόγον]. Ὡς δ' ὁ λόγος ἐδείχθη, ὅπως διετέθη τὰ ἐπὶ τούτοις, αὐτὸς ἂν εἰδείη. Πάρεστι δὲ σοι γνῶναι [ὅτι] καὶ ἡμῖν τι προσήκει Πλάτωνος, εἰ καὶ μὴ τοσοῦτον ὅσον τοῖς σοφοῖς, ἀλλ' ὅσον ἐπίστασθαι χαίρειν τῷ ἀνδρί.

Φέρε δὴ [σαφέστερον] κατίδωμεν, τί ποτε ἦν ὅ σοι προέστη τῶν λόγων, οὓς δὴ πρὸς αὐτὸν ἡμῖν φασί τινες πεποιῆσθαι. Ἐγὼ μὲν γὰρ ἐπειρώμην αὐτὸν πανταχοῦ σύμψηφον [ὄντα] ἐμαυτῷ δεικνύναι, εἴτε γάρ τι ἡμῖν λελήρηται, οὐδὲν δεῖ τῆς Στησιχόρου παλινῳδίας, ἀλλὰ σπογγιὰ ἰάσεται, εἴτε τι κρεῖττον ἐν τοῖς λόγοις ἔνεστιν ἢ ὡς τοῦτο τὸ ἆθλον πρέπειν αὐτοῖς. Σὺ δὲ ἐπαίνει μέν, εἴ σοι μὴ δοκεῖ, μηδὲν μᾶλλον, συγγίνωσκε δὲ ὅμως· εἰ καὶ μὴ τιμῆς ἀξιοῖς, ἀλλὰ τούτου γε ἂν ἀξιοῖς. Ἔφησθα δυσχεραίνειν, ὡς ἐγὼ πυν-

35 ὅτι A^{1} *s. v.* MAr. : *om.* A ‖ τοῖς M : τούς A τοῦ M^{3} *v. l.* Ar. ‖ **36** ἔφην MAr. : ἔφη A ‖ μοι AM : ἐμοὶ M^{3}Ar. ‖ **37** γε Photius : τε Ar.

[422 a] **1** ἐκέλευσε AM : ἐκέλευε M^{3}Ar. ‖ τὸ πρᾶγμα M^{2}Ar. : *om.* AM ‖ **3-4** μηδὲν — ἄνδρα AM : ταὐτὸν ὅπερ σύ, μὴ ῥᾴδιον εἶναι τὸν ἄνδρα ἐκεῖνον παρελθεῖν M^{3}Ar. ‖ **6-7** καὶ — λόγον M^{3}Ar. ‖ **7** ὡς — ἐδείχθη AM : *exp.* M^{3} *non habet* Ar. ‖ ὅπως AM : καὶ ὅπως ἤδη M^{3}Ar. ‖ **9** ὅτι M^{3}Ar. ‖ τι προσήκει AMAr. : προσήκει τι M^{3} *v. l.* ‖ **11** κατίδωμεν M : κατείδομεν A ‖ σαφέστερον M^{3}Ar. ‖ **13** ἐπειρώμην αὐτὸν AM : αὐτὸν ἐπειρώμην M^{3} *v. l.* Ar. ‖ **14** ὄντα M^{3}Ar. ‖ **15** τι ἡμῖν AM^{3} *v. l.* Ar. : ἡμῖν τι M ‖ **16** τι A : τι καὶ MAr. ‖ **20** ἔφησθα MAr. : ἔφησθαι A ‖ δυσχεραίνειν — πυνθάνομαι AM : ὡς ἐγὼ πυνθάνομαι δυσχεραίνειν M^{3} *v. l.* Ar.

que, dans les discours, j'eusse rappelé le départ de Platon pour la Sicile et que j'eusse paru attaquer sa vie ; il aurait donc fallu mettre cela de côté et ne critiquer que l'œuvre, reproche qui ne serait même pas celui d'un lecteur passionné, mais d'un homme modéré dans les discussions. Prends bien garde de ne pas accuser en moi un innocent. Car je ne voulais certes pas charger Platon comme si je parlais devant un tribunal, ni mettre ses voyages en cause afin de le faire passer pour un homme peu digne d'estime, mais dire simplement que, même par ces épisodes de sa vie, il témoignait en ma faveur et en faveur de la rhétorique[1].

[Nous n'en sommes cependant pas encore là.] Par Zeus, que me fallait-il faire? Ne pas parler du tout [du voyage] de Sicile comme si c'eût été divulguer quelque secret des mystères? J'ignorais qu'il existât un décret pour l'interdire ; c'était un appoint pour mon raisonnement et, en même temps, un fait avéré ; en effet, il a fait la traversée plus d'une fois pour que justice fût rendue à Dion[2].

Seulement, par Zeus, c'est gênant pour les compagnons de Platon. C'est là une autre affaire qui ne me concerne pas mais qui concerne n'importe qui. A moins que je ne [422 b] lui fasse tort parce que j'ai cité en parallèle des passages de ses *Lois*? Eh bien, qu'ils démontrent [cela aussi], puisqu'ils sont mécontents : qu'il n'est pas en contradiction avec ses propres discours quand il dit : « Vivre heureux, c'est d'abord, nécessairement, ne pas com-

1. II, p. 418, 15-419, 20.
2. II, p. 421, 9-15.

θάνομαι, ὅτι ἦν ἐν τοῖς λόγοις μνήμη τῆς εἰς Σικελίαν ἀποδημίας αὐτοῦ, καὶ ὅτι δὴ τοῦ βίου τοῦ Πλάτωνος ἐν τούτοις ἐδοκοῦμεν καθάπτεσθαι· ἐχρῆν δὲ ἄρα τοῦτο μὲν χωρίς που εἶναι, τὸν λόγον δὲ ἐλέγχειν. Καὶ ταῦτά [γε] οὐκ ἐραστοῦ μόνον ὄντα ἐγκλήματα, ἀλλὰ καὶ σωφρονοῦντος περὶ λόγους. Ὅρα δὲ μὴ ἀναίτιόν με αἰτιᾷ. Ἐγὼ γὰρ οὐκ ἔλεγον δὴ Πλάτωνα κακῶς, ὥσπερ ἐν δικαστηρίῳ τινὶ κρίνων, οὐδ' ᾐτιώμην τὰς ἀποδημίας, ἵνα χείρων νομίζοιτο, ἀλλὰ κἀν τούτοις μαρτυρεῖν ἔφασκον ἐμαυτῷ τε καὶ ῥητορικῇ. [Ἀλλὰ μή πω περὶ τούτων.] Ἀλλὰ τί με χρῆν, ὦ πρὸς Διός, ποιεῖν; Πότερον μὴ μνησθῆναι τὸ παράπαν τῆς ἐς Σικελίαν [ἀποδημίας] ὥσπερ τι τῶν ἀπορρήτων μέλλοντα ἐρεῖν; Ἀλλ' οὔτε ψήφισμα συνῄδειν ἀπαγορεῦον καὶ τῷ λόγῳ συνέφερε, καὶ ἅμα ἀληθὲς ἦν· καὶ γὰρ ἔπλευσεν οὐχ ἅπαξ καὶ ὑπὲρ τοῦ Δίωνι γενέσθαι τὰ δίκαια.

Ἀλλὰ νὴ Δία ἀνιαρὸν τοῦτο τοῖς Πλάτωνος ἑταίροις. Ἕτερος λόγος οὗτος, οὐ πρὸς ἐμέ, ἀλλὰ πρὸς ὁντιναδήποτε. Ἢ καὶ τοῦτο ἀδικῶ [422 b] ὅτι τὰ ἐκ τῶν νόμων αὐτοῦ παρεγραψάμην; Καὶ ὅπως γε [κἀκεῖνο] ἐπιδείξουσιν, ἐπεὶ καὶ δυσχεραίνουσιν, ὡς οὐ τοῖς αὐτὸς ἑαυτοῦ περιπίπτει λόγοις, ἐπειδάν τι λέγῃ « Τοῖς δὲ εὐδαιμόνως ζῶσιν ὑπάρχειν ἀνάγκη πρῶτον

22 δὴ τοῦ βίου Photius : τοῦ βίου δὴ Ar. || **23** καθάπτεσθαι *hic* Photius : *post* δὴ (*v.* 22) *ponit* Ar. || **24** γε M^3Ar. || **25** ὄντα AM · τὰ M^3Ar. || **26** ὅρα δὲ AM : ἀλλ' ὅρα δὴ M^3 *v. l.* Ar. || **27** δὴ AM : δήπου M^3Ar . || **28** οὐδ' AMAr. : οὔτε δ' M^3 || **29** χείρων AM^2Ar. : χείρω M || **30-31** ἀλλὰ — τούτων M^3Ar. || **31** τί — ποιεῖν M : τί μ' ἐχρῆν, ὦ πρὸς Διός ποιεῖν A τί με χρὴ ποιεῖν, ὦ πρὸς Διός M^3 *v. l.* τί χρῆν με ποιεῖν, ὦ πρὸς Διός Ar. || **32** Σικελίαν MAr. : Σικελίας A || ἀποδημίας M^3Ar. || **38** πρὸς ὁντιναδήποτε MAr. : προσόντι δήποτε A.

[422 b] **2** κἀκεῖνο M^3Ar. || ἐπιδείξουσιν (ἐπιδείξωσιν A) ἐπεὶ καὶ δυσχεραίνουσιν Photius : ἐπεὶ καὶ δυσχεραίνουσι, κἀκεῖνο ἐπιδείξουσιν Ar. || **3** ἑαυτοῦ A : αὐτοῦ M αὑτοῦ Ar. || λέγῃ M : λέγει A φάσκῃ M^3 *v. l.* Ar.

mettre d'injustice à l'égard des autres et ne pas être soi-même victime de l'injustice d'autrui[1] » etc. Agissons-nous donc mal, sommes-nous coupables d'indiscrétion pour avoir allégué ces paroles dans le débat sans nous prosterner comme des adorateurs devant une custode qui contient les objets d'un culte secret? Pour moi, je ne pensais pas que [c'était] là dévoiler les secrets des mystères et d'autres objets du même ordre[2]. Voilà pourquoi j'estimais qu'on doit m'écouter jusqu'au bout si l'on veut considérer le litige tout entier et juger avec honnêteté et justice[3].

Aristide appelle « récapitulation » la reprise de ce qu'on a dit; on pourrait dire aussi sommaire, finale, vue d'ensemble, rappel et, comme Démosthène, ramasser ce qu'on a dit, réunir, dire en bref, compter, dénombrer et autres termes équivalents : reproduire et récapituler[4].

Nous avons ainsi pleinement rendu [respect et] honneur à Platon en sorte que, si lui-même avait voulu parler contre lui-même, il n'aurait pu, je crois, s'épargner davantage[5]. Mais, mon cher Capiton, il m'est aussi venu à l'esprit, tout en écrivant, que tout est fantômes pour Platon; que, d'un côté, les poètes imitent des fantômes de vertu; que, de son côté, la rhétorique est le fantôme d'une partie de la politique. [« De fantômes le vestibule est plein »[6], dirait de lui Homère.] Ce langage n'est-il pas plus audacieux et plus violent que ne l'est le mien? Quand je dis que Platon a quitté son pays [pour des fantômes], j'affirme ne point parler ainsi afin de blâmer ce voyage, mais afin qu'il vienne à

1. II, p. 421, 25-422, 5. Photius a écourté la citation qu'Aristide fait de Platon, *Lois*, 829 a.
2. II, p. 423, 4-7.
3. II, p. 423, 14-16.
4. Je n'ai pas retrouvé cette scolie parmi celles de Dindorf, III, et elle ne se rapporte à aucun des extraits de Photius.
5. II, p. 424, 6-9.
6. *Odyssée*, XX, 355.

τὸ μὴ ἀδικεῖν ἄλλους, μήτε αὐτοὺς ὑφ' ἑτέρων ἀδικεῖσθαι » καὶ ἑξῆς. [Ἢ καὶ] τοῦτο ἀδικοῦμεν καὶ περιεργαζόμεθα, ὅτι προσηγάγομεν εἰς μέσον ταῦτα, καὶ οὐ προσκυνοῦμεν ὥσπερ οἱ κύστιν ἀπόρρητα φέρουσαν; Ἐγὼ δὲ οὐ τοῦτο ᾤμην [εἶναι] τὸ τὰ ἀπόρρητα ἐκφέρειν καὶ ἄλλα ἄττα τοιαῦτα. Διὰ ταῦτα ἠξίουν ἀκροᾶσθαι διὰ τέλους, ὅστις μέλλει τὸ ἀγώνισμα πᾶν ὄψεσθαι καὶ ψῆφον ὀρθὴν καὶ δικαίαν ἐποίσειν.

Ὅτι ὁ Ἀριστείδης τὴν ἀνακεφαλαίωσιν τῶν προειρημένων ἐπάνοδόν φησιν. Ἐρεῖς δ' ἂν καὶ συγκεφαλαίωσιν καὶ ἐπίλογον καὶ σύνοψιν καὶ ἀνάμνησιν, καὶ συλλογίσασθαι τὰ εἰρημένα, ὡς ὁ Δημοσθένης, καὶ συναγαγεῖν καὶ συντόμως εἰπεῖν καὶ ἀριθμῆσαι καὶ ἀπαριθμήσασθαι, καὶ ἄλλ' ἄττα τοιαῦτα, καὶ ἐπαναλαβεῖν καὶ ἀνακεφαλαιῶσαι.

Οὕτω πᾶσαν [αἰδῶ καὶ] τιμὴν ἀπεδώκαμεν αὐτῷ, ὥστε εἰ αὐτὸς πρὸς ἑαυτὸν ἔμελλεν ἀντερεῖν, οὐκ ἄν μοι δοκεῖν μᾶλλον ἑαυτοῦ φείσασθαι. Ἀτάρ, ὦ ἄριστε Καπίτων, ἐνεθυμήθην καὶ τοῦτο μεταξὺ τῶν λόγων, ὅτι πάντα εἴδωλά ἐστι τῷ ἀνδρί, καὶ τοῦτο μὲν οἱ ποιηταὶ μιμηταὶ εἰδώλων ἀρετῆς, τοῦτο δὲ ἡ ῥητορικὴ πολιτικῆς μορίου εἴδωλον. [« Εἰδώλων δὲ πλέον πρόθυρον » φαίη ἂν εἰς αὐτὸν Ὅμηρος]. Πότερον ταῦτα θρασύτερα καὶ προπετέστερα ἢ τἀμά; Ἐν οἷς φημὶ Πλάτωνα ἀποδημῆσαι [ὑπὲρ αὐτῶν], καί φημι ταῦτα λέγειν οὐ τὴν ἀποδημίαν κακίζων ἀλλὰ τῇ ἀποδημίᾳ τὸν λόγον

6 ἢ καὶ M³Ar. ‖ **7** ὅτι — ταῦτα *add.* Photius ‖ **7-8** καὶ οὐ Photius : εἰ μὴ Ar. ‖ **8** κύστιν A : κίστιν M κίστην Ar. ‖ φέρουσαν AM : κρύπτουσαν M³ *v. l.* Ar. ‖ **9** τοῦτο MAr. : τὸ A ‖ εἶναι M³Ar. ‖ **10** καὶ ἄλλα ἄττα τοιαῦτα M : *om.* AAr. *secl.* Bekker ‖ **11** ἠξίουν MAr. : ἀξίουν A ‖ **15** ἐρεῖς M : ἐρεῖ A ‖ **18** καὶ — τοιαῦτα A : *om.* M ‖ **20** αἰδῶ καὶ M³Ar. ‖ **21** δοκεῖν AM : δοκοίη M³ *v. l.* Ar. ‖ **26-27** εἰδώλων — Ὅμηρος M³Ar. ‖ **29** ὑπὲρ αὐτῶν M³ Ar.

l'appui de mon raisonnement. Bien ; mais nous l'avons dépouillé de son renom de philosophe exactement comme lui refuse de faire cas des poètes tragiques et proclame Homère poète tragique, non pour l'honorer par ce titre, mais pour ravaler ainsi les tragiques et rabaisser Homère par le nom dont il l'honore[1].

Il est étrange que Platon arrange à son usage poètes tragiques et comiques, une constitution, une cité [et des lois], tandis qu'à nous, il ne sera pas même permis de dis- [423 a] cuter avec lui, et cela alors que sans l'oindre de parfums, nous l'honorons des discours les plus flatteurs, tels que lui-même n'aurait pas jugé juste d'en entendre davantage à son sujet[2].

248.

Lu du même auteur *Sur l'Apologie commune* qui apparaît, à travers le choix que j'en ai fait, pourvu des mêmes ornements. [Pour Périclès.[3]]

Tiré du discours d'Aristide contre Platon pour la défense des quatre[4]. L'exorde.

J'ignore donc pourquoi il faut souvent demander de l'indulgence à propos des mêmes sujets, notamment quand on veut parler moins pour attaquer des gens que pour défendre des hommes d'élite, qui sont nombreux et aussi anciens que Platon quand ils ne sont pas ses aînés, si cette ancienneté paraît aussi à l'un ou l'autre

1. II, p. 434, 9-21.
2. II, p. 434, 25-435, 5.
3. Cette addition de M[3] est sans doute tirée de II, p. 159, 15, où on lit : καὶ πρῶτον μὲν τὸν Περικλέα σκεψώμεθα.
4. Discours XLI de Dindorf, t. II, p. 156-414.

πιστούμενος. Ναί, ἀλλ' ἀπεστερήκαμεν αὐτὸν δόξης φιλοσοφίας, ὥσπερ ἐκεῖνος τοὺς μὲν τῆς τραγῳδίας ποιητὰς οὐδὲ ἐν ὀλίγῳ τίθησιν, Ὅμηρον δὲ τραγῳδοποιὸν προσείρηκεν οὐ τοῦτον τούτῳ κοσμῶν, ἀλλὰ τούτους μὲν διὰ τούτων κολούων, τοῦτον δὲ ᾧ τιμᾷ καθαιρῶν. Οὐκοῦν δεινόν, εἰ οὗτος μὲν καὶ τραγῳδοποιοὺς καὶ κωμῳδοποιοὺς καὶ πολιτείαν καὶ πόλιν [καὶ νόμους] ἑαυτῷ καθίστησιν, ἡμῖν δὲ μηδὲ λόγου [τινὸς] ἐξέσται πρὸς αὐτὸς ἀμφισβη-
[423 a] τῆσαι, καὶ ταῦτα οὐ μύρῳ ἐπαλείφουσιν αὐτόν, ἀλλὰ λόγοις τοῖς εὐφημοτάτοις καὶ ὧν οὐδ' ἂν αὐτὸς ἠξίωσε μείζους ἀκούειν ὑπὲρ ἑαυτοῦ.

248

Ἀνεγνώσθη τοῦ αὐτοῦ ὑπὲρ τῆς κοινῆς ἀπολογίας τὸν ὅμοιον διὰ τῆς ἐκλογῆς περιηνθισμένος τρόπον. [ὑπὲρ Περικλέως].

Ἐκ τοῦ Ἀριστείδου πρὸς Πλάτωνα
ὑπὲρ τῶν τεττάρων
τὸ προοίμιον

Παραιτεῖσθαι μὲν οὖν οὐκ οἶδ' ὅτι δεῖ περὶ τῶν αὐτῶν πολλάκις, ἄλλως τε καὶ οὐ πρὸς ἄνδρας μέλλοντα ἐρεῖν μᾶλλον ἢ ὑπὲρ ἀνδρῶν καλῶν καὶ ἀγαθῶν, καὶ τούτων οὐκ ὀλίγων, οὐδὲ ἧττον παλαιῶν ἢ Πλάτων, ὅτι μὴ καὶ πρεσβυτέρων ἐκείνου, εἴ τῳ καὶ τοῦτο αἰδοῦς ἄξιον εἶναι

35 κολούων MAr. : κολύων A^2 κωλύων A ‖ **36** μὲν AAr. : *om.* M ‖ **37** καὶ πολιτείαν καὶ πόλιν AM : καὶ πόλιν καὶ πολιτείαν M^3Ar. ‖ καὶ νόμους M^3Ar. ‖ **38** μηδὲ AM^3Ar. : μὴ M ‖ τινὸς M^3Ar. ‖ αὐτὸν Ar. : αὐτὸν ἀλλ' Photius.

[423 a] **2-3** ἠξίωσε μείζους AM : μείζους ἠξίωσε M^3 *v. l.* Ar. ‖ **4** 248] σμη' M : *om.* A *in textu* σμζ' A *pinax* ‖ **5-6** ἀνεγνώσθη — τρόπον *hic* M : *infra p.* 431 a 36 *ponit* A ‖ **7** ὑπὲρ Περικλέους M^3 : *secl. edd.* ‖ **8-10** ἐκ — προοίμιον A : *om.* M ‖ **11** οὖν A : *om.* M *non habet* Ar. ‖ **12** μέλλοντα AM : μέλλοντας M^2Ar. ‖ **15** αἰδοῦς ἄξιον AM : ἄξιον αἰδοῦς M^3 *v. l.* Ar.

un motif qui commande le respect [1]. Aussi, puisque accord s'était fait sur le sujet à la défense duquel tendait tout le discours et à quoi le tout se référait, quel inconvénient y avait-il à ne pas s'attaquer en outre aux personnes? Le voici à présent, comme s'il était en mal d'enfant, et faisant mille détours dans le chemin qu'il prend pour les attaquer : qu'il semble en être venu insidieusement à ses propos [contre eux] ! Et certes, la différences n'est pas mince : la première méthode consistait à lutter pour la vérité elle-même ; la seconde, faute de moi pour jamais le dire, un autre, peut-être, poussant son attaque, la déclarera peu différente de la méchanceté [2].

Périclès vécut donc une vie irréprochable ; jamais même on ne le vit rire. Et par son respect pour la constitution et par sa volonté de n'être que l'égal des autres, il s'efforçait plus que personne d'être un homme comme tout le monde ; mais, par la dignité de sa pensée et parce qu'il n'avait pas les mêmes faiblesses que le vulgaire, il laissait peu de gens accéder à son propre niveau [3].

Ce qu'on dit que Socrate possédait à un degré exceptionnel parmi les philosophes, lui l'avait parmi les leaders politiques ; quand le peuple, en effet, s'exaltait et voyait trop grand, il était des plus habiles à le ramener à la raison et à lui faire rabattre ses prétentions, à le relever par ses discours quand il le trouvait démoralisé et abattu et à le gonfler d'espérances : c'était ce que Socrate avait l'habitude de faire pour les jeunes. En un mot, le visage de la cité, c'était Périclès qui n'était pas asservi aux passions de la foule mais qui la dominait, sans juger

1. II, p. 156, 1-157, 3.
2. II, p. 158, 17-25.
3. II, p. 160, 2-7. L'extrait n'est textuel qu'à partir de 423 a 27 (τῇ μὲν τῆς πολιτείας). Le texte d'Aristide qui correspond à 423 a 25-26 (Περικλῆς — ὤφθη) est ὅς γε γελῶν ὑφ' ἑνος πώποτε ὀφθῆναι· ἀλλὰ τῆς πολιτείας τῇ φυλακῇ.

δοκεῖ. Ὥστε ὅταν ὡμολόγητο καὶ συγκεχώρητο ὑπὲρ οὗ πᾶς ἤνυστο ὁ λόγος καὶ πρὸς ὃ πάντα ταῦτ' εἶχε τὴν ἀναφοράν, τίς ἦν ζημία τῶν ἀνδρῶν μὴ προσκαθάπτεσθαι; Νῦν δ' ὥσπερ ὠδίνων, καὶ περιβαλλόμενος κύκλῳ τὴν ἐπ' ἐκείνους ὁδόν, οὕτως ἐπιβούλως ἐλθὼν ἐπὶ τοὺς [κατ' ἐκείνων τοὺς] λόγους φαίνεται. Καὶ μὴν τὸ μὲν διάφορον οὐχὶ μικρόν· ἐκεῖνο μὲν γὰρ ἦν ὑπὲρ αὐτῆς τῆς ἀληθείας ἀγωνίζεσθαι, τοῦτο δὲ ἐγὼ μὲν οὐδέποτε ἂν φήσαιμι, ἄλλος δ' ἄν τις εἴποι διαβάλλων οὐ πόρρω κακοηθείας εἶναι.

Περικλῆς τοίνυν τά τε ἄλλα τὸν βίον ἦν ἄριστος, καὶ οὐδὲ γελῶν πώποτε ὑπό τινος ὤφθη. Καὶ τῇ μὲν τῆς πολιτείας φυλακῇ, καὶ τῷ τὸ ἴσον τοῖς ἄλλοις ἔχων ἀνέχεσθαι, κοινός (εἴπερ τις ἀνθρώπων) ἐσπούδαζεν εἶναι, τῷ δὲ ἀξιώματι τῆς γνώμης καὶ τῷ μὴ τῶν αὐτῶν ἡττᾶσθαι τοῖς πολλοῖς, ὀλίγοις καταλιπεῖν ἐγγὺς ἐλθεῖν ἑαυτοῦ.

Ὃ δέ φασιν ὑπάρξαι σοφιστῶν Σωκράτει διαφερόντως, τοῦτ' ἐκείνῳ δημαγωγῶν· ἐπαρθέντα μὲν γὰρ τὸν δῆμον καὶ μείζονα φρονήσαντα δεινότατον εἶναι συστεῖλαι καὶ καθελεῖν, ἀθυμήσαντα δὲ καὶ ταπεινωθέντα ἀναγαγεῖν αὖ τοῖς λόγοις καὶ μεστὸν ἐλπίδων ποιῆσαι, ὅπερ ἐκεῖνος εἰώθει περὶ τοὺς νέους ποιεῖν. Συνελόντι δ' εἰπεῖν, σχῆμα τῆς πόλεως ἦν Περικλῆς, οὐ δουλεύων ταῖς τῶν πολλῶν ἐπιθυμίαις, ἀλλ' αὐτὸς ἄρχων τῶν πολλῶν, οὐδ' ὅ τι

16 ὅταν Photius : ὅτε Ar. || **17** ὁ A^1 *s. v.* M : *om.* A *non habet* Ar. || **21** κατ' ἐκείνων τοὺς M^3 || **25** τοίνυν AM : τοίνυν λέγεται M^3Ar. || **25-26** τά τε — ἄριστος AM : *exp.* M^3 || **26** καὶ AM : ὅς γε M^3 Ar. || πώποτε — ὤφθη AM : οὐδ' ὑφ' ἑνὸς πώποτε ὀφθῆναι M^3 *v. l.* Ar. || **27** καὶ — φυλακῇ AM : ἀλλὰ τῆς μὲν πολιτείας τῇ φυλακῇ M^3 *v. l.* Ar. || **29** ἐσπούδαζεν AM : *exp.* M^3 *non habet* Ar. || **31** ἑαυτοῦ AM^3Ar. : ἑαυτὸν A^2 ἑαυτοῦ ἢ κατελίμπανεν M || **31-32** σοφιστῶν Σωκράτει AM^3 : σοφιστῶν M Σωκράτει σοφιστῶν Ar. || **36** ὅπερ A : ὥσπερ MAr.

bon de dire ce qui lui ferait plaisir, mais en la contrai-
[423 b] gnant à faire ce qui lui agréait à lui [sans se mettre dans le rôle d'un flatteur, et sans jamais donner accès auprès de lui aux flatteurs] ; par sa bonté et par sa clémence, il était un père pour son peuple ; mais, parce qu'il les tenait tous en main et qu'ils lui étaient soumis, il était plus puissant qu'un tyran. D'après quoi on peut, semble-t-il, voir clairement que, plus que tout autre, Périclès était spontanément juste. Jamais, en effet, il ne fit passer l'esprit de convoitise avant les lois ; jamais non plus il ne pensa aux moyens de s'élever au-dessus de son rang alors que cela lui était plus facile qu'à n'importe quel Pisistrate ; mais il agissait comme quelqu'un qui tient la citadelle pour sauvegarder les lois et pour faire, du milieu [du peuple], le bien de tous [1].

Peut-être dans ce sens : en effet, ce qui est au milieu est à égale distance de tous comme c'est le cas dans un cercle ; ou bien parce que l'Acropole se trouve au centre de la cité [2].

Quand Périclès fut mort, ils se mirent à rêver de la Sicile, à convoiter l'Italie, à avoir envie de Carthage et de la Libye ; ils se mirent à observer tout le monde autour d'eux sans que rien pût les contenter [et ils se lancèrent dans une opération de diversion qui fut plus longue que la guerre]. Et leur instigateur, Platon et Socrate, c'était celui qu'on peut appeler non une de vos relations, mais celui que tu dirais toi-même votre camarade ; tu l'as d'ailleurs nommé ainsi. Comment donc pourrait-on accuser justement Périclès [de cela] et pas, nécessairement, Alcibiade qui, ayant repris le pouvoir dans une cité qui

1. II, p. 161, 2-22.
2. Je n'ai pas retrouvé cette scolie parmi celles de Dindorf, III.

δόξειεν ἐκείνοις τοῦτο λέγειν ἀξιῶν, ἀλλ' ὅ τι δόξειεν [423 b] αὐτῷ τοῦτ' ἐκείνους πράττειν ἐπαναγκάζων, [οὐδ' ἐν κόλακος μοίρᾳ προσκείμενος, ἀλλ' οὐδαμοῦ τοῖς κόλαξι πάροδον τὸ καθ' αὑτὸν διδούς], τῇ μὲν χρηστότητι καὶ ἐπιεικείᾳ ἐν πατρὸς ὢν τάξει τῷ δήμῳ, τῷ δὲ κατείργειν ἅπαντας καὶ πάνθ' ὑφ' ἑαυτὸν ἔχειν πλέον ἢ τύραννος. Ἐξ ὧν, ὡς ἔοικεν, ἔξεστι σαφῶς ἰδεῖν ὅτι, εἴ τις ἄλλος, καὶ Περικλῆς ἑκὼν δίκαιος. Οὐδαμοῦ γὰρ τὴν πλεονεξίαν ἀντὶ τῶν νόμων ἠγάπησεν, οὐδ' ὅπως ἔσται μείζων τῆς τάξεως προὐνοήθη, παρὸν αὐτῷ μᾶλλον παντὸς Πεισιστράτου· ἀλλ' ἦν παραπλήσιος κατέχοντι τὴν ἀκρόπολιν ἐπὶ τῷ σῴζειν τοὺς νόμους καὶ τῷ πάντας εὖ ποιεῖν ἐκ μέσου [τοῦ δημοσίου].

Οἷον ἴσως· τὸ γὰρ ἐκ μέσου φερόμενον ἴσον ἐπὶ πάντας ὥσπερ ἐπὶ κύκλου φέρεται. Ἢ ὅτι ἡ ἀκρόπολις μέση κεῖται τῆς πόλεως.

Ἐπειδὴ δὲ ἐτελεύτησεν ἐκεῖνος, ὠνειροπόλουν μὲν Σικελίαν, ἐφίεντο δὲ Ἰταλίας, ὠρέγοντο δὲ Καρχηδόνος καὶ Λιβύης, πάντας δ' ἀνθρώπους περιεσκόπουν, ἤρκει δ' αὐτοῖς οὐδέν, [μακροτέραν δὲ τοῦ πολέμου τὴν παρενθήκην ἐποιήσαντο]. Ὁ δὲ ταῦτα πείθων ἦν, ὦ Πλάτων τε καὶ Σώκρατες, ὁ ὑμέτερος κοινωνὸς μὲν οὐκ ἔστιν εἰπεῖν, ἑταῖρος δὲ καὶ αὐτὸς ἂν φαίης, μᾶλλον δ' εἴρηκας. Πῶς οὖν ἂν τις [ταῦτα] δικαίως κατηγοροίη Περικλέους, ἢ πῶς οὐκ ἀναγκαίως Ἀλκιβιάδου, ὅστις παραλαβὼν τὴν

[423 b] **1-3** οὐδ' — διδούς M³Ar. || **4** ἐπιεικείᾳ AM : ταῖς ἐπιεικείαις M³ *v. l.* Ar. || **12-13** τοῦ δημοσίου M³ || **17** δὲ AM³ *s. v.* Ar. : *om.* M || **20** αὐτοῖς οὐδὲν AM : οὐδὲν αὐτοῖς M³ *v. l.* Ar. || **20-21** μακροτέραν — ἐποιήσαντο M³Ar. || **24** οὖν AM³ *s. v.* Ar. : *om.* M || **25** ταῦτα M³Ar.

savait écouter des conseillers, la jeta ensuite dans une telle folie[1]?

En se mettant donc au-dessus de toute idée de profit, il montrait de façon évidente qu'il pratiquait la justice ; en préférant la vie rangée à la vie de plaisir, il donnait une preuve éclatante de sa sagesse. Et il donnait celle de son courage dans ses rapports avec le peuple qui n'étaient marqués ni du désir de plaire ni de servilité, mais avant tout empreints de liberté. Il était donc le seul à prévoir ce qui allait arriver et le seul capable de tirer parti des événements : comment n'aurait-il pas un juste renom de sagesse et de la sagesse la plus efficace pour qui veut raisonner en homme? Après quoi, celui à qui on peut donner les noms décrivant tous les aspects de la vertu : brave, juste, sensé, sage, cet homme-là, Platon l'a mis au nombre des flatteurs ! [Car, dit-il, il a rendu les Athéniens bavards, paresseux, lâches et avides [424 a] d'argent en les mettant au régime du salaire]. Pour les bavards, Platon, et pour les paresseux et les lâches, baisse le ton sur-le-champ de peur que quelque dieu ne réveille aussi les Troyens[2].

Baisse le ton ; calme-toi, arrête, tais-toi[3].

Et toi, tu sais louer une étrangère de Mantinée et une Milésienne [et tu as fait très aisément grand cas de tout qui tu voulais] ; et ceux qui sont l'élite des Hellènes, qui sont célèbres partout, tu les rabaisses ! Ce n'est

1. II, p. 167, 4-14.
2. II, p. 168, 27-169, 16 avec une citation presque textuelle de *Iliade*, XII, 511.
3. Je n'ai pas retrouvé cette scolie parmi celles de Dindorf, III.

πόλιν εἰδυῖαν ἀκούειν συμβούλων, εἶθ' οὕτως ἐξέμηνεν;

Οὐκοῦν τῷ μὲν ἅπαντος κέρδους κρείττω παρέχειν ἑαυτὸν δικαιοσύνην ἀσκῶν δῆλος ἦν, τῷ δὲ τὸν ἐν τάξει βίον προῃρῆσθαι τοῦ πρὸς ἡδονὴν σωφροσύνης πίστιν παρείχετο ἐμφανῆ. Καὶ μὴν ἀνδρείας γε ἐν οἷς οὐ πρὸς χάριν οὐδ' ὑποπεπτωκώς, ἀλλ' ὡς οἷόν τε μάλιστα ἐλευθέρως ὡμίλει τῷ δήμῳ. Μόνος τοίνυν καὶ τὰ μέλλοντα ἔσεσθαι προειδὼς καὶ τοῖς παροῦσι χρῆσθαι δυνηθείς, πῶς οὐκ ἂν σοφίας δικαίως δόξαν φέροιτο τῆς γέ που χρησιμωτάτης, εἴ τις ἀνθρωπίνως ἐθέλοι λογίζεσθαι; Εἶθ' ὃν ἐξ ἁπάντων τῶν τῆς ἀρετῆς μορίων ὑπάρχει προσειπεῖν ἀνδρεῖον, δίκαιον, φρόνιμον, σώφρονα, τοῦτον Πλάτων μετὰ τῶν κολάκων ἠρίθμησε; [Λάλους γάρ, φησίν, 'Αθηναίους ἐποίησε καὶ ἀργοὺς [424 a] **καὶ δειλοὺς καὶ φιλαργύρους, εἰς μισθοφορὰν καταστήσας]. Περὶ μὲν δὴ λάλων, ὦ Πλάτων, καὶ ἀργῶν καὶ δειλῶν αὐτόθεν κατάβαλε, μή πού τις καὶ Τρῶας ἐγείρῃσι θεός.**

Κατάβαλε κατάθου, πέπαυσο, σίγα.

Σὺ δὲ Μαντινικὴν μὲν ξένην καὶ Μιλησίαν ἐπίστασαι κοσμεῖν, [καὶ οὕστινας ἂν σοι δοκῇ, πάνυ ῥᾳδίως μεγάλων ἠξίωσας] · τῶν δὲ Ἑλλήνων τοὺς ἄκρους καὶ παρὰ πᾶσι βεβοημένους ἐν φαύλῳ καθαιρεῖς; Αἴτιον δ' οὐ

28 τῷ MAr. : τὸ A || ἅπαντος MAr. : ἅπαν τοῦ A || **29** ἑαυτὸν AM^{2}Ar. : ἑαυτὸν καὶ M || **30** τάξει MAr. : ἕξει A || προῃρῆσθαι τοῦ πρὸς ἡδονὴν AM : ἀντὶ τοῦ πρὸς ἡδονὴν προῃρῆσθαι M^{3}Ar. || **35** χρῆσθαι AM : χρήσασθαι M^{3} *v. l.* Ar. || **40**-424 a **1** λάλους — καταστήσας M^{3}Ar.

[424 a] **2** ὦ MAr. : ὡς A || καὶ ἀργῶν καὶ δειλῶν AMAr. : καὶ δειλῶν καὶ ἀργῶν M^{3} *v. l.* || **3** ἐγείρῃσι θεός AMAr. : ἀγείρῃσι θεὸς ἄλλος M^{3} *v. l.* || **4** κατάβαλε M^{3} : κατάβα AM || **5** μὲν AMAr. : μὲν καὶ M^{3} || **6-7** καὶ — ἠξίωσας M^{3}Ar. || **8** βεβοημένους AM^{3}Ar. : διαβεβοημένους M.

pas parce que tu ignores leurs mérites, mais, comment m'exprimer comme il convient? Tu es résolument l'homme de tes discours[1].

Au lieu de : tu dépends de ton bavardage et non de la réalité des faits[2].

Comment aurait-il rendu les Athéniens bavards, Périclès, lui qui, dans ses discours mêmes, n'a évidemment rien honoré inconsidérément ni au hasard? Tout au contraire, il me paraît, en effet, les avoir accoutumés en toute chose à ne pas dire n'importe quoi et à ne rien faire sous le coup de leur première impulsion[3]. En outre, pour une autre affaire, s'appuyer sur un témoignage d'auteur comique n'est sans doute pas une position solide ; mais pour juger en matière d'éloquence, Dieu me garde d'être jamais assez hautain pour dédaigner ces hommes-là comme s'ils ne méritaient aucune attention[4]. L'un d'eux[5] a dit que Périclès était une très grande langue, entendant par là quelque chose comme « voix », mais mêlant aux détails vrais quelque chose de l'ironie acerbe propre à son art. Il n'a pu s'empêcher, toutefois, de donner à l'homme le premier rang et de mettre en lumière la majesté de son éloquence. L'autre[6], lui, dit qu'il lançait éclairs et tonnerre et qu'il mugissait quand il haranguait la foule. Peu m'importe de savoir si c'est un blâme qu'il lui adresse là ; prenons de son témoignage ce qui convient à notre propos actuel[7].

N'est-ce pas grâce à sa grande supériorité qu'il passa sa vie comme il l'a fait, loin de s'adonner au bavardage, et très loin d'y accoutumer les autres[8]? Comment donc cet homme qui surpassait tellement les autres et

1. II, p. 171, 6-12.
2. Je n'ai pas retrouvé cette scolie parmi celles de Dindorf, III.
3. II, p. 172, 10-15. — 4. II, p. 173, 5-8.
5. Cratinos. C'est M^3 qui le précise : le nom n'est pas dans le texte d'Aristide. Fr. 293 de Cratinos (Kock).
6. Le nom d'Aristophane est de même une addition de M^3. Allusion à *Acharniens*, 530-531.
7. II, p. 173, 15-174, 4. — 8. II, p. 175, 11-13.

τὸ ἀγνοεῖν τὴν ἀξίαν, ἀλλὰ πῶς ἂν εἴποιμι εὐπρεπῶς; Σφόδρα τῶν λόγων γίνῃ.

Ἀντὶ τοῦ λέσχης γίνῃ καὶ οὐ τῆς τῶν πραγμάτων ἀληθείας.

Πῶς ἂν εἴη λάλους πεποιηκὼς Ἀθηναίους Περικλῆς, ὅς γε κἀν τοῖς λόγοις αὐτοῖς τὸ μηδὲν φαύλως μηδ' εἰκῇ τιμήσας φαίνεται; Τοὐναντίον γὰρ ἔμοιγε πᾶν αὐτοὺς ἐθίσαι δοκεῖ, μήτε λέγειν ὅπως ἔτυχε μηδὲν μήτε ποιεῖν ἀπὸ τοῦ πρώτου παραστάντος. Ἔτι δ' ἄλλου μέν τινος πράγματος σκήπτεσθαι μάρτυρι κωμῳδοδιδασκάλῳ τάχα ἂν οὐκ ἰσχυρὸν ἦν· εἰς δὲ λόγων κρίσιν μήποτε οὕτω σεμνὸς γενοίμην ὥσθ' ὑπεριδεῖν τῶν ἀνδρῶν τούτων ὡς οὐδενὸς ἀξίων. Μεγίστην ὁ μὲν αὐτοῦ τὴν γλῶτταν εἶπε, λέγων μὲν ἴσον τι καὶ φωνήν, ἀναμίξας δέ τι τῆς παρὰ τῆς τέχνης πικρίας τοῖς ἀπὸ τῆς ἀληθείας. Ὅμως δ' οὐκ ἐξέφυγε τὸ μὴ οὐ τὰ πρῶτα δοῦναι τῷ ἀνδρὶ μηδ' ἐνδείξασθαι τὴν μεγαλοπρέπειαν τὴν περὶ τοὺς λόγους αὐτοῦ. Ὁ δὲ ἀστράπτειν καὶ βροντᾶν αὐτὸν καὶ μυκᾶν φησι δημηγοροῦντα. Μὴ γάρ μοι τοῦτο, εἴ τι μέμφεται αὐτοῦ· ἀλλ' ὅσον εἰς τὸν παρόντα προσήκει λόγον τῆς μαρτυρίας λάβωμεν. Ἆρ' οὐ πολλῇ τινι τῇ περιουσίᾳ χρώμενος οὕτω διεγίνετο, πόρρω μὲν αὐτὸς ὢν τοῦ ληρεῖν, πλεῖστον δὲ τοὺς ἄλλους ἐθίζειν ἀπέχων. Πῶς οὖν ὁ τοσοῦτον ὑπερέχων καὶ μόνος πᾶσι

10 λόγων AAr. : λογίων M ‖ *post* γίνῃ : τῶν λογγίνῃ *add.* A ‖ 12 πῶς — Περικλῆς AM : πῶς ἂν εἴη διεφθαρκὼς Ἀθηναίους ἢ πῶς λάλους πεποιηκὼς M³ *v. l. et* Ar. *qui* εἶναι *post* λάλους *habet* ‖ 16 ἔτι δ' M³ : ἐπὶ δ' Ar. ‖ 17 κωμῳδοδιδασκάλῳ M³Ar. : κωμῳδωδιδασκάλῳ AM ‖ 18 λόγων AMAr. : λόγον A¹ ‖ 20-21 μεγίστην — εἶπε AM : ὁ μὲν τῶν Ἑλληνίδων μεγίστην ὁ Κρατῖνος τὴν ἐκείνου γλῶτταν εἴρηκε M³ *et omisso* ὁ Κρατῖνος Ar. ‖ 23 δ' AAr. : *om.* M ‖ 26 ὁ δὲ AMAr. : ὁ δὲ Ἀριστοφάνης M³ ‖ 26-27 αὐτὸν καὶ μυκᾶν A : αὐτὸν καὶ κυκᾶν M καὶ κυκᾶν αὐτὸν M³ *v. l.* Ar. ‖ 29 ἆρ' AM : ἀλλ' M³Ar. ‖ 31 ἐθίζειν ἀπέχων Photius : ἐθίζων ἀπέχειν Ar. ‖ 32 πῶς Photius : πῶς ἂν Ar.

qui, seul aux yeux de tous ses juges, a triomphé de l'imputation de bavardage, pourrait-il encourir celle d'avoir conduit les Athéniens à un relâchement inconsidéré et malencontreux? Quant à moi, tout au contraire, je pense qu'il a été [responsable] de plus de silences que de propos inconsidérés. Nous savons, en effet, que, sur le plan des autres facultés, là où bien des gens se valent à peu près et rivalisent entre eux, il y a beaucoup d'histoires et plus encore de désaccord ; mais quand quelqu'un affirme une supériorité éclatante, tous cèdent aussitôt. [424 b] De même, quand quelqu'un est devenu éminent dans l'art de la parole, la plupart des gens ne peuvent qu'en prendre leur parti et cesser de s'agiter, et mettre le plus de prudence et d'élégance possible dans leurs discours. Car ce n'est pas par ce en quoi il excelle qu'un homme peut dégrader les autres, et surtout pas pour ce en quoi il excelle[1].

Mais si je cherchais à démontrer que savoir parler n'a rien de déshonorant, n'encourt aucun reproche, ne mérite ni mise en accusation ni indulgence, mais une récompense supérieure, j'aurais honte devant les dieux de l'éloquence. Toutefois, je dirai simplement ceci : [si l'on s'irrite, que ce soit contre moi et qu'on rejette tout sur moi, je ne m'en prendrai pas à la divinité ; car moi, mon contentement serait de pouvoir m'adonner à l'éloquence tout en menant une vie bonne et sage et, dans la mesure du possible, la meilleure des vies humaines, plutôt que d'être mille fois Darius fils d'Hystaspe ; vis-à-vis de cet idéal, tout me paraît désormais insignifiant.] Je sais aussi, si je vois clair, que ce qu'a fait Platon se ramène pour ainsi dire à des mots et je lui rends grâces pour son style ; et si, en plaisantant comme il le fait, il voulait me persuader qu'il n'a pas un grand souci du style, j'aurais peine à le croire, mais je saurais

1. II, p. 174, 17-178, 5.

τοῖς κριταῖς νικῶν τὴν τοῦ φλυαρεῖν εἰκῇ καὶ παρὰ καιρὸν Ἀθηναίους ἀνεῖναι φέροιτ' ἂν δόξαν; Ἐγὼ μὲν γὰρ τοὐναντίον ἡγοῦμαι, σιωπῆς [αἴτιον] αὐτὸν πλείονος ἢ προπετείας καταστῆναι. Ἴσμεν γοῦν ὅτι κἀν ταῖς ἄλλαις δήπου δυνάμεσιν, οὗ μὲν πολλοὶ παραπλήσιοι καὶ ἐφάμιλλοι πρὸς ἀλλήλους, πολλὰ τὰ πράγματα καὶ πλείων ἡ ἔρις, ἐπειδὰν δέ τις [εἷς] ὑπεροχῇ λαμπρῶς, ἅπαντες [424 b] ἤδη συγκεχωρήκασιν. Οὕτω δὴ καὶ λέγειν ἐπειδάν τις ἄκρος ἐγγένηται, στέργειν ἀνάγκη τοὺς πλείους καὶ μὴ πολυπραγμονεῖν, ἀλλ' ὡς οἷόν τε μάλιστα εὐλαβεῖς καὶ κοσμίους εἶναι περὶ τοὺς λόγους. Οὐ γὰρ ἂν ᾧ γέ τίς ἐστι βέλτιστος, τούτῳ χείρους ἀπεργάζοιτο, ἄλλως τε καὶ πρὸς αὐτὰ ταῦτα ἃ βέλτιστός ἐστιν.

Ἀλλὰ μὴν ὡς αὐτό γε οὐκ ἄτιμον τὸ δύνασθαι λέγειν, οὐδ' εἰς ὄνειδος φέρον, οὐδέ [γε] κατηγορίας ἄξιον οὐδὲ συγγνώμης ἀλλά τινος κρείττονος, αἰσχυνοίμην ἂν τοὺς λογίους θεοὺς εἰ ζητοίην ἀποδεικνύναι. Πλήν γε τοσοῦτ' ἂν εἴποιμι — [ἐμοὶ γὰρ εἴη, εἴ τις ἄλλος δυσχεραίνει, καὶ τρέπει τὸ ἅπαν εἰς ἐμέ · καὶ οὐ μέμψομαι τῷ δαίμονι — ὡς ἐγὼ δεξαίμην ἂν δύνασθαι λέγειν μετὰ χρηστοῦ βίου καὶ σώφρονος, εἰς ὅσον οἷόν τε, κάλλιστα ἀνθρώπων μᾶλλον ἢ μυριάκις Δαρεῖος ὁ Ὑστάσπου γενέσθαι · καὶ μικρά μοι πάνθ' ὡς ἀληθῶς πρὸς τοῦτο ἤδη φαίνεται]. Οἶδα δὲ καὶ τὰ Πλάτωνος πράγματα, εἰ μὴ τετυφώμεθα, οὐδὲν ἄλλο σχεδὸν ὄντα ἢ λόγους, καὶ συγχαίρω τῆς λέξεως αὐτῷ · κἄν με προσπαίζων ουτωσὶ πείθῃ μὴ πάνυ τούτου φροντίζειν, οὐ πάνυ πείσομαι,

33 εἰκῇ MAr. : εἰ μὴ A ‖ **34** γὰρ AM^{3}Ar. : *om.* M ‖ **35** αἴτιον M^{3}Ar. ‖ **39** εἷς M^{3}Ar. ‖ ἅπαντες MAr. : ἅπαντα A.

[424 b] **3** τε A^{2}MAr. : *om.* A ‖ **4** ἂν AAr. : *om.* M ‖ **5** ἄλλως τε MAr. : ἀλλ' ὥστε A ‖ **7** γε M^{3}Ar. ‖ **10** τοσοῦτ' AM : τοσοῦτον M^{3}Ar. ‖ **10-16** ἐμοὶ — φαίνεται (τρέποιτο *v.* 11 Ar.) M^{3} Ar. ‖ **18** οὑτωσὶ AAr. : οὑτοσὶ M.

qu'il est très sérieux et surtout là où il a l'air de parler comme en se jouant. Ainsi, nous gaspillerions notre trésor personnel en décriant ses propos [1].

Proverbe : se dit de ceux qui décrient leurs propres affaires [2].

Mais, pour la défense de ces hommes, ce n'est même pas la peine de prendre la parole et d'autant moins que leur éloquence a plus de pouvoir [Soit] [3]. Dès lors, celui dont la vigilance fut si perspicace, ailée, dirais-je volontiers, j'irai croire [moi] qu'il n'était qu'un paresseux et qu'il accoutumait les autres à l'être? N'aurai-je pas l'air de tout ignorer de la réalité : loin de laisser les Athéniens dans l'oisiveté, il n'y laissait même pas leurs ennemis, mais leur faisait changer leurs habitudes tant il les jeta dans de grandes nécessités [de bouger]; et c'était justice, dit Démosthène. Néanmoins, Platon l'accusa d'en avoir fait des oisifs et des lâches [4]. Le Crétois qui ignore la mer, dira-t-on [5].

Proverbe qui s'adresse à ceux qui feignent l'ignorance, car les Crétois connaissent la mer. On dit aussi : l'insulaire qui ignore la mer et le Sicilien qui ignore la mer [6].

Ainsi, les autres laissaient tomber les bras en pré- [425 a] sence des événements, mais lui avait considéré comme particulièrement grave le fait de voir les citoyens dans un état où il n'y avait rien à attendre d'eux ; ils n'en étaient pas au point de se soumettre à l'ennemi, mais au point de lui en vouloir à lui comme au responsable de la situation. En les voyant chargés, en plus des maux ame-

1. II, p. 182, 3-20.
2. Cf. III, p. 484, 29.
3. II, p. 182, 20-22.
4. II, p. 183, 16-184, 2.
5. II, p. 186, 1.
6. Cf. III, p. 440, 10-14.

ἀλλ' εἴσομαι σφόδρα σπουδάζοντα, καὶ τηνικαῦτα μάλιστα, ἡνίκα ἂν ὡς παίζων λέγῃ. Ὥστε τὸν οἴκοι θησαυρὸν διαβάλλοιμεν ἄν, εἰ ταῦτα διασύροιμεν.

Παροιμία. Τάττεται δὲ ἐπὶ τῶν τὰ οἴκοι διαβαλλόντων.

Ἀλλ' ὑπὲρ τούτων οὐδὲ λέγειν ἄξιον, ἀλλὰ τοσούτῳ ἧττον, ὅσῳ περ ἂν ᾖ κρεῖττον τὸ δύνασθαι λέγειν. [Εἶεν]. Εἶτα τὸν οὕτως ὀξὺν καὶ ἄγρυπνον καὶ ἥδιστα ἂν εἶπον ὑπόπτερον, τοῦτον ἢ ἀργεῖν αὐτὸν ἢ ἑτέρους ἐθίζειν [ἐγὼ] πεισθῶ; Οὐκ ἄρα ἐπίστασθαι δόξω τῶν πραγμάτων οὐδέν· ὅστις γε μὴ ὅτι Ἀθηναίοις ἀλλ' οὐδὲ τοῖς πολεμίοις ἀργεῖν ἐπέτρεπεν, ἀλλὰ κἀκείνους ἐποίησε μεταβαλεῖν τοὺς τρόπους· τοσαύτας ἀνάγκας αὐτοῖς περϊίστη [τοῦ κινεῖσθαι] καὶ τὸ δικαίως προσῆν ἔφη Δημοσθένης. Ἀλλ' ὅμως Πλάτων ᾐτιάσατο αὐτὸν ἀργοὺς καὶ δειλοὺς πεποιηκέναι. Ὁ Κρὴς [δὴ] τὸν πόντον, φήσει τις.

Παροιμία ἐπὶ τῶν προσποιουμένων ἀγνοεῖν· οἱ γὰρ Κρῆτες ἐμπειροθάλασσοι. Λέγεται δὲ καὶ ὁ νησιώτης ἀγνοεῖν τὴν θάλασσαν, καὶ ὁ Σικελὸς τὴν θάλασσαν.

Ὥσθ' οἱ μὲν ἄλλοι τοῖς παροῦσι τούτοις ἠθύμουν, ὁ δὲ καὶ [425 a] **τοῦτ' αὐτὸ προσειλήφει μεῖζον, τὸ τοὺς πολίτας οὕτως ἔχοντας ὁρᾶν ὥστε ἀπόρους εἶναι χρῆσθαι, καὶ ταῦτα οὐχ ὅσον τοῖς πολεμίοις ὑποπεπτωκέναι ἀλλὰ κἀκείνῳ δυσμεναίνειν ὡς τῶν παρόντων πραγμάτων αἰτίῳ. Πρὸς δυοῖν**

22 διαβάλλοιμεν A²MAr. : *quid prius praeb.* A *non liquet* ‖ **23** παροιμία A¹ *mg.* M : *om.* A ‖ **24** ὑπὲρ AM : ὑπὲρ μὲν M³Ar. ‖ τοσούτῳ AMAr. : τοσοῦτον A² ‖ **25** Εἶεν M³Ar. ‖ **26** τὸν A²MAr. : τῶν A ‖ **27** ἀργεῖν αὐτὸν AM : αὐτὸν ἀργεῖν M³ *v. l.* Ar. ‖ **28** ἐγὼ M³Ar. ‖ **32** περιίστη A : περιιστὰς A² περιίστει M ‖ τοῦ κινεῖσθαι M³Ar. ‖ καὶ τὸ δικαίως προσῆν AMAr. : καίτοι δίκαιος καὶ πρᾷος ἦν A² καίτοι δικαίως οἷς ἐποίει προσῆν M³ ‖ **34** δή M³Ar. ‖ **36** ἀγνοεῖν A : τὸ ἀγνοεῖν M ‖ Κρῆτες M : Κρῆτες εἴ τις ἄλλος A.

nés par la fatalité, [la guerre et l'île][1], de ces deux-ci encore : le chagrin et l'irritation contre lui, en plein malheur et, pour ainsi dire, isolé de toutes parts, il n'eut pas peur, il ne céda pas et sa résolution ne s'altéra pas plus que son teint cependant qu'il faisait face en même temps à ses concitoyens et à l'ennemi. Mais, comme s'il leur enseignait quelque autre science, il continua de s'expliquer de la même façon qu'auparavant, il ne revint pas sur ses décisions prises devant le danger ; il ne fut pas seulement un philosophe des temps heureux, mais, tout comme il aurait fourni des réponses à des questions sur les nombres ou sur les mesures, alors aussi, il tint les mêmes discours qu'auparavant à propos de tout : il jugeait qu'il ne devait ni céder au danger ni se faire des reproches, mais que les Athéniens devaient être honteux d'eux-mêmes parce qu'ils avaient changé sous le coup des circonstances[2].

Ne disons donc pas qu'il ne voulait pas faire sortir des troupes, mais voyons si, au moment où il fallait le faire et combattre, il y manquait ; car les Lacédémoniens eux-mêmes, nous le savons, un jour qu'ils étaient assiégés par les Thébains qui les défiaient de sortir de la ville pour combattre, faute de quoi c'était s'avouer leurs inférieurs, répondirent en demandant qui, d'eux ou des Thébains, étaient plus qualifiés pour juger des actions qu'ils avaient accomplies les uns et les autres pour la défense des Hellènes ; qu'ils ne se battraient pas au moment propice pour leurs ennemis et quand ceux-ci le voudraient, mais quand eux jugeraient bon de le faire, et

1. « Bello et morbo » Schott ainsi que Jebb qui imprime νόμῳ.
2. II, p. 186, 26-187, 17.

τοῖν ἀπὸ τῆς τύχης [τῷ πολέμῳ καὶ τῇ νήσῳ] δύο ταῦτα προσειληφότας ὁρῶν αὐτούς, λύπην καὶ παροξυσμὸν εἰς αὐτόν, ἐν μέσοις τοῖς δεινοῖς ἐμβεβηκὼς καὶ πανταχόθεν μεμονωμένος ὡς εἰπεῖν οὐκ ἔδεισεν, οὐδ' ὑπεχώρησεν, οὐδ' ὥσπερ χροιὰν τὴν γνώμην μετέβαλε, τοῖς τε πολίταις καὶ τοῖς πολεμίοις ὁμοῦ ἀντιτεταγμένος. Ἀλλ' ὥσπερ ἂν ἄλλο τι μάθημα διδάσκων αὐτούς, κατὰ ταὐτὰ ἃ καὶ πρότερον διεξῄει, καὶ οὐ διέφθειρε τὰ δόγματα ἐπὶ τῶν κινδύνων, οὐδὲ ἐπὶ τῆς ἐξουσίας ἐφιλοσόφησε μόνον, ἀλλ' ὥσπερ ἀριθμὸν ἢ μέτρον ἐρωτηθεὶς ταὐτὸν ἀπεκρίνατο ἂν καὶ ὕστερον καὶ πρότερον, οὕτω καὶ τότε τὰς αὐτὰς ἠφίει φωνὰς ὑπὲρ τῶν ὅλων πραγμάτων, οὔτε τοῖς δεινοῖς εἴκειν ἀξιῶν οὔτε ἑαυτῷ μέμφεσθαι, αἰσχύνεσθαί τε ὑπὲρ αὐτῶν ἅμα καὶ τοῖς καιροῖς ἑτέρων γεγονότων.

Μὴ δὴ τοῦτο λέγωμεν, ὡς οὐκ ἐξῆγεν· ἀλλ' εἰ προσῆκον ἐξάγειν καὶ μάχεσθαι παρεώρα, τοῦτο σκοποῦμεν, ἐπεὶ καὶ Λακεδαιμονίους ἀκούομεν δήπου προσκειμένων αὐτοῖς ποτε Θηβαίων, καὶ κελευόντων ἐξιέναι καὶ μάχεσθαι ἢ χείρους ὁμολογεῖν εἶναι σφῶν, ἀποκρίνασθαι περὶ μὲν τοῦ πότεροι βελτίους τὰς πράξεις κρίνειν τὰς ὑπὲρ τῶν Ἑλλήνων ἑκατέροις πεπραγμένας, μαχεῖσθαι δὲ οὐκ ἐν τῷ τῶν πολεμίων καιρῷ οὐδ' ὅτε ἐκεῖνοι κελεύουσιν, ἀλλ' ἡνίκα ἂν αὐτοῖς δοκῇ, καὶ οὐ χρήσασθαι

[425 a] **5** τύχης MAr. : ψυχῆς A ‖ τῷ — νήσῳ M³Ar. ‖ ταῦτα MAr. : πάντα A ‖ **9** μετέβαλε MAr. : μετέβαλλε A ‖ **10** καὶ — ὁμοῦ AM : ὁμοῦ καὶ τοῖς πολεμίοις M³ *v. l.* Ar. ‖ **11** ἂν AAr. : *om.* M ‖ **12** διεξῄει AMAr. : διέξεισι A² ‖ **14** ὥσπερ AM : ὡς περὶ M³Ar. ‖ ἀριθμὸν A²Ar : ἀριθμῶν AM ‖ μέτρον A²Ar. : μέτρων AM ‖ **15** ἀπεκρίνατο ἂν AM : ἂν ἀπεκρίνατο M³ *v. l.* Ar. ‖ **17** εἴκειν A²Ar. : ἥκειν AM ‖ **18** αὐτῶν Ar. : αὑτῶν Photius ‖ **18-19** ἅμα — γεγονότων AM : ἅμα καίτοι καιρῶν ἑτέρων γεγονότων A² ἑτέρων ἅμα τοῖς καιροῖς γεγονότων M³ *v. l.* Ar. ‖ **21** σκοποῦμεν Photius : σκοπῶμεν Ar. ‖ **24** ἀποκρίνασθαι MAr. : ἀποκρίνεσθαι A ‖ **28** δοκῇ AAr. : δοκεῖ M ‖ χρήσασθαι AM : χρήσεσθαι M³ *v. l.* Ar.

qu'ils n'avaient pas besoin des conseils des Thébains sur ce chapitre[1].

Quant à moi, donc, tout comme je viens de le dire, cette grandeur a de quoi me réjouir plus que tout, j'en suis convaincu. Et je vois qu'il y a dans les cités pas mal de choses qui sont comme des séquelles dont il faut prendre son parti comme lorsqu'il s'agit du corps. Car j'entends dire que les corps les plus mal faits comme les plus beaux sont un mélange des mêmes éléments, et que c'est le fait de posséder plus ou moins en partage [de chacun] d'eux qui distingue le corps mal fait du corps bien fait. Il en va de même pour les cités : elles participent nécessairement de la nature humaine, même quand elles semblent le mieux organisées. Car dans notre univers aussi, qui a en partage tant de belles choses et une [425 b] si grande [bonne] chance, et où ne manque assurément rien de ce qui est bon, on trouverait bien des déficiences dont on n'aurait guère à se réjouir. Ce n'est pas là cependant une raison pour mettre en accusation le monde, ni celui qui l'a fait, ni pour penser qu'il y aura peut-être un jour quelqu'un [de meilleur] pour créer à nouveau l'univers : vous admettez que ce sont là des conséquences amenées par la nature et vous ne vous en faites pas un monde.

Qu'y a-t-il donc d'étonnant si, dans Athènes aussi, quelque chose, dans l'ensemble des événements, a tourné de la même façon, [sans doute], que dans d'autres cités également ; si les chefs ont dû faire des concessions tout en essayant à la fois de porter remède à la pauvreté et aux besoins du peuple — importantes causes d'errements dont ils croyaient limiter les effets en agissant comme ils le faisaient — et à la fois de veiller à ne pas aggraver le mal par une contrainte radicale [exercée sur eux].

Car que ne devait-on pas prévoir de la part d'hommes aussi nombreux et aussi remuants devant tant de ri-

1. II, p. 189, 6-18.

περὶ τούτου συμβούλοις Θηβαίοις.

Ἐγὼ μὲν οὖν, ὅπερ λέγω περὶ τούτων, οὕτω καὶ χαίρω τῇ μεγαλοπρεπείᾳ παντὸς μᾶλλον, ὥς γε ἐμαυτὸν πείθω. Ὁρῶ δὲ ὅτι πολλὰ τῶν πόλεών ἐστιν ὥσπερ ἐφόλκια, οἷς ἀνάγκη συγχωρεῖν ὥσπερ ἐν σώματι. Καὶ γὰρ τὰ σώματα, καὶ τὰ χείριστα καὶ τὰ κάλλιστα, ἀκούω ἐκ τῶν αὐτῶν κεκρᾶσθαι· τῷ δὲ ἢ πλείονος ἢ ἐλάττονος τούτων [ἑκάστου] μετέχειν, τούτῳ κρίνεσθαι τό τε χεῖρον καὶ τὸ βέλτιον. Οὕτω δὴ καὶ τὰς πόλεις ἀνάγκη τῆς φύσεως τῆς ἀνθρωπείας ἀπολαύειν, κἂν ὡς βέλτιστα οἰκεῖσθαι δοκῶσιν. Ἐπεὶ κἂν τῷδε τῷ παντὶ τοσούτων καλῶν καὶ το- [425 b] σαύτης [ἀγαθῆς] τύχης μετειληφότι καὶ οὐδὲν ἔξω δήπουθεν αὐτοῦ λελοιπότι τῶν καλῶν, πολλὰ ἂν εὕροις, οἷς ἥκιστα ἂν ἡσθείης. Ἀλλ' οὐ κατηγορεῖς διὰ ταῦτα τοῦ παντὸς οὐδὲ τοῦ ποιήσαντος, οὐδὲ νομίζεις ἄλλον τινὰ δήπου [βελτίω] γενέσθαι ποτὲ ἂν αὖθις δημιουργὸν τῶν ὅλων· ἀλλὰ δίδως τῇ φύσει ταῦτα ἐφελκύσθαι, καὶ οὐ πολυπραγμονεῖς.

Τί δὴ θαυμαστόν, εἰ καὶ Ἀθήνῃσί τι τῶν πάντων οὕτως ἔσχεν ὥσπερ ἴσως [ἄν που] καὶ ἄλλοθι, καὶ συνεχώρησαν οἱ προεστῶτες ἅμα μὲν τὴν τῶν πολλῶν πενίαν καὶ χρείαν ἐπανορθούμενοι, δι' ἣν οὐκ ἐλάχιστα τῶν ἁμαρτημάτων συμβαίνει, ἃ κωλύειν μᾶλλον οὕτως ἡγοῦντο, ἅμα δὲ εὐλαβούμενοι μή τι καὶ χεῖρον ἐξεργάσαιντο τῷ κατείργειν παντελῶς [αὐτούς]. Τί γὰρ οὐκ ἦν προσδοκῆσαι ποιήσειν ἀνθρώπους τοσούτους τὸ πλῆθος καὶ οὕτως ὀξεῖς, καὶ χρημάτων τοσού-

35 τῷ AMAr. : τὸ A^2 || τούτων ἑκάστου M^3 : τούτων ἕκαστον Ar. τούτων AM || **36** τούτῳ MAr. : τοῦτο A || τό τε — καὶ τὸ AMAr. : τῷ τε — καὶ τῷ A^2.

[425 b] **1** ἀγαθῆς M^{3}Ar. || **2** αὑτοῦ Ar. : αὐτοῦ Photius || **5** βελτίω M^{3}Ar. || **8** ἄν που M^{3}Ar. || **13** αὐτούς M^{3}Ar..

chesses, si personne ne leur en distribuait une juste part ? N'auraient-ils pas tenté de s'emparer du tout [1] ? Il n'en va pas ainsi, Platon, mais, de deux choses l'une : ou bien les Athéniens n'étaient pas tels que tu les as accusés d'être, ou bien tous sont plus responsables que ne l'est Périclès ; car lui, il ne leur montrait pas de mauvais tours de lutteur et il ne leur donnait pas des directives obscures, faussées ou tortueuses [2].

Tiré du discours sur Cimon.

Cimon eut Miltiade pour père; il passa d'abord pour médiocrement intelligent; plus tard, en beaucoup d'occasions, il s'illustra à la tête des armées. Il fut banni, rappelé, fut nommé stratège et fut vainqueur sur terre et sur mer à l'Eurymédon. Il mourut alors qu'il assiégeait Kition dans l'île de Chypre [3].

Je voudrais être en conflit avec quelqu'un d'autre que Platon ; et je veux parler de Cimon comme j'ai parlé des autres, afin d'utiliser hardiment tous les éléments dont je dispose et qu'il ne m'arrive pas la même aventure que si, étant en mer et poussé par un bon vent, je faisais, par timidité, carguer les voiles ; ou bien si, dans une course de chevaux, alors qu'il me serait possible de dépasser mes concurrents vite et à mon gré, je ralentissais délibérément pour ménager celui qui me précède ; tant j'ai de souci de ne rien dire de choquant à l'adresse de Platon et de ne pas avoir l'air de donner dans la sorte d'effronterie qu'il y aurait à louer chacun de ces hommes ; [426 a] à juste titre : en effet, ce que je lui dois ne mérite pas moins de reconnaissance. Et certes, si j'ai cette double chance de faire tomber les accusations portées contre les autres et de garder à Platon tout le respect et toute l'estime possibles et si, en faveur des uns et des autres, la justice est sauvegardée, celle-ci

1. II, p. 193, 6-194, 10.
2. II, p. 198, 20-24.
3. Condensé d'une scolie qu'on lit dans Dindorf, III, 515, 8-22.

των παρόντων, εἰ μηδεὶς αὐτοῖς μετεδίδου τὰ μέτρια; Ἆρ' οὐ πάντ' ἂν αὐτοῖς ἐπιχειρῆσαι λαβεῖν; Οὐκ ἔστι ταῦτα, ὦ Πλάτων, ἀλλὰ δυοῖν θάτερον · ἢ οὐκ ἦσαν Ἀθηναῖοι τοιοῦτοι οἵους σὺ κατῃτιάσω, ἢ πάντες μᾶλλον ἢ Περικλῆς αἴτιος, εἴπερ γε μήτε φαύλως ἐδείκνυ τὰ παλαίσματα, μήτε ἀσαφεῖς τινας ἢ κιβδήλους ἢ σκολιὰς παρεῖχε τὰς γραμμάς.

Ἐκ τῶν περὶ Κίμωνος.

Ὅτι ὁ Κίμων Μιλτιάδου μὲν ἔφυ πατρός, εὐήθης δὲ τὰ πρῶτα δόξας ὕστερον ἐν πολλοῖς καὶ στρατηγῶν εὐδοκίμησεν. Ἐξοστρακισθεὶς δὲ κατῆλθε, καὶ στρατηγήσας ἐνίκησεν ἐπ' Εὐρυμέδοντι [ποταμῷ] καὶ κατὰ γῆν καὶ κατὰ θάλατταν. Τέθνηκε δὲ τὸ Κίτιον τῆς Κύπρου πολιορκῶν.

Ἐβουλόμην δ' ἂν καὶ πρὸς ἄλλον τινά μοι τὸν ἀγῶνα τυγχάνειν ὄντα καὶ μὴ πρὸς Πλάτωνα, καὶ περὶ τούτου λέγω καὶ περὶ τῶν ἄλλων, ἵνα πᾶσιν οἷς εἶχον ἐχρώμην θαρρούντως, καὶ μὴ συνέβαινέ μοι παραπλήσιον ὥσπερ ἂν εἰ πλέων, καὶ παρὸν ἐξ οὐρίας κομίζεσθαι, εἶτα ὑφιέμην ὑπὸ δειλίας, ἢ καὶ ἵπποις ἀγωνιζόμενος, ἐξὸν καὶ ταχὺ καὶ τοσοῦτον ὅσον βούλομαι παρενεγκεῖν, εἶτ' ἀνεῖχον ἐξεπίτηδες φειδοῖ τοῦ προειληφότος · οὕτω πολὺ πλέον ποιοῦμαι [λόγον] μηδὲν ἀπηχὲς εἰς Πλάτωνα τυχεῖν εἰπὼν μηδ' ὡσπερεὶ θρασύνεσθαι δοκεῖν ἢ ἐκείνων ἕκαστον ἐπαινέσαι, εἰκότως · [426 a] οὐδὲ γὰρ ἐλάττονος ἄξια χάριτός μοι τὰ πρὸς τοῦτον. Οὐ μὴν ἀλλ' εἴ γε ἄμφω συμβήσεται καὶ τὰς κατ' ἐκείνων αἰτίας ἀπολύσασθαι καὶ Πλάτωνι πᾶν ὅσον αἰδοῦς καὶ τιμῆς ἔξεστι σεσωκέναι, καὶ προσέσται τὸ δίκαιον ἀμφο-

16 μηδεὶς MAr. : μηδ' A ‖ **19** οἵους M²Ar. : οὓς A ‖ **23** ἐκ — Κίμωνος *edd.* : Περικλῆς. Κίμων. Ἐκτῶν περὶ τοῦ Κίμωνος *codd.* ‖ **24** μὲν A¹ *s. v.* M : *om.* A ‖ **26** κατῆλθε M : καθεῖλε A² *quid prius praeb.* A *non liquet* ‖ ποταμῷ M³ ‖ **37** πλέον AM : πλείω M³Ar. ‖ λόγον M³Ar. ‖ **39** ἢ MAr. : *om.* A.

aura de toute façon sa modeste part[1].

Car, si nous définissons les contraires par les contraires, comment chaque chose conservera-t-elle encore pour nous sa nature propre? En effet, si le pouvoir est servitude, rien d'autre ne pourrait aisément éviter la servitude. Et si nous posions en principe que le pouvoir est servitude, qu'est-ce donc qui nous empêche, en vertu du même raisonnement, de poser que la servitude est aussi pouvoir? Il s'ensuit que notre proposition tourne en rond sans jamais s'arrêter ; le pouvoir qui a été auparavant servitude redevient pouvoir par la servitude et, en retour, la servitude, auparavant considérée comme pouvoir, retourne à la condition de servitude à cause du pouvoir lui-même. [Et ainsi, ces noms iront à l'aventure] et changeront de sens parce qu'ils sont les noms de réalités contraires ou, si l'on veut, parce qu'ils sont les contraires de la réalité qu'ils désignent[2].

De la réalité, a-t-il dit, et c'est grave puisqu'il a conclu de son raisonnement que pouvoir et servitude sont une seule et même chose[3].

Voilà, Platon, les serviteurs qu'il donnait à l'Hellade si bien que, tant que Cimon vécut, il ne restait aux barbares qu'à mourir de peur devant les Hellènes[4].

La figure est de Démosthène car il a dit : « Ils sont morts de peur devant les expéditions » et « par peur devant les Hellènes » au lieu de « par peur des Hellènes » ou bien « parce qu'ils étaient effrayés devant les Hellènes au point d'en être près de mourir »[5].

Mais [, par Zeus,] ils l'ont banni pour ne plus entendre sa voix [pendant dix ans]. Et ils l'ont rappelé avant que les dix années fussent écoulées afin d'entendre sa voix, tant ils l'avaient regretté. Et toi qui les

1. II, p. 203, 3-10. — 2. II, p. 204, 21-205, 5.
3. Cf. III, p. 520, 5-9.
4. II, p. 210, 17-20.
5. Cf. III, p. 526, 15-20. Allusion à Démosthène, *Phil.*, 1, 45.

τέροις μετρίως ἂν ἔχοι τὸ δίκαιον πανταχῇ. Εἰ γὰρ τἀναντία τοῖς ἐναντίοις ὁριούμεθα, πῶς ἕκαστον ἔθ' ἡμῖν σώσει τὴν ἑαυτοῦ φύσιν; Εἰ γὰρ ἡ ἀρχὴ δουλεία, σχολῇ γ' ἂν ἄλλο τι δουλείαν ἐκφύγοι. Κἂν εἴ γε τὴν ἀρχὴν δουλείαν εἶναι τιθείημεν, τί κωλύει καὶ τὴν δουλείαν ἀρχὴν τοῖς αὐτοῖς τούτοις τιθέναι λόγοις; Κἀκ τούτου περίεισιν ἡμῖν ἡ θέσις καὶ οὐδέποτε ἐν τῷ αὐτῷ μένει, ἀλλ' ἡ μὲν ἀρχὴ δουλεία πρότερον γενομένη δι' ἐκείνης πάλιν ἀρχὴ γίνεται, ἡ δ' αὖ δουλεία πρότερον ἀρχὴ νομισθεῖσα ὑπ' αὐτῆς τῆς ἀρχῆς ἐπάνεισι δουλεία πάλιν εἶναι. [Καὶ οὕτω πλανήσεται] καὶ μεταχωρήσει τὰ ὀνόματα ταῦτα, τῶν ἐναντίων πραγμάτων ὄντα, εἰ δὲ βούλει, τὰ ἐναντία τοῦ πράγματος.

Τοῦ πράγματος εἶπε, δεινῶς ἐπειδὴ ἓν καὶ ταὐτὸν εἶναι τὴν ἀρχὴν καὶ τὴν δουλείαν κατεσυλλογίσατο.

Τοιούτους ἐπικούρους, ὦ Πλάτων, τοῖς Ἕλλησι παρέσχετο, ὥστε ἕως ἔζη Κίμων, τεθνάναι περιῆν τοῖς βαρβάροις τῷ φόβῳ τοὺς Ἕλληνας.

Δημοσθενικὸν τὸ σχῆμα· ἔφη γάρ· « τεθνᾶσι τῷ δέει τοὺς ἀποστόλους ». Τῷ δὲ φόβῳ τοὺς Ἕλληνας ἀντὶ τῷ φόβῳ τῶν Ἑλλήνων, ἢ ὅτι κατέπτηξαν τοὺς Ἕλληνας οὕτως ὡς ἐγγὺς τοῦ τεθνάναι γενέσθαι.

Νὴ Δί', 'αλλ' ἐξωστράκισαν αὐτόν, ὅπως αὐτοῦ [δέκα ἐτῶν] τὴν φωνὴν μὴ ἀκούσειαν. Καὶ πάλιν γε κατήγαγον, πρὶν τὰ δέκα ἐξήκειν ἔτη, ἵνα αὐτοῦ τὴν φωνὴν ἀκούσειαν· οὕτως ἐπόθησαν. Σὺ δὲ ὡς μὲν κατέγνωσαν, λοι-

[426 a] **5** τὸ δίκαιον AM : *del.* M³ *non habet* Ar. || **15** καὶ — πλανήσεται M³Ar. || **18-19** τοῦ — κατεσυλλογίσατο A¹ *mg.* : *om.* AM || **23-26** Δημοσθενικὸν — γενέσθαι A : *om.* M || **24** δὲ A¹ *s. v.* : *om.* A || **25** ὡς ἐγγὺς *edd.* : ἐγγὺς ὡς A || **27** νὴ Δι' ἀλλ' M³ : νὴ Δία ἀλλ' Ar. ἀλλ' A ἀλλ' ὡς M || δέκα ἐτῶν M³ Ar. || **28** *et* **29** τὴν φωνὴν AM : τῆς φωνῆς M²Ar. || **30** λοιδορῇ AM : λέγεις M³ *v. l.* Ar.

gourmandes pour l'avoir condamné, tu ne considères pas qu'ils l'ont absous. Et tu parles des décisions injustes qu'ils ont prises dans les deux cas, sans estimer que leurs décisions justes sont une réparation de leurs actions précédentes et que celui qui a été gracié recevait une grande preuve de confiance dans sa vertu. Et, à ce qu'il semble, ceux qui ont prononcé la condamnation ont changé d'avis d'eux-mêmes et n'en sont pas restés à leur décision première, ce que toi tu leur reproches comme un grief capital ; tu n'as pas jugé bon, imitant en cela les Athéniens, d'acquitter l'homme, mais tu les as imités dans ce qu'ils ont fait de trop dur, laissant de côté tout le reste[1].

Et cependant, c'est un titre de vertu bien plus grand [426 b] et plus beau d'être rappelé après avoir été banni que de n'avoir pas été banni du tout, sort qui, évidemment, peut échoir à n'importe qui, l'autre étant exceptionnel ; n'avoir pas été banni peut être le résultat du hasard, mais le rappel ne s'explique que par une supériorité reconnue. Car être chassé et banni peut s'expliquer par l'envie ou peut-être par quelque autre cause [analogue] ; mais le rappel d'exil avant le terme et le pardon ne peuvent être dus qu'à la vertu qui fit rougir les Athéniens même à la pensée d'un absent et leur fit comprendre que sa présence leur était utile ; enfin, considération capitale, ils trouvèrent plus juste de se condamner eux-mêmes que de condamner Cimon. En sorte que, s'il faut considérer l'homme en lui-même, comment juger la faute commise contre lui ? S'il faut le considérer en le comparant aux autres, il est évident qu'il a reçu des honneurs exceptionnels. [Mais nous n'en sommes pas encore là ; ces faits viendront peut-être bientôt plus à propos[2]].

[Assurément dans l'Apologie commune].

Miltiade. L'exorde[3].

1. II, p. 212, 3-213, 2.
2. II, p. 213, 9-214, 2.
3. Ces deux titres sont l'un du correcteur M[3] et l'autre du copiste de M.

δορῇ, ὡς δὲ μετέγνωσαν, οὐκ ἐνθυμῇ. Καὶ ἃ μὲν οὐ δικαίως ἐψηφίσαντο κατ' ἀμφοτέρων λέγεις, ἃ δὲ ὀρθῶς ἐβουλεύσαντο, οὐχ ἡγῇ τοῖς μὲν προαχθεῖσι παραίτησιν τῷ δὲ ἀφεθέντι μεγάλην πίστιν τῆς ἀρετῆς ἔχειν. Καὶ ὡς ἔοικεν, οἱ μὲν καταγνόντες αὐτοὶ μετέγνωσαν καὶ οὐκ ἔμειναν ἐφ' ὧν ἔγνωσαν ἐξ ἀρχῆς, σὺ δὲ ὥσπερ τι κύριον ἐγκέκληκας, καὶ οὐκ ἠξίωσας ταύτῃ μιμήσασθαι τοὺς Ἀθηναίους, ἀφεὶς τὸν ἄνδρα τῆς αἰτίας, ἀλλ' ὃ μὲν ἦν χαλεπώτερον αὐτῶν ἐμιμήσω, τὸ δὲ λοιπὸν εἴασας.

Καὶ μὴν πολὺ μεῖζον καὶ κάλλιον εἰς ἀρετῆς
[426 b] λόγον ἐκπεσόντα κατελθεῖν ἢ μὴ φυγεῖν ὅλως. Τὸ μὲν γὰρ καὶ τοῖς τυχοῦσιν ὑπάρχει δήπου, τοῦτο δὲ οὐ κατὰ τοὺς πολλοὺς ἄνδρας ἦν· κἀκεῖνο μὲν ἂν τῇ τύχῃ τις εἶχε λογίζεσθαι, τοῦτο δὲ τῷ κρείττονα ἢ κατὰ τοὺς ἄλλους ὄντα γινώσκεσθαι. Τοῦ μὲν γὰρ ἐκπεσεῖν καὶ φεύγειν φθόνος αἴτιος καὶ τάχα ἄν τι καὶ ἄλλο [τοιοῦτο] φανείη, τῆς δὲ πρὸ τοῦ χρόνου κλήσεως καὶ παρακλήσεως οὐδὲν ἔσθ' ἕτερον πλὴν τῆς ἀρετῆς αἰτιᾶσθαι, δι' ἣν καὶ ἀπόντα ᾐσχύνοντο καὶ παρεῖναι λυσιτελεῖν αὐτοῖς ὑπελάμβανον, καὶ τὸ μέγιστον σφῶν αὐτῶν καταγινώσκειν μᾶλλον ἠξίουν ἢ ἐκείνου. Ὥστε εἰ μὲν αὐτὸν ἐφ' ἑαυτοῦ δεῖ σκοπεῖν, τί δεῖ λέγειν, εἴ τις εἰς ἐκεῖνον ἐξήμαρτεν; Εἰ δὲ ἀπὸ τῶν ἄλλων αὐτὸν δεῖ θεωρῆσαι, διαφερόντως οὗτος τιμηθεὶς φαίνεται. [Ἀλλὰ μή πω ταῦτα, αὐτίκα γὰρ μᾶλλον ἴσως ἁρμόσει.]

[ἤγουν ἐν τῇ κοινῇ ἀπολογίᾳ].

Μιλτιάδης, τὸ προοίμιον.

31 μετέγνωσαν M^{3}Ar. : ἀπέγνωσαν AM ‖ **32** ἐψηφίσαντο AAr. : κατεψηφίσαντο M ‖ **33** προαχθεῖσι MAr. : προσαχθεῖσι A ‖ **34** μεγάλην AM : μεγίστην M^{3} *v. l.* Ar.

[426 b] **2** ὑπάρχει A^{2}MAr. : οὐχ ὑπάρχει A ‖ **4** λογίζεσθαι AAr. : λογίσασθαι M ‖ **6** τοιοῦτο M^{3}Ar. ‖ **9** παρεῖναι AMAr. : παρόντα A^{2} ‖ αὐτοῖς Photius : αὑτοῖς Ar. ‖ **14** οὗτος A^{1}MAr. : οὕτως A οὑτοσὶ A^{2} ‖ **14-15** ἀλλὰ — ἁρμόσει M^{3}Ar. ‖ **16** ἤ γουν — ἀπολογίᾳ M^{3} ‖ **17** Μιλτιάδης A *et* M *ut vid.* : Μιλτιάδου M^{2} ὑπὲρ Μιλτιάδου M^{3}.

J'en arrive maintenant dans mon exposé à Miltiade lui-même que je serais bien gêné de louer plutôt que de le blâmer, tant il me semble que tout ce que je vais dire est au-dessous de ce que je veux dire[1].

Miltiade avait depuis longtemps persuadé aux Athéniens de considérer les lois comme leurs seuls maîtres, de ne faire passer aucun motif de crainte avant le bien et la justice, et de ne considérer aucune nécessité assez forte pour les contraindre à s'avilir. C'est selon ces principes qu'il en usait avec eux[2].

Mais comme les laboureurs font la moisson un certain temps après les semailles et non tandis qu'ils sèment, ainsi Miltiade, qui avait établi son autorité sur eux par des accords anciens, les avait prêts à servir au moment voulu, sans qu'ils eussent à apprendre leurs leçons à l'instant où la nécessité se présenterait — [car, dans ce cas, son peuple se serait mal comporté dans la lutte] — mais il les avait exercés dans le temps de la liberté en vue de la nécessité[3].

Dis-toi donc bien que, sous Miltiade, il en est qui ont tiré le plus grand avantage de sa force, d'autres plus ou moins et [re]prends la moyenne des deux termes de l'alternative. Il arrive que, dans la foule, quelqu'un soit assez dur d'oreille ; le soleil lui-même ne peut réchauffer tout le monde et on a déjà vu des gens frissonner en plein midi dans un accès de fièvre[4].

Mais cette conjoncture, telle un héraut, appelait le plus courageux des Hellènes, celui qui s'était livré depuis longtemps aux meilleurs calculs, celui qui savait com-
[427 a] ment on sauve et comment on se sauve[5].

Et si, à partir de la venue même des hérauts et de la réponse qu'ils reçurent, on proclama aux Athéniens qu'il fallait supporter le combat pour la liberté des Hellènes, ne pas abdiquer leur fierté, ne pas jeter leurs armes, ne pas

1. II, p. 214, 20-22.
2. II, p. 218, 6-11.
3. II, p. 218, 16-22.
4. II, p. 221, 12-18.
5. II, p. 227, 1-5.

Περιήκει δ' ἡμῖν ὁ λόγος εἰς αὐτὸν Μιλτιάδην, ὃν ἐγὼ μᾶλλον αἰσχυνοίμην ἐπαινῶν ἢ ψέγων· οὕτω μοι δοκῶ πάντα ἂν ἔλαττον εἰπεῖν ἢ βούλομαι.

Μιλτιάδης δὲ πάλαι πεπεικὼς ἦν 'Αθηναίους μηδένα δεσπότην πλὴν τῶν νόμων ἡγεῖσθαι, μηδὲ τοῦ καλοῦ καὶ δικαίου μηδένα κρείττω νομίσαι φόβον, μηδ' οὕτως ἀνάγκην ἰσχυρὰν δι' ἣν προσήκειν γενέσθαι χείροσι. Διὰ ταῦτα εἶχεν ὅ τι χρῷτο αὐτοῖς.

'Αλλ' ὥσπερ οἱ γεωργοὶ πολλοστῷ μηνὶ τῶν σπερμάτων τὴν ἐπικαρπίαν κομίζονται, καὶ οὐχ ἅμα τῷ καταβαλεῖν, οὕτω καὶ ἐκείνους Μιλτιάδης παλαιαῖς ὁμολογίαις κατειληφὼς εἶχεν ἐν καιρῷ χρησίμους οὐκ ἐπὶ τῆς χρείας λαμβάνοντας τὰ μαθήματα [αἰσχρῶς γὰρ ἂν οὕτω γε χορὸς ἠγωνίσατο αὐτῷ] ἀλλ' ἐπὶ τῆς ἐξουσίας εἰς τὴν χρείαν ἠσκημένους.

Οἵου τοίνυν καὶ Μιλτιάδου προεστῶτος τοὺς μὲν ὡς πλεῖστον τῆς ἐκείνου δυνάμεως ἀπολαῦσαι, τοὺς δὲ μέσως· κἂν τῷ μέσῳ τὸ παραλλὰξ [αὖ] τίθει. Γένοιτο δ' ἄν τις ἐν πλήθει καὶ περὶ ὦτα ἀτυχέστερος· οὔ τοι πάντας οὐδ' ὁ ἥλιος οἷός τέ ἐστι θερμαίνειν, ἀλλ' ἤδη τις ἐν καθαρῷ τῆς μεσημβρίας ἐρρίγωσε, τῆς καταβολῆς ἐπελθούσης.

'Αλλ' ἐκεῖνος ὁ καιρὸς ὥσπερ κῆρυξ ἐκάλει τῶν Ἑλλήνων τὸν ἀνδρειότατον καὶ τὸν ἐκ πλείστου τοῖς ἀρίστοις λογισμοῖς ὡμιληκότα, [427 a] καὶ ὅστις οἶδεν ὅπως δεῖ σῴζειν τε καὶ σῴζεσθαι.

Εἰ δ' ἀπ' αὐτῶν τῶν κηρύκων ἀρξάμενοι καὶ τῆς ἀποκρίσεως προηγόρευον 'Αθηναίοις ὅτι δεῖ μελετᾶν τὸν ὑπὲρ τῆς τῶν Ἑλλήνων ἐλευθερίας ἀγῶνα καὶ μὴ λιπεῖν τὴν τοῦ φρονήματος τάξιν καὶ οὐ τὰ ὅπλα ῥίψαν-

28 καταβαλεῖν AM²Ar. : καταλαβεῖν M *ut vid.* ‖ **29** ἐν Photius : ἐν τῷ Ar. ‖ **30-31** αἰσχρῶς — αὐτῷ M³Ar. ‖ **35** αὖ M³Ar. ‖ **36** οὔ τοι AM³Ar. : οὗτοι M.

[427 a] **2** ἀπ' αὐτῶν M³Ar. : ἁπάντων AM.

céder à leurs craintes, mais reprendre leurs armes, dominer leurs craintes et considérer au contraire comme une seule crainte terrible et intolérable celle de céder à des gens qui ne les valaient pas et de déchoir de leur dignité ancestrale ; si, en tenant ce langage, et après s'être ainsi préparés, ils jugèrent bon d'aller au-devant de la décision capitale et d'accepter ce qui arriverait, convaincus d'être gagnants dans les deux éventualités, je ne vois pas en quoi ces conseils sont ceux d'un mauvais serviteur ou en quoi ils ressemblent aux calculs du pilote[1].

Tu vois combien il a surpassé le pilote. Car tous ceux qu'il a convaincus ont été grands et ont péri dans la grandeur, terminant leur vie de la façon la plus belle parmi tous les Hellènes ; ils ont un tombeau comme monument de leur valeur et, sous la terre où ils sont, ils gardent la terre elle-même au lieu d'être tenus par elle ; et, à peu de chose près, ils pourraient prendre pour eux la parole d'Hésiode sur la fin de la race d'or : « Ceux qu'on appelle divinités saintes, souterraines, les divinités favorables qui détournent le malheur, les gardiens des hommes mortels[2]. » Et de ces grands hommes, en les appelant sinon des divinités, du moins des êtres divins, on peut [dire] hardiment qu'ils sont des gardiens souterrains et des sauveurs des Hellènes, capables de détourner le malheur, qu'ils sont parfaits, qu'ils protègent le pays aussi bien qu'Œdipe dans son tombeau de Colone ou que tous ceux qu'en n'importe quel autre endroit du pays les vivants croient opportunément ensevelis[3].

Et certes, Pan, le fils d'Hermès, est un artiste en matière d'éloquence : le mot est de Platon[4]. Considère donc de quel poids est le témoignage de sa sagesse et que,

1. II, p. 227, 16-228, 5.
2. Hésiode, *Travaux*, 122-123, trad. Mazon.
3. II, p. 229, 21-230, 9.
4. II, p. 231, 3-5. Allusion à Platon, *Phèdre*, 263 d.

τας οὐδὲ τοῖς φόβοις εἴξαντας, ἀλλ' ἀναλαβόντας τὰ ὅπλα καὶ τῶν φόβων κρείττους γενομένους, μᾶλλον δὲ ἕνα τοῦτον φόβον καὶ δεινὸν καὶ ἀφόρητον νομίσαντας, εἶξαι τοῖς χείροσι καὶ παραχωρῆσαι τοῦ πατρίου σχήματος, εἰ ταῦτα λέγοντας καὶ οὕτω παρεσκευασμένους ἠξίουν ἀπαντᾶν ἐπὶ τὴν κρίσιν τὴν περὶ τῶν ὅλων καὶ δέχεσθαι τὸ ἐκβησόμενον ὡς ἐπ' ἀμφότερα ὁμοίως κερδανοῦντας, οὐχ ὁρῶ τίνα ταῦτ' ἔχει διακονίαν ἀγεννῆ, ἢ πῶς ἔοικε τοῖς τοῦ κυβερνήτου λογισμοῖς.

Ὁρᾷς ὅσῳ τὸν κυβερνήτην παρελήλυθε. Καὶ γάρ τοι ὅσοι μὲν τοῦτ' ἐπείσθησαν αὐτῷ, σεμνοὶ σεμνῶς κεῖνται, κάλλιστα δὴ πάντων Ἑλλήνων καταλύσαντες τὸν αἰῶνα, μνημεῖον τῆς ἀρετῆς τὸν τάφον κεκτημένοι, καὶ ὑπὸ γῆς ὄντες τὴν γῆν φυλάττοντες αὐτήν, ἀλλ' οὐχ ὑπ' αὐτῆς ἐχόμενοι, τῆς Ἡσιόδου προσρήσεως ἐγγύτατα ἥκοντες μετέχειν, ἣν ἐκεῖνος εἰς τὴν τοῦ χρυσοῦ γένους τελευτὴν ἐποίησεν εἰπών·

οἱ μὲν δαίμονες ἁγνοὶ ὑποχθόνιοι καλέονται,
ἐσθλοί, ἀλεξίκακοι, φύλακες θνητῶν ἀνθρώπων.

Κἀκείνους πλὴν ὅσον οὐ δαίμονας ἀλλὰ δαιμονίους καλῶν, θαρρούντως ἂν ἔχοις [λέγειν] ὑποχθονίους τινὰς φύλακας καὶ σωτῆρας τῶν Ἑλλήνων ἀλεξικάκους καὶ πάντα ἀγαθούς, καὶ ῥύεσθαί γε τὴν χώραν οὐ χεῖρον ἢ τὸν ἐν Κολωνῷ κείμενον Οἰδίπουν, ἢ εἴ τις ἄλλοθι που χώρας ἐν καιρῷ τοῖς ζῶσι κεῖσθαι πεπίστευται.

Καὶ μὴν τεχνικόν γε εἶναι περὶ λόγους Πᾶνα τὸν Ἑρμοῦ Πλάτωνος ἡ φωνή. Σκέψαι δὴ καὶ τοῦτο, ὁπόσον τι τῆς ἐκείνου σωφροσύνης τεκμήριον, καὶ ὅτι, εἰ χρυσῆν

21-22 τοῦ — τελευτὴν *edd.* : γένους τελευτὴν AM τελευτὴν τοῦ χρυσοῦ γένους M^3 *v. l.* Ar. || **22** ἐποίησεν MAr. : ἐποίει A^2 *quid prius praeb.* A *non liquet* || **26** ἔχοις Ar. : ἔχεις M^3 ἔχειν AM || λέγειν M^3Ar. || ὑποχθονίους A^2MAr. : *quid prius praeb.* A *non liquet* || **30** χώρας A : τῆς χώρας MAr. || καιρῷ AMAr. : καλῷ A^2.

si son âme était en or, il n'en aurait pas apporté une plus belle preuve. Je pense que, même jugé devant un tribunal de dieux, Miltiade aurait été complètement acquitté, et non pas comme Oreste qui n'obtint que la moitié des suffrages. A juste titre : Oreste, en effet, avait tué sa mère en toute justice ; lui avait sauvé l'Hellade en toute justice et il avait offert le plus beau remerciement pour avoir été nourri par elles non seulement à sa patrie, mais aussi toute à la communauté de la race hellé-
[427 b] nique. [En effet, dans chaque cité, des hommes différents sont considérés comme fondateurs, mais on peut le considérer, lui, en toute justice, comme le fondateur commun de l'Hellade.]

Et je pense, quant à moi, que l'accusation dont il fut l'objet plus tard, s'il faut aussi en parler, est le signe le meilleur de son caractère exceptionnel. On pensait, en effet, que personne n'égalait sa valeur et que, là où Miltiade se trouvait, rien n'était insurmontable ni imprenable. Et alors, dois-je croire qu'un homme aussi courageux, aussi sensé, aussi sage, aussi appliqué durant toute sa vie à pratiquer la vertu, se soit abandonné à quelque genre de flatterie ? Lui qui, alors qu'il passait en justice, ne montra pas ses blessures aux juges, ne versa pas de larmes, ne fit pas monter d'enfants au banc des accusés alors qu'il avait un fils, Cimon, cet homme, est-ce [ainsi] que je vais pouvoir le proclamer [pompeusement] un flatteur ? [Était-ce à cela que se ramenaient son action politique et sa vie, à la flatterie ?] Et comment ne nous accuserait-on pas à juste titre d'être nous-mêmes des flatteurs et de faire une besogne d'esclaves et non une besogne d'hommes libres si, pour chercher à plaire à

ἐτύγχανεν ἔχων τὴν ψυχήν, οὐκ ἂν αὐτῇ καλλίω βάσανον προσήνεγκεν. Οἶμαι δὲ κἂν ἐν θεῶν δικαστηρίῳ κρινόμενον Μιλτιάδην ἁπάσας ἀποφυγεῖν, οὐχ ὥσπερ τὸν Ὀρέστην φασὶ τὰς ἡμισείας μεταλαβόντα. Εἰκότως · ὁ μὲν γὰρ τὴν μητέρα ἀπέκτεινε δικαίως, ὁ δὲ τὴν Ἑλλάδα ἔσωσε δικαίως, καὶ τὰ τροφεῖα κάλλιστα ἀνθρώπων ἐξέτισεν οὐ μόνον τῇ πατρίδι ἀλλὰ καὶ τῇ κοινῇ φύσει τοῦ γένους τοῦ Ἑλληνικοῦ. [Καὶ γάρ [427 b] τοι κατὰ πόλεις μὲν ἄλλους ἄλλοι νομίζουσιν ἀρχηγέτας, κοινὸν δὲ τῆς Ἑλλάδος ἀρχηγέτην ἐκεῖνον δικαίως ἄν τις ἡγοῖτο.]

Νομίζω δ' ἔγωγε καὶ τὴν αἰτίαν, ἣν ὕστερον ἔσχεν, εἰ δεῖ τι καὶ περὶ ταύτης εἰπεῖν, ἤδη μέγιστον σύμβολον εἶναι τοῦ πολλῷ τινι τῶν ἄλλων ἐκεῖνον διενεγκεῖν. Ἅπαντας γὰρ ἠξίουν ἡττᾶσθαι τῆς ἀρετῆς τῆς ἐκείνου, καὶ μηδὲν ἀήττητον εἶναι μήδ' ἀνάλωτον ὅπου Μιλτιάδης παρείη. Εἶτ' ἐγὼ τὸν οὕτως ἀνδρεῖον καὶ φρόνιμον καὶ σώφρονα, τὸν διὰ βίου μελετήσαντα ἀρετήν, τοῦτον κολακείας μορίῳ σχολάσαι δοκῶ; Τὸν οὐδ' ὅτε ἐκρίνετο, οὐδὲν πλέον τοῖς δικασταῖς δείξαντα τοῦ τραύματος, οὐ δακρύσαντα, οὐ παιδία ἀναβιβασάμενον, ὄντος αὐτῷ Κίμωνος, τοῦτον ἐγὼ κόλακα [οὑτωσὶ] προσείπω [μεγαλοπρεπῶς; Καὶ τοῦτ' ἦν τὸ κεφάλαιον τῶν ἐκείνῳ πεπολιτευμένων καὶ βεβιωμένων, κολακεία;] Καὶ πῶς οὐ δικαίως ἄν τις ἡμᾶς αἰτιῷτο αὐτοὺς κολακεύειν, καὶ διακόνων ἔργον οὐκ ἐλευθέρων ποιεῖν, εἰ τὴν

36 κρινόμενον Μιλτιάδην AM : Μιλτιάδην κρινόμενον M³ *v. l.* Ar. ‖ ἁπάσας AMAr. : ἁπάσαις M³ *v. l.* Ar. ‖ **40** ἐξέτισεν AM³ *v. l.* Ar. : ἀπέτισεν M ‖ **41-43** καὶ γάρ — ἡγοῖτο M³Ar.

[427 b] **3** ἦν AM³Ar. : *om.* M ‖ **6** ἅπαντας AMAr. : ἅπαντες A² ‖ **12** παιδία MAr. : παιδί A ‖ **13** αὐτῷ M²Ar. : αὐτοῦ AM ‖ οὑτωσὶ M³Ar. ‖ **14-15** μεγαλοπρεπῶς — κολακεία M³Ar. ‖ **16** αἰτιῷτο AM³Ar. : αἰτιάσαιτο M.

quelqu'un d'autre, nous ruinons délibérément la vérité[1]?

Thémistocle.
L'exorde.

Il nous reste donc à parler de Thémistocle qui méritait moins que personne de n'avoir la première place que pour avoir eu la deuxième[2], et pourtant, il est certainement le seul homme à qui cette aventure [même] soit arrivée. Bien plus, lui trouver un second serait peut-être difficile. Car pour moi, Thémistocle dépasse le grand Marathon[3] — appelle-le comme tu veux — en tout ce qui lui arriva — comment le dire adéquatement — autant que Xerxès, tout le monde le sait, a surpassé Darius dans ses préparatifs. Et bien sûr, le premier a vaincu les sous-ordres du roi ; Thémistocle, lui, a vaincu le roi en personne. Après la bataille de Marathon, le roi entreprit une nouvelle expédition ; après la bataille navale de Salamine, il s'enfuit. En effet, devant la première [défaite], il s'était mis en colère, mais, devant la seconde, il capitula si complètement qu'il crut avoir assez gagné en assurant son salut personnel. Il savait, en effet, que la première fois, seul un petit contingent de toute son armée était venu, mais, cette fois-ci, c'était avec presque toutes ses troupes qu'il avait été vaincu[4].

Miltiade a fait preuve de son courage dans une seule affaire, encore qu'il en ait fait usage à fond dans toute son activité politique. Thémistocle, lui, c'était toujours la seconde place qui l'attendait, une seconde place supérieure à la première et le proverbe s'applique bien [428 a] à son cas : en effet, une vague le laissait là et une autre le reprenait jusqu'à ce qu'il franchît la troisième

1. II, p. 237, 7-238, 4.
2. Le sens de cette phrase s'éclaire par ce qu'on lit en 430 a 21-39, *infra*, p. 100.
3. Cf. Plutarque, *Cimon*, p. 481 e.
4. II, p. 238, 7-239, 10.

ἑτέρου χάριν διώκοντες τἀληθὲς ἑκόντες διαφθείροιμεν;

Θεμιστοκλῆς
τὸ προοίμιον

Λοιπὸς τοίνυν Θεμιστοκλῆς, ἥκιστα δὴ πάντων ἄξιος ἐκ δευτερείων τὰ πρωτεῖα ἔχειν, εἰ τὰ μάλιστα καὶ τοῦτο [αὐτὸ] ἐκείνῳ μόνῳ τῶν πάντων ὑπάρξαν φαίνεται· Ἀλλὰ μᾶλλον ὅστις ἐκείνου δεύτερος, τοῦτο ἴσως ἔργον εὑρεῖν. Τοσούτῳ γὰρ ἡμῖν τὸν Μαραθῶνα, τὸν πάνυ, τὸν ὡς βούλει λέγε, τοσούτῳ δ' οὖν ἐκεῖνον ὑπερεβάλλετο πᾶσι τοῖς εἰς αὐτὸν ἐλθοῦσι πῶς ἂν εἴποιμι ὁμολογουμένως, ὅσῳ Ξέρξης Δαρεῖον ταῖς παρασκευαῖς ἅπασι δῆλός ἐστιν ὑπερβαλλόμενος. Καὶ μὴν ὁ μὲν τοὺς ὑπάρχους τοῦ βασιλέως, ὁ δὲ αὐτὸν ἐνίκα βασιλέα. Καὶ μετὰ μέν [γε] τὴν Μαραθῶνι μάχην αὖθις ἐπεστράτευσε, μετὰ δὲ τὴν ἐν Σαλαμῖνι ναυμαχίαν φεύγων ᾤχετο. Πρὸς μὲν γὰρ ἐκείνην [τὴν ἧτταν] παρωξύνθη, πρὸς δὲ ταύτην ἀπεῖπεν, ὡς ἱκανὸν κέρδος ἡγεῖτο, ἂν σωθῇ. Ἤιδει γὰρ τότε μὲν πολλοστὸν μέρος τῆς πάσης ἐλθὸν δυνάμεως, νῦν δὲ σχεδὸν μετὰ πάντων ἀνθρώπων ἡττώμενος.

Μιλτιάδῃ μὲν οὖν εἰς ἓν κεφάλαιον ἡ τῆς ἀνδρείας ἀπόδειξις ἧκεν, εἰ καὶ τὰ μάλιστα ἐχρῆτο αὐτῇ παρὰ πᾶσαν τὴν πολιτείαν· Θεμιστοκλέα δὲ ἀεὶ τὰ δεύτερα τῶν προτέρων μείζονα ἐξεδέχετο, καὶ τὸ τῆς παροιμίας αὐτῷ περιειστήκει· τὸ μὲν γὰρ ἔλειπεν αὐ-
[428 a] τὸν κῦμα, τὸ δὲ ἐγκατελάμβανεν, ἕως διεξῆλθε διὰ

19 Θεμιστοκλῆς] Μιλτιάδης. Θεμιστοκλῆς A : ὑπὲρ Θεμιστοκλέους M || **23** αὐτὸ M³Ar. || **24** τοῦτο ἴσως MAr. : τούτῳ ἴσον A² *quid prius praeb.* A *non liquet* || **25-26** τοσούτῳ — λέγε (Μαραθῶνι M³Ar.) AM³Ar. : *om.* M || **28** ὅσῳ MAr. : ὡς ὁ A || **29** ὑπερβαλλόμενος Photius : ὑπερβαλόμενος Ar. || **31** γε M³Ar. || αὖθις MAr. : οὐδεὶς A || **33** τὴν ἧτταν M³Ar. || **34** ὡς A : ὥσθ' M Ar. || **35** μὲν *hic* AM³Ar. : *post* ᾔδει *ponit* M || **39-40** ἀεὶ τὰ δεύτερα AM : τὰ δεύτερα ἀεὶ M³ *v. l.* Ar. || **41** ἔλειπεν A¹ : ἔλιπεν AMAr.

en vainqueur[1]. Qu'est-ce donc qui nous empêche de montrer brièvement dans quelles circonstances graves Thémistocle a été l'homme qu'il a été[2]? Et pourtant, [cela] ne servira peut-être à rien ! Car qui pourrait le voir clairement à travers des événements qu'il est impossible d'évoquer par la parole? A moins qu'en se disant, à propos d'événements dont il est impossible de parler comme on le veut, que lui les menait comme il voulait. En effet, pendant dix ans, sans désemparer, tout un continent fut en travail, tous ses hommes eurent à cœur de venger Marathon ; partout sur terre et sur mer, les préparatifs battaient leur plein. Et quand, sur ces entrefaites, l'Égypte se fut révoltée, le roi ne s'en soucia pas et il resta attaché aux mêmes projets : il avait, en effet, réduit aisément cette sédition. La dixième année, on vit se concentrer toutes les populations des régions les plus éloignées et toutes les races d'hommes comme si tous les peuples du monde changeaient d'habitat; et le roi partait avec la crainte que l'Hellade ne pût héberger ces masses humaines comme si, en commandant à son camp, il devenait maître de l'univers [entier] pour toujours et comme il le voulait[3]. Et l'éclipse de soleil qui survint les impressionna moins que la disparition de la terre et de la mer, provoquée par la convoitise du roi plutôt, à mon avis, que par ses besoins[4]. En outre, on construisait des murs afin que le roi pût dénombrer les siens par dizaines de milliers, et le soleil était voilé par les flèches; la mer était toute couverte de navires, la terre grouillait de fantassins, l'air était plein de traits. Être au combat ou y arriver revenait au même car tous se touchaient et tout tremblait comme si Poseidon descendait des cieux[5].

1. II, p. 239, 14-20.
2. Photius 428 a 2-4 τί οὖν— Θεμιστοκλῆς condense fortement le texte d'Aristide, II, p. 240, 21-25.
3. II, p. 240, 21-241, 11.
4. II, p. 241, 17-20.
5. II, p. 242, 2-7.

τῶν τρικυμιῶν νικῶν. Τί οὖν κωλύει δεῖξαι διὰ βραχέων ἐν ποίοις τισὶ πράγμασι ποῖός τις ἦν ὁ Θεμιστοκλῆς; Καίτοι [τοῦτό] γε οὐδὲν ἴσως προὔργου. Ἃ γὰρ οὐκ ἔστιν ἐνδείξασθαι τῷ λόγῳ, πῶς ἄν τις ἐκ τούτων ἐκεῖνον θεωρήσειε; Πλὴν εἰ τοῦτό γε αὐτὸ ἐνθυμηθείς, ὅτι ὑπὲρ ὧν οὐδ' εἰπεῖν ὡς βούλεταί τις ἐγχωρεῖ, ταῦτ' ἐκεῖνος μετεχειρίζετο ὡς ἐβούλετο. Δέκα μὲν γὰρ ἑξῆς ἔτη ὤδινεν ἅπασα ἤπειρος, φιλονεικοῦντες ἅπαντες ἄνθρωποι δίκην τῆς Μαραθῶνι μάχης λαβεῖν· ἡτοιμάζετο δὲ ἐκ πάσης γῆς καὶ θαλάττης πάντα. Αἰγύπτου δὲ ἀποστάσης ἐν τῷ διὰ μέσου βασιλεὺς οὐδὲν σπουδάσας αὖθις ἦν ἐν τοῖς αὐτοῖς· οὕτω ῥᾳδίως ἐκείνην παρεστήσατο. Δεκάτῳ δὲ ἔτει συνῆλθον ἐσχατιαὶ πᾶσαι καὶ γένη πάντα, ὥσπερ μετανισταμένης ἑτέρωσε τῆς οἰκουμένης, καὶ βασιλεὺς ἀπῄει δεδοικὼς μὴ οὐ δέξαιτο τὸ πλῆθος ἡ Ἑλλάς, ὥσπερ ἀρχὴ γῆς [πάσης] τοῦ στρατοπέδου γινόμενος, καθὸ βούλοιτο, ἀεί.

Καὶ οὐ τοσοῦτόν [γ' ἂν] αὐτοὺς ἡ τοῦ ἡλίου συμβᾶσα ἔκλειψις ἐξέπληξεν ὅσον ἡ τῆς γῆς καὶ θαλάττης ἔκλειψις γινομένη πρὸς τὴν τοῦ βασιλέως, ἐμοὶ δοκεῖν, ἐπιθυμίαν μᾶλλον ἢ χρείαν. Πρὸς δὲ τούτοις τείχη μὲν ᾠκοδομεῖτο, ὅπως ἀριθμοίη κατὰ μυρίους, ὁ δὲ ἥλιος συνεκρύπτετο τοῖς τοξεύμασιν, ἦν δὲ πλήρης ἡ μὲν θάλαττα νεῶν, ἡ δὲ γῆ πεζῶν, ὁ δὲ ἀὴρ βελῶν. Παρεῖναι δὲ καὶ μέλλειν ἴσον ἦν ὥστε ἔχεσθαι πάντας· πάντα δὲ ὥσπερ τοῦ Ποσειδῶνος κατιόντος ἐσείετο.

Πάντα

[428 a] **4** τοῦτό M³Ar. ‖ οὐδὲν AM³Ar. : οὐδὲ M ‖ **5** τις AM³ *s. v.* Ar. : *om.* M ‖ **6** ἐνθυμηθείς AM²Ar. : ἐνθυμηθῇς A² *et* M *ut vid.* ‖ **8** μετεχειρίζετο A²M : μετεχείρισεν AM²Ar. ‖ δέκα — ἔτη M³Ar. : δεκάτῳ — ἔτει AM ‖ **9** ἤπειρος Photius : ἡ ἤπειρος Ar. ‖ **10** τῆς AMAr. : τῆς ἐν A² ‖ **12** ἀποστάσης MAr. : ἁπάσης A ‖ **13** ἦν AM³ *s. v.* Ar. : *om.* M ‖ **14** ἐσχατιαὶ AMAr. : αἱ ἐσχατιάι : A² ‖ **17** πάσης M³Ar. ‖ **18** γινόμενος AM : γιγνόμενος M³Ar. ‖ **19** γ' ἂν M³Ar. ‖ **22** ᾠκοδομεῖτο AAr. : ᾠκοδόμητο M ‖ **26** ἴσον ἦν MAr. : ἦν A ἴσως ἦν A².

Thémistocle, qui avait assuré la responsabilité entière des événements, campa sa volonté comme un rempart et, tout seul, il fit front, le regard ferme, aux événements en cours et à ceux à venir, sans détourner les yeux comme font les gens qui regardent le soleil — ce qui fut le cas de presque tous en ce temps-là ; je ne dirai pas qu'il ne déçut pas les Hellènes dans leurs espérances, mais il provoqua un grand changement parmi les événements auxquels ils s'attendaient. Car, alors que la plupart des gens se demandaient comment ne pas endurer le pire, [songeaient à des expédients honteux et à d'impossibles échappatoires], il renversa la situation de telle façon que si, plus tard, après le départ des barbares, quelqu'un avait demandé aux Athéniens s'ils auraient voulu que les barbares n'eussent pas attaqué, s'ils auraient voulu n'avoir pas vécu ces événements et que les dangers qu'ils avaient courus ainsi que leurs exploits eussent été non avenus, tous auraient répondu qu'ils [428 b] [eussent préféré] mourir plutôt que de n'avoir pas fait ce qu'ils avaient fait[1].

S'en falloir de peu, à peu près, presque, il est allé près, on n'était pas loin, je dirai presque, en somme, pour ainsi dire, pour le dire, peu s'en faut, il s'en faut de peu que je dise, à peu près[2].

Ainsi, il n'alla pas seulement au-delà des espérances de ceux qui avaient le plus espéré, mais il alla aussi au-delà de ce que voulaient le plus grand nombre d'entre eux[3].

Car, dis-moi, par les dieux, et sinon, qu'un autre prenne la parole, qu'il dise, qu'il montre ce que devait faire Thémistocle à ce moment-là et comment il devait se comporter devant les circonstances; devait-il réunir les Athéniens sur la Pnyx, discuter avec eux sur les

1. II, p. 243, 13-244, 6.
2. Je n'ai pas retrouvé cette scolie parmi celles de Dindorf, III.
3. II, p. 244, 6-9.

δὲ τὰ ἐπιόντα Θεμιστοκλῆς εἰς ἑαυτὸν ἀναδεξάμενος, καὶ τὴν αὐτοῦ γνώμην ὑποθεὶς ἀντ᾽ ἄλλου του φυλακτηρίου, καὶ μόνος ὀρθοῖς τοῖς ὀφθαλμοῖς ἀντισχὼν ἅπασι καὶ τοῖς παροῦσι καὶ τοῖς ἐπιοῦσι πράγμασιν, οὐκ ἀποστραφεὶς ὥσπερ οἱ πρὸς τὸν ἥλιον βλέποντες, ὃ πᾶσι μικροῦ δεῖν συνέβη τοῖς τότε, οὐκ ἂν εἴποιμι ὡς οὐκ ἔψευσε τῆς ἐλπίδος τοὺς Ἕλληνας, ἀλλὰ καὶ πολὺ τὴν προσδοκίαν ἐνήλλαξεν αὐτοῖς. Οὐδὲν γὰρ τῶν ἐσχάτων ὅ τι οὐ πείσονται τῶν πολλῶν νομιζόντων, [καὶ βλεπόντων εἰς αἰσχρὰς μηχανὰς καὶ ἀπόρους καταφυγάς,] τοσοῦτον μετέστησε τὰ πράγματα ὥστε, εἴ τις ὕστερον αὐτοὺς ἀπελθόντων τῶν βαρβάρων ἤρετο εἰ βούλοιντ᾽ ἂν μήτ᾽ ἐκείνους ἐπιστρατεῦσαι μήτε σφίσι ταῦτα πεπρᾶχθαι μήτε τοὺς κινδύνους σφίσι μηδὲ τὰς πράξεις [428 b] **γεγενῆσθαι, τεθνάναι πάντας ἂν εἰπεῖν [ἐθέλειν] μᾶλλον ἢ ταῦτα ἄπρακτα αὐτοῖς εἶναι.**

Μικροῦ δεῖν, παρ᾽ ὀλίγον, σχεδόν, ἐγγὺς ἧκεν, οὐ πόρρω ἦν, οὐ πόρρω εἰπεῖν, ὡς εἰπεῖν, ὡς ἔπος φάναι, ὡς τὸ ἔπος φάναι, ὀλίγου δεῖν, ὀλίγου δέω φάναι, μονονουχί.

Οὕτως οὐ μόνον τὰς ἐλπίδας, ὅσοι γε [καὶ] τὰ μήκιστα ἤλπισαν αὐτῶν, ἀλλὰ καὶ τὰς εὐχὰς τῶν πλείστων ὑπερεβάλλετο.

Εἰπὲ γάρ, ὦ πρὸς θεῶν, εἰ δὲ μή, ἄλλος τις κληρονομείτω τοῦ λόγου, λεγέτω, δεικνύτω, τί χρῆν πράττειν τὸν Θεμιστοκλέα τότε καὶ πῶς χρήσασθαι τοῖς παροῦσι· πότερον εἰς τὴν Πνύκα

28 δὲ AM : γὰρ M^3 *v. l.* Ar. ‖ τὰ ἐπιόντα Θεμιστοκλῆς AM : *exp.* M^3 *non habet* Ar. ‖ **29** αὑτοῦ A^2Ar. : αὐτοῦ AM ‖ **31** οὐκ A καὶ οὐκ MAr. ‖ **33** δεῖν A^1MAr. : δεῖ A ‖ **36** πείσονται A *et* M *ut vid.* : πείσεσθαι M^2Ar. ‖ **36-37** καὶ — καταφυγὰς M^3Ar. ‖ **38** τοσοῦτον M^2Ar. : τοσούτῳ AM ‖ **39** βούλοιντ᾽ A : ἐβούλοντ᾽ MAr. ‖ **41** μηδὲ AAr. : μήτε M.

[428 b] **1** ἐθέλειν M^3Ar. ‖ **2** αὐτοῖς Photius : αὑτοῖς Ar. ‖ **3-5** μικροῦ — μονονουχί A : *om.* M ‖ **6** οὕτως AMAr. : οὗτος A^2 ‖ καὶ M^3Ar. ‖ **8** ὑπερεβάλλετο AM : ὑπερεβάλετο M^3Ar. ‖ **10** χρῆν AMAr. : ἔχρην A^2.

idées, leur enseigner ce qu'est la justice en soi et le beau en soi et ce qu'est l'éternel qui n'a pas de commencement ? Commencement, être et tout le reste les auraient bien vite abandonnés ! Ou bien devait-il chercher d'où courage et lâcheté ont reçu [pour la première fois] leurs noms, et si tout s'écoule ou non ? Ils auraient certes appris que tout s'écoulait mal pour eux ! Mais, en somme, que fallait-il dire ou faire ? Car cette troisième question arrive elle-même comme un mot-clef. A partir de quoi ferons-nous enquête sur Thémistocle ? [Quand a-t-il été réellement conseiller et chef et guide, ou bien y a-t-il encore quelque autre nom qu'il mérite d'entendre ?] De deux choses l'une : ou bien il faut qu'on trouve matière à blâmer ses actions, ou bien qu'on montre ce qu'il fallait faire et que Thémistocle, pour avoir préféré la facilité [et] l'agrément au bien, n'a pas fait. Pourtant, la sagesse qui vient après l'événement et les reproches qu'on fait quand on est en sécurité n'ont, dit-on, rien d'éclatant ni rien dont on puisse s'enorgueillir. Pour moi, je suis d'accord sur ce point, et si quelqu'un peut produire quelque action meilleure, de meilleurs discours ou une décision plus juste, mieux appropriée à la conjoncture que tout ce que ce grand citoyen a fait, je suis prêt à assumer moi-même l'accusation[1].

Ou bien on pourrait dire comme ceci « ils ne disent rien d'éclatant ni dont on puisse s'enorgueillir », car beaucoup de décisions qui, en théorie, ont paru le mieux prises, ont été manifestement, une fois transportées dans la réalité, des causes de déboires. Ou encore comme ceci « car beaucoup de décisions qui, au cours des débats, ont été jugées meilleures que d'autres ont, à l'épreuve, apporté la cause de l'échec ». Et il existe beaucoup d'expressions analogues « Mais puissent les décisions de ce genre et celles qui ont été visiblement mal menées et mal prises ne

1. II, p. 244, 14-245, 11.

συλλέξαντα Ἀθηναίους περὶ τῶν ἰδεῶν αὐτοῖς διαλέγεσθαι, καὶ διδάσκειν τί αὐτοδίκαιον καὶ τί αὐτόκαλον, καὶ τί τὸ ὂν μὲν ἀεί, γένεσιν δὲ οὐκ ἔχον; Ταχέως μέντ' ἂν αὐτοὺς καὶ γένεσις καὶ τὸ εἶναι καὶ πάντα ἐπέλιπεν. Ἀλλ' ὅθεν ἀνδρεία ἐκλήθη [τὸ πρῶτον] καὶ ὅθεν δειλία ζητεῖν, καὶ πότερον ῥεῖ τὰ πάντα ἢ οὔ; Ἔγνωσαν μέντ' ἂν κακῶς ῥέοντα τὰ πάντα αὐτοῖς. Ἀλλὰ τί μὴν ὅλως ἔδει λέγειν ἢ ποιεῖν; Τρίτον γὰρ ἤδη αὐτὸ τὸ ἐρώτημα ὥσπερ σύνθημα περιήκει. Πόθεν ἐξετάσομεν τὸν Θεμιστοκλέα; [Πότε σύμβουλος τῷ ὄντι καὶ προστάτης καὶ ἡγεμὼν ἦν, ἢ τί καὶ ἄλλο πρέπον ἀκοῦσαι]; Καὶ μὴν δυοῖν γε θάτερον, ἢ τὰ πραχθέντα ὑπ' αὐτοῦ μέμψασθαι τίνα ἔχει, ἢ δεῖξαι τί δέον πρᾶξαι παρέλιπε, τὸ ῥᾷον [καὶ] ἥδιον ἀντὶ τοῦ καλοῦ προελόμενος. Καίτοι τήν γε ὕστερον τῶν πραγμάτων σοφίαν καὶ τοὺς ἐπὶ τῆς ἀδείας ἐλέγχους οὐδὲν ἔχειν λαμπρόν φασιν οὐδ' ὑπερήφανον. Ἐγὼ δ' οὖν καὶ τοῦτο συγχωρῶ, κἄν τις ἀμείνω τινὰ πρᾶξιν ἢ λόγους βελτίους ἢ προαίρεσιν δικαιοτέραν ἢ τοῖς πᾶσι βελτίω δείξῃ τότε ἐγχωροῦσαν, παρ' ἣν ἐκεῖνος ἐνεστήσατο, ἕτοιμος αὐτὸς τῆς αἰτίας κληρονομεῖν.

Ἢ οὕτως ἐρεῖς, οὐδέν φασι λαμπρὸν οὐδ' ὑπερήφανον· πολλὰ γὰρ ἃ κατὰ μελέτην ἔδοξεν ἄριστα βεβουλεῦσθαι, ἐπὶ τῶν καιρῶν ἐδείχθη τῶν ἀτυχημάτων αἴτια φανέντα. Ἢ καὶ οὕτω, πολλὰ γὰρ ἐν ταῖς βουλαῖς τὴν κρίσιν τοῦ νικᾶν λαβόντα, ἐπὶ τῆς χρείας τὴν αἰτίαν ἀπηνέγκατο τῆς ἀτυχίας. Καὶ οὐκ ὀλίγα ἄλλα τοιαῦτα. Ἀλλὰ μήποτε τὰ τοιαῦτα καὶ τὰ περιφανῶς οὐκ εὖ πεπραγμένα οὐδὲ βεβουλευμένα τοῖς αἰ-

16 τὸ πρῶτον M^3Ar. || **19** αὐτὸ A^2 : τὸ AAr. : *om.* M || **21-22** πότε — ἀκοῦσαι M^3Ar. *qui tamen* πότερον τῷ ὄντι σύμβουλος *habet* || **23** δυοῖν γε A : δυεῖν γε M δεῖ γε δυεῖν M^3 δεῖ γε δυοῖν Ar. || **24** ὑπ' αὐτοῦ *hic* AM^3Ar. : *post* ἔχει *ponit* M || ἔχει A : ἔχειν MAr. || **25** καὶ M^3Ar. || ἥδιον AM^3Ar. : ἥδιστον M || **27-28** λαμπρόν φασιν AM : φασὶ λαμπρὸν M^3 *v. l.* Ar. || **31** ἐκεῖνος AM^3Ar. : ἐκεῖ M || **38** τὰ A : *om.* M.

jamais donner beaucoup d'assurance aux accusateurs ». Ou comme ceci « les accusateurs pourraient être d'avis que ce n'est pas bien agir que rechercher les causes », [429 a] *mais, d'une certaine façon, cela s'appliquera à ce qui a eu une issue défavorable comme à ce qui n'en a pas eu. Dans les premières, il y avait, en effet, la nécessité dont est sorti le raisonnement; dans les autres, aucune nécessité n'apparaît et ne détermine la genèse du raisonnement*[1].

Il s'était rendu compte, cet homme éminent en tout point, que, s'il recherchait strictement la justice et si une contestation s'élevait à propos du commandement, tout allait tourner mal et qu'on ne saurait que faire; il persuada donc aux Athéniens de céder et de laisser pour le moment le commandement aux Lacédémoniens en leur garantissant qu'ils le retrouveraient par le consentement des Hellènes; et il ne les trompa point. C'est, en somme, le commandement en titre et non le commandement réel qu'il leur persuada de céder puisque, à vrai dire, les Athéniens s'attribuèrent le commandement à eux-mêmes et en laissèrent le titre aux autres ; ils réussirent, en plus du salut commun et d'une double victoire — sur l'ennemi par leur courage, sur leurs alliés par leur douceur — à gagner une dignité en tout point plus belle et plus respectable : ils devinrent, en effet, des chefs de chefs[2]. Ce décret, ce n'est, à mon avis, ni un flatteur, ni un homme au regard fuyant, ni un esclave de ses auditeurs qui l'a proclamé, mais c'est un dieu qui l'a proclamé par la bouche de Thémistocle[3].

Si bien que, les voyant pleurer, entendant enfants et femmes appeler au secours, obligé d'abandonner quelques citoyens et, surtout, se trouvant dans une situation fort semblable à celle où aurait été la cité si

1. Je n'ai pas retrouvé cette scolie parmi celles de Dindorf, III.
2. II, p. 252, 8-21.
3. II, p. 256, 28-257, 2.

τιωμένοις οὐ πολλὴν παρέχοι τὴν παρρησίαν. Ἢ οὕτω τοῖς αἰτιωμένοις δόξειεν ἂν εἰς οὐκ εὔλογον ποιεῖν ἀποβλέπειν [429 a] αἰτιολογίαν· ἀλλὰ γάρ πως ἀπαντήσει ταῦτα τοῖς μὴ ὀρθῶς προελθοῦσιν, ὥσπερ τοῖς οὐ φαύλως. Ἐν ἐκείνοις μὲν γὰρ ἐνῆν τὸ δέον, ἐξ οὗ προήγετο τὸ ἐνθύμημα· ἐν τούτοις δὲ τὸ μὴ δέον προφαινόμενον καὶ αὐτὴν ἐπέχει τὴν γένεσιν τοῦ ἐπιχειρήματος.

Συνιδὼν ἐκεῖνος ὁ πάντα ἄριστος ὡς εἰ τὸ δίκαιον ἀκριβῶς ἐξετάζοι καὶ στάσις ἐγγένοιτο ὑπὲρ τῆς ἡγεμονίας, ἅπαντα ἀπολεῖται κακῶς καὶ οὐχ ἕξουσιν ὅ τι χρήσονται, πείθει τοὺς Ἀθηναίους ὑφίεσθαι καὶ συγχωρῆσαι τοῖς Λακεδαιμονίοις ἐν τῷ τότε τὴν ἡγεμονίαν ὑποσχόμενος παρ' ἑκόντων αὐτοῖς τῶν Ἑλλήνων ταύτην ἀνακτήσασθαι· καὶ οὐκ ἐψεύσατο. Σχεδὸν δέ τι καὶ τοὔνομα τῆς ἡγεμονίας, ἀλλ' οὐκ αὐτὴν ἔπεισε παρεῖναι ἐπεί, τό γε ἀληθὲς εἰπεῖν, αὑτοῖς μὲν τὴν ἡγεμονίαν ἐκείνοις δὲ τὴν ἐπωνυμίαν ἀνέθεσαν, καὶ περιεγένετο αὐτοῖς, ἄνευ τῆς σωτηρίας τῆς κοινῆς καὶ τοῦ τῶν μὲν πολεμίων ἀνδρείᾳ τῶν δὲ συμμάχων πραότητι κρατῆσαι, καὶ τὸ σχῆμα τῷ παντὶ κάλλιον καὶ σεμνότερον· ἡγεμόνων γὰρ ἡγεμόνες κατέστησαν. Τοῦτο τὸ ψήφισμα οὐ κόλαξ (ἐμοὶ δοκεῖν) ἄνθρωπος, οὐδὲ κάτω βλέπων, οὐδ' ὑποπεπτωκὼς τοῖς ἀκούουσιν, ἀλλὰ θεῶν τις διὰ τῆς Θεμιστοκλέους γλώσσης ἐφθέγξατο.

Ὥστε ὁρῶν μὲν αὐτοὺς δακρύοντας, ἀκούων δὲ παίδων καὶ γυναικῶν ποτνιωμένων, ἔτι δὲ ὑπολειπομένων τινῶν ἀναγκαίως, παραπλησίου δὲ μάλιστά πως ὄντος ὥσπερ ἂν εἰ

40-41 τοῖς αἰτιωμένοις A : τοὺς αἰτιωμένους M.

[429 a] **3** ἐνῆν M : ἓν ἦν A || **6** ἐκεῖνος — ἄριστος AM : ὁ πάντα ἄριστος ἐκεῖνος M^3 *v. l.* Ar. || εἰ AM^3 *s. v.* Ar. : *om.* M || **7** ἐγγένοιτο M^2Ar. : ἐγγένηται A *quid prius praeb.* M *non liquet* || **10** ἐν — ἡγεμονίαν MAr. : *om.* A || **11** ταύτην AM : αὐτὴν M^3Ar. || **12** ἀνακτήσασθαι Photius : ἀνακτήσεσθαι Ar. || **14** αὐτοῖς A^2Ar. : αὑτοῖς AM || **16** καὶ AMAr. : *del.* M^x || τοῦ A : τὸ MAr. || **25** ὄντος A^1MAr. : ὄντως A.

elle avait été enlevée d'assaut — car l'avenir était incertain pour tous, ne laissant qu'un espoir mince et précaire et, sur-le-champ, c'était la séparation d'avec la cité, les biens, toute la vie quotidienne — [il les prit sous sa protection comme des enfants] et, l'âme impavide, il les emmena avec une résolution aussi ferme que son regard[1].

N'est-ce donc pas une énormité, ô terre, ô dieux qui guidez nos pensées et nos actes — car je ne puis me contenir — de louer Socrate pour sa retraite au combat, de la dire plus belle que celle de Lachès, mais, quand il s'agit de Thémistocle qui montra sa bravoure en poursuivant l'ennemi et non en se retirant, lui dont la valeur a profité à toute l'Hellade, de ne pas hésiter à lui donner des noms qui évoquent la lâcheté et le manque de cœur? Lui qui, revenant vainqueur d'Eubée, fit dans l'intervalle des choses que n'aurait faites nul de ceux qui se hâtaient [de fuir au petit bonheur]. Et tu dis ensuite que le salut qu'il nous a valu n'est pas d'un grand prix! [429 b] Qu'est-ce qui empêche qu'on ne le dise aussi aux dieux sauveurs qui assurent le salut de chacun d'entre nous et qui, à ce moment-là, donnèrent aux Hellènes le moyen d'accomplir ces exploits? Mais pas de propos impies; on peut supposer la suite du discours[2]. Bien plus, il pourrait vraiment paraître avoir raison[3].

C'est au lieu de « en aucune façon » qu'on prend ἦ που. *Ici, Aristide l'a pris au lieu de « bien plus ». Et c'est dans un sens ironique qu'il a dit « bien plus » dans le sens de « pas du tout ». Souvent, ou presque toujours, cet auteur emploie* ἦ που *au lieu de « bien plus »*[4].

Certes, parler de bateaux en pleine mer et en montrant son courage quand on est à bord est tout autre

1. II, p. 258, 4-6.
2. II, p. 263, 3-17.
3. II, p. 264, 11. Ce petit bout de phrase est une appréciation sur une citation d'Euripide qui figure dans un passage omis par Photius.
4. Cf. III, p. 636, 15-20.

ἑαλωκυίας τῆς πόλεως κατὰ κράτος, εἰκότως (τὸ μὲν γὰρ μέλλον ἦν ἅπασιν ἐν ἀφανεῖ, λεπτὴν καὶ ἄπιστον ἔχον τὴν ἐλπίδα, τὰ δὲ παρόντα στέρησις πόλεως καὶ κτημάτων καὶ διαίτης ἁπάσης τῆς πρότερον), [καὶ παραλαβὼν αὐτοὺς ὥσπερ παῖδας], ἀτρεμιζούσῃ τούτους ἐξῆγε τῇ ψυχῇ καὶ τοῖς λογισμοῖς ἑστῶσιν, οὐ μόνον τοῖς ὀφθαλμοῖς.

Οὐκοῦν δεινόν, ὦ γῆ καὶ θεοὶ καὶ λόγων καὶ ἔργων ἡγεμόνες (ἐξάγομαι γὰρ εἰπεῖν) Σωκράτη μὲν καὶ τῆς φυγῆς ἐπαινεῖν, καὶ φάσκειν ἐκεῖνον ἀναχωρεῖν κάλλιον Λάχητος, Θεμιστοκλέα δέ, ὃς διώκων, οὐ φεύγων τοὺς πολεμίους τὴν ἀνδρείαν ἐπεδείκνυτο, καὶ οὗ τῆς ἀρετῆς ἀπέλαυσεν ἅπασα ἡ Ἑλλάς, ἃ τῆς δειλίας καὶ τῆς ἀνανδρίας ἐστὶν ὀνόματα, τούτοις καλοῦντα μὴ φροντίζειν; Ὃς καὶ ὅτ' ἀπ' Εὐβοίας ἀνεχώρει νενικηκώς, τοιαῦτα τἀν μέσῳ διεπράττετο, οἷα ἂν οὐδείς πω τῶν ἐπειγομένων [ὁπωσοῦν ἀπελθεῖν]. Εἶτα λέγεις ὡς οὐ πολλοῦ τινος [429 b] **ἡ σωτηρία ἄξιον. Τί οὖν κωλύει καὶ τοῖς σωτῆρσι θεοῖς, οἳ καὶ καθ' ἕνα ἡμᾶς σῴζουσι καὶ τότε ἐκεῖνα κατεργάσασθαι τοῖς Ἕλλησι παρέσχον. Ἀλλ' ἐγὼ μὲν ἐάσω τὸ βλάσφημον· ὑπονοεῖν δέ ἐστι τό γε ἐκ τοῦ λόγου συμβαῖνον. Ἦ που σφόδρα ἄν τι δόξειε λέγειν.**

Ἀντὶ τοῦ οὐδαμῶς μὲν παραλαμβάνεται τὸ ἦ που· ἐνταῦθα δὲ ὁ Ἀριστείδης ἀντὶ τοῦ πολλῷ πλέον ἔλαβεν. Εἰρωνικῶς δὲ τὸ πολλῷ πλέον εἶπεν, οἷον οὐδ' ὅλως. Καὶ πολλάκις οὗτος τῷ ἦ που ἀντὶ τοῦ πολλῷ πλέον χρῆται, μᾶλλον δὲ σχεδὸν ἀεί.

Καὶ μὴν οὐχ ὅμοιον ἐν μέσῃ τῇ θαλάττῃ περὶ τῶν ἐν τῷ πλοίῳ λέγειν καὶ τὴν εὐψυχίαν [τὴν] αὐτοῦ δει-

27 ἦν ἅπασιν Photius : ἅπασιν ἦν Ar. || **29-30** καὶ — παῖδας M³Ar. || **30** ἀτρεμιζούσῃ τούτους ἐξῆγε AM : ἐξῆγε τούτους ἀτρεμιζούσῃ M³ *v. l.* ἐξῆγεν ἀτρεμιζούσῃ Ar. || **37** ἀπέλαυσεν ἅπασα AM : ἅπασα ἀπήλαυσεν M³ *v. l.* Ar. || **38** ὀνόματα A²MAr. : ὄνομα A || καλοῦντα MAr. : καλεῖν A² καλῶν A *ut vid.* || **40** τἀν AAr. : τ' ἐν M *exp.* M³ || **41** ὁπωσοῦν ἀπελθεῖν M³Ar.

[429 b] **1** ἡ σωτηρία ἄξιον AM : ἄξιον ἡ σωτηρία M³ *v. l.* Ar. || **5-9** ἦ που — ἀεὶ A : *om.* M || **11** τὴν αὐτοῦ M³Ar. : αὐτοῦ M αὐτοῦ A.

chose que d'en parler loin de la tempête, à l'abri d'une muraille ; [c'est ce que Platon sait parfaitement et dont il a fait fi de propos délibéré pour mettre Thémistocle en accusation parce qu'il a embarqué la population d'Athènes sur la flotte][1].

Proverbe : on l'applique à ceux qui font ou laissent faire une chose pour une autre. Il provient de la conversation de Priam et d'Hélène qui regardent les Hellènes du haut du rempart tout en parlant d'eux[2].

Quant à moi, s'il avait été possible de vaincre grâce à une autre tactique et d'assurer d'emblée le salut, peut-être estimerais-je que ces propos ne sont pas dénués de sens. Mais quand il fallait choisir entre vaincre sur mer et périr sur terre, comment le choix était-il douteux, et quelle est cette admirable philosophie qui consiste à mourir pour rien alors qu'il est possible d'assurer le salut avec la plus grande gloire? Tout d'abord, je ne vois pas où il a été décidé que vaincre sur terre est honorable tandis que vaincre sur mer est déshonorant, ou que le casque et la casaque sont d'une haute valeur alors que les agrès et les rames n'en ont aucune*.

*Il manque les mots « il faut croire ». « Casque » veut dire le protège-tête et « casaque » se dit de l'armement défensif parce qu'il est couvert de cuir. « Agrès » sont les cordages et « poignées » les pièces de bois attachées aux rames**.

Si le pays entier avait été occupé, si l'armée avait déferlé comme un raz de marée, si tout avait été pillé de fond en comble, s'il avait été impossible de regarder en arrière et qu'on eût dû s'installer dans les gorges du Péloponnèse et, bien plus, dans l'angoisse de l'avenir*, qu'il n'y eût plus aucune perspective ni sur terre ni sur mer, pourquoi juger ainsi les Achéens du haut de la tour*?

Proverbe : [comme Priam et Hélène du haut du rempart]*.

1. II, p. 270, 15-21. — 2. Cf. III, p. 636, 15-20.

κνύναι, καὶ καθήμενον ἔξω τῆς ζάλης ὑπὸ τειχίῳ· [ἃ Πλάτων παντὸς μᾶλλον καλῶς εἰδὼς ἑκὼν ὑπερβαίνει, καὶ κατηγορεῖ Θεμιστοκλέους ἐμβιβάσαντος Ἀθηναίους εἰς τὰς τριήρεις].

Παροιμία· τάττεται δὲ ἐπὶ τῶν ἄλλα ἀντ' ἄλλων ποιούντων ἢ ἑωμένων. Παρῆκται δὲ ἀπὸ τοῦ τὸν Πρίαμον καὶ τὴν Ἑλένην ἐκ τοῦ τείχους θεωροῦντας τοὺς Ἕλληνας περὶ αὐτῶν διαλέγεσθαι.

Ἐγὼ δ' εἰ μὲν ἦν ἕτερον τρόπον νικῆσαι ἢ καὶ σωθῆναι τὸ πρῶτον, τάχ' ἂν τι τούτους ᾤμην τοὺς λόγους εἶναι. Ὅτε δ' ἦν αἵρεσις ἢ ναυμαχοῦντας κρατεῖν ἢ κατὰ γῆν ἀπολωλέναι, πῶς ἦν ἴσον, ἢ τίς ἡ θαυμαστὴ φιλοσοφία τεθνάναι μάτην, ἐξὸν μετὰ τῆς μεγίστης εὐδοξίας σωθῆναι; Ἀρχὴν δ' ἔγωγε οὐκ ἐπινοῶ ποῦ διακέκριται κατὰ γῆν μὲν νικῆσαι καλὸν εἶναι, ἐν θαλάττῃ δ' αἰσχρόν, ἢ τὴν μὲν κρανίαν καὶ τὴν βύρσαν πολλοῦ τινος ἀξίαν εἶναι, τὰ δὲ νήϊα καὶ τοὺς κωπέας τοῦ μηδενός.

Λείπει τὸ δεῖ νομίζειν. Κρανίαν τὴν περικεφαλαίαν λέγει, βύρσαν δὲ τὸ ὅπλον παρὰ τὸ ἔχειν βύρσαν περὶ αὐτό, νήϊα δὲ τὰ σχοινία, κωπέας δὲ τὰ ξύλα τὰ πρὸς κώπας ἐπιτήδεια.

Εἰ δ' ἅπασα μὲν ἡ γῆ κατείληπτο, ἐπέρρει δὲ ὥσπερ θαλάττης ἐπίκλυσις ἡ στρατιά, πάντα δὲ ἄρδην ἀνηρπάζετο, ἀναβλέπειν δὲ οὐκ ἦν, ἀλλ' ἐν τοῖς στενοῖς οὐ τῆς Πελοποννήσου μόνον ἀλλὰ καὶ τῶν ἐλπίδων ἐκάθηντο, ἀπέκειτο δὲ μήτε γῆς μήτε θαλάττης εἶναι μηδαμοῦ, τί ταῦτα τοὺς Ἀχαιοὺς ἀπὸ τοῦ πύργου κρίνομεν;

Παροιμία· [ὥσπερ ὁ Πρίαμος ἐκ τοῦ τείχους καὶ Ἑλένη].

12 τειχίῳ A : τῷ τειχίῳ MAr. ‖ **13-15** ἃ — τριήρεις M³Ar. ‖ **16-19** παροιμία — διαλέγεσθαι *hic* M : *post* κρίνομεν (*v.* 39) *ponit* A ‖ **20** τρόπον AM³ *s. v.* Ar. : *om.* M ‖ ἢ AM³ *s. v.* Ar. : *om.* M ‖ **21-22** τοὺς λόγους εἶναι AM : εἶναι τοὺς λόγους M³ *v. l.* Ar. ‖ **28** νήϊα M³Ar. : νία AM ‖ **29** τοῦ MAr. : τὸ A ‖ **30-32** λείπει — ἐπιτήδεια A : *om.* M ‖ **31** νήϊα *edd.* : νία *codd.* ‖ **39** ὥσπερ — Ἑλένη M³.

Thémistocle me paraît être le seul de tous les hommes ou [en tout cas] des très rares qui ont montré la vérité [430 a] d'une parole dite autrefois par le poète Alcée, reprise et utilisée plus tard par d'autres : que ce ne sont ni des pierres ni des poutres ni l'art des charpentiers qui font les cités mais que, partout où il y a des hommes capables d'assurer leur sauvegarde, là sont des murailles et des cités [1]. Si donc Thémistocle n'avait suivi là que sa propre décision, on pourrait dire qu'il fut le propre artisan de son accusation; mais puisqu'il est évident que le dieu a donné le même ordre par son oracle, je me demande s'il y a lieu de parler : tout le monde peut comprendre la suite et Thémistocle est donc acquitté avec éclat [2].

Quand ils m'auront résolu ce problème, qu'ils aillent [jusqu'à ce qu'ils aient rendu les mêmes honneurs à Apollon] [3], s'installer auprès du trépied de Delphes que les Hellènes ont relevé après le passage des barbares [4].

[Jusqu'au moment où ils battront les barbares et s'empareront de leurs biens] [5].

Le dieu a donc proclamé Salamine divine parce qu'il devait s'y passer des exploits dépassant toute mesure humaine. Et Platon dit que celui qui a réalisé ces exploits, qui a emmené les Athéniens à Salamine, leur a nui par ses actions et ne vaut pas mieux que ceux qui les servaient pour leur plaire [6].

Aussi, après la bataille navale, quand tous les Hellènes furent réunis à l'Isthme et qu'ils votèrent auprès de l'autel de Poseidon sur le prix de la bravoure, on peut

1. II, p. 273, 11-17. Alcée, fr. 112, 10 Voigt = fr. 426 Lobel-Page.
2. II, p. 278, 15-21.
3. Sur le passage entre crochets, cf. III, p. 646.
4. II, p. 281, 4-6.
5. Cf. III, *loc. cit.*
6. II, p. 282, 13-18.

Μόνος δέ μοι δοκεῖ πάντων ἀνθρώπων ἢ κομιδῇ [γε] ἐν ὀλίγοις δεῖξαι Θεμιστοκλῆς ἀληθῆ τὸν λόγον [430 a] ὄντα, ὃν πάλαι μὲν Ἀλκαῖος ὁ ποιητὴς εἶπεν, ὕστερον δὲ οἱ πολλοὶ παραλαβόντες ἐχρήσαντο, ὡς ἄρα οὐ λίθοι οὐδὲ ξύλα οὐδὲ τέχνη τεκτόνων αἱ πόλεις εἶεν, ἀλλ' ὅπου ποτ' ἂν ὦσιν ἄνδρες αὑτοὺς σῴζειν εἰδότες, ἐνταῦθα καὶ τείχη καὶ πόλεις. Εἰ μὲν οὖν αὐτοῦ γνώμη [μόνον] περὶ τούτων ἐκέχρητο Θεμιστοκλῆς, ἐκείνου τις ἂν εἶπεν αὐτὸν τὴν κατηγορίαν πεποιῆσθαι· ἐπεὶ δὲ καὶ θεὸς ταῦτα ἀνελὼν φαίνεται, ἐγὼ μὲν ὀκνῶ λέγειν, πᾶς δ' ἄν τις συνίῃ τὸ λοιπόν, ὁ δ' οὖν Θεμιστοκλῆς λαμπρῶς ἀποφεύγει τὴν αἰτίαν. Τουτὶ γὰρ ἐμοὶ τῆς ἀπορίας διαλύσαντες, σταθήτωσαν παρὰ τὸν τρίποδα τὸν ἐν Δελφοῖς

[ἕως ἐχέτωσαν τιμὰς τὰς αὐτὰς τῷ Ἀπόλλωνι]

ὃν οἱ Ἕλληνες ἀπὸ τῶν βαρβάρων ἀνέστησαν

[ἕως ἐκ τοῦ τοὺς βαρβάρους καταπολεμῆσαι καὶ τὰ ἐκείνων λαβεῖν].

Ὁ μὲν τοίνυν θεὸς θείαν προσεῖπε τὴν Σαλαμῖνα, ὡς ἐν αὐτῇ μελλόντων ἔργων ἔσεσθαι κρειττόνων ἢ κατὰ πάντα τἀνθρώπινα. Πλάτων δὲ τὸν ταῦτα κατειργασμένον καὶ τὸν κομίσαντα αὐτοὺς εἰς τὴν Σαλαμῖνα λυμήνασθαί φησι τοῖς πράγμασι καὶ τῶν πρὸς ἡδονὴν ὑπηρετούντων οὐδὲν γενέσθαι βελτίω. Καὶ γάρ τοι μετὰ τὴν ναυμαχίαν συλλεγέντων εἰς τὸν ἰσθμὸν ἁπάντων, καὶ φερόντων τὴν ψῆφον ἀπὸ τοῦ βωμοῦ τοῦ Ποσειδῶνος περὶ τῶν ἀριστείων, ἔξεστι

41 γε A^3Ar.

[430 a] **5** καὶ τείχη AAr. : τείχη M || οὖν AM : τοίνυν M^3 *v. l.* Ar. || αὐτοῦ MAr. : αὑτοῦ A || μόνον M^3Ar. || **9** συνίῃ M : συνίει A συνίοι Ar. || **10** ἐμοὶ AM : ἔν μοι M^3Ar. || **12** ἕως — Ἀπόλλωνι M^3 || **14** ἕως — λαβεῖν M^3 || **15** μὲν τοίνυν AM^3Ar. : μέντοι M || προσεῖπε τὴν Σαλαμῖνα Photius : τὴν Σαλαμῖνα προσεῖπε Ar. || **17** πάντα AAr. : *om.* M || τὸν A^1MAr. : τῶν A || **20** βελτίω MAr. : βελτίω ῥιὸν τὸν πόρον καλεῖ A || **23** περὶ τῶν ἀριστείων MAr. : *om.* A.

les accuser [à ce moment-là] de quelque ingratitude, mais, en revanche, les louer pour leur gratitude et en tenir compte pour la défense de Thémistocle. Chacun des chefs, en effet, vota d'abord pour lui-même, mais tous furent d'accord pour donner la seconde place à Thémistocle. Le vote pour la première place résultait, je pense, d'un travers naturel à tous les hommes, qui est de ne préférer personne à soi-même; ainsi, ce vote n'avait aucune valeur et on ne peut lui refuser l'indulgence. Mais le vote pour la deuxième place était dès lors une manifestation claire de la vérité et la preuve qu'ils ne pouvaient pas voter autrement. En sorte que, s'il avait été déclaré dès le départ que chacun devait voter non pour lui-même mais pour un autre, tous auraient voté pour Thémistocle que chacun mettait au-dessus de n'importe qui [d'autre] d'entre eux; il aurait alors été le premier comme il fut en fait le second. Ainsi, même alors, en votant pour qu'il fût le second, ils agirent à peu près comme s'ils l'avaient proclamé le premier. D'ailleurs, même de cette façon, il n'eut pas le dessous, mais il [430 b] l'emporta d'une façon comme de l'autre. La première place, il la tenait de la vérité et de lui-même — car ce qu'il avait fait comme les autres, il avait été le seul à le faire en toute justice — et la deuxième place lui avait été reconnue en sorte qu'il fut le premier du fait du suffrage de tous[1].

J'aurais aussi beaucoup à dire des revers de fortune qu'il connut plus tard, de la façon dont toute l'affaire fut tramée, du caractère qu'il révéla dans ces circonstances-là également; je voudrais que ce fût indispensable à mon discours et que je dusse passer aussi ces événements-là en revue ; je pense, en effet, que je n'aurais pas à dire des choses [moins valables] ni moins impor-

1. II, p. 288, 16-289, 10.

μέν τι καὶ ἄγνωμον [ἐνταῦθα] κατηγορῆσαι τῶν Ἑλλήνων, ἔξεστι δὲ τὸ λοιπὸν τῆς εὐγνωμοσύνης ἐπαινέσαι καὶ λαβεῖν ὑπὲρ Θεμιστοκλέους. Ἕκαστος γὰρ ἑαυτὸν πρῶτον φέρων, δεύτερον συνεξέπιπτον ἅπαντες φέροντες Θεμιστοκλέα. Ἡ μὲν οὖν τοῦ πρωτείου ψῆφος, οἶμαι, τοῦ πᾶσι φύσει συμβεβηκότος ἀνθρώποις ἦν · τοῦτο δέ ἐστι μηδένα ἑαυτοῦ μᾶλλον φιλεῖν · ὥστε οὔτε ἰσχυρὸν εἶχεν οὐδὲν οὔτε συγγνώμης ἀπήλλακτο. Ἡ δὲ ὑπὲρ τῶν δευτέρων σαφῶς ἤδη σύμβολον ἦν τῆς ἀληθείας, καὶ ὅτι οὐκ εἶχον ἑτέρως θέσθαι. Ὥστε εἰ προσείρητο ἐξ ἀρχῆς μηδένα ἑαυτὸν φέρειν ἀλλ' ἕτερον, Θεμιστοκλέα πάντες οἴσειν ἔμελλον, ὅν γε καὶ παντὸς [ἄλλου] πᾶς τις προὔκρινεν αὐτῶν, καὶ ὁμοίως ἂν τότε πρῶτος ἐγίγνετο ὥσπερ τότε δεύτερος. Οὕτω καὶ νῦν δεύτερον εἶναι ψηφισάμενοι, προσόμοιον ἐποίουν ὥσπερ ἂν εἰ πρῶτον ἐψηφίσαντο. Οὐ μὴν οὐδ' οὕτως ἔλαττον ἔχων ἀπῆλθεν, ἀλλ' [430 b] ἀμφοτέροις ἐνίκησε. Τὰ μὲν γὰρ πρῶτα καὶ παρὰ τῆς ἀληθείας καὶ παρ' αὑτοῦ λαβὼν εἶχε (τὸ γὰρ αὐτὸ τοῖς ἄλλοις ἐποίησε μόνος τῶν ἄλλων δικαίως) τὰ δὲ δεύτερα ἤδη συνεκεχώρητο ὥστε ἐξ ἁπάντων πρῶτος ἦν.

Ἔχων δὲ λέγειν πολλὰ καὶ περὶ τῶν ὕστερον αὐτοῦ συμφορῶν, καὶ ὅπως ἂν ἅπαν τὸ πρᾶγμα συνεσκευάσθη, καὶ ὁποῖόν τινα κἀν τούτοις παρέσχεν ἑαυτόν, ἐβουλόμην ἂν ἐν τούτῳ χρείας εἶναι τὸν λόγον ὥστε καὶ περὶ τούτων ἐπείγειν εἶναι διελθεῖν · οἶμαι γὰρ [οὐδὲ φαυλότερα οὐδ'] ἐλάττω τῶν εἰρημένων ἤδη εἰπεῖν ἂν περὶ αὐτοῦ.

24 ἐνταῦθα M³Ar. || **25** δὲ τὸ MAr. : τὸ δὲ A || **29** πᾶσι — ἀνθρώποις AM : φύσει πᾶσιν ἀνθρώποις συμβεβηκότος M³ *v. l.* Ar. || **33** προσείρητο A : προείρητο MAr. || **35** ἄλλου M³ Ar. || **36** τότε AM : *exp.* M³ *non habet* Ar.

[430 b] **2** αὑτοῦ MAr. : αὐτοῦ A || **4** συνεκεχώρητο Photius : συνεκεχώρει Ar. || **5** πολλὰ AM : *exp.* M³ *non habet* Ar. || ὕστερον AMAr. : ὑστέρων A² || **6** ἂν *add.* Photius || **8** ἂν Photius : μὲν ἂν Ar. || **9-10** οὐδὲ (οὐδὲν Ar.) φαυλότερα οὐδ' M³Ar. || **10** τῶν — αὐτοῦ Photius : εἰπεῖν ἂν τῶν εἰρημένων ἤδη περὶ αὐτοῦ Ar. || ἂν *hic* AM : *post* ἐλάττω *ponit* M³,

tantes que ce que j'ai déjà dit de lui. Mais puisqu'ils sont en dehors de mon sujet et que mon discours s'allonge, je les laisserai de côté, me bornant à dire, à propos de cette partie de sa vie, que, quand il lui aurait fallu faire la guerre à l'Hellade, il préféra mourir, coupant court par son geste à toute accusation et montrant le prix qu'il attachait à ses exploits antérieurs, à ses actes politiques et que jamais, de son plein gré, il ne mettrait rien au-dessus du bien et de son devoir, [ni richesse] ni enfants, ni espérances, ni son salut même [1].

Je pense, quant à moi, que prêtres et prêtresses et tous ceux qui, dans Athènes, prient pour la cité feraient sagement de demander chaque année, outre tous les autres biens, qu'il apparaisse alors chez eux, et pour aussi longtemps que possible, un homme de la trempe de Thémistocle et que la terre, en plus de ses autres fruits, produise ce bienfait. [Il me semble que ce serait pour eux un profit non moindre que si la terre leur donnait au centuple et davantage]. En d'autres circonstances, j'aurais honte, après tant de paroles comme celles que j'ai dites, de recourir en plus à des témoignages. Mais j'en ai sous la main un seul qu'il faut produire. Examinons ce que nous dit sur Thémistocle [Eschine], familier de Socrate et condisciple de Platon : « Puisque tu as osé t'en prendre à la vie de Thémistocle, considère à quel homme tu as osé adresser des reproches; représente-toi où le soleil se lève [et où il se couche] ! Mais, dit-il, il n'est pas [difficile], Socrate, de le savoir » [2].

Et après nombres d'autres éloges, il ajoute encore :

1. II, p. 290, 23-291, 9.
2. II, p. 291, 16-292, 14.

Ἐπεὶ δὲ ἅμα τε ἔξω τῆς ὑποθέσεώς ἐστι καὶ μῆκος ἐπεισέρχεται τοῖς λόγοις, παραλείψω ταῦτα, τοσοῦτον ἐπιφθεγξάμενος καὶ περὶ τούτου τοῦ μέρους, ὅτι ἐπεὶ ἔδει στρατεύειν ἐπὶ τὴν Ἑλλάδα, προὔκρινε τελευτᾶν, ἔργῳ μὲν λύσας πᾶσαν αἰτίαν, δείξας δὲ ὁπόσου τιμᾶται τὰς πρότερον πράξεις καὶ τὰ πολιτεύματα, καὶ ὅτι οὐδέποτε ἑκὼν εἶναι τοῦ καλοῦ καὶ τοῦ προσήκοντος οὐδὲν πρότερον ποιήσεται, [οὐ πλοῦτον], οὐ παῖδας, οὐκ ἐλπίδας, οὐ τὴν σωτηρίαν αὐτήν.

Ἐγὼ μὲν οἶμαι καὶ ἱερέας καὶ ἱερείας, καὶ ὅστις ἄλλος Ἀθήνῃσιν εὔχεται δημοσίᾳ τοῦτ' ἂν εἰκότως πρὸς ἅπασι τοῖς ἄλλοις προσεύχεσθαι, κατ' ἔτος ἕκαστον, κατὰ γοῦν ἐκείνους τοὺς χρόνους, καὶ ἕως ἐξῆν, φῦναί τινα αὐτοῖς ἄνδρα ὅμοιον Θεμιστοκλεῖ, καὶ μετὰ τῆς ἄλλης φορᾶς καὶ τοῦτ' ἐνεγκεῖν τὴν γῆν τἀγαθόν. [Οὔκουν ἐλάττω γ' ἂν ὄνασθαί μοι δοκοῦσιν ἢ εἰ πάντα εἰς ἑκατὸν καὶ ἔτι πλείω τῆς χώρας αὐτῆς ἐξενεγκούσης]. Ἄλλως μὲν τοίνυν ᾐσχυνόμην ἔγωγε ἐπὶ τοσούτοις καὶ τοιούτοις τοῖς εἰρημένοις μάρτυσι προσχρώμενος. Ἔστι δέ τι προὔργου μιᾶς μαρτυρίας, ἣν δεῖ παρασχέσθαι. Σκεψώμεθα δὴ ποῖα ἄττα λέγει περὶ Θεμιστοκλέους ἡμῖν [Αἰσχίνης] ὁ Σωκράτους μὲν ἑταῖρος, Πλάτωνος δὲ συμφοιτητής· « Ἐπειδὴ τοίνυν τοῦ Θεμιστοκλέους βίου ἐπιλαμβάνεσθαι ἐτόλμησας, σκέψαι οἵῳ ἀνδρὶ ἐπιτιμᾶν ἐτόλμησας· ἐνθυμήθητι δὴ ὁπόθεν ὁ ἥλιος ἀνίσχει [καὶ ὅπου δύεται]. Ἀλλ' οὐδέν, ἔφη, [χαλεπόν], ὦ Σώκρατες, τὰ τοιαῦτα εἰδέναι ».

Καὶ μετὰ πολλὰ ἄλλα ἐγκώμια ἐπάγει καὶ ταῦτα·

11 ἐστι AM³Ar. : *om.* M ‖ **13** ἐπεὶ A : ἐπειδὴ MAr. ‖ **15** λύσας πᾶσαν AM : πᾶσαν λύσας M³ *v. l.* ἅπασαν λύσας Ar. ‖ **18** οὐ πλοῦτον, M³Ar. ‖ **22** κατ' ἔτος ἕκαστον AM : *del.* M³ *qui* καθ' ἕκαστον ἔτος *post* εἰκότως (*v.* 21) *cum* Ar. *ponit* ‖ **25-26** οὔκουν — ἐξενεγκούσης M³Ar. ‖ **31** Αἰσχίνης M³Ar. ‖ **33-34** σκέψαι — ἐτόλμησας A : *om.* M σκέψαι οἵῳ ἀνδρὶ ἐπιτιμᾶν ἠξίωσας M³ *mg.* Ar. ‖ **35** καὶ ὅπου δύεται M³Ar. ‖ χαλεπὸν M³Ar.

[« Tellement il l'emportait sur lui en sagesse]. Aussi, quand il fut banni de sa cité, le roi lui témoigna-t-il de [431 a] la reconnaissance comme à son sauveur et, entre autres nombreux présents, il lui donna le gouvernement de toute la cité de Magnésie, si bien que [même] sa condition de banni était supérieure à celle de bien des Athéniens qui passaient pour gens de bonne situation et qui étaient restés chez eux. A cette époque, qui donc, sinon Thémistocle, aurait été taxé de posséder le pouvoir le plus grand lui, qui, quand il commandait aux Hellènes, avait soumis celui qui régnait [sur les peuples] du Levant au Couchant ? Représente-toi donc, Alcibiade, disais-je, qu'à un homme comme lui, un savoir-faire aussi grand que le sien ne suffit pas à lui épargner l'exil et la perte de ses droits prononcée par sa cité, mais il s'en fallut »[1].

Ce n'est certes pas moi qui mettrai jamais sur le même pied Eschine et Platon; puissé-je ne jamais soutenir cette mauvaise querelle ; laissons ce procès aux paradoxes des sophistes. Mais je dis que plus Platon est grand et parfait dans les lettres, plus il faut accueillir ces propos favorables à Thémistocle. Il est vraisemblable, en effet, que le premier répétait, ou à très peu près, ce qu'il avait entendu, tandis que l'autre use, je pense, de la supériorité de son talent tout comme il a traité nombre de sujets sous le nom de Socrate, convenant toutefois que celui-ci ne s'en est pas occupé; [et je pense qu'il agit bien et que c'est le fait d'un excellent homme de juger bon d'embellir la mémoire de son maître tout en trouvant peu convenable de vouloir ajouter du discrédit à des gens qui ne le méritent pas][2].

1. II, p. 293, 17-294, 7. Le texte d'Eschine cité ici est le fr. 8 de Dittmar in *Philol. Unters.*, t. XXI (1912), p. 268.
2. II, p. 295, 5-18.

« [Τοσοῦτον αὐτοῦ ἐκεῖνος τῷ φρονεῖν περιεγένετο]. Τοιγάρτοι φυγάδι ποτὲ αὐτῷ τῆς πόλεως γενομένῳ ὡς [431 a] σεσωσμένος ὑπ' αὐτοῦ χάριν ἀπέδωκε, καὶ ἄλλα τε δῶρα πολλὰ ἐδωρήσατο καὶ Μαγνησίας ὅλης ἀρχὴν ἔδωκεν, ὥστε [καὶ] φεύγοντος αὐτοῦ τὰ πράγματα μείζω ἦν ἢ πολλῶν 'Αθηναίων, καὶ καλῶν καὶ ἀγαθῶν εἶναι δοκούντων, οἴκοι μενόντων. Τίς οὖν ἐν ἐκείνῳ τῷ χρόνῳ δικαίως ἂν αἰτίαν ἔχοι μέγιστον δύνασθαι ἄλλος ἢ Θεμιστοκλῆς, ὃς τὸν [τῶν] ἀφ' ἡλίου ἀνίσχοντος μέχρι ἡλίου δυομένου βασιλεύοντα, στρατηγήσας τῶν Ἑλλήνων, κατεστρέψατο; 'Ενθυμοῦ οὖν, ἔφην ἐγώ, ὦ 'Αλκιβιάδη, ὅτι ἐκείνῳ τοιούτῳ ὄντι οὐχ ἱκανὴ ἡ ἐπιστήμη τοιαύτη οὖσα ἐγένετο ὥστε φυλάξασθαι μὴ ἐκπεσεῖν μηδὲ ἀτίμῳ ὑπὸ τῆς πόλεως γενέσθαι, ἀλλ' ἐνεδέησε ».

Καὶ μὴν ἐξ ἴσου ἔγωγε οὐδέποτ' ἂν θείην Αἰσχίνην Πλάτωνι, μήποτε οὕτω φιλονεικήσαιμι, ἀλλ' ἀφείσθω τοῖς ἀτόποις τῶν σοφιστῶν ἡ κρίσις αὕτη. Φημὶ δὲ ὅσῳ μείζων καὶ τελεώτερος Πλάτων εἰς λόγους, τοσούτῳ μᾶλλον ὑπέρ γε Θεμιστοκλέους ἐκεῖνα προσήκει δέχεσθαι. Τὸν μὲν γὰρ ἃ ἤκουσεν εἰκὸς λέγειν, ἢ ὅτι ἐγγυτάτω ἐκείνων · ὁ δὲ τῆς φύσεως οἶμαι κέχρηται τῇ περιουσίᾳ, ὥσπερ καὶ ἄλλα δή που μυρία διεξέρχεται ἐπὶ τῷ Σωκράτους ὀνόματι, περὶ ὧν ὁμολογεῖται μηδὲν ἐκεῖνον πραγματεύσασθαι, [δίκαια μὲν οἶμαι ποιῶν κατ' αὐτό γε τοῦτο, καὶ ἀνδρὸς ἀρίστου τὸ τὸν διδάσκαλον ἀξιοῦν κοσμεῖν, πλήν γε ὅτι καὶ τὸ μηδ' ἄλλους τῶν οὐκ ἀξίων καταισχύνειν ἐθέλειν προσεῖναι προσήκει].

38 τοσοῦτον — περιεγένετο M³Ar.

[431 a] **3** : καὶ M³Ar. ‖ **5** οἴκοι Photius : οἴκοι εἶναι Ar. ‖ τίς AM : τίς ἂν M³Ar. ‖ **6** ἂν *add.* Photius ‖ μέγιστον AMAr. : μεγίστην M³ ‖ **7** τῶν M³Ar. ‖ **10** τοιαύτη AM : τοσαύτη M³Ar. ‖ **13** ἴσου A : ἴσου μὲν MAr. ‖ **14** ἀτόποις AMAr. : τόποις M³ ‖ **15** μείζων AAr. : μείζω M ‖ **17** τὸν MAr. : τῷ A² τὸ A *ut vid.* ‖ **18** ἤκουσεν AM³ Ar. : ἤκουσε λέγειν M ‖ **20** δή που μυρία AM : μυρία δή που M³ *v. l.* Ar. ‖ **21** πραγματεύσασθαι AM : πραγματεύεσθαι M³ *v. l.* Ar. ‖ **22-25** δίκαια — προσήκει M³Ar.

Tiré de l'Apologie commune.
L'exorde[1].

Voilà donc ce qu'il était normal de dire pour la défense de ces grands hommes sans rien omettre qui fût nécessaire, sans croire non plus qu'il fallût tout exposer par le menu pour ne pas paraître dépourvu de goût. Platon arguë du fait qu'ils ont heurté la communauté populaire comme s'il convenait d'avoir mauvaise opinion [d'eux] parce que ce fut le cas pour certains ou comme si, parce que d'autres ont mal agi envers eux, nous ne devions pas non plus nous abstenir de les insulter[2].

Au contraire, puisqu'il est naturel qu'il y ait un pardon et pour ceux [mêmes] qui commettent une faute, il serait étrange de le refuser à ceux qui voulurent mener les citoyens dans la bonne direction et qui se refusèrent à les suivre dans leurs erreurs. Platon cependant n'admet pas qu'on prenne en considération ce que les Athé-
[431 b] niens ont fait de bien en leur obéissant et, pour les fautes que ces chefs ont commises envers eux, ils étaient assez loin de les commettre délibérément pour qu'on les en accuse. Le profit que les Athéniens ont tiré de leur direction, Platon l'omet; ce qui n'était pas un effet de leur direction, mais des fautes inhérentes à la nature humaine, il le retourne contre eux qui faisaient tout ce qu'ils pouvaient pour empêcher les erreurs des Athéniens ; c'est comme si les maîtres d'école, qui ont montré l'alphabet aux enfants et qui leur ont appris à écrire le mieux possible, étaient rendus responsables

1. Ce titre est de Photius ou d'un copiste.
2. II, p. 295, 19-296, 5.

Ἐκ τῆς κοινῆς ἀπολογίας
τὸ προοίμιον.

Ἃ μὲν οὖν περὶ τῶν ἀνδρῶν εἰκὸς ἦν εἰπεῖν μήτε τῶν ἀναγκαίων εἰρῆσθαι μηδὲν παριέντας, μήτε πάντα ἐφεξῆς οἰομένους δεῖν λέγειν, ὡς ἂν μή τῳ δοκοίημεν ἀπειροκάλως ἔχειν, ταῦτά ἐστιν. Ἰσχυρίζεται δ' οἷς προσέπταισαν πρὸς τὸ δημόσιον, ὥσπερ εἴ τινες χεῖρον ἔγνωσαν περὶ αὐτῶν, [αὐτοὺς] χείρους ἡγεῖσθαι προσῆκον, ἢ τῷ καὶ ἄλλους τινὰς εἰς αὐτοὺς ἐξαμαρτεῖν, οὐδ' ἡμᾶς τοῦ προπηλακίζειν ἀπέχεσθαι δέον.

Ἀλλὰ μὴν ὅπου γε καὶ τοῖς ἁμαρτάνουσιν [αὐτοῖς] εἰκὸς εἶναι συγγνώμην, ἤ που τοῖς γε ἄγουσιν αὐτοὺς πρὸς τὸ βέλτιον, καὶ οἷς ὅθ' ἡμάρτανον οὐκ ἐπείθοντο, δεινὸν εἰ μὴ φήσομεν. Πλάτων τοίνυν ὡς μὲν ἐκείνοις χρώμενοι κα-
[431 b] τώρθουν, οὐκ ἐᾷ σκοπεῖν· ἃ δ' εἰς αὐτοὺς ἐκείνους ἐξήμαρτον, τοσοῦτον ἀπεῖχον τοῦ δοκοῦντά γε ἐκείνοις ποιεῖν, ὡς ταῦτα κατηγορεῖν. Καὶ ἃ μὲν τῆς παιδείας αὐτῶν ἀπέλαυσαν ὑπερβαίνει· ἃ δὲ οὐχ ὧν ἐπαιδεύθησαν ἦν, ἀλλὰ τῆς ἀνθρωπείας φύσεως ἐμμεμενηκότα, ταῦτ' ἐπ' ἐκείνους ἄγει τοὺς ὅπως μηδὲν ἁμαρτήσονται πᾶν ὅσον ἦν ἐν αὐτοῖς πράττοντας, ὥσπερ ἂν εἴ τις τοὺς γραμματιστάς, τοὺς παραδείξαντας τοῖς παισὶ τὰ γράμματα καὶ δείξαντας γράφειν ἐκ τῶν δυνατῶν, αἰτίους

26-27 ἐκ — προοίμιον M : σμζ' ἀνεγνώσθη τοῦ αὐτοῦ Ἀριστείδου ὑπὲρ τῆς κοινῆς ἀπολογίας τὸν ὅμοιον διὰ τῆς ἐκλογῆς περιηνθισμένος τρόπον A *quae supra*, p. 423 a 5, *cum cod.* M *et edd. reliqui* ‖ **28** οὖν AM : τοίνυν M^{3}Ar. ‖ εἰκὸς ἦν εἰπεῖν AAr. : εἰπεῖν εἰκὸς ἦν M εἰπεῖν ἦν εἰκὸς M^3 *v. l.* ‖ **30** δοκοίημεν MA^r. : δοκοίην A ‖ **32** τὸ MAr. : τὸν A ‖ **33** αὐτούς M^{3}Ar. ‖ **34** εἰς AM^{3}Ar. : *om.* M ‖ **36** ἁμαρτάνουσιν AM : ἁμαρτάνουσιν αὐτοῖς M^3 ἁμαρτοῦσιν αὑτοῖς Ar. ‖ συγγνώμην Photius : συγγνώμη Ar. ‖ **37** πρὸς AM^3 *s. v.* Ar. : *om.* M ‖ βέλτιον A : βέλτιστον MAr.

[431 b] **1** οὐκ AM : οὐδὲν M^{3}Ar. ‖ **3** ὡς AMAr. : *exp.* M^3 ‖ κατηγορεῖν AMAr. : κατηγορεῖ M^3 ‖ **4** ἀπέλαυσαν MAr. : ἀπήλαυσαν A ‖ **6** ἐπ' AM^3 *s. v.* Ar. : *om.* M ‖ **7** ἐν AMAr. : ἐπ' M^3 *v. l.*

des erreurs de ceux-ci quand, plus tard, livrés à eux-mêmes, ils n'écrivent pas bien et selon les règles[1].

Et s'ils n'ont pas éduqué tout le monde, s'ils ne l'ont pas fait avec la dernière minutie ni aussi bien qu'ils l'auraient voulu, pourquoi leur imputer ce qui échappe à leur tutelle? Car ce n'est pas à leur contact avec les chefs que les citoyens doivent cette insuffisance, mais c'est du peu de profit qu'ils ont su tirer de ce contact, du moins dans ce domaine-là. Ce n'est donc pas pour leur avoir prêté attention qu'ils ont commis des fautes, mais c'est parce qu'ils ne leur en ont pas prêté qu'ils ont commis leurs erreurs. Ainsi, là où les Athéniens étaient fermement convaincus, c'est que ceux qui voulaient les persuader les persuadaient bien[2].

Quant à la conscience civique, si Thémistocle, Périclès, Miltiade et Cimon ne l'ont pas bien inculquée à tous les Athéniens, et s'ils ne les ont pas rendus tous meilleurs les uns après les autres, soit en groupe, soit individuellement, en leur distribuant leur savoir comme l'argent du théorique, allons-nous dire avoir fait une découverte sensationnelle à retourner contre eux, à savoir qu'eux-mêmes ne valaient pas mieux que n'importe qui dans ce domaine[3]? Et tu ne te contentes pas du principe de ton Protagoras; si [même] ils ont amené le peuple à un progrès dans un domaine quelconque, mais si le peuple n'a pas tout réglé d'une manière irréprochable comme un homme seul l'aurait fait, c'est aussitôt pour toi un argument contre ses chefs[4].

Qu'y a-t-il donc d'étonnant à ce que ces hommes, qui ont donné tant de bons conseils aux Athéniens et qui ont empêché beaucoup de malheurs, n'aient pu, eux non plus, les contenir jusqu'au bout ni les guérir pour toujours, mais aient été mis en échec par la nature du peuple — à moins qu'il ne faille dire par la nature commune de l'homme — et s'ils n'ont pu extirper l'in-

1. II, p. 296, 23-297, 10.
2. II, p. 297, 22-298, 7.
3. II, p. 298, 23-29.
4. II, p. 299, 1-5. Ici Photius a réuni en un même extrait deux passages d'Aristide.

εἶναι φάσκοι τῶν περὶ αὐτὰ ἁμαρτημάτων, εἴ τι μὴ καλῶς ὕστερον μηδὲ ὡς χρὴ γράφοιεν ἐφ' ἑαυτῶν.

Εἰ δὲ μὴ πάντας ἐπαίδευσαν, μηδὲ ὡς οἷόν τε ἀκριβέστατα, μηδ' ὡς μάλιστα ἐβουλήθησαν, τί τό γε ἐκπεφευγὸς τῆς ἐκείνων προστασίας ἄν τις τιθείη; Οὐ γὰρ τῆς ἐκείνων ὁμιλίας τοῦτο ἀπώναντο, ἀλλ' οὐκ ἀπώναντο ἐκείνων ἔτι τι τοῦτό γε. Οὔκουν ἐξ ὧν προσεῖχον αὐτοῖς, ἐκ τούτων ἥμαρτον, ἀλλ' ἐξ ὧν οὐ προσεῖχον, ἐπλημμέλησαν. Οὕτως ἅ γε ἐπείθοντο σαφῶς ἄρ' οἱ πείθοντες ἔπειθον καλῶς.

Τὴν δὲ πολιτικὴν εἰ μὴ πάντας ἐπαίδευσαν Ἀθηναίους Θεμιστοκλῆς καὶ Περικλῆς καὶ Μιλτιάδης καὶ Κίμων, μηδ' ἅπαντας ἐφεξῆς βελτίους ἐποίησαν κατὰ φυλὰς καὶ κατ' ἄνδρα ὥσπερ θεωρικὸν τὴν ἐπιστήμην διανέμοντες, εἶθ' ὑπερφυές τι φήσομεν κατ' αὐτῶν εὑρηκέναι, ὡς οὐδ' αὐτοὶ βελτίους ἦσαν οὐδενὸς εἰς ταῦτα; Καὶ οὐκ ἀγαπᾷς τὸ τοῦ σοῦ Πρωταγόρου, εἰ [καὶ] καθ' ὁσονοῦν προὐβίβασαν τοὺς πολλοὺς εἰς τὸ βέλτιον, ἀλλ' εἰ μὴ πάντα ὁ δῆμος ἀνεγκλήτως καὶ ὥσπερ εἷς ἀνὴρ μετεχείρισε, τοῦτ' ἤδη κατὰ τῶν προστατῶν ἔστι σοι.

Τί οὖν θαυμαστόν, εἰ κἀκεῖνοι πολλὰ καὶ χρηστὰ συμβουλεύσαντες Ἀθηναίοις, καὶ πολλὰ τῶν δυσχερῶν κωλύσαντες, μὴ διὰ τέλους αὐτοὺς ἐδυνήθησαν κατασχεῖν μήδ' ἀθάνατα ἰάσαντο, ἀλλ' ἡττήθησαν τῆς δήμου φύσεως, εἴτε καὶ τῆς κοινῆς τῶν ἀνθρώπων δεῖ λέγειν, καὶ μὴ ἐδυνήθησαν

10 φάσκοι AMAr. : φάσκοιεν A^{2} ‖ αὐτὰ AM : ταῦτα M^{3}Ar. ‖ **13** ἐβουλήθησαν AAr. : ἠβουλήθησαν M ‖ **14** τιθείη A M^{3}Ar. : θείη M ‖ **15** ἀλλ' οὐκ ἀπώναντο AM^{3}Ar. : *om.* M ‖ **16** τι A : *om.* M *non habet* Ar. ‖ **17** ἀλλ' AM^{2}Ar. : ἀλλ' ὡς M ‖ **18** οὕτως ἅ AM^{3}Ar. : οὕτω ἅ M οὐ τόσα A^{2} ‖ **25** ἦσαν οὐδενὸς AM : οὐδενὸς ἦσαν M^{3} *v. l.* Ar. ‖ **26** Πρωταγόρου MAr. : Πρωταγόρα A ‖ καὶ M^{3}Ar. ‖ **27-28** ὁ δῆμος ἀνεγκλήτως AM : ἀνεγκλήτως ὁ δῆμος M^{3} *v. l.* Ar. ‖ **32** ἐδυνήθησαν A : ἠδυνήθησαν MAr.

justice de la cité, pareils à des laboureurs qui arrachent chaque année les mauvaises herbes de leurs champs sans pouvoir en atteindre efficacement la graine [qui gâte leur terrain]. De même si, alors que ces hommes voulaient purifier la cité, un germe inévitable d'injustice [432 a] et d'ignorance a pu leur échapper et s'est perpétué, si le peuple ne leur a pas toujours obéi, mais s'il a pris certaines décisions de lui-même, quelle faiblesse cela implique-t-il chez ces hommes? Ou pourquoi faut-il mettre les fautes du peuple au compte d'autrui? C'est agir comme si, dans une cité en état d'émeute où ces hommes-là commanderaient à un des deux partis, celui des gens modéres, on mettait aussi sur leur compte les fautes de l'autre parti et celles de ceux qui se comporteraient mal à leur égard. Quel sens cela a-t-il puisqu'ils n'ont pas commis ces fautes-là et qu'ils essayaient même de les empêcher[1]?

Mais si quelqu'un croit bon d'user des mêmes accusations envers ceux dont on ne dit même pas de mal, et cela non pour leur rendre le mal pour le mal, mais pour faire absoudre ses propres fautes par celles d'autrui, comment fera-t-il croire qu'il ait eu raison de tenir le premier des propos méchants auxquels personne ne le forçait et par lesquels il comptait ravaler les autres[2]? Tu n'avais donc pas vu que tu es condamné par tous les proverbes : cardant la laine dans le feu[3], faisant cuire une pierre, semant des cailloux. En effet, quel profit ont-ils tiré, eux, de tes réprimandes et de tes discours? En quoi

1. II, p. 299, 4-300, 4.
2. II, p. 301, 1-6.
3. L'expression est dans Platon, *Lois*, VI, p. 780 c.

ἐκ τῆς πόλεως ἐξελεῖν ἀδικίαν, ὥσπερ γεωργοὶ τὰ λυμαινόμενα τῇ χώρᾳ καθ' ἕκαστον ἐνιαυτὸν ἐκκόπτοντες, εἶτ' οὐκ ἐφικνούμενοι διὰ παντὸς τοῦ [λυμαινομένου τὴν χώραν] σπέρματος. Εἰ τοῦτον τὸν τρόπον κἀκείνους ἐθέλοντας καθαίρειν τὴν πόλιν ἐξέφυγε καὶ ἐνέμεινε [432 a] σπέρμα ἀναγκαῖον ἀδικίας καὶ ἀγνωμοσύνης, καὶ οὐ πάντα ὑπήκουσεν αὐτοῖς, ἀλλ' ἔστιν ἃ καὶ καθ' αὑτὸν ὁ δῆμος ἐβουλεύσατο, τίνα τοῦτο τοῖς ἀνδράσιν ἔχει φαυλότητα; Ἢ τί δεῖ τὰ ἐκείνων ἑτέροις λογίζεσθαι, ὥσπερ [ἂν] εἰ καὶ στάσεως οὔσης ἐν τῇ πόλει, καὶ τούτων τῆς ἑτέρας ἡγουμένων τῆς τῶν ἐπιεικῶν, εἶτα τὰ τῶν ἑτέρων ἁμαρτήματα καὶ τῶν εἰς τούτους πλημμελούντων αὐτοῖς τούτοις τις προσετίθη. Καὶ τίνα ἔχει φύσιν, οἳ μήτε ἔδρων ταῦτα καὶ προσέτι κωλύειν ἠξίουν;

Ἀλλὰ μὴν εἴ [γε] μηδὲ κακῶς ἀκούσασι καλῶς ἔχειν οἰήσεταί τις ταῖς αὐταῖς χρήσασθαι λαβαῖς, καὶ ταύταις μὴ ἐπὶ τῷ κακῶς ἀντειπεῖν ἀλλ' ἐπὶ τῷ διὰ τῶν ἐκείνου τὰ ἑαυτῶν ἀπολύσασθαι, πῶς εἰρηκέναι αὐτὸν πρότερον κακῶς, ἃ μηδεὶς ἐπηνάγκαζε καὶ δι' ὧν χείρους ᾤετο ἐκείνους ἀποφῆναι, δεξιόν τι νομίζειν κελεύσει; Ἐλελήθεις ἄρα σαυτὸν ἁπάσαις ταῖς παροιμίαις ἐνεχόμενος, εἰς πῦρ ξαίνων καὶ λίθον ἕψων καὶ σπείρων τὰς πέτρας. Τί γὰρ τῶν σῶν νουθεσιῶν καὶ λόγων ἀπήλαυσαν ἐκεῖνοι; Τί τῶν θείων ἢ τῶν ἀνθρωπίνων ἄμεινον

35 ἐκ Photius : καθάπαξ ἐκ Ar. || λυμαινόμενα A^{2}MAr. : *quid prius praeb.* A *non liquet* || **37-38** λυμαινομένου τὴν χώραν M^{3}Ar. || **39** καθαίρειν Ar. : καθαριεῖν A^1 καθάρειν M *et* A *ut vid.*

[432 a] **3** τίνα — φαυλότητα AM : τίνα αὐτὸ (ταῦτ' Ar.) ἔχει τοῖς ἀνδράσι φαυλότητα M^3 *v. l.* Ar. || **4** ἐκείνων ἑτέροις AM : ἑτέρων ἐκείνοις M^3 *v. l.* Ar. || ἂν M^{3}Ar. || **8** προσετίθη M^2 : προστιθῇ AM προσετίθει Ar. || φύσιν M^{3}Ar. : φύσιν ταῦτα AM || **9** προσέτι MAr. : ὡς ἔτι A || **10** γε M^{3}Ar. || **11** ἐπὶ AM^{3}Ar. : *om.* M || **13** αὐτὸν AM : γ' αὐτὸν M^{3}Ar. || **15** ἀποφῆναι Photius : ἀποφαίνειν Ar. || κελεύσει M^{3}Ar. : κελεύει AM || **16** ἄρα Photius : δὲ ἄρα Ar. || παροιμίαις A^{2}MAr. : παρομοίαις A.

Denys ou Dion ont-ils amélioré leur gestion des affaires divines et humaines depuis le jour où ils t'ont prêté l'oreille [1]?

Nous avons autant amélioré ceux qui ont commerce avec nous, Platon, que tu l'as fait pour ceux qui avaient affaire à toi. Et si tu dis qu'ils étaient meilleurs de nature, tu démontres du même coup que nous sommes plus sensés en mettant quelque espoir en eux, que toi qui t'es trompé sur toute la ligne en croyant qu'ils tireraient quelque bien de tes entretiens avec eux. Ensuite, [tout comme] là où nos grands hommes en ont surpassé d'autres, tu mets la nature en cause; de même, s'ils [te] semblent avoir agi à la légère, mets aussi cette erreur sur le compte de leur nature et ne la prends pas comme un argument contre nous ; ce qu'ils ont réalisé sous [notre] égide, ne nous en dépouille pas, [nous], leurs conseillers et leurs collaborateurs, en affectant de louer ce qu'il y a de plus beau; et les fautes qu'ils ont commises d'eux-mêmes contre nous, ne dis pas que nous en sommes coupables ; car nous sommes partiellement responsables des premières actions mais nullement des dernières [2]. Et Pollis [en revanche], qui avait pris Platon en charge, respectant Denys même à distance, se souvenait de ses ordres tandis qu'il ne faisait aucun cas de toi alors qu'il t'avait sous les yeux et vivait avec toi ; ton merveilleux talent et ta parole per-
[432 b] suasive avaient moins de poids que les ordres de Denys ; et Pollis était du côté de Denys, malgré les ordres qu'il en avait reçus, mais il n'était pas de ton côté. Ajoutons que c'était un Spartiate et qu'il avait été éduqué dans le cadre de ces lois et de ces institutions qui, à ton

1. II, p. 302, 12-17.
2. II, p. 303, 24-304, 6.

μετεχειρίσαντο Διονύσιος ἢ Δίων μετ' ἐκείνην τὴν ἡμέραν, ἐν ᾗ σοι τὰ ὦτα ὑπέσχον;

Τοσοῦτον ἡμεῖς ἀμείνους τοὺς ἡμῖν χρωμένους, ὦ Πλάτων, ἀπεδείξαμεν ἢ σὺ τοὺς σοί. Εἰ δ' ἐρεῖς ὅτι βελτίους οὗτοι τὴν φύσιν, καὶ ταύτῃ φρονιμωτέρους ἡμᾶς ἀποδεικνύεις, εἴ τινας ἐν τούτοις ἔχομεν ἐλπίδας, οὐχ ὥσπερ σὺ τοῦ παντὸς διήμαρτες, ἐκείνοις διαλέγεσθαι προὔργου τι δόξας εἶναι. Ἔπειτα [ὥσπερ] ἐν οἷς βελτίους ἑτέρων γεγόνασι τὴν φύσιν αἰτιᾷ, οὕτως εἴ τι καὶ προπετέστερον εἰργάσθαι [σοι] δοκοῦσιν, τῆς φύσεως αὐτὸ θὲς τῆς ἑαυτῶν, καὶ μὴ λάμβανε ἐφ' ἡμᾶς, μήδ' ἃ μὲν [ἡμῶν] ἡγουμένων κατέπραξαν, ἀποστέρει τοὺς συμβουλεύσαντας καὶ τοὺς συγκατεργασαμένους [ἡμᾶς] τῷ δοκεῖν τὰ βέλτιστα παραινέσαι, ἃ δὲ ἐπὶ σφῶν αὐτῶν ἐξήμαρτον εἰς ἡμᾶς, ταῦτα ὡς ἡμεῖς ἀδικοῦμεν λέγε· ἐκείνων [μὲν] γὰρ καὶ ἡμεῖς αἴτιοι τὸ μέρος, τούτων δὲ οὐδὲ μικρόν.

Καὶ ὁ Πόλλις [αὖ πάλιν] παραλαβὼν Πλάτωνα, Διονύσιον μὲν καὶ ἀπὼν ᾐσχύνετο καὶ ὧν ἐπέσκηψεν ἐμέμνητο, σὲ δὲ ὁρῶν καὶ συνὼν παρ' οὐδὲν ἐποιεῖτο, καὶ ἡ θαυμαστή [σου] δύναμις καὶ πειθὼ κατὰ τοὺς λόγους [432 b] ἡττᾶτο τῶν ἐντολῶν τοῦ Διονυσίου· καὶ Πόλλις ἐκείνῳ μὲν συνεβάλλετο, καὶ ταῦτα τοιαῦτα ἐπιτάξαντι, σοὶ δὲ οὐδέν. Προσθῶμεν δὲ ὅτι καὶ Σπαρτιάτης ὤν, καὶ τεθραμμένος ἐν νόμοις καὶ πολιτείᾳ δεύτερα [τῶν

20 Διονύσιος ἢ Δίων *add.* Photius || **25** ἔχομεν A : ἔσχομεν MAr. || τοῦ AM^3Ar. : *om.* M || **27** ὥσπερ M^3Ar. || **28** εἴ τι MAr. : ἔτι A || **29** σοι M^3Ar. || αὐτὸ A^2M^3Ar. : αὐτῶν AM || ἑαυτῶν AM : αὐτῆς A^2Ar. || **30** ἡμῶν M^3Ar. || **32** ἡμᾶς M^3Ar. || **34** μὲν M^3Ar. || **36** αὖ πάλιν M^3Ar. || παραλαβὼν A^2MAr. : *quid prius praeb* A *non liquet* || Πλάτωνα *add.* Photius || **37** ἀπὼν A : ἀπόντα MAr. || **38-39** καὶ ἡ AM : ἀλλ' ἡ M^3 *v. l.* Ar. || **39** σου M^3Ar.

[432 b] **1** ἡττᾶτο A^2MAr. : ἡττα A || Πόλλις AM^3Ar. : πόλις M || **4-5** τῶν πασῶν M^3Ar.

jugement, ont le second rang, ou plutôt le premier parmi [toutes] celles qui existent. Et tu n'as rien gagné, semble-t-il, à tant de tes [grands] éloges pour la cité des Lacédémoniens. [Car l'amiral lacédémonien a un jour outragé ta dignité comme ne l'aurait fait ni un Perse ni un Scythe totalement incapables de comprendre un mot de ta langue.] Si cependant tu croyais que l'amiral péloponnésien Pollis serait meilleur pour toi que Denys ou déciderait mieux de ton sort, ce Pollis, qui ne faisait aucune attention à toi, ne pensant qu'à celui qui n'était pas là et qui lui avait donné ses ordres abominables, comment n'es-tu pas à un rang bien inférieur à celui du tyran? Et comment as-tu le droit de critiquer quand quelqu'un a manqué son but en essayant de convaincre un autre? Et si tu estimais devoir te contenter de ton sort quand lui ne respectait pas ton silence, ne le jugeant pas plus capable que tous les discours de faire naître en lui les pensées qui t'auraient été favorables, comment aurais-tu obtenu un sort digne de toi et récolté les fruits que méritait ta valeur? Mais, par Zeus, tu n'es nullement diminué par la folie de Pollis et de Denys, pas plus que nous non plus, mon cher, si, parmi les Athéniens, quelqu'un a mal agi à notre égard[1].

Et quand Pollis te mit en vente, personne parmi les Hellènes ne voulut t'acheter, toi, la tête sacrée — tant tous étaient séduits par tes discours! — mais ce fut un Libyen nommé Anniceris, que personne au monde ne connaîtrait s'il n'avait pas profité de tes malheurs. En

1. II, p. 305, 21-306, 16.

πασῶν] λαχούσῃ παρά σοι κριτῇ, μᾶλλον δὲ πρῶτα τῶν οὐσῶν · καί σοι μάτην, ὡς ἔοικε, τὰ πολλὰ [ἐκεῖνα] εἰς τὴν τῶν Λακεδαιμονίων πόλιν ὕμνηται. [Ὁ γοῦν τῶν Λακεδαιμονίων ποτὲ ναύαρχος τοσοῦτον διήμαρτε τῆς σῆς ἀξίας, ὅσον οὐδ' ἂν εἷς Περσῶν ἢ Σκυθῶν οἷς οὐκ ἦν συνεῖναι τῆς σῆς φωνῆς τὸ παράπαν.] Καίτοι γε εἰ μὲν ἠξίους τὸν ναύαρχον τῶν Πελοποννησίων Πόλλιν ἀμείνονα γενέσθαι Διονυσίου περί σε καὶ βουλεύσασθαί τι βέλτιον, ὁ δὲ οὐ προσεῖχέ σοι τὸν νοῦν, ἀλλὰ μὴ τοῦ παρόντος ἦν καὶ τοῦ τὰ αἴσχιστα ἐντειλαμένου, πῶς οὐχ ἧττω πάμπολυ τοῦ τυράννου; Καὶ ποῦ δίκαιος εἶ προφέρειν, εἴ τινά τις πείθειν ἐπιχειρῶν ἀπέτυχεν; Εἰ δὲ σὺ μὲν στέργειν ἠξίους τοῖς παροῦσιν, ὁ δὲ οὐκ ᾔδεῖτό σου τὴν σιωπήν, οὐδ' ἁπάντων λόγων ἡγεῖτο ἱκανωτέραν εἶναι τοὺς προσήκοντας αὐτῷ λογισμοὺς περὶ σοῦ παραστῆσαι, πῶς τῶν εἰκότων ἐτύγχανες, ἢ πῶς τὰ πρέποντα ἀπέλαβες τῆς φύσεως τῆς σεαυτοῦ; Νὴ Δι' ἀλλ' οὐδὲν σὺ χείρων, εἰ παρέπαιε Πόλλις καὶ Διονύσιος. Οὐδέ γε ἡμεῖς, ὦ μακάριε, εἴ τις πρὸς ἡμᾶς Ἀθηναίων φαῦλος ἐγένετο.

Καὶ πωλοῦντος Πόλλιδος Ἑλλήνων μὲν οὐδεὶς ὠνεῖτό σε τὴν ἱερὰν κεφαλήν (οὕτω πάντες κατείχοντο ὑπὸ τῶν σῶν λόγων), Λίβυς δὲ ἄνθρωπος Ἀννίκερις ὄνομα, ὃν οὐδ' ἠπίστατο ἀνθρώπων οὐδείς, εἰ μὴ ταῖς σαῖς

5 λαχούσῃ AM : ἐχούσῃ M^{x} *v. l.* || πρῶτα MAr. : πρώτη A^{2} τὰ πρῶτα M^{3} ***quid prius praeb.*** A *non liquet* || **6** ἐκεῖνα M^{3}Ar. || **7** ὕμνηται AM : ὕμνητο M^{x}Ar. || **7-10** ὃ — παράπαν M^{3}Ar. || **11-12** τὸν — Πόλλιν (πόλιν M) AM : αὐτὸν M^{3}Ar. || **12** ἀμείνονα A : ἀμείνω MAr. || **13** οὐ AM^{2}Ar. : οὐδὲ M || **14** μὴ τοῦ AM : τοῦ μὴ M^{3} *v. l.* Ar. || τοῦ τὰ M^{x}Ar. : ταῦτα AM || **16** τινά τις Photius : τίς τινα Ar. || ἐπιχειρῶν Photius : ἐγχειρῶν Ar. || **17** μὲν στέργειν AM^{3} *v. l.* Ar. : στέργειν μὲν M || **19** ἡγεῖτο AM^{3} *s. v.* Ar. : *om.* M || **22** σεαυτοῦ MAr. : ἑαυτοῦ A || σὺ χείρων AM^{3}Ar. : σοι χεῖρον A^{2} σοι χείρων M || **24** πρὸς AM : περὶ M^{x}Ar. || Ἀθηναίων φαῦλος AM : φαῦλος Ἀθηναίων M^{3}Ar. || **26** τὴν ἱερὰν κεφαλὴν *add.* Photius *e loco superiore Aristidis.*

l'occurrence, ce n'est pas Platon, c'est du renom qu'il s'est acheté et il s'est fait connaître[1].

Ne pense pas cependant que nous ne connaissions pas tes écrits, que nous ne reconnaissions pas qu'ils disent vrai quand tu affirmes qu'un homme de bien ne peut subir une injure ou un tort de la part de quelqu'un qui ne le vaut pas. Nous le comprenons et nous attestons que tu dis vrai. Néanmoins, ton étrange amant ne t'a épargné aucune injure, aucun affront. Peut-être ne ressentais-tu pas l'injure; lui, cependant, te faisait plutôt ce qu'il croyait une injure que ce qu'il savait être un honneur[2].

Mais, cher Platon, admirable [entre tous] ne t'en prends pas à eux deux, c'est-à-dire à un de tes amis [et à un de [433 a] tes ennemis]; prends-t-en à toi-même et à ceux qu'il était plutôt naturel de croire tes amis. Sinon, pense bien non pas aux griefs que tu formuleras, mais à la défense que tu commenceras par présenter tant ce qui te concerne aussi est grave[3]. Et s'il faut examiner ta position en elle-même, il est juste de la tenir irréprochable; mais la nôtre, pour les mêmes raisons, l'est tout autant. A quoi s'ajoute le fait d'avoir triomphé des événements, ceux-ci dépassant tes objectifs et ce à quoi nous nous sommes heurtés nous-mêmes. Toi, cependant, en croyant nous confondre, c'est contre toi-même que tu parles et nous, en parlant pour notre défense, nous soignons aussi tes intérêts. Bien plus, nous avons aussi participé à ta défense alors que tu n'as pas autant d'avantages que nous. En sorte que si on nous épargne, il n'est pas sûr qu'on t'épargne aussi; et si quelqu'un te condamnait, peut-être nous pardonnerait-il et si on ne nous

1. II, p. 307, 7-12.
2. II, p. 308, 12-19.
3. II, p. 309, 9-13.

συμφοραῖς ἀπεχρήσατο. Νῦν δὲ οὐ Πλάτωνα ἐπρίατο, ἀλλὰ δόξαν ἑαυτῷ καὶ τὸ γινώσκεσθαι. Μὴ τοίνυν νομίσῃς ἡμᾶς ἀγνοεῖν τοὺς σοὺς λόγους ἢ μὴ συγχωρεῖν ἀληθεῖς εἶναι, ὡς οὐ θέμις ἀνδρὶ βελτίονι ὑπὸ χείρονος οὔθ' ὑβρίζεσθαι οὔτε βλάπτεσθαι. Σύνισμεν ταῦτα, καὶ μαρτυροῦμεν ὡς ἀληθῆ λέγεις. Ὅμως δέ [γε] ὁ θαυμαστὸς ἐκεῖνος ἐραστής σου οὐδ' ὁτιοῦν ὕβρεως καὶ ἀσελγείας ἀπέλιπε. Καὶ σὺ μὲν οὐδὲν ὑβρίσθης ἴσως · ὁ δέ [γε] οἷς ἡγεῖτο ὑβρίζειν, πλείω ταῦτα ἔπραττεν ἢ δι' ὧν ᾔδει τιμήσων.

Ἀλλ', ὦ [πάντων] θαυμάσιε Πλάτων, μὴ δι' ἀμφοῖν ὤθει, καὶ ταῦτα οὐ διὰ τῶν φίλων ἑνὸς [433 a] [καὶ τῶν ἐχθρῶν] ἀλλὰ διὰ σαυτοῦ [τε] καὶ τούτων οὓς μᾶλλον φίλους ἦν εἰκὸς ἡγεῖσθαι. Εἰ δὲ μή, σκόπει μὴ ὅ τι ἐγκαλέσεις, ἀλλ' ὅ τι ἀπολογήσῃ πρότερον · τοσαῦτά ἐστι καὶ τὰ σά. Εἰ δ' αὐτὴν ἐφ' ἑαυτῆς δεῖ τὴν προαίρεσιν ἐξετάζειν, ἀναίτιον μὲν τὸ σὸν εἰκότως, ἀναίτιον δὲ ἐκ τῶν αὐτῶν καὶ τὸ ἡμέτερον. Καὶ πρόσεστι καὶ τὸ κρατῆσαι τῶν πραγμάτων, καὶ τὸ μείζω ταῦτα εἶναι τῶν τε ὑπό σου σπουδαζομένων ὧν τε αὐτοὶ προσεκρούσαμεν. Σὺ μὲν τοίνυν ἐλέγχειν ἡμᾶς ἀξιῶν κατὰ σαυτοῦ λέγεις, ἡμεῖς δὲ ὑπὲρ ἡμῶν αὐτῶν λέγοντες καὶ τὸ σὸν θεραπεύομεν. Μᾶλλον δὲ τῆς μὲν σῆς ἀπολογίας καὶ ἡμεῖς μετέσχομεν, σοὶ δ' οὐχ ὅσον ἡμῖν ὑπάρχει. Ὥστε εἰ μὲν ἡμῶν τις φείσεται, ἄδηλον εἰ καὶ σοῦ · εἰ δὲ σοῦ τις καταγνοίη, τάχα ἂν ἡμῖν γε συγ

30 τοίνυν AM : τοι M^3Ar. || **32** ἀληθεῖς AAr. : ἀληθὲς M || **34** γε M^3Ar. || **36** ἴσως *hic* Photius : *post* μὲν *ponit* Ar. || **38** πάντων M^3Ar.

[433 a] **1** καὶ τῶν ἐχθρῶν M^3Ar. || τε M^3Ar. || **2** μᾶλλον φίλους ἦν εἰκὸς M : μᾶλλον σοὺς φίλους ἦν εἰκός A φίλους εἰκὸς ἦν μᾶλλον M^3 *v. l.* Ar. || **3** ἐγκαλέσεις MAr. : ἐγκαλέσῃς A || **7** πρόσεστι καὶ A : πρόσεστι MAr. || **9** μὲν τοίνυν M^3Ar. : *om.* M τῷ Ἀγαμέμνονι ὀνειδίσαντι τὸ γένος ὅτι νόθον A *quae cum edd. infra v.* 8 *posui* || **10** κατὰ AAr. : καὶ τὰ M καὶ κατὰ M^x || ἡμῶν αὐτῶν M^3Ar. : αὐτῶν M αὐτοῦ A || **11-12** μὲν σῆς M^3Ar. : μέσης AM.

[épargne] pas, à plus forte raison ne t'épargnera-t-on pas. Tant il est au-dessus de tes forces de l'emporter sur nous. Dès lors, ne regarde pas ma situation mais la tienne, dit Teucer à quelqu'un [1].

A Agamemnon qui lui avait reproché sa naissance bâtarde [2].

Ne prétends pas tout examiner minutieusement ; alors qu'il y a trois facteurs à considérer : l'intention, les actions, le hasard, ne laisse pas les deux premiers de côté pour t'attaquer au troisième, bien qu'il tienne le rôle principal parmi nous. Car si nous avions dû connaître ces événements dès le commencement et nous vouer nous-mêmes délibérément à la défense de l'Hellade, nous n'aurions pas hésité et nous n'aurions pas été tellement inférieurs à Codrus ; toi-même, je le pense, tu nous l'aurais conseillé. Car, dis-moi, par le dieu de l'amitié, aurais-tu préféré que nous n'ayons pas fait pour la cité ce que nous avons fait et qu'aucun citoyen n'ait mal agi envers nous ? Les autres n'allaient-ils pas mal agir tant contre nous que contre les citoyens ? Ou bien consentirais-tu que ce qui a été fait fût fait, même s'il fallait que ce qui est arrivé arrivât ? Je le pense, quant à moi. Donc, si tu dis préférer que les deux éventualités se soient produites plutôt qu'aucune des deux, tu reconnais que, dans nos actes politiques, il y avait tout ce qu'il fallait et plus de raisons [de glorifier] la cité que de la mettre en accusation. Comment n'aurais-tu donc pas eu de meilleures raisons de louer la cité plutôt que de la blâmer [3] ? [Et en un mot], où est la justice quand on ne réclame des comptes qu'à des gens qui ne sont pas les seuls responsables des faits ? En effet, nous n'incriminons pas les premiers conducteurs de chars si un autre, [433 b] après eux, prend les mêmes bêtes et les met moins en valeur ; mais cochers, dresseurs et entraîneurs ont

1. II, p. 310, 15-311, 1.
2. Cf. III, p. 684, 33-36. Allusion à Sophocle, *Ajax*, 1226-1315.
3. II, p. 311, 1-18.

γνοίη · εἰ δ' αὖ μὴ ἡμῶν [φείσεται], σχολῇ γ' ἂν σοῦ. Οὕτω τὸ νικᾶν ἡμᾶς ὑπὲρ σοῦ γίνεται. Πρὸς ταῦτα σκόπει μὴ τοὐμὸν ἀλλὰ καὶ τὸ σόν, Τεῦκρος ἔφη τινί ·

τῷ Ἀγαμέμνονι ὀνειδίσαντι τὸ γένος ὅτι νόθον.

Καὶ μὴ βούλου πάντα ἀκριβῶς ἐξετάζειν, μηδὲ τριῶν ὄντων εἰς ἅ τις ἂν βλέψειε, τῆς γνώμης, τῶν ἔργων, τῆς τύχης, ἀφεὶς τὼ δύω τοῦ τρίτου λαμβάνου καὶ ταῦτα καὶ τούτου τοῦ πλείστου μέρους μεθ' ἡμῶν ὄντος. Εἰ γὰρ ἡμᾶς ἔδει ταῦτα προειδότας ἐξ ἀρχῆς ἐξεπίτηδες ὑπὲρ τῆς Ἑλλάδος ἡμᾶς αὐτοὺς ἐπιδοῦναι, οὐκ ἂν ὠκνήσαμεν, οὐδ' ἡττήθημεν τοῦ Κόδρου τοσοῦτον · καὶ σύ γ' ἂν οἶμαι ταῦτα συνεβούλευσας. Ἐπεί, φέρε πρὸς Φίλιου, πότερ' ἂν μᾶλλον ἐβουλήθης, μήτε τὰ πραχθέντα δι' ἡμῶν πεπράχθαι τῇ πόλει, μήτε εἰς ἡμᾶς μηδένα τῶν πολιτῶν ἐξαμαρτεῖν; Οὐκοῦν ἕτεροι καὶ εἰς ἡμᾶς καὶ εἰς ἐκείνους ἔμελλον · ἢ ἐκείνων γε ἕνεκα ὥστε πραχθῆναι, καὶ ταῦτα εἰ δέοι συμβῆναι; Ἐγὼ μὲν οἶμαι ταῦτα. Οὐκοῦν ὅτε ἀμφότερ' ἂν φαίης ἐθέλειν μᾶλλον ἢ μηδέτερα, ὁμολογεῖς καὶ τοῖς πεπολιτευμένοις ἡμῖν ἅπαντα ἃ προσήκει προσεῖναι, καὶ μειζόνως [τὰ πρὸς εὐδοξίαν] τῇ πόλει τῆς αἰτίας εἶναι. Πῶς οὖν οὐ δίκαιος ἦσθα μᾶλλον ἐπαινεῖν ἢ ψέγειν; [Ὡς δ' ἁπλῶς εἰπεῖν], ποῦ δίκαιον καὶ μόνους ἀπαιτεῖν εὐθύνας τοὺς οὐ μόνους τῶν πραγμάτων αἰτίους; Οὔκουν τούς γε ἡνιόχους αἰτιώμεθα τοὺς ἐξ ἀρχῆς, ἂν ἕτερος τοὺς αὐτοὺς ἵππους παραλαβὼν κακίους
[433 b] ἀποδείξῃ · ἀλλὰ καὶ ἡνίοχοι καὶ πωλοδάμναι καὶ

15 μὴ A : μηδ' MAr. || φείσεται M³Ar. || σχολῇ γ' ἂν σοῦ AM : σοῦ γε σχολῇ M³Ar. || **17** καὶ AMˣ-Ar. : *om.* M || **18** τῷ — νόθον *vide supra v.* 9 || **20** ἂν MˣAr. : καὶ AM || **24** αὐτοὺς AM³ *s. v.* Ar. : *om.* M || **26** φιλίου AM³Ar. : φίλου M || **26-27** πότερ' ἂν AMAr. : πότερον A² || **28-30** τῶν — ἔμελλον AM³ *mg.* : *om.* M || **30** γε AM³ *s. v.* Ar. : *om.* M || **34** μειζόνως AMAr. : μείζονος A² || τὰ πρὸς εὐδοξίαν M³Ar. || **36** ὡς — εἰπεῖν M³Ar. || ποῦ M³Ar. : ποῦ δὲ AM || **37** καὶ A : *om.* M *non habet* Ar. || **38** αἰτιώμεθα τοὺς AM³Ar. : αἰτιώμεθ' οὓς M.

[433 b] 1 καὶ πωλοδάμναι *add.* Photius.

un renom plus éclatant quand d'autres conducteurs, avec les mêmes chevaux, ne gagnent pas les mêmes récompenses, et cela, par Zeus, dans les mêmes temps[1].

Laisse-nous donc examiner et passer en revue ce qui est arrivé à ces hommes. Car le peuple ne les a pas tous condamnés de cette façon ; ils n'ont pas encouru cette disgrâce par une décision commune; et, pour commencer, tous ne l'ont pas encourue. Comment ? Mais Thémistocle et Cimon ont été frappés d'ostracisme ; ce ne fut pas l'effet d'un ressentiment [ni d'une hostilité] du peuple à leur égard, mais il existait à Athènes à ce sujet une loi, de quelle valeur — je préfère n'en rien dire sauf s'il se trouve quelqu'un pour en faire un grand éloge — et leur faute, loin d'être impardonnable, avait, dans ces circonstances, quelque chose d'honorable, car elle était l'effet, je l'ai dit, d'une loi. La loi était celle-ci : on ramenait dans le rang en les bannissant pour dix ans ceux qui avaient pris trop d'importance ; aucune autre accusation ne les visait [pas plus qu'aucun sentiment d'indignation ni aucun reproche concernant leurs actes]. Ainsi, comment ne serait-il pas étrange que nous mettions en accusation, à cause de ceux qui les ont bannis, des gens que ceux-là mêmes qui les ont chassés ne pouvaient accuser ? [Ce serait agir comme des gens qui ne savent rien de certain mais qui mettent en cause quelque rumeur, et une rumeur qui n'est même pas précise. Mais je reviens à mon sujet][2].

C'est pour barrer la route à l'orgueil qu'ils ont décrété ce genre de bannissement. Cet argument de poids montre combien ils étaient loin d'être des flatteurs — et combien — ces hommes qu'ils bannirent pour abattre leur fierté et sans aucune autre raison. En sorte que, pour

1. II, p. 315, 5-12.
2. II, p. 316, 21-317, 7.

διδάσκαλοι μειζόνως εὐδοκιμοῦσιν, ὅταν τῶν αὐτῶν ἕτεροι κύριοι καθεστῶτες μὴ τῶν ἴσων ἄξιοι γένωνται, καὶ νὴ Δία γε καὶ κατὰ τοὺς αὐτοὺς χρόνους.

Φέρε δὴ καὶ περὶ τῶν συμβεβηκότων αὐτῶν τοῖς ἀνδράσι σκεψώμεθα καὶ διέλθωμεν. Οὐ γὰρ ἁπάντων ὁ δῆμος οὑτωσὶ κατεψηφίσατο, οὐκ ἀπὸ κοινοῦ δόγματος ταῦτα ἔπαθον, ἀρχὴν δὲ οὐδὲ ταῦτα πάντες · πόθεν; Ἀλλὰ καὶ Θεμιστοκλῆς μὲν καὶ Κίμων ἐξωστρακίσθησαν · τοῦτο δ' ἦν οὐ μῖσος [οὔτ' ἀλλοτρίωσις] τοῦ δήμου πρὸς αὐτούς, ἀλλ' ἦν νόμος αὐτοῖς περὶ ταῦτα, ἔχων μὲν ὁπωσδήποτε (ἐῶ γάρ, εἰ μὴ σφόδρα ἄν τις ἐπαινέσαι τὸν νόμον), τὸ δ' οὖν ἁμάρτημα οὐκ ἀπαραίτητον αὐτῶν ἀλλ' ἔχον ὡς ἐν τούτοις εὐπρέπειαν · νόμῳ γάρ, ὥσπερ εἶπον, ἐγίνετο. Ἦν δὲ οὗτος ὁ νόμος · ἐκόλουον τοὺς ὑπερέχοντας μεθιστάντες ἔτη δέκα, ἄλλο δὲ οὐδὲν ἔγκλημα προσῆν, [οὐδ' ὡς ἐπὶ ἐλέγχῳ πραγμάτων ὀργή]. Καίτοι πῶς οὐ δεινόν, εἰ οὓς οὐδ' αὐτοὶ οἱ μεθιστάντες εἶχον αἰτιάσασθαι, τούτους αἰτιασόμεθα ἡμεῖς διὰ τοὺς μεταστήσαντας; [Ὥσπερ οἱ βέβαιον μὲν οὐδ' ὁτιοῦν ἐπιστάμενοι, ἀκοὴν δέ τινα κατηγοροῦντες, καὶ ταῦτ' οὐδ' αὐτὴν σαφῆ τὴν ἀκοήν. Ἀλλ' ἐκεῖσε ἐπάνειμι].

Ὑπὲρ δὲ [τοῦ] τὰ φρονήματα ἐπισχεῖν τοῦτο τὸ εἶδος τῆς φυγῆς ἐνόμισαν. Οὐκοῦν τούτῳ μεγίστῳ δῆλόν ἐστιν ὅσον κολακείας οἱ ἄνδρες ἀπεῖχον, οὕς γε ὅπως ὑφεῖντο τοῦ φρονήματος διὰ τοῦτο μεθίστασαν, οὐδενὸς ἄλλου τῶν πάντων ἕνεκα. Ὥστε τοῦτό

3 Δία AM : δι' ἂν M³Ar. ‖ 4 αὐτοὺς AM³ *s. v.* Ar. : *om.* M ‖ 6 κατεψηφίσατο A²MAr. : *quid prius praeb.* A *non liquet* ‖ 7 οὐκ A : οὐδ' MAr. ‖ 8 καὶ AM : *del.* Mˣ *non habet* Ar. ‖ 10 οὔτ' ἀλλοτρίωσις M³Ar. ‖ 12 τις MAr. : τι A ‖ 13 ἔχον A²Ar. : ἔχων AM ‖ 14 τούτοις AMAr. : τοιούτοις M³ ‖ 15 ἐκόλουον MAr. : ἐκώλυον A ‖ 16-17 οὐδ' — ὀργή M³Ar. ‖ 18 εἰ AAr. : εἰς M ‖ 19 διὰ τοὺς MAr. : δι' αὐτοὺς A ‖ 20-22 ὥσπερ — ἐπάνειμι M³ *mg.* Ar. ‖ 22 ὑπὲρ δὲ τοῦ] ὑπὲρ δὲ AM : ὅτι ὑπὲρ τοῦ M³Ar. ‖ 24 τούτῳ AMAr. : τοῦτο A² ‖ 26 τοῦτό A¹MAr. : τούτω A.

ce qui est de cette accusation, en tout cas, tu n'as pas vu que ce n'est pas contre eux, mais en leur faveur que tu l'as prononcée, tant tu es habile à passer ce qu'on dit au crible et à confondre autrui. Il me semble, en effet, que c'est [pour avoir eu présents à l'esprit] les malheurs qui [leur] sont arrivés au temps des fils de Pisistrate qu'ils n'ont pas voulu [permettre] que quelqu'un pût avoir des ambitions hors du commun, mais que tous les citoyens fussent égaux en influence. Ils ont donc agi avec justice en bannissant Cimon et Thémistocle? Je ne dis pas cela, mais qu'ils ont pris une mesure qui n'avait rien d'outré, qui pouvait leur être pardonnée et qui n'était pas pour les bannis un accident déshonorant [1].

Périclès, lui, tant que la cité vécut en paix, n'encourut aucune accusation ni grave ni légère auprès des citoyens ; au contraire, on l'admirait comme un dieu. [Et alors qu'il avait mené auparavant beaucoup d'expéditions athéniennes contre ceux qui ne voulaient pas respec-
[434 a] ter leurs obligations, non seulement il restait à l'abri de la critique, mais il était largement le premier dans la cité]. Mais quand, d'un même coup, il fallut abandonner le territoire, que la peste survint détruisant tout, quand les citoyens ne connurent plus de trêve à leurs maux, alors, écrasés par leurs malheurs, ils s'exaspérèrent contre lui. Et souviens-toi ici de l'exemple des conducteurs de chevaux car il se pourrait fort bien que tu sois emporté par ton propre attelage, non par des ailes [2].

Mais [Nestor] ne savait que faire non seulement du cheval blessé, mais non plus des autres effrayés par l'accident. Il ne pouvait pas non plus, dans le désordre, le libérer aisément des rênes, mais il restait debout, comme sur un char de bronze, et autant qu'il le pouvait, sans trembler [3]. Chez eux, ils étaient en mauvaise posture [4] (*au lieu*

1. II, p. 317, 8-21.
2. II, p. 319, 6-17.
3. II, p. 320, 9-13. Allusion, sans doute, à *Iliade*, VIII, 80 sqq.
4. II, p. 320, 20-21.

γε οὐ κατ' αὐτῶν ἀλλ' ὑπὲρ αὐτῶν ἔλαθες εἰρηκώς, ὡς δεινὸς σὺ τηρεῖν τὰ λεγόμενα καὶ τοὺς ἄλλους ἐλέγχειν. Δοκοῦσι γάρ μοι τὰς συμφορὰς [ἐνθυμούμενοι] τὰς ἐπὶ τῶν Πεισιστρατιδῶν γενομένας [ἑαυτοῖς] μηδένα βούλεσθαι μεῖζον [ἐὰν] τῶν πολλῶν φρονεῖν, ἀλλ' ἐξ ἴσου εἰς δύναμιν εἶναι. Δίκαια ἄρα ἐποίουν ἐλαύνοντες Κίμωνα καὶ Θεμιστοκλέα; Οὐ λέγω ταῦτα, ἀλλ' οὐδ' ἀναίσχυντά γε παντελῶς, ἀλλὰ καὶ αὐτοῖς ἔχοντα παραίτησιν κἀκείνοις οὐκ ἀσχήμονα τὴν συμφοράν.

Περικλῆς δέ, ἕως μὲν εἰρήνην ἡ πόλις ἦγεν, οὐδεμίαν οὔτε μείζω οὔτε ἐλάττω παρ' αὐτοῖς αἰτίαν ἔσχεν, ἀλλ' ἐξ ἴσου τοῖς θεοῖς ἐθαυμάζετο. [Καὶ ἔτι πρότερον στρατιὰς πολλὰς ἐξαγαγὼν Ἀθηναίων ἐπὶ τοὺς οὐκ ἐθέλοντας τοῖς δικαίοις [434 a] ἐμμένειν, οὐκ ἄμεμπτος μόνον ἀλλὰ καὶ πολλῷ τινι πρῶτος ἦν]. Ἐπεὶ δ' ἅμα τῆς τε χώρας ἠναγκάζετο στέρεσθαι, καὶ ὁ λοιμὸς ἅπαντα φθείρων ἐπέκειτο, καὶ κακῶν ἀνάπαυσις οὐκ ἦν, οὕτω δὴ τῶν συμφορῶν ἡττηθέντες ἐτραχύνθησαν πρὸς αὐτόν. Καί μοι τοῦ παραδείγματος ἐνταῦθ' ἀναμνήσθητι τοῦ τῶν ἡνιόχων· τάχα ἂν γὰρ ἁλοίης τοῖς ἅρμασι τοῖς σαυτοῦ, καὶ οὐ τοῖς πτεροῖς.

Ἀλλ' οὐδ' εἶχεν [οὔθ' ὁ Νέστωρ] ὅ τι χρήσαιτο μὴ ὅτι ἐκείνῳ τῷ τὴν πληγὴν λαβόντι, ἀλλ' οὐδὲ τοῖς ἄλλοις ἵπποις τεταραγμένοις ὑπὸ τοῦ πάθους. Ἀλλ' οὐδ' ἀπολῦσαι τὸν ῥυτῆρα ἐν τῷ θορύβῳ ῥᾳδίως ἐδύνατο, ἀλλ' ὥσπερ ἐπὶ χαλκοῦ ζεύγους εἰστήκει [μένων] ὅσα μὴ ἀπῆν τό γε ἀτρεμεῖν. Οἴκοι πονηρῶς ἐπεπράγεσαν

28 σὺ τηρεῖν τὰ A²MAr. : *quid prius praeb.* A *non liquet* || **29** ἐνθυμούμενοι M³Ar. || **30** ἑαυτοῖς M³Ar. || **31** ἐὰν M³Ar. || **35** Περικλῆς δὲ Photius : ἐκεῖνος γὰρ Ar. || **38-434 a 2** καὶ — ἦν M³Ar.

[434 a] **5** ἐτραχύνθησαν AM³Ar. : ἐταράχθησαν M || **7** ἂν γὰρ AAr. : γὰρ ἂν M || **8** οὔθ' ὁ Νέστωρ M³Ar. || **9** τῷ — λαβόντι *add.* Photius || **11** ἐδύνατο A : ἠδύνατο MAr. || **12** μένων M³Ar. || **13** οἴκοι Photius : οἴκοι τε Ar.

de : dans l'infortune)[1]. Ils jetèrent donc leur conducteur à bas puis, ainsi débarrassés de lui, ils avaient été si bien menés par lui auparavant qu'ils se rendirent compte de ce qu'ils avaient fait, changèrent d'avis, baissèrent la tête à nouveau et se firent commander et mener par lui où il voulait[2].

Mais puisque auparavant il avait joui de l'estime des citoyens pendant de nombreuses années consécutives et que, après sa condamnation, il redevint le plus grand des citoyens, comment n'est-il pas digne d'envie à la fois pour ses débuts et pour sa fin? Car son échec ne jeta pas d'ombre sur les événements antérieurs, mais l'honneur dont il fut l'objet après sa condamnation fit oublier toute son infortune. L'intervalle entre les deux périodes n'a pas prévalu sur elles : l'ensemble des deux actes l'emporte sur l'entracte. Car s'il faut accorder son suffrage à la première période, dès le début, il a été à l'honneur ; s'il faut le donner à la dernière, les citoyens n'ont pas maintenu leur intention de le condamner, mais ont à nouveau considéré qu'il valait mieux qu'eux. Ce n'est pas tant que deux périodes soient en balance avec une seule, mais c'est que les durées de chacune ne sont ni égales ni semblables[3].

D'ailleurs, il ne faut pas croire que tous les juges désignés votèrent sa condamnation, mais il y en eut — et ils avaient raison — qui votèrent en faveur de Périclès. Ceux-là, ne les avait-il donc pas rendus meilleurs et même tout à fait bons[4]?

Que dirons-nous, cependant, ô toi le meilleur des Hellènes? Est-ce justement qu'ils ont alors usé de cette audace contre toi, ou est-ce toi qui as été le responsable de leur folie? Pour moi, je n'affirmerais ni l'un ni l'autre. Quelqu'un certes, en réfutant tes propos, pour-

1. Je n'ai pas retrouvé cette note parmi les scolies de Dindorf, III.
2. II, p. 321, 4-8.
3. II, p. 321, 15-26.
4. II, p. 322, 10-13.

(ἀντὶ τοῦ ἀτυχῶς) Ἀπεσείσαντο μὲν τὸν ἡνίοχον, ἀποσεισάμενοι δὲ οὕτως εὖ καὶ καλῶς ἤχθησαν ὑπ' αὐτοῦ τὸν ἄνω χρόνον, ὥστε ἔγνωσάν τε ὃ ἔδρασαν, καὶ μετέγνωσαν, καὶ ὑποκύψαντες ἐξ ἀρχῆς παρεῖσαν ἄρχειν καὶ ἄγειν ὅποι βούλοιτο ἑαυτούς.

Ἀλλὰ μὴν ὅτε καὶ τὸν ἔμπροσθεν χρόνον εὐδοκίμει πολλὰ ἑξῆς ἔτη καὶ μετὰ τὴν καταδίκην μέγιστος πάλιν ἦν τῶν πολιτῶν, πῶς οὐκ ἀμφοτέρων ἕνεκα ζηλωτός ἐστι, καὶ τῆς ἀρχῆς καὶ τοῦ τέλους; Οὐ γὰρ τὸ προσκροῦσαι τοῖς ἔμπροσθεν ἐπεσκότησεν, ἀλλὰ τὸ τιμᾶσθαι μετὰ τοῦτο πᾶσαν παρεγράψατο τὴν συμφοράν. Οὐ γὰρ τὸ μέσον κύριόν ἐστιν ἑκατέρων τῶν καιρῶν, ἀλλὰ κρατεῖ τὸ συναμφότερον τοῦ μέσου. Εἴτε γὰρ τοῖς πρώτοις δεῖ διδόναι τὴν ψῆφον, ἐτιμᾶτο ἀπ' ἀρχῆς· εἴτε τοῖς ὕστερον, οὐκ ἐν οἷς κατέγνωσαν ἔστησαν, ἀλλὰ προσεῖχον πάλιν ὡς αὐτῶν βελτίονι. Καὶ μὴν οὐχ ὅσον δύο ἀνθ' ἑνός ἐστιν, ἀλλ' ὅτι καὶ τὸ πλῆθος ἑκάστου χρόνου οὐκ ἴσον οὐδὲ ἐγγύς. Καὶ μὴν οὐδὲ τοὺς λαχόντας ἅπαντας οἴεσθαι χρὴ καταγνῶναι τὴν γραφὴν αὐτοῦ, ἀλλ' εἶναί τινας οἳ καὶ τῷ Περικλεῖ καλῶς ποιοῦντες ἔθεντο. Οὐκοῦν τούτους βελτίους τε καὶ βελτίστους ἦν πεποιηκώς;

Καίτοι τί φήσομεν, ὦ τῶν Ἑλλήνων ἄριστε, πότερον δικαίως εἰς σὲ τότε ἐκείνους ταῦτα τολμᾶν, ἢ σὲ τῆς ἐκείνων μανίας ὑπεύθυνον εἶναι; Ἐγὼ μὲν γὰρ οὐδέτερον ἂν φαίην. Καὶ μὴν ἔχοι γ' ἄν τις τοὺς σοὺς λόγους ἀμυνόμενος διπλᾶ στρέ-

14 μὲν *add.* Photius ‖ **17** παρεῖσαν AAr. : παρῆσαν M ‖ ἄρχειν A[1]M[2]Ar. : ἀρχὴν AM *ut vid.* ‖ **19** ἔτη MAr. : ἔτι A ‖ **23** παρεγράψατο AM Ar. : διεγράψατο M[3] *v. l.* ‖ **24** ἐστιν ἑκατέρων Photius : ἀμφοτέρων ἐστιν Ar. ‖ **25** συναμφότερον M[3]Ar. : συμφέρον AM ‖ **27** ἀπ' AM : ἐξ M[3] *v. l.* Ar. ‖ **28** βελτίονι Photius : κρείττονι Ar. ‖ **31** λαχόντας — χρὴ AAr. : λαχόντας οἴεσθαι χρὴ M λαχόντας οἴεσθαι χρὴ πάντας M[3] *v. l.* ‖ **33** ἔθεντο MAr. : ἐψηφίσαντο A ‖ τούτους AM : τούτους γε M[3]Ar. ‖ **34** τί MAr. : *om.* A ‖ **35-36** τότε — ταῦτα AM : ταῦτα ἐκείνους τότε M[3] *v. l.* Ar.

rait les retourner doublement contre toi et contre Socrate dans l'idée que, si même ces malheurs vous sont arrivés [434 b] très injustement, vous les avez, d'une certaine manière, mérités, s'il est vrai que vous rendiez tels les gens que vous éduquiez[1]. Si les fautes des adeptes sont des chefs d'accusation contre ceux qui les conduisent, c'est toi et surtout Socrate que tu as mis en accusation plutôt que Périclès et ceux que tu crois. Et, par Zeus, si tu veux, je t'abandonne le « plutôt », car «pas moins» suffit. Et si vous êtes innocents, il est naturel qu'eux aussi le soient pour les mêmes raisons, si [toutefois] tu te souviens de ce qu'est la notion d'égalité et si tu n'enfreins pas délibérément les lois de la géométrie[2].

Celui que tu aurais tenu quitte de l'accusation, tu le calomnies en fonction de cette même accusation. Et comment n'est-il pas absurde de ne pas croire un autre qui parle et de mettre Périclès en accusation? Et de mépriser Périclès pour les mêmes raisons qui te font mépriser celui qui parle? Et, tout en accusant ceux qui l'ont condamné, de nous engager à prendre part à la condamnation comme à quelque bonne action et non à un acte qu'eux-mêmes faisaient à tort? Eux n'ont pas tenu compte de la condamnation qu'ils ont prononcée eux-mêmes, mais ils ont à nouveau honoré Périclès comme un homme de bien, comme un juste; et nous, qui n'avons aucune raison de l'accuser, nous irions le mépriser à cause de son procès? Chez les mêmes hommes, nous mettrons l'accent sur leurs fautes, et ce qu'ils ont fait de sage, nous n'en ferons aucun cas, tout en convenant qu'ils ont commis une faute et, mieux encore, en les

1. II, p. 325, 21-326, 3.
2. II, p. 326, 8-14.

φειν κατὰ σοῦ καὶ κατὰ Σωκράτους, ὡς εἰ καὶ τὰ μάλιστα [434 b] ἀδίκως ὑμῖν ταῦτα συνέβαινε, τρόπον γέ τινα τὰ προσήκοντα ἐπάσχετε, εἴπερ γε τοιούτους ἀπεδείκνυτε οὓς ἐπαιδεύετε. Οὐκοῦν εἰ μὲν τὰ τῶν ὁμιλητῶν ἁμαρτήματα τῶν προεστηκότων ἐστὶ κατηγορήματα, σαυτοῦ καὶ τοῦ ἑτέρου μᾶλλον κατηγόρηκας ἢ Περικλέους [τε] καὶ ὧν οἴει. Καὶ νὴ Δί', εἰ βούλει, τὸ μᾶλλον ἀφίημί [σοι]. Ὅτι δὲ οὐχ ἧττον, ἀρκεῖ. Εἰ δ' ὑμεῖς ἀθῷοι, κἀκείνους ἐκ τῶν αὐτῶν εἰκός ἐστιν εἶναι, εἴπερ [γε] τοῦ ἴσου μέμνησαι καὶ μὴ ὑπερβαίνεις τὴν γεωμετρίαν ἑκών.

Εἶθ' ὃν αὐτὸς ἀφῆκες ἂν τῆς αἰτίας, τοῦτον διαβάλλεις ἐκ τῆς αὐτῆς ταύτης αἰτίας. Καὶ πῶς οὐκ ἄτοπον ἄλλῳ μὲν [ἂν] λέγοντι μὴ πιστεύειν, αὐτὸν δὲ κατηγορεῖν; Καὶ δι' ἃ τὸν λέγοντα ἡγοῦ χείρω, διὰ ταῦτα Περικλέα ἀξιοῦν φαῦλον νομίζεσθαι; Καὶ τοὺς καταψηφισαμένους αἰτιώμενον ἡμᾶς πείθειν συγκαταγινώσκειν, ὥσπερ χρηστοῦ τινος πράγματος μεθέξειν μέλλοντας, ἀλλ' οὐχ ὃ μηδ' ἐκείνοις καλῶς εἶχε ποιῆσαι; Κἀκεῖνοι μὲν αὐτοὶ τὴν ἑαυτῶν καταδίκην οὐχ ὑπελογίσαντο, ἀλλ' ἐτίμων πάλιν ὡς χρηστὸν καὶ δίκαιον· ἡμεῖς δὲ οὗ μηδὲν ἄλλο κατηγορεῖν ἔχομεν, τοῦτον ἀτιμάσομεν διὰ τὴν δίκην; Καὶ τῶν αὐτῶν ἀνδρῶν ὃ μὲν ἥμαρτον, ἰσχυρὸν ποιησόμεθα, ἃ δὲ εὖ φρονοῦντες ἔπραττον ἐν οὐδενὸς μοίρᾳ θήσομεν, καὶ ταῦτα ὁμολογοῦντες ὡς ἥμαρτον, μᾶλ-

39 εἰ *καὶ τὰ* M³ *v. l.* Ar. : εἰ *καὶ κατὰ* A *καὶ* εἰ *τὰ* M.

[434 b] **1** ὑμῖν ταῦτα AM : ταῦτα ὑμῖν M³ *v. l.* Ar. ‖ **4** ἑτέρου Photius : ἑταίρου Ar. ‖ **5** τε M³Ar. ‖ **6** σοι M³Ar. ‖ **8** γε M³Ar. ‖ **10** ἀφῆκες A : ἀφῆκεν M ἀφῆκας M³ *v. l.* Ar. ‖ διαβάλλεις AM³Ar. : διαβάλλειν M ‖ **11** ἂν M³Ar. ‖ **12** μὴ AM³ *s. v.* Ar. : *om.* M ‖ δι' ἃ MAr. : διὰ A ‖ **13** ἡγοῦ M : ἢ γοῦν A ἂν ἡγοῦν Ar. ‖ **14** αἰτιώμενον MAr. : ἐώμενον A² αἰώμενον A *ut vid.* ‖ **15** ἡμᾶς A²MAr. : *quid prius praeb.* A *non liquet* ‖ **19** χρητὸν A²MAr. : *quid prius praeb.* A *non liquet* ‖ **20** δίκην AMAr. : καταδίκην M³.

accusant? Quel est le sens de tout cela? Pour moi, je n'y comprends rien[1].

Platon a accusé l'infortune[2] comme une faute en prenant le hasard pour une intention et en attribuant à ces hommes la faute d'autrui. Il croit avoir parlé fortement contre les condamnés en les comparant aux chevaux qui ruent, mais bien vite, s'il avait dû comparer les votants aux douze dieux, il se serait abstenu de décrier les condamnés[3].

Et si Platon veut accuser ces hommes dans un cas comme dans l'autre, comme s'il avait trouvé là quelque argument habile, qu'est-ce qui empêche qu'on lui rende la pareille dans les deux cas et qu'on le reprenne [à son tour] en chicanant, pour ruiner son raisonnement comme ceci, en disant que si c'est à bon droit et justement que les Athéniens condamnèrent ces grands hommes, c'est qu'ils n'avaient pas été corrompus par eux puisqu'ils agissaient selon la justice. Donc, ce n'étaient pas eux non plus qui les avaient corrompus, de sorte que, s'ils ont été justement condamnés, ce n'est pas sur ce point qu'on peut les in-
[435 a] criminer. Si c'est injustement que les Athéniens ont condamné ces hommes, il reste qu'ils sont victimes d'une injustice et ne sont nullement dans leur tort ; or, il est normal qu'on vienne en aide aux victimes de l'injustice et non qu'on leur adresse des reproches. Et s'il n'est pas possible de les aider, il n'est pas juste non plus de leur adresser des reproches. Mais je laisse cette discussion à des écrivains au style plus élégant ; quant à moi, que veux-je dire et comment veux-je entendre ce raisonnement? Il n'est pas juste de condamner à la fois les deux partis : le peuple et eux ; ce serait, évidemment, accuser à tort

1. II, p. 327, 15-29.

2. Ces quatre mots de Photius condensent une phrase d'Aristide, II, p. 328, 8-10.

3. II, p. 328, 18-21.

λον δὲ κατηγοροῦντες; Καὶ τίνα τοῦτ' εἶχε λόγον; Ἐγὼ μὲν οὐκ ἐπινοῶ.

Πλάτων δὲ τὴν συμφορὰν ὡς ἀδίκημα κατηγόρηκε, τὴν μὲν τύχην ἀντὶ γνώμης ἐξετάζων, τὴν δ' ἑτέρων ἁμαρτίαν ὡς ἐκείνων οὖσαν τιθείς. Εἰ δὲ τοὺς καταψηφιζομένους τοῖς ἵπποις ἀπεικάζων τοῖς λακτίζουσιν ἰσχυρόν τι λέγειν καθ' ὧν ἡ ψῆφος οἴεται, ταχύ γ' ἂν εἰ τοῖς δώδεκα θεοῖς ἔσχεν εἰκάσαι τοὺς καταγνόντας, ἀπέσχετ' ἂν τῶν ἁλόντων τὸ μὴ οὐ κακῶς εἰπεῖν.

Εἰ δ' ἐπ' ἀμφότερα Πλάτων αἰτιάσεται τοὺς ἄνδρας, ὥσπερ σοφοῦ τινος ἐπειλημμένος, τί κωλύει τινὰ τὰς ὁμοίας ἀνταποδιδόντα ἐπ' ἀμφότερα [αὖ] φιλονείκως ὑπολαμβάνοντα διαλύειν ὡδὶ τὸν λόγον, ὅτι εἰ καλῶς καὶ τὰ δίκαια αὐτῶν Ἀθηναῖοι κατέγνωσαν, οὐκ ἦσαν ὑπ' αὐτῶν διεφθαρμένοι· τὰ γὰρ δίκαια ἐποίουν. Οὐκοῦν οὐδὲ ἐκεῖνοι διεφθάρκεσαν· ὥστε εἰ δικαίως ἑάλωσαν, οὐδὲν ταύτῃ γε χείρους ἦσαν. [435 a] Εἰ δὲ ἀδίκως αὐτῶν ἐκεῖνοι κατεψηφίσαντο, ἀδικεῖσθαι τοῖς ἀνδράσι περίεστιν, ἀδικεῖν δὲ οὐδαμῶς· τοῖς δ' ἀδικηθεῖσι βοηθεῖν, οὐκ ἐγκαλεῖν εἰκός ἐστιν. Εἰ δέ τοι καὶ μὴ δυνατὸν βοηθεῖν, ἀλλ' οὐχὶ καὶ δίκαιον ἐγκαλεῖν. Ἐγὼ δὲ ταῦτα μὲν τοῖς κομψοτέροις παρίημι· αὐτὸς δὲ τί φημι καὶ πῶς δέχομαι λόγον; Οὐκ ἔστι δίκαιον ἅμα ἀμφοῖν κατηγορεῖν, καὶ τοῦ δήμου κἀκεί-

24 κατηγοροῦντες MAr. : κατηγόρουν A ‖ τοῦτ' εἶχε AM : ταῦτ' ἔχει M^x^Ar. ‖ **28** εἰ δὲ τοὺς AM : εἰ τοὺς δὲ M³ *v. l.* καὶ Ar. ‖ **28-29** καταψηφιζομένους — λακτίζουσιν AM : καὶ τοῖς ἵπποις τοῖς λακτίζουσιν ἀπεικάζων τοὺς καταψηφισαμένους M³ *v. l.* Ar. ‖ **29-30** καθ' ὧν ἡ ψῆφος Photius : κατ' ἐκείνων Ar. ‖ **31** ἁλόντων MAr. : ἄλλων τῶν A ἄλλον τῶν A¹ ‖ **32-33** Πλάτων αἰτιάσεται AM : αἰτιάσεται Πλάτων M³ *v. l.* Ar. ‖ **33** ἐπειλημμένος AM : εἰλημμένος M³Ar. ‖ **35** αὖ M³ *v. l.* Ar. ‖ φιλονείκως A : ἀφιλονείκως M.

[435 a] **1** ἀδικεῖσθαι AM : ἠδικῆσθαι M^x^Ar. ‖ **5** δὲ A¹ *s. v.* MAr. : *om.* A.

l'un des deux. Car si la condamnation des chefs est juste, c'est qu'ils étaient sans doute dans leur tort et le peuple a fait ce qu'il fallait, de sorte qu'il n'est pas juste de l'accuser sur ce point. [Comment donc, si nous le comparons aux bêtes sauvages, dirons-nous que nous faisons bien ?] Et si c'est le peuple qui a commis une faute, du même coup, c'est lui qui est en tort et le reproche qu'on pouvait faire à nos héros s'évanouit. [Car c'est là-même, prétendons-nous, que les Athéniens ont commis une erreur en les condamnant à l'exil ou à des amendes ou à n'importe quelle peine infligée à chacun. Et que veut dire ce raisonnement ? Que ces hommes ne méritaient aucune de ces peines. Et certes, s'ils étaient dans leur tort, ils les mériteraient ; mais vu qu'ils ne les méritent pas, il est clair qu'ils n'étaient pas dans leur tort. Et dire du mal de ceux qui ne commettent pas l'injustice et les accuser faussement, ce n'est pas agir selon la justice]. Quant à nous, au lieu d'accuser les uns et les autres, nous les défendons les uns et les autres d'une manière appropriée à leur cas en affirmant que la responsabilité n'est pas toute du côté du peuple et qu'il ne convient pas de voir dans nos grands hommes des citoyens malhonnêtes s'ils ont mécontenté le peuple [1].

Cela ne se passe pas ainsi du côté des athlètes, tandis que, dans les arts des Muses, la victoire est toujours du côté des meilleurs ; là encore, cependant, le mot de Pindare est de circonstance, car c'est bien vrai ce qu'il a dit : « Dans les jeux, c'est la fortune qui triomphe et non la force » [2]. Aussi, en voyant Eumélos tombé de son char, Achille se mit-il à gémir en disant : « Le meilleur vient le dernier, menant ses chevaux aux sabots massifs » [3]. N'est-il pas paradoxal de juxtaposer ainsi les mots et de proclamer le même homme le dernier et le

1. II, p. 329, 5-330, 11.
2. Fragment d'origine incertaine, 9 ; t. IV, p. 205 Puech.
3. *Iliade*, XXIII, 536, trad. Mazon.

νων · ἢ σαφῶς τοὺς ἑτέρους συκοφαντήσομεν. Εἰ μὲν γὰρ ὀρθῶς ἐκεῖνα κατεγνώσθη, ἠδίκουν μέν (ὡς ἔοικεν) ἐκεῖνοι, τῷ δήμῳ δ' ἃ προσήκει πέπρακται, ὥστε οὐχὶ δήπου ταῦτά γε δίκαιον κατηγορεῖν αὐτοῦ. [Πῶς οὖν τοῖς ἀγριαίνουσι τῶν ζῴων αὐτὸν ἀπεικάζοντες ὀρθῶς φήσομεν ποιεῖν;] Εἰ δ' ἥμαρτεν ὁ δῆμος, ἅμα τε ἐκείνῳ ἡμάρτηται καὶ τοῖς ἀνδράσι τοὔνειδος λέλυται. [Αὐτὸ γὰρ τοῦτό φαμεν δήπουθεν ἁμαρτεῖν Ἀθηναίους, τιμήσαντας ἐκείνοις φυγῆς ἢ χρημάτων ἢ ὁτουδήποτε ἐτίμησαν ἑκάστῳ. Οὗτος δὲ ὁ λόγος τί λέγει; Μηδενὸς τούτων ἐκείνους ἀξίους εἶναι. Καὶ μὴν εἴ γε ἠδίκουν, ἄξιοι τούτων ἦσαν · ὅτε δὲ οὐ τούτων ἄξιοι, σαφῶς οὐκ ἠδίκουν. Τοὺς δ' οὐκ ἀδικοῦντας κακῶς λέγειν καὶ συκοφαντεῖν οὐχὶ δίκαια ποιεῖν ἐστιν]. Ἡμεῖς τοίνυν ἀντὶ τοῦ κατηγορεῖν ἀμφοτέρων ὑπὲρ ἀμφοτέρων τὰ πρέποντα ἀπολογούμεθα, οὔτε τοῦ δήμου τὴν αἰτίαν πάντως εἶναι φάσκοντες, οὔτε ἐκείνους προσήκειν, εἰ ὅτι προσέπταισαν, χείρους νομίζεσθαι.

Καὶ οὐκ ἐπὶ μὲν τῶν ἀθλητῶν οὕτω συμβαίνει, τὰ δὲ τῆς μουσικῆς ἑστηκυίαν ἔχει τὴν νίκην τοῖς κρείττοσιν, ἀλλὰ κἀνταῦθα τὸ τοῦ Πινδάρου κρατεῖ · πάνυ γὰρ μετ' ἀληθείας τοῦτ' ἐκεῖνος ὕμνησεν ·

« ἐν ἔργμασι νικᾷ τύχα οὐ σθένος ».

Ὥστε ἰδὼν τὸν Εὔμηλον Ἀχιλλεὺς τοῦ ἅρματος ἐκπεσόντα ᾤκτειρέ τε καὶ λέγει ·

« Λοῖσθος ἀνὴρ ὤριστος ἐλαύνει μώνυχας ἵππους ».

Ἆρ' οὖν οὐ παράδοξον ἑξῆς οὕτω θεῖναι παράλληλα, καὶ τὸν αὐτὸν λοῖσθόν τε καὶ ἄριστον προσειπεῖν; Ἀλλ' ὅμως

9 ἠδίκουν μέν AAr. : ἠδικοῦμεν M ‖ **11** δήπου — δίκαιον AM : δίκαιον ταῦτά γε δήπον M³ *v. l.* Ar. ‖ **11-13** πῶς — ποιεῖν M³Ar. ‖ **14-21** αὐτὸ — ἐστιν M³Ar. ‖ **23** πάντως A : παντὸς MAr. ‖ **28** ἀληθείας A²MAr : ἀλήθεια A ‖ **29** τύχα MAr. : τάχα A ‖ **30** τὸν Εὔμηλον Photius : αὐτὸν Ar. ‖ τοῦ ἅρματος ἐκπεσόντα *add.* Photius ‖ **33** ἑξῆς οὕτω AM : ἑξῆς οὑτωσὶ M³Ar. ἐξ ἴσου τὸ A².

meilleur? Néanmoins, dit l'auteur, ainsi vont les choses humaines, car tel est, je crois, le sens de ses paroles : le même homme est le meilleur et arrive le dernier. C'est le mot qu'eut un jour, dit-on, le Perse Orontas à propos du doigt qui, tout en restant le même, indique, par la position qu'on lui donne, tantôt dix mille et tantôt rien qu'un. Si bien que l'exemple d'Eumélos me semble aller en sens contraire [de celui de Platon], entre autres [435 b] raisons parce qu'il ne fut pas seulement privé de la victoire, mais qu'il eut aussi les coudes, la bouche et le nez écorchés[1] à cause de ses excellents chevaux qui ne l'avaient jamais déçu[2].

Le Perse Orontas, déchu de son commandement, dit : « Le doigt aussi indique tantôt un, tantôt dix mille »[3].

Si tu as de l'influence grâce à tes amis, à ta fortune, si tu as du renom dans ta cité, ne t'exalte pour aucun de ces avantages et ne t'enorgueillis pas de ta puissance. Si tu es maître absolu, tu seras maîtrisé par la fortune. Telle est cette lutte, et c'est là ce que veut dire Homère. Rien d'humain n'est sûr ni stable ni indépendant. Mais le fort sera vaincu par le faible quand l'heure de sa défaite sera là ; Babylone sera prise avec ses remparts et d'autres peuples, à leur tour, anéantiront la Perse : tout cela n'est que vicissitudes[4].

Si tous les pilotes sauvaient tous leurs passagers, si tous les médecins sauvaient tous leurs malades, si la victoire allait aux meilleurs, aux plus grands, et si cet avantage leur restait toujours acquis à tous, si per-

1. Allusion à *Iliade*, XXIII, 395.
2. II, p. 335, 2-15.
3. Cf. III, p. 700, 9-11.
4. II, p. 338, 4-12.

τοιαῦτα, φησί, τὰ ἀνθρώπεια (τοῦτο γάρ μοι δοκεῖ τῶν ῥημάτων τὸ βούλημα εἶναι) ὁ αὐτὸς ἀνὴρ ἄριστός τε καὶ ἔσχατος. Ὅπερ περὶ τοῦ δακτύλου φασί ποτ' εἰπεῖν Ὀρόντην τὸν Πέρσην, ὡς ὁ αὐτὸς ὢν τῇ θέσει ποτὲ μὲν τὰ μυρία σημαίνει, ποτὲ δ' οὐ πλέον ἢ ἕν. Ὥστε μοι μὲν ἀντικρὺς [εἰς τὸ Πλάτωνος παράδειγμα] ὁ Εὔ- [435 b] **μηλος τείνειν δοκεῖ, κατά τε ἄλλα, καὶ οὐχ ὅσον τῆς νίκης ἐστερήθη, ἀλλὰ καὶ ἀγκῶνάς τε περιεδρύφθη στόμα τε ῥῖνάς τε ὑπὸ τῶν ἵππων τῶν ἀρίστων καὶ ὑφ' ὧν οὐδέποτε ἐσφάλη.**

Ὀρόντης ὁ Περσὴς ἐκπεσὼν τῆς ἀρχῆς. « Καὶ ὁ δάκτυλος » ἔφη « ποτὲ μὲν ἕν ποτε δὲ μυρία σημαίνει ».

Εἰ φίλοις ἰσχύεις, εἰ χρήμασιν, εἰ δόξαν ἔχεις ἐν τῇ πόλει, μηδενὶ τούτων ἐπαρθῇς, μηδὲ μεῖζον φρονήσῃς τῇ ἐξουσίᾳ. Εἰ πάντων κρατήσεις ἡττήσῃ τῆς τύχης. Ταῦτ' ἐστιν ὁ ἀγὼν οὗτος, ταῦθ' Ὅμηρος λέγει. Οὐδὲν τῶν ἀνθρωπίνων ἀσφαλὲς οὐδ' ὁμαλὸν οὐδ' αὐταρκές. Ἀλλ' ἡττήσεται μὲν ὁ ἰσχυρὸς τοῦ ἀσθενοῦς ὅταν καιρὸς ᾖ τούτου, ἁλώσεται δὲ Βαβυλὼν αὐτοῖς τείχεσι, πάλιν δὲ τοὺς Πέρσας πορθήσουσιν ἕτεροι· πάντα ταῦτα ἐναλλὰξ περιέρχεται.

Εἰ δὲ ἔσωζον μὲν οἱ κυβερνῆται πάντες ἅπαντας τοὺς ἐμπλέοντας, ἔσωζον δ' οἱ ἰατροὶ ἅπαντες ἅπαντας τοὺς κάμνοντας, ἐνίκων δὲ οἱ κρείττονες, ἐνίκων δὲ οἱ μείζονες, τὸ δ' ἀεὶ τούτοις πᾶσι προσῆν,

36 ἀνὴρ ἄριστός AM : ἄριστος ἀνὴρ M^3 *v. l.* Ar. ‖ **37** ὅπερ MAr. : ὥσπερ A ‖ τοῦ δακτύλου M^{3}Ar. : τοὺς δακτύλους A *et* M *ut vid.* ‖ **38** ὁ *edd.* : *om. codd. non habet* Ar. ‖ **39** ἢ AM^3 *s. v.* Ar. : *om.* M ‖ **40** εἰς — παράδειγμα M^{3}Ar.

[435 b] **1** τείνειν AMAr. : τίνειν A^2 ‖ **4** οὐδέποτε A : οὐδεπώποτε MAr. ‖ **5-6** Ὀρόντης — σημαίνει A : *om.* M ‖ **8** ἐπαρθῇς M^{3}Ar. : μεῖζον ἐπαρθῇς A μεῖζον τούτων ἐπαρθῇς M ‖ **9** τῇ ἐξουσίᾳ A : τῆς ἐξουσίας MAr. ‖ κρατήσεις A^{2}MAr. : κρατήσης A ‖ ἡττήσῃ AM : ἡττηθήσῃ A^2 ἡττήσεις Ar. ‖ **11** ἀνθρωπίνων A : ἀνθρωπείων M^{x}Ar. ‖ **12** καιρὸς AAr. : ὁ καιρὸς M ‖ **16** ἐμπλέοντας AM^{3}Ar. : πλέοντας M ‖ ἅπαντες AM : πάντες M^{3}Ar.

sonne n'était déçu par l'issue de ses entreprises, si désirer et pouvoir ne faisaient qu'un, tout ce qui est humain serait éternel, rien, sans doute, ne demanderait des vœux et ce ne serait pas la mauvaise jarre qui se déverserait sur nous comme elle le fait à présent[1].

Ne sois donc pas étonné si Périclès, tout en possédant le savoir et l'art, fut vaincu par la divinité et par la fortune. N'oublie pas les circonstances dont tu dis que le pouvoir est grand et qui, évidemment, n'ont pas été alors très clémentes pour lui. Nombreux ont été et seront les sujets d'étonnement parmi les hommes et, parmi eux, les revers qu'ont essuyés nos héros. Qui dirait le contraire? Ce n'est pas assez, cependant, pour prouver qu'ils n'avaient pas de connaissances solides et qu'ils étaient incapables [de rendre] leurs concitoyens meilleurs. Mais ils pouvaient connaître l'art et être les meilleurs tout en étant, à ce moment-là, privés d'aides plus efficaces[2].

A celui qui, remplaçant Platon, accueillerait ma question, je demanderais volontiers qui prescrivit à ce dernier de ne pas s'occuper des affaires de la cité. Qui pourrait donner une autre raison sinon que Socrate, on le sait, le lui dit? Alors, quoi? Concluons : ce que tu as craint de subir et qui te retenait de prendre la parole en public, si quelqu'un de ces grands hommes l'a subi, c'est, prétends-tu, faute d'avoir donné les conseils les meilleurs? Mais si la chose ne comportait aucun risque, [436 a] pourquoi ne t'es-tu pas mis au service de ta patrie? Et si elle comportait un risque capital, pourquoi t'étonner que quelqu'un d'entre eux ait subi un malheur, et pourquoi, posant en principe que le danger résulte du fait qu'on a donné les meilleurs conseils, enlèves-tu

1. II, p. 338, 21-339, 2. Allusion à *Iliade*, XXIV, 527-533.
2. II, p. 341, 25-342, 8.

μηδεὶς δ' ἐσφάλλετο τῶν ἀρξαμένων κατορθοῦν, εὐχὴ δὲ καὶ δύναμις μηδὲν διέφερεν, ἀθάνατα πάντ' ἂν ἦν τὰ τῶν ἀνθρώπων πράγματα, καὶ οὐδὲν ἂν ἴσως εὐχῆς προσέδει, οὐδ' ἂν κατέκλυζεν ἡμᾶς τῶν πίθων ἅτερος ὥσπερ νῦν.

Μὴ τοίνυν θαυμάσῃς εἰ Περικλῆς ἔχων ἐπιστήμην καὶ τέχνην τοῦ θεοῦ καὶ τῆς τύχης ἡττᾶτο. Μηδ' ἀμνημόνει τῶν καιρῶν, οὓς αὐτὸς φῂς οὐκ ὀλίγον δύνασθαι, οἷς οὐ πρᾳοτάτοις ἐκεῖνος τότε χρησάμενος φαίνεται. Πολλὰ καὶ παράδοξα κατ' ἀνθρώπους καὶ γέγονε καὶ γενήσεται· ὧν ἔστι καὶ τὰ τούτοις τοῖς ἀνδράσι συμβάντα. Τίς δ' οὐκ ἂν φαίη; 'Αλλ' οὔπω ταῦτά ἐστιν ἔλεγχος κατ' αὐτῶν ὡς οὔτε ἠπίσταντο χρηστὸν οὐδέν, οὔτε ἐδύναντο βελτίους [ποιεῖν]. 'Αλλ' ἐξῆν αὐτοῖς τήν γε τέχνην δήπουθεν ἔχειν καὶ τὸ χρηστοὺς εἶναι, εἰ καὶ τῶν μειζόνων ἐπικουριῶν ἔν γε τῷ τότε ἐστέρηντο.

'Ηδέως δ' ἂν ἐροίμην, ὅστις βούλοιτο δέξασθαι τὸ ἐρώτημα ὑπὲρ Πλάτωνος, αὐτὸς [δὲ] δὴ τί μαθὼν ἡμῖν ὁ Πλάτων οὐκ ἐπολιτεύσατο; Ἆρ' οὖν ἄλλο τι φήσειεν ἂν ὁστισοῦν ἢ τὸ αὐτὸ τοῦτο, ὅπερ καὶ Σωκράτης λέγων ἐκείνῳ φαίνεται; Τί μὴν ἕτερον; Εἶθ' ἃ φοβηθεὶς μὴ πάθῃς οὐκ ἐδημηγόρεις, ταῦτ' εἴ τις ἐκείνων πέπονθεν, ὡς οὐ τὰ βέλτιστα συνεβούλευεν ἰσχυρίζῃ; Καὶ μὴν εἰ μὲν οὐδεὶς ἐπῆν [436 a] κίνδυνος, τοῦ χάριν οὐδὲν ὤνησας τὴν πατρίδα; Εἰ δ' ἕτοιμον ἦν ἀπολωλέναι, τί θαυμάζεις εἴ τις ἐκείνων ἐχρήσατο συμφορᾷ, καὶ τῷ τὰ βέλτιστα λέγειν τιθεὶς

20 μηδὲν Ar. : οὐδὲν AM μηδενὶ M[3] || πάντ' ἂν ἦν M : πάντ' ἦν A ἦν ἅπαντα M[3] *v. l.* ἂν πάντ' ἦν Ar. || **21** ἴσως εὐχῆς Photius : εὐχῆς ἴσως Ar. || **30** ἐδύναντο Photius : ἠδύναντο Ar. || **31** ποιεῖν M[3]Ar. || **32** δήπουθεν ἔχειν AM : ἔχειν δήπουθεν M[3] *v. l.* Ar. || **34** βούλοιτο AM : βούλεται M[x]Ar. || δέξασθαι τὸ ἐρώτημα AMAr. : τὸ ἐρώτημα δέξασθαι M[3] *v. l.* || **35** δὲ M[3]Ar. || **36** οὖν AM : *exp.* M[3] *non habet* Ar. || ἂν M[2] *s. v.* Ar. : *om.* AM || **38** φοβηθεὶς μὴ AM[3] *v. l.* Ar. : μὴ φοβηθεὶς M || **39** οὐ τὰ MAr. : αὐτὰ A.

à ces hommes, à cause du malheur qu'ils ont subi, le mérite d'avoir désigné le meilleur parti à suivre [1]?

De toute évidence, lorsque ces hommes-là n'ont mis en balance avec la justice aucun des maux qui allaient leur arriver, mais, sans calcul, sans ostentation, se sont donnés à la cause du bien commun, ils ont mis en pratique la parole de Socrate. C'est pourquoi il faut bien ou montrer que le parti qu'ils ont pris n'est pas celui de la justice et que leurs entreprises ne sont pas des œuvres d'hommes de bien, ou bien reconnaître que ces hommes étaient des gens de bien, quoi qu'il advînt, et d'autant plus et d'autant mieux qu'ils n'ont pas redouté la difficulté de l'entreprise, faute de quoi ils ne vaudraient pas grand chose si l'on se réfère à la parole de Socrate [2].

Ensuite, Démosthène, bien loin de vouloir ravir à ces hommes la gloire qui était la leur afin de paraître lui-même plus grand, a conformé sa politique à la leur [3]. De plus, la valeur des adversaires n'était pas la même, mais Démosthène avait à faire face à des gens résolus, habiles, exercés, proches voisins des Athéniens, qui maniaient à la fois la diplomatie et les armes et qui, la plupart du temps, l'emportaient dans l'ombre [4].

C'est grâce à des traîtres, en effet, que Philippe l'emportait le plus souvent. Il mit en scène une sorte de bonne pièce nouvelle, il les faisait penser à Périclès et à d'autres péripéties [5].

Lequel des deux, en cette affaire, est [à la fois] le plus humain dans tout son caractère et le plus habile dans

1. II, p. 344, 4-16.
2. II, p. 345, 14-23.
3. II, p. 347, 7-10.
4. II, p. 347, 28-348, 1.
5. Je n'ai pas retrouvé cette scolie parmi celles de Dindorf, III.

αὐτὸς ἕπεσθαι τὸ κινδυνεύειν, ἐκείνους ἐξ ὧν ἠτύχησαν ἀποστερεῖς τὸ λέγειν τὰ βέλτιστα;

Οὐκοῦν ὅτ' ἐκεῖνοι φαίνονται μηδὲν τῶν μελλόντων αὐτοῖς ἔσεσθαι δυσχερῶν ὑπολογισάμενοι πρὸς τὸ δίκαιον, ἀλλ' ἀφειδῶς καὶ ἁπλῶς δόντες αὐτοὺς ὑπὲρ τοῦ κοινῇ βελτίστου, τῷ Σωκράτους κέχρηνται λόγῳ. Ὥστε ἢ δεικτέον ἐστὶν ὡς οὔτε δίκαια οὔτε ἀγαθῶν ἀνδρῶν ἦν ἔργα ἃ προείλοντο καὶ οἷς ἐνεχείρησαν, ἢ συγχωρητέον χρηστοὺς εἶναι τοὺς ἄνδρας, εἰ καὶ ὁτιοῦν ἀπήντησε καὶ τοσούτῳ μᾶλλον καὶ μειζόνως ὅσῳ τὴν δυσκολίαν τοῦ πράγματος οὐκ ἔδεισαν· φαῦλοί γὰρ ἂν τῷ γε Σωκράτους λόγῳ εἶεν.

Ἔπειτα τοσούτου ἐδέησε τῆς ὑπαρχούσης δόξης ἐκείνοις ἀφελεῖν ἐπιχειρεῖν, ἵνα δὴ μείζων αὐτὸς φανείη, ὥστε τὴν αὐτοῦ πολιτείαν εἰς τὴν ἐκείνων ἀνενήνοχεν. Ἔπειθ' ὅτι οὐδὲ τὰ τῶν ἀντιπάλων παραπλήσια, ἀλλὰ πρὸς ἄνδρας ὀξεῖς καὶ δεινοὺς ἦν τὸν Δημοσθένην παρατάττεσθαι, καὶ συγκεκροτημένους καὶ τοῖς Ἀθηναίοις ὁμόρους καὶ προσοικοῦντας, καὶ ἅμα τῷ κηρυκείῳ καὶ τῷ σιδήρῳ χρωμένους, καὶ τὰ πλεῖστα τῶν πραγμάτων ἐξ ἀφανοῦς ἀφαιρουμένους.

Διὰ γὰρ τῶν προδοτῶν τὰ πολλὰ Φίλιππος ἴσχυεν. Ὥσπερ ἐπεισόδιον χρηστὸν ἐπεισήγαγε, καὶ τοῦ τε Περικλέους αὐτοὺς ὑπεμίμνησκε καὶ ἄλλων.

Πότερος [καὶ] τὴν ὅλην γνώμην φιλανθρωπότερος, καὶ περὶ αὐτοὺς τοὺς λόγους δεξιώτερος κατὰ τοῦτο τὸ

[436 a] **4** τὸ A²MAr. : τῶ A ‖ **5** τὸ AMAr. : τοῦ Photii *edd.* ‖ **9** οὔτε M³Ar. : οὐ τὰ AM ‖ **11** εἶναι τοὺς MAr. : *om.* A ‖ **12** τοσούτῳ MAr. : τοσοῦτον A ‖ **13** ὅσῳ M²Ar. : ὅσον AM ‖ **14** Σωκράτους AM : *exp.* M³ σῷ Ar. ‖ **15** τοσούτου MAr. : τόσου A ‖ δόξης ἐκείνοις Photius : ἐκείνοις δόξης Ar. ‖ **18** οὐδὲ MAr. : *om.* A ‖ **19** ἦν — παρατάττεσθαι *add.* Photius ‖ **20** τοῖς Ἀθηναίοις Photius : τούτους Ar. ‖ **21** καὶ τῷ AM³ *v. l.* Ar. : καὶ M ‖ **22** σιδήρῳ AM³Ar. : σιδηρίῳ M ‖ **25** τοῦ τε M : τοῦ A² τε A ‖ **27** καὶ M³Ar.

ses discours? Est-ce celui qui, sans nécessité, résolut de dire du mal de ces hommes, ou celui qui, alors qu'il y était poussé, ne s'est pas mis en avant, n'a pas jugé bon de se donner de l'importance en disant du mal des autres [1]? Attends donc, par les dieux! Comment pourrait-on se faire mieux prendre en flagrant délit de contradiction? C'est le cas de celui qui dit qu'ils étaient des flatteurs, qui polémique en faveur de cette idée pour revenir ensuite sur ce qu'il a dit en déclarant qu'ils ne recouraient pas à la flatterie, puis en reprenant l'accusation pour laquelle il les avait absous. Et les raisons mêmes pour lesquelles il souhaitait les confondre le forcent à les absoudre; et les raisons qui lui avaient fait absoudre ceux qu'il avait accusés de flatterie peuvent, estime-t-il, faire condamner la rhétorique comme une flatterie [2].

Et certes, s'il devait — car c'est là désormais qu'est [436 b] le point important — paraître démontrer, d'après ses chefs d'accusation, que, d'une certaine façon, ils étaient des flatteurs, et en rester là, peut-être, même n'ayant émis que des accusations inexistantes, aurait-il quand même semblé tenir des propos de quelque valeur. Mais, quand, après avoir dit contre eux tout ce qu'il pouvait [3], il les a ensuite, tel un juge qui écoute quelqu'un d'étranger à la cause, tenus quittes de l'accusation, à quoi riment les discours? Ou bien comment tout ce qu'il a dit n'est-il pas à la fois mensonge et ineptie [4]? Voyons, cependant, ce qu'il dit là. Jamais un chef d'une cité ne saurait périr injustement du fait de la cité qu'il dirige. Ces paroles, par Zeus, comment pourrait-on dire qu'elles ont une unité de pensée ou qu'elles tendent au même but? Tout à la fois, celui qui prend le parti de la justice doit périr par la cité qu'il dirige et, s'il vient à périr, ce sort

1. II, p. 349, 30-350, 4.
2. II, p. 351, 25-32.
3. Je donne la préférence au texte parfaitement cohérent de AM sur le remaniement de M^3.
4. II, p. 352, 11-19.

μέρος, πότερ' ὅστις, αὐτῷ μηδεμιᾶς ἀνάγκης ὑπαρχούσης, κακῶς λέγειν εἵλετο τοὺς ἄνδρας, ἢ ὅστις, ὄντος μὲν τοῦ παροξύνοντος, οὐ προήχθη οὐδ' ἠξίωσεν ἑαυτὸν σεμνύνειν ἐν οἷς ἑτέρους ἔμελλε κακῶς ἐρεῖν; Ἔχε δὴ πρὸς θεῶν. Πῶς ἄν τις μᾶλλον ἁλοίη τἀναντία λέγων αὐτὸς ἑαυτῷ; Ὅστις λέγων μὲν ὡς ἦσαν κόλακες, καὶ τοῦτ' ἀγωνιζόμενος, εἶτ' αὐτὸς αὖ φησιν ὡς οὐκ ἐχρῶντο τῇ κολακικῇ· πάλιν δὲ ὧν ἀφῆκεν αὐτοὺς ταῦτα κατηγορεῖ. Καὶ δι' ὧν μὲν ἐλέγχειν προὐθυμεῖτο, διὰ τούτων ἀφεῖναι ἠναγκάσθη· διὰ δ' ὧν ἀφῆκαν οὓς ᾐτιάσατο τῆς κολακείας, διὰ τούτων ῥητορικὴν ὡς κολακείαν ἐλέγξειν ἀξιοῖ.

Καὶ μὴν εἰ μὲν ἔμελλε (τοῦτο [436 b] γάρ ἐστιν ἤδη τὸ ἰσχυρότατον) κόλακας τρόπον τινὰ αὐτοὺς ἐκ τῶν αἰτιῶν δόξειν ἀποφαίνειν, κἀνταῦθα στήσεσθαι τοῦ λόγου, τάχα ἄν, εἰ καὶ τὰ μὴ ὄντα μὴ ὄντα κατηγόρησεν, ἀλλ' οὖν ἐδόκει γ' ἄν τι προὔργου τῶν λόγων εἶναι. Ὅτε δὲ εἰπὼν ἅπανθ' ὅσα εἶχε κατ' αὐτῶν, εἶτα ὥσπερ δικαστὴς ἑτέρου λέγοντος ἀκηκοὼς ἀφῆκε τῆς αἰτίας αὐτούς, τίς ἔσθ' ἡ χρεία τῶν λόγων; Ἢ πῶς οὐχ ἅμα τε ψευδῆ καὶ μάτην ἅπαντα εἴρηται; Φέρε δὴ τί αὖ φησιν ἐνταῦθα; Προστάτης γὰρ πόλεως οὐδ' ἂν εἷς ποτε ἀδίκως ἀπόλοιτο ὑπ' αὐτῆς ταύτης τῆς πόλεως ἧς προστατεῖ. Ταῦτ', ὦ πρὸς Διός, πῶς τις εἶναι φῇ τῆς αὐτῆς γνώμης ἢ πρὸς τὸ αὐτὸ τελευτᾶν; Ἅμα μὲν τὸν τῷ δικαίῳ βοηθοῦντα ἀναγκαίως ἔχειν ἀπολέσθαι ὑπὸ τῆς πόλεως ἧς προστατεῖ, ἅμα δ' ἂν ἀπό-

29 πότερ' ὅστις MAr. : πότερόν τις A^1 ποτέροστις A || **37** ταῦτα MAr. : *om.* A || **38** διὰ δ' ὧν A^{2}Ar. : διὰ δ' οὖν A δι' ὧν τοῦ ἐκπεσεῖν M^3.

[436 b] **3** τὰ μὴ AM^{3}Ar. : μὴ τὰ M || μὴ ὄντα *bis habet* A *secl. edd.* || **5** ὅσα MAr. : ὅσον A || εἶχε AM : ἔχειν ἡγεῖτο M^{3}Ar. || **7** ἔσθ' ἡ MAr. : ἔσεσθαι A || χρεία AM^{2}Ar. : χορεία M || **8** εἴρηται MAr. : εἴρηται; προὔργου νῦν ἀντὶ τοῦ ὄφελος A || **10** ποτε MAr. : *om.* A || ἀπόλοιτο M^{x}Ar. : ἀπώλλυτο A *et* M *ut vid.* || ταύτης AMAr. : *exp.* M^3.

ne saurait lui être infligé injustement par la cité qu'il dirige. Comment ces propos sont-ils vraisemblables et comment les ramener à l'unité[1]?

Je considère encore le point que voici : si l'art oratoire est une flatterie, ils doivent évidemment s'être adonnés du même coup à la flatterie puisqu'ils étaient des orateurs; alors, comment les acquitte-t-il et comment a-t-il proclamé l'existence d'une vraie rhétorique? Si, d'autre part, la rhétorique est chose bonne et sérieuse, ils ont dû se préoccuper du plus grand bien ; alors, comment les accuse-t-il de ne pas parler en vue du plus grand bien, ou comment traite-t-il la rhétorique de flatterie? Si, d'autre part, la nature de la rhétorique [est] double, un de ses aspects étant flatterie [et honteuse éloquence démagogique], l'autre étant service de la justice, ils doivent être rattachés sans équivoque à l'un des deux aspects. Comment donc leur retires-tu ces deux aspects de la rhétorique? Si tu as le droit d'éliminer ceux-ci, il devrait exister encore une troisième rhétorique à côté de ces deux-là. Ainsi, en conclusion de ce raisonnement, la nature de la rhétorique n'est pas double et Platon n'a pas montré quelle est la troisième rhétorique[2].

Si, par ailleurs, l'art oratoire est simplement agrément et charme du langage, pourquoi lancer ces accusations contre lui? Pourquoi Platon se met-il au nombre des flatteurs en préférant dire ce qui est agréable plutôt que ce qui est vrai, et cela sans qu'aucune nécessité l'y force? Et si c'est en toute justice et vérité qu'il a parlé, par quel moyen plus efficace faut-il détruire les accusations fausses? Ou quel plus beau témoignage faut-il invoquer que celui de Platon lui-même quand, d'un côté, il est clair qu'il absout ces orateurs incontinent tandis que,

1. II, p. 353, 6-14.
2. II, p. 355, 4-18.

ληται, οὐκ ἄν ποτε τοῦτ' ἀδίκως παθεῖν ὑπὸ τῆς πόλεως ἧς προστατεῖ. Ποῦ ταῦτ' ἐστιν ἐοικότα, ἢ πῶς εἰς ταὐτὸν τελεῖ;

Σκοπῶ δὲ κἀκεῖνο, ὡς εἰ μέν ἐστιν ἡ ῥητορικὴ κολακεία, καθάπαξ δεῖ τῇ κολακείᾳ χρωμένους αὐτοὺς φαίνεσθαι, ἐπειδή γε ἦσαν ῥήτορες ὥστε πῶς ἢ ἐκείνους ἀπολύει τῆς αἰτίας, ἢ ῥητορικὴν προσείρηκέ τινα ἀληθινήν; Εἰ δ' αὖ χρηστὸν ἢ σπουδαῖον ἡ ῥητορική, δεῖ τοῦ βελτίστου δοκεῖν μέλειν αὐτοῖς · ὥστε πῶς ἢ ἐκείνους μὴ πρὸς τὸ βέλτιστον λέγειν αἰτιᾶται, ἢ τὴν ῥητορικὴν κολακείαν καλεῖ; Εἰ δ' αὖ διπλοῦν τι τὸ τῆς ῥητορικῆς [ἐστι], καὶ τὸ μὲν αὐτοῦ κολακεία [τε καὶ αἰσχρὰ δημηγορία] τὸ δ' ἕτερον προστασία τοῦ δικαίου, ἀναγκαῖον ἐκείνοις τοῦ [γ'] ἑτέρου μετεῖναι σαφῶς γε οὑτωσί. Πῶς οὖν ἀμφοτέρων ἀποστερεῖς αὐτούς; Καὶ μὴν εἴ γε καὶ δικαίως ἀποστερεῖς ἀμφοτέρων, τρίτη τις ἂν εἴη παρ' ἀμφοτέρας ταύτας ῥητορικὴ πάλιν. Ὥστε οὔτε διπλοῦν ἔτι τούτῳ τῷ λόγῳ τὸ τῆς ῥητορικῆς · οὐδὲ ἔδειξε δήπου Πλάτων ἥτις ἐστὶν ἡ τρίτη.

Εἰ μὲν γὰρ ἄλλως ταῦτ' ἐστι λόγου χάρις [τε] καὶ ἡδονή, τί τῆς ῥητορικῆς ταῦτα κατηγορεῖ; Καὶ τί τῶν κολάκων εἶς γίνεται, λέγων τὰ ἡδίω πρὸ τῶν ἀληθῶν, καὶ ταῦτα μηδεμιᾶς ἀνάγκης ἐπούσης; Εἰ δὲ ἐφ' ἅπασι δικαίοις καὶ μετὰ τῆς ἀληθείας εἴρηται, τίνι χρὴ μείζονι λῦσαι τὰς βλασφημίας; Ἢ τίνα καλλίω ποιήσασθαι μαρτυρίαν αὐτοῦ Πλάτωνος, ὅταν ἐνταῦθα μὲν καὶ παραχρῆμα ἀφιεὶς φαίνηται τῆς αἰτίας αὐτούς, ἑτέρωθι δὲ καὶ καθά-

15-16 ὑπὸ — προστατεῖ AAr. : *om.* M ‖ **17** τελεῖ AMAr. : λήγει M^3 *v. l.* ‖ **20** ἀπολύει MAr. : ἀπολύεις A ‖ προσείρηκέ A^2MAr. : *quid prius praeb.* A *non liquet* ‖ **22** μέλειν Ar. : μέλλειν Photius ‖ **24** τι AAr. : *om.* M ‖ **25** ἐστι M^3Ar. ‖ **25-26** τε — δημηγορία M^3Ar. ‖ **27** γ' M^3Ar. ‖ **32** ἥτις MAr. *et* A *ut vid.* : εἴ τις A^2 ‖ μὲν AM^3 *s. v.* : *om.* M ‖ **33** τε M^3Ar. ‖ **35** ἀληθῶν AM : ὄντων M^3 *v. l.* Ar. ‖ **37** τὰς AAr. : τὰ τῆς M ‖ **38** μαρτυρίαν AM : μάρτυρα M^xAr.

[437 a] d'autre part, et du même coup il fait leur éloge en imitant la palinodie de Stésichore[1]?

Celui, certes, qui refuse de dire que Platon est le meilleur parmi les Hellènes pourrait bien être le pire des Hellènes et des barbares. Il semble aussi tirer quelque avantage de son génie comme les rois en tirent de leur pouvoir; par exemple, il y a des passages où il se montrera poète en prose, abusant de la liberté dans son langage et dans ses sujets eux-mêmes[2].

Il fabrique des mots[3] et il met en scène des gens qui sont morts et qui s'entretiennent avec des vivants comme s'ils étaient encore de ce monde.

Et nous n'attribuerons pas à Euripide ce vers iambique : « Habiles sont les tyrans par la fréquentation des gens habiles[4] », [pas même si quelqu'un de savant l'a dit], car il est tiré de l'*Ajax* de Sophocle — il s'agit de l'Ajax de Locres[5]. Mais ce sont là des fantaisies inhérentes à la liberté habituelle des dialogues. Car, du fait qu'ils sont de pures fictions et qu'on peut les composer à l'aide des éléments qu'on veut, on tolère que la vérité ne soit pas strictement respectée dans les propos eux-mêmes; et, du même coup, me semble-t-il, il en résulte une [certaine] liberté, une certaine grandiloquence ; on ne vise pas à la précision absolue mais, comme je le disais, l'auteur cède à son génie. Et nous allons l'accepter ainsi tout bonnement? Nous aurons donc l'air d'ignorer sa méthode[6].

« Laisse » est souvent pris par Aristide comme une rallonge[7].

Ce n'est certes pas le fait de quelqu'un qui aime Athènes d'admirer en Attique la seule Académie et de considérer

1. II, p. 364, 8-16. — 2. II, p. 369, 28-370, 5.
3. III, p. 715, 27, mais le reste de la scolie ne figure pas à cet endroit.
4. Traduction reprise à J. Souilhé dans Platon, *Théagès*, 125 b, qui attribue ce vers à Euripide.
5. Fr. 14 de Pearson, *The fragm. of Sophocles*, Amsterdam, 1963, p. 12.
6. II, p. 373, 2-14.
7. Je ne retrouve pas cette scolie parmi celles de Dindorf, III.

[437 a] **παξ ἐγκωμιάζων, καὶ τὸν Στησίχορον μιμούμενος τῇ παλινῳδίᾳ;**

Ἀλλὰ γὰρ ὡς μὲν οὐκ ἄριστος τῶν Ἑλλήνων Πλάτων, κάκιστος ἂν εἴη καὶ Ἑλλήνων καὶ βαρβάρων ὅστις οὐκ ἐθέλει λέγειν. Ἔοικε δέ τι καὶ τῆς φύσεως ἀπολαύειν, ὥσπερ οἱ βασιλεῖς τῆς ἐξουσίας, οἷον καὶ περὶ αὐτὴν τὴν λέξιν ἔστιν οὗ φανήσεται ποιῶν, ἀδείᾳ λόγων πλείονι χρώμενος, καὶ περί γε αὐτὰς τὰς ὑποθέσεις.

Ὅτι ὀνοματοποιεῖ, καὶ ὅτι καὶ ἀποβεβιωκότας ὡς ἔτι παρόντας εἰσάγει τοῖς ἐπαΐουσι διαλεγομένους.

Οὐδέ γε Εὐριπίδου φήσομεν τὸ ἰαμβεῖον εἶναι τὸ

σοφοὶ τύραννοι τῶν σοφῶν συνουσίᾳ,

[οὐδ εἴ τις οὕτω τῶν σοφῶν εἴρηκεν]· ἔστι γὰρ ἐξ Αἴαντος Σοφοκλέους, Αἴαντος τοῦ Λοκροῦ. Ἀλλ' ἔστι ταῦτα ἀπὸ τῆς τῶν διαλόγων ἐξουσίας καὶ συνηθείας ὡρμημένα. Τῷ γὰρ ἅπαντας αὐτοὺς εἶναι ἐπιεικῶς πλάσματα, καὶ πλέκειν ἐξεῖναι δι' ὧν ἄν τις βούληται, ἔνεστί τι κἀν τοῖς λόγοις αὐτοῖς οὐ σφόδρα τηροῦν τὴν ἀλήθειαν· καὶ ἅμα ἐμοὶ δοκεῖν ἐφέλκεταί [τι] τῆς ἐλευθερίας καὶ τῆς μεγαλοπρεπείας, καὶ οὐ παντάπασιν ἀκριβολογεῖται, ἀλλ', ὥσπερ ἔφην, συγχωρεῖ τῇ φύσει. Ἔπειτα ταῦθ' ἡμεῖς ἁπλῶς οὕτω παραδεξόμεθα; Οὐκ ἄρα εἰδέναι τὰ ἐκείνου δόξομεν.

Τὸ ἀμέλει Ἀριστείδης πολλάκις ὡς παρέλκον λαμβάνει.

Οὔτοι φιλαθηναίου γέ ἐστι τὴν Ἀκαδημίαν μόνην θαυμάζειν τῆς Ἀττικῆς, τὴν δ' ἄλλην ἅπασαν ὥσπερ

[437 a] **3** καὶ Ἑλλήνων *add.* Photius || **5** οἷον MAr. : οἳ A *ut vid.* ἢ A² || **9-10** ὅτι — διαλεγομένους A : *om.* M || **13** οὐδ' — εἴρηκεν M³Ar. || **16** αὐτοὺς AM³ *s. v.* Ar. : *om.* M || **19** ἐμοὶ AM : μοι M³Ar. || δοκεῖν AM³Ar. : δοκοῦν M || τι M³Ar. || **24** τὸ — λαμβάνει A : *om.* M || **25** οὔτοι AMAr. : οὔ τι Mˣ || θαυμάζειν AM : ἀσπάζεσθαι M³ *v. l.* Ar.

tout le reste comme un domaine hostile ou ennemi. Car ce n'est pas après avoir ridiculisé tous les autres qu'il faut s'attendre à voir admirer Platon. En effet, cette attitude pourrait très bien ne pas être un honneur pour Platon, mais plutôt un déshonneur pour les autres et peut-être aussi pour Platon lui-même. Car penser, quand on a décerné à quelque autre le titre d'homme de bien, que Platon ne peut mériter une estime plus grande, n'est-ce pas un jugement de ce genre[1]? Il ne faut pas croire que l'inimitié qu'on éprouve envers les uns est le point de départ de la confiance qu'on a envers les autres. Car si, en nous gardant de paroles malveillantes à l'adresse de Platon, nous avons rendu à ces grands hommes ce qui leur revient, je ne pense pas que nous agissons mal. En effet, c'est là une attitude [civique et] humaine et qui plaît aux dieux depuis toujours[2].

Mais si la tragédie est un genre littéraire mauvais, l'œuvre de gens peu recommandables, comment dire que tu es poète tragique? Car ce qui est irrémédiable-[327 b] ment honteux, on ne peut en aucune façon le faire bien. Et tu dis qu'il ne faut pas imiter les gens de rien [ni se mettre sur le même pied que le vulgaire]; est-ce que ce n'est pas là ton propre et constant comportement, n'imites-tu pas des sophistes, n'imites-tu pas des sycophantes, n'imites-tu pas Thrasymaque qui n'a jamais rougi[3], n'imites-tu pas des portiers, des esclaves et mille autres gens? Mais, j'y pense, c'est le caractère hellénique de ta nature, caractère facile et gracieux, mobile et divin qui te conduit à tous ces travers et qui te fait attester qu'on peut utiliser chacun de ces types de personnages opportunément, avec grâce, avec bon goût[4].

Tu dis ensuite que tous ces personnages sont enchaînés

1. II, p. 379, 9-17.
2. II, p. 380, 6-9.
3. Je conserve le texte de AM qui est celui d'Aristide.
4. II, p. 381, 21-382, 2.

ἐχθρὰν κρίνειν καὶ πολεμίαν. Οὐδὲ γὰρ καταγελάστους ἀποφήναντα τοὺς ἄλλους ἅπαντας, οὕτω καὶ τότε χρὴ Πλάτωνα θαυμάζειν ἀναμεῖναι. Τοῦτο γὰρ οὐ Πλάτωνος ἂν εἴη τιμή, ἀλλ' ἀτιμία τῶν ἄλλων μᾶλλον, σχεδὸν δέ τι καὶ αὐτοῦ Πλάτωνος. Τὸ γὰρ ἡγεῖσθαι χρηστοῦ τινος ἄλλου κριθέντος μὴ εἶναι τούτῳ πλείονος ἀξίῳ δόξαι, πῶς οὐ τοιοῦτόν ἐστιν; Οὐ δεῖ τὴν πρὸς τοὺς ἑτέρους ἀπέχθειαν νομίζειν ἀφορμὴν τῆς πρὸς τοὺς ἑτέρους πίστεως εἶναι. Εἰ γὰρ τοῦ Πλάτωνα κακόν τι λέγειν ἀφέμενοι τοῖς ἀνδράσι τὰ πρέποντα ἀπεδώκαμεν, οὐκ ἀδικοῦμεν, οἶμαι. Ταῦτα γὰρ [καὶ πολιτικὰ] καὶ ἀνθρώπινα καὶ θεοῖς ἀρέσκοντα ἐκ τοῦ παντὸς χρόνου.

Ἀλλ' εἴ τοί γε φαῦλόν γε ἡ τραγῳδία καὶ φαύλων ἀνθρώπων, πῶς σε φῶμεν τραγῳδίαν ποιεῖν; Οὐ γὰρ τό γε ὅλως [437 b] αἰσχρὸν οὐδαμῶς ἔνι δή που ποιῆσαι καλῶς. Καὶ λέγεις μὲν ὡς οὐ χρὴ μιμεῖσθαι τοὺς φαύλους, [οὐδ' ἀφομοιοῦν τοῖς χείροσιν], αὐτὸς δ' οὐ πάνυ χρῇ τούτῳ διὰ τέλους, ἀλλὰ μιμῇ σοφιστάς, μιμῇ συκοφάντας, μιμῇ Θρασύμαχον τὸν οὐδέποτε ἐρυθριάσαντα, θυρωρούς, παιδία, μυρίους. Ἀλλ' οἶμαι τὸ τῆς φύσεως Ἑλληνικὸν καὶ εὔκολον καὶ εὔχαρι καὶ ποικίλον καὶ θεῖον, ἐφ' ἅπαντα ταῦτα ἄγον σε, ποιεῖ μαρτυρεῖν ὅτι καὶ τούτων ἑκάστου χρῆσίς ἐστι καιρὸν ἔχουσα καὶ χάριν ἐμμελῆ.

Εἶτα λέγεις ὅτι πάντες οὗτοι [τοῦ]

30 ᾆν M^2Ar. : *om.* AM ‖ **31** δὲ AM^3 *s. v.* Ar. : *om.* M ‖ γὰρ MAr. : *om.* A ‖ **33** οὐ δεῖ AM : μηδὲ M^3 *v. l.* Ar. ‖ **33-34** τὴν — ἀφορμὴν (*omisso* τοὺς A) AM : νομίζειν τὴν πρὸς τοὺς ἑτέρους ἀπέχθειαν ἀφορμὴν M^3 *v. l.* Ar. ‖ **34** τῆς MAr. : τήν A ‖ **37** καὶ πολιτικὰ M^3Ar. ‖ **39** εἰ τοί γε Photius : εἴ τι Ar.

[437 b] **1** ποιῆσαι M^2Ar. : πεποιῆσαι M ποι ῆ A ‖ **2-3** οὐδ' — χείροσιν M^3 : οὐδ' ἀφομοιοῦν αὐτὸν τοῖς χείροσιν Ar. ‖ **4-5** μιμῇ Θρασύμαχον AMAr. : μιμῇ ἀναίσχυντον πάνυ τοῦτόν φασι Θρασύμαχον M^3 ‖ **5** οὐδέποτε AM : οὐδεπώποτε M^3Ar. ‖ **6** παιδία, μυρίους AAr. : μυρίους, παιδία M. ‖ **10** τοῦ M^3Ar.

au plaisir. Dirons-nous que tu en dis trop peu ou que tu en dis trop? Les poètes cherchent à plaire, d'accord; en sorte que, en supprimant ce qu'il fallait ajouter, tu en as dit trop peu. Quant à les charger pour cette raison du grief de flatterie, comment n'as-tu pas outrepassé la juste mesure dans ce que tu m'as dit, et comment tes propos n'en disent-ils pas ainsi plus qu'il ne fallait[1]?

Car tu pouvais, mon brave, à la fois inciter les jeunes à la justice et rendre aux aînés ce qui leur était dû. En effet, si nous n'avions rien à dire pour leur éloge, du moins pouvait-on n'en rien dire, et tu ne risquais pas un procès pour avoir manqué de rendre tes comptes. Et certes, ce n'est pas surtout parce que Platon, avec la supériorité qu'il a parmi les Hellènes, et qui a de bonnes raisons d'être très fier de lui-même, a jugé bon, dans la grandeur et la puissance de son génie, de mettre certaines gens en accusation, qu'il faudrait s'irriter; mais il le faudrait parce que des gens de rien, s'autorisant de ce précédent, se sont déjà fait un métier de ce genre d'accusations et osent même, à propos de Démosthène — de qui je dirais volontiers qu'il est une image d'un Hermès orateur descendue parmi les hommes — proférer n'importe quels propos diffamatoires. Et qui au monde pourrait supporter ces gens-là? Ils lâchent plus de solécismes qu'ils ne disent de mots; ils méprisent les autres autant qu'on devrait les mépriser, eux. [Ils enquêtent sur les autres sans jamais avoir pensé qu'ils devraient le faire sur eux-mêmes]. Ils célèbrent la vertu mais ils ne la pratiquent pas; ils errent en vain « fantômes de mortels fatigués »[2],

1. II, p. 383, 11-18.
2. *Odyssée*, XI, 476.

πρὸς ἡδονὴν ἐξήρτηνται. Πότερον οὖν σε φῶμεν ἔλαττον τοῦ δέοντος λέγειν ἢ πλέον; Ὅτι μὲν γὰρ καὶ τοῦ πρὸς ἡδονὴν φροντίζουσιν οἱ ποιηταί, ὁμολογεῖται · ὥσθ' ὅσον προσθεῖναι προσῆκε, τοῦτ' ἀφελὼν ἔλαττον παρὰ τοῦτο εἴρηκας. Ὅτι δὲ αὐτοῖς κολακείαν ἐπενηνόχεις ἐκ τούτου, πῶς οὐκ ἔξω τοῦ δέοντος εἴρηκας, ἢ πῶς οὐ ταύτῃ πλέον αὖ τοῦ δέοντός ἐστιν ἔχων ὁ λόγος;

Ἐξῆν γάρ, ὦ γενναῖε, καὶ τοὺς νέους δικαίους εἶναι προτρέπειν καὶ τοῖς πρεσβυτέροις τὰ πρέποντα ἀποδοῦναι. Καὶ γὰρ εἰ μηδὲν εἴχομεν ἐπαινεῖν αὐτούς, ἀλλ' ἐξῆν γε δήπου σιωπῇ παρελθεῖν, καὶ οὐκ ἔμελλες ὀφλήσειν ἀλογίου. Ἀλλὰ γὰρ οὐχὶ Πλάτων ὁ τῶν Ἑλλήνων τοσοῦτον ὑπερφέρων καὶ δικαίως μέγιστον ἐφ' ἑαυτῷ φρονῶν κατηγορῆσαί τινων ἠξίωσε μεγέθει τινὶ καὶ ἐξουσίᾳ φύσεως, τοῦτο καὶ μάλιστ' ἄν τις ἀγανακτήσειεν, ἀλλ' ὅτι καὶ τῶν κομιδῇ τινες οὐδενὸς ἀξίων ἀφορμῇ ταύτῃ χρώμενοι μελέτην ἤδη τὸ πρᾶγμα πεποίηνται, καὶ τολμῶσι καὶ περὶ Δημοσθένους (ὃν ἐγὼ φαίην ἂν Ἑρμοῦ τινος λογίου τύπον εἰς ἀνθρώπους κατελθεῖν) ὅ τι ἂν τύχωσι βλασφημεῖν. Καίτοι τίς ἂν εἰς ζῶντας τελῶν τούτων ἀνάσχοιτο; Οἳ πλείω μὲν σολοικίζουσιν ἢ φθέγγονται, ὑπερορῶσι δὲ τῶν ἄλλων ὅσον αὐτοῖς ὑπερορᾶσθαι προσήκει. [Καὶ τοὺς μὲν ἄλλους ἐξετάζουσιν, αὐτοὺς δὲ οὐ πώποτε ἠξίωσαν]. Καὶ σεμνύνουσι μὲν τὴν ἀρετήν, ἀσκοῦσι δ' οὔ, περιέρχονται δὲ ἄλλως βροτῶν εἴδωλα καμνόντων, Ἡσιόδου κηφῆνες,

13 οἱ ποιηταὶ *add.* Photius ‖ **14** προσθεῖναι AM^{3} *mg.* Ar. : *om.* M ‖ προσῆκε MAr. : πρὸς A ‖ τοῦτ' Photius : τοσοῦτον Ar. ‖ **16** τούτου MAr. : τοῦ A ‖ **17** αὖ τοῦ M Ar : αὐτοῦ A ‖ δέοντος MAr. : δεόντως A ‖ ἔχων AM^{3} *s. v.* Ar. : *om.* M ‖ **20-21** σιωπῇ παρελθεῖν Photius : παρελθεῖν σιωπῇ Ar. ‖ **21** ὀφλήσειν AMAr. : ὀφλήσειν ὄνομα δίκην M^{3} ‖ **21-22** ἀλλὰ γὰρ οὐχὶ A : ἀλλ' οὐχὶ M ἀλλὰ γὰρ οὐχ ὅτι M^{3} ἀλλὰ γὰρ οὐκ εἰ Ar. ‖ **25** μάλιστ' ἂν M^{3}Ar. : μάλιστα AM ‖ **26** οὐδενὸς ἀξίων AM^{3} *v. l.* Ar. : ἀξίων οὐδενὸς M ‖ **28** τύπον AM^{3}Ar. : τόπον M *ut vid.* ‖ **30** οἳ AM^{2}Ar. : οἷον M ‖ **32-33** καὶ — (οὐδεπώποτε Ar.) ἠξίωσαο M^{3}Ar. ‖ **34** οὔ Photius : οὐ πάνυ Ar. ‖ **35** καμνόντων A : καμόντων MAr.

bourdons d'Hésiode, singes d'Archiloque, pourvus de deux formes au lieu des trois de la vache de la tragédie [1]. Ils prétendent ne le céder en rien à Zeus et ils sont esclaves d'une obole. Ils chargent les autres de reproches, non parce qu'ils condamnent leurs actes, mais parce qu'ils meurent d'envie de ne pas pouvoir les accomplir eux-[438 a] mêmes. Et si quelqu'un, tandis qu'ils discutent de la maîtrise de soi, venait se mettre devant eux avec des gâteaux et des petits pains, ils jetteraient leur langue comme Ménélas jette son épée [2] ! Et s'ils voyaient Hélène en personne ! Que dis-je, Hélène ? Une servante comme la Phrygienne que Ménandre a mise en scène, ils démontreraient sûrement que les satyres de Sophocle ne sont qu'une invention plaisante [3] ! Ils donnent à la privation le nom de participation, à l'envie celui de philosophie, à l'indigence celui de mépris des richesses. Tout en affichant l'amour de l'humanité, ils n'ont jamais fait de bien à personne et ils cherchent à nuire à ceux qui ont commerce avec eux. Ils ne voient même pas ceux qu'ils rencontrent mais, pour les riches, ils courent au-delà de la frontière comme les Phrygiens qui vont à la récolte des olives [et qui les flairent dès qu'ils s'en approchent] [4].

[Car] ce sont ces gens-là qui considèrent l'impudence comme de la liberté, la méchanceté comme de la franchise, l'acceptation des présents comme de l'amour pour les autres. Ils en sont arrivés à un tel degré de sagesse qu'ils ne se font pas d'argent mais savent fort bien accepter ce qui vaut de l'argent. Et si, par hasard, quelqu'un leur a envoyé trop peu de chose, ils ne bronchent pas, mais si la bourse [leur] paraît bien remplie, c'est Persée qui a tué la Gorgone [5].

1. II, p. 396, 28-398, 11. Sur ce passage, cf. F. W. Lenz, *Die Affen des Archilochos und die bunte Kuh*, in *Aristeidesstudien*, p. 134-146.
2. Allusion à Euripide, *Andromaque*, 620.
3. II, p. 398, 14-399, 8.
4. II, p. 399, 11-400, 6.
5. II, p. 401, 5-402, 2.

Ἀρχιλόχου πίθηκοι, δύο μορφὰς ἔχοντες ἀντὶ τριῶν τῆς τραγικῆς βοός. Οἳ τοῦ μὲν Διὸς οὐδὲν χείρους φασὶν εἶναι, τοῦ δὲ ὀβολοῦ τοσοῦτον ἡττῶνται. Ὀνειδίζουσι δὲ τοῖς ἄλλοις, οὐ τῶν πραγμάτων κατεγνωκότες, ἀλλὰ φθονοῦντες ὅτι αὐτοὶ ταῦτα πράττειν οὐ δύνανται. Εἰ δέ [438 a] τις αὐτῶν περὶ τῆς ἐγκρατείας διαλεγομένων ἀντικρὺ σταίη ἔχων ἔνθρυπτα καὶ στρεπτούς, ἐκβάλλουσι τὴν γλῶτταν ὥσπερ ὁ Μενέλεως τὸ ξίφος. Αὐτὴν μὲν γὰρ ἐὰν ἴδωσι τὴν Ἑλένην, Ἑλένην λέγω; Θεράπαιναν μὲν οὖν ὁποίαν ἐποίησε Μένανδρος τὴν Φρυγίαν, τῷ ὄντι παιδιὰν ἀποφαίνουσι τοὺς σατύρους τοῦ Σοφοκλέους.

Οἳ τῷ μὲν ἀποστερεῖν κοινωνεῖν ὄνομα τίθενται, τῷ δὲ φθονεῖν φιλοσοφεῖν, τῷ δ' ἀπορεῖν ὑπερορᾶν χρημάτων. Ἐπαγγελλόμενοι δὲ φιλανθρωπίαν ὤνησαν μὲν οὐδένα πώποτε, ἐπηρεάζουσι δὲ τοῖς χρωμένοις. Καὶ τοὺς μὲν ἄλλους οὐδ' ἀπαντῶντας ὁρῶσι, τῶν δὲ πλουσίων ἕνεκα εἰς τὴν ὑπερορίαν ἀπαίρουσιν, ὥσπερ οἱ Φρύγες οἱ τῶν ἐλαιῶν ἕνεκα τῆς συλλογῆς, [οἳ καὶ προσιόντων εὐθὺς ὤσφροντο]. Οὗτοι [γάρ] εἰσιν οἱ τὴν [μὲν] ἀναισχυντίαν ἐλευθερίαν νομίζοντες, τὸ δ' ἀπεχθάνεσθαι παρρησιάζεσθαι, τὸ δὲ λαμβάνειν φιλανθρωπεύεσθαι. Εἰς τοῦθ' ἥκουσι [τῆς] σοφίας, ὥστε ἀργύριον μὲν οὐ πράττονται, ἀργυρίου δ' ἀξίως λαμβάνειν ἐπίστανται. Κἂν μέν γε τύχῃ τις ἔλαττον πέμψας, ἐνέμειναν τῷ δόγματι · ἂν δὲ ἁδρότερον τὸ σακκίον [αὐτοῖς] φανῇ, Γοργόνα Περσεὺς ἐχειρώσατο.

37 οἳ AM²Ar. : οἷον M ‖ **39** τοῖς AMAr. : τοῖς κακοῖς M³ ‖ **40** ταῦτα πράττειν AAr. : πράττειν ταῦτα M.

[438 a] **1** ἀντικρὺ AM : ἀπάντικρυ M³Ar. ‖ **7** οἳ M²Ar. : οὗτοι AM ‖ **8** τῷ A¹Ar. : τὸ AM ‖ **13** οἱ AM : *exp.* M³ *non habet* Ar. ‖ ἐλαιῶν A : ἐλαῶν M²Ar. *quid prius praeb.* M *non liquet* ‖ **13-14** οἳ καὶ — ὤσφροντο M³ *et omisso* οἳ Ar. ‖ **14** γάρ M³Ar. ‖ μὲν M³Ar. ‖ **16** τοῦ θ' AMAr. : τοῦτο δὲ M³ ‖ **17** τῆς M³Ar. ‖ **17-18** ἀργύριον — ἀργυρίου δ' MAr. : ἀργύριον οὐδ' A ‖ **19** ἁδρότερον Ar. : ἁδρότετον A²M ἀνδρότερον A ‖ **20** αὐτοῖς M³Ar.

[Ils ressemblent dans leurs attitudes aux impies de Palestine[1]. En effet, ce qui caractérise l'impiété de ces gens-là, c'est qu'ils ne croient pas à l'existence d'êtres supérieurs. Et ils sont en quelque sorte en désaccord avec les Hellènes et même avec tous les gens de bien]; quant au reste, ils sont plus muets que leur propre ombre; mais quand il s'agit de décrier les gens et de les calomnier, on pourrait les comparer non au bronze de Dodone — Zeus me pardonne — mais aux insectes qui bourdonnent dans l'obscurité. Pour aider à faire quoi que ce soit de nécessaire, ils sont [absolument] inutiles; mais pour percer le mur d'une maison, y jeter le trouble, y bousculer les habitants et prétendre tout régenter eux-mêmes, ils sont les plus forts de tous[2].

Plongés dans leurs tanières, ils s'y livrent à leurs étonnants tours de passe-passe, adressant leurs discours à une ombre, dit Sophocle[3], moissonnant l'asphodèle, tressant le jonc des sables, défaisant la trame de je ne sais quelle toile; car, à mesure qu'ils se vantent de progresser dans la sagesse, ils la perdent par leur orgueil en disant du mal de la rhétorique comme les esclaves, et surtout les gibiers de fouet, qui maudissent souvent [438 b] leurs maîtres [entre leurs dents]. Il y a eu, dans le temps, un satyre de théâtre qui a maudit Héraclès et puis s'est prosterné bien bas quand il est arrivé. Et il est normal qu'ils disent du mal de tout le monde, car ils se mettent fort en vedette eux qui, sans citer per-

1. P. de Labriolle, *La réaction païenne*, Paris, L'Artisan du Livre, 1940, p. 79 sqq., voit ici une attaque contre les chrétiens. Ce n'est pas l'avis de A. Boulanger, *Aelius Aristide*, p. 256 sqq., qui y voit une attaque contre les mauvais philosophes du temps. Cf. aussi J. H. Olivier, *The civilizing Power*, p. 20.

2. II, p. 402, 15 404, 2.

3. Réminiscence de Sophocle, *Ajax*, 301-302.

[Τοῖς ἐν Παλαιστίνῃ δυσσεβέσι παραπλήσια τοὺς τρόπους. Καὶ γὰρ ἐκείνοις τοῦτ' ἔστι σύμβολον τῆς δυσσεβείας, ὅτι τοὺς κρείττους οὐ νομίζουσι. Καὶ οὗτοι τρόπον τινὰ ἀφεστᾶσι τῶν Ἑλλήνων, μᾶλλον δὲ καὶ πάντων τῶν κρειττόνων], τὰ μὲν ἄλλα ἀφωνότεροι τῆς σκιᾶς τῆς ἑαυτῶν, ἐπειδὰν δέ τινας εἰπεῖν κακῶς δέῃ καὶ διαβαλεῖν, τῷ Δωδωναίῳ μὲν οὐκ ἂν εἰκάσαις αὐτοὺς χαλκείῳ· μὴ γάρ, ὦ Ζεῦ, ταῖς δὲ ἐμπίσι ταῖς ἐν τῷ σκότῳ βομβούσαις. Συγκαταπρᾶξαι μέν τι τῶν δεόντων [ἁπάντων] ἀχρηστότατοι, διορύξαι δὲ οἰκίαν καὶ ταράξαι, καὶ συγκροῦσαι τοὺς ἔνδον πρὸς ἀλλήλους, καὶ φῆσαι πάντ' αὐτοὺς διοικήσειν, πάντων δεινότατοι.

Καταδύντες δὲ εἰς τοὺς χηραμοὺς ἐκεῖ τὰ θαυμαστὰ σοφίζονται, σκιᾷ τινι λόγους ἀνασπῶντες, ἔφη Σοφοκλῆς, τὸν ἀνθέρικα θερίζοντες, τὸ ἐκ τῆς ἄμμου σχοινίον πλέκοντες, οὐκ οἶδ' ὅντινα ἱστὸν ἀναλύοντες· ὅσον γὰρ ἂν προκόψωσι τῆς σοφίας, τοσοῦτον ἀνταφαιροῦσι μεγάλα φρονοῦντες, ἐὰν ῥητορικὴν εἴπωσι κακῶς, ὥσπερ οὖν καὶ τοὺς δούλους τοῖς δεσπόταις [ὑπ' ὀδόντα] [438 b] πολλάκις καταρωμένους, καὶ μάλιστα τοὺς μαστιγίας αὐτῶν. Ἤδη δέ τις καὶ Σάτυρος τῶν ἐπὶ σκηνῆς κατηράσατο τῷ Ἡρακλεῖ, εἶτά γ' ἔκυψε προσιόντος κάτω. Εἰκότως δέ κακῶς ἅπαντας λέγουσι· πολὺ γὰρ αὐτοῖς τοῦ πράγματος περίεστι, οἵ γε κἂν μηδενὸς ἀν-

21-25 τοῖς — κρειττόνων (ἐν τῇ et παραπλήσιον v. 21 Ar.) M[3] *mg.* Ar. || **26** ἐπειδὰν M[3]Ar. : ἐπεὶ AM || τινας εἰπεῖν κακῶς AM : κακῶς τινας εἰπεῖν M[3] *v. l.* Ar. || **27** διαβαλεῖν MAr. : διαβάλλειν A || **30** ἁπάντων M[3]Ar. || **32** πάντων δεινότατοι AM[3]Ar. : *om.* M || **34** ἔφη Photius : ἔφης Ar. || Σοφοκλῆς AM : ὁ Σοφοκλῆς M[3] ὦ Σοφόκλεις Ar. || **35** ἄμμου Photius : ψάμμου Ar. || **36** οὐκ οἶδ' ὅντινα MAr. *et* A *ut vid.* : οἰκίδιόν τινα A[2] || **38** μεγάλα AAr. : μέγα M || **39** οὖν καὶ A[1]M : οὐκ A *ut vid.* οὐ καὶ Ar. || ὑπ' ὀδόντα M[3]Ar.

[438 b] **3** κάτω MAr. : κάτω Σάτυρος δ' ὅστις οὐ γὰρ τὸν δαίμονα λέγει τοῦ Διονυσίου A || **4** δὲ AM : δέ μοι δοκοῦσι M[x] *mg.* Ar. || λέγουσι A : λέγειν MAr. || **5** αὐτοῖς τοῦ πράγματος AM : τοῦ πράγματος αὐτοῖς M[3] *v. l.* Ar. || περίεστι AM[3] Ar. : μέτεστι M.

sonne, ne parlent que pour décrier. En sorte qu'ils font cadeau de ce qu'ils ont[1].

Puis ils se sont attribué le nom le plus beau, celui de philosophes, comme des gens qui ont pris à l'avance leurs places au théâtre[2].

Pour moi, j'ai donc à la fois rendu à Platon l'honneur qui lui revient et j'ai apporté l'aide qu'il fallait à ces grands hommes; je ne les ai pas abandonnés. Et si quelqu'un veut réfuter mes propos en gardant à mon égard autant de réserve que j'en ai gardé envers Platon, celui-là, dès maintenant et pour toujours, je le tiens pour un ami et non pour un ennemi[3].

249.

Lu une *Vie de Pythagore*[4].

Le neuvième successeur de Pythagore fut, dit l'auteur, Platon, qui avait été l'élève d'Archytas l'Ancien; le dixième fut Aristote. Parmi les disciples de Pythagore, les uns s'adonnaient à la vie contemplative : on les appelait les « pieux »; d'autres s'occupaient des affaires humaines; on les appelait les politiques; les autres s'adonnaient aux sciences géométriques et astronomiques; on les appelait « mathématiciens ». Ceux d'entre eux qui avaient fréquenté Pythagore en personne s'appelaient pythagoriciens; leurs disciples s'appelaient pythagoréens et ceux qui les imitaient tout en vivant en dehors des communautés s'appelaient pythagoristes. Ils s'abstenaient de manger des êtres vivants et ne faisaient qu'y goûter à l'occasion des sacrifices.

Pythagore passe pour avoir vécu cent et quatre ans; on dit que Mnésarque, un de ses fils, mourut fort jeune; Tèlaugès, le second, lui succéda ainsi que Aisara et Mya ses filles. Et Théano, dit-on, n'était pas seulement une de ses élèves, mais une de ses filles.

1. II, p. 404, 7-406, 2. — 2. II, p. 406, 6-7 — 3. II, p. 414, 12-16.

4. Original perdu et de date contestée. Ce sommaire a été édité par Kiessling à la suite de la *Vie de Pythagore* de Jamblique et par Immisch, *Agatharchidea*, Berlin, 1919, ouvrages que je n'ai pu consulter*.

θρώπων μεμνήσωνται, λέγουσι δ' ἃ λέγουσι κακῶς. Ὥστε ἀφ' ὧν ἔχουσι χαρίζονται. Εἶτα τὸ κάλλιστον τῶν ὀνομάτων αὑτοῖς τέθεινται, φιλοσοφίαν, ὥσπερ θέαν προκατειληφότες.

Ἐγὼ μὲν οὖν καὶ Πλάτωνι τὴν προσήκουσαν τιμὴν ἀπένειμα, καὶ τοῖς ἀνδράσι τὰ πρέποντα ἐβοήθησα, καὶ οὐχὶ προηκάμην. Εἰ δέ τις ἀντειπεῖν ἔχει τούτοις, φυλάττων ἐμοὶ τὴν ἴσην εὐφημίαν ὅσην περ ἐγὼ Πλάτωνι, τοῦτον ἐγὼ καὶ νῦν καὶ ὕστερον φίλον, οὐκ ἐχθρὸν κρίνω.

249

Ἀνεγνώσθη Πυθαγόρου βίος.

Ὅτι ἔνατος ἀπὸ Πυθαγόρου διάδοχος γέγονε, φησι, Πλάτων, Ἀρχύτου τοῦ πρεσβυτέρου μαθητὴς γενόμενος, δέκατος δὲ Ἀριστοτέλης. Τῶν δὲ Πυθαγόρου οἱ μὲν ἦσαν περὶ τὴν θεωρίαν καταγινόμενοι, οἵπερ ἐκαλοῦντο σεβαστικοί, οἱ δὲ περὶ τὰ ἀνθρώπινα, οἵπερ ἐκαλοῦντο πολιτικοί, οἱ δὲ περὶ τὰ μαθήματα, γεωμετρικὰ καὶ ἀστρονομικά, οἵπερ ἐκαλοῦντο μαθηματικοί. Καὶ οἱ μὲν αὐτῷ τῷ Πυθαγόρᾳ συγγενόμενοι ἐκαλοῦντο Πυθαγορικοί, οἱ δὲ τούτων μαθηταὶ Πυθαγόρειοι, οἱ δὲ ἄλλως ἔξωθεν ζηλωταὶ Πυθαγορισταί. Ἀπείχοντο δὲ ἐμψύχων, καὶ κατὰ καιρὸν μόνον θυσιῶν ἐγεύοντο.

Ὅτι ἑκατὸν καὶ τεσσάρων λέγεται ἐτῶν ἐζηκέναι τὸν Πυθαγόραν. Καὶ ὁ μὲν Μνήσαρχος εἷς τῶν υἱῶν αὐτοῦ λέγεται νεώτερος τελευτῆσαι, Τηλαυγὴς δὲ ὁ ἕτερος διεδέξατο, καὶ Αἰσάρα καὶ Μυῖα αἱ θυγατέρες. Καὶ ἡ Θεανὼ δὲ λέγεται οὐ μαθητρία μόνον ἀλλὰ καὶ μία τῶν θυγατέρων αὐτοῦ εἶναι.

8 αὑτοῖς Ar. : αὐτοῖς Photius || τέθεινται A²MAr. : *quid prius praeb.* A *non liquet* || **15** 249] σμθ' M : σμη' A || **24** αὐτῷ AM : αὐτῶν A² || **28** λέγεται ἐτῶν A : ἐτῶν λέγεται M || **30** καὶ Αἰσάρα Bentley : καίσαρα *codd.* || **31** Μυῖα A : μία M.

Les disciples de Pythagore disaient qu'il y a une différence entre la Monade et l'Un. Ils considéraient, en effet, que la Monade est du domaine de l'intelligible, tandis que l'Un fait partie des nombres; de même, Deux fait partie de ce qui peut-être compté tandis que la Dyade, disaient-ils, est un indéterminé parce que la Monade se conçoit selon le mode de l'égalité et de la mesure, tandis que la Dyade se conçoit comme un excès ou un manque; or, un moyen terme et une mesure ne peuvent ni augmenter ni diminuer, mais, comme l'excès [439 a] et le manque tendent vers l'indéterminé, ils disaient, pour cette raison, que la Dyade est un indéterminé. Et comme ils rapportaient toutes choses aux nombres en les tirant de la Monade et de la Dyade, ils proclamaient que tout est nombre et que le nombre complet est dix; le nombre dix est un composé des quatre premiers nombres que nous comptons dans leur ordre; c'est pourquoi ils appelaient Tétractys le tout constitué par ce nombre.

Ils disaient que l'homme se dépasse lui-même par trois voies : d'abord par le commerce avec les dieux — car, nécessairement, quand ils s'approchent des dieux, les hommes doivent, pour cette circonstance, se séparer de toute malice en se rendant autant que possible semblables à la divinité* — ; deuxièmement, l'homme peut se dépasser par la pratique du bien — car c'est là le propre de la divinité et de ceux qui imitent les dieux — et en troisième lieu, en mourant; l'âme, en effet, en se séparant du corps jusqu'à un certain point durant la vie, se dépasse elle-même ; pendant le sommeil, dans les songes et, au cours des extases qui se produisent pendant les maladies, elle acquiert le don de divination; mais elle s'élève encore bien davantage quand elle est radicalement séparée du corps.

Les pythagoriciens disaient que la Monade est le principe de toutes choses car, disaient-ils, le point est le principe de la ligne, celle-ci celui de la surface et la surface celui de l'élément à trois dimensions, c'est-à-dire du solide. Mais la Monade se conçoit avant le point,

Ὅτι διαφέρειν ἔλεγον οἱ ἀπὸ Πυθαγόρου μονάδα καὶ ἕν. Μονὰς μὲν γὰρ παρ' αὐτοῖς ἐνομίζετο ἡ ἐν τοῖς νοητοῖς οὖσα, ἓν δὲ τὸ ἐν τοῖς ἀριθμοῖς · ὁμοίως δὲ καὶ δύο τὸ ἐν τοῖς ἀριθμητοῖς · ἔλεγον δὲ τὴν δυάδα ἀόριστον, ὅτι ἡ μὲν μονὰς κατὰ τὴν ἰσότητα καὶ τὸ μέτρον λαμβάνεται, ἡ δὲ δυὰς καθ' ὑπερβολὴν καὶ ἔλλειψιν · μεσότης μὲν οὖν καὶ μέτρον οὐ δύναται μᾶλλον καὶ ἧττον [439 a] γενέσθαι · ἡ δὲ ὑπερβολὴ καὶ ἔλλειψις ἐπειδὴ ἐπ' ἄπειρον προχωρεῖ, διὰ τοῦτο ἀόριστον αὐτὴν ἔλεγον δυάδα. Καὶ ἐπειδὴ πάντα εἰς τοὺς ἀριθμοὺς ἀνῆγον ἔκ τε τῆς μονάδος καὶ τῆς δυάδος, καὶ τὰ ὄντα πάντα ἀριθμοὺς προσηγόρευον, ὁ δὲ ἀριθμὸς συμπληροῦται τοῖς δέκα, ὁ δὲ δέκα σύνθεσις τῶν τεσσάρων κατὰ τὸ ἑξῆς ἀριθμούντων ἡμῶν, καὶ διὰ τοῦτο τὸν ἀριθμὸν πάντα τετρακτὺν ἔλεγον.

Ἔλεγον δὲ τὸν ἄνθρωπον αὐτὸν ἑαυτοῦ βελτίω κατὰ τρεῖς τρόπους γίνεσθαι, πρῶτον μὲν τῇ ὁμιλίᾳ τῇ πρὸς τοὺς θεούς (ἀνάγκη γὰρ προσιόντας αὐτοῖς κατ' ἐκεῖνο καιροῦ χωρίζεσθαι αὐτοὺς πάσης κακίας, εἰς δύναμιν ὁμοιοῦντας ἑαυτοὺς τῷ θεῷ), δεύτερον ἐν τῷ εὖ ποιεῖν (θεοῦ γὰρ τοῦτο καὶ θείας μιμήσεως), τρίτον ἐν τῷ ἀποθνῄσκειν · εἰ γὰρ κατὰ ποσόν τι ἡ ψυχὴ τοῦ σώματος ἐν τῷ ζῆν τὸ ζῷον χωριζομένη βελτίω γίνεται ἑαυτῆς, ἔν τε τοῖς ὕπνοις κατὰ τοὺς ὀνείρους καὶ ἐν ταῖς ἐκστάσεσι τῶν νόσων μαντικὴ γίνεται, πολλῷ μᾶλλον βελτιοῦται, ὅταν τέλεον χωρισθῇ ἀπὸ τοῦ σώματος.

Ὅτι τὴν μονάδα πάντων ἀρχὴν ἔλεγον οἱ Πυθαγόρειοι, ἐπεὶ τὸ μὲν σημεῖον ἀρχὴν ἔλεγον γραμμῆς, τὴν δὲ ἐπιπέδου, τὸ δὲ τοῦ τριχῇ διαστατοῦ ἤτοι σώματος. Τοῦ δὲ σημείου προεπινοεῖται

36 δυάδα A : μονάδα M.

[439 a] **10** προσιόντας A^2 : προσιόντα AM || **12** ὁμοιοῦντας A^2 : ὁμοιοῦντα AM.

en sorte que c'est la Monade qui est le principe des corps et que tous les corps sont issus de la Monade.

Les disciples de Pythagore s'abstenaient de manger des êtres vivants parce qu'ils croyaient déraisonnablement à la réalité de la métempsycose, et aussi parce que les aliments de cette sorte alourdissent l'esprit étant trop nourrissants et exigeant un gros effort de digestion. C'est pour cette même raison qu'ils s'abstenaient aussi de manger des fèves, ce légume provoquant des fermentations et étant très nourrissant. Ils donnent encore plusieurs autres raisons qui les déterminaient à s'abstenir de manger des fèves [1].

Pythagore, dit l'auteur, a prédit beaucoup d'événements qui tous sont arrivés.

On dit que Platon aurait appris la philosophie spéculative et la physique chez les pythagoriciens d'Italie et la morale surtout auprès de Socrate. Les fondements de la logique lui auraient été inculqués par Zénon et Parménide, les Éléates ; ceux-ci aussi étaient de l'école pythagoréenne.

La vue, selon Pythagore, Platon et Aristote, distingue [439 b] les douze couleurs : le blanc et le noir et les teintes intermédiaires; le jaune roux, le brun, le jaune pâle, le rouge, le bleu, le pourpre, le brillant, le foncé ; l'ouïe distingue les sons aigus et les sons graves; l'odorat distingue les bonnes et les mauvaises odeurs et les senteurs intermédiaires qui proviennent des corps en putréfaction ou en sueur ou en liquéfaction ou en combustion; le goût distingue le doux et l'amer et les cinq saveurs intermédiaires car, toutes ensemble, les saveurs sont sept : le doux, l'amer, l'acide, l'aigre, le fade, le salé doux et le salé piquant. C'est le toucher qui distingue le plus d'éléments; par exemple, il distingue les corps pesants, les corps légers et leurs intermédiaires,

1. Cf. A. Delatte, *Faba Pythagorae cognata*, in *Serta Leodiensia*, Liège, 1930, p. 33-57.

ἡ μονάς, ὥστε ἀρχὴ τῶν σωμάτων ἡ μονάς· ὥστε τὰ σώματα πάντα ἐκ τῆς μονάδος γεγένηται.

Ὅτι οἱ Πυθαγόρειοι τῶν ἐμψύχων ἀπείχοντο, τὴν μετεμψύχωσιν ἀφρόνως ὡς ἀληθῆ ὑπολαμβάνοντες, καὶ ὅτι τὰ τοιαῦτα τῶν βρωμάτων παχύνει τὸν νοῦν, τροφιμώτερα ὄντα καὶ πολλὴν ἀνάδοσιν ποιοῦντα. Διὰ τοῦτο καὶ τοῦ κυάμου ἀπείχοντο, ὅτι φυσώδης καὶ τροφιμώτατος. Καὶ ἄλλας δέ τινας αἰτίας πλείους ἀποδιδόασιν αἳ αὐτοὺς ἐνῆγον ἀπέχεσθαι τῶν κυάμων.

Ὅτι τὸν Πυθαγόραν πολλά φησι προειπεῖν, καὶ πάντα ἐκβῆναι.

Ὅτι τὴν μὲν θεωρητικὴν καὶ φυσικὴν Πλάτωνά φασι παρὰ τῶν ἐν Ἰταλίᾳ Πυθαγορείων ἐκμαθεῖν, τὴν δὲ ἠθικὴν μάλιστα παρὰ Σωκράτους. Τῆς δὲ λογικῆς σπέρματα καταβαλεῖν αὐτῷ Ζήνωνα καὶ Παρμενίδην τοὺς Ἐλεάτας· καὶ οὗτοι δὲ τῆς Πυθαγορείου ἦσαν διατριβῆς.

Ὅτι ἡ ὄψις, κατὰ Πυθαγόραν καὶ Πλάτωνα καὶ Ἀριστοτέλην, τῶν δώδεκα χρωμάτων ἐστὶ κρι- [439 b] τική, λευκοῦ καὶ μέλανος καὶ τῶν μεταξύ, ξανθοῦ, φαιοῦ, ὠχροῦ, ἐρυθροῦ, κυανοῦ, ἁλουργοῦ, λαμπροῦ, ὀρφνίνου· ἡ δὲ ἀκοὴ κριτική ἐστιν ὀξέος καὶ βαρέος φθόγγου· ἡ δὲ ὄσφρησις κριτικὴ εὐωδῶν καὶ δυσωδῶν ὀσμῶν καὶ τῶν μεταξὺ ἐκ σηπομένων τε καὶ βρεχομένων ἢ τηκομένων ἢ θυμιαζομένων· ἡ δὲ γεῦσις κριτική ἐστι γλυκέων τε καὶ πικρῶν χυμῶν καὶ τῶν μεταξὺ πέντε· ἑπτὰ γάρ εἰσιν οἱ χυμοὶ πάντες, γλυκύς, πικρός, ὀξύς, δριμύς, σομφός, ἁλυκός, στρυφνός. Ἡ δὲ ἁφὴ πλειόνων ἐστὶ κριτική, οἷον βαρέων, κούφων καὶ τῶν μεταξύ, θερ-

31 αἳ A^{2}M : *quid prius praeb.* A *non liquet* || **32** φησι A : φασι M.
[439 b] **5** ἐκ A^2 : ἐξ M *et* A *ut vid.*

les chauds et les froids et leurs intermédiaires, les rugueux et les lisses et leurs intermédiaires, les secs et les humides et leurs intermédiaires. Et il y a quatre sens localisés dans la tête et dans des organes particuliers; le toucher est répandu dans la tête et dans le corps tout entier et commun à tous les organes des sens, mais c'est dans les mains qu'il montre plutôt son aptitude à distinguer.

Il y a, dit l'auteur, douze zones dans le ciel ; la première, qui est la plus éloignée, est la sphère fixe, séjour pour Aristote, du dieu premier et des divinités intelligibles, pour Platon, séjour des idées ; après la sphère fixe vient la place de Cronos et des six autres planètes dans l'ordre, soit Zeus, Arès, Aphrodite, Hermès, le Soleil, la Lune ; puis vient la sphère du feu, puis celle de l'air, ensuite celle de l'eau. La dernière après toutes les autres planètes est la terre. Des douze zones contenues dans la sphère fixe, c'est la première qui est la cause ; tout ce qui est proche d'elle est, dit-on, dans un ordre sûr et excellent ; ce qui en est loin est moins favorisé ; et l'ordre est maintenu jusqu'à la Lune, mais, plus bas que la Lune, il en va tout autrement. Le mal doit nécessairement se trouver dans la région de la terre puisque celle-ci se trouve placée comme une fosse par rapport à l'ensemble du cosmos et qu'elle est le réceptacle tout indiqué de ses déchets. Toutes les autres régions sont, disent-ils, gouvernées par la providence, selon un ordre fixe, et selon la destinée déterminée par Dieu et qui émane de lui ; les régions sublunaires, elles, sont régies par quatre causes : Dieu, le destin, notre volonté à nous et le hasard ; par exemple, monter à bord d'un bateau ou ne pas y monter dépend de nous ; mais que, par un

μῶν τε καὶ ψυχρῶν καὶ τῶν μεταξύ, τραχέων καὶ λείων καὶ τῶν μεταξύ, ξηρῶν καὶ ὑγρῶν καὶ τῶν μεταξύ. Καὶ αἱ μὲν δ′ αἰσθήσεις ἔν τε τῇ κεφαλῇ εἰσι καὶ ἰδιάζουσι περικλείονται ὀργάνοις · ἡ δὲ ἁφὴ καὶ διὰ τῆς κεφαλῆς καὶ δι' ὅλου τοῦ σώματος κεχώρηκε, καὶ ἔστι κοινὴ πάσης αἰσθήσεως, μᾶλλον δὲ κατὰ τὰς χεῖρας δηλοτέραν παρέχεται τὴν κρίσιν.

Ὅτι δώδεκα τάξεις φησὶν εἶναι ἐν τῷ οὐρανῷ, πρώτην καὶ ἐξωτάτω τὴν ἀπλανῆ σφαῖραν, ἐν ᾗ ἐστιν ὅ τε πρῶτος θεὸς καὶ οἱ νοητοὶ θεοί, ὡς Ἀριστοτέλει δοκεῖ, κατὰ δὲ Πλάτωνα αἱ ἰδέαι · μετὰ δὲ τὴν ἀπλανῆ ὁ τοῦ Κρόνου τέτακται ἀστὴρ καὶ οἱ ἐφεξῆς πλάνητες ἕξ, ὁ τοῦ Διός φημι, ὁ τοῦ Ἄρεος ὁ τῆς Ἀφροδίτης, ὁ τοῦ Ἑρμοῦ, ὁ τοῦ ἡλίου, ὁ τῆς σελήνης, εἶτα ἡ τοῦ πυρὸς σφαῖρα, ἑξῆς ἡ τοῦ ἀέρος, μετ' αὐτὸν ἡ τοῦ ὕδατος. Λοιπὴ καὶ ἐπὶ πᾶσιν ἡ γῆ. Δώδεκα δέ τάξεων οὐσῶν ἐν τῇ ἀπλανεῖ τὸ πρῶτον αἴτιόν ἐστι · καὶ ὅ τι ἂν ᾖ ἐγγὺς αὐτοῦ, τοῦτό φασι τετάχθαι βεβαίως καὶ ἀρίστως, τὰ δὲ πόρρωθεν ἧττον · τὴν δὲ τάξιν μέχρι σελήνης σῴζεσθαι, τὰ δὲ ὑπὸ σελήνην οὐκέτι ὁμοίως. Ἐξ ἀνάγκης δέ ἐστι καὶ ἡ κακία εἰς τὸν περὶ γῆν τόπον ἅτε δὴ πυθμένος λόγον ἐπεχούσης τῆς γῆς πρὸς πάντα τὸν κόσμον, καὶ πρὸς ὑποδοχὴν ὑποστάθμης οὔσης ἐπιτηδείας. Καὶ πάντα μὲν τὰ ἄλλα μέρη κατὰ τὴν πρόνοιαν καὶ τὴν βεβαίαν τάξιν καὶ τὴν εἱμαρμένην τοῦ θεοῦ ἑπομένην αὐτῷ φασι διοικεῖσθαι, τὰ δὲ μετὰ τὴν σελήνην τέσσαρσιν αἰτίαις, κατὰ θεόν, καθ' εἱμαρμένην, κατὰ προαίρεσιν ἡμετέραν, κατὰ τύχην · οἷον τὸ μὲν εἰσελθεῖν εἰς τὴν ναῦν ἢ μὴ εἰσελθεῖν ἐφ' ἡμῖν ἐστι, τὸ μέντοι ἐν εὐδίᾳ χειμῶνα καὶ

11-12 τραχέων — μεταξύ M : *om.* A. ‖ **13** δ′ M : τέσσαρες A[2] *quid prius praeb.* A *non liquet* ‖ **14** καὶ A[2]M : *quid prius praeb.* A *non liquet* ‖ **16** δηλοτέραν A : ἐπιδηλοτέραν M ‖ **17-18** φησὶν — οὐρανῷ A : ἐν τῷ οὐρανῷ φασιν εἶναι M ‖ **36** δὲ *hic* M : *post* σελήνην *ponit* A.

[440 a] temps calme, l'orage et la tempête éclatent brusquement, cela dépend du hasard ; que le navire en perdition soit sauvé contre toute attente, cela dépend de la Providence divine. Le destin se présente de beaucoup de manières diverses et il diffère du hasard parce que le destin implique un enchaînement, un ordre, des conséquences, tandis que le hasard, c'est le mouvement spontané et aveugle ; ainsi, passer normalement de l'enfance à l'adolescence et aux autres âges de la vie dépend d'une seule inflexion du destin.

Ainsi qu'Aristote semble l'avoir découvert dans ses recherches, le zodiaque se meut obliquement afin de donner naissance aux régions situées tout autour de la terre et destinées à compléter l'univers. En effet, si son mouvement était parallèle, il n'y aurait jamais qu'une seule saison dans l'année, soit l'été, soit l'hiver, soit une autre saison. A présent, c'est parce que le soleil et les autres planètes passent d'un signe du zodiaque à l'autre que se produisent les quatre changements de saisons ; c'est du passage de l'une à l'autre que naissent les fruits de la terre et que s'engendrent les autres espèces d'êtres vivants.

Le soleil, selon l'opinion personnelle de notre auteur qui la prétend vraie, a cent fois le volume de la terre ; mais on dit généralement qu'il n'a pas moins de trente fois le volume de la terre.

La grande année est, disent les pythagoriciens, la révolution de Cronos parce que, tandis que les six autres planètes accomplissent leur révolution en un temps plus court, lui accomplit sa propre course en trente ans. Zeus, en effet, boucle son cercle en douze ans, Arès le sien en deux ans, le Soleil en un an ; Hermès et Aphrodite ont un rythme de révolution égal à celui du Soleil ; la Lune, qui est la plus proche de la terre, parcourt en un mois le cercle le moins étendu.

Pythagore a été le premier à appeler le ciel « cosmos »

[440 a] ζάλην ἐξαίφνης ἐπιγενέσθαι ἐκ τύχης, τὸ μέντοι βαπτιζομένην τὴν ναῦν παρ' ἐλπίδα σωθῆναι προνοίας θεοῦ. Τῆς δ' εἱμαρμένης πολλοί εἰσι τρόποι καὶ διαφοραί, διαφέρει δὲ τῆς τύχης, ὅτι ἡ μὲν εἱρμὸν ἔχει καὶ τάξιν καὶ ἀκολουθίαν, ἡ δὲ τύχη τὸ αὐτόματον καὶ τὸ ὡς ἔτυχεν· οἷον τὸ ἐκ παιδὸς εἰς μειράκιον ἐλθεῖν καὶ τὰς καθεξῆς ἡλικίας οἰκείως διελθεῖν, τοῦτο ἑνὸς τρόπου τῆς εἱμαρμένης.

Ὅτι ὁ ζῳδιακὸς λοξῶς κινεῖται, ὡς ζητήσας εὑρεῖν ἔδοξεν Ἀριστοτέλης, ἕνεκεν τῆς γενέσεως τῶν περὶ γῆν τόπων πρὸς ἀναπλήρωσιν τοῦ παντός. Εἰ γὰρ καταπαραλλήλως ἐκινεῖτο, ἀεὶ ἂν μία ὥρα ἦν τοῦ ἔτους, ἤτοι θέρος ἢ χειμὼν ἢ ἄλλη τις. Νῦν δὲ ἐκ τοῦ τὸν ἥλιον καὶ τοὺς ἄλλους πλάνητας μεταβαίνειν ἀπὸ ζῳδίου ἐπὶ ζῴδιον, γίνονται αἱ μεταβολαὶ τῶν ὡρῶν τέσσαρες, καὶ ἐκ τῆς τούτων εἰς ἄλληλα μεταβολῆς οἵ τε καρποὶ φύονται καὶ αἱ ἄλλαι γενέσεις τῶν ζῴων γίνονται.

Ὅτι ὁ μὲν ἥλιος, ὡς οὗτος οἰκείαν ἀποφαίνεται δόξαν, ἣν καὶ ἀληθῆ λέγει, ἑκατονταπλασίων ἐστὶ τῆς γῆς. Οἱ δὲ πολλοὶ οὐκ ἐλάττονα τοῦ τριακονταπλασίονα αὐτῆς φασιν.

Ὅτι μέγαν ἐνιαυτὸν καὶ τὴν τοῦ Κρόνου περίοδόν φασιν ὅτι τῶν λοιπῶν ἓξ πλανωμένων ἐν ἐλάττονι χρόνῳ οὗτος ἐν τριάκοντα τὸν οἰκεῖον δρόμον ἀπαρτίζει. Καὶ γὰρ ὁ μὲν τοῦ Διὸς ἐν ιβ' ἔτεσι τὸν ἴδιον διαπεραίνει κύκλον, ἐν δυσὶ δὲ ὁ Ἄρης, ὁ δ' ἥλιος ἐνιαυτῷ· Ἑρμῆς δὲ καὶ Ἀφροδίτη ἰσοταχεῖς τῷ ἡλίῳ, σελήνη δὲ προσγειοτάτη καὶ ἐλάχιστον κύκλον περιιοῦσα ἐν μηνί.

Ὅτι πρῶτος Πυθαγόρας τὸν οὐρανὸν κό-

[440 a] **6** ἐκ A : ἐκ τοῦ M || **9** Ἀριστοτέλης A^3M : Ἀριστοτέλει A *ut vid.* || **15** εἰς ἄλληλα M : *om.* A || **16** αἱ A : *om.* M || **22** ἐλάττονι M^3 *s. v.* : πλείονι AM || οὗτος ἐν M^3 : ἐν γὰρ AM || **23** καὶ γὰρ A : *om.* M || **25** Ἑρμῆς δὲ καὶ Ἀφροδίτη M : εἰ δὲ καὶ ὅτι A || ἰσοταχεῖς AM : ἰσοταχὴς A^2.

à cause de sa perfection et parce qu'il offre un assemblage fait de tous les êtres vivants et de tout ce qui existe de beau.

Platon, dit l'auteur, et Aristote disent l'un comme l'autre que l'âme est immortelle, bien que certaines gens, qui n'entrent pas bien dans la pensée d'Aristote, croient qu'il dit qu'elle est mortelle.

On dit de l'homme qu'il est un « microcosme » non parce qu'il est composé des quatre éléments — car c'est aussi le propre de chacun des êtres vivants et même des plus rudimentaires — mais parce qu'il possède toutes les valeurs du cosmos. Dans le cosmos, en effet, il y a des dieux et il y a aussi les quatre éléments, les animaux sans raison et aussi des plantes ; toutes ces valeurs, l'homme les possède. Il a, en effet, une vertu divine, la raison; il a les possibilités naturelles des éléments : se [440 b] nourrir, se développer et engendrer son semblable. Il est cependant imparfait en chacune de ces valeurs et, de même que l'athlète complet, qui a la forme nécessaire pour toutes les épreuves, est inférieur dans chacune à celui qui ne pratique qu'un seul sport, ainsi l'homme, qui détient toutes les valeurs, souffre d'insuffisance dans chacune d'elles. En effet, nous possédons la faculté de raisonner, mais à un degré moindre que les dieux ; de même, nous possédons les vertus des éléments, mais à un degré moindre que les autres êtres ; l'élan vital et les appétits existent à un degré moindre chez nous que chez les animaux; la force de nutrition et de la croissance à un degré moindre que chez les plantes. Il s'ensuit que, tout en étant composés de valeurs variées, nous avons la vie difficile. En effet, chacun des autres êtres est mené par une seule tendance naturelle, tandis que nous sommes tiraillés en sens contraires par des potentialités différentes : ainsi, tantôt nous sommes attirés vers le bien par l'élément divin qui est en nous ; tantôt, c'est l'élément animal qui nous emporte et nous entraîne vers le mal ; il en va de même des autres valeurs. Celui

σμον προσηγόρευσε διὰ τὸ τέλειον εἶναι καὶ πᾶσι κεκοσμῆσθαι τοῖς τε ζῴοις καὶ τοῖς καλοῖς.

Ὅτι καὶ Πλάτων, φησι, καὶ Ἀριστοτέλης ἀθάνατον ὁμοίως λέγουσι τὴν ψυχήν, κἂν τινες εἰς τὸν Ἀριστοτέλους νοῦν οὐκ ἐμβαίνοντες θνητὴν αὐτὴν νομίζουσιν αὐτὸν λέγειν.

Ὅτι ὁ ἄνθρωπος μικρὸς κόσμος λέγεται οὐχ ὅτι ἐκ τῶν τεσσάρων στοιχείων σύγκειται (τοῦτο γὰρ καὶ ἕκαστον τῶν ζῴων καὶ τῶν εὐτελεστάτων), ἀλλ' ὅτι πάσας ἔχει τὰς τοῦ κόσμου δυνάμεις. Ἐν γὰρ τῷ κόσμῳ εἰσὶ θεοί, ἔστι καὶ τὰ τέσσαρα στοιχεῖα, ἔστι καὶ τὰ ἄλογα ζῷα, ἔστι καὶ φυτά· πάσας δὲ ταύτας τὰς δυνάμεις ἔχει ὁ ἄνθρωπος. Ἔχει γὰρ θείαν μὲν δύναμιν τὴν λογικήν, ἔχει τὴν τῶν στοιχείων φύσιν, τὴν θρεπτικὴν καὶ αὐ- [440 b] ξητικὴν καὶ τοῦ ὁμοίου γεννητικήν. Ἐν ἑκάστῃ δὲ τούτων λείπεται, καὶ ὥσπερ ὁ πένταθλος πάσας ἔχων τὰς δυνάμεις τῶν ἀθλημάτων ἐν ἑκάστῃ ἥττων ἐστὶ τοῦ ἕν τι ἐπιτηδεύοντος, οὕτω καὶ ὁ ἄνθρωπος πάσας ἔχων τὰς δυνάμεις ἐν ἑκάστῃ λείπεται. Ἧττον μὲν γὰρ ἔχομεν τὴν λογικὴν δύναμιν ἤπερ οἱ θεοί, καὶ τὰ τῶν στοιχείων ὁμοίως ἧττον ἢ ἐκεῖνα, καὶ τὸν θυμὸν καὶ ἐπιθυμίαν ἐνδεέστερα τῶν ἐν τοῖς ἀλόγοις, καὶ τὴν θρεπτικὴν καὶ αὐξητικὴν δύναμιν ἐλαττουμένας τῶν ἐν τοῖς φυτοῖς. Ὅθεν ἐκ ποικίλων δυνάμεων συνεστῶτες δύσχρηστον τὸν βίον ἔχομεν. Ἕκαστον γὰρ τῶν ἄλλων ὑπὸ μιᾶς φύσεως οἰακίζεται, ἡμεῖς δὲ ὑπὸ τῶν διαφόρων δυνάμεων ἀντισπώμεθα, οἷον ποτὲ μὲν ὑπὸ τοῦ θείου ἀναγόμεθα ἐπὶ τὰ κρείττω, ποτὲ δὲ τοῦ θηριώδους ἐπικρατήσαντος ἐπὶ τὰ χείρω· ὁμοίως δὲ καὶ ἐπὶ τῶν ἄλλων δυνάμεων.

28 κεκοσμῆσθαι M *et* A *ut vid.* : κατακοσμεῖσθαι A^{2} || **29** τοῖς καλοῖς M : καλοῖς A || ὅτι καὶ A : ὅτι M || **32** ἐμβαίνοντες A : ἐμβαθύνοντες M || **33** οὐχ ὅτι A : οὐκ ἄρα M.

[440 b] **3** τῶν ἀθλημάτων *hic* A : *post* ἐπιτηδεύοντος (*v.* 4) *ponit* M || **5** ἧττον A^{x} : ἥττων A ἧττω M || **8-9** καὶ αὐξητικὴν A^{1} *mg.* M : *om.* A || **13** ἀναγόμεθα A^{1}M : ἀναγώμεθα A.

donc qui cultive l'élément divin qui est en nous, et qui lui donne la place d'un aurige attentif et expérimenté, pourra utiliser les autres valeurs dans le sens qu'il faut, je veux dire le mélange harmonieux des éléments : l'élan vital, les appétits et les désirs.

Ainsi, le « connais-toi toi-même », qui paraît un précepte si facile, est difficile entre tous ; cette parole est, dit-on, d'Apollon Pythien, bien qu'on rapporte aussi l'apophtegme à Chilon, un des sept sages. Cette maxime nous engage à connaître nos propres possibilités. Et se connaître soi-même n'est rien autre que connaître la nature de tout le cosmos. Cette connaissance est irréalisable sans la pratique de la philosophie ; c'est à elle que le dieu nous convie.

Il existe, dit-on, huit organes de la connaissance : la sensation, l'imagination, la méthode, l'opinion, la réflexion, le savoir, la sagesse, l'intelligence. Parmi ces moyens, nous avons en commun avec les êtres divins la méthode, la réflexion, le savoir et l'intelligence ; nous avons en commun avec les bêtes la sensation et l'imagination ; seule l'opinion nous est propre. La sensation est une connaissance trompeuse qui nous vient par l'intermédiaire du corps ; l'imagination est un mouvement dans l'âme ; la méthode, une aptitude à créer avec l'aide de la raison — on ajoute « avec l'aide de la raison » parce que l'araignée aussi crée, mais non pas avec l'aide de la raison — la réflexion est une aptitude à choisir la voie droite dans les actions ; le savoir est la possession des éléments qui restent toujours identiques et semblables ; la sagesse est la connaissance des causes premières, l'intelligence est le principe et la source de tout ce qui est beau.

Il y a trois éléments dans la facilité à apprendre : l'intelligence, la mémoire, la promptitude à saisir. La [441 a] mémoire est la faculté de conserver ce qu'on a appris ; la promptitude à saisir, c'est la vélocité de la pensée ; l'intelligence consiste à rechercher ce qu'on ignore en partant de ce qu'on sait.

Ἐὰν οὖν τις θεραπεύσῃ τὸ ἐν ἡμῖν θεῖον, ὥσπερ ἡνίοχον ἐγρηγορότα καὶ ἐπιστήμονα ἐπιστήσας, δυνήσεται ἑκάστῃ τῶν ἄλλων δυνάμεων εἰς δέον χρήσασθαι, τῇ τε κράσει φημὶ τῶν στοιχείων καὶ τῷ θυμῷ καὶ τῇ ἐπιθυμίᾳ καὶ τῇ ὀρέξει.

Τὸ γοῦν γνῶθι σαυτόν, δοκοῦν ῥᾷστον εἶναι, πάντων ἐστὶ χαλεπώτατον· ὃ καί φασι τοῦ Πυθίου εἶναι Ἀπόλλωνος, εἰ καὶ εἰς Χίλωνα τῶν ἑπτὰ σοφῶν ἕνα τὸ ἀπόφθεγμα ἀναφέρουσι. Παραινεῖ δ' ἡμῖν γνῶναι τὴν ἑαυτῶν δύναμιν. Τὸ δὲ γνῶναι ἑαυτὸν οὐδὲν ἄλλο ἐστὶν ἢ τὴν τοῦ σύμπαντος κόσμου φύσιν γνῶναι. Τοῦτο δὲ ἀδύνατον ἄνευ τοῦ φιλοσοφεῖν· ὅπερ ἡμῖν ὁ θεὸς παραινεῖ.

Ὅτι γνώσεως ὀκτώ φασιν ὄργανα, αἴσθησιν, φαντασίαν, τέχνην, δόξαν, φρόνησιν, ἐπιστήμην, σοφίαν, νοῦν. Τούτων κοινὰ μέν ἐστιν ἡμῖν πρὸς τὰ θεῖα τέχνη καὶ φρόνησις καὶ ἐπιστήμη καὶ νοῦς, πρὸς δὲ τὰ ἄλογα αἴσθησις καὶ φαντασία· ἴδιον δὲ ἡμῶν μόνον ἡ δόξα. Ἔστι δὲ αἴσθησις μὲν γνῶσις ψευδὴς διὰ σώματος, φαντασία δὲ κίνησις ἐν ψυχῇ, τέχνη δὲ ἕξις ποιητικὴ μετὰ λόγου (τὸ δὲ μετὰ λόγου πρόσκειται, ὅτι καὶ ὁ ἀράχνης ποιεῖ, ἀλλ' οὐ μετὰ λόγου), φρόνησις δὲ ἕξις προαιρετικὴ τῆς ἐν τοῖς πρακτοῖς ὀρθότητος, ἐπιστήμη δὲ ἕξις τῶν ἀεὶ κατὰ τὰ αὐτὰ καὶ ὡσαύτως ἐχόντων, σοφία δὲ ἐπιστήμη τῶν πρώτων αἰτιῶν, νοῦς δὲ ἀρχὴ καὶ πηγὴ πάντων τῶν καλῶν.

Ὅτι τρία μέρη εὐμαθίας, ἀγχίνοια, μνήμη, ὀξύτης. Μνήμη μὲν οὖν [441 a] ἐστι τήρησις ὧν ἔμαθέ τις, ὀξύτης δὲ ἡ ταχύτης τῆς διανοίας, ἀγχίνοια δέ, ἐξ ὧν ἔμαθέ τις, ἃ μὴ ἔμαθε θηρεύων.

16 ἡνίοχον A : *om.* M ‖ **21** Πυθίου A²M : *quid prius praeb.* A *non liquet* ‖ **22** εἰς Χίλωνα A²M : *quid prius praeb.* A *non liquet* ‖ **25** τὴν M : *om.* A ‖ **34** τὸ δὲ μετὰ λόγου M : *om.* A.

« Ciel » se dit dans un sens triple ; c'est d'abord la sphère fixe elle-même, puis l'espace entre celle-ci et la lune et, en troisième lieu, le cosmos tout entier, c'est-à-dire le ciel et la terre ensemble.

Les êtres les plus parfaits comme les pires sont, dit-il, naturellement portés à agir sans relâche. Ces êtres sont la divinité et les plantes. Dieu, en effet, agit sans cesse en esprit et raison et il en va de même des êtres qui sont proches de lui ; les plantes, elles aussi, agissent sans cesse, car elles se nourrissent nuit et jour. L'homme, lui, n'est pas sans cesse en activité, et les bêtes non plus, mais, pendant environ la moitié de son temps, il dort et se repose.

Les Hellènes ont toujours eu des mœurs d'une qualité supérieure à celles des barbares parce qu'ils habitent la région tempérée. Quant aux Scythes et aux Éthiopiens, les premiers sont incommodés par le froid et les autres ont la peau brûlée par la chaleur ; chaleur et humidité abondantes les usent de l'intérieur; ils ont en partage des climats excessifs ; il s'ensuit donc que les habitants de ces régions sont violents et téméraires. De même ceux qui sont proches du centre et des extrémités des terres ont un climat qui tient de celui des régions tempérées avoisinantes. C'est pourquoi, comme le dit Platon [1], toute connaissance que les Hellènes reçoivent des barbares est perfectionnée par eux, et par les Athéniens plus que par les autres Hellènes. C'est pourquoi ils ont été dès les commencements habiles à conduire des armées, qu'ils ont découvert la peinture, tous les arts artisanaux et militaires et aussi les lettres et les sciences. C'est pourquoi la culture n'est pas, si on peut dire, un article d'importation dans Athènes, mais elle lui est naturelle, grâce à son air qui est si léger et si pur qu'il allège non seulement la terre — raison pour

1. Réminiscence de Platon, *Epinomis*, 987 d-e.

Ὅτι ὁ οὐρανὸς τριχῶς λέγεται, ἓν μὲν αὐτὴ ἡ ἀπλανὴς σφαῖρα, δεύτερον τὸ ἀπὸ τῆς ἀπλανοῦς σφαίρας μέχρι τῆς σελήνης διάστημα, τρίτον ὁ σύμπας κόσμος, ὁ οὐρανός φημι καὶ ἡ γῆ ἅμα.

Ὅτι πέφυκέ φησι τὰ τελεώτατα καὶ τὰ χείριστα ἀεὶ ἐνεργεῖν. Ταῦτα δέ ἐστι θεὸς καὶ φυτά. Ὅ τε γὰρ θεὸς κατὰ τὸν νοῦν καὶ τὸν λόγον ἀεὶ ἐνεργεῖ, καὶ τὰ πλησίον αὐτοῦ ὄντα, καὶ πάλιν τὰ φυτὰ ἀεὶ ἐνεργεῖ· τρέφεται γὰρ νύκτωρ τε καὶ μεθ' ἡμέραν. Ὁ δὲ ἄνθρωπος οὐκ ἀεὶ ἐνεργεῖ, οὐδὲ τὰ ἄλογα ζῷα, ἀλλὰ σχεδὸν τὸν ἡμίση χρόνον καθεύδει τε καὶ ἡσυχάζει.

Ὅτι οἱ Ἕλληνες ἀεὶ ἀμείνους τὰ ἤθη τῶν βαρβάρων, ὡς τὴν εὔκρατον οἰκοῦντες. Σκύθαι δὲ καὶ Αἰθίοπες, οἱ μὲν ὑπὸ κρύους ἐνοχλούμενοι, οἱ δὲ ὑπὸ θάλπους πυκνουμένης τῆς ἐπιφανείας τοῦ σώματος, καὶ ἀπολαμβανομένου ἐντὸς τοῦ θερμοῦ πολλοῦ καὶ τοῦ ὑγροῦ, τὸ δύσκρατον ἐκληρώσαντο· συμβαίνει οὖν ἰτητικοὺς καὶ θρασεῖς εἶναι τοὺς οἰκοῦντας ἐν ἐκείνοις τοῖς τόποις. Ἀναλόγως δὲ καὶ οἱ τοῦ μέσου καὶ τῶν ἄκρων ἐγγυτέρω ὄντες τῆς κράσεως τῶν παρακειμένων αὐτοῖς μετέχουσι. Διὸ καί, ὡς ὁ Πλάτων φησίν, ὅ τι ἂν καὶ παρὰ βαρβάρων μάθημα λάβωσιν οἱ Ἕλληνες, τοῦτο ἄμεινον ἐκφέρουσι, μάλιστα δὲ τῶν ἄλλων Ἑλλήνων οἱ Ἀθηναῖοι. Διόπερ καὶ στρατηγικοὶ γεγένηνται ἀρχῆθεν καὶ γραφικῆς εὑρετικοὶ καὶ πάσης τέχνης βαναύσου τε καὶ πολεμικῆς, ἔτι δὲ καὶ λόγων καὶ μαθημάτων. Διὸ καὶ οὐδ' ἐπείσακτός ἐστιν, ὡς εἰπεῖν, ἡ παιδεία ἐν ταῖς Ἀθήναις, ἀλλ' ἐκ φύσεως ὑπάρχουσα, τοῦ τοιούτου ἀέρος ἰσχνοτάτου ὄντος καὶ καθαρωτάτου, ὡς μὴ μόνον τὴν γῆν λεπτύνειν (δι' ἣν αἰτίαν καὶ λεπτόγεως ἡ Ἀττική)

[441 a] **3** αὐτὴ *edd.* : αὕτη *codd.* || **6** ὁ M : *om.* A || **11** μεθ' A[1]M : *om.* A || **31** λεπτόγεως A : λεπτόγεώς ἐστιν M.

laquelle l'Attique est peu fertile — mais aussi les âmes humaines ; il arrive, en effet, que l'air léger soit nuisible à la terre et bienfaisant aux âmes.

Les vents étésiens soufflent en plein été pour la raison que voici. Le soleil étant plus haut dans le ciel, et plus porté au nord en s'éloignant des régions méridionales, dissout l'humidité dans le nord ; cette humidité dissoute se transforme en air, puis d'air elle devient vent ; c'est [441 b] là l'origine des vents étésiens : elle est dans la dissolution de l'humidité du nord. Ils se portent donc vers les régions opposées, celles du sud. Poussés dans cette direction, ils se heurtent aux montagnes très élevées d'Éthiopie, ils s'y accumulent en masse et donnent des pluies ; c'est à la suite de ces pluies que le Nil a sa crue en été, alors qu'il coule des régions méridionales et sèches. Aristote s'est attaqué à cette question, il observa en effet lui-même le phénomène dans sa réalité naturelle quand il eut l'idée d'accompagner Alexandre de Macédoine dans ces régions pour apprendre de ses propres yeux la cause de la crue du Nil. C'est pour cela qu'il dit que cette question n'est plus un problème, car on a vu de façon évidente que c'est par des pluies que le Nil grossit*. L'étrange, c'est que ce soit dans les régions les plus arides de l'Éthiopie, où il n'y a ni neige ni eau, que se produisent en été les pluies les plus abondantes.

250.

Lu, d'Agatharchide de Cnide, deux livres, le premier et le cinquième, *Sur la mer Rouge*[1], qui traitent aussi en

1. Agatharchide fait déjà l'objet du « codex » 213 de Photius, Bekker, p. 171 a 5-b 17 (t. III, p. 123-125 de la présente édition). Sur l'auteur, on se reportera à ce « codex », t. III, p. 123, n. 1-4.

L'ouvrage *Sur la mer Rouge* est perdu ; il nous est connu surtout par Photius et Diodore de Sicile, III. Quelques fragments ont été conservés par d'autres écrivains tardifs. On trouve l'ensemble dans C. Müller, *Geographi graeci minores*, Paris, Didot, 1882. Je lui ai repris sa numérotation des fragments. Le texte de Photius est souvent difficile, obscur même. Là, résident les causes des faiblesses d'une traduction que j'aurais voulue meilleure*.

ἀλλὰ καὶ τὰς ψυχὰς τῶν ἀνθρώπων · συμβαίνει γὰρ τὸν λεπτὸν ἀέρα τὴν μὲν γῆν βλάπτειν, τὰς δὲ ψυχὰς ὠφελεῖν.

Ὅτι οἱ ἐτήσιαι πνέουσι κατὰ τὸν καιρὸν τοῦ ἀκμαιοτάτου θέρους δι' αἰτίαν τοιαύτην. Ὁ ἥλιος μετεωρότερος καὶ ἀπὸ τῶν μεσημβρινῶν τόπων ἀρκτικώτερος γινόμενος λύει τὰ ὑγρὰ τὰ ἐν ταῖς ἄρκτοις · λυόμενα δὲ ταῦτα ἐξαεροῦται, ἐξαερούμενα δὲ πνευματοῦται, καὶ ἐκ τούτων γίνονται οἱ ἐτήσιαι ἄνεμοι, ἐκ τῶν πνευμάτων τῶν ἀπὸ τῆς λύσεως τῶν ἀρκτικῶν ὑγρῶν γινομέ- [441 b] νων. Φέρονται γοῦν ἐπὶ τοὺς ἐναντίους τόπους, τοὺς μεσημβρινούς. Ἐκεῖ δὴ ταῦτα ἐκφερόμενα προσπίπτει τοῖς ὑψηλοτάτοις ὄρεσι τῆς Αἰθιοπίας, καὶ πολλὰ καὶ ἀθρόα γινόμενα ἀπεργάζεται ὑετούς · καὶ ἐκ τῶν ὑετῶν τούτων ὁ Νεῖλος πλημμυρεῖ τοῦ θέρους, ἀπὸ τῶν μεσημβρινῶν καὶ ξηρῶν τόπων ῥέων. Καὶ τοῦτο Ἀριστοτέλης ἐπραγματεύσατο · αὐτὸς γὰρ ἀπὸ τῆς φύσεως ἔργῳ κατενόησεν, ἀξιώσας πέμψαι Ἀλέξανδρον τὸν Μακεδόνα εἰς ἐκείνους τοὺς τόπους καὶ ὄψει τὴν αἰτίαν τῆς τοῦ Νείλου αὐξήσεως παραλαβεῖν. Διό φησιν ὡς τοῦτο οὐκέτι πρόβλημά ἐστιν · ὤφθη γὰρ φανερῶς ὅτι ἐξ ὑετῶν αὔξει. Καὶ τὸ παράδοξον, ἐν τοῖς ξηροτάτοις τόποις τῆς Αἰθιοπίας, ἐν οἷς οὔτε χειμὼν οὔτε ὕδωρ ἐστί, ξυμβαίνει τοῦ θέρους πλείστους ὑετοὺς γίνεσθαι.

250

Ἀνεγνώσθη Ἀγαθαρχίδου λόγοι δύο, ὁ πρῶτος καὶ ὁ πέμπτος περὶ τῆς ἐρυθρᾶς θαλάσσης

34 ἐτήσιαι M : ἐτήσιοι A || **37** ταῖς A : τοῖς M || **39** ἐτήσιαι M : ἐτήσιοι A || **40** τῶν ἀπὸ M : ἀπὸ A.

[441 b] **4** ὑετούς A : υἱετούς M || ὑετῶν A : υἱετῶν M || **11** ὑετῶν A : υἱετῶν M || **12** ἐν A : ὅτι ἐν M || **14** ὑετοὺς A : υἱετοὺς M || **15** 250] σν' M : σμθ' A || **16** ἀνεγνώσθη A : ἀνεγνώσθησαν M || **16-20** Ἀγαθαρχίδου — διαλαμβάνοντες M *et* A *pinax* : ἀνεγνώσθη ἐκ τοῦ πρώτου λόγου Ἀγαθαρχίδου τῶν περὶ τῆς ἐρυθρᾶς θαλάσσης A.

bref d'autres phénomènes étonnants.

Tiré du premier livre sur la Mer Rouge.

1. C'est, dit l'auteur, le Ptolémée successeur de Ptolémée Lagos[1] qui fut le premier à organiser la capture des éléphants et d'autres fauves du même genre ; les êtres que la nature a séparés, il les réunit délibérément dans une réserve unique. Il faut bien réfléchir à ce que l'historien entend dire ici. Avant les Ptolémées, en effet, beaucoup de gens déjà utilisaient des éléphants dressés, même à la guerre, comme l'Indien Porus qui combattit Alexandre, et comme d'assez nombreux autres. Peut-être veut-il dire qu'on a considéré ce Ptolémée comme le premier à s'adonner en grand à cette occupation, ou le premier des successeurs d'Alexandre ou le premier souverain d'Égypte à s'y adonner[2].

2. La Mer Rouge*, dit l'auteur, ne tient pas son nom du fait que les montagnes qui s'élèvent à l'ouest du golfe d'Arabie sont frappées par des rayons violents et brûlants du soleil et brillent comme de la braise tandis que, du côté de l'est, des dunes de sable et de terre rougeâtres s'étendent sur des stades et des stades le long du rivage à cet endroit. Ce n'est certes pas de ce phénomène qu'elle tient son nom de Mer Rouge. Car, si le passage y est étroit à cause des collines et des dunes qui dominent le golfe de part et d'autre sur toute sa longueur, si la lumière qui tombe des deux continents sur le passage [442 a] fait ressembler la mer à de la terre, si son aspect particulier frappe tout le monde sans que le phénomène soit compris de tous, ce n'est assurément pas pour cette raison, dit l'auteur, que la mer a reçu son nom, encore que beaucoup de ses prédécesseurs l'aient cru.

3. Telle est donc sinon la vraie, du moins la première explication concernant l'origine de cette appellation.

1. Ptolémée II Philadelphe (285-246).

2. Ce fr. 1 n'était sans doute pas au début de l'ouvrage, mais doit appartenir à un prologue. Cf. Woelk, p. 88-89, qui n'approuve pas l'idée d'Immisch selon laquelle la *Vie de Pythagore* (« codex » 249) aurait été ce prologue. Je m'explique sur cette hypothèse dans les Notes complémentaires de ce volume, *infra*, p. 232.

καὶ ἑτέρων παραδόξων ἔργων ἐν κεφαλαίῳ διαλαμβάνοντες.

Ἐκ τοῦ α' λόγου τοῦ περὶ τῆς ἐρυθρᾶς θαλάσσης.

1 **Ὅτι Πτολεμαῖόν φησι τὸν μετὰ τὸν Λάγου πρῶτον ἐλεφάντων θήραν συστήσασθαι ἀλλὰ γὰρ καὶ τῶν ὁμοιοτρόπων · καὶ τὰ τῇ φύσει κεχωρισμένα τῇ προνοίᾳ συναγαγεῖν ὑπὸ μίαν οἴκησιν. Σκεπτέον δὲ τί φησιν ἐνταῦθα ὁ ἱστορικός. Καὶ γὰρ καὶ πρὸ τῶν Πτολεμαίων ἐλέφασι πολλοὶ χειροήθεσι καὶ ἐν πολέμῳ ἐχρῶντο, ὡς Πῶρός τε ὁ Ἰνδὸς ὁ πρὸς Ἀλέξανδρον πολεμήσας καὶ ἄλλοι οὐκ ὀλίγοι. Ἢ ὅτι Πτολεμαῖος οὗτος πολὺς πρῶτος περὶ ταύτην ὤφθη τὴν σπουδήν, ἢ πρῶτος τῶν μετὰ Ἀλέξανδρον, ἢ τῶν Αἰγύπτου βασιλέων πρῶτος.**

2 **Ὅτι τὴν ἐρυθρὰν θάλατταν τὸ ὄνομα ἑλκύσαι φησὶν οὔτε ὅτι τοῦ Ἀραβίου καλουμένου κόλπου τὰ μὲν πρὸς ἑσπέραν ὄρη, δριμείας καὶ διαπύρου τῆς ἡλιακῆς ἀκτῖνος βαλλούσης, ἄνθρακος φαντασίαν ἀποδίδωσι, τὰ δὲ πρὸς ἀνατολὰς θῖνες ἄμμου γεώδεις ὑπέρυθροι παρὰ πολλὰ στάδια τῆς αὐτόθι παραλίας ἐκκέχυνται. Οὐμενοῦν οὐκ ἐκ τούτου ἐρυθρὰ κέκληται. Εἰ γὰρ καὶ ὁ παράπλους μέν ἐστι στενός, τῶν δὲ λόφων καὶ θινῶν ἐφ' ἑκάτερα τοῦ κόλπου παντὸς ὑπερκειμένων ἡ πίπτουσα παρ' ἀμφοτέρων εἰς τὸν πόρον τῶν ἠπείρων αὐγὴ τῇ χέρσῳ πα-** [442 a] **ρεγγυᾷ τὴν θάλατταν ὁμοίαν, τῆς μὲν ἰδέας πᾶσιν ὁρωμένης τοῦ δὲ πάθους οὐ πᾶσι γινωσκομένου, ἀλλ' οὖν οὐ διὰ τοῦτό φησι τὴν κλῆσιν λαβεῖν τὴν θάλατταν, εἰ καὶ τῶν πρὸ αὐτοῦ τοῦτο πολλοῖς ἔδοξεν.**

3 **Οὕτω μὲν οὖν ὁ πρῶτος εἰ καὶ μὴ ἀληθὴς τῆς αἰτίας λόγος.**

20 ἐκ — θαλάσσης A : *om.* M ‖ **21** φησι A : φασι M ‖ Λάγου M^2 : Λάγω AM ‖ **24** τί A^2M : *om.* A ‖ **25** καὶ πρὸ A : πρὸ M ‖ **27** ὁ πρὸς A : πρὸς M ‖ **34** βαλλούσης M : βαλούσης A ‖ **38** ἑκάτερα A : ἑκατέρας M ‖ **40** τῇ AM : καὶ τῇ A^b.

La seconde est assez semblable : dans cette région, dit l'auteur, le soleil levant frappe le golfe non pas de rayons éclatants comme il le fait dans nos pays, mais de rayons d'une couleur qui ressemble vaguement à celle du sang, d'où le phénomène qui fait apparaître aux regards la mer teintée de sang, et c'est pourquoi on l'appelle Mer Rouge.

4. La troisième explication, dit l'auteur, celle des gens d'Argos, est d'une grande hardiesse, mais vide de sens, semble-t-il. En effet, les historiens qui suivent Dinias[1] disent, en se prévalant eux aussi de la liberté des poètes, que Persée, venu d'Argos en Éthiopie — qu'on appelait alors Céphénia — pour libérer la fille de Céphée, passa de là chez les Perses auxquels il donna son nom par l'intermédiaire d'un de ses descendants ; il engendra un fils, Érythras, et c'est de lui qu'il donna son nom à la mer. Telle est l'invention des Argiens au sujet de la Mer Rouge.

5. La quatrième explication, qui est aussi la vraie, est celle que l'auteur lui-même a apprise d'un Perse qui se nommait Boxos, dit-il; ayant appris le grec et les façons de penser des Hellènes, il avait quitté son pays pour vivre à Athènes. L'explication du Perse disait ceci. Un homme bien connu pour son courage et sa richesse, Érythras, d'origine perse, fils de Myozaios, vivait non loin de la mer en face d'îles qui ne sont plus désertes à présent, mais qui l'étaient au temps de la domination mède, époque, en effet, de la notoriété d'Érythras ; il passait l'hiver à Pasargades et, au printemps, il partait

1. La correction Δεινίας de Müller est assurément préférable à la leçon κλεινίας des manuscrits. On connaît, en effet (Jacoby, *Fr. gr. Hist.*, II, p. 24 sq.), un Dinias auteur d'*Argolica*. Cf. sur cet auteur les données très complètes de Woelk, p. 96-98.

Δεύτερος δέ, ὁμοίως ἔχων, τὸν ἥλιον ἐκεῖσέ φησιν ἐπιτέλλοντα οὐχ ὡς παρ' ἡμῖν λαμπραῖς ταῖς ἀκτῖσιν εἰς τὸν πόρον βάλλειν, ἀλλὰ παρομοίαις αἵματι, ἐξ ὧν τοῖς ὁρῶσιν ὕφαιμον παρασκευάζειν τὸ πάθος τὴν τῆς θαλάττης ἔμφασιν, κἀκεῖθεν ἐρυθρὰν κατονομάζεσθαι.

4 Τρίτος δέ ἐστιν ὁ Ἀργολικὸς λόγος, ὅς ἐστί, φησι, τῇ μὲν τόλμῃ μέγας, τῇ δὲ δόξῃ κενός. Οἱ γὰρ περὶ Δεινίαν ἱστορικοί φασιν, ἀπὸ τῆς ποιητικῆς ἐξουσίας καὶ αὐτοὶ ἄδειαν λαβόντες, ἐξ Ἄργους εἰς Αἰθιοπίαν (ἐκαλεῖτο δὲ τότε Κηφηνία) παραγεγονότα ἐπὶ λύσει τῆς Κηφέως θυγατρὸς τὸν Περσέα, ἐκεῖθεν δὲ εἰς Πέρσας μεταστάντα, Πέρσαις μὲν ἀπό τινος τῶν ἐγγόνων τῆς κλήσεως μεταδοῦναι, Ἐρύθραν δὲ γεννῆσαι υἱόν, καὶ ἐξ ἐκείνου τῇ θαλάττῃ τὴν κλῆσιν παρασχεῖν. Τοιοῦτος μὲν καὶ ὁ Ἀργολικὸς περὶ τῆς ἐρυθρᾶς θαλάσσης σχεδιασμός.

5 Τέταρτος δὲ καὶ ἀληθής ἐστιν, ὃν αὐτὸς μεμάθηκε παρὰ Πέρσου· Βόξος δ' ἦν τούτῳ ὄνομα, φησίν· ὃν καὶ ἑλληνίσαι γλῶσσαν καὶ γνώμην, καὶ ταῖς Ἀθήναις λιπόντα τὴν πατρίδα ἐμβιῶναι. Ἔλεγε δὲ ὁ τοῦ Πέρσου λόγος ταῦτα. Γίνεταί τις κατ' εὐτολμίαν καὶ πλοῦτον εὐδοκιμῶν Ἐρύθρας ὄνομα, γένος μὲν Πέρσης, υἱὸς δὲ Μυοζαίου, κατοικῶν δὲ θαλάττης μὲν οὐ πόρρω, κατεναντίον δὲ νήσων ἐρήμων οὐσῶν οὐ νῦν, ἀλλ' ἐπὶ τῆς Μήδων ἡγεμονίας· τότε γὰρ καὶ ὁ Ἐρύθρας ἐγνωρίζετο, ὃς τοῦ μὲν χειμῶνος ἐν Πασαργάδαις ἐποιεῖτο τὴν οἴκησιν, ἔαρος δὲ μετέβαινεν ἐπὶ τὴν ἰδίαν

[442 a] **5** δεύτερος M : δεύτερον A. || **6** ἔχων AM : ἔχον A² || ἐκεῖσέ A : *om.* M || φησιν A : φασιν M || **11** Ἀργολικὸς M : ἀρογολικὸς A || **12** τῇ δὲ δόξῃ A : τῇ δ' ἀποδείξει M || **13** Δεινίαν *post* Reinesium, Müller : Κλεινίαν *codd.* || **17** μεταστάντα A : μετὰ ταῦτα M || **20** Ἀργολικὸς M : ἀρογολικὸς A || **25** τοῦ A : τοῦ τοῦ M || **27** θαλάττης A : θάλασσαν M || **28** κατεναντίον A²M : κατεναντίων A || οὐσῶν A² : ὄντων M *et fortasse* A.

pour sa propriété privée, entre autres raisons pour mettre un peu d'agrément dans sa vie grâce à ce changement ; une grande harde de ses juments fut attaquée par des lions qui tuèrent quelques bêtes ; celles qui leur échappèrent, aiguillonnées par la peur de ce qu'elles voyaient, prirent leur course vers la mer — car justement, un vent assez fort venait de la terre ; dans leur épouvante, elles se précipitèrent dans les vagues ; elles commencèrent par nager en longeant le rivage puis, comme la peur[1] ne les quittait pas, elles furent entraînées par les vagues et parvinrent péniblement au rivage de l'île d'en face [442 b] avec un de leurs jeunes gardiens particulièrement hardi qui traversa avec les bêtes en s'agrippant au garrot tantôt de l'une tantôt de l'autre.

Érythras donc, en cherchant les juments disparues, fut le premier des gens du pays à construire un radeau, de dimensions modestes mais d'une grande résistance et, saisissant l'opportunité d'un vent favorable et léger, il le lança sur les eaux de la passe ; le flot le poussa rapidement, il retrouva ses chevaux et leur gardien. Pris d'admiration pour l'île, il bâtit une ville près d'une rade bien située, il amena du rivage d'en face des gens qui n'avaient pas de moyens d'existence et il les fixa dans la ville ; de ce point de départ, il fit naître à la vie civilisée les autres îles également désertes en y amenant du monde ; de nombreuses gens mirent en si grand renom ce qu'il avait fait que la mer de cette région, mer qui est immense, est encore appelée de notre temps par tout le monde « Érythra ». Telles sont donc les raisons diverses de cette dénomination ; elles divergent car il y a loin entre dire « Mer d'Érythras » et « Mer Érythrée » ; la première dénomination désigne, en effet, l'homme qui a été le maître de cette mer et l'autre, la couleur rougeâtre naturelle dont on a parlé. Et, dit l'auteur, l'explication du nom par la couleur est fausse, car la mer n'est

1. Δείματος est la leçon des manuscrits reprise par Bekker. Müller, dans ces notes à ce passage, suggère οἰδήματος qu'il glose *de mari tumendo dictum*. Le texte des manuscrits est pleinement satisfaisant.

κτῆσιν τῆς τε ἄλλης ἕνεκα χρείας καὶ χάριν τινὰ τῷ βίῳ διὰ τῆς τοιαύτης μεταβολῆς ἀπονέμων, τούτου φορβάδων ἀγέλῃ μείζονι λέοντες ἐπορούσαντές τινας μὲν αὐτῶν ἀπέκτειναν· αἱ δὲ περισωθεῖσαι, τῷ δέει τῆς ὄψεως οἶστρον λαβοῦσαι, ἐπὶ τὴν θάλατταν ἠλαύνοντο, καὶ (ἦν γὰρ αὔρα κατὰ τύχην ἀπόγαιος εὐμεγέθης) ἐμπεσοῦσαι τοῖς ῥείθροις μετὰ πτοήσεως τὰ μὲν πρῶτα παρὰ τὴν γῆν ἐνήχοντο, τοῦ δὲ δείματος οὐ λήγοντος ἐξεκυμάνθησαν καὶ μόλις ἐπὶ τὸ τῆς ἀντικρὺ νήσου πέρας [442 b] διεσώθησαν, ἑνὸς τῶν αἰπόλων νεανίου καὶ τόλμῃ διαφέροντος συμπεραιωθέντος, ἄλλοτε ἄλλης τῶν ὤμων ἀντεχομένου.

Ὁ οὖν Ἐρύθρας ζητῶν τὰς οὐ φαινομένας φορβάδας πρῶτος τῶν ἐκεῖσε σχεδίαν ἐπήξατο, μεγέθει μὲν σύμμετρον, τῇ δυνάμει δὲ στερίφην, καὶ λαβὼν στάσιν οὐρίου καὶ συμμέτρου πνεύματος ἀφῆκεν εἰς τὸν πόρον· ταχὺ δὲ τοῦ κύματος αὐτὸν προώσαντος εὗρε μὲν τοὺς ἵππους, εὗρε δὲ τὸν νομέα. Θαυμάσας δὲ τὴν νῆσον καὶ πόλισμα ἐπὶ λιμένος εὐκαίρου ἱδρύσατο, καὶ ἐκ τῆς ἀντιπέραν τοὺς ἀποροῦντας βίου μετενεγκὼν ἐπόλισεν, ἐκεῖθέν τε καὶ τὰς ἄλλας νήσους ἐρήμους οὔσας ἀνθρώπων οἰκήσεσιν ἐξημέρωσε· καὶ τηλικαύτην δόξαν ἐκ τῶν πραχθέντων πολλοῖς ἐνεποίησεν, ὥστε τὴν ἐκεῖσε θάλατταν, οὖσαν ἄπειρον μεγέθει, πάντας ἔτι καὶ καθ' ἡμᾶς ἐπονομάζειν ἐρυθράν. Τὰ μὲν οὖν αἴτια τῆς κλήσεως ἔχοντα διαφοράν (μέγα γὰρ τὸ παραλλάττον Ἐρύθρα θάλατταν εἰπεῖν ἢ θάλατταν ἐρυθράν· τὸ μὲν γὰρ τὸν κυριεύσαντα σημαίνει τῆς θαλάττης ἄνδρα, τὸ δὲ τὴν πυρρότητα δηλοῖ τῆς ῥηθείσης φύσεως) ἐν τούτοις. Ἔστι δέ, φησί, τὸ μὲν ἀπὸ τοῦ χρώματος τὴν κλῆ-

32 ἕνεκα χρείας A²M : *quid prius praeb.* A *non liquet* ‖ **37** γὰρ A : *om.* M ‖ εὐμεγέθης AM : εὐμεγέθεις A² ‖ **38** πτοήσεως M : πτώσεως A.

[442 b] **5** στερίφην M : *in* A *lac.* ‖ **18** τῆς θαλάττης A : τὴν θάλασσαν M.

pas rouge, mais l'explication par le nom du personnage qui y a régné est vraie : le récit qui vient de Perse en donne l'assurance[1].

6. L'auteur ne croit pas non plus que ce soit d'un descendant de Persée, encore que beaucoup d'écrivains le prétendent, que les Perses ont reçu leur nom car ils ne s'appellent pas Πέρσαι avec un accent aigu sur la pénultième du mot, mais Περσαῖ avec un accent circonflexe sur sa finale.

7. En s'attachant, par beaucoup d'autres arguments, à réfuter comme mensonger le récit sur Persée, il ajoute encore ce qui suit. C'est seulement dans une tragédie, visage masqué et faux à la main, que Persée a fait campagne ; quant au reste, on peut s'en remettre à un acteur et à un chœur pour faire des contradictions une légende selon[2] un procédé admis de tous. Parcourons néanmoins brièvement les plus importantes de ces fables. Il y aurait eu un Centaure, un Géryon, un Cyclope, un Chrysès, une Circé, une Calypso, un Minotaure, une Scylla, une Chimère, un Pégase, des Lestrygons, un Cerbère, un Glaucos marin, un Atlas, un Protée, un Nérée, des Néréides, des fils [443 a] d'Aloeus dont la taille était de neuf aunes et la carrure de neuf coudées. Selon Hésiode, il y aurait d'abord eu une race d'or, puis une d'argent, puis une de bronze. Il aurait aussi existé des chevaux qui parlaient d'avenir avec Achille, une Sphinge qui proposait des énigmes aux fils des Thébains, des Sirènes qui chantaient pour la perte de ceux qui les écoutaient, une Niobé, un Polydectès que la peur a pétrifiés. En outre les compagnons d'Ulysse auraient été changés d'hommes en pourceaux et, de pourceaux, ils seraient revenus à la condition humaine. Tantale était

1. Sur l'origine de l'appellation « Mer Rouge » il n'y a pas beaucoup plus d'accord entre les savants modernes qu'il n'y en avait entre les auteurs anciens. Cf. Woelk, p. 90-99.

2. Au lieu de εἰς μῦθον ὡς (442 b 34), Müller propose de lire εἰς μυθους οὓς.

σιν κατασκευάζον ψεῦδος (οὐ γάρ ἐστιν ἐρυθρά), τὸ δ' ἀπὸ τοῦ δυναστεύσαντος ἀληθές, ὡς ὁ πέρσης λόγος ἐπιστώσατο.

6 Ὅτι οὐδὲ ἀπό τινος τῶν τοῦ Περσέως ἐγγόνων ἀξιοῖ οὗτος, καίτοι πολλῶν λεγόντων, τὴν κλῆσιν τοὺς Πέρσας κληρώσασθαι · μηδὲ γὰρ ἐκείνους σφᾶς αὐτοὺς Πέρσας παροξυτόνως ὀνομάζειν, ἀλλὰ Περσᾶς, ἐπὶ τέλους τῆς περισπωμένης τιθεμένης.

7 Ὅτι τὰ κατὰ τὸν Περσέα εἰς ψεῦδος καὶ δι' ἄλλων πολλῶν ἀπάγειν σπουδάζων, προστίθησι καὶ ταῦτα. Πλὴν εἰ μὲν τραγικῶς ὁ Περσεὺς ἐστράτευται τὸ πρόσωπον περιθέμενος καὶ τὴν ἅρπην λαβών, καὶ περὶ τῶν ἑξῆς ἐπιτρέψαις ἂν ὑποκριτῇ καὶ χορῷ διαλύεσθαι καὶ τὰ τῆς ἀντιλογίας εἰς μῦθον, ὡς οἱ πολλοὶ συγκεχωρήκασιν. Ἐπιδράμωμεν τῶν τοιούτων τὰ κεφάλαια διὰ βραχέων. Κένταυρον γεγονέναι, Γηρυόνην, Κύκλωπα, Χρύσην, Κίρκην, Καλυψώ, Μινώταυρον, Σκύλλαν, Χιμαιραν, Πήγασον, Λαιστρυγόνας, Κέρβερον, Γλαῦκον θαλάττιον, Ἄτλαντα, Πρωτέα, Νηρέα, Νηρεΐδας, τοὺς παῖδας τοὺς Ἀλωέως, ἐννεοργυίους μὲν αὐξηθέντας μῆκος, [443 a] ἐννεαπήχεις δ' εὖρος. Ἔτι δὲ γένος μὲν ἀναφῦναι καθ' Ἡσίοδον πρῶτον μὲν χρυσοῦν, ἔπειτα ἀργυροῦν, εἶτα χαλκοῦν. Πάλιν ἵππους μὲν γενέσθαι περὶ τῶν μελλόντων συλλαλοῦντας Ἀχιλλεῖ, Σφίγγα δὲ τῶν Θηβαίων παισὶν αἴνιγμα προβάλλουσαν, Σειρῆνας δὲ ἐπ' ὀλέθρῳ τῶν ἀκροωμένων ᾄδουσας, Νιόβην δὲ καὶ Πολυδέκτην διὰ φόβον ἀπολιθουμένους. Ἐπὶ δὲ τούτοις τοὺς Ὀδυσσεῖ συμπλεύσαντας ἐκ μὲν ἀνθρώπων εἰς σῦς, ἐκ συῶν δὲ εἰς ἀνθρώπων μεταβληθῆναι διάθεσιν. Ἔτι

22 δυναστεύσαντος M : δυναστεύοντος A ‖ **25** πολλῶν A : πολλῶν ἄλλων M ‖ τὴν M : *om.* A ‖ **29** τὰ A : *om.* M ‖ **33** ἐπιτρέψαις ἂν Müller : ἐπιτρέψας Bekker ἐπιστρέψας *codd.* ‖ **40** Ἀλωέως A^{1}M : ἀλώσεως A ‖ ἐννεοργυίους M : ἐννεοργύους A.

[443 a] **7** τοὺς A : *om.* M ‖ **9** μεταβληθῆναι *codd.* : μεταβῆναι *edd.*

estimé pour sa sagesse, il était le commensal des dieux et, pour châtiment de sa licence effrénée, il fut suspendu dans l'espace. D'autres gens seraient descendus volontairement dans l'Hadès, les uns pour consulter les morts comme des devins à propos des vivants, les autres pour épouser Perséphone de force comme si elle n'avait pas eu d'époux. Il aurait poussé une toison en laine d'or à un bélier ; en Libye auraient poussé des pommiers qui portaient des fruits d'or ; un être vivant aurait passé toute sa vie sans dormir ; Borée et Notos et les autres vents furent réduits à l'impuissance, enfermés dans une outre.

Pasiphaé se serait unie à un taureau et Tyrô à un fleuve sans ouvrir leur couche à un être d'une autre race, Philomène aurait été changée en rossignol, Térée en huppe, Hécube en chien de garde. En outre Io aurait été la fille d'un fleuve ; sous la forme d'une génisse cornue poursuivie par un taon, elle aurait franchi le Pont et c'est d'elle que le « Bosphore » aurait reçu son nom. Le Lapithe Cénée aurait d'abord été une jeune fille et une femme et avec l'âge, il serait devenu un homme et, finalement, frappé à coups de massue, il aurait été enfoncé en terre tout droit et tout vif par les Centaures. Léda, au lieu d'accoucher normalement comme une femme, aurait pondu un œuf d'où sortit la belle Hélène, objet de tant de combats ; Hellé et Phrixos auraient franchi le détroit sur le dos d'un bélier à qui ses pattes servaient d'ailes ; et la mer qui s'étend de part et d'autre de ce détroit aurait tiré d'eux son nom d'Hellespont. Héraclès franchissait les mers dans une cuve aux endroits les plus agités ; la Libye était stérile, aride et infranchissable : il fut le seul à la

Τάνταλον τιμᾶσθαι μὲν διὰ σωφροσύνην, συνέστιον ὄντα θεοῖς, τιμωρεῖσθαι δὲ δι' ἀκολασίαν, ἐν ἀέρι φερόμενον. Ἑτέρους εἰς Ἅιδου καταβαίνοντας διὰ προαίρεσιν, τοὺς μὲν ὅπως ὑπὲρ τῶν ζώντων τοῖς νεκροῖς μάντεσι χρήσαιντο, τοὺς δὲ ἵνα τὴν Περσεφόνην ὡς ἔρημον ὑπάρχουσαν βίᾳ νυμφεύσωσι. Καὶ κῳδίον ἐπὶ προβάτου γενέσθαι χρυσόμαλλον, μηλέας ἐν τῇ Λιβύῃ πεφυκέναι μῆλα φέρουσας χρυσᾶ, σῶμα ἔμψυχον πάντα τὸν βίον διακαρτερεῖν ἄγρυπνον, Βορέαν καὶ Νότον μετὰ τῶν ἄλλων ἀνέμων ἐν ἀσκῷ πνίγεσθαι συγκεκλεισμένους.

Πρὸς τούτοις Πασιφάην μὲν ταύρῳ, Τυρὼ δὲ ποταμῷ μίγνυσθαι, πρὸς οὐδὲν γένος τὴν εὐνὴν ἔχουσας ἀλλόφυλον· καὶ Φιλομήλαν μὲν ἀηδόνος ἐξαλλάξαι μορφήν, Τηρέα δὲ ἔποπος, Ἑκάβην δὲ εἰς κυνὸς οἰκουροῦ καταστρέψαι φύσιν. Ἐπὶ τούτοις τὴν Ἰὼ γεγονέναι μὲν ποταμοῦ θυγατέρα, ταυροκέρῳ δὲ μορφῇ διαπτῆναι βοὸς οἰστρώσης τὸ Ποντικὸν πέλαγος· ἀφ' ἧς καὶ τὸν Βόσπορον εἰληφέναι τὴν κλῆσιν. Ἔτι Καινέα τὸν Λαπίθην τὸ μὲν ἀπ' ἀρχῆς γενέσθαι παρθένον καὶ γυναῖκα, ἡβήσαντα δὲ εἰς ἄνδρα μεταστῆναι, τὸ δ' ὕστατον εἰς τὴν γῆν ὑπὸ τῶν Κενταύρων καταδῦναι, ταῖς ἐλάταις τυπτόμενον, ὀρθόν τε καὶ ζῶντα. Καὶ Λήδαν μὲν ἀντὶ τῆς καθηκούσης γυναικὶ τεκνώσεως ᾠοῦ τεκεῖν φύσιν, ἐξ οὗ τὸ περιμάχητον εἶδος, τὴν Ἑλένην λέγω, τυπωθῆναι· τὴν δὲ Ἕλλην καὶ Φρίξον ἐπὶ κριοῦ τοῖς ποσὶ πετομένου, τὸν πόρον κατανύσαντας, τὴν ἐφ' ἑκάτερα θάλατταν Ἑλλήσποντον ἀφ' ἑαυτῶν προσαγορεῦσαι. Τὸν δ' Ἡρακλέα καὶ τὰ πελάγη μέν, οὗ μέγιστοι χειμῶνες, ἐν λέβητι διαπλεῖν, τὴν δὲ Λιβύην ἄσπορον, ἄνυδρον, ἀπόρευτον ὑπάρχουσαν μόνον διεξέρχεσθαι, τῷ

25 μορφῇ A[1] : μορφὴν AM || **34** πετομένου Müller : πετομένους *codd.* || **39** διεξέρχεσθαι A : διέρχεσθαι M.

traverser et il relaya Atlas pour supporter notre monde sans qu'on lui en eût donné l'ordre, et afin d'être agréable à Atlas.

[443 b] Et tandis qu'Orphée jouait de la cithare, les monts et les rochers, amoureux de sa musique, le suivaient ; les viandes des bœufs du Soleil faisaient entendre, pendant qu'on les cuisait, des paroles que les hommes pouvaient comprendre. Des trépassés s'entretenaient à loisir de toutes sortes de sottises avec Ulysse qui reconnaissait leurs figures dans leurs ombres informes et d'autres quand ils avaient bu le sang, alors qu'ils n'ont ni ventre ni gosier, tandis que d'autres avaient peur d'une épée alors qu'ils ne pouvaient plus être blessés ; d'autres rouleraient un rocher alors que leurs corps ont été brûlés depuis longtemps ; d'autres jugeraient d'autres morts alors qu'il n'existe aucune faute à juger ; et le comble, c'est que les fantômes de ceux qui ne sont plus vogueraient dans une barque avec Charon comme nocher et pilote, afin d'éviter qu'ils se noient et qu'il ne faille à nouveau leur faire des funérailles.

Alceste, Protésilas et Glaucos seraient morts puis ressuscités, la première ayant été ramenée à la vie par Héraclès, le second par l'amour de sa femme et le troisième par le devin Amphiaraos enterré avec lui ; la terre aurait englouti le corps d'Amphiaraos vivant avec ses chevaux et son char.

Glaucos aurait semé des dents de dragon et il en serait sorti des hommes armés qui se battirent entre eux. Talos, le garde du corps de Minos, faisait trois fois en un jour le tour de toute la Crète malgré son étendue et il aurait été le seul des êtres vivants dont

δὲ Ἄτλαντι τὸν τηλικοῦντον διαδέξασθαι κόσμον, πρόσταγμα μὲν οὐκ ἔχοντα, χάριν δὲ τιθέμενον.

Καὶ τῷ μὲν [443 b] Ὀρφεῖ κιθαρίζοντι διὰ φιλομουσίαν τὰ ὄρη καὶ τὰς πέτρας ἀκολουθεῖν, κρέα δὲ ὀπτώμενα τῶν Ἡλίου βοῶν φωνὴν προϊέσθαι ἀνθρώποις συνετήν. Τῶν δὲ μετηλλαχότων τὸν βίον ἐπὶ σχολῆς πρὸς Ὀδυσσέα διεξέρχεσθαι παντοδαπῇ ἀδολεσχίαν, ἐκ τῆς ἀμόρφου σκιᾶς τὸ τῆς ὄψεως γινώσκοντα ἰδίωμα, καὶ τοὺς μὲν αὐτῶν ἀπὸ τοῦ πίνειν, οὐ κοιλίας, οὐ βρόγχους ἔχοντας, ἑτέρους δὲ φοβεῖσθαι τὸν σίδηρον οὐκέτι δυναμένους τρωθῆναι, τινὰς δὲ πέτρον κυλίειν τῶν σωμάτων πάλαι κατακεκαυμένων, ἄλλους δὲ δικάζειν ἑτέροις τεθνηκόσιν ἀδικήματος οὐδενὸς ὑπάρχοντος· τὸ δ' ἔσχατον, τῶν οὐκέτι ὄντων τοὺς τύπους ἐν πορθμίδι διαπλεῖν, ἔχοντας Χάρωνα ναύκληρον καὶ κυβερνήτην, ἵνα μὴ καταστραφέντες ἐκφορᾶς ἐπιδέωνται πάλιν.

Καὶ τὴν μὲν Ἄλκηστιν καὶ Πρωτεσίλαον καὶ Γλαῦκον τετελευτηκότας πάλιν ἀναστῆναι, τὴν μὲν ὑφ' Ἡρακλέους ἀναχθεῖσαν, τὸν δὲ διὰ τὸν τῆς γυναικὸς ἔρωτα, τὸν δὲ ὑπὸ τοῦ μάντεως τοῦ συγκατορυχθέντος· τοῦ δὲ Ἀμφιαράου ζῶντος τὸ σῶμα καταδέξασθαι μετὰ τῶν ἵππων καὶ τοῦ δίφρου τὴν γῆν.

Ἔτι τοίνυν ὀδόντας ἐκ Κάδμου σπαρῆναι δράκοντος, ἐκ δὲ τούτων ὁπλίτας ἀνατεῖλαι μαχομένους ἀλλήλοις. Τὸν δὲ Τάλων τὸν φύλακα τοῦ Μίνω τρὶς μὲν ἐν ἡμέρᾳ πᾶσαν περιπολεῖν τὴν Κρήτην, τηλικαύτην οὖσαν, τὴν δὲ ζωὴν μόνον τῶν ἐμψύχων

40-41 πρόσταγμα μὲν M : προστεταγμένα A.

[443 b] **6** γινώσκοντα Hemsterhuis : γινώσκοντας *codd.* || **7** ἑτέρους A : ἑτέρως M || **9** πέτρον A : πτερὸν M || **17** τὸν τῆς γυναικὸς M : τῆς γυναικὸς τὸν A || **22** Τάλων A² : Τάλω AM ἰταλιωτῶν M³ || φύλακα τοῦ A : *om.* M.

la vie aurait résidé dans sa cheville. Il était impossible d'ôter la vie à Minos à moins de verser de l'eau bouillante sur lui.

Un vieillard changé en bélier par Médée aurait recouvré sa jeunesse grâce aux incantations de celle-ci, et les filles de Pélias auraient fait bouillir leur père pour le rajeunir. Les filles de Phorkis, qui étaient trois vieilles femmes, n'auraient eu en tout qu'un seul œil et elles auraient vécu sans se séparer les unes des autres en se le confiant à tour de rôle. Les habitants de l'Arcadie et de l'Attique étaient des fils de la terre et avaient eu une naissance surnaturelle. La jeune fille égorgée à Aulis aurait reparu vivante en Tauride, et celle qui fut jetée à la mer dans le Péloponnèse par son père Acrisios aurait abordé saine et sauve avec son petit enfant au rivage de Sériphos. Le guerrier qui, au cours du combat singulier, était déjà à la merci de Ménélas, lui aurait été dérobé soudain et se serait retrouvé dans la chambre nuptiale prêt aux étreintes, [444 a] toutes ses épreuves oubliées. Et la cachette du cheval de bois aurait été construite non pour prendre la ville mais pour perdre par trahison Ulysse et Néoptolème; quelle stupidité cette version suppose chez l'artisan constructeur, chez les guerriers qui y entrèrent et chez ceux qui firent entrer le cheval dans leur ville !

Tout en supportant sur ses épaules ce grand ciel avec les dieux qui y vivent, Atlas aurait néanmoins procréé des femmes qu'on appelle les Atlantides, ce qui est impossible. Tout l'univers serait encerclé par l'Océan qui le garde et le contient dans ses flots ; c'est au-delà qu'habiteraient les Gorgones, dit Hésiode. Certains

τοῦτον ἐν τῷ σφυρῷ κεκτῆσθαι. Καὶ τοῦ Μίνω δὲ ἀμήχανον εἶναι παραλῦσαι τὸν βίον, εἰ μή τις αὐτῷ ζέον ὕδωρ καταχέαι.

Πρὸς τούτοις ὑπὸ μὲν τῆς Μηδείας γέροντα κριὸν ἐπῳδαῖς μεταπεσόντα νέον γενέσθαι πάλιν, ὑπὸ δὲ τῶν Πελιάδων καθεψηθῆναι τὸν πατέρα Πελίαν, ἵνα γένηται νέος. Τὰς δὲ Φορκίδας τρεῖς μὲν οὔσας γραίας, ἑνὶ δὲ χρωμένας ὀφθαλμῷ, διεξάγειν τὸν βίον ἄλυτον παρ' ἀλλήλων κατὰ μέρος ἀμειβομένας πίστιν. Ἔτι δὲ τοὺς τὴν Ἀρκαδίαν οἰκοῦντας καὶ τὴν Ἀττικὴν γηγενεῖς τε εἶναι καὶ παρὰ φύσιν γεγονέναι. Καὶ τὴν μὲν ἐν Αὐλίδι σφαγεῖσαν ἐν Ταύροις ἀναφανῆναι ζῶσαν, τὴν δ' ἐν Πελοποννήσῳ καταποντισθεῖσαν ὑπὸ τοῦ πατρὸς Ἀκρισίου τῇ παραλίᾳ τῇ Σεριφίων ἀβλαβῆ μετὰ τοῦ βρέφους προσπεσεῖν. Τὸν δ' ὑπὸ Μενελάου κατὰ τὴν μονομαχίαν ἤδη χειρούμενον, ἐξαίφνης ἁρπαγέντα, ἐν τῷ θαλάμῳ γενέσθαι πρὸς συνουσίαν ἕτοιμον ὄντα, τῶν δεινῶν ἁπάντων [444 a] ἐπιλελησμένον. Τοῦ δὲ δουρείου τὸ κύτος οὐκ ἐφ' ἁλώσει συμπαγῆναι πόλεως, ἀλλ' ἐπὶ προδοσίᾳ τῶν περὶ τὸν Ὀδυσσέα καὶ τὸν Νεοπτόλεμον· τοιαύτην ὁ τρόπος ὑπογράφει τὴν εὐήθειαν καὶ τοῦ κατασκευάσαντος τεχνίτου καὶ τῶν ἐμβάντων ἀριστέων καὶ τῶν ὑποδεξαμένων εἰς τὴν ἰδίαν πόλιν.

Ἐπὶ τούτοις, ὅτι τὸν τηλικοῦτον οὐρανὸν μετὰ τῶν ἐν αὐτῷ διατριβόντων θεῶν τοῖς ἰδίοις ὁ Ἄτλας ὤμοις ὑπειληφώς, ὅμως τὰς καλουμένας Ἀτλαντίδας ἐτεκνοποιήσατο· ὅπερ ἀμήχανον. Ὅτι τὴν ἅπασαν οἰκουμένην Ὠκεανὸς περικυκλοῖ φρουρῶν καὶ συνέχων τοῖς ἑαυτοῦ ῥεύμασιν· οὗ φησι πέραν οἰκεῖν τὰς Γοργόνας Ἡσίοδος. Ὅτι τῶν

32 ἄλυτον παρ' M : *om.* A.

[444 a] **5** ἐμβάντων M : ἐμβατῶν A || **8** ὁ A[1] *mg.* : *om.* AM || **11** τοῖς AM[2] : τῆς τοῖς M || **12** φησι A : φασι M.

héros conserveraient pour toujours un corps intact qui survivrait dans les Iles des Bienheureux, que personne n'a réellement visitées. Ces questions qui aboutissent à des opinions insoutenables donnent justement à rire, même à plus d'une bonne femme.

Quant aux dieux, comment admettre que l'un fut nourri dans une cuisse où il était cousu, qu'un autre eut pour matrice la tête de Zeus, qu'un autre a été procréé sans père — je veux parler d'Héphaistos — que le soleil, à cause du crime d'Atrée contre Thyeste, a fait de son lever son coucher et de son coucher son lever?

En outre, Apollon et Poseidon, qui s'étaient loués pour un an à Troie, auraient été frustrés, par les effroyables menaces de Laomédon, de leur salaire de bâtisseurs de la ville et de gardiens de troupeaux ; Dionysos épouvanté, poursuivi par Lycurgue, se serait réfugié dans la mer auprès de Thétis. Une querelle, de plus, aurait éclaté parmi les déesses à propos de leur beauté, chacune cherchant, par des présents, à corrompre le juge pour qu'il enfreignît la justice sans qu'aucune d'elles pût obtenir le verdict résultant du jugement.

Ensuite, Athéna, avec sa haute stature, aurait été réduite à la taille d'une hirondelle ; la majesté de Zeus se serait abaissée jusqu'à entrer dans le corps d'un cygne ; la beauté de Déméter aurait été changée en la plus affreuse laideur. Zeus, qu'on tient pour le plus grand des dieux, aurait été victime d'un complot monté par son plus proche parent, le frère de sa femme ; il aurait été sauvé par ses pires ennemis, je veux dire par les Titans : ils seraient remontés de la région des

ἡρώων τινὲς ἀπαθῆ τὴν διαμονὴν τῶν σωμάτων διαφυλάττουσι πάντα τὸν χρόνον ἐν ταῖς μακάρων νήσοις, ἃς οὐδεὶς κυρίως ἱστόρηκε. Καὶ ταῦτα μὲν εἰς ἄπορον καταστρέφοντα δόξαν πολλαῖς καὶ τῶν γυναικῶν εὔλογον παραδίδωσι χλευασμόν.

Τῶν δ' αὖ θεῶν πῶς παραδεξώμεθα τὸν μὲν ἐν μηρῷ καταρραφέντα τραφῆναι, τὴν δὲ τῇ τοῦ Διὸς κεφαλῇ κοιλίᾳ χρήσασθαι, τὸν δὲ ἄνευ τοῦ πατρὸς τελειωθῆναι (λέγω δὴ τὸν Ἥφαιστον), τὸν δὲ ἥλιον διὰ τὰς Ἀτρέως εἰς Θυέστην πράξεις τὴν μὲν δύσιν ἀνατολὴν ποιῆσαι, τὴν δὲ ἀνατολὴν δύσιν;

Πρὸς δὲ τούτοις Ἀπόλλωνα μὲν καὶ Ποσειδῶνα ἐν Τροίᾳ θητεύσαντας ἐνιαυτὸν οἰκοδομίας ἀποστερηθῆναι μισθὸν καὶ βουτροφίας, ταῖς δεινοτάταις ὑπὸ Λαομέδοντος περιπεσόντας ἀπειλαῖς, Διόνυσον δὲ ὑπὸ Λυκούργου διὰ φόβου καταδιωχθέντα εἰς τὴν θάλατταν πρὸς Θέτιν καταφυγεῖν. Πρὸς δὲ τούτοις ἔριν ὑπὲρ κάλλους καταστῆναι θεαῖς, ὧν ἑκάστη μὲν ἐδέκαζε τὸν κριτὴν τοῖς παρ' ἑαυτῇ δώροις, ἵνα παρίδῃ τὸ δίκαιον, οὐδεμιᾷ δὲ παρηκολούθει τὸ συμπεσούμενον ἐκ τῆς κρίσεως τέλος.

Ἔτι τὸ μὲν Ἀθηνᾶς μέγεθος εἰς χελιδόνος συγκαταβαίνειν ὄγκον, τὸ δὲ τοῦ Διὸς ἀξίωμα εἰς κύκνου κατασταλῆναι τάξιν, τὸ δὲ τῆς Δημήτρας κάλλος εἰς τὴν αἰσχίστην μετασταθῆναι διάθεσιν. Τὸν δὲ νομιζόμενον μέγιστον Δία ἐπιβουλευθῆναι μὲν ὑπὸ τοῦ ἀναγκαιοτάτου τῆς γυναικὸς ἀδελφοῦ, σωθῆναι δὲ ὑπὸ τῶν ἐχθίστων, λέγω δὴ τῶν Τιτάνων· οὓς ἀναβάντας

16-17 εὔλογον — χλευασμόν AM : εὐλόγῳ — χλευασμῷ A^5 || **18** παραδεξώμεθα Bekker : παραδεξόμεθα A παραδεξαίμεθα A^2M || καταρραφέντα A : καταρραφθέντα M || **29** θεαῖς M : θεοῖς A || **30** ἑαυτῇ A : ἑαυτῆς M || **34** Δημήτρας A : Δήμητρος M || **38** Τιτάνων A^2M : *quid prius praeb.* A *non liquet.*

ténèbres où ils étaient enchaînés et gardés et, après avoir accompli leur office et mis Poseidon en fuite, ils seraient redescendus d'eux-mêmes dans l'Achéron et [444 b] dans le domaine d'Hadès.

Aphrodite aurait été blessée par la main d'un mortel; Arès aurait été enchaîné par Otos et Éphialte; Hadès, blessé dans son royaume même par une flèche d'Héraclès, aurait subi les pires souffrances; Héphaistos précipité du haut du ciel serait tombé à Lemnos à toute extrémité, Héra aurait été suspendue par Zeus et délivrée des deux énormes enclumes attachées à ses pieds.

En somme, il y aurait des dieux adultères, foudroyés, cagneux, accoutumés à voler, plus faibles que des hommes, prompts à l'injure, des dieux qui commettent l'injustice, se plaignent de leur sort et ne sont exempts d'aucune des passions qui nous troublent et nous font invoquer les dieux. Ceux qui se livrent à ces imaginations prodigieuses sont donc loin de la vérité et devraient être jugés indignes de l'enseigner aux autres. Et c'est à l'aide de tant et de tels contes qu'Agatharchide ramène l'histoire de Persée sur le plan de fables du même genre sans même admettre que la Mer Rouge ait reçu son nom du fils de ce dernier [1].

8. L'auteur se reconnaît personnellement responsable de convaincre d'erreur le fait d'étendre à un ouvrage concernant la réalité la liberté accordée aux conteurs de fables. Si l'on ne tient pas compte de sa démonstration, l'histoire sera le plus méprisable des genres puisqu'elle aura perdu sa crédibilité [2]. Car pourquoi ne pas censurer Homère qui parle d'un conflit entre Zeus et Poseidon alors qu'il est impossible à un homme d'en

1. La phrase διὰ τούτων (444 b 11)-δίδωσιν (444 b 19) est sans doute de Photius. Si on la comprend bien, toute cette mythologie complaisamment reprise n'a servi à Agatharchide qu'à prouver indirectement que le nom du fils de Persée n'est pas à l'origine du nom de la mer Rouge. Woelk note (p. 99), à propos de cette critique de la mythologie, qu'on n'en trouve pas d'aussi peu indulgente ailleurs dans la littérature grecque profane.

2. Cette phrase m'a découragé par son obscurité.

ἐκ τῶν δεσμῶν καὶ τοῦ σκότους καὶ τῆς ἐκεῖσε φυλακῆς, ἐπεὶ τὴν χρείαν παρέσχοντο φοβήσαντες τοὺς περὶ τὸν Ποσειδῶνα, καταβῆναι πάλιν ἑκουσίως εἰς τὸν Ἀχέροντα [444 b] καὶ τὸν ῞Αιδου τόπον.

῎Ετι τὴν μὲν Ἀφροδίτην τιτρωσκομένην ὑπὸ θνητῆς δυνάμεως, τὸν δ' ῎Αρην δεσμούμενον ὑπ' ῏Ωτου καὶ Ἐφιάλτου, τὸν δὲ ῞Αιδην, ἐν ᾧ τόπῳ τὴν βασιλείαν εἶχεν, ἐκεῖσε ὑφ' Ἡρακλέους τοξευθέντα ταῖς μεγίσταις ἀλγηδόσι περιπεσεῖν · τὸν δὲ ῞Ηφαιστον, ἀπὸ τοῦ κατὰ τὸν οὐρανὸν ἀπορριφέντα ὕψους, εἰς Λῆμνον ἐνεχθῆναι διακείμενον ἐσχάτως · τῆς δ' ῞Ηρας ὑπὸ τοῦ Διὸς κρεμαμένης ἐκ τῶν ποδῶν ἐκδεθῆναι παμμεγέθεις ἄκμονας.

Καθόλου δὲ θεοὺς μοιχεύοντας, κεραυνουμένους, κυλλόποδας, κλέπτειν εἰθισμένους, ἀνθρώπων ἀσθενεστέρους, προχείρως λοιδοροῦντας, ἀδικοῦντας, μεμψιμοιροῦντας, πέρας οὐθενὸς πάθους ἐκτὸς καθεστῶτας, ὑφ' ὧν ἡμεῖς ὀχλούμενοι τοὺς θεοὺς ἐπικαλούμεθα. Οἱ οὖν τὰ τοιαῦτα τερατευόμενοι, πόρρω τῆς ἀληθείας ἱστάμενοι, οὐκ ἂν ἑτέροις ταύτην εἰσηγεῖσθαι κριθεῖεν ἂν ἀξιόλογοι. Διὰ τοιούτων καὶ τοσούτων Ἀγαθαρχίδης τὰ περὶ τὸν Περσέα εἰς ὁμοίους ἀπάγων μύθους, οὐδὲ τὴν ἐρυθρὰν ἐκ τοῦ παιδὸς αὐτοῦ κληθῆναι δίδωσιν.

8 ῞Οτι αὐτός, φησίν, ἑαυτῷ αἴτιος καθίσταται ἐλέγχων ὁ τὴν τῶν μυθοποιῶν ἐξουσίαν εἰς πραγματικὴν μετάγων ἐνάργειαν · ἧς ἄν τις ἀφέλῃ τὸν ἔλεγχον, οὐθὲν εὐτελέστερον καταλείψει γένος τῆς πίστεως ἡρμένης. Ἐπεὶ διὰ τίνα αἰτίαν ῞Ομηρον οὐκ εὐθύνω, Διὸς καὶ Ποσειδῶνος φράζοντα διαφοράν, ἀδύνατον ἀνθρώπῳ πίστιν

[444 b] **1** ῞Αιδου A² : ῞Αιδη AM || τὴν A : *om.* M || **3** ῞Αιδην M : ῞Αιδη A || **8** κρεμαμένης A¹ : κρε(η M)μναμένης AM || **17** ἀπάγων A : ἄγων M || **21-22** μετάγων ἐνάργειαν A : ἐνάγων ἐνέργειαν M || **23** γένος A²M : *quid prius praeb.* A *non liquet.*

faire la preuve? Pourquoi ne pas blâmer Hésiode qui ose raconter la naissance des dieux? Pourquoi ne pas réprimander Eschyle qui a souvent menti et qui raconte bien des traits qu'on ne peut admettre? Pourquoi ne pas accuser Euripide pour avoir attribué à Archélaüs les exploits de Téménos et mis en scène un Tirésias qui a vu plus de cinq générations? Et pourquoi ne pas faire de reproches aux autres poètes qui, dans leurs drames, font état d'actions impossibles? Parce que tout poète cherche à plaire plutôt qu'à dire la vérité.

9. Il dit aussi que l'Inde nourrit des éléphants ainsi que l'Éthiopie, qui est voisine du territoire de la Thébaïde, et la Libye également [1].

10. Quatre frontières bornent l'Égypte : au nord, c'est la mer ; à l'est et à l'ouest, ce sont des déserts ; au sud, c'est l'Éthiopie.

11. Ce langage est sévère mais salutaire. En effet, il [445 a] ne tend évidemment pas à nous ennuyer mais à nous mettre en garde et il s'est dépouillé des agréments propres au style pour que nous trouvions notre plaisir dans les réalités qu'il exprime et que nous n'allions pas préférer le pire au mieux ; ou que, par Zeus et tous les dieux, nous ne laissions pas échapper quelque donnée qui serait à portée de notre main [2].

12. La fortune d'un simple citoyen, quand elle est d'une certaine importance, est difficile à sauvegarder sans peine ; et toi, tu espères posséder sans lutte l'héritage de tant de biens si considérables? Tu sais pourtant bien que, si la loi garantit la possession de certaines choses, les armes en ravisent d'autres à ceux qui sont les plus faibles.

13. Nous savons depuis longtemps, dit-il, que c'est l'occasion qui scelle ou dénoue les amitiés des puissants, et qu'elle fait de tes difficultés un prétexte pour un autre*

1. Ces fr. 9 et 10 apparaissent à Woelk (p. 100) comme les restes d'un passage qui traitait des possibilités de la chasse à l'éléphant en Éthiopie.

2. Les fr. 11-20, qui pourraient s'intituler « Conseils à un jeune prince », nous changent tout à fait de sujet. Woelk, p. 100-105, leur a consacré un commentaire fouillé dont je résume l'essentiel.

Il s'agit d'un conseiller ou d'un tuteur âgé et expérimenté qui

παραδοῦναι · οὐδ' Ἡσιόδῳ μέμφομαι δηλοῦν τολμῶντι θεῶν γένεσιν · οὐδ' Αἰσχύλον ἐπιπλήττω πολλοῖς διεψευσμένον καὶ πολλὰ συγγράφοντα τῶν ἀσυγχωρήτων · οὐδ' Εὐριπίδου κατηγορῶ τῷ μὲν Ἀρχελάῳ περιτεθεικότος τὰς Τημένου πράξεις, τὸν δὲ Τειρεσίαν βεβιωκότα παρεισάγοντος πέντε γενεῶν πλέον · οὐδὲ τοὺς ἄλλους εἰς ἐπιτίμησιν ἄγω διασκευαῖς ἐν τοῖς δράμασι χρωμένους ἀδυνάτοις; Ὅτι πᾶς ποιητὴς ψυχαγωγίας μᾶλλον ἢ ἀληθείας ἐστὶ στοχαστής.

9 Ὅτι καὶ τὴν Ἰνδικὴν χώραν ἐλέφαντας τρέφειν φησί, καὶ τὴν Αἰθιοπίαν, ἣ τοῖς Θηβαίων ὁρίοις ἐστὶν ὅμορος, καὶ δὴ καὶ τὴν Λιβύην.

10 Ὅτι τέτταρες τόποι τὴν Αἴγυπτον περιειλήφασιν, ἀπὸ μὲν τῆς ἄρκτου τὸ πέλαγος, ἀπ' ἀνατολῆς δὲ καὶ δύσεως ἐρημίαι, ἀπὸ δὲ τῆς μεσημβρίας Αἰθίοπες.

11 Αὐστηρὸς ὁ λόγος, ἀλλὰ σωτήριος. Δηλοῦται γὰρ οὐ [445 a] λύπης, ἀλλὰ φυλακῆς ἕνεκεν, καὶ τὴν ἡδονὴν ἐκ τῶν λόγων ἦρκεν, ὅπως τῆς ἐκ τῶν πραγμάτων χάριτος ἀπολαύοντες μηδέποτε ἀντὶ τοῦ βελτίονος τὸ χεῖρον αἱρώμεθα, ἢ πρὸς Διὸς καὶ θεῶν, ἵνα μηδὲ τῶν ἐν μέσῳ κειμένων ἔνια παρίωμεν.

12 Ἰδιώτου μὲν οὐσίαν μικρῷ βαθυτέραν ἀπραγμόνως χαλεπὸν διασῶσαι · σὺ δὲ τοσούτων καὶ τηλικούτων κληρονομίαν ἀγαθῶν καθέξειν χωρὶς ἀγωνίας ἐλπίζεις; καὶ ταῦτα γινώσκων ὅτι κἀκεῖνα μὲν ὁ νόμος τῷ κτησαμένῳ διαφυλάττει, ταῦτα δὲ ὁ σίδηρος ἀφαιρεῖται τῶν ἀσθενεστέρων.

13 Ὅτι φησίν, ἐκ πολλοῦ χρόνου προειληφότες ἐσμὲν ὅτι τὰς τῶν δυναστῶν φιλίας ὁ καιρὸς σφραγίζεται καὶ λύει, καὶ τὴν σὴν ἀσχολίαν ἄλλῳ δίδωσιν ἀφορμήν, αὔ-

34 μᾶλλον *suppl.* Müller ‖ **35** καὶ A : *om.* M.

[445 a] **4** μηδὲ τῶν A²M : *quid prius praeb.* A *non liquet* ‖ **6** ἀπραγμόνως A : ἀπραγμόνως ἐστὶ M ‖ **9** κἀκεῖνα A : κεῖνα M.

en élevant ou en ruinant une situation par une autre. 14. Celui qui se complaît continuellement aux discours en dépassant ce qu'il est possible de réaliser est souvent dans l'erreur ; celui qui associe ses amis à ses desseins n'est pas privé, dans des circonstances importantes, de quelqu'un pour favoriser son élan. Car qui est assez dépourvu de volonté pour vouloir apprendre sa décision d'autrui et pour se faire conseiller dans ses difficultés par celui qui abonde dans le sens de ses désirs?

15. Car si le maître de si grands biens est plus fort que le désir de ceux qui le contraignent, je puis proclamer heureuse la force de celui qui en a la disposition ; et je ne puis lui ravir ses avantages par la contrainte des armes. Qu'y a-t-il donc d'extraordinaire à réduire une action à l'état de vaine promesse et à être plus attentif à des espérances incertaines qu'à des périls évidents?

16. Mais les Éthiopiens feront peur aux Hellènes. Comment? Par la noirceur de leur teint et par un aspect différent du leur? Pareille peur, chez nous, ne peut atteindre que des enfants. Et dans les guerres et dans les difficultés graves, ce ne sont ni l'aspect ni la couleur qui entraînent la décision mais c'est l'audace, c'est l'art du commandement.

17. Pour moi, du jour où le sort a fait de moi le tuteur de ta personne alors que tu étais encore tout jeune, et celui de tout ton royaume, de ce jour-là, j'ai assumé un lourd labeur. Lequel? Celui de m'opposer à ceux qui te fréquentaient pour leur plaisir, de m'élever contre eux en essayant d'abord de t'enlever non ta liberté d'action, mais ton ignorance, afin que tu jouisses de tes grands biens au sein de la sagesse et non dans l'erreur. C'était là, en effet, ce que je cherchais, animé de la bienveillance d'un père qui pense à l'avenir, non avec l'hypocrisie d'un flatteur qui se plie aux circonstances. [445 b] Car je sais, grâce à mon âge, à l'expérience que

donne des conseils à un prince mineur ; il l'encourage à entreprendre une guerre contre les Éthiopiens (15-16) et à ne pas écouter les flatteurs (17-18). Parmi les Ptolémées, seul Ptolémée V Épiphane et Ptolémée VI Philomètor ont régné sous tutelle. Une série de recoupements, dont le détail serait trop long à donner ici, amène Woelk à se prononcer

ξων καὶ φθίνων τὰ πράγματα ἐξ ἀλλήλων. 14 Ὁ μὲν τῷ λόγῳ συνεχῶς χαριζόμενος, τὸ ἐκ τῶν ἔργων δυνατὸν ὑπερβαίνων, πολλὰ διαψεύδεται· ὁ δὲ προσλαμβάνων τοὺς αὑτοῦ φίλους βουλῆς κοινωνοὺς ἐν καιροῖς τηλικούτοις οὐ τοῦ τὴν ὁρμὴν ἐπώσοντος δεῖται. Τίς γὰρ οὕτως ἄβουλος, ὃς τὸ δοκοῦν αὐτῷ παρ' ἑτέρου βούλεται μαθεῖν, καὶ ποιεῖν τὸν σύμβουλον τῶν ἀπορουμένων συνήγορον τῆς ἐπιθυμίας;

15 Εἰ γὰρ ὁ κύριος τῶν τοσούτων ἀγαθῶν κρείττων ἐστὶ τῆς ἐπιθυμίας τῆς τῶν βιαζομένων, μακαρίσαι μὲν ἔχω τοῦ ταῦτα κεκτημένου τὴν ἐξουσίαν, ἀφελέσθαι δὲ τοῖς ὅπλοις βιασάμενος τὰς χορηγίας οὐ δύναμαι. Τί οὖν ἀμήχανον πρᾶξιν εἰς κενὴν ἐπαγγελίαν ἄγειν, καὶ τὰς ἀδήλους ἐλπίδας τῶν προδήλων κινδύνων πλέον εὐλαβεῖσθαι; 16 Ἀλλὰ καταπλήξονται τοὺς Ἕλληνας οἱ Αἰθίοπες. Τίνι; Τῇ μελανίᾳ καὶ τῇ παραλλαγῇ τῆς μορφῆς; Οὐχ ὑπερβαίνει τὴν τοῦ παιδὸς ἡλικίαν παρ' ἡμῖν ὁ τοιοῦτος φόβος. Ἐν δὲ τοῖς πολέμοις καὶ ταῖς μείζοσι διαφοραῖς οὐκ ὄψει καὶ χρώματι, τόλμῃ δὲ καὶ στρατηγίᾳ τὰ πράγματα κρίνεται.

17 Ἐγὼ δ' ἀφ' ἧς ἡμέρας ἡ τύχη με κατέστησεν ἐπίτροπον τοῦ σώματος τοῦ σοῦ, νέου παντελῶς ὄντος, καὶ τῆς ὅλης βασιλείας, ἀπ' ἐκείνης εὐθὺς μέγαν ἐμαυτῷ πόνον ἐπέβαλον. Τίνα τοῦτον; Τοῖς πρὸς ἡδονὴν ὁμιλοῦσιν ἐναντιοῦσθαι καὶ δυσχεραίνειν, σοῦ πρῶτον αὐτοῦ περιαιρούμενος οὐ τὴν ἐξουσίαν ἀλλὰ τὴν ἄγνοιαν, ἵνα τῶν τοσούτων ἀγαθῶν φρονῶν ἀπολαύσῃς, μὴ διαμαρτάνων. Τοῦτο γὰρ ἐζήτουν πατρὸς ἔχων εὔνοιαν χρόνου στοχαζομένην, οὐ κόλακος εἰρωνείαν καιρῷ προσομιλοῦσαν. Οἶδα γάρ, πρεσ-
[445 b] βύτερος ὢν καὶ πολλῶν ἔμπειρος γεγονὼς πραγμά-

17 προσλαμβάνων A[5]M[2] : προλαμβάνων AM ‖ **18** αὑτοῦ *edd.* : αὐτοῦ *codd.* ‖ **19** οὐ τοῦ M : αὐτοῦ A ‖ **26** ἐπαγγελίαν M : ἀπαγγελίαν A ‖ **29** οἱ A : *om.* M ‖ **32** ταῖς M : *om.* A ‖ **38** καὶ A : *om.* M.

j'ai de bien des choses, que c'est à cause de ceux qui se sont attachés à flatter les gens au pouvoir que les plus grands royaumes ont été détruits de fond en comble : celui de Cassandre, celui de Lysimaque, celui d'Alexandre, qui était pourtant considérable, ceux des Mèdes, des Syriens, des Perses qui ont été si complètement détruits qu'il ne reste pas même un germe de leurs races. Ce n'est pas inexplicable. En effet, il n'y a rien de plus inconstant ni de plus vulnérable devant le danger qu'un jeune homme qui ignore beaucoup de choses à cause de son âge, et qu'on vante pour ses fautes. Alexandre était invincible dans les armes et il était des plus faibles dans ses relations humaines ; il se laissait prendre, en effet, par les louanges et, quand on l'appelait Zeus, il pensait non qu'on se moquait de lui, mais qu'on lui faisait honneur ; il désirait l'impossible et il oubliait sa nature.

18. Quand le démagogue parle au peuple en assumant non le personnage de l'ami mais celui du flatteur, la vague populaire, qui a trouvé dans son conseiller quelqu'un pour la renforcer dans son erreur, renverse la cité. Car la critique ne menace pas uniquement les coupables, mais aussi ceux* contre qui l'envie a frayé d'avance le chemin. Ou bien, en effet, le blâme l'emporte non seulement sur les coupables, mais parfois aussi sur ceux qui sont au-dessus d'une accusation, lorsque l'envie, lançant son trait aigu, a atteint à l'avance celui qui ne méritait pas de subir ce sort.

19. A la guerre, les Éthiopiens utilisent des arcs longs et des flèches courtes ; au bout du roseau, au lieu d'une pointe de fer, c'est une longue pierre qui est fichée ; elle est fixée par des cordes, elle est fort aiguë et elle a été trempée dans des poisons mortels.

20. Ptolémée, dit l'auteur, leva cinq cents cavaliers en Hellade pour sa guerre contre les Éthiopiens ; parmi eux, ceux qui devaient être les premiers au danger et

en faveur de Ptolémée Épiphane. Dans l'entourage de ce prince, un nom paraît s'imposer : celui de l'Acharnien Aristomène (cf. Niese, *s. v. Aristomenes*, n. 2, in *R. E.*, t. II, col. 948). Le conseiller n'est pas Agatharchide lui-même.

των, διὰ τοὺς θωπεύειν ἐπιβεβλημένους τοὺς ἐν ταῖς ὑπεροχαῖς καὶ τὰς μεγίστας βασιλείας ἄρδην ἀνῃρημένας, τὴν Κασάνδρου, τὴν Λυσιμάχου, τὴν Ἀλεξάνδρου τηλικαύτην οὖσαν, τὴν Μήδων, τὴν Σύρων, τὴν Περσῶν, ὥστε μηδὲ σπέρμα καταλελεῖφθαι τοῦ γένους. Οὐκ ἀλόγως · νέου γὰρ πολλὰ μὲν ἀγνοοῦντος διὰ τὴν ἡλικίαν, εὐλογουμένου δὲ ἐπὶ τοῖς ἁμαρτήμασιν οὐδὲν σφαλερώτερον οὐδὲ ἐπικινδυνότερον. Ὁ γοῦν Ἀλέξανδρος, ἀήττητος ὢν ἐν τοῖς ὅπλοις, ἀσθενέστατος ἦν ἐν ταῖς ὁμιλίαις · ἡλίσκετο γὰρ ὑπὸ τῶν ἐπαίνων, καὶ Ζεὺς καλούμενος οὐ χλευάζεσθαι ἐνόμιζεν ἀλλὰ τιμᾶσθαι, τῶν μὲν ἀδυνάτων ἐπιθυμῶν, τῆς δὲ φύσεως ἐπιλελησμένος.

18 Ὅταν ὁ δημαγωγὸς τοῖς πολλοῖς διαλέγηται, μὴ τὴν τοῦ φίλου τάξιν ὑποστησάμενος ἀλλὰ τὴν τοῦ κόλακος, ἡ τῶν ὄχλων ὁρμὴ βεβαιωτὴν λαβοῦσα τῆς ἁμαρτίας τὸν σύμβουλον ἀνέτρεψε τὴν πόλιν. Ἐνσκήπτει γὰρ ὁ μῶμος οὐ κατὰ τῶν ὑπαιτίων μόνον, ἀλλὰ καὶ οἷς ἂν ὁ φθόνος αὐτῷ τὴν ἔφοδον προοδοποιήσαιτο. Ἣ κρατεῖ γὰρ ὁ μῶμος οὐ τῶν ὑπαιτίων μόνον ἀλλ' ἔσθ' ὅτε καὶ τῶν ἐπικρατεστέρων αἰτίας, ἐπειδὰν ὁ φθόνος πικρὸν τὸ βέλος ἀφεὶς προκατειργάσατο τὸν οὐκ ἄξιον τοῦτο πείσεσθαι.

19 Χρῶνται δὲ ἐπὶ τῶν κινδύνων τῶν πολεμικῶν Αἰθίοπες τοῖς μὲν τόξοις μεγάλοις, βραχέσι δὲ τοῖς οἰστοῖς · ἐπὶ δὲ τῆς ἄκρας τοῦ καλάμου κερκίδος ἀντὶ τοῦ σιδήρου παραμήκης τῷ τύπῳ λίθος ἀνεστήρικται, νεύροις ἐσφιγμένος, ὀξὺς μὲν ὑπερβολῇ, φαρμάκοις δὲ θανασίμοις βεβαμμένος.

20 Ὅτι Πτολεμαῖος, φησίν, εἰς τὸν κατὰ Αἰθιόπων πόλεμον ἀπὸ τῆς Ἑλλάδος πεντακοσίους συνέλεξεν ἱππεῖς, ὧν τοῖς προκινδυνεύειν μέλλουσι καὶ καθηγουμένοις, τὸ

[445 b] **6** καταλελεῖφθαι A : καταλειφθῆναι M || **18** ὑπαιτίων A²M : *quid prius praeb.* A *non liquet* || **20** μόνον A¹M : μόνων A || **23** πείσεσθαι A : πείθεσθαι M.

servir d'avant-garde — ils étaient au nombre de cent — furent pourvus d'un armement spécial : il donna aux hommes et aux chevaux des équipements en laine foulée qu'on appelle dans ce pays « kasas » et qui recouvrent tout le corps à l'exception des yeux.

Tiré du cinquième livre du récit d'Agatharchide sur la Mer Rouge.

21. Beaucoup de politiques, dit l'auteur, et beaucoup d'auteurs de poèmes se sont demandé comment les malheurs extrêmes qui atteignent certaines gens peuvent être racontés décemment par un homme qui se trouve [446 a] à l'abri du danger ; la seule façon qui s'impose est de montrer qu'on a une raison valable de les raconter.

Olynthe et Thèbes, deux cités glorieuses, ont été pillées par Philippe et par Alexandre, puis rasées. Le caractère effrayant de ce drame survenu contre toute attente a suscité chez beaucoup d'Hellènes une grande angoisse pour leur situation à tous et a fourni à plus d'un orateur un sujet de discours pour mettre ces faits en relief dans un langage adéquat à cette catastrophe. Ils ont donc parlé de cet événement les uns en usant de l'allégorie et avec, semble-t-il, une grande abondance de mots, tandis que d'autres ont parlé sur un ton plus grave sans s'écarter, dans le récit de ces malheurs, du langage usuel et des termes propres. Nous allons te donner des exemples des deux genres afin que, en considérant et comparant leurs styles, tu découvres à l'examen ceux qui ont bien parlé et ceux qui ont mal parlé.

Hégésias[1] donc, qui a souvent raconté la ruine des cités, est vulgaire. Celui, en effet, qui ne veut pas adopter un langage approprié aux circonstances et qui cherche à tout prix, dans un sujet grave, à faire étalage d'élé-

1. Sur Hégésias de Magnésie du Sipyle, cf. Radermacher, *s. v. Hegesias*, n. 19, in *R. E.*, t. VI, 1910, col. 2607-2608. Les textes de cet auteur qui sont cités ici par Agatharchide ont été recueillis par F. Jacoby, *F. gr. Hist.*, II B, 142, 6-17 et 25-26. Kommentar, II c, p. 529-531.

πλῆθος οὖσιν ἑκατόν, ὁπλισμοῦ περιέθηκε τρόπον · στολὰς γὰρ αὐτοῖς τε καὶ τοῖς ἵπποις ἀνέδωκε πιλητάς, ἃς οἱ κατὰ τὴν χώραν ἐκείνην προσαγορεύουσι κάσας, ὥστε πᾶν κρύπτειν τὸ σῶμα πλὴν τῶν ὀφθαλμῶν.

Ἐκ τῆς ε' Ἀγαθαρχίδου ἱστορίας
τῆς περὶ τὴν ἐρυθρὰν θάλασσαν.

21 **Ὅτι πολλοί, φησί, καὶ τῶν πολιτικῶν ἀνδρῶν καὶ τῶν ποίημα γεγραφότων διηπορήκασι πῶς τὰς ὑπερβάλλουσας ἐνίοις ἀκληρίας τὸν ἐκτὸς τῶν κινδύνων κείμενον πρεπόντως ἐξαγγελτέον · ὧν ὁ τρόπος οὐ λίαν** [446 a] **γένοιτ' ἂν ἐμφανής, εἰ μή τις ὑποτάξαιτ' ἂν ἀκόλουθον αἰτίαν τοῖς ἐμφανιζομένοις.**

Ὄλυνθον καὶ Θήβας δύο πόλεις ἐνδόξους Ἀλέξανδρος καὶ Φίλιππος διαρπάσαντες καθεῖλον εἰς ἔδαφος. Τὸ δὲ δεινὸν τοῦ συντελεσθέντος παρ' ἐλπίδα προσπεσὸν καὶ τῶν Ἑλλήνων πολλοῖς ἀγωνίαν περὶ τῶν ὅλων μεγάλην ἐπέστησε, καὶ τῶν ῥητόρων οὐκ ὀλίγοις λόγου παρέσχεν ἀφορμὴν εἰς τὸ δηλῶσαι τὰ πεπραγμένα τοῦ πάθους οἰκείως. Εἰρήκασιν οὖν περὶ τούτου τοῦ πράγματος ἄλλοι μὲν ἀλληγορικῶς τῷ τρόπῳ καὶ ταῖς διαλέκτοις, ὡς δοκοῦσι, περιττῶς, οἱ δ' ἐμβριθέστερον, τὰ συνήθη καὶ τὰς κυριολογίας ἐν τοῖς δεινοῖς οὐ πεφευγότες. Ἑκατέρου δέ σοι προοισόμεθα παραδείγματα γένους, ἵνα τοὺς χαρακτῆρας ἐκ παραβολῆς ἐπιδὼν τοὺς ἄμεινον καὶ τοὐναντίον εἰπόντας ἐπ' αὐταῖς εὕρῃς ταῖς δοκιμασίαις.

Ἡγησίας μὲν οὖν πολλάκις τῆς ἀπωλείας μεμνημένος τῶν πόλεων εὐτελής ἐστιν. Ὁ γὰρ μὴ θέλων τοῖς καιροῖς οἰκείως διαλέγεσθαι, ζητῶν δὲ ἐξ ἀνάγκης ἐν

40 ὑπερβάλλουσας A : ὑπερβαλούσας M.

[446 a] **1-2** ἀκόλουθον αἰτίαν A : αἰτίαν ἀκόλουθον M ‖ **7** λόγου A²M : λόγον A ‖ **14** ἐπιδὼν M : ἐπὶ τεσσάρων A ‖ **15** εὕρῃς Bekker *ex cod.* B : εὕροις A εὗρες M.

gance, atteint son but personnel dans une certaine mesure, mais sans s'inquiéter de l'importance des faits, comme on surprend cet orateur à le faire dans ses discours ; par exemple : « Nous nous sommes fait un nom en abandonnant une cité ». Voyons donc. Cette parole ne suscite pas la moindre émotion, mais attire l'attention sur sa signification et force à chercher ce qu'elle veut dire. Car mettre de l'ambiguïté dans la pensée, c'est enlever son effet au discours. Pourquoi? Parce qu'une parole clairement comprise peut transmettre l'émotion qu'elle exprime, mais celui qui manque de clarté perd aussi de son pouvoir d'action. Ensuite, à propos des Thébains, il dit dans le même style : « Car le malheur a laissé sans voix le lieu qui avait parlé le plus haut ». Et encore, à propos des Olynthiens : « Je suis sorti d'une cité aux hommes innombrables ; en me retournant, je n'ai plus rien vu ». Et tu cherchais quoi? Car le mot, tombant dans un tel récit, a détourné notre pensée du sujet. Celui qui se plaint doit laisser les finesses de côté et mettre en relief l'objet de sa souffrance s'il veut, non l'orner des élégances du style, mais s'attacher à la cause de l'infortune.

Mais passons à une autre phrase : « Alexandre, dis-toi qu'Épaminondas, en voyant les restes de la cité, est à mes côtés et joint sa supplication à la mienne ». Requête puérile et métaphore sèche alors que la tristesse que sus-
[446 b] cite l'événement est inexprimable. Autre phrase : « Abattue par la folie d'un roi, leur cité suscite plus de pitié qu'une tragédie ». Cette phrase semble avoir été préparée pour toute autre fin que ce qui sied à un orateur : elle ne serre pas son sujet d'assez près ; il est difficile, en effet, à mon avis, de considérer sans s'émouvoir une parole railleuse appliquée à des événements pénibles.

αὐστηρῷ πράγματι κομψότητα διαφαίνειν, τοῦ μὲν ἰδίου ζηλώματος ἐπὶ ποσὸν τυγχάνει, τῆς δὲ τῶν ὑποκειμένων ἀξίας οὐ στοχάζεται· ὥσπερ οὗτος ἐν τοῖς αὐτοῦ φωρᾶται λόγοις. Οἷον· « Ὄνομα κατελάβομεν, πόλιν καταλιπόντες ». Σκόπει τοίνυν. Τοῦτο πάθος μὲν οὐδαμῶς ποιεῖ, ἀλλὰ συνάγει πρὸς τὴν ἔμφασιν καὶ ποιεῖ ζητεῖν τί λέγει. Οὗ γὰρ ἄν τις τῇ γνώμῃ δισταγμὸν ἐνεργάσηται, ἐκεῖσε ἀπὸ τοῦ λόγου τὸ δεινὸν ἀφῆκε. Διὰ τί; Ὅτι τὸ ῥηθὲν ἐν τῷ σαφῶς γνῶναι καὶ τὴν συμπάθειαν ἔστι λαβεῖν· ὁ δ' ὑστερήσας τοῦ σαφοῦς ἀπολέλειπται καὶ τῆς ἐνεργείας. Εἶτα ὅμοιον περὶ Θηβαίων φησί· « Τὸν γὰρ μέγιστα φωνήσαντα τόπον ἄφωνον ἡ συμφορὰ πεποίηκε ». Πάλιν ἐπ' Ὀλυνθίων· « Ἐκ μυριάνδρου πόλεως ἐξῆλθον, ἐπιστραφεὶς δ' οὐκέτ' εἶδον ». Ἐζήτεις δὲ τί; Τὸ μὲν γὰρ ῥηθέν, ὑπὸ τοιαύτην ἔμφασιν πεπτωκός, πεπλάνηκεν ἡμῶν ἀπὸ τοῦ προκειμένου τὴν γνώμην. Δεῖ δὲ τὸν οἰκτιζόμενον ἀφέντα τοὺς ἀστεϊσμούς, τὸ πρᾶγμα σημαίνειν ᾧ οἰκείωται τὸ πάθος, εἰ μέλλοι μὴ τῇ λέξει διακοσμεῖν, ἀλλὰ τῷ τῆς συμφορᾶς αἰτίῳ προσεδρεύειν.

Ἀλλ' ἐφ' ἕτερον ἰτέον· « Ἀλέξανδρε, καὶ τὸν Ἐπαμινώνδαν νόμισον, ὁρῶντα τὰ λείψανα τῆς πόλεως, παρόντα μοι συνικετεύειν ». Αἴτημα μὲν μειρακιῶδες καὶ μεταφορὰ σκληρά, [446 b] τὸ δὲ σκυθρωπὸν τῆς πράξεως, ἄρρητον. Ἄλλο· « Βασιλικῇ μανίᾳ προσπταίσασα πόλις τραγῳδίας ἐλεεινοτέρα γέγονε ». Πρὸς πᾶν μᾶλλον ἢ τὸ καθῆκον σοφιστῇ ἡτοιμάσθαι φαίνεται, ὅθεν οὐ λίαν ἅπτεται τοῦ προκειμένου· χαλεπὸν γὰρ οἶμαι χαλεποῖς πράγμασι μωκωμένην διάλεκτον ἐφορᾶσθαι. Ἄλλο· « Τί δεῖ λέγειν

20 ζηλώματος Bekker : δηλώματος A ζητήματος M ‖ **22** καταλιπόντες A[1]M : καταλείποντες A ‖ **28** ἐνεργείας M : ἐναργείας A ‖ **29** εἶτα A : εἰ M ‖ **31** πόλεως A[2]M : *quid prius praeb.* A *non liquet* ‖ **32** ἐζήτεις M : ἐζήτουν A ‖ **35** ᾧ A : ὃ M.

[446 b] **4** φαίνεται ὅθεν A : φάναι οὐδὲν M ‖ **6** ἐφορᾶσθαι A : ἐφορμᾶσθαι M.

Voici une autre phrase : « Pourquoi faut-il parler des Olynthiens et des Thébains et de tout ce qu'ils ont souffert en mourant dans leurs cités? » En voici une autre qui confine à une assez vilaine flatterie, à la sottise : « Tu as fait, en détruisant Thèbes, Alexandre, une action comparable à celle que Zeus aurait faite en chassant la lune de sa place dans le ciel. Je laisse, en effet, le soleil pour Athènes. Car ces deux cités-là étaient les deux yeux de l'Hellade. C'est pourquoi je suis à présent dans l'angoisse pour l'autre, car, Thèbes détruite, c'est un de ses deux yeux qu'on a arraché ». Pour moi, l'orateur qui parle ainsi a l'air de railler et non de déplorer le malheur des cités ; il semble désireux de chercher au plus vite une fin à son discours et non pas de mettre clairement le malheur sous les yeux de ses auditeurs.

Voici encore qui est du même genre : « Et les cités voisines pleuraient sur la cité, voyant que n'existait plus celle qui existait auparavant ». Si quelqu'un avait dit ces périodes-là aux Thébains et aux Olynthiens au moment même de la prise de leurs cités pour prendre part à leur affliction, il me semble qu'ils auraient ri de l'auteur et que, d'une certaine façon, ils l'auraient cru plus infortuné qu'eux-mêmes.

Attachons-nous, en suivant le même orateur, à un autre genre : « Quel malheur qu'il soit sans semailles, le pays qui a fait naître les Spartes ». Ce n'est pas ainsi que s'exprime Démosthène dont notre auteur a dénaturé la pensée ; il écrit que c'est un malheur que l'Attique devienne un pâturage, elle qui a été la première à produire pour les autres les fruits des cultures. Et l'orateur, en disant que c'est un malheur que reste sans semailles la terre d'où naquirent les Spartes, a usé d'une opposition de mots[1] et non d'une opposition de faits. Aussi donne-t-il une impression de froideur extrême, tout

1. Ce jeu de mots ἄσπορον-Σπαρτούς ne peut être rendu en français.

Ὀλυνθίους καὶ Θηβαίους, οἷα κατὰ πόλεις ἀποθανόντες πεπόνθασιν; » Ἕτερον παραπλήσιον κολακείας οὐκ εὐσχήμονος καὶ εὐηθείας ἐχόμενον· « Ὅμοιον πεποίηκας, Ἀλέξανδρε, Θήβας κατασκάψας, ὡς ἂν εἰ ὁ Ζεὺς ἐκ τῆς κατ' οὐρανὸν μερίδος ἐκβάλοι τὴν σελήνην. Ὑπολείπομαι γὰρ τὸν ἥλιον ταῖς Ἀθήναις. Δύο γὰρ αὗται πόλεις τῆς Ἑλλάδος ἦσαν ὄψεις. Διὸ καὶ περὶ τῆς ἑτέρας ἀγωνιῶ νῦν. Ὁ μὲν γὰρ εἷς αὐτῶν ὀφθαλμὸς ἡ Θηβαίων ἐκκέποπται πόλις ». Ἐμοὶ μὲν οὖν σκώπτειν ὁ σοφιστὴς δοκεῖ διὰ τούτων, οὐκ ὀλοφύρεσθαι τῶν πόλεων τὴν τύχην, καὶ σκοπεῖν πῶς ἂν τάχιστα συγκόψαιτο τὸν λόγον, οὐ πῶς τὸ πάθος ὑπὸ τὴν ὄψιν ἀγάγοι διὰ τῆς ἐναργείας.

Ἕτερον ὅμοιον· « Αἱ δὲ πόλεις αἱ πλησίον ἔκλαιον τὴν πόλιν, ὁρῶσαι τὴν πρότερον οὖσαν οὐκέτι οὖσαν ». Εἴ τις οὖν τοῖς Θηβαίοις καὶ τοῖς Ὀλυνθίοις παρ' αὐτὴν τὴν ἅλωσιν τὰς περιόδους ταύτας συναχθόμενος ἔλεγε, δοκοῦσιν ἄν μοι γελάσαι τὸν γράψαντα καὶ τρόπον τινὰ αὐτῶν ὑπολαβεῖν ἀθλιώτερον.

Ἄλλου γένους ἁψώμεθα, τὸν αὐτὸν ἡγούμενοι σοφιστήν· « Δεινὸν τὴν χώραν ἄσπορον εἶναι τὴν τοὺς Σπαρτοὺς τεκοῦσαν ». Ἀλλ' οὐχ οὕτως ὁ Δημοσθένης οὗ τὴν γνώμην οὗτος ἐπὶ τὸ χεῖρον μετέθηκε· γράφει δὲ δεινὸν μηλόβοτον γενέσθαι τὴν Ἀττικήν, ἣ πρώτη τοῖς ἄλλοις ἐξήνεγκε τὸν ἥμερον καρπόν. Ὁ δὲ φήσας δεινὸν εἶναι τὴν γῆν ἄσπορον γενέσθαι τὴν τοὺς Σπαρτοὺς τεκοῦσαν, ἐκ τῶν ὀνομάτων τὴν ἐναντίωσιν εἴληφεν, οὐκ ἐκ τοῦ πράγματος. Διὸ καὶ ψυχρότητα ἐσχάτην ἐμφαίνει,

11 ἐκβάλοι A : ἐκβάλλοι M ‖ **15** ἐκκέκοπται M : ἐκκεκόλαπται A[2] ἐκκεκόλασται A ‖ **18** οὐ πῶς Bekker : οὐ πως AM ὅπως A[2] ‖ **23** συναχθόμενος A : συναχθομένας M ‖ **24** αὑτῶν Bekker : αὐτῶν *codd.* ‖ **25** ἄλλου A : ἀλλ' οὐ M ‖ ἁψώμεθα A : ἁψόμεθα M ‖ **27** οὗ M : οὐ A ‖ **31** γενέσθαι M : *in* A *lac.* ‖ Σπαρτοὺς A[2] : καρποὺς M *quid prius praeb.* A *non liquet.*

comme Hermésianax[1] faisant l'éloge d'Athéna en ces termes : « Née de la tête de Zeus, elle détient tout naturellement le summum du bonheur ». Voici un mot du même genre : « Qui pourrait laisser à l'abandon le don de Cyrus ? » Et cet autre qui lui ressemble : « Comment un terrain serait-il impraticable parce que des ronces l'entourent*? » Toutes les expressions de ce genre, dit Agatharchide, sont de mauvais aloi ; mais quand il veut parler contre l'apitoyement, il dit à peu près ce [447 a] qu'il faut, mais quand il s'en prend à n'importe quel genre de discours, il manque de jugement.

Il cite pourtant d'autres phrases semblables à celles qu'on vient de dire en les soumettant aussi à la même critique. Par exemple : « Plus de dix mille Thébains tombèrent dans le combat contre les Lacédémoniens ». Belle exagération ! Tant d'hommes tués, c'est un défi au bon sens. Et encore : « Après la destruction de la cité, les hommes eurent à supporter les malheurs de leurs enfants ; les femmes furent emmenées en Macédoine après avoir, en quelque sorte, enseveli la cité ». Voici autre chose du même genre : « La phalange macédonienne, après s'être frayé un chemin par la force des armes, massacra la cité au dedans des remparts ». D'un côté, l'ensevelissement de la cité, de l'autre, sa mort. Il ne nous reste qu'à parler des funérailles, à rédiger une inscription, et tout sera dit. Au reste, dit l'auteur, nous avons passé en revue la plupart des échantillons de l'afféterie de cet écrivain — je ne veux pas être trop dur en disant : de sa sottise.

Il met ensuite en scène des orateurs qui ont parlé du même sujet avec clarté et avec la retenue qui convient à ce genre de discours. Stratoclès*, d'abord, qui s'exprime comme ceci : « On laboure et on sème sur l'emplacement de Thèbes, qui a combattu à vos côtés contre Philippe ». Du même coup, dit notre auteur, Stratoclès a évoqué en termes clairs le malheur de la cité et il a

1. Sur Hermésianax de Colophon, cf. Heibges, *s. v. Hermesianax*, n. 2, in *R. E.*, t. VIII, 1913, col. 283-288. Textes dans Jacoby, *op. cit.*, III c, 691, qui attribue à Hégésias les citations 446 b 37-39.

ὥσπερ καὶ Ἑρμησιάναξ ὁ τὴν Ἀθηνᾶν ἐγκωμιάσας οὕτως · « Ἐκ γὰρ τῆς τοῦ Διὸς γεγενημένη κεφαλῆς εἰκότως ἔχει τῆς εὐδαιμονίας τὸ κεφάλαιον ». Τοιοῦτον καὶ τό · « Τίς δ' ἂν δύναιτο ποιῆσαι τὴν Κύρου δόσιν ἄκυρον; » Καὶ τόδε δὲ ὅμοιον · « Τόπος δὲ πῶς γένοιτ' ἂν ἄβατος βάτου περικειμένου; » Πάντα, φησὶν ὁ Ἀγαθαρχίδης, τὰ τοιαῦτα ἀδόκιμα · ἀλλ' εἰ μὲν πρὸς ἐλεεινολογίαν λέγοι, [447 a] ἐγγὺς τοῦ πρέποντος ἵσταται, εἰ δὲ πρὸς πᾶσαν ἰδέαν λόγου, οὐκ ὀρθῶς τῇ κρίσει ἐπέβαλε.

Πλὴν προστίθησι καὶ ἕτερα τῶν εἰρημένων ὅμοια, ὑπὸ τὴν αὐτὴν καὶ ταῦτα φέρων διαβολήν, οἷον · « Θηβαῖοι ἐν τῇ μάχῃ τῇ πρὸς Μακεδόνας ὑπὲρ τοὺς μυρίους ἀνετράπησαν ». Ὦ καλῆς ἐμφάσεως, ἄνθρωποι τοσοῦτοι παραλόγως ἀνατετραμμένοι. Καὶ πάλιν · « Τῆς μὲν πόλεως κατασκαφείσης οἱ μὲν ἄνδρες παίδων συμφορὰς ὑπομένουσιν, αἱ δὲ γυναῖκες μετήχθησαν εἰς Μακεδονίαν, τὴν πόλιν θάψασαί τινα τρόπον ». Ἕτερον ὅμοιον · « Ἡ δὲ φάλαγξ τῶν Μακεδόνων εἰσβιασαμένη τοῖς ὅπλοις ἐντὸς τείχους τὴν πόλιν ἀπέκτεινεν ». Ἐκεῖ μὲν ταφὴ πόλεως, ἐνταῦθα δὲ θάνατος. Λοιπὸν ἐκφορὰν δεῖ προσθέντας ἐπιγράμματι χρήσασθαι, καὶ παντελὴς ἡ πρᾶξις. Πλὴν τῆς μὲν τούτου κομψότητος, ἵνα μὴ μανίας εἰπὼν πικρότερος φανῶ, διεληλύθαμεν, φησί, τὰ πλεῖστα.

Εἰσάγει δὲ μετὰ σαφηνείας καὶ τῆς πρεπούσης λόγῳ κοσμιότητος εἰς τὸν ὅμοιον εἰπόντας τόπον Στρατοκλέα μὲν οὕτως · « Ἀροῦται καὶ σπείρεται τὸ Θηβαίων ἄστυ, τῶν συναγωνισαμένων ὑμῖν τὸν πρὸς Φίλιππον πόλεμον ». Ἅμα, φησί, τὸ πάθος τῆς πόλεως εὐσήμως ἐξέθηκε,

34 ὁ AM : ὁ Νάξιος A^2 || **35** τῆς M : *om.* A || **36** καὶ τό A : καὶ M || **37** Κύρου A : τοῦ Κύρου M || **40** πρὸς ἐλεεινολογίαν A : προσελθεῖν ὁμολογίαν M.

[447 a] **12** ἀπέκτεινεν M : ἀπέκτειναν A || ἐκεῖ AM^x : ἐκείνη M || **16** φησί A : φασί M || **17** λόγῳ A : *om.* M || **18** εἰπόντας AM : εἰπόντα A^2.

rappelé notre amitié avec les malheureux, l'évocation du malheur juxtaposée à celle de l'amitié rendant d'ordinaire la compassion plus profonde. Après Stratoclès, voici de même Eschine qui dit : « Une cité, notre voisine, a disparu du centre de l'Hellade [1]. » C'est une façon excellente, dit l'auteur, après avoir exprimé par sa métaphore la soudaineté du désastre, d'évoquer le danger en montrant que la victime est proche voisine de ceux qui l'écoutent.

Or Démosthène, dit-il, en ramenant ses propos sur Alexandre, a fait le tableau que voici : « La cité, il l'a arrachée de ses fondements, si bien qu'il n'a même pas laissé la cendre de ses foyers ; les enfants et les femmes de ceux qui avaient détenu l'hégémonie en Hellade, il les a partagés entre les tentes des barbares » [2]. Elle est vive, mais claire et concise, l'exagération à laquelle il a recouru dans chaque image, mais il n'a pas négligé la netteté nécessaire pour enseigner l'événement.

Voici encore le même orateur parlant des Olynthiens : « Olynthe et Méthone et Apollonie et trente-deux cités de Thrace qu'il a toutes détruites avec tant de cruauté qu'on pourrait aisément dire, quand on y arrive, qu'elles n'ont jamais été fondées [3]. » Après avoir souligné le grand [447 b] nombre des cités, il a évoqué ensuite le malheur de leurs habitants afin que l'intense sentiment de compassion, renforcé par le paradoxe de l'expression, excite davantage l'émotion des auditeurs. Parmi ces propos et d'autres du même genre et ceux d'autres écrivains qu'il cite, il en accueille certains favorablement, mais il rejette Hégésias et ce qui vient de lui.

22. Entre Memphis et la Thébaïde, il y a cinq districts à population dense : le premier est celui d'Héracléopolis, le deuxième celui de Lycopolis, le troisième celui d'Oxyrhinchos, le quatrième celui d'Hermoupolis, le cinquième,

1. Citation libre d'Eschine, *Contre Ctésiphon*, 133, t. II, p. 73, éd. Martin et De Budé, Paris, Les Belles Lettres, 1928.

2. Cette citation appartient à un discours perdu de Démosthène.

3. Citation libre de Démosthène, *3e Philippique*, 26 : *Harangues*, t. II, p. 98, éd. Croiset, Paris, Les Belles Lettres, 1925.

καὶ τῆς τῶν ἠτυχηκότων φιλίας ὑπεμνήσθη· τὸ δεινὸν γὰρ εὐνοίᾳ παρατεθὲν ἐμβριθεστέρους εἴωθε τοὺς οἴκτους ποιεῖν. Μετὰ Στρατοκλέα ὁμοίως Αἰσχίνην εἰσάγει λέγοντα· « Πόλις ἀστυγείτων ἐκ μέσης τῆς Ἑλλάδος ἠφάνισται ». Ἄριστα, φησί, τῆς μὲν ἀπωλείας τὸ τάχος τῇ μεταφορᾷ σημήνας, τοὺς κινδύνους δὲ ἐφιστὰς ἐκ τοῦ τὸν πεπονθότα τοῖς ἀκούουσι δεικνύειν ὅμορον ὑπάρχοντα.

Ἀλλὰ γὰρ ὁ Δημοσθένης, φησί, μετενέγκας τοὺς λόγους ἐπὶ τὸν Ἀλέξανδρον οὕτω δεδήλωκε· « Τὴν μὲν πόλιν ἐξώρυξεν ἐκ τῶν θεμελίων, ὥστε μηδὲ ἐπὶ ταῖς ἑστίαις καταλιπεῖν τὴν τέφραν, παῖδας δὲ καὶ γυναῖκας τῶν ἡγησαμένων τῆς Ἑλλάδος ἐπὶ τὰς σκηνὰς τῶν βαρβάρων διένειμε ». Πικρῶς καὶ σαφῶς καὶ βραχέως ἀφ' ἑκάστου τῶν εἰδῶν εἰληφὼς τὴν ὑπερβολήν, ὅμως τῆς διδασκούσης τὸ πρᾶγμα ἐναργείας οὐκ ἐπελάθετο.

Πάλιν ἐπ' Ὀλυνθίων ὁ αὐτὸς ῥήτωρ· « Ὄλυνθον δὴ καὶ Μεθώνην καὶ Ἀπολλωνίαν καὶ δύο καὶ τριάκοντα πόλεις τῶν ἐπὶ Θρᾴκης, ἃς πάσας οὕτως ὠμῶς ἀνῄρηκεν, ὥστε εἰ μηδὲ πώποτε ᾠκίσθησαν ῥᾴδιον εἶναι προσελθόντας εἰπεῖν ». Ἐμφανίσας τὸ πλῆθος τῶν πόλεων, τῶν [447 b] ἀνδρῶν τὴν συμφορὰν ἐπέβαλεν, ὅπως ὁ πλεῖστος οἶκτος τοῦ παραδόξου τεθέντος μᾶλλον τῶν ἀκροωμένων ἐκκαλέσηται τὸ πάθος. Ταῦτα καὶ τοιαῦθ' ἕτερα καὶ ἑτέρων εἰπὼν συγγραφέων τὰ μὲν ἀποδέχεται, τοὺς δὲ περὶ Ἡγησίαν καὶ τὰ παρ' ἐκείνων παραγράφεται.

22 Ὅτι ἀπὸ τοῦ Μεμφιτῶν ἄστεος εἰς τὴν Θηβαΐδα πέντε εἰσὶ μεταξὺ νομοὶ ἐθνῶν, ἔχοντες πολυάνθρωπον τάξιν, πρῶτος μὲν ὁ Ἡρακλεοπολίτης, δεύτερος ὁ Λυκοπολίτης, τρίτος ὁ Ὀξυρυγχίτης, τέταρτος ὁ Ἑρμου-

39 *post* Θρᾴκης : ἑῷ *suppl.* Müller.

[447 b] **1** ἐπέβαλεν A : ἐπέλαβεν M ‖ **6** τοῦ M : *om.* A ‖ **7** νομοὶ A : νόμοι M ‖ **8** πρῶτος — δεύτερος M : πρῶτον — δεύτερον A ‖ Λυκοπολίτης *codd.* : κυνοπολίτης Müller ‖ **9** τρίτος — τέταρτος M : τρίτον — τέταρτον A.

celui que les uns appellent La Garde et d'autres Le Radeau ; c'est là qu'on lève et qu'on paie l'impôt sur les marchandises amenées des nomes du haut pays. Quand on a dépassé les régions qu'on vient de nommer, la première ville de la Thébaïde est Lycopolis, puis il y en a une autre qui est la ville d'Aphrodite ; après elles, il y a Panon, puis Thoinis ; après celle-ci, Bopos, au delà de laquelle se situe la ville de Zeus qu'ils appellent « La Petite » ; après le nome appelé Tentyrite, il y a une ville qu'on nomme la ville d'Apollon en amont de laquelle se trouvent Koptos, puis Éléphantine et puis l'Éthiopie et sa première ville, Kortia. Voilà énumérées les régions et les villes situées entre Memphis et l'Éthiopie[1].

23. Non loin de la Mer Rouge, à l'endroit où le Nil, malgré ses nombreux méandres et ses diverticules, infléchit sensiblement son cours vers la mer et connaît sa grande dénivellation vers la droite, un golfe s'enfonce de la mer dans la terre ferme ; il est si vaste que la langue de terre qui subsiste entre les eaux salées et les eaux douces est resserrée et semblable un amas de boue. Or, non loin de cette mer, il y a des terrains qui recèlent en abondance du minerai qu'on appelle noble[2], qui est d'un noir extrêmement foncé, mais dont émanent des irradiations si brillantes que rien ne compte de ce qui peut lui être comparé ; le blanc ne supporte pas la comparaison[3].

24. Ceux, dit l'auteur, qui sont réduits à la pire des infortunes, les tyrans les envoient aux mines d'or, ce qui est le plus dur des esclavages ; les uns partagent cette condition misérable avec leurs femmes et leurs enfants, les autres la vivent seuls. Après une description tragique de leur malheur que rien ne surpasse, il explique

1. Commentaire géographique, Woelk, p. 106-110. Pour ces vingt-deux premiers fragments, Photius est notre témoin unique.

2. Je garde γνησίων (447 b 29) en qualité de *lectio difficilior*.

3. Si le commentaire géographique de Woelk, p. 110-114 (avec une carte, p. 112), est très fouillé, sa traduction n'est pas d'un grand secours pour l'interprétation de ce passage difficile qui a un parallèle chez Diodore, III, 11, 4-12, 1, t. II, p. 114, éd. Oldfather, Londres, Heinemann, 1935 (coll. Loeb).

πολίτης, πέμπτος ὃν οἱ μὲν Φυλακὴν οἱ δὲ Σχεδίαν καλοῦσιν· ἐν ταύτῃ τῶν ἄνωθεν καταγομένων εἰσπράττονται καὶ τιθέασι τὸ τέλος. Τοὺς δὲ εἰρημένους ὑπερβάλλοντι τόπους ἀρχὴ τῆς Θηβαΐδος ἡ Λύκων πόλις, εἶτα Ἀφροδίτης ἄλλη, πρὸς δὲ τούτοις Πανών, ἔπειτα Θοινίς, μετὰ ταύτην Βοπός, ὑφ' ἣν Διὸς πόλις ἣν καλοῦσι μικράν, μετὰ δὲ τὸν προσηγορευμένον Τεντυρίτην νομὸν Ἀπόλλωνος ὀνομάζεται πόλις, ἧς ἐπάνω μὲν Κοπτός, ἔπειτα Ἐλεφαντίνη, εἶτα Αἰθιόπων χώρα, Κορτία πρώτη. Τὰ μὲν οὖν ἀπὸ Μέμφεως ἕως Αἰθιοπίας εἴρηται.

23 Ὅτι πλησίον τῆς ἐρυθρᾶς θαλάσσης, καθ' ὃν ὁ Νεῖλος πολλὰς ἐκτροπὰς καὶ παραφορὰς ποιούμενος ὅμως ἐκεῖσε ἀποκάμπτει περιφανῶς, καὶ ποιεῖται κατὰ τὴν δεξιὰν ῥύσιν τῶν ἀγκώνων τὴν μεγάλην κλίσιν ἔκ τε τοῦ πελάγους κόλπος εἰς τὴν ἤπειρον ἀνατείνεται πολύς, ὥστε τὴν μεταξὺ διάμετρον τῶν ὑδάτων, τοῦ τε ἁλμυροῦ καὶ ποτίμου, παραπλήσιον πηλῷ πολλῷ τὴν συστολὴν λαμβάνειν. Κατὰ γοῦν τὴν εἰρημένην θάλατταν πλησίον ἐστί τινα τῶν καλουμένων γνησίων πλῆθος ἔχοντα μετάλλων, τῇ χρόᾳ μὲν ὄντα καθ' ὑπερβολὴν μέλανα, μαρμάρου δὲ ποιοῦντα τοιαύτας ἐν αὐτοῖς ἐκφύσεις ὥστε πᾶν λείπεσθαι τὸ διαμιλλώμενον, τῆς λευκότητος κρίσιν οὐκ ἐχούσης.

24 Ὅτι οὓς ἔσχατον, φησί, κατέχει ἀκλήρημα, τούτους ἡ τυραννὶς εἰς τὴν τῶν χρυσωρυχίων ἀπάγει πικροτάτην δουλείαν, τοὺς μὲν ἅμα γυναιξὶ καὶ παισὶ ταλαιπωρουμένους, τοὺς δὲ καὶ χωρὶς τῶν εἰρημένων. Ὑπερβολὴν οὖν οὐδενὶ τὸ πάθος δυστυχήματι καταλιπεῖν ἐκτραγῳ-

10 πέμπτος M : πέμπτον A || **17** νομὸν A : νόμον M || **19** ἕως A : *om.* M || **24** μεγάλην κλίσιν A : κλίσιν μεγάλην M || **25** πελάγους A : μεγάλου πελάγους M || **27** ποτίμου *codd.* : τοῦ ποτίμου Müller || πηλῷ A : *om.* M || **29** γνησίων A : γνησίον A[1] χρυσίων M || **31** αὐτοῖς] ἑαυτοῖς M : αὐτοῖς A.

la façon dont on travaille l'or[1].

25. Dans les montagnes où on trouve l'or, dit-il, on [448 a] incendie par des feux de bois les endroits abrupts dont la roche est très dure ; on les attendrit par le feu, puis on se met au travail ; là où la pierre est tendre, on la fend au ciseau. En tête des travailleurs, il y a un ouvrier qui sélectionne les pierres. Quand il a tracé le chemin aux mineurs, tout l'ouvrage est partagé de la façon suivante aux misérables qui y sont astreints.

Ceux qui sont vigoureux et jeunes brisent à coups de masses de fer le sol qui luit comme du marbre ; ils ne mettent aucune technique dans leurs coups, mais seulement de la force ; ils ouvrent dans la roche de nombreuses galeries qui ne sont pas droites, le gisement aurifère allant tantôt vers le haut, tantôt vers le bas, tantôt vers la gauche, tantôt en oblique et tantôt de travers, à peu près comme les racines des arbres. Ces gens donc, une lanterne attachée au front, creusent la pierre en suivant une espèce de veine blanche ; changeant continuellement leur corps de position, ils jettent sur le sol les fragments des pierres, non à la mesure de leur commodité ou de leur vigueur, mais sous les yeux d'un contremaître qui ne les gronde jamais sans les frapper[2]. 26. Les jeunes enfants se glissent dans les galeries que les mineurs ont creusées ; ils ramassent péniblement les cailloux qu'on jette et ils les transportent hors des galeries. Les gens âgés et la plupart des plus malades reçoivent d'eux

1. Diodore, III, 12, 2-3, p. 116, Woelk, p. 114-117, auquel je me contente de renvoyer désormais quand il n'apporte rien à l'interprétation du passage concerné.

2. Diodore, III, 12, 4-6, p. 116-118. Woelk, p. 117-120.

δήσας, τὸν τρόπον ἀπαγγέλλει τῆς περὶ τὸ χρυσίον ἐργασίας.

25 Τῶν ὀρῶν, φησίν, ἐν οἷς ὁ χρυσὸς εὑρίσκεται, τὰ μὲν ἀπότομα καὶ τελέως σκληρὰν ἔχοντα φύσιν [448 a] ἐκπρήσαντες ὕλῃ καὶ χαῦνα τῷ πυρὶ ποιήσαντες, οὕτως αὐτοῖς προσάγουσι τὴν πεῖραν, τὰ δ' ἀνειμένα τῇ πέτρᾳ σιδήρῳ λατομικῷ κερματίζονται. Καθηγεῖται δὲ τῶν ἄλλων τεχνίτης τὸν λίθον διαιρῶν. Ὅταν δὲ οὗτος τοῖς μεταλλεῦσι τὰς ὁδοὺς ὑποδείξῃ, τὸ πᾶν ἔργον καταμερίζεται τῇ τῶν ἀτυχούντων ἀνάγκῃ τοῦτον τὸν τρόπον.

Οἱ μὲν εὔρωστοι καὶ νέοι τυπίσι σιδηραῖς κόπτουσι τὴν χώραν τὴν μαρμαρίζουσαν, οὐ τέχνῃ τὴν πληγὴν ἀλλὰ βίᾳ, καὶ τέμνουσι διὰ τῆς πέτρας ὑπονόμους πλείονας οὐκ εὐθεῖς, ἄλλοτε μὲν ἄνω τῆς χρυσιτίδος ἀπονευούσης λίθου, ποτὲ δὲ κατωτέρω, πάλιν δὲ εἰς τὴν εὐώνυμον κλίσιν, ἐνίοτε δὲ σκολιὰν καὶ διεστραμμένην καὶ παραπλησίαν ταῖς τῶν δένδρων ῥίζαις. Οὗτοι μὲν οὖν λύχνους προσδεδεμένους τοῖς μετώποις ἔχοντες λατομοῦσιν, ἀκολουθοῦντες οἷον φλεβὶ τῷ λευκανθίζοντι· καὶ πολλαχῶς κατασχηματίσαντες τῶν σωμάτων τὰς θέσεις, καταβάλλουσι τὰ θραύσματα εἰς ἔδαφος, οὐ πρὸς τὴν ἰδίαν ἕξιν τε καὶ δύναμιν, ἀλλὰ πρὸς ὀφθαλμὸν ἐπιστάτου, πληγῆς τὴν ἐπιτίμησιν οὐδέποτε χωρίζοντος, 26 οἱ δὲ ἄνηβοι παῖδες εἰς τοὺς ὑπὸ τούτων ὀρυχθέντας ὑπονόμους εἰσδυόμενοι, καὶ τὴν χάλικα τῶν ῥιπτουμένων ἐπιπόνως συλλέγοντες, ἐκτὸς τῶν στομίων κομίζουσι. Παρὰ δὲ τούτων οἵ τε πρεσβύ-

39-40 τὸν — ἐργασίας A : *om.* M.

[448 a] **1** ἐκπρήσαντες A : ἐμπρήσαντες M ‖ **4** τὸν A : ὁ τὸν M ‖ **5** μεταλλεῦσι AM : μεταλλεύουσι A^2 ‖ **9** *post* πληγὴν : ποιούμενοι *suppl.* Müller ‖ **12** κλίσιν A^1M : κλῆσιν A ‖ διεστραμμένην M : διερρηγμένην A ‖ **13** ταῖς A : *om.* M ‖ **16** κατασχηματίσαντες *codd.* : μετασχηματίσαντες Müller ‖ **17** θραύσματα A^2 : θραύματα AM ‖ **22** ἐπιπόνως M : ἐπιτόνως A.

les pierres et les emportent pour les remettre à ceux qu'on appelle les surveillants. Ceux alors qui ont moins de trente ans et dont les coups sont vigoureux, prennent des mortiers de pierre et, avec des pilons de fer, ils broient énergiquement la pierre et en font des morceaux dont le plus gros est à peu près comme une lentille ; ils les distribuent sur le champ à d'autres ouvriers[1]. Et voici quel est le travail des femmes amenées dans les bagnes avec leurs maris ou avec leurs parents. Il y a une série de meules qui tournent et sous lesquelles elles jettent la pierre pilée ; trois femmes se mettent de part et d'autre du même bras de meule dans un accoutrement affreux qui ne cache de leur corps que le sexe, et elles meulent ; elles meulent jusqu'à ce que les fragments calibrés qu'on leur a donnés soient réduits à l'état de poudre.

Tous ces gens qui sont tombés dans l'infortune qu'on vient de décrire aimeraient mieux mourir que vivre[2].

27. La poudre obtenue par le travail des femmes leur [448 b] est reprise par ceux qu'on nomme les laveurs ; ceux-ci sont des ouvriers qualifiés capables d'achever le travail pour l'usage du roi. Voici quelle est leur besogne. Ils répandent la pierre meulée sur une large planche dont la face plate est polie ; elle est posée non de niveau, mais légèrement inclinée. Ils y versent ensuite de l'eau et malaxent avec leurs mains, légèrement d'abord, puis plus fort ; ainsi, je pense, la terre se dissout et s'écoule avec l'eau sur la pente de la planche ; ce qui est solide et utilisable reste sur le bois. Après des lavages répétés

1. Sans être d'une clarté lumineuse, le texte du manuscrit me paraît satisfaisant ; c'est pourquoi je n'ai pas retenu la conjecture de Müller πρὸς τὸν αὐτὸν ὅρον reprise par Woelk, cf. p. 20, n. 3.
2. Diodore, III, 13, 1-3, p. 118-120. Woelk, p. 120-122.

τεροι καὶ τῶν ἀσθενῶν οἱ πολλοὶ τὸν λίθον μεταφέρουσι· μετακομίζουσι δὲ οὗτοι τοῖς καλουμένοις ἐπωπεῦσιν. Οἱ γὰρ ἐντὸς τῶν τριάκοντα ἐτῶν καὶ τοῖς εἴδεσι καρτεροὶ ὅλμους λιθίνους παρειληφότες ὑπέρῳ σιδηρῷ πτίσσουσιν ἐπιστρεφῶς, καὶ ποιήσαντες τὸ μέγιστον τρύφος ὀρόβῳ παραπλήσιον πρὸς τὴν αὐτὴν ὥραν ἀπομετροῦσιν ἑτέροις. Οὗτος δέ ἐστιν ὁ πόνος τῶν γυναικῶν τῶν εἰς τὰς φυλακὰς συναπηγμένων ἀνδράσιν ἢ γονεῦσι. Μύλοι γὰρ ἑξῆς πλείους βεβήκασιν, ἐφ' οὓς τὸν ἐπτισμένον ἐπιβάλλουσι λίθον· καὶ παραστᾶσαι τρεῖς ἑκατέρωθεν πρὸς τὴν μίαν κώπην, οὕτως ἐζωσμέναι δυσπροσόπτως ὥστε μόνον τὴν αἰσχύνην τοῦ σώματος κρύπτειν, ἀλήθουσιν· ἀλήθουσι δὲ ἕως ὑπὸ τὸν τῆς σεμιδάλεως τόπον ἀχθῇ τὸ παραδοθὲν μέτρον. Οὗτοι πάντες οἱ τὸν εἰρημένον τῆς τύχης κλῆρον ὑπελθόντες ποθεινότερον ἔχουσι τοῦ βίου τὸν θάνατον.

27 Παρὰ δὲ τοῦ θήλεος γένους διαδέχονται μὲν τὸ κατειργασμένον οἱ [448 b] καλούμενοι σηλαγγεῖς· εἰσὶ δ' οὗτοι τεχνῖται πρὸς τὸ πέρας ἄγειν δυνάμενοι τὴν βασιλικὴν χρείαν. Ἡ δὲ ἐργασία τοιαύτη. Καταβάλλουσι τὴν ἀληλεσμένην μάρμαρον ἐπὶ σανίδος πλατείας μὲν καὶ κατεξυσμένης εἰς εὐθεῖαν τομήν, οὐκ ἐν ὀρθῇ δὲ χώρᾳ βεβηκυίας, ἀλλὰ μικρὰν ἐχούσης ἐπίκλισιν. Εἶτα καταχέοντες ὕδωρ τρίβουσι ταῖς χερσί, τὰ πρῶτα μὲν κούφως, ἔπειτα μᾶλλον· ὅθεν, οἶμαι, τὸ μὲν γεῶδες ἐκτηκόμενον συναπορρεῖ κατὰ τὴν ἐπίνοιαν τοῦ σανιδώματος, τὸ δ' ἰσχύον καὶ δυνατὸν ἐπὶ τοῦ ξύλου μένει ἀκίνητον. Πολλάκις δὲ τοῖς

25 ἐπωπεῦσιν AM : ἐποπεῦσιν A² κοπεῦσιν Müller || **26** ἐντὸς Photius : ὑπὲρ Diodore || **27** παρειληφότες A : προειληφότες M || σιδηρῷ AM : σιδηρᾷ A² || **28** πτίσσουσιν A : πίπτουσιν M || **33** ἐπτισμένον A²M : *quid prius praeb.* A *non liquet* || **37** τόπον *codd.* : τρόπον Müller.

[448 b] **5** δὲ A⁵ : τε M *et* A *ut vid.* || **9** ἐπίνοιαν *codd.* : ἐπίνευσιν Wesseling || ἰσχύον A : ἰσχυρὸν M.

à l'eau, celui qu'on appelle le laveur prend délicatement la pierre avec des éponges douces et serrées ; il la frotte un certain temps, enlève ce qu'il y a encore de léger et de mou dans ses anfractuosités et le rejette tandis qu'il laisse trié sur la planche ce qui est lourd et brillant et qui est un métal difficile à déplacer à cause de sa pesanteur naturelle [1].

28. Ce laveur donc débarrasse ainsi les paillettes d'or de leurs impuretés et les remet aux fondeurs. Ceux-ci prennent ce qu'ils recueillent en quantités d'une mesure et d'un poids déterminés et le mettent dans un vase de terre ; ils y mêlent à proportion de la quantité un morceau de plomb et des grains de sel, un peu d'étain et du son d'orge ; ils couvrent le vase d'un couvercle hermétique, ils l'enduisent de toutes parts et le font cuire dans un four pendant cinq jours et cinq nuits sans arrêt. Le jour qui suit, ils soumettent le mélange passé au feu à un refroidissement léger et ils le versent dans un autre récipient ; ils ne retrouvent rien des ingrédients qu'ils avaient mis avec l'or, mais ils retrouvent la masse d'or telle quelle avec une légère perte due aux scories [2].

29. La perte de beaucoup de vies dans les mines aboutit donc au résultat que j'ai dit, comme si la nature elle-même voulait montrer que l'acquisition de l'or est pénible, sa conservation difficile, que le souci de le posséder est le plus grand qui soit, que son usage est moitié plaisir et moitié peine et que son exploitation est en somme très ancienne.

Ce sont, en effet, les premiers rois du pays qui ont découvert la nature des mines ; on a cessé d'y travailler

1. Diodore, III, 14, 1-2, p. 120. Woelk, p. 122.
2. Diodore, III, 14, 3-4, p. 120. Woelk, p. 122-124.

ὕδασιν ἀποπλύνας ὁ καλούμενος σηλαγγεὺς μεταλαμβάνει σπόγγους μαλακοὺς καὶ πυκνούς, οἷς ἐφαπτόμενος τῆς μαρμάρου κούφως καὶ θλίβων ἐπὶ ποσὸν τὸ μὲν ἐλαφρὸν καὶ χαῦνον ἐμπλεκόμενον τοῖς ἀραιώμασιν ἀπὸ τῆς σήραγγος ἀναφέρει καὶ ἐκρίπτει, τὸ δὲ ἐμβριθὲς καὶ στίλβον ἐπὶ τῆς σανίδος ἀποκεκριμένον ἀπολείπει, δυσκινήτου διὰ βάρος τῆς τοιαύτης φύσεως ὑποκειμένης. 28 Οὕτως οὖν οὗτος ὁ σηλαγγεὺς περικαθάρας τὰ ψήγματα τοῦ χρυσοῦ παραδίδωσι τοῖς ἑψηταῖς.

Οἱ δὲ λαβόντες μέτρῳ τε καὶ σταθμῷ τὸ συνηγμένον εἰς ἄγγος κεραμεοῦν ἐνέβαλον, καὶ μίξαντες κατὰ λόγον τοῦ πλήθους μολίβδου βῶλον καὶ χόνδρους ἁλῶν καὶ κασσιτέρου βραχὺ καὶ κρίθινον πίτυρον, κἄπειτα ἐπιθέντες ἐπίθεμα καλῶς ἡρμοσμένον καὶ πάντοθεν χρίσαντες, ἕψουσιν ἐν καμίνῳ πέντε ἡμέρας καὶ τὰς ἴσας νύκτας, οὐθὲν διαλείποντες. Τῇ δ' ἐχομένῃ σύμμετρον τῇ πεπυρωμένῃ προσάγοντες ψύξιν εἰς ἀγγεῖον κατήρασαν, ἄλλο μὲν τῶν συνεμβεβλημένων οὐθὲν εὑρίσκοντες, αὐτὸ δὲ τοῦ χρυσίου τὸ χύμα, βραχεῖαν εἰληφὸς ἀπουσίαν ἀπὸ τοῦ ψήγματος.

29 Ἡ μὲν οὖν πρὸς τοῖς μετάλλοις ἀπώλεια τῶν πολλῶν σωμάτων πρὸς τὸ ῥηθὲν τέλος κομίζεται τὴν διέξοδον, σχεδὸν αὐτῆς τῆς φύσεως δεικνυούσης ὅτι τοῦ χρυσίου συμβέβηκεν ὑπάρχειν καὶ τὴν γένεσιν ἐπίπονον καὶ τὴν φυλακὴν σφαλερὰν καὶ τὴν σπουδὴν μεγίστην καὶ τὴν χρῆσιν ἡδονῆς καὶ λύπης ἀνὰ μέσον κειμένην, τήν τ' ἐργασίαν τρόπον τινὰ τοῦ γένους ἀρχαιοτάτην.

Εὕρηται μὲν γὰρ ὑπὸ τῶν πρώτων τοῦ τόπου βασιλέων τῶν μετάλλων ἡ φύσις, διέλιπε δὲ ἐνεργοῦσά

11 καλούμενος σηλαγγεὺς A²M : *quid prius praeb.* A *non liquet* ‖ **16** ἀποκεκριμένον M : ἀποκεκρυμένον A ‖ **21** ἐνέβαλον A : ἐνέβαλλον M ‖ **24** πάντοθεν A : πανταχόθεν M.

autrefois à cause de l'invasion massive en Égypte des Éthiopiens qui occupèrent les villes pendant de longues [449 a] années — ce sont eux qui ont édifié, dit-on, les monuments de Memnon — et, à une autre époque, sous la domination des Mèdes et des Perses.

Maintenant encore, on trouve, dans les mines d'or ouvertes par ces gens-là, des masses en bronze — on ignorait encore à cette époque-là l'usage du fer — ainsi que des quantités incroyables d'ossements humains à cause des nombreux éboulements qui se produisaient naturellement dans les galeries peu solides et promptes à s'écrouler ; la longueur des galeries de fouille est telle qu'elles vont parfois jusqu'à la mer par leurs profondeurs en pente [1].

30. Dans les régions du sud de l'Égypte vivent quatre clans qui sont les plus importants ; le premier est riverain des cours d'eau, il sème le sésame et le milet ; l'autre habite dans la région des marais et cueille les roseaux et les bois tendres ; le troisième est nomade et vit de viande et de lait ; le quatrième vient de la côte et vit de la capture des poissons [2].

31. Ce clan n'a ni villes ni champs ni le moindre rudiment de métiers et c'est, à ce que disent certains, le plus important de tous. Ces mangeurs de poisson habitent, en effet, depuis le pays des Autéens, qui occupent le dernier recoin du pays enfermé par la grande mer, étendu jusqu'à l'Inde, à la Gédrosie, à la Carmanie et à la Perse, et jusqu'aux îles qui dépendent des peuplades que j'ai

1. Diodore, III, 14, 4-5, p. 120-122. Woelk, p. 124-125.
2. Diodore, III, 14, 6, p. 122.

ποτε μὲν Αἰθιόπων ἐπὶ τὴν Αἴγυπτον πλήθους συνελθόντος καὶ πολλὰ τὰς πόλεις ἔτη φρουρήσαντος (ὑφ' [449 a] ὧν καὶ τὰ Μεμνόνεια συντετελέσθαι φασί), ποτε δὲ Μήδων καὶ Περσῶν ἐπικρατησάντων.

Εὑρίσκονται δὲ ἔτι καὶ καθ' ἡμᾶς ἐν τοῖς χρυσείοις τοῖς ὑπ' ἐκείνων κατασκευασθεῖσι λατομίδες μὲν χαλκαῖ, διὰ τὸ μήπω τὴν τοῦ σιδήρου κατ' ἐκεῖνον τὸν χρόνον ἐγνωρίσθαι χρείαν, ὀστᾶ δὲ ἀνθρώπων ἄπιστα τῷ πλήθει, πτωμάτων (ὅπερ εἰκὸς γίνεσθαι) οὐκ ὀλίγων ἐν τοῖς χαύνοις καὶ πλακώδεσιν ὑπονόμοις γενομένων, τηλικαῦτα δὲ ὀρυγμάτων μεγέθη, καὶ διατείνοντα βάθεσιν ἐπικαρσίοις ἐπ' αὐτὴν τὴν θάλασσαν.

30 Ὅτι παρὰ τὴν νότιον τῆς Αἰγύπτου κλίσιν τέσσαρά ἐστι φῦλα τὰ μέγιστα, τὸ μὲν τοῖς ποταμοῖς παρεζευγμένον, ὃ σπείρει σήσαμον καὶ κέγχρον, τὸ δὲ περὶ τὰς λίμνας οἰκοῦν, ὃ τοῦ καλάμου καὶ τῆς ὕλης ἅπτεται τῆς ἁπαλῆς, τὸ δὲ εἰκῇ πλανώμενον, ὃ σαρκὶ καὶ γάλακτι παραπέμπει τὸν βίον, τὸ δὲ ἐκ τῆς παραλίας ὁρμώμενον, τοὺς ἰχθύας ἀγρεῦον.

31 Τοῦτο δὲ τὸ γένος ἔχει μὲν οὔτε πόλεις οὔτε χώρας οὔτ' ἄλλης ἐντέχνου κατασκευῆς ὑπογραφὴν οὐδεμίαν, ἐστὶ δὲ τῶν ὑπολοίπων, ὡς ἔνιοί φασι, μέγιστον· ἀπὸ γὰρ Αὐταίων, οἳ τὸν ἔσχατον μυχὸν κατοικοῦσιν, ὃν τῇ μεγάλῃ συμβέβηκε συγκλείεσθαι θαλάττῃ, μέχρι τῆς Ἰνδικῆς καὶ Γεδρωσίας, ἔτι δὲ Καρμανίας καὶ Περσῶν καὶ τῶν τοῖς εἰρημένοις γένεσιν ὑποκειμένων νήσων, ἰχθυοφάγοι πάντῃ κατοικοῦσι,

[449 a] **2** εὑρίσκονται A[2]M : *quid prius praeb.* A *non liquet* || **3** χρυσείοις M : χρυσίοις A || **4** μήπω τὴν A : μήπου M || **7** γίνεσθαι A[2] : γίνεται M *quid prius praeb.* A *non liquet* || **8** γενομένων Bekker : γινομένων *codd.* || **15** ὃ AM : *del.* A[2] || **17** ἰχθύας A : ἰχθῦς M || **20** μυχὸν A : *om.* M || **21** ὃν τῇ μεγάλῃ M : ὄντι μεγάλῳ A || θαλάττῃ M *et fortasse* A : θαλάττης A[2] || **22** Γεδρωσίας A[2] : Κεδρωσίας AM || Καρμανίας Müller : Γερμανίας *codd.* || **23** ὑποκειμένων— κατοικοῦσι M : *om.* A.

citées ; ils vivent tout nus et leurs femmes aussi ; la procréation des enfants se fait en commun ; ils ont la connaissance physique du plaisir et de la douleur, mais pas la moindre notion du mal ni du bien[1].

32. Les grandes profondeurs proches des rivages sont étrangères à leur vie, de même que les eaux qui baignent les grandes plages, car des parages de ce genre ne sont pas propices à la capture en abondance des poissons et des animaux qui leur ressemblent. Les habitats de tous ces êtres sont situés au bord des falaises qui ont des creux profonds, des roches inégales, des chenaux étroits avec des détours sinueux ; dans le creux des chenaux dont la situation est propice à leur usage, ils dressent des pierres brutes qui font une sorte de filet à larges mailles[2].

Quand donc la marée haute monte du large vers la côte — ce qu'elle fait deux fois par jour, à la neuvième [449 b] heure et à la troisième — la mer recouvre toute la frange rocheuse et entraîne du large vers le rivage beaucoup de poissons qui, jusqu'à ce moment-là, restent à proximité de la côte, errant à la recherche de leur nourriture autour d'abris naturels. Quand vient le reflux, les eaux s'écoulent entre les pierres et retombent par les chenaux vers le niveau plus bas qui les attire, et les poissons qui restent dans les creux du rivage sont une proie toute prête pour la nourriture des mangeurs de poisson[3]. 33. Les autres poissons sont, avons-nous dit, aisément abattus, mais, quand tombent dans les trous des chiens de mer, de grands phoques, des scorpions[4], des murènes et toutes

1. Diodore, III, 15, 1-2, p. 122. Woelk, p. 127-129.

2. 449 a 37. Traduction toute conjecturale ; il doit manquer quelque élément au texte comme le suggèrent la lacune après ἀραιούς dans M et l'absence de verbe conjugué dans la phrase.

3. Diodore, III, 15, 3-4, p. 122-124. Woelk, p. 129-130.

4. Ces « scorpions » sont probablement des crabes. Cf. Woelk, p. 130.

γυμνοὶ μὲν ὄντες αὐτοί, γυμνὰς δὲ ἔχοντες τὰς γυναῖκας, κοινὴν δὲ τέκνων γένεσιν, ἔτι δὲ ἡδονῆς μὲν καὶ πόνου φυσικὴν ἔχοντες γνῶσιν, αἰσχρῶν δὲ καὶ καλῶν οὐδὲ τὴν ἐλαχίστην εἰσφερόμενοι ἔννοιαν.

32 Τούτοις δὲ τὰ μὲν ἀγχιβαθῆ πάντ' ἐστὶ πρὸς τὸν βίον ἀλλότρια, παραπλησίως δὲ τὰ παρακείμενα μακραῖς ᾐόσι· θήραν γὰρ οὔτε ἰχθύος οὔτ' ἄλλου γένους ὁμοιοπαθοῦς ἁδροτέραν παραδίδωσιν ἡ τοιάδε χέρσος. Αἱ δὲ οἰκήσεις πᾶσιν ἔκκεινται τοῖς εἰρημένοις παρὰ τὰς ῥαχίας, αἳ καὶ κοιλάδας βαθείας ἔχουσι καὶ φάραγγας ἀνωμάλους καὶ στεγνοὺς αὐλῶνας καὶ σκολιὰς ἐκτροπάς. Ὧν πρὸς τὴν χρείαν ὑποκειμένων οἰκείως, ἀναθέμενοι πέτρους αὐτοπαγεῖς ἐπὶ τῆς κοιλίας οἱονεί τινας ἀραιούς.

Ὅταν οὖν ἐκ πελάγους ἡ πλημμυρὶς ἐπὶ τὴν χέρσον φέροιτο (ὃ ποιεῖ δὶς ἑκάστης ἡμέρας, πρὸς ὥραν ἐνάτην τε καὶ [449 b] τρίτην), ἡ μὲν θάλαττα πᾶσαν τὴν ῥαχίαν ἐπικαλύπτει, συναπάγουσα ἐκ τοῦ πόρου πρὸς τὴν ᾐόνα βίᾳ καὶ τῶν ἰχθύων οὐκ ὀλίγους, οἳ τέως μὲν ἐν τῇ παραλίᾳ μένουσι, νομῆς χάριν πλανώμενοι περὶ τὰς ὑποδύσεις. Ἐπὰν δὲ αὖθις ἀναδύῃ τὸ τῆς ἀμπώτεως, τὸ μὲν ὑγρὸν διὰ τῶν λίθων καὶ τῶν φαράγγων ἀπορρεῖ εἰς τὸν ἐπιφερῆ καὶ κατεπείγοντα τόπον, οἱ δ' ἰχθύες ἐν τοῖς κοιλώμασιν ὑπολειπόμενοι ἕτοιμον θήραμα καὶ τροφὴ γίνεται τοῖς ἰχθυοφάγοις. 33 Ἀλλ' οἱ μὲν ἄλλοι ἰχθύες (ὡς ἔφημεν) εὐπετῶς καταγωνίζονται. Ἐπὰν δὲ πέσωσι κύνες τε καὶ φῶκαι μείζους καὶ σκορπίοι σμύραιναί τε

29 ἀγχιβαθῆ A¹M : βάθη A *ut vid.* ‖ **30** μακραῖς M : μικραῖς A ‖ **31** *post* γένους : *in* A *versus vac.* 5 ‖ **35** στεγνοὺς AM : στενοὺς A¹ ‖ **37** *post* ἀραιούς : *in* M *versus vacuus.*

[449 b] **2** πόρου M : πόντου A² *quid prius praeb.* A *non liquet* ‖ **10** δὲ πέσωσι A : δ' ἐμπέσωσι M ‖ **11** φῶκαι A²M : *quid prius praeb.* A *non liquet* ‖ **11-12** σμύραιναί τε καὶ A² : σμύρναι τε καὶ A καὶ σμύραιναι M.

sortes de bêtes du même genre, lutter contre eux est dangereux[1]; 34. quand ils ont capturé des poissons, quel qu'en soit le nombre, ils les emportent et vont les jeter sur des rochers brûlants exposés au midi. Ils les y laissent un certain temps et les retournent. Puis, quand ils les prennent et en secouent la masse en les tenant par la queue, toute la partie charnue tombe, amollie par l'échauffement dont j'ai parlé; ils amoncellent les carcasses dont on peut voir de loin les énormes tas. Ils rassemblent la chair des poissons sur un rocher plat, ils la foulent aux pieds avec vigueur assez longtemps en y mêlant des baies de paliure, car, grâce à ce mélange, la masse devient beaucoup plus compacte; il semble que ces baies servent de condiment et d'agglutinant. Quand ils ont foulé cette chair assez longtemps, ils en font des blocs oblongs et l'exposent à nouveau au soleil; quand ces blocs sont séchés, tous s'installent et se régalent sans mesurer ni peser, mais au gré de l'envie et du plaisir de chacun[2].

35-36[3]. Pour parer aux tempêtes soudaines qui les empêchent de capturer du poisson, ils pratiquent le système que voici. Ils errent sur tout le rivage environnant et ils ramassent des coquillages — il y en a de si gros que ceux qui ne les ont pas vus ne peuvent croire à leurs dimensions énormes — dont ils ont la chair crue pour pallier à la disette dans cette conjoncture. Tant que dure leur provision de poissons, ils rassemblent les coquillages en question, les mettent dans des trous et les nourrissent d'algues fraîches et des têtes des plus [450 a] petits poissons, puis, quand la disette les sur-

1. Diodore, III, 15, 5-7, p. 124-126. Woelk, p. 130.
2. Diodore, III, 16, 1-4, p. 126. Woelk, p. 130-132.
3. J'adopte la numérotation de Woelk qui a montré (p. 27, n. 2) que le fr. 36 a été mêlé au fr. 35.

καὶ πᾶν τὸ τοιοῦτον γένος, μετὰ κινδύνων ἡ συμπλοκὴ γίνεται · 34 ὅταν δὲ θηρεύσωσιν ὅσους δή ποτ' οὖν, μετενεγκάντες ἐπὶ τὰς πέτρας τὰς κειμένας πρὸς μεσημβρίαν, οὔσας διαπύρους, ταύταις δὲ ἐπέρριψαν. Χρόνον δὲ οὐ πολὺν ἐάσαντες στρέφουσιν ἐπὶ τοὔμπαλιν ἅπαντας. Εἶθ' ὅταν λάβωνται τῆς οὐρᾶς καὶ τὸν ὅλον ὄγκον σείσωσιν ἐκ ταύτης, ὁ μὲν σαρκώδης τόπος ἅπας ἐκπίπτει θρυπτόμενος διὰ τὴν εἰρημένην θερμασίαν, τὴν δ' ἄκανθαν σωρεύουσιν αὐτοί, ἀφ' ἧς ἐκ πλείονος τόπου κολωνοὶ παμμεγέθεις ὁρῶνται. Τὴν δὲ σάρκα τῶν ἰχθύων εἰς λεωπετρίαν συναγαγόντες πατοῦσιν ἐκτενῶς ἐπὶ χρόνον οὐκ ὀλίγον, καὶ μίξαντες τὸν καρπὸν τοῦ παλιούρου. Τούτου γὰρ συμμιγέντος κολλῶδες μὲν τὸ πᾶν πολὺ μᾶλλον γίνεται, δοκεῖ δ' οἷον ἡδύσματος ἢ παρεμπλοκῆς τάξιν ἔχειν. Ἐπὰν δὲ ἱκανὸν χρόνον τοῖς ποσὶ δεψήσωσι, πλινθίδας παραμήκεις διαπλάσαντες πάλιν εἰς τὸν ἥλιον τιθέασιν · ὧν ξηρασίαν λαβουσῶν καθίσαντες εὐωχοῦνται πάντες, οὐ πρὸς μέτρον καὶ σταθμόν, ἀλλὰ πρὸς τὴν ἑκάστου βούλησιν καὶ χάριν.

35-36 Ὅτι πρὸς τοὺς αἰφνιδίους χειμῶνας, οἳ τὴν ἀπὸ τῶν ἰχθύων αὐτοὺς θήραν ἀφαιροῦνται, τοιόνδε τι μηχανῶνται. Πλανώμενοι παρὰ πᾶσαν τὴν πλησίον παραλίαν κόγχους συνάγουσι (μέγιστοι δὲ τυγχάνουσιν, ὥστε τοῖς μὴ ἰδοῦσιν ἄπιστον αὐτοῖς τοῦ μεγέθους τὴν ὑπερβολὴν εἶναι), ὧν τὸ κρέας ὠμὸν τῆς ἐνδείας ἀναπλήρωσιν κατ' ἐκεῖνο καιροῦ ἔχουσι. Τῆς δὲ χρείας τῆς ἀπὸ τῶν ἰχθύων ἔτι τούτοις παραμενούσης, τοὺς εἰρημένους κόγχους συλλέγουσι, καὶ τούτους φύκει τε προσφάτῳ καὶ ἰχθύων τῶν ἐλασσόνων [450 a] κεφαλαῖς ἐν ὀρύγμασι καταθέντες διατρέφουσι ·

13 οὖν A : ἂν M || **14** τὰς κειμένας A : *om.* M || **16** ἅπαντας Müller : ἅπαντες *codd.* || **23** καρπὸν M : σπόρον A² *quid prius praeb.* A *non liquet* || **24** κολλῶδες Bekker : κολλῶσιν εἰς *codd.* || **24-25** πᾶν πολὺ A : πάμπολυ M || **25** οἷον ἡδύσματος AM : οἱονεὶ δύσμικτος A² || **27** διαπλάσαντες M *et* A *ut vid.* : ποιήσαντες A² || **34** ἰδοῦσιν Bekker : ἰδῶσιν AM εἰδόσιν A¹.

prend, ils en font, a-t-on dit, leur nourriture. Si jamais ces deux moyens de se nourrir leur font défaut, ils choisissent, dans tout le tas de carcasses, celles qui sont encore juteuses et fraîches ; ils les enlèvent morceaux par morceaux puis en broient certaines sur le sol pierreux, triturant les autres avec leurs dents et se comportant comme des bêtes de terrier[1]. 37. Leur régime en matière de boisson est encore bien plus singulier. Pendant quatre jours, en effet, ils sont à leurs proies, à des chants inarticulés, aux réunions qu'on tient pour se divertir, sans que rien les en détourne grâce à la facilité qu'ils ont de se nourrir ; le cinquième jour, ils partent vers le pied des montagnes pour aller boire ; ils vont vers les confluents que les nomades fréquentent pour y abreuver leurs troupeaux. Ils se mettent en marche le soir[2]. 38. Quand ils ont atteint les points d'eau des nomades, ils font cercle autour de la cuvette de l'abreuvoir puis, prenant appui sur leurs mains, ils s'agenouillent par terre et ils boivent comme des bovidés, non pas d'une traite, mais en s'interrompant souvent. Quand ils se sont gorgé le ventre d'eau comme on en emplirait des cruches, ils s'en retournent péniblement vers la mer[3]. 39. Rentrés ensuite chez eux, de tout ce jour-là, nul ne goûte au poisson ni à quoi que ce soit, mais chacun s'étend, gorgé et haletant, de sorte que, dans sa torpeur, il ressemble assez à un homme ivre ; dès le lendemain, chacun revient aux habitudes de vie dont on a parlé. C'est ainsi, dans un recommencement périodique, que se passe toute leur vie, sans qu'ils pensent à travailler ni à se soucier de quoi que ce soit. Grâce à la simplicité de leur régime, ils tombent rarement malades et ils ra-

1. Diodore, III, 16, 4-17, 1, p. 128. Woelk, p. 132.
2. Diodore, III, 17, 1-2, p. 128-130. Woelk, p. 132.
3. Diodore, III, 17, 3-4, p. 130. Woelk, p. 132.

τῆς δὲ ἐνδείας αὐτοὺς κατασχούσης ταῦτα (ὡς εἴρηται) ποιοῦνται σίτησιν. Εἰ δέ ποτε ἑκατέρα αὐτοὺς σίτησις ἐπιλείψει, ἀπὸ παντὸς τοῦ τῶν ἀκάνθεν σωροῦ τὰς ἐγχύμους αὐτῶν καὶ προσφάτους ἐπιλέγοντες ἀφαιροῦσι κατ' ἄρθρον, κἄπειτα τὰς μὲν κόπτοντες ἐπὶ πετρώδους τόπου, ἃς δὲ κατεργαζόμενοι διὰ τῶν ὀδόντων, τοῖς φωλεύουσι τῶν θηρίων τὴν αὐτὴν διάθεσιν λαμβάνουσι. 37 Ποτῷ δὲ πολὺ θαυμασιωτέρῳ χρῶνται. Ἐπὶ μὲν γὰρ τέτταρας ἡμέρας πρὸς ταῖς θήραις γίνονται καὶ πρὸς ᾠδαῖς ἀνάρθροις καὶ πρὸς ταῖς συνουσίαις ταῖς παιδιᾶς χάριν γινομέναις, ὑπ' οὐδενὸς περισπώμενοι, διὰ τὴν εὐκοπίαν τῆς τροφῆς · τῆς δὲ πέμπτης ἐπιλαβούσης ἐξορμῶσιν εἰς τὴν ὑπώρειαν ποτοῦ χάριν, εἰς τὰς συρρύσεις τῶν νομάδων, πρὸς αἷς τὰ κτήνη ποτίζουσιν. Ἑσπέριος δὲ ἡ πορεία γίνεται. 38 Κατανύσαντες δὲ εἰς τὰς ποτίστρας τῶν νομάδων τοῦ κοιλώματος κύκλῳ περιέστησαν, εἶτ' ἀπερεισάμενοι τὰς χεῖρας εἰς τὴν γῆν καὶ θέντες τὰ γόνατα βοηδὸν πίνουσιν, οὐ μίαν πρὸς ἀναπνοῆς ὁρμήν, ἀλλὰ πολλάκις αὐτοὺς ἀναπαύοντες. Πληρώσαντες δὲ τὰς κοιλίας τῶν ὑγρῶν καθάπερ ἀγγεῖα, πρὸς θάλατταν μόλις ἀποχωροῦσιν. 39 Εἶτα ἐπανελθόντες, ἐκείνην μὲν τὴν ἡμέραν ἕκαστος οὔτε ἰχθύος οὔτε ἄλλου τινὸς γεύεται, κεῖται δὲ ὑπεργέμων καὶ δύσπνους, ὥστε εἶναι τρόπον τινὰ τῷ μεθύοντι παραπλήσιον τὸ βάρος · ἀπὸ δὲ τῆς ἐχομένης ἐπὶ τὴν εἰρημένην δίαιταν ἐπανάγει. Καὶ τοῦτο κύκλῳ διὰ βίου γίνεται, πρὸς ἀσχολίαν καὶ μέριμναν οὐδενὸς ἀποβλεπόντων αὐτῶν πράγματος. Καὶ νοσήμασι μὲν διὰ τὴν ἁπλότητα τῆς διαίτης σπανίοις περι-

[450 a] **4** τοῦ Bekker *ex cod.* B : *om.* AM ‖ **9** τέτταρας A²M : τὲ γαρ A ‖ **11** παιδιᾶς A : παιδείας M παιδοποιίας Müller ‖ **13** ἐπιλαβούσης M : ἐπιβαλούσης A ‖ **15** τὰ A : καὶ τὰ M ‖ **16** κατανύσαντες A : καταλύσαντες M ‖ **19** μίαν πρὸς A : πρὸς μίαν M ‖ **20** αὐτοὺς A² : αὐτοὺς AM ‖ **23** τινὸς A : *om.* M ‖ **25** τῷ μεθύοντι παραπλήσιον A : παραπλήσιον τῷ μεθύοντι M ‖ **28** ἀποβλεπόντων AMˣ : ἀποβλέποντας M ‖ **29** ἁπλότητα τῆς A²M : ἁπλότης A.

vissent au temps des années d'autant plus nombreuses qu'ils ont une vie moins laborieuse que les autres hommes [1].

40. Mais ce sont les mangeurs de poisson qui habitent à l'intérieur des bras de mer qui vivent ainsi. Ceux qui occupent le rivage extérieur à cette région [2] jouissent sans trêve des produits d'une semblable pêche sans du tout avoir besoin d'eau ; quand ils ont mangé le poisson assez juteux qui ne diffère guère du poisson cru, ils ne recherchent rien qui ressemble à de la boisson et ils n'ont même pas l'idée de ce que c'est. Ils supportent allégrement ce que le sort leur a imparti depuis toujours [3].

41. Ceux, dit l'auteur, qui habitent les endroits dont on vient de parler n'ont pas la même notion que nous de ce qui représente pour nous les plus grands des malheurs. [450 b] En effet, ils ne fuient pas devant une arme dont on les menace ; ils ne s'irritent pas d'une injure ; ceux qui ne souffrent pas ne s'indignent pas avec ceux qui souffrent ; s'il leur arrive quelque malheur du fait d'étrangers, ils regardent intensément ce qui se passe en hochant longuement la tête, mais sans faire preuve du moindre sens des rapports normaux d'homme à homme. C'est pourquoi, dit l'auteur, je pense, quant à moi, qu'ils ne possèdent aucun moyen d'expression intelligible mais qu'ils règlent tout ce qui concerne la vie par habitude, par des signes de tête, par des cris et par des gestes imitatifs [4].

42. L'auteur dit que les voisins des mangeurs de poisson qui ignorent la soif, comme si un traité inviolable avait été conclu entre eux et les phoques, ne font eux-mêmes aucun mal à ces animaux et n'en subissent aucun dommage ; mais chacun des deux groupes laisse sans tenter d'y toucher le fruit de sa chasse à celui qui

1. Diodore, III, 17, 5, p. 130. Woelk, p. 133-134.
2. Woelk, p. 134.
3. Diodore, III, 18, 1-2. Woelk, p. 134.
4. Diodore, III, 18, 3-6. Pour les fr. 40 et 41, Woelk, p. 134-135.

πίπτουσι, τοσούτῳ δ' ἀφαιροῦσιν ἀπὸ τοῦ χρόνου τῶν ἐτῶν, ὅσῳ περ ἀπονωτέραν τῶν λοιπῶν ἔχουσι τὴν ἀναστροφήν.

40 Ἀλλ' οἱ μὲν ἐντὸς τῶν στενῶν τὰς οἰκήσεις ἔχοντες ἰχθυοφάγοι οὕτω καταγίνονται. Οἱ δὲ τὴν ἐκτὸς παραλίαν κεκτημένοι ἄγρας μὲν ἐνδελεχῶς τοιαύτης εὐποροῦσιν, ὑγροῦ δὲ ἁπλῶς οὐ δέονται· προσενεγκάμενοι δὲ τὸν ἰχθῦν ἔγχυλον, ὥστε μικρὰν εἶναι τῶν ὠμῶν τὴν παραλλαγήν, οὐχ οἷον ποτὸν ἐπιζητοῦσιν, ἀλλ' οὐδὲ ἔννοιαν ἔχουσι τοῦ γένους. Φέρουσι δὲ ἀλύπως ἅπερ αὐτοῖς ἀπ' ἀρχῆς ἡ τύχη παραδέδωκεν.

41 Ὅτι τοὺς ἐν τοῖς εἰρημένοις τόποις οἰκοῦντάς φησι πρὸς τοῖς εἰρημένοις ἔτι μηδὲ πρὸς τὰ μέγιστα τῶν παρ' [450 b] ἡμῖν δεινῶν ὁμοίαν ἡμῖν ἔχειν τὴν ἔννοιαν. Οὔτε γὰρ σίδηρον κατ' αὐτῶν ἐπαιρόμενον φεύγειν, οὔτε προπηλακισμῷ ἐρεθίζεσθαι, οὔτε τοὺς μὴ πάσχοντας τοῖς πάσχουσι συναγανακτεῖν· ἀλλ' εἴ τι γένοιτο περὶ αὐτοὺς ἐξ ἀλλοφύλων τοιοῦτον, βλέπουσι μὲν οὗτοι ἀτενῶς εἰς τὸ γινόμενον καὶ τὰς κεφαλὰς πυκνὰ διανεύουσι, τῶν δὲ εἰθισμένων ἀνθρώπῳ πρὸς ἄνθρωπον οὐδὲ τὴν ἐλαχίστην διδόασιν ἔννοιαν. Ὅθεν (φησὶν ὁ συγγραφεύς) ἔγωγε νομίζω μηδὲ χαρακτῆρα εὔγνωστον ἔχειν αὐτούς, ἐθισμῷ δὲ καὶ νεύματι, ἤχοις τε καὶ μιμητικῇ δηλώσει διοικεῖν πάντα τὰ πρὸς τὸν βίον.

42 Ὅτι φησί, πλησίον τῶν ἀδίψων ἰχθυοφάγων οἱ κατοικοῦντες, ὥσπερ ἀπαραβάτων σπονδῶν μεταξὺ τεθεισῶν αὐτῶν τε καὶ τῶν φωκῶν, οὔτε αὐτοὶ τὰς φώκας σίνονται, οὐδ' ὑπ' ἐκείνων οὗτοι βλάπτονται, ἀλλὰ καὶ ἀλλήλων θήρας ἀνεπιβουλεύτως τῷ θηράσαντι ἑκά-

31 ὅσῳ περ A : ὅπερ M || **35** τοιαύτης A : *om.* M || **38** ποτὸν A²M : τόπον A.

[450 b] **1** δεινῶν — ἡμῖν M : *om.* A || **5** οὗτοι A : οὔτε M || **6** πυκνὰ A : πυκνῷ M || **7** ἀνθρώπῳ M : ἀνθρώποις A || πρὸς ἄνθρωπον M : *in* A *lac.* || **13** ἀπαραβάτων A : ἀβάτων M || τεθεισῶν Müller : τεθέντων *codd.*

l'a gagné, et ils vivent entre eux d'une manière telle qu'on verrait rarement des hommes vivre avec d'autres hommes [1].

43. Parmi les mangeurs de poisson, dit-il, il y en a qui utilisent comme habitat des grottes, non celles qui sont orientées au midi, à cause de la forte chaleur, mais celles qui sont tournées en sens opposé; d'autres vivent à l'abri des carcasses de poissons sur lesquelles ils jettent des algues; d'autres attachent ensemble les cimes des oliviers puis s'en servent comme de tentes. Cette sorte d'olivier, dit l'auteur, porte un fruit qui ressemble fort à la châtaigne [2].

44. Et le quatrième clan des mangeurs de poisson a l'habitat que voici. Il y a un immense monceau de sable accumulé de temps immémorial et à peu près haut comme une montagne; il est tassé dur par le flot qui le bat sans cesse, en sorte qu'il a tout d'une masse solide et homogène à cause du mélange et du tassement du sable. Ils s'y creusent des niches à la taille d'un homme en laissant intacte la masse à son sommet qui leur sert de toit grâce au tassement dont on a parlé; dans la base, ils s'aménagent de longues galeries qui communiquent entre elles de toutes parts; ils les ouvrent à la lumière jusqu'à un certain point du côté du vent et ils y vivent tranquilles; quand la marée monte, ils se préparent à la chasse comme on l'a dit auparavant [3].

45. Leurs morts, ils ne les jugent dignes d'aucun égard, vu qu'ils ont une mentalité insensible à la pitié [451 a] née de l'opinion; aussi les laissent-ils gisants là où on les a jetés jusqu'à ce que vienne le reflux qui les emporte à la mer pour y nourrir les poissons [4].

1. Diodore, III, 18, 7, p. 134-136. Woelk, p. 135.
2. Diodore, III, 19, 1-4, p. 136-138.
3. Diodore, III, 19, 4-5, p. 138. Pour les fr. 43 et 44, Woelk, p. 135-137.
4. Diodore, III, 19, 6, p. 138-140. Woelk, p. 137-138.

τερον γένος συντηρεῖ, καὶ συναναστρέφονται οὕτως ἀλλήλοις ὡς μόλις ἂν εὑρεθεῖεν πρὸς ἀνθρώπους συμβιοῦντες ἄνθρωποι.

43 Ὅτι τῶν ἰχθυοφάγων, φησίν, οἱ μὲν σκηνώμασι τοῖς σπηλαίοις, οὐ τετραμμένοις πρὸς μεσημβρίαν διὰ τὸ πνιγῶδες, ἀλλὰ τοῖς ἀπεστραμμένοις αὐτήν, χρῶνται· οἱ δὲ ὑπὸ ταῖς τῶν ἰχθύων πλευραῖς, φυκία ἐπιβάλλοντες αὐτοῖς· οἱ δὲ τὰς τῶν ἐλαιῶν κορυφὰς ἀλλήλαις συνάπτοντες εἶτα χρῶνται σκηνώμασι. Τὴν δὲ τοιαύτην ἐλαίαν καρπὸν φέρειν φησὶ κασταναϊκῷ καρύῳ προσεμφερῆ.

44 Τὸ δὲ τέταρτον τῶν ἰχθυοφάγων γένος τὴν οἴκησιν ἔχει τοιαύτην. Ἄμμου φόρτος ἄπλετος ἐκ τοῦ παντὸς αἰῶνος ὄρει παραπλήσιος σεσώρευται, καὶ πᾶς οὗτος ὑπὸ τοῦ προσβάλλοντος ἀεὶ κύματος σκληρῶς πεπιλημένος, ὥστε ὁμογενοῦς ὄγκου καὶ μίαν φύσιν ἔχοντος διὰ τὴν μῖξιν καὶ συμπλοκὴν τῆς ἄμμου μηδὲν παραλλάσσειν. Εἶτα ὑπονόμους αὐτοῖς ἀνδρομήκεις ὀρύττουσι, τὸν μὲν κατὰ κορυφὴν ὄγκον ἐῶντες ὠχυρῶσθαι καὶ στέγειν διὰ τῆς εἰρημένης συνδέσεως, ἐκ δὲ τοῦ κάτωθεν ἐδάφους παραμήκεις αὐλῶνας κατασκευαζόμενοι, πρὸς ἀλλήλους πάντοθεν συντετρημένους, ἐν οἷς τέως μέν τινος τὰ πρὸς τὸν ἄνεμον φωτίσαντες ἄγουσιν ἡσυχίαν, ἐπὰν δὲ πλημμυρὶς ἐπέλθῃ, τὰ πρὸς τὴν ἄγραν, ὡς καὶ προείρηται, παρασκευάζονται.

45 Τοὺς μέντοι γε τελευτῶντας αὐτῶν οὐδεμιᾶς ἀξιοῦσι προνοίας, ἀπαθῆ πρὸς τὸν ἐκ δόξης ἔλεον κεκτημένοι τὴν [451 a] γνώμην· διὸ καὶ κεῖσθαι ἐρριμμένους ἐῶσιν, ἕως ἂν ἄμπωτις ἐπιγενομένη τροφὴν εἰς τὴν θάλασσαν κομίσῃ τούτους τοῖς ἰχθύσιν.

31 πεπιλημένος A : πεπιλωμένος M ‖ ὁμογενοῦς A[2]M : ὁμογενὴς A *ut vid.* ‖ **33** αὐτοῖς M : αὑτοῖς A ‖ **35** στέγειν A : στέγην M ‖ **40** ἄγραν M : ἀγορὰν A.

46. Certains de ceux qui vivent de la mer, dit l'auteur, ont aussi, en plus de leurs autres caractéristiques, cette singularité plus étonnante et qu'il est malaisé d'arriver raisonnablement à croire. C'est qu'il est impossible, en effet, de savoir d'où et comment ils sont arrivés à l'endroit qu'ils habitent : un rocher lisse domine leur habitat sur les flancs ; des escarpements en interdisent l'accès, tandis que la mer les sépare de tout le continent d'en face, ce qui rend tout à fait impossible d'arriver chez eux à pied, comme je l'ai dit ; également difficile est l'accès en radeau parce qu'ils manquent des moyens dont nous disposons chez nous. Dans cet état de choses, dit l'auteur, il ne reste qu'à dire que ce sont des aborigènes qui n'ont pas gardé le souvenir de leur origine première et qui subsistent depuis toujours de la façon qu'ont définie quelques-uns de ceux qu'on appelle des naturalistes[1].

47. Par-delà les détroits qui séparent l'Arabie et le continent d'en face, dit-il, il y a des îles dispersées, toutes de faible relief, de peu d'étendue, et en nombre incalculable ; elles ne portent rien qui puisse servir à la subsistance, ni produit de culture ni produit sauvage ; elles sont à environ soixante-dix stades du continent dont on a parlé et elles sont orientées vers la mer qui, croit-on, s'étendrait au delà de l'Inde et de la Gédrosie. Là ne se produisent pas de vagues, mais devant chaque île est une autre qui brise le ressac sur ses pointes ; elles passent pour jouir d'un climat exceptionnel.

Elles sont habitées par une population peu nombreuse qui mène l'existence que voici. Dans la mer proche, qui est fort houleuse et tempétueuse, il y a des tortues d'une largeur et d'une taille incroyables que tous nous considérons comme des tortues de mer. La nuit, ces tortues

1. Diodore, III, 20, 1-3, p. 140. Woelk, p. 138.

46 Ὅτι φησὶν ἐνίους τῶν ἀπὸ τῆς θαλάττης σιτουμένων μετὰ τῶν ἄλλων καὶ τοῦτο ἔχειν παραδοξότερον καὶ εἰς λογικὴν καταχωρῆσαι πίστιν οὐ ῥᾴδιον. Οὔτε γὰρ πόθεν εἰς τὸν χῶρον, ἐν ᾧ οἰκοῦσιν, ἀφίκοντο, ἔστιν ἐπιγνῶναι, οὔτε ὅπως λισσῆς μὲν πέτρας ἄνωθεν ἐπεζευγμένης, ἐκ πλαγίου δὲ κρημνῶν ἀφαιρουμένων τὰς παρόδους, τὴν δὲ ἀπέναντι πᾶσαν ὁρίζοντος, ὃ καὶ πεζῇ μὲν ἐλθεῖν παντελῶς (ὡς εἶπον) ἀδύνατον, σχεδίαις δὲ ὁμοίως ἀπορίᾳ τῶν παρ' ἡμῖν ἐξ ἴσου ἄπορον. Τούτων δὲ ὑφεστώτων, φησί, λοιπὸν εἰπεῖν ὡς αὐθιγενεῖς εἰσι, μνήμην τοῦ πρώτου σπέρματος οὐ λαβόντες, ἀεὶ δὲ ὑπάρχοντες, ὃν τρόπον ἔνιοι τῶν καλουμένων ὡρίσαντο φυσικῶν.

47 Ὅτι τῶν στενῶν ἐπέκεινα, φησί, τῶν συγκλειόντων τήν τε Ἀραβίαν καὶ τὴν ἀπέναντι χώραν, νῆσοι κεῖνται σποράδες, ταπειναὶ πᾶσαι, μικραὶ τῷ μεγέθει, τὸ πλῆθος ἀμύθητοι, καρπὸν οὐθένα γεννῶσαι πρὸς τὸν βίον, οὔτε ἥμερον οὔτε ἄγριον, ἀπέχουσαι μὲν τῆς εἰρημένης ἠπείρου σταδίους ὡς ἑβδομήκοντα, τετραμμέναι δὲ πρὸς τὸ δοκοῦν πέλαγος παρεκτείνειν τὴν Ἰνδικὴν καὶ Γεδρωσίαν. Ἐνταῦθα κῦμα μὲν οὐ γίνεται, ἀλλὰ ἄλλη μὲν ἄλλης προκαθημένη τὸν κλύδωνα τοῖς ἀκρωτηρίοις λαμβάνει· ἀέρων δὲ τὸν ἄριστον δοκοῦσιν ἔχειν.

Ταύτας ἄνθρωποι κατανέμονται ἀριθμῷ μὲν σύμμετροι, ζῶντες δὲ βίον τοιοῦτον. Ἐν τῷ παρήκοντι πελάγει, τραχεῖ καὶ χειμερίῳ ὑπάρχοντι τελέως, γίνεται τῷ πλάτει καὶ τῷ μεγέθει πλῆθος ἄπιστον χελωνῶν, ἃς θαλαττίας πάντες νομίζομεν. Αὗται νυκτὸς μὲν ἐν τῷ βυθῷ

[451 a] **7** ἀφίκοντο A : ἀφῆκον M ‖ **10** πᾶσαν *codd.* : πᾶσαν τοῦ πελάγους Hudson ‖ **14** εἰσι, μνήμην A : λύμην M ‖ **23** Γεδρωσίαν A : γεδροσίαν M ‖ 25 προκαθημένη A : προσκαθημένη M ‖ **26** δοκοῦσιν *bis habet* M *del.* Mx ‖ ταύτας Bekker : ταύταις *codd.* ‖ **27** ἀριθμῷ μεν Müller : ἀριθμῷ μὲν οὐ AM ἀριθμούμενοι A2 οὐ *secl.* Bekker ‖ **29** πλάτει A : πλήθει M.

vivent dans les fonds, mais le jour, elles viennent vers les endroits calmes et tranquilles des îles et elles dorment en surface, tournées vers le soleil, pareilles aux barques construites par les hommes. A ce moment-là, les indigènes, grâce à leur habileté et à leur vitesse, et en s'aidant de cordes, les jettent à terre et ils en mangent tout l'intérieur qu'ils ont fait chauffer légèrement pendant un moment au soleil ; ils utilisent les carapaces pour construire leurs habitations : ils les dressent comme des huttes en les retournant sur des endroits élevés ; ils s'en servent aussi pour traverser la mer et pour recueillir de l'eau ; en sorte que le même animal sert à ces [451 b] populations d'esquif, d'habitation, de récipient et de nourriture [1].

48. Non loin du clan dont on vient de parler vit une population peu nombreuse qui subsiste de la manière suivante. Les gens tirent leur nourriture des baleines qui sont jetées au rivage. Quand cette nourriture se fait rare chez eux — et c'est fréquent — ils mangent les cartilages des arêtes et les bouts des arêtes costales et, bien péniblement, ils remédient à leur disette. Voilà donc, dit l'auteur, quelles sont les espèces de mangeurs de poisson que nous avons découvertes et il y en a une infinité que nous n'avons pu connaître [2].

49. Tandis que le régime de vie auquel nous nous soumettons consiste en superflu autant qu'en nécessaire, les tribus de mangeurs de poisson dont j'ai parlé ont exclu, dit l'auteur, tout ce qui est inutile, et elles ne manquent pas du nécessaire ; c'est par la voie divine qu'ils sont conduits tous vers leur genre de vie et non par la voie qui sophistique la nature par les idées qu'on se fait. Car n'ayant aucun appétit de pouvoir, ils ne sont occupés d'aucune rivalité querelleuse et déplorable ; n'ayant non plus aucun amour pour la richesse, ils ne font pas aux autres et ils ne subissent pas des autres tant de maux inutiles ; ils ne suscitent pas de ces graves inimitiés

1. Diodore, III, 21, 1-5, p. 140-144. Woelk, p. 140-141.
2. Diodore, III, 21, 6, p. 144.

νέμονται, ἡμέρας δὲ εἰς τὴν ἐν ταῖς νήσοις ἡσυχίαν καὶ γαλήνην ἀφικόμεναι κοιμῶνται, καὶ τοῦτο ποιοῦσι πρὸς τὸν ἥλιον μετέωροι, ταῖς κατεσκευασμέναις πορθμίσιν ὁμοιοπαθεῖς. Ταύτας κατ' ἐκεῖνο καιροῦ οἱ ἐπιχώριοι τέχνῃ καὶ σπουδῇ καὶ μερμίθαις εἰς τὴν χερσὸν ἐκβαλόντες τὰ μὲν ἐντὸς ἅπαντα σιτοῦνται, βραχὺν παροπτήσαντες ἐν τῷ καύματι χρόνον, τοῖς δὲ κύτεσι χρῶνται τὰς σκηνώσεις καθιστῶντες, οἱονεὶ καλύβας ἐφ' ὑψηλοῖς τόποις πρηνεῖς καθιστῶντες, καὶ πρὸς τοὺς διάπλους δὲ καὶ ὑδρείας ἕνεκα κέχρηνται αὐτοῖς · ὥστε εἶναι τὸ αὐτὸ ναῦν, [451 b] οἰκίαν, ἀγγεῖον, τροφὴν τοῖς εἰρημένοις ἀνθρώποις.

48 Ὅτι οὐ πολὺ διεστῶτες τοῦ εἰρημένου γένους σύμμετροι τῷ ἀριθμῷ βίον ἔχουσι τοιοῦτον. Ἐκ τῶν ἐκριπτουμένων εἰς τὴν χέρσον κητῶν ἀποζῶσι. Σπανιζούσης δὲ αὐτοῖς τῆς τοιαύτης σιτήσεως (γίνεται δὲ πολλάκις) ἐκ τῶν ὀστῶν τούς τε χόνδρους καὶ τὰ ἄκρα τῶν πλευρῶν κατεργαζόμενοι τὴν ἔνδειαν, εἰ καὶ χαλεπῶς, ὅμως παραμυθοῦνται. Τὰ μὲν οὖν τῶν ἰχθυοφάγων γένη, φησίν, ἃ κατειλήφαμεν, μυρίων ὄντων ἃ τὴν ἡμῶν διέφυγε γνῶσιν, τοσαῦτα.

49 Ὅτι τῆς ζωῆς ἡμῶν ἡμῖν ἐφεστώσης ἔν τε τοῖς περιττοῖς καὶ τοῖς ἀναγκαίοις, τὰ εἰρημένα γένη τῶν ἰχθυοφάγων τὰ μὲν ἄχρηστα περιγεγράφασιν ἅπαντα, φησί, τῶν δὲ καθηκόντων οὐδὲν ἐλλείπουσι, τῇ θείᾳ πρὸς τὸ ζῆν ὁδῷ βραβευόμενοι πάντες, οὐ τῇ παρασοφιζομένῃ ταῖς δόξαις τὴν φύσιν. Οὐ γὰρ ἀρχῆς ἱμειρόμενοι τυχεῖν ἀγωνίᾳ φιλονείκῳ καὶ δυστυχεῖ συνέχονται · οὐδὲ πλεονεξίας ἐρῶντες πολλὰ μὲν ἄλλους δρῶσι, πολλὰ δὲ πάσχουσι τῶν οὐκ ἀναγκαίων · οὐδὲ ἔχθρας ἐνιστάμενοι

32 ἡμέρας M : ἡμέρα A || **34** κατεσκευασμέναις Photius : κατεστραμμέναις Diodore || **40** καθιστῶντες M : καθιστάντες A || καὶ A^5 : *om.* AM.

[451 b] **7** χαλεπῶς A : χαλεπὰ M || **12** τὰ A : καὶ τὰ M || **17** τυχεῖν Bekker : τύχην AM τύχης A^2.

qui poussent à faire du mal à un ennemi, ils ne sont pas entraînés dans les malheurs de leurs proches ; ils ne courent pas la mer à la poursuite du profit en abusant de leur vie en mesurant leurs peines aux accidents de l'existence, mais, avec leur peu de besoins, ils ont aussi peu de désirs : ils se procurent ce qui leur suffit sans rechercher un surplus. Ce qui trouble chacun d'eux, ce n'est pas l'inconnu, puisqu'il n'est pas présent, mais c'est la chose qu'ils souhaitent quand elle tarde alors que leur désir les presse. Ainsi, celui qui a tout ce qu'il veut sera heureux en se basant sur le verdict de la nature et non sur l'opinion. Leur justice n'est fondée sur aucune loi : quelle nécessité, en effet, de s'asservir à une ordonnance quand on peut vivre honnêtement sans la sanction d'une loi écrite[1]?

50. Plus loin que le pays des mangeurs de poisson, près de l'Astabaras*, qui coule à travers l'Éthiopie et la Libye — c'est un fleuve beaucoup moins important que le Nil et qui, réunissant son élan propre au courant plus puissant, forme, dans une boucle qu'il fait, l'île de Méroé* — le long donc du fleuve en question, sur ses deux rives, habite une population peu nombreuse qui vit comme ceci. Au marais voisin, les gens arrachent les racines des roseaux ; ils les lavent proprement puis ils les hachent à l'aide de pierres ; ils les rendent lisses et collantes et façonnent avec la pâte des boules qui ne remplissent pas tout à fait la main et qu'ils font cuire [452 a] légèrement au soleil ; c'est cela leur nourriture. Ces gens sont en butte à un fléau sans remède : les attaques des lions des marais. Au lever de la canicule apparaissent des nuées innombrables de moustiques d'une agressivité telle que la population fuit vers les eaux des lacs et y reste cachée. Ces moustiques délogent même les lions de leur habitat, moins parce que ceux-ci sont affectés par la morsure des insectes, qui est assurément pénible, que parce qu'ils sont incapables de supporter le bruit bizarre de leur cri. Rapportons le fait pour

1. Ce fr. 49 ne nous est connu que par Photius. Müller imprime à sa suite un fr. 49 a = Diodore, III, 22, 1-4, p. 144-146.

μείζους ἐπὶ βλάβῃ σώματος πολεμίου σφάλλονται ἐν ἀτυχίαις οἰκείων· οὐδὲ ναυτιλλόμενοι, κέρδους ἕνεκα τὸ ζῆν ὑπερτείναντες, προσπταίσμασι τοῦ βίου μετροῦσι τὴν λύπην· ἀλλὰ μικρῶν δεόμενοι μικρὰ καὶ πενθοῦσι, τὸ μὲν ἀρκοῦν κτώμενοι, τὸ δὲ πλέον οὐ ζητοῦντες. Ἐνοχλεῖ δ' ἕκαστον οὐ τὸ ἀγνοούμενον, εἰ μὴ πάρεστιν, ἀλλὰ τὸ βουλητόν, ὅταν ὑστερίζῃ τοῦ καιροῦ τῆς ἐπιθυμίας σπευδούσης. Οὐκοῦν ἐκεῖνος, πάντ' ἔχων ἃ θέλει, εὐτυχήσει κατὰ τὸν τῆς φύσεως λογισμόν, οὐ κατὰ τὸν τῆς δόξης. Νόμοις δὲ οὐ δικαιοῦνται· τί γὰρ δεῖ προστάγματι δουλεύειν τὸν χωρὶς γράμματος εὐγνωμονεῖν δυνάμενον;

50 Ὅτι μετὰ τοὺς ἰχθυοφάγους παρὰ τὸν Ἀσταβάραν ποταμόν, ὃς φέρεται μὲν διὰ τῆς Αἰθιοπίας καὶ τῆς Λιβύης, ἔστι δὲ τοῦ Νείλου πολλῷ ταπεινότερος, συμβάλλων δὲ τὴν οἰκείαν ὁρμὴν τῷ μείζονι ῥείθρῳ νῆσον ποιεῖ τῇ περιρρύσει τὴν Μερόην, παρὰ γοῦν τὸν εἰρημένον ποταμὸν ἐπ' ἀμφοτέροις κατοικεῖ τοῖς χείλεσιν ὄχλος οὐ πολὺς μέν, τῷ δὲ βίῳ τοιοῦτος. Ἐκ τοῦ παρήκοντος ἕλους τὰς ῥίζας τῶν καλάμων ὀρύττει, κἄπειτα πλύνας καθαρῶς ἐκκόπτει λίθοις πρὸς μέρος, ποιήσας δὲ λεῖον καὶ κολλῶδες ἀνέπλασεν ἐκ μαγίδος, εἰ καὶ οὐ χειροπλήθεις, ὄγκους, εἶτα ἐν τῷ καύματι πα- [452 a] ροπτῶν ταύτην ἔχει προσφοράν. Ἔχουσι δὲ οὗτοι κακὸν ἄφυκτον τοὺς ἐν τοῖς ἕλεσι λέοντας ἐπιτιθεμένους αὐτοῖς. Ὑπὸ δὲ τὴν ἐπιτολὴν τοῦ κυνὸς γίνεταί τι κωνώπων πλῆθος ἄπλετον, τηλικαύτην ἔχον δύναμιν ὥστε τὸν λάον εἰς τὰς λιμνώδεις ὑγρασίας ἀπελθόντα ἐκεῖ μένειν ἀφανῆ. Ὑφ' ὧν καὶ οἱ λέοντες ἐκτοπίζονται, οὐχ οὕτως ὑπό του δηγμοῦ δηλούμενοι, καίπερ ὄντος ἐπαχθοῦς, ὡς τὸν ἀπὸ τῆς φωνῆς ἦχον ἀλλόφυλον ἀδυνατοῦντες

20 πολεμίου AM : πολεμίου οὐ A² ‖ σφάλλονται Müller : σφάλλονται δὲ *codd.* δὲ *secl.* Bekker ‖ **33** συμβάλλων AM : συμβαλὼν A¹ ‖ **35** ποιεῖ A¹M : *quid prius praeb.* A *non liquet.*

[452 a] **3** τι A : *om.* M. ‖ **7** δηλούμενοι AM : δειλούμενοι A².

son étrangeté : qu'y a-t-il, en effet, de plus singulier que de voir des lions céder le terrain à des moustiques, et des hommes sauvés par un danger de cette sorte[1]?

51. Avec les peuplades dont on vient de parler, dit l'auteur, voisinent les races peu différentes des mangeurs de fibres et des mangeurs de graines. Les uns, en effet, mangent les fruits qui tombent des arbres en été; le reste du temps, ils arrachent la plante à tige dure qui pousse dans les vallons ombragés et qui produit un chou assez semblable à ce qu'on appelle les navets de bœuf; les autres mangent les fibres tendres du bois.

Ces gens-là prennent leur repos la nuit dans un endroit qu'ils ont choisi pour ses possibilités de défense et de protection contre les fauves de la contrée; au lever du soleil, avec femmes et enfants, tous montent aux arbres et cherchent en toute hâte à cueillir les fines pointes des rameaux; ils en extrayent la partie la plus tendre qu'ils mangent aisément. Tel est leur comportement durant toute leur vie au point que leur escalade dans les arbres est un spectacle incroyable; on peut en dire autant de celui que donne la souplesse non seulement de leurs mains, de leurs doigts et de leurs pieds, mais, en un mot, de tous leurs membres. Ils sautent, en effet, avec aisance d'une branche à l'autre; souvent, ils se volent les rameaux l'un à l'autre dans les endroits les plus dangereux et ils font montre de telles prouesses que le spectateur en reste stupéfait mais n'oserait les rapporter à qui ne les a pas vues. Ils triturent aussi avec leurs dents tous les rameaux pleins de suc et leur estomac les digère facilement; le corps qui tombe de haut, grâce à sa légèreté, ne subit pas de blessure grave. Tous ces êtres sont nus, pratiquent la communauté des femmes et des enfants et se battent entre eux pour la possession des habitats; la plupart meurent usés par la faim à

1. Diodore, III, 23, p. 142-148. Woelk, p. 141-144.

φέρειν. Ἀλλὰ ταῦτα μὲν ἀπηγγέλθω τοῦ παραδόξου χάριν · τί γὰρ ἰδιώτερον ἢ λέοντας μὲν ἐκχωρεῖν κώνωψιν, ἀνθρώπους δὲ σῴζεσθαι ὑπὸ τοιούτου κινδύνου;

51 Ὅτι τοῖς εἰρημένοις, φησί, τὸ τῶν ὑλοφάγων καὶ τῶν τὰ σπέρματα σιτουμένων ἐγγίζει γένος, βραχεῖαν ἔχον τὴν παραλλαγήν. Οἱ μὲν γὰρ τὸν πίπτοντα καρπὸν ἀπὸ τῶν δένδρων σιτοῦνται ὑπὸ τὴν θερείαν, τὸ δὲ λοιπὸν τῆς πόας ἅπτονται τῆς ἐν τοῖς σκιεροῖς ἄγκεσι γινομένης στερεᾶς τε τὴν φύσιν καὶ καυλὸν ἐκτρεφούσης παρόμοιον ταῖς καλουμέναις βουνιάσιν · οἱ δὲ τῆς ὕλης τὴν ἁπαλὴν σιτοῦνται.

Οὗτοι τὰς μὲν νύκτας κοιμῶνται τόπον ἀπὸ τῶν ἐκεῖ θηρίων πρὸς ὀχύρωσιν ἐξειλεγμένοι καὶ φυλακήν, ἅμα δὲ ἡλίῳ μετὰ τέκνων καὶ γυναικῶν ἐπὶ τὰ δένδρα πάντες ἀναβαίνουσι, σπουδῇ καταλαβεῖν ζητοῦντες τοὺς ἄκρους κλῶνας · κἀκεῖθεν τὴν ἁπαλωτάτην ὕλην ἀμέλγοντες εὐμαρῶς σιτοῦνται. Τοιαύτην δὲ ἐκ τοῦ παντὸς βίου πεποίηνται τὴν ἕξιν, ὥστε καὶ τὰ τῆς ἀναδρομῆς ἄπιστον ἔχειν τὴν θέαν καὶ τὴν συντονίαν οὐ χειρῶν μόνον καὶ δακτύλων καὶ ποδῶν, ἀλλὰ καὶ τῶν μερῶν τῶν ὑπολοίπων ἁπλῶς. Μεταπηδῶσι γὰρ εὐπόρως ἀπ' ἄλλου πρὸς ἕτερον ἀκρέμονα, καὶ τοὺς κλάδους ἀλλήλων πολλάκις ἐν τοῖς ἐπισφαλεστάτοις τόποις ἀφαιροῦνται, καὶ τοιαῦτα ἐνδείκνυνται ὥστε τὸν ἰδόντα αὐτὸν μὲν ἐκπλήττεσθαι, μὴ μέντοι θαρρεῖν εἰς τοὺς ἀπείρους ἐξαγγέλλειν. Καὶ πάντα δὲ κλάδον τοῖς ὀδοῦσιν ἔγχυλον κατεργάζονται καὶ ταῖς κοιλίαις εὐπόρως πέττουσι · καὶ τὸ σφαλὲν ἄνωθεν σῶμα διὰ τὴν ἰσχνότητα οὐ βαρείας τυγχάνει τῆς πληγῆς. Οὗτοι δὲ γυμνοὶ μέν εἰσι πάντες, χρῶνται δὲ κοινοῖς καὶ τέκνοις καὶ γυναιξί, πολεμοῦσι δὲ περὶ τῶν τόπων ἀλλήλοις, μεταλλάττουσι δὲ

15 σιτοῦνται M : σιτοῦνται καὶ A καὶ *secl.* Bekker || **16** τῆς A : τὴν M || **17** γινομένης στερεᾶς A : γινομένην στερεὰν M || **37** χρῶνται δὲ κοινοῖς A : κοινοῖς χρῶνται δὲ M || **38** ἀλλήλοις *edd.* : ἀλλήλους *codd.*

cause des glaucomes qui attaquent leurs yeux vers la cinquantaine [1].

52. Plus loin que les peuples dont il vient d'être question vivent ceux que les gens du pays appellent les [452 b] chasseurs. Cette tribu, à cause des fauves innombrables qui vivent dans la région, habite dans les arbres ; les hommes prennent les bêtes à l'affût et en font leur nourriture. Ils savent aussi manier l'arc. Quand ils manquent de gibier, ils remédient à leur disette à l'aide des peaux des bêtes qu'ils ont tuées auparavant ; ils mouillent ces peaux, les mettent sur un feu doux de braises, les épilent et les découpent [2].

53. Au delà de la tribu en question, à une grande distance d'elle et plus vers le Couchant, habitent des gens qui vivent de la chasse aux éléphants. Les uns, du haut d'un arbre où ils se sont postés, guettent le passage des fauves ; de leurs mains, ils s'agrippent à leur queue, ils prennent appui avec leurs pieds sur la patte gauche de la bête, puis, avec une hache conçue pour cette opération, et qu'ils tiennent toujours prête, ils frappent à coups redoublés le jarret droit de l'animal pour en trancher les tendons ; ils frappent avec acharnement d'une main en se cramponnant de l'autre à la queue de l'animal, comme des gens dont la vie est en jeu, car il faut mourir ou tuer : il n'y a pas d'autre issue en cette circonstance.

Quand la bête tombe sous les coups, vidée de son sang, les compagnons du chasseur surgissent au moment où elle s'écroule et, alors que le fauve est encore vivant, ils lui tranchent des morceaux des quartiers de derrière et s'en régalent en attendant ainsi la mort complète de la bête agonisante [3].

54. Voilà donc comment se comportent les chasseurs d'éléphants ; ils les attaquent en affrontant le plus grand des dangers.

1. Diodore, III, 24, p. 148-152. Woelk, p. 144-146.
2. Diodore, III, 25, p. 152-154. Woelk, p. 146.
3. Diodore, III, 26, p. 154-156. Woelk, p. 147-150.

οἱ πλεῖστοι λιμῷ πιεζόμενοι, γλαυκωμάτων περὶ τὰ πεντήκοντα ἔτη τοῖς ὄμμασιν ἐπιτρεχόντων.

52 Ὅτι μετὰ τοὺς εἰρημένους εἰσὶν οἱ παρὰ τοῖς ἐγχωρίοις λεγόμενοι κυνηγέται. Οὗτοι διὰ τὴν τῶν θηρίων [452 b] φοράν, ἣν ὁ τόπος ἄπλετον φέρει, ἐν τοῖς δένδρεσι μὲν σκηνοῦσιν, ἐξ ἐνέδρας δὲ ἀγρεύοντες τὰ θηρία τροφὴν ἑαυτοῖς ταῦτα ποιοῦνται. Εἰσὶ καὶ τοξείας ἐπιστημόνες. Ἐπὰν δὲ θήρας ἀπορῶσι, τοῖς δέρμασι τῶν προτεθηραμένων τὴν ἔνδειαν ἀναπληροῦσι, βρέξαντες τὰς βύρσας καὶ ἐπ' ἀνθρακιὰν κούφην ἐπιβαλόντες, εἶτα σποδίσαντες καὶ εἰς διαίρεσιν ἀγαγόντες.

53 Ὅτι μετὰ τοὺς εἰρημένους, πολὺ τούτων ἀφεστῶτες καὶ πρὸς ἑσπέραν μᾶλλον ἀνατείνοντες, εἰσὶν οἳ ἐκ τῆς τῶν ἐλεφάντων θήρας τὸν βίον ποιοῦνται. Οἱ μὲν ἀπὸ δένδρου, ἐφ' ᾧ κάθηνται, σκοποῦντες τὰς παρόδους τῶν θηρίων, ταῖς μὲν χερσὶ τῆς οὐρᾶς λαβόμενοι, τοῖς ποσὶ δὲ πρὸς τὸν μηρὸν τὸν ἀριστερὸν ἐπιβαίνουσιν· εἶτα πελέκει, ὃν ἐπιτήδειον καὶ ἕτοιμον ἔχουσι, τὴν δεξιὰν ἰγνύν, πυκναῖς ταῖς πληγαῖς χρώμενοι, νευροκοποῦσιν, οὕτω δὲ ἐκτενῶς τῇ μὲν καταφέροντες τῇ δὲ τῆς οὐρᾶς κρατοῦντες, ὡς ἄθλου προκειμένου τῆς ψυχῆς· ἢ γὰρ ἀποκτεῖναι χρὴ ἢ τελευτᾶν, ἄλλην τοῦ καιροῦ διέξοδον οὐκ ἔχοντος.

Ἐπὰν δὲ τὸ ζῷον ἐκ τῆς πληγῆς καὶ τῆς αἱμορραγίας πέσῃ, οἱ συνθηραταὶ παραγίνονται ἐπὶ τὸ πτῶμα, καὶ τοῦ θηρίου ζῶντος ἔτι παρατέμνοντες ἐκ τῶν ὀπισθίων τὰς σάρκας εὐωχοῦνται, τὸν ἔσχατον τοῦ καταπονηθέντος οὕτως ὑπομένοντες θάνατον. 54 Ἀλλ' οἱ μὲν μετὰ τοῦ ἐσχάτου κινδύνου ἐλεφαντοθῆραι τοιοῦτοι.

41 εἰρημένους A : προειρημένους M.

[452 b] **8** μετὰ A^2M : μὲν *fortasse* A || **12** πρὸς A : ὡς M || **17** χρὴ A^1M : χρῆν A || **19** δὲ AM : *del.* A^2 || **23** ὑπομένοντες AM : ὑπομένοντος A^2 || τοῦ A : *om.* M.

Il y en a d'autres qui chassent les éléphants de la manière suivante. Trois hommes armés d'un seul arc et de nombreuses flèches enduites de venin de serpent se tiennent dans la forêt sur les pistes des fauves.

Quand la bête approche, un des chasseurs maintient l'arc calé contre son pied et les deux autres tendent la corde de toutes leurs forces et lancent la flèche en ne visant qu'un seul endroit, le milieu du flanc, de manière à percer le cuir et à couper et blesser le creux du ventre ; la bête ainsi frappée se débat, s'agite convulsivement, perd ses forces et s'écroule [1].

55. Il y a une troisième sorte de mangeurs d'éléphants. Quand les éléphants, repus au pâturage, cherchent à s'abandonner au sommeil, ils ne se couchent pas à terre pour dormir mais ils s'appuyent aux plus gros et aux plus grands des arbres de telle façon que leurs deux pattes les plus proches du tronc ne prennent que légèrement appui au sol, tandis que leur flanc, recevant tout le poids du corps, est supporté par le tronc de l'arbre ; de cette façon, l'assoupissement n'est pas total mais [453 a] n'est qu'un semblant de sommeil, le sommeil profond s'accompagnant chez l'éléphant d'une forte angoisse, car la mort attend aussitôt celui qui s'écroule parce qu'il est naturellement incapable de se relever [2].

Ceux donc qui vivent de cette chasse errent autour des forêts et, quand ils ont repéré l'endroit où la bête vient se reposer, ils scient l'arbre du côté opposé jusqu'à ce que, sans pencher tout à fait, il ne soit plus trop solide,

1. Ce fr. 54 n'est connu que par Photius. Woelk, p. 150.
2. Données fantaisistes. Woelk, p. 150.

Ἕτεροι δὲ θηρῶσιν αὐτοὺς οὕτω. Τρεῖς ἄνδρες ἓν μὲν ἔχοντες τόξον, ὀϊστοὺς δὲ πλείους κεχρισμένους τῇ χολῇ τῶν ὄφεων, ἑστᾶσιν ἐν δρυμῷ παρὰ τὰς τῶν θηρίων διεξόδους.

Ἐπὰν οὖν προσάγῃ τὸ ζῷον, ὁ μὲν εἷς κατέχει τὸ τόξον τῷ ποδὶ προσβεβηκώς, οἱ δὲ δύο τὴν νευρὰν ἑλκύσαντες ἐκ τῆς ἁπάσης βίας ἀφῆκαν τὸ βέλος, ἕνα σκοπὸν ἔχοντες ἐπὶ μέσην τὴν πλευράν, ὥστε διανύσαι τῆς περιοχῆς ἐντὸς καὶ τοὺς κυρτοὺς τεμεῖν καὶ τρῶσαι τόπους· ἐκεῖθεν τὸ τηλικοῦτον θηρίον ἐλαυνόμενόν τε καὶ σπαραττόμενον διαλύεται καὶ πίπτει.

55 Τρίτον δέ ἐστι γένος ἐλεφαντοφάγων, οἳ ἐπειδὰν οἱ ἐλέφαντες τῆς νομῆς ἐμφορηθέντες πρὸς ὕπνον τραπέσθαι ζητῶσιν, οὐκ ἐπὶ γῆς δὲ ἀναπεσόντες ὑπνοῦσιν, ἀλλὰ τοῖς παχυτάτοις καὶ μεγίστοις δένδρεσι προσανακλίνοντες ἑαυτούς, ὥστε τοὺς μὲν δύο πόδας τοὺς πλησίον τοῦ στελέχους πρὸς τὴν γῆν ἐλαφρῶς ὑπερείδεσθαι, τὴν δὲ πλευρὰν τὸ πᾶν σῶμα ἐκδεχομένην ὀχεῖσθαι πρὸς τῇ φύσει τοῦ ξύλου, καὶ τοῦτον τὸν τρόπον τῆς καταφορᾶς τυγχά- [453 a] νειν οὐκ εἰλικρινοῦς ἀλλὰ παρεψευσμένης, διὰ τὸ προσκεῖσθαι τοῖς βάθεσιν ὕπνοις ἀγωνίαν ἰσχυράν, φθορᾶς ὑποκειμένης παραχρῆμα τῷ σφαλέντι διὰ τὴν ἔκλυσιν τὴν φυσικήν.

Οἱ οὖν ἀπὸ τῆς τούτων θήρας τὸν βίον ποιούμενοι, τοὺς δρυμοὺς περιπλανώμενοι καὶ τὴν τοῦ θηρίου κοίτην ἐπισημηνάμενοι, ἐκ τῶν ὄπισθεν τοῦ δένδρου τόπων πρίουσιν, ἕως ἂν μήτε κλίνῃ τὸ πᾶν μήτε ἰσχῦον ἄγαν καὶ ἰσχυρὸν ἀπολείποιτο, μένῃ δὲ

26 κεχρισμένους A² : κεχρημένους AM || **28** τὸ τόξον A : τόξον M || **29** προσβεβηκώς A : προσβεβληκώς M || **32** καὶ τούς A : τούς M || **35** οἳ *codd.* : ὃ Bekker || **36** πρὸς A : *om.* M || **39** δύο A : *om.* M || **40** ἐλαφρῶς A : *om.* M.

[453 a] **8** καὶ A : *om.* M || καὶ ἰσχυρὸν *secl.* Bekker || μένῃ M : μένει A || δὲ A : δὲ καὶ M.

mais reste debout et résiste à une légère pesée. La bête qui vient du pâturage à l'endroit habituel de son repos, en s'appuyant, s'écroule brusquement parce que l'arbre se casse et elle offre aux chasseurs comme un festin tout prêt, car ceux-ci, en tailladant les chairs des quartiers de derrière, vident la bête de son sang et la font mourir, puis en découpent les quartiers, chacun selon ses besoins [1].

56. Ptolémée, le roi d'Égypte, voulut amener ces chasseurs à renoncer au massacre des éléphants afin de les avoir lui-même vivants ; il leur fit beaucoup de merveilleuses promesses ; non seulement il ne put les convaincre, mais il s'entendit répondre qu'ils n'échangeraient pas le genre de vie qui était le leur contre tout son royaume [2].

57. Dans le voisinage de ces chasseurs, que les nomades ont l'habitude d'appeler les impurs, du côté de l'ouest, vit une tribu isolée d'Éthiopiens qu'on appelle les camards ; la région au sud est occupée par un clan peu important qu'on appelle les mangeurs d'autruches ; ils les chassent avec habileté et ruse en se servant de bâtons ; ils tirent leur subsistance de cette chasse : ils mangent la chair des autruches et ils en utilisent les peaux comme vêtement et comme litière. Quand ils sont attaqués par les camards, ils utilisent comme armes des cornes d'antilope qui sont grandes et tranchantes ; la région nourrit en abondance ce gibier [3].

58. A peu de distance de cette dernière peuplade vivent les mangeurs de sauterelles ; c'est une race d'une taille plus petite que les autres, au corps maigre et d'une noirceur affreuse. A l'approche de l'équinoxe de printemps, lorsque soufflent dans leur contrée les vents du sud-ouest et les zéphyrs, des nuées considérables de grosses sauterelles arrivent chez eux, portées par les vents, du pays inconnu ; par la vigueur de leur vol, elles diffèrent peu des

1. Diodore, III, 27, p. 156-158. Woelk, p. 150-152.
2. Ce fr. 56 n'est connu que par Photius. Woelk, p. 152.
3. Diodore, III, 28, p. 158-160. Woelk, p. 152-155.

ἑστηκὸς ἐπὶ βραχείας ῥοπῆς. Τὸ δὲ ζῷον ἀπὸ τῆς νομῆς ἐπὶ τὸν συνήθη τῆς κοίτης τόπον ἀνακλινόμενον αἰφνίδιόν τε πίπτει τοῦ ξύλου κλασθέντος, καὶ πρόκειται τοῖς θηράσασι δεῖπνον ἕτοιμον · τὰς γὰρ ὀπισθίας κόψαντες οὗτοι σάρκας καὶ ποιήσαντες ἔξαιμον τὸ ζῷον, εἶτα νεκρόν, πρὸς τὴν ἑαυτοῦ χρείαν ἕκαστος τὰ μέλη διαιροῦσιν.

56 Ὅτι τούτους τοὺς κυνηγοὺς Πτολεμαῖος ὁ Αἰγύπτου βασιλεὺς ἀποσχέσθαι τοῦ φόνου τῶν ἐλεφάντων παραινῶν, ἵν' ἔχοι αὐτὸς ζῶντας, καὶ πολλὰ καὶ θαυμαστὰ αὐτοῖς ὑπισχνούμενος, οὐ μόνον οὐκ ἔπεισεν, ἀλλ' οὐδ' ἂν τὴν ὅλην ἀλλάξασθαι βασιλείαν πρὸς τὸν ἐνεστῶτα βίον εἰπόντων ἀπόκρισιν ἤκουσεν.

57 Ὅτι τῶν κυνηγῶν τούτων, οὓς οἱ νομάδες ἀκαθάρτους καλεῖν εἰώθασι, τὸ μὲν πρὸς ἑσπέραν ἀπόσπασμα Αἰθιόπων νέμεται οὓς καλοῦσι σιμούς, τὰ δὲ πρὸς μεσημβρίαν οὐ μέγα ἔθνος, οἱ καλούμενοι στρουθοφάγοι, οἳ ταύτας τέχνῃ καὶ δόλῳ καὶ ῥοπάλοις θηρεύοντες ἐκ τούτων βιοῦσιν, σιτούμενοι μὲν τὰς σάρκας, ἐνδύσει δὲ καὶ στρωμνῇ τοῖς αὐτῶν χρώμενοι δέρμασι. Πολεμούμενοι δὲ ὑπὸ τῶν σιμῶν οὗτοι τοῖς τῶν ὀρύγων κέρασιν ὅπλοις χρῶνται μεγάλοις καὶ τμητικοῖς οὖσι · τρέφει δὲ ἡ χώρα πολυπληθὲς τὸ ζῷον τοῦτο.

58 Ὅτι τῶν εἰρημένων οὐ πολὺ διεστῶτές εἰσιν οἱ ἀκριδοφάγοι · τὸ δὲ ἔθνος βραχύτεροι μὲν τῶν λοιπῶν, ἰσχνοὶ δὲ τοῖς εἴδεσι, μέλανες δὲ ἐξαισίως. Ὑπὸ δὲ τὴν ἐαρινὴν ἰσημερίαν, ὅτε λίβες παρ' αὐτοῖς καὶ ζέφυροι πνέουσι, παμμεγεθῶν ἀκρίδων πλῆθος ἀμύθητον ἐκ τῆς ἀνιστορήτου μετὰ τῶν ἀνέμων παραγίνεται χώρας, τῇ μὲν δυνάμει τῆς πτήσεως τῶν ὀρνίθων μι-

9 ἑστηκὸς A : ἕστηκεν M ‖ **11** πρόκειται A : πρόσκειται M ‖ **13** κόψαντες οὗτοι A : οὗτοι κόψαντες M ‖ **17** ἀποσχέσθαι A : ἀποσχεῖσθαι M ‖ **20** ἐνεστῶτα A : ἐφεστῶτα M ‖ **33** μὲν A : *om.* M ‖ **35** λίβες Bekker : λίβυες *codd.* ‖ **36** παμμεγεθῶν A² : παμμεγεθεῖς AM ‖ ἀμύθητον A : ἀμυθήτων M.

oiseaux, mais elles en diffèrent beaucoup par la taille. C'est de ces insectes qu'ils se nourrissent toute l'année ; ils les mangent surtout salés. Ils les chassent à l'aide [453 b] de nuages de fumée qui les font tomber de l'air sur le sol.

On dit que ces gens-là sont lestes et ont les jambes très agiles ; ils ne vivent pas au-delà de quarante ans parce qu'ils ont une nourriture entièrement sèche. Ils meurent d'une mort très misérable : en effet, à mesure que l'âge vient, se développent dans leurs corps des sortes de vers ailés dont la forme ressemble à celle des ricins, mais ils sont un peu plus petits que les vers qui apparaissent chez les chiens ; ces vers éclosent d'abord sur la poitrine et le ventre et se propagent sans désemparer à la peau et à tout le visage. Les gens ressentent d'abord une irritation semblable à celle des prurits et se grattent ensuite très péniblement ; puis, quand le mal atteint son paroxysme et que, avec la multiplication des parasites, de légers ulcères se mettent à suinter, les malheureux endurent des morsures absolument insupportables. Que la cause de leur mal soit dans leurs humeurs, dans leur nourriture ou dans leur climat, c'est ainsi que ces gens-là meurent [1].

59. Le pays voisin de celui des mangeurs de sauterelles, dit l'auteur, est étendu et contient des pâturages d'une variété extraordinaire, mais il est tout à fait désert et inaccessible aux gens des alentours, non qu'il ait été vide d'humains dès les permiers temps, mais à cause du pullulement incroyable des scorpions et des tarentules que d'aucuns appellent « bêtes à quatre mâchoires ». Cette faune, dit-on, s'est répandue à la suite de pluies diluviennes ; les habitants se sont trouvés incapables de résister au fléau et ceux qui ont échappé à la mort par

1. Diodore, III, 29, p. 160-164. Woelk, p. 155-157.

κρὸν παραλλάττον, μακρὸν δὲ τῷ σώματι. Ἀπὸ τούτου τοῦ ζῴου τρέφονται πάντα τὸν χρόνον, ἄλλως τε τούτοις καὶ τεταριχευμένοις χρώμενοι. Καπνῷ δὲ ταύτας θηρῶσιν, [453 b] ἐκ τοῦ ἀέρος ἐπὶ γῆν καταφέροντες.

Οὗτοι κοῦφοι μὲν εἶναι λέγονται καὶ τοῖς ποσὶν ὀξύτεροι, ζῶσι δὲ οὐ πλεῖον τεσσαράκοντα ἐτῶν, ξηρᾶς κοινωνοῦντες τελείως τροφῆς. Τελευτῶσι δὲ τοῦ ζῆν ἀθλιώτερον · ἅμα γὰρ τῷ πλησιάζειν τὸ γῆρας ἐγγίνεται τοῖς σώμασιν αὐτῶν πτερωτὰ γένη φθειρῶν, ὅμοια μὲν τῷ τύπῳ τοῖς κρότωσι, βραχεῖ δὲ ἐλάττω τῶν ἐν τοῖς κυσὶ φαινομένων, ἀρχόμενα μὲν ἀπὸ τοῦ στήθους καὶ τῆς κοιλίας, ἐπινεμόμενα δὲ συντόμως μετὰ τοῦ παντὸς προσώπου τὴν ἐπιφάνειαν. Οἳ τὰ μὲν πρῶτα τοῖς ὑπὸ ψώρας ἠρεθισμένοις ὁμοίως διάκεινται, ὕστερον δ' ἐπιπόνως ἑαυτοὺς σπαράττουσιν · εἶτα τοῦ πάθους εἰς ἀκμὴν ἑλκομένου, καὶ μετὰ τῆς τῶν θηρίων ἐκφύσεως καὶ λεπτῶν ἀναχεομένων ἰχώρων, ἀκαρτερήτους ὑφίστασθαι τοὺς ἀθλίους τὰς δριμύτητας συμβαίνει. Οὗτοι μὲν εἴτε τοὺς χυμούς, εἴτε τὴν τροφήν, εἴτε τὸν ἀέρα τῆς κακίας ἔχοντες αἴτιον, οὕτως ἀπόλλυνται.

59 Ὅτι τῶν ἀκριδοφάγων, φησίν, ἀστυγείτων χώρα πολλὴ καὶ νομὰς ἔχουσα ποικιλίᾳ διαφέρουσας, ἔρημος δὲ τελέως καὶ πᾶσι τοῖς περιοίκοις ἄβατος, οὐκ ἀπ' ἀρχῆς σπανίσασα ἀνθρωπίνου γένους, ἀλλ' ὑπὸ πλήθους ἀπίστου σκορπίων καὶ φαλαγγίων, ἃς τετραγνάθους ὀνομάζουσιν ἔνιοι. Τοῦτο γὰρ τὸ φῦλον ἔκ τινος ἐπομβρίας λέγουσιν ἐπιπολάσαι, καὶ τῶν ἐνοικούντων πρὸς τὸ κακὸν ἀντισχεῖν οὐ δυναμένων, ἀλλὰ φυγῇ τῶν ἐκπεσόντων

39 δὲ A : *om.* M ‖ **41** ταύτας A : ταῦτα M.

[453 b] **3** πλεῖον A : πλείω M ‖ **5** τῷ Müller : *om. codd.* ‖ **7** βραχεῖ A : βραχεῖα M ‖ κυσὶ A : κύμασι M ‖ **15** τὰς M : *om.* A ‖ **18** ἀστυγείτων AM[x] : τῶν ἀστυγείτων M ‖ **22** ἐνομάζουσιν A : ἐπονομάζουσιν M ‖ **25** τῶν M : τούτων A[2] *quid prius praeb.* A *non liquet*

la fuite ont préféré leur salut à leur pays ; depuis lors, la contrée est restée déserte. Des nuées de mouches des champs, pareilles à celles d'Italie, des oiseaux granivores comme ceux de Médie, des grenouilles comme celles qu'il y a chez les Autariates et des lions qui s'étaient multipliés firent déplacer les villes comme en Libye ; beaucoup d'autres maux sans remède qui se sont abattus sur bien des régions les ont vidées de leurs habitants[1].

60. Les derniers de ceux qui habitent dans la direction du sud, dit l'auteur, sont ceux que les Hellènes appellent les trayeurs de chiennes et que leurs voisins désignent d'un mot comme qui dirait barbares sauvages. Ces gens ont une chevelure abondante et portent de longues barbes ; ils font l'élevage en grand de chiens énormes comme ceux d'Hyrcanie ; avec leur aide, ils chassent les buffles d'Inde qui viennent dans leur pays et y apparaissent en troupeaux immenses à partir du sols-
[454 a] tice d'été[2] jusqu'au milieu de l'hiver ; en outre, ils trayent les chiennes et se nourrissent de leur lait ainsi que du produit de la chasse d'autres gibiers. Telles sont les dernières données sur les peuples du sud[3].

61. Voici ce qui concerne les Troglodytes. Leur forme de gouvernement est une tyrannie ; femmes et enfants leur sont communs, il n'y a que la femme du chef dont on ne peut s'approcher ; celui qui l'a osé se voit infliger comme amende de donner une brebis. Voici quel est leur mode de vie : durant leur hiver, qui vient avec les vents étésiens, la divinité inonde tout leur pays de pluies abondantes ; ils vivent de sang et de lait dont ils font un mélange qu'ils tournent dans des vases légèrement passés au feu. Quand l'été arrive, ils retournent dans les terrains

1. Diodore, III, 30, p. 164-168.

2. La correction θερινῶν (454 a 1) de Wesseling s'impose à cause de ἕως μέσου τοῦ χειμῶνος.

3. Diodore, III, 31, p. 168-170. Woelk, p. 157-159. La question que pose ce savant de savoir si Agatharchide a utilisé ici l'*Inde* de Ctésias ne peut être résolue par le recours au sommaire que Photius a fait de cette œuvre au « codex » 72, Bekker, p. 45 b, 13-14 (t. I, p. 134 de la présente édition) où on lit absolument trop peu de chose sur les chiens d'Inde.

τοῦ ὀλέθρου τὴν σωτηρίαν ἀντὶ τῆς πατρίδος ἑλομένων, ἔρημον ἐξ ἐκείνου γένους ἀνθρώπων τὴν χώραν ὑπολειφθῆναι. Καὶ μυῶν δὲ πλῆθος ἀρουραίων, ὡς τοῖς περὶ Ἰταλίαν, καὶ στρουθοὶ τὰ σπέρματα κατεσθίοντες, ὡς περὶ Μηδίαν, καὶ βάτραχοι, ὃ γέγονε περὶ τοὺς Αὐταριάτας καὶ ὑπὸ λεόντων ἐπιπολασάντων πόλεις μετανέστησαν, ὡς ἐπὶ Λιβύης· καὶ πολλὰ ἄλλα ἀνέλπιστα πάθη καταλαβόντα πολλὰς χώρας τῶν οἰκητόρων ἐξηρήμωσαν.

60 Ὅτι ὕστατοι, φησί, τῶν πρὸς μεσημβρίαν οἰκούντων εἰσὶν οὓς Ἕλληνες μὲν κυναμολγοὺς καλοῦσιν, οἱ δ' ἀστυγείτονες, ὡς ἄν τις εἴποι, ἀγρίους βαρβάρους. Οὗτοι κομῆται μέν εἰσι καὶ πώγωνας φέρουσιν ἐξαισίους, κύνας δὲ τρέφουσι πολλοὺς καὶ μεγάλους, ὁμοίως τοῖς ὑρκανοῖς, καὶ τοὺς ἐπιφοιτῶντας αὐτῶν τὴν χώραν ἰνδικοὺς βόας δι' αὐτῶν θηρῶσι, πλῆθος ἐπιφαινομένους ἀμύθητον [454 a] ἀπὸ τροπῶν θερινῶν ἕως μέσου χειμῶνος· εἶτα καὶ τὰς τῶν κυνῶν θηλείας ἀμέλγοντες τῷ γάλακτι τρέφονται, καὶ ἐξ ἄλλων δὲ θήρας ζῴων. Καὶ τὰ μὲν τελευταῖα τῶν πρὸς μεσημβρίαν τοιαῦτα.

61 Τὰ δὲ κατὰ τοὺς Τρωγλοδύτας τοιαῦτα. Τὸ μὲν γένος τῆς συστάσεως τυραννίς, αἱ δὲ γυναῖκες κοιναὶ καὶ οἱ παῖδες· μόνῃ δὲ οὐκ ἔξεστι πλησιάσαι τῇ τοῦ τυράννου· τῷ δὲ τολμήσαντι πρόβατον καταθέσθαι τὸ ἐπιτίμιον δίδοται. Ἡ δὲ ἀναστροφὴ αὐτῶν· τὸν μὲν παρ' αὐτοῖς χειμῶνα (ἔστι δ' οὗτος ὑπὸ τοὺς ἐτησίας) πᾶσαν αὐτῶν τοῦ θεοῦ τὴν χώραν ὕδασι λάβροις ἐπέχοντος, ἀφ' αἵματος καὶ γάλακτος ζῶσιν, εἰς ταὐτὸ μίξαντες καὶ κυλίσαντες ἐν ἀγγείοις εἰκῇ πεπυρωμένοις. Ἐπὰν δὲ ἐπιστῇ τὸ θέρος, ἐν τοῖς τελματώδεσιν ἀναστρέφονται

27 ὑπολειφθῆναι A : ἀπολειφθῆναι M ‖ **30** ὡς περὶ Μηδίαν M : ὥσπερ Μηδείαν A ‖ **32** ἄλλα A : *om.* M ‖ **37** εἴποι A : εἴπῃ M.

[454 a] **1** θερινῶν Wesseling : χειμερινῶν *codd.* ‖ ἕως A^{2}M^3 : πῶς M ὅπως A *ut vid.* ‖ **9** δίδοται AM^2 : δέδοται M ‖ **10** τοὺς M : τῆς A.

marécageux, ils se battent pour les fourrages et ils mangent les bêtes trop vieilles ou malades qu'ils font tuer par des cuisiniers qu'ils appellent les impurs.

Ces gens-là ne donnent à aucun être humain le nom de parents, mais bien au taureau et à la vache qu'ils appellent l'un père et l'autre mère ; ils traitent de même le bélier et la brebis parce que leur nourriture quotidienne leur vient, non de leurs parents, mais de ces animaux. Comme boisson, le vulgaire utilise une infusion de paliure ; les chefs boivent une préparation tirée d'une fleur ; le goût en est désagréablement douceâtre. Ils ont le corps nu sauf le bas des reins qui est ceint de peaux. Les autres Troglodytes, comme tous les Égyptiens, pratiquent la circoncision, mais ceux que les Hellènes appellent les Mutilés ont la coutume d'enlever au rasoir aux bébés toute la partie du membre qui est circoncise chez les autres ; d'où le nom que j'ai dit [1].

62. Bien qu'il se pique d'atticisme, l'auteur a utilisé le mot καμάρα [2].

63. Les Troglodytes, dit-il, traitent leurs morts comme ceci. A l'aide de tiges de paliure, ils leur attachent la nuque aux jambes, puis les posent sur un monticule et ils leur lancent de grosses pierres en leur prodiguant des quolibets et des rires jusqu'à ce qu'ils aient recouvert le corps du défunt ; ils mettent ensuite au sommet du tas une corne de chèvre et se dispersent sans chagrin, tout adonnés au rire. C'est là, dit l'auteur, se comporter [454 b] intelligemment dans leurs deuils, ne pas s'attrister pour des êtres à qui on ne peut pas faire de chagrin étant un signe d'intelligence. Dans leurs rivalités et leurs combats pour les pâturages où l'herbe repousse tout

1. Diodore, III, 32, p. 170-172. Woelk, p. 159-163.
2. Cette note n'est que dans Photius. Woelk, p. 163.

χωρίοις, μαχόμενοι πρὸς ἀλλήλους περὶ τοῦ χιλώματος. Καὶ τὰ πρεσβύτερα τῶν βοσκημάτων καὶ νοσοῦντα δαπανῶσι, διὰ τῶν μαγείρων ταῦτα κτείνοντες, οὓς καλοῦσιν ἀκαθάρτους.

Οὗτοι ἀνθρώπων μὲν οὐδενὶ περιτιθέασι τὴν τῶν γονέων κλῆσιν, ταύρῳ δὲ καὶ βοΐ, τὸν μὲν πατέρα καλοῦντες, τὴν δὲ μητέρα, ὡσαύτως κριῷ τε καὶ προβάτῳ, διὰ τὸ λαμβάνειν τὴν τροφὴν τὴν καθ' ἡμέραν οὐ παρὰ τῶν τοκέων ἀλλὰ παρ' ἐκείνων. Οὗτοι καὶ ποτῷ, ὁ μὲν πολὺς ὄχλος ἀποβρέγματι παλιούρου χρῶται · οἱ δὲ τύραννοι ἀπό τινος ἄνθους σκευασθέντος πίνουσι, παραπλησίου μοχθηρῷ γλυκεῖ. Γυμνοὶ δὲ τὸ ἄλλο σῶμα τυγχάνοντες τὰ ἰσχία δέρμασίν εἰσι διεζωσμένοι. Τὰ δὲ αἰδοῖα τοῖς μὲν ἄλλοις Τρωγλοδύταις ἐστὶν εἰθισμένον περιτέμνεσθαι, καθάπερ Αἰγυπτίους πάντας · τοὺς δ' ὑπὸ τῶν Ἑλλήνων καλουμένους Κολοβοὺς πᾶν τὸ τοῖς λοιποῖς μέρος περιτομῆς τυγχάνον ξυροῖς ἀφαιρεῖν ἐστιν ἔθος νηπίων ὄντων, ἐξ οὗ καὶ τὴν εἰρημένην κλῆσιν ἑαυτοῖς πεποίηνται.

62 Ὅτι κέχρηται ὁ συγγραφεύς, ἀττικιστὴς καίτοι ὤν, τῇ τῆς καμάρας λέξει.

63 Ὅτι οἱ Τρωγλοδῦται περὶ τοὺς μετηλλαχότας, φησίν, οὕτω πράττουσι. Ταῖς ἐκ τῶν παλιούρων λύγοις τὸν αὐχένα πρὸς τὰ σκέλη συνέδησαν, εἶτα ἐπ' ὄχθον ἐπιθέντες βάλλουσι χειροπληθέσι λίθοις, τωθασμῷ χρώμενοι καὶ γέλωτι, ἕως ἀποκρύψωσι τοῦ τετελευτηκότος τὴν μορφήν · κἄπειτα ἄνωθεν ἐπιθέντες κέρας αἰγὸς ἀπαθεῖς ἀπολύονται καὶ παντελῶς ἱλαροί. Οὕτω, φησί, ταῖς [454 b] κηδείαις καταχρῶνται νουνεχῶς, εἴπερ μὴ λυπεῖν ἑαυτοὺς ἐπὶ τοῖς ἀλυπήτοις συνέσεως σημεῖον. Τὰς δ' ὑπὲρ τῆς ἀναφυομένης αἰφνιδίως νομῆς ἔχθρας τε καὶ

24 ἄνθους A : βάθους M || 36 λύγοις AM : λύγαις A² || 39 ἕως A : τέως M.

[454 b] 1-2 λυπεῖν ἑαυτούς A : λύπην ἑαυτοῖς M.

d'un coup — car ils ne se battent entre eux pour aucun autre motif — les femmes âgées se jettent devant eux et les séparent en s'interposant et en calmant par des paroles apaisantes leurs cœurs irrités.

Ils ne dorment pas comme les autres humains, dit l'auteur, mais ils ont de grands troupeaux d'animaux domestiques qui les suivent ; ils attachent des grelots aux cornes de tous les mâles afin que leur bruit chasse les fauves ; quand la nuit tombe, ils rassemblent leurs troupeaux dans des parcs et ils jettent par dessus des nattes faites de branches de palmier. Les femmes s'installent dessus avec les enfants ; les hommes allument des feux en cercle, chantent des récits anciens et chassent ainsi le sommeil grâce à un entraînement qui, dans beaucoup de cas, surmonte la nature par la nécessité.

Et quand les gens accablés par la vieillesse, lot de tout homme, ne sont plus capables de suivre les troupeaux, on leur passe une queue de bœuf autour du cou et, en serrant bien le lien derrière la nuque, on les délivre de la vie. Si l'un d'eux cherche à retarder la fin, quiconque le veut peut s'approcher de lui à l'improviste comme pour l'aider et abréger son hésitation et, tout en blâmant ses atermoiements, le mettre à mort de la même façon. Ce ne sont pas seulement les vieillards qu'ils retranchent ainsi de la vie, mais aussi ceux qu'une longue maladie ou la perte d'un membre rend incapables de suivre les troupeaux[1].

64. L'univers, dit l'auteur, se compose de quatre zones : le levant, le couchant, le nord et le sud. Ce qui concerne le couchant a été traité par Lycos[2] et Timée[3], le

1. Diodore, III, 33, 1-6, p. 172-174. Woelk, p. 163-168.

2. Sur Lycos, cf. Laqueur, *s. v. Lykos*, n. 50, in *R. E.*, t. XIII, 1927, col. 2404-2407. Textes dans Jacoby, *op. cit.*, II B, 570.

3. Sur Timée, cf. Laqueur, *s. v. Timaios*, n. 3, in *R. É.*, 2e série, t. VI, 1936, col. 1076-1203. Textes dans Jacoby, *op. cit.*, III B, 566.

μάχας καὶ πολέμους αὐτῶν πρὸς ἀλλήλους (οὐδὲ γὰρ ὑπὲρ ἄλλου τινὸς μάχονται) ἀλλ' οὖν ταύτας αἱ πρεσβύτεραι γυναῖκες προπηδῶσαι διαλύουσι, κατὰ τὸ μέσον ἐλθοῦσαι, καὶ τοῖς πραΰνουσι λόγοις τοὺς θυμοὺς ἀνηρεθισμένους καταστέλλουσαι.

Ὕπνῳ δέ, φησίν, οὐ κατὰ τοὺς ἄλλους τῶν ἀνθρώπων χρῶνται, ἀλλὰ θρεμμάτων μὲν πλῆθος ἑαυτοῖς ἔχουσι συνεπόμενον, κώδωνας δὲ ἐξέδησαν ἐκ τῶν κεράτων τῶν ἀρρένων πάντων, ὅπως ὁ ἀπ' αὐτῶν ψόφος διώκῃ τὰ θηρία · ἐπὰν δὲ νὺξ ἐπῇ, εἰς μάνδρας μὲν συνάγουσι τὴν λείαν, ἄνωθεν δὲ ἐπιβάλλουσι ῥιποὺς ἐκ φοινίκων. Καὶ αἱ μὲν γυναῖκες μετὰ τῶν νηπίων τούτοις ἐπιβαίνουσιν · οἱ δὲ ἄνδρες πυρὰ κύκλῳ καίουσιν, ᾄδοντες πατρίους τινὰς μύθους, καὶ τὸν ὕπνον οὕτω παρωθοῦνται, ἐν πολλοῖς τῆς μελέτης διὰ τἀναγκαῖον τὴν φύσιν νικώσης.

Ἐπὰν δέ τινες τοῦ πᾶσιν ὀφειλομένου γήρους βαρύνοντος μηκέτι δύνωνται ταῖς ποίμναις ἐπακολουθεῖν, περιθέντες βοὸς οὐρὰν περὶ τὸν αὐχένα τὸν αὐτῶν, καὶ τὸν ὀπίσω τοῦ τραχήλου δεσμὸν εὖ μάλα περισφίγξαντες, ἀπολύουσι τοῦ βίου. Εἰ δέ τις αὐτῶν τὴν τελευτὴν ὑπερβάλλοι, παραστὰς ὁ θέλων ἄφνω, ὡς ἐπ' εὐνοίᾳ τὸν ὄκνον ἀφαιρούμενος, νουθετῶν ἅμα τῷ λόγῳ τῆς ἀναστροφῆς, διὰ τῆς αὐτῆς ὁδοῦ παρέλυσεν. Οὐ τοὺς γηράσκοντας δὲ μόνον οὕτω τοῦ ζῆν ὑπεξάγουσιν, ἀλλὰ καὶ οὓς ἢ νόσος ἐπίμονος ἢ μελῶν τινος πήρωσις ἀχρήστους εἰς τὸ ταῖς ἀγέλαις παρασκευάσει συνέπεσθαι.

64 Ὅτι, φησί, τῆς ὅλης οἰκουμένης ἐν τέτταρσι κυκλιζομένης μέρεσιν, ἀνατολῆς λέγω, δύσεως, ἄρκτου καὶ μεσημβρίας, τὰ μὲν πρὸς ἑσπέραν ἐξείργασται Λύκος

16 κύκλῳ καίουσιν A : καίουσι κύκλῳ M ‖ **18** τἀναγκαῖον AM : τῶν ἀναγκαίων A² τἀναγκαῖα Bekker ‖ **31** μέρεσιν A²M : *quid prius praeb.* A *non liquet.*

levant par Hécatée[1] et Basilis[2], le nord par Diophante[3] et Démétrius[4] et le sud, pénible vérité, dit-il, ne l'a été que par nous[5].

66[6]. Les types de vie humaine les plus différents ne sont pas fort éloignés les uns des autres dans l'espace. En effet, bien des voyageurs partant du marais de Méotis sur des barques de transport, arrivent dix jours plus tard dans le port de Rhodes d'où, à la faveur des mêmes conditions, ils arrivent le quatrième jour à Alexandrie ; [455 a] d'Alexandrie, en voyageant à contre-courant sur le fleuve, ils peuvent, en dix autres jours, atteindre aisément l'Éthiopie ; en sorte que, partis du climat le plus froid, les voyageurs arrivent en moins de vingt-cinq* jours. sans désemparer, à la région où la chaleur est la plus forte. Toutefois, quoique la distance topographique soit si peu importante, les hommes connaissent entre eux des conditions extrêmement différentes de vie, de mœurs et de climat, au point qu'on se refuse à admettre chez les uns ce qui est habituel et courant chez les autres ; et que les uns ne peuvent supporter un état de choses hors duquel d'autres ne voudraient même pas vivre. Ainsi, toute habitude comporte comme un charme puissant et le temps qui a accueilli le premier âge de la vie prévaut sur les désagréments du milieu*.

68*. Les lions d'Arabie, dit l'auteur, sont moins velus et plus agressifs que les autres ; par la couleur du pelage, ils sont pareils à ceux qui vivent en Babylonie ; leur crinière brille tellement que leur cou éclate de reflets fauves comme de l'or*.

1. Hécatée d'Abdère. Cf. Jacoby, *s. v. Hekataios*, n. 4, in *R. E.*, t. VII, 1912. Textes dans Jacoby, *Fr. gr. Hist.*, III A, 264.

2. Sur Basilis, cf. Schwartz, *s. v. Basilis*, n. 3, in *R. E.*, t. III, 1897, col. 99. Textes dans Jacoby, *op. cit.*, III C, 718.

3. Schwartz, *s. v. Diophantos*, n. 14, in *R. E.*, t. V, 1903, col. 1051. Textes dans Jacoby, *op. cit.*, III C, 805.

4. Démétrius de Callatis. Cf. Schwartz, *s. v. Demetrios*, n. 77 in *R. E.*, t. IV, 1901, col. 2806-2807. Textes dans Jacoby, *op. cit.*, II A, 85.

5. Ce fr. 64 qui n'est connu que par Photius ne rompt qu'en apparence la suite du sommaire. Cf. Woelk, p. 169.

6. Le fr. 65 qui manque ici est tiré de Diodore, III, 37, 7-34, p. 174-176.

τε καὶ Τιμαῖος, τὰ δὲ πρὸς ἀνατολὰς Ἑκαταῖος τε καὶ Βασιλίς, τὰ δὲ πρὸς τὰς ἄρκτους Διόφαντος καὶ Δημήτριος, τὰ δὲ πρὸς μεσημβρίαν, φορτικόν, φησί, τὸ ἀληθές, ἡμεῖς.

66 Ὅτι τοὺς τῶν ἀνθρώπων διαφορωτάτους βίους οὐ πολὺς διαμετρεῖ καὶ διορίζει τόπος. Ἐκ γὰρ τῆς Μαιώτιδος λίμνης πολλοὶ τῶν φορτιζομένων ἐν φορτηγοῖς ἀκάτοις δεκαταῖοι κατῆραν εἰς τὸν Ῥοδίων λιμένα, ἀφ' ὧν ὑπὸ τὸν αὐτὸν καιρὸν τεταρταῖοι μὲν ἀφίκοντο εἰς τὴν [455 a] Ἀλεξανδρείαν, ἐκ δὲ ταύτης ἐναντίῳ τῷ ῥεύματι πλέοντες ἀνὰ τὸν ποταμὸν ἐν ἄλλαις δέκα παραγένοιντ' ἂν οὐ χαλεπῶς εἰς Αἰθιοπίαν· ὥστε ἀπὸ τῆς ὑπερβολῆς τοῦ ψύχους εἰς ἄκραν τοῦ καύματος τὴν ἀκμὴν μὴ πλείους εἴκοσι γίνεσθαι καὶ πέντε τοῖς κομιζομένοις ἐνδελεχῶς ἡμέρας. Ἀλλ' ὅμως, τοσαύτης οὔσης τῆς τοπικῆς διαστάσεως, ἀνυπέρβλητον ἔχουσι πρὸς ἀλλήλους οἱ ἄνθρωποι τῶν τε βίων καὶ τῶν ἐθῶν καὶ τοῦ ἀέρος τὴν διαφοράν, ὥστε μηδὲ πιστεύεσθαι παρ' ἑτέροις τὰ παρ' ἄλλοις συνήθη τε καὶ ὁμολογούμενα, μηδὲ στέγειν ὅλως δύνασθαι ὧν χωρὶς ἕτεροι οὐδὲ ζῆν ἂν ἕλοιντο. Οὕτως ἔχει τι φίλτρον μέγα πᾶσα συνήθεια, καὶ νικᾷ τὴν ἀπὸ τοῦ περιέχοντος δυσχέρειαν ὁ χρόνος ὁ τὴν πρώτην δεξάμενος εἰς τὸν βίον ἡλικίαν.

68 Ὅτι οἱ κατὰ τὴν Ἀραβίαν λέοντες, φησί, ψιλότεροι μέν εἰσι καὶ θρασύτεροι, τῷ χρώματι δὲ ὁμαλοί καθάπερ οἱ γινόμενοι περὶ τὴν Βαβυλωνίαν, οὕτω δὲ τοῖς τριχώμασι στίλβοντες ὥστε ἀπὸ τῶν αὐχένων ξανθότητα ἀπολάμπειν χρυσῷ παραπλησίαν.

33 Ἑκαταῖος M : ἀκταῖος A ‖ τε Bekker : *om. codd.* ‖ **34** Βασιλίς M : βασιλεύς A ‖ τὰς A : *om.* M ‖ **37** οὐ M : ὁ A ‖ **39** φορτηγοῖς Bekker *ex cod.* B : φορτηγαῖς AM ‖ **40** δεκαταῖοι A : ἑκαταῖοι M ‖ **41** τεταρταῖοι A^2M : τετάρτῳ A.

[455 a] **6** ἡμέρας Bekker : ἡμέραις A^2M *quid prius praeb.* A *non liquet* ‖ **8** τῶν τε βίων AM : τόν τε βίον A^2.

69. Mais la plupart de ceux qu'on appelle les fourmis [1], sans être différents des autres par l'aspect, ont les organes génitaux tournés en sens inverse [2].

70. Les panthères ne ressemblent pas à celles des régions de Carie et de Lycie ; elles ont le corps allongé et sont beaucoup plus capables d'endurer les souffrances provoquées par les blessures et les fatigues ; par la vigueur, elles l'emportent sur les autres autant qu'un fauve l'emporte sur un animal domestique [3].

71. Le rhinocéros n'est pas moins fort que l'éléphant mais il est plus petit. Sa couleur est proche de celle du buis vulgaire et le contact de sa peau aussi. Il porte au haut des narines une corne aplatie dont la résistance égale presque celle du fer ; en temps ordinaire, quand il arrive près d'un rocher, il se sert de sa corne pour le briser, afin d'apaiser sa hargne ; quand il rencontre un éléphant — car, toute sa vie, il est en guerre avec lui pour les herbages — il se glisse sous son ventre, déchire avec sa corne l'enveloppe de ses chairs, et le saigne aussitôt ; et on peut voir beaucoup d'éléphants qui ont été tués de cette façon. S'il arrive toutefois que le rhinocéros n'atteigne pas le ventre de l'éléphant, c'est lui, au contraire, qui, frappé à coups redoublés de trompe et de [455 b] défenses, est réduit à l'impuissance et tué, car grande est la différence de force et de vigueur entre les deux bêtes [4].

72. Chez les Troglodytes vit aussi l'animal que les Hellènes appellent le chameau-panthère dont l'aspect est, comme son nom, une sorte de composé. Il a, en effet, le pelage tacheté de la panthère et la taille d'un chameau ; cette taille est forte et le cou de cet animal est long au point de lui permettre de cueillir sa nourriture au sommet des arbres [5].

1. *Myrmicoleonum* (Müller) ; *Ameiselöwen* (Woelk), mais les fourmis-lions sont, on le sait, des insectes ; c'est pourquoi j'ai préféré traduire littéralement puisque, de toute façon, il s'agit d'un animal fabuleux. Cf. Woelk, p. 172-174.

2. Ce fr. 69 ne nous est connu que par Photius.

3. Autre fr. connu par Photius seul. Cf. Woelk, p. 174.

4. Diodore, III, 35, 2-3, p. 178-180. Woelk, p. 174-177.

5. Il s'agit de la girafe. Ce fr. 72 ne nous est connu que par Photius. Cf. Woelk, p. 177-178.

69 Τῶν δὲ καλουμένων μυρμήκων οἱ μὲν πλεῖστοι κατὰ τὴν ἰδέαν τῶν λοιπῶν οὐδὲν παραλλάττουσι, τὴν δὲ τῶν αἰδοίων φύσιν ἀπεστραμμένην ἔχουσιν ἐναντίαν τοῖς ἄλλοις.

70 Ὅτι αἱ παρδάλεις οὐκ εἰσὶ καθάπερ ἐν τοῖς τόποις τοῖς περὶ Καρίαν καὶ Λυκίαν, μακραὶ δὲ τῷ σώματι, καὶ κακοπαθεῖν ἐν τραύμασι καὶ πόνοις δυνάμεναι πολὺ μᾶλλον· τῇ δὲ ἀλκῇ τοσοῦτον διαφέρουσι τῶν ἄλλων ὅσον ἄγριον ἡμέρου.

71 Ὅτι ὁ ῥινοκέρως ἐλέφαντος μὲν οὐ λείπεται, τῷ δὲ ὕψει καταδεέστερος ὑπάρχει. Χρῶμα δὲ ἔχει πύξῳ παρεμφερὲς εὐτελεῖ καὶ τὴν ἁφὴν τοῦ δέρματος. Σιμὸν δὲ ἐπ' ἄκρων φορεῖ τῶν μυκτήρων κέρας, σιδήρῳ τὴν βίαν παραπλήσιον· ᾧ τὸν μὲν ἄλλον χρόνον, πρὸς ἣν ἂν πέτραν παραγένηται, ῥήσσει προσβαλὼν τὰ στέρνα, συμπεσὼν δὲ ἐλέφαντι (τούτῳ γὰρ τὸν πάντα περὶ τῆς νομῆς διαμιλλᾶται βίον) ὑποδὺς τὴν κοιλίαν καὶ τῷ κέρατι τὸ κύκλωμα τῆς σαρκὸς ἀναρρήξας ἔξαιμον εὐθὺς ποιεῖ· καὶ πλείστους ἔστιν ἐλέφαντας ἰδεῖν οὕτω τετελευτηκότας. Ἂν μέντοι συμβῇ τῷ ῥινοκέρωτι τῆς κοιλίας μὴ ἅψασθαι, τοὐναντίον αὐτὸς ὑπὸ τῆς προβοσκίδος καὶ τῶν ὀδόντων τυπτόμενος πολλαχῶς ἐξαδυνατεῖ [455 b] καὶ παραλύεται, μεγάλης ὑπαρχούσης κατὰ τὴν ἰσχὺν καὶ βίαν τῆς παραλλαγῆς.

72 Ὅτι παρὰ τοῖς Τρωγλοδύταις ἐστὶ καὶ ἡ λεγομένη παρ' Ἕλλησι καμηλοπάρδαλις, σύνθετον τρόπον τινὰ κατὰ τὴν πλῆσιν καὶ τὴν φύσιν λαχοῦσα. Τὴν μὲν γὰρ ποικιλίαν ἔχει παρδάλεως, τὸ μέγεθος δὲ καμήλου, τὸ πάχος δὲ ὑπερφυές, τὸν δὲ αὐχένα τοιοῦτον ὥστε ἀπ' ἄκρων ἀμέλγεσθαι τῶν δένδρων τὴν τροφήν.

24 αἱ A²M : *om.* A || **27** τοσοῦτον M : τοσούτῳ A || **28** ὅσον A¹M : ὅσων A || **31** εὐτελεῖ M : εὐτελῆ A εὐτελὴς δὲ A² || **32** ἄκρων AM : ἄκρον A² || **33** ᾧ A : ὃ M || **34** ῥήσσει *codd.* : θήγει Müller.

[455 b] **3** καὶ A : *om.* M.

73. Les sphinges, dit l'auteur, les cynocéphales et les « cèpes » qui sont envoyés à Alexandrie proviennent du pays des Troglodytes et de l'Éthiopie.

Les sphinges ressemblent à peu près à leurs images sauf qu'elles sont très velues ; elles sont d'un caractère docile et doux, d'une très grande habileté et elles arrivent à un degré suffisant de dressage pour qu'on admire en tout l'harmonie de leurs mouvements[1].

74. Le cynocéphale esquisse le corps d'un homme laid avec un faciès de chien ; il pousse un cri qui tient du grognement ; il est fort sauvage et absolument impossible à apprivoiser ; ses yeux et ses sourcils lui donnent un air méchant. C'est ainsi qu'est le mâle ; chez la femelle s'ajoute ce trait qu'elle porte la matrice à l'extérieur du corps et passe ainsi sa vie entière[2].

75. Le cèpe est pareil au lion pour la face, pour le corps à la panthère, pour la taille à l'antilope et ce caractère composite lui a aussi fait donner son nom[3].

76. De tous les animaux dont on a parlé, le plus sauvage, le plus difficile à dompter, est le taureau carnivore ; sa taille est plus forte que celle du taureau domestique ; il le bat à la course et son pelage est très fauve. Sa gueule s'ouvre jusqu'à ses oreilles et son œil a une teinte plus glauque que celui du lion. Ses cornes se meuvent en temps normal comme ses oreilles, mais, quand il s'en sert pour se battre, il les dresse et elles ne bougent plus. Ses poils poussent en sens inverse de ceux des autres animaux. Il s'attaque aux bêtes les plus hardies ; il fait

1. Diodore, III, 35, 4, p. 180. Woelk, p. 178-179.

2. Diodore, III, 35, 5, p. 180. Woelk, p. 179-181. On se souviendra du sommaire de Ctésias, *L'Inde*, « codex » 72, Bekker, p. 48 a 4-b 4 (t. I, p. 141-143 de la présente édition) où les cynocéphales sont décrits comme une espèce humaine.

3. Diodore, III, 35, 6, p. 180-182. Woelk, p. 180.

73 Ὅτι αἱ σφίγγες, φησί, καὶ οἱ κυνοκέφαλοι καὶ κῆποι παραπέμπονται εἰς τὴν Ἀλεξάνδρειαν ἐκ τῆς Τρωγλοδυτικῆς καὶ τῆς Αἰθιοπίας.

Εἰσὶ δὲ αἱ μὲν σφίγγες ταῖς γραφομέναις παρόμοιαι, πλὴν ὅτι πᾶσαι δασεῖαι καὶ ταῖς ψυχαῖς ἥμεροι καὶ πρᾷοι· καὶ πανουργίας κοινωνοῦσι πλείστης, διδασκαλίας τε μεθοδευτικῆς ἐπὶ ποσὸν ἅπτονται, ὥστε τὴν εὐρυθμίαν ἐν πᾶσι θαυμάζειν.

74 Ὁ δὲ κυνοκέφαλος τὸ μὲν σῶμα ἀνθρώπου δυσειδοῦς ὑπογράφει, τὸ πρόσωπον δὲ κυνός· φωνὴν δὲ ἀφίησι μυγμῷ παραπλησίαν· ἄγριον δὲ ὑπερβολῇ καὶ τελείως ἀτιθάσευτον, καὶ τὴν ὄψιν ἐμφαῖνον ἀπό τε τῶν ὀφρύων καὶ τῶν ὀμμάτων αὐστηράν. Περὶ μὲν τὸν ἄρρενα ταῦτα. Τῷ δὲ θήλει πρόσκειται καὶ τὸ τὴν μήτραν ἔξω τοῦ σώματος φορεῖν καὶ οὕτω διάγεσθαι πάντα τὸν βίον.

75 Ὁ δὲ κῆπος ἔχει τὸ μὲν πρόσωπον λέοντι παραπλήσιον τὸ δὲ σῶμα πάνθηρι, τὸ δε μέγεθος δορκάδι, κατὰ τὴν ποικιλίαν καὶ τὴν προσηγορίαν λαβών.

76 Πάντων δὲ τῶν εἰρημένων ἀγριώτατον καὶ δυσκατεργαστότατον τὸ τῶν ταύρων τῶν σαρκοφάγων γένος, ὃ τῷ μεγέθει μὲν ὑπάρχει τῶν ἡμέρων ἁδρότερον, τάχει δὲ ὑπερβάλλον, πυρρὸν δὲ ἐξαισίως. Καὶ τὸ μὲν στόμα μέχρι τῶν ὤτων αὐτῷ διέστηκεν, ὄμμα δὲ ὑποφαίνει γλαυκότερον λέοντος. Τὰ δὲ κέρατα τὸν μὲν ἄλλον χρόνον τοῖς ὠσὶ παραπλησίως κινεῖ, μάχῃ δὲ χρώμενον ἵστησιν ἀραρότως. Τὴν δ' ἐπαγωγὴν τῆς τριχὸς ἐναντίαν ἔχει τοῖς ἄλλοις. Τοῦτο δὲ τοῖς τε ἀλκιμωτάτοις ἐπιτίθεται καὶ κυ-

19 ἀτιθάσευτον *edd.* : ἀτιθάσσευτον A²M ἀντιθάσσευτον A ‖ 20 περὶ — ταῦτα M : *om.* A ‖ 22 διάγεσθαι A : διαγίνεσθαι M ‖ 23 παραπλήσιον Bekker : *om. codd.* ‖ 26 δυσκατεργαστότατον A : δυσκατεργαστότερον M

son butin de chasse des autres bêtes et exerce les plus grands ravages dans les troupeaux des indigènes ; il est le seul qu'on ne puisse blesser avec une lance ou des flèches. Aussi, bien que beaucoup de gens se soient attaqués à lui, personne n'a jamais pu en venir à bout ; mais s'il tombe dans un trou ou dans quelque piège analogue, bien vite, il étouffe dans sa rage. Et ce fauve est considéré à juste titre par les Troglodytes comme pos-
[456 a] sédant la vaillance du lion, la vitesse du cheval, la force du taureau et l'invulnérabilité au fer[1].

77. L'animal qu'on appelle hyène en Éthiopie est une sorte de composé de loup et de chien, plus sauvage que l'un et que l'autre, avec une tête et des pattes plus grosses, une force étonnante, des dents et un estomac supérieurs à ceux des autres animaux. Elle broie, en effet, aisément n'importe quels os ; ce qu'elle a mis en pièces est aussitôt avalé et ses digestions ne pourraient être décrites. Des gens disent qu'elle imite la voix humaine, ce que nous ne croyons pas ; ils ajoutent même ceci : que la nuit, elles appellent les gens par leur nom et qu'elles dévorent, en se jetant brusquement sur eux, ceux qui viennent à elles comme vers un appel humain[2].

78. On rapporte, dit l'auteur, qu'il existe dans ces régions des serpents d'une taille exceptionnelle et d'une espèce curieuse qui vivent tous de la chasse. Parmi ceux que nous avons vus, dit-il, le plus long paraissait mesurer trente coudées. Tous, dit-il, même les plus grands, sont faciles à apprivoiser quand ils sont accablés et éprouvés par la privation de ce qui leur est nécessaire. Il dit, en effet, en avoir vu un dont la privation d'une

1. Diodore, III, 35, 7-9, p. 182-184. Ici, encore, il s'agit sans nul doute d'un animal fabuleux. Cf. Woelk, p. 180-182.

2. Diodore, III, 35, 10, p. 184. Woelk, p. 182-185. Après ce fr. 77, Müller place un fr. 79 a tiré de Elien, N. A., V, 27 sur les porcs cornus d'Éthiopie. Ce n'est pas là l'emplacement certain de ce fragment selon Woelk, p. 185.

νηγεῖ τὰ λοιπὰ τῶν ζῴων, καὶ τὰς ποίμνας τῶν ἐπιχωρίων μάλιστα κακοποιεῖ, καὶ μόνον ἐστὶν ἄτρωτον λόγχῃ καὶ τόξῳ. Διὸ καὶ ποιῆσαι μὲν ὑποχείριον οὐδεὶς πολλῶν ἐπιβεβλημένων κατίσχυσε, τὸ δ' εἰς ὄρυγμα ἐμπεσὸν ἤ τινα δόλον τούτῳ παραπλήσιον ὑπὸ τοῦ θυμοῦ συντόμως γίνεται περιπνιγές. Καὶ τὸ μὲν θηρίον εἰκότως κρίνεται παρὰ Τρωγλοδύταις ἀλκὴν μὲν ἔχειν λέοντος, [456 a] τάχος δὲ ἵππου, ῥώμην δὲ ταύρου, σιδήρῳ δὲ οὐχ ὑπεῖκον.

77 Ὅτι ὁ κατὰ τὴν Αἰθιοπίαν ὀνομαζόμενος κροκόττας ἐστὶ μὲν ὡς ἐκ λύκου καὶ κυνὸς σύνθετον, ἀμφοῖν δὲ ἀγριώτερον καὶ πολλῷ βαρύτερον ἀπό τε τοῦ προσώπου καὶ τῶν ἄκρων ποδῶν, ἀλκῇ δὲ θαυμαστόν, ὀδοῦσι δὲ καὶ κοιλίᾳ δυνατώτατον τῶν ἄλλων. Καὶ γὰρ κατάγνυσιν εὐπόρως πᾶν ὀστοῦ γένος, καὶ τὸ διαιρεθὲν εὐθέως δεδαπάνηται, καὶ περὶ τὰς πέψεις ἀδιήγητον. Τοῦτο δε καὶ μιμεῖσθαί τινες τὴν ἀνθρωπίνην διάλεκτον διηγούμενοι ἡμᾶς μὲν οὐ πείθουσιν· ἐκεῖνοι δὲ καὶ τοῦτο προστιθέασιν, ὡς καὶ ἐξ ὀνόματος κατὰ τὰς νύκτας καλοῦντες, τοὺς δὲ ὡς ἐπ' ἀνθρώπου φωνῇ προσιόντας, οἱ δὲ ἀθρόον ἐπεισπίπτοντες κατεσθίουσιν.

78 Ὅτι ὄφεων, φησί, λέγεται μεγέθη παράδοξα ἐν τοῖς τόποις εἶναι καὶ γένει θαυμαστά, καὶ πάντα ἀπὸ κυνηγίας ἔχοντα τὸν βίον. Τῶν μέντοι ὑπὸ τὴν ἡμετέραν, φησίν, ὄψιν πεπτωκότων ὁ μέγιστος πέφηνε πηχῶν τριάκοντα. Γίνεται δὲ πᾶς, φησίν, ὄφις, καὶ ὁ μέγιστος, χειροήθης ἐνδείᾳ τῶν ἀναγκαίων πιεζόμενός τε καὶ κακουχούμενος. Καὶ γὰρ καὶ ὃν ἰδεῖν ἐκεῖνός φησιν, ὅτι ὅτε

41 παρὰ M : καὶ παρὰ A καὶ *secl. edd.*

[456 a] **3** ὁ A : *om.* M ‖ ὀνομαζόμενος *hic* A : *post* μὲν (*v.* 4) *ponit* M ‖ **6-7** ἄκρων — ἄλλων M : ἀκροπόδων, ἐσθίει δὲ θαυμαστὸν τῶν ἄλλων A ‖ **8** γένος A¹M : γένους A ‖ **12** ὡς καὶ A²M : ὥστε A *ut vid.* ‖ **18** ὁ μέγιστος A : *om.* M ‖ **19** πᾶς, φησὶν A : φησί, πᾶς M ‖ **20** πιεζόμενος — κακουχούμενος A : πιεζομένοις — κακουχουμένοις M.

nourriture sans cesse exposée à ses yeux calmait la colère tout en accroissant son envie de manger ; en jetant alors dans sa cage pour satisfaire son envie des animaux de sacrifice, on rendit le monstre docile et paisible au point qu'aucun animal ne semblait à la fois plus doux et plus redoutable. Il est naturel, à mon avis, qu'il en aille ainsi pour les bêtes qu'on dompte, car celles qui se rebiffent sont punies et celles qui obéissent sont nourries. Toute bête sauvage est dressée à se contenir, non qu'elle apprenne à comprendre raisonnablement le bien, mais parce que sa mémoire est marquée par des impressions successives[1].

80[2]. Puisqu'il existe, dit-il, loin de tout ce qui nous est familier, tant de pays merveilleux, je vais passer en revue ceux qui valent la peine qu'on en parle[3].

Tout d'abord, quand on vient d'Arsinoé en longeant la terre par la droite, il y a des eaux chaudes qui s'écoulent d'une haute roche vers la mer par de nombreuses rigoles ; ce sont des conduits étroits véhiculant une eau qui n'est pas douce mais amère et salée ; elle provient d'une source de même nature. Ensuite, c'est le Nil qui, après le lac, s'offre au voyageur ; son eau s'écoule par de petits interstices vers l'endroit le plus creux du terrain[4].

[456 b] 81. Près du lac, campée dans une plaine spacieuse, apparaît une montagne couleur de vermillon ; elle ne révèle aucune particularité, sinon d'étaler cette couleur à partir du point dominant de son sommet, tant et si bien qu'elle fait fort mal aux yeux à ceux qui la fixent.

Immédiatement après se situe un grand port qui, auparavant, s'appelait Mouillage de la Souris et qui reçut ensuite le nom de Port d'Aphrodite[5]. Là s'offrent

1. Diodore, III, 36-37, p. 184-194. Woelk, p. 185-188. Je suis tout à fait d'accord avec ce dernier (cf. p. 63, n. 1) pour voir dans la phrase 455 a 27 (εἰκότως)-32 (μνήμης) une réflexion de Photius.

2. Le fr. 79 qui manque ici est tiré de Diodore, III, 38, 1-5, p. 194-196.

3. Ici s'introduit dans le récit la relation du périple de la mer Rouge. Cf. Woelk, p. 191.

4. Diodore, III, 38, 5-39, 1, p. 196-198. Woelk, p. 191-195.

5. Cf. Woelk, p. 195-196.

τῆς τροφῆς ἀπορίᾳ προκειμένης συνεχῶς ἅμα τὸν θυμὸν ἐταπείνου καὶ τροφῆς ὄρεξιν ἐνεποίει σφοδροτέραν, τηνικαῦτα ἐντὸς τοῦ πλέγματος περιβαλόντες ἱερεῖα, πρὸς τὴν ἐπιθυμίαν οὕτω παρεσκεύασαν χειροήθη καὶ πρᾷον τὸν ἄγριον, ὥστε μηθὲν τῶν ἄλλων νομίζειν μήτε ἡμερώτερον μήτε φοβερώτερον, εἰκότως, οἶμαι, τοῖς ὑποχειρίοις τῶν ζῴων τούτου συναντῶντος. Τὸ μὲν γὰρ ἀντιβαῖνον κακουχεῖται, τὸ δὲ συγχωροῦν τρέφεται. Πᾶν δὲ θηρίον διδάσκεται σωφρονεῖν οὐ λόγῳ τὴν ἐκδοχὴν τοῦ κρείττονος μανθάνον, παραπεπλεγμένης δὲ ἐναλλὰξ τῷ πάθει τῆς μνήμης.

80 Ὅτι φησί, πολλῶν ὑπαρχόντων θαυμασίων καὶ πόρρω κειμένων ἀπὸ τῆς συνηθείας, αὐτοὺς ἐπελεύσομαι τῶν τόπων τοὺς μνήμης ἀξίους.

Πρῶτον μὲν ἀπ' Ἀρσινόης παραθέοντι τὴν δεξιὰν ἤπειρον θερμὰ πλείοσιν αὐλοῖς ἐκ πέτρας ὑψηλῆς εἰς θάλατταν διηθεῖται, στενοὺς ἔχοντα πόρους, οὐ γλυκέος ὕδατος ἀλλὰ πικρᾶς ἁλμυρίδος τε καὶ πηγῆς φύσιν ἐχούσης τοιαύτην. Εἶτα ἀπὸ τῆς λίμνης συμβέβληκεν ὁ Νεῖλος, ὀχετοῦ διά τινων ἀραιωμάτων εἰς τὸν κοιλότατον ὑπερθέοντος τόπον.

[456 b] 81 Πλησίον δὲ τῆς λίμνης εὐμεγέθει πεδίῳ βεβηκὸς ὄρος ἀναφαίνεται μιλτῶδες, ἄλλην μὲν οὐδεμίαν ὑποδεικνύον ἰδιότητα, χροιὰν δὲ τοιαύτην ἀπὸ τῆς κορυφῆς σημαῖνον τῆς ἄκρας ὥστε τῶν ἀτενιζόντων τὰς ὄψεις ἐπὶ πλέον βλάπτεσθαι.

Ἐφεξῆς δὲ λιμὴν μέγας ἐκδέχεται, ὃς πρότερον μὲν μυὸς ἐκαλεῖτο ὅρμος, ἔπειτα δὲ Ἀφροδίτης ὠνομάσθη. Ἐν οἷς καὶ νῆσοι τρεῖς εἰσι προκεί-

22 προκειμένης Bekker : προκειμένη AM προσκειμένης A² ‖ **31** παραπεπλεγμένης AM : παραπεπλεγμένος A² ‖ **38** οὐ A : *om.* M ‖ ἁλμυρίδος M : ἁλμυριάδος A ‖ **39** ἀπὸ M : ὑπὸ A ‖ **40** συμβέβληκεν A : συμβέβηκεν M.

[456 b] **7** προκείμεναι A : προσκείμεναι M.

trois îles ; deux sont plantées à profusion d'oliviers ; la troisième, avec une végétation moins touffue, nourrit une quantité d'oiseaux nommés pintades[1].

82. Tout près de là se situe le golfe dit l'Impur[2]. Quand on l'a dépassé s'étend une île située en pleine mer ; elle a environ quatre-vingts stades de long ; on l'appelle l'île aux serpents[3] ; elle grouillait autrefois de reptiles de toute sorte dont, à présent, elle est débarrassée. C'est dans cette île, dit l'auteur, qu'on trouve la pierre appelée topaze ; c'est une pierre transparente semblable à du verre avec un agréable aspect doré. Les habitants de l'île qui gardent et récoltent la pierre précieuse sur l'ordre du roi la ramassent comme ceci.

La nuit, ils patrouillent à tour de rôle munis de récipients de grandeurs diverses. L'éclat de la pierre, au milieu des cailloux, est effacé par celui de la lumière pendant le jour ; elle ne se distingue pas à cause de la grosse chaleur, mais, l'obscurité venue, en quelque endroit qu'elle se trouve, elle resplendit de toutes parts. Dès qu'il la voit, le prospecteur recouvre ce qui brille, comme d'un repère, d'un récipient de la dimension de ce qu'il a découvert, après quoi il revient de jour et taille un morceau de roche de la surface du récipient dont on vient de parler et le remet aux artisans qui savent polir[4].

83. Plus loin, la mer est si peu profonde qu'on n'y peut mesurer plus de deux brasses de fond ; de toutes parts, elle est d'un vert tendre qui ne tient pas à la nature des eaux mais à la mousse et aux algues qu'on y voit par transparence ; c'est pourquoi elle abrite des bandes innombrables de chiens de mer. A cause de l'état de

1. Diodore, III, 39, 1-2, p. 198. Woelk, p. 195-197.
2. Woelk, p. 197.
3. Woelk, p. 198.
4. Diodore, III, 39, 3-9, p. 198-200. Sur l'ensemble du fragment, cf. Woelk, p. 197-201.

μεναι, ὧν αἱ μὲν ἐλαίαις πεπύκνωνται, μία δὲ ἧττον μὲν δασεῖα, τῶν δὲ καλουμένων μελεαγρίδων ἐκτρέφουσα πλῆθος.

82 Τούτοις δ' ἐγγίζει κόλπος, ὃν καλοῦσιν ἀκάθαρτον. Ὃν παραπλεύσαντι νῆσος ἔκκειται τῇ μὲν θέσει πελαγία, μῆκος δ' ἔχουσα σταδίων ὡς ὀγδοήκοντα, ἣν καλοῦσιν ὀφιώδη, πρότερον μὲν γέμουσαν παντοίων ἑρπετῶν, ἐφ' ἡμῶν δὲ ἐλευθέραν τούτων. Ἐν δὲ ταύτῃ γίνεται τῇ νήσῳ, φησί, καὶ τὸ καλούμενον τοπάζιον · ἔστι δὲ τοῦτο λίθος διαφαινόμενος, ὑάλῳ προσεμφερής, ἡδεῖαν ἔγχρυσον θεωρίαν ἀποδιδούς. Τοῦτον τὸν λίθον οἱ τὴν νῆσον οἰκοῦντες καὶ τὴν λίθον βασιλικῷ φυλάσσοντες καὶ συλλέγοντες προστάγματι οὕτω λαμβάνουσιν.

Ἐν τῇ νυκτὶ πρὸς μέρος περιπολοῦσιν, ἔχοντες παντοίας τοῖς μεγέθεσι σκαφίδας. Ὁ δὲ ἐν ταῖς πέτραις λίθος τὴν μὲν ἡμέραν ὑπὸ τοῦ φέγγους κρατούμενος διὰ τὸ πνῖγος οὐ γίνεται σύνδηλος · σκότου δὲ ἐπιστάντος, ἐν ᾧ ποτ' ἂν ᾖ πεφυκώς, διαλάμπει πάντοθεν. Ὁ δὲ συνιδὼν φύλαξ τηλικοῦτον περιέθηκεν ἄγγος σημείου χάριν περὶ τὸ διαστίλβον, ἡλίκον ἂν ᾖ τοῦ θεωρουμένου φαντάσματος τὸ μέγεθος · εἶτα τὴν ἡμέραν ἐπερχόμενος, ἰσοπληθῆ τῇ προειρημένῃ περιτεμὼν πέτραν, τοῖς ἐκλεαίνειν δυναμένοις τεχνίταις παραδίδωσιν.

83 Μετὰ δὲ ταῦτα τὸ πέλαγος οὕτως ἐστὶ ταπεινὸν ὥστε μήτε πλεῖον δυεῖν ὀργυιῶν ἀναμετρεῖσθαι, καὶ χλωρὸν πάντοθεν, οὐ τῇ φύσει τῶν ὑγρῶν ἀλλ' ὑπὸ τοῦ διαφαίνοντος μνίου τε καὶ φύκους · ὅθεν καὶ κυνῶν ἔχει θαλαττίων ἀναρίθμητον πλῆθος. Δι' ἣν αἰτίαν ὁ ῥη-

8 πεπύκνωνται A : πεπύκνωται M ‖ ἧττον Bekker : ἥττων *codd.* ‖ **13** δ' Müller : *om. codd.* ‖ **16** ὑάλῳ M : γάλῳ A ‖ **17** ἔγχρυσον Müller : ἐν χρυσῷ *codd.* ‖ **24** σκότου AM : σκότους A[2] ‖ **34** τε A : *om.* M.

la mer, les parages en question sont commodes pour la barque longue et pour les embarcations à rames car ils sont calmes et ne roulent aucune vague sur une longue distance, offrant une zone de pêche d'une richesse incroyable. Les bateaux qui transportent des éléphants subissent des accidents qui suscitent chez leurs témoins une grande pitié pour les victimes. Ces bateaux sont, en effet, ou bien poussés tout d'un coup par le flot sur un [457 a] récif ou bien entraînés sur un banc de sable, et le sauvetage de ceux qui sont à bord est impossible. C'est d'abord une longue lamentation qui occupe les passagers, sans leur faire perdre l'espoir d'un sort meilleur, car il est déjà arrivé que certains bateaux ainsi échoués aient été sauvés par la marée montante qui les a soulevés d'un coup de ses vagues gonflées montant de la mer; quand les passagers sont au bout de leurs provisions, ils endurent d'innombrables souffrances et, finalement, ou bien ils périssent tous d'inanition ou bien, ne pouvant supporter la lenteur de la mort par la faim, ils meurent par l'épée ou en se jetant à la mer [1].

84. Les régions qui s'étendent jusqu'au pays des Taures et jusqu'à Ptolémaïs [2] ont été décrites, dit l'auteur; quant aux régions situées en amont de celles-là, elles offrent un changement d'aspect qui n'est pas banal. En effet, ce pays d'au-delà n'est plus au sud, mais s'oriente toujours davantage vers l'est et projette des ombres qui durent jusqu'à deux heures dans la direction opposée au nord. Il est arrosé par des cours d'eau qui ont leurs sources dans les montagnes appelées Psébées [3]. La partie du pays qui s'étend vers l'intérieur des terres abonde en éléphants, en rhinocéros, en taureaux et en porcs sauvages; la partie maritime de ce pays est hérissée de nombreuses îles naturellement stériles où abondent des oiseaux de types inconnus.

1. Diodore, III, 40, p. 202-206. Woelk, p. 201-204.
2. Woelk, p. 203.
3. Woelk, p. 205.

θεὶς πόρος νηὶ μὲν μακρᾷ καὶ τοῖς ἐπήρεσι πλοίοις γίνεται εὐάρμοστος· ἀκύμων τε γάρ ἐστιν, οὐκ ἐκ πολλοῦ κυλίων τὸν κλύδωνα, καὶ θήραν ἰχθύων παραδίδωσιν ἄπιστον. Τὸ δὲ περὶ τὰς ἐλεφαντηγοὺς κακὸν πολὺν ἔλεον τοῖς πάσχουσιν ἀπὸ τῶν ὁρώντων ἐκκαλεῖται. Τὰ γὰρ πλοῖα τὸ κῦμα ἐξαίφνης ἢ πέτρᾳ περιέθηκεν ἢ [457 a] πρὸς ἀμμώδη συνήλασε περιοχήν, καὶ ἄπορον τὴν σωτηρίαν παρέσχε τοῖς ἐμπλέουσι. Διὸ τὰ μὲν πρῶτα ὀδυρμὸς τοὺς ἐπιπλέοντας συνέχει πολὺς μέν, οὐκ ἀπογινώσκων δὲ τὴν ἀμείνω προσδοκίαν· ἤδη γάρ τινας οὕτως ἀπενεχθέντας σέσωκε πλημμυρὶς ὑπολαβοῦσα τοῖς ἀνοιδοῦσιν ἀφνιδίως ἐκ τῆς θαλάττης ὄγκοις· ἐπὰν δὲ λήγῃ τὰ τῆς τροφῆς, μυρία μὲν ἀναδέχονται πάθη, τέλος ἀναλίσκονται πάντες ἢ λιμῷ ἢ (τοῦ λιμοῦ τὸ μακροχρόνιον οὐ φέροντες) ξίφει, ἢ αὐτῇ θαλάσσῃ σφᾶς αὐτοὺς ἐπιρρίπτοντες.

84 Ὅτι φησί, τὰ μὲν ἕως τῶν Ταύρων καὶ Πτολεμαΐδος ἡρμήνευται, τὰ δὲ ἀνωτέρω τούτων οὐ τὴν τυχοῦσαν λαμβάνει μετάβασιν. Κεῖται γὰρ οὐκέτι τὰ ἐπέκεινα πρὸς μεσημβρίαν τῆς χώρας, ἀεὶ δὲ παρὰ τὴν ἀνατολὴν ἀναστρέφει μᾶλλον, καὶ τὰς σκιὰς βάλλει τέως δυεῖν ὡρῶν εἰς τὸν ἀντικείμενον τόπον τῆς ἄρκτου. Ἔτι δὲ ποταμοῖς καταρρεῖται τὰς πηγὰς ἀναφαίνουσιν ἀπὸ τῶν Ψεβαιῶν καλουμένων ὀρῶν. Τῆς δὲ χώρας ἡ μὲν εἰς τὴν μεσόγειον ἀνατείνουσα πλήρης ἐλεφάντων καὶ ῥινοκέρων καὶ ταύρων καὶ ὑῶν, τὰ δὲ εἰς τὸν πόρον καθήκοντα νήσοις ἅπαντα πυκνοῦται τῇ φύσει μὲν ἀκάρποις, γεμούσαις δὲ ἀνιστορήτους ὀρνέων ἰδέας ἐχόντων.

41 ἢ πέτρᾳ Bekker : ἡ πέτρα A τῇ πέτρᾳ A² ἢ τῇ πέτρᾳ M.

[457 a] **5** ἀπενεχθέντας M : ἐπενεχθέντας A ‖ **8** ἀναλίσκονται A : δὲ ἀναλίσκονται M ‖ **11** Ταύρων M : *om.* A ‖ **13** λαμβάνει A : μεταλαμβάνει M ‖ **17** ποταμοῖς M : *om.* A ‖ καταρρεῖται M : καταρρύτους A ‖ **20** ὑῶν A : υἱῶν M ‖ **22** ἀνιστορήτους A : ἀνιστορήτων M ‖ ἐχόντων A : *om.* M.

A partir de cet endroit, la mer est profonde et navigable ; elle abrite des baleines d'une taille à terrifier celui qui les voit ; cependant, personne n'est mort de leur fait, excepté ceux qui sont tombés par inadvertance sur leurs nageoires dorsales, ignorant les récits qui courent ; ces monstres sont, en effet, incapables de poursuivre hardiment les navigateurs parce que leur vue s'affaiblit quand ils sortent la tête de l'eau[1].

86[2]. Dans la Palmeraie, la région qui s'offre aux yeux à l'intérieur du pays est couverte de rochers d'altitude diverse ; celle qui s'étend en direction de la mer présente une plage étroite et longue[3].

87. A ce rivage touche une région qu'on appelle « le Pays des canards » à cause de leur abondance. Il voisine avec un promontoire très boisé et, pour qui regarde en ligne droite, il s'étend vers la ville appelée Pétra et vers la Palestine où les Gherréens, les Minéens et tous les Arabes du voisinage amènent, dit-on, du haut pays [457 b] l'encens ainsi que les chargements d'aromates[4].

89[5]. Après le golfe qu'on appelle le golfe Laïanite et autour duquel habitent les Arabes, s'étend le pays des Bythémanéens ; c'est une vaste plaine arrosée sur toute sa superficie et riche ; sa production se limite au gazon, au trèfle de Médie et au lotus qui pousse à hauteur d'homme ; on n'y cultive rien d'autre. De là, l'abondance des chameaux sauvages, des hardes de biches et d'antilopes, les nombreux troupeaux de moutons et une quantité innombrable de mules et de bœufs. A ces avantages

1. Diodore, III, 41, p. 206-208. Woelk, p. 204-207.
2. Le fr. 85 qui manque ici est emprunté à Diodore, III, 42, 1-14, p. 208-210.
3. Ce fr. 86 ne nous est connu que par Photius.
4. Diodore, III, 42, 5, p. 210-212. Woelk, p. 211-215.
5. Le fr. 88 qui manque ici est emprunté à Diodore, III, 43, 1-5, p. 212-214.

Τὸ δὲ ἀπὸ τοῦδε ἡ μὲν θάλαττα βαθεῖά τε καὶ πλώϊμος, κήτη δὲ ἔχει τηλικαῦτα ὥστε ἀγωνιᾶν τὸν ἰδόντα· οὐ μέντοι διαπεφώνηκεν οὐδείς, πλὴν τῶν περιπεπτωκότων ἀκουσίως ταῖς λοφίαις διὰ τὴν τῶν εἰρημένων ἄγνοιαν· καὶ γὰρ οὐδὲ διώκειν δύναται θρασύτερον τοὺς πλέοντας, τῶν ὀμμάτων τοῖς θηρίοις ἀμαυρουμένων, ὅταν ἐκ τῆς θαλάττης τὰ πρόσωπα ἀναφήνωσιν.

86 Ὅτι τοῦ Φοινικῶνος τὰ μὲν ἄνωθεν ὁρώμενα πέτραις ὕψεσι ποικίλαις κατέχεται, τοῖς δὲ πρὸς θάλασσαν διήκουσιν ᾐὼν ὑπόκειται στενή τε καὶ μακρά.

87 Τῇ δὲ εἰρημένῃ παραλίᾳ συνάπτει μὲν τόπος, ὃν προσηγόρευσαν Νῆσσαν ἀπὸ τῆς τοῦ ζῴου πολυπληθίας. Αὕτη δὲ ἡ Νῆσσα κεῖται μὲν ἐγγὺς ἀκρωτηρίου καθ' ὑπερβολὴν ὑλώδους, διατείνει δὲ ἐπ' εὐθείας θεωρουμένη πρός τε τὴν Πέτραν καλουμένην καὶ τὴν Παλαιστίνην, εἰς ἣν Γερραῖοι καὶ Μιναῖοι καὶ πάντες οἱ πλησίον ἔχοντες τὰς οἰκήσεις Ἄραβες τόν τε λιβανωτόν, ὡς λόγος, καὶ τὰ φορτία [457 b] τὰ πρὸς εὐωδίαν ἀνήκοντα ἀπὸ τῆς χώρας τῆς ἄνω κατάγουσιν.

89 Ὅτι μετὰ τὸν καλούμενον Λαιανίτην κόλπον, ὃν Ἄραβες περιοικοῦσιν, ἡ Βυθημανέων ἐστὶ γῆ, πολλή τε καὶ πεδιάς, καὶ πᾶσα κατάρρυτος καὶ βαθεῖα, ἀγρώστει δὲ μόνον καὶ μηδικῇ καὶ λωτῷ βάθος ἀνδρόμηκες ἔχοντι· πᾶς ὁ καρπὸς αὐτῇ περιγράφεται, ἕτερον δὲ γεωργεῖ οὐδέν. Διὸ πολλαὶ μὲν ἐν αὐτῇ ἀγρίαι κάμηλοι, πολλαὶ δὲ ἐλάφων καὶ δορκάδων ἀγέλαι, συχναὶ δὲ ποίμναι προβάτων καὶ ἀμύθητος ἀριθμὸς ἡμιόνων καὶ βοῶν. Τούτοις δὲ τοῖς εὐκληρήμασιν ἀντικείμενον

25 μέντοι A : μέντοι γε M.

[457 b] **4** Βυθημανέων *edd.* : Βυθεμανέων A Βυθυμανέων M || **5** πεδιάς AM : παιδιάς A[2] || **11** εὐκληρήμασιν M : ἐγκλήμασιν A.

se lie un mal parallèle car le pays porte en même temps une foule de lions, de loups et de panthères, de sorte que les avantages naturels de cette région font le malheur de ses habitants[1].

90. Quand on s'éloigne des rivages voisins, il y a un golfe orienté vers l'intérieur du pays et auquel on découvre une profondeur qui n'est pas de moins de cinquante stades. Les gens qui habitent les pourtours de ce golfe s'appellent les Batmizomanes; ils chassent le gibier de terre[2].

91. Après le pays en question viennent trois îles qui forment plusieurs ports; on a appelé la première Sanctuaire d'Isis, la deuxième Soukabya, la troisième Salydo; toutes sont désertes et ombragées par des oliviers qui ne sont pas de ceux qui poussent chez nous, mais de ceux qu'on trouve dans ces pays-là[3].

92. Après ces îles bien séparées du continent, on peut voir une plage pierreuse et étendue; c'est le pays des Arabes Thamoudènes. La navigation au large de ces côtes est particulièrement difficile sur plus de mille stades; il n'y a pas, en effet, non, il n'y a pas de port propice au mouillage, pas une anse pour y jeter l'ancre, pas un golfe pour s'y abriter, pas une trace de jetée pour fournir au marin un refuge en cas de besoin[4].

94[5]. Ensuite, non pas immédiatement après, mais à quelque distance, s'étend une région côtière, fort riche en eau, où se situe le mont nommé Laïmos qui étale l'immensité de ses contours, ceint de forêts où poussent toutes sortes d'essences[6].

95. La région voisine du pays montagneux est habitée par les Dèbes dont les uns sont nomades et les autres paysans. Au milieu de leur pays coule un fleuve dont le lit naturel est triple; il charrie des paillettes d'or dont

1. Diodore, III, 43, 6-7, p. 214. Woelk, p. 219.
2. Diodore, III, 44, 1-2, p. 214-216. Woelk, p. 219-221.
3. Diodore, III, 44, 3, p. 216. Woelk, p. 221.
4. Diodore, III, 44, 4, p. 216. Woelk, p. 221-222.
5. Le fr. 93 qui manque ici est emprunté à Diodore, III, 44, 4-45, 2, p. 216-220.
6. Diodore, III, 45, 3, p. 220. Woelk, p. 226-227.

παραπέπλεκται κακόν · λεόντων γὰρ καὶ λύκων καὶ παρδάλεων συναναφέρει πλῆθος ἡ γῆ, ὡς εἶναι τὸ τῆς χώρας ἐπίτευγμα τοῖς οἰκηταῖς αἴτιον ἀκληρίας.

90 Ἀπὸ δὲ τῶν ἐφεξῆς αἰγιαλῶν κόλπος ἐστὶ νενευκὼς μὲν εἰς τὸν μυχὸν τῆς χώρας, οὐκ ἔλαττον δὲ σταδίων πεντακοσίων ὑποδείκυσι τὸ βάθος. Οἱ δὲ τὴν ἐντὸς τοῦ κόλπου κατοικοῦντες καλοῦνται μὲν Βατμιζομανεῖς, εἰσὶ δὲ κυνηγοὶ τῶν χερσαίων ζῴων.

91 Τὴν δ' εἰρημένην χώραν νῆσοι τρεῖς ἐκδέχονται, λιμένας ποιοῦσαι πλείους · ὧν τὴν πρώτην Ἴσιδος ἱερὰν ὠνόμασαν, τὴν δὲ δευτέραν Σουκαβύαν, τὴν δὲ τρίτην Σαλυδώ, ἐρήμους δὲ πάσας καὶ συσκίους ἐλαίαις οὐ ταῖς παρ' ἡμῖν ἀλλὰ ταῖς ἐν ἐκείνοις τοῖς τόποις φυομέναις.

92 Μετὰ δὲ τὰς νήσους τὰς ἐκκειμένας ἔστιν ἰδεῖν αἰγιαλὸν λιθώδη καὶ μακρόν · ἡ δὲ χώρα Θαμουδηνῶν Ἀράβων. Ὁ δὲ πρὸς ταύτην παράπλους ἐπὶ σταδίους τῶν χιλίων πλείους πάντων χαλεπώτατος · οὐ γὰρ ἔστιν, οὐκ ἔστιν οὐ λιμὴν εὔορμος, οὐ σάλος ἐπ' ἀγκύρας, οὐ κόλπος ἐπὶ σκέπης, οὐ χηλῆς ἐντύπωμα, ἀναγκαία καταφυγὴ τὸν ναυτίλον δεχόμενον.

94 Μετὰ ταῦτα δὲ οὐκ εὐθὺς ἐφεξῆς, ἀλλὰ μεθ' ἕτερά τινα, ἔστιν αἰγιαλὸς εἰς ὑπερβολὴν κάθυδρος ἐκτεινόμενος, καὶ τὸ προσηγορευμένον Λαιμὸν ὄρος, ἀμύθητον μὲν ἀναφαῖνον τῆς περιμέτρου τὸ μέγεθος, παντοίας δὲ ὕλης δρυμοῖς διεζωσμένον.

95 Ὅτι τὴν ἀστυγείτονα τῆς ὀρεινῆς χέρσου Δεβαὶ κατοικοῦσιν, οἱ μὲν νομάδες, οἱ δὲ γεοῦχοι. Ὧν κατὰ μέσην τὴν χώραν ποταμὸς διαφέρεται τριμερὴς μὲν τῇ φύσει, ψῆγμα δὲ χρυσοῦ κατάγων οὕτω σύνδηλον τὴν δαψίλειαν

19 τῶν A : τῶν τε M || **28** ἔστιν A : *om.* M || **29** οὐ λιμὴν A : λιμὴν M || **30** ἐπὶ σκέπης A : ἐπισκεπής M || **31** ναυτίλον A : ναυτιλλόμενον M || **34** τὸ M : *om.* A || **36** Δεβαὶ Diodore : Δεδεβαὶ Photius.

l'abondance est si visible que les alluvions accumulées à [458 a] son embouchure brillent au loin. Les habitants du pays ignorent tout du travail de ce métal. Ils sont très accueillants, non pour tout le monde, mais pour les gens qui viennent du Péloponnèse et de Béotie, à cause de je ne sais quelle légende qui a trait à Héraclès [1].

96. Les voisins de ces peuplades-là sont les Aliléens et les Casandres ; ils occupent une terre qui n'a pas la moindre ressemblance avec celles dont on a parlé. En effet, l'air n'y est ni froid ni sec ni torride mais il étale une nuée molle et épaisse d'où tombent, même en été, des pluies et des orages propices. La plus grande partie du pays produit de tout, mais il n'est pas entièrement cultivé à cause de l'inexpérience des habitants. En creusant dans les galeries rocheuses de la région, on trouve de l'or en grande quantité, non celui qu'on obtient par une technique habile en faisant fondre les paillettes, mais un or naturellement pur, ce qui le fait appeler par les Hellènes de l'or non travaillé au feu ; ses plus petites pépites ont la grosseur d'un noyau d'olive, les moyennes, celle d'une nèfle ; les plus grosses peuvent être comparées aux noix royales. Les gens portent autour des poignets et du cou des pépites perforées et réunies par des pierres transparentes ; ils en envoient chez leurs voisins et les leur vendent à bas prix ; ils échangent, en effet, le bronze pour trois fois son poids d'or, le fer, pour deux fois son poids d'or. L'argent, lui, vaut dix fois l'or ; c'est l'abondance ou la rareté qui fait le prix de tout ce qu'on prend en considération dans la vie ; on ne tient pas compte de la nature mais du besoin [2].

97. Immédiatement après ces peuplades, ce sont les Karbes qui occupent le pays, après quoi l'on rencontre un port en eaux profondes où se déversent plusieurs sources.

1. Diodore, III, 45, 3-5, p. 220-222. Woelk, p. 227-230.
2. Diodore, III, 45, 6-8, p. 222-224. Woelk, p. 230-232.

ἔχων ὥστε τὴν ἰλὺν τὴν πρὸς ταῖς ἐκβολαῖς συνηγμένην [458 a] πόρρωθεν ἀποστίλβειν. Οἱ δὲ τὸν τόπον οἰκοῦντες τῆς μὲν ἐργασίας εἰσὶ τῆς τοιαύτης ἄπειροι. Φιλόξενοι δὲ εἰς ὑπερβολὴν οὐ πᾶσιν ἀνθρώποις, ἀλλὰ τοῖς ἀπὸ Πελοποννήσου διεκβάλλουσι καὶ Βοιωτίας διά τινα μυθικὴν ἀφ' Ἡρακλέους ἱστορίαν.

96 Τούτων ἀστυγείτονές εἰσιν Ἀλιλαῖοι καὶ Κασανδρεῖς, κέκτηνται δὲ γῆν οὐδαμῶς ἐοικυῖαν ταῖς προειρημέναις. Οὔτε γὰρ ἐψυγμένος ὁ ἀὴρ οὔτε ζηρὸς οὔτε ἔμπυρος, μαλακὴν δὲ καὶ δασεῖαν νεφέλην ὑποδεικνύων, ἀφ' ἧς ὑετοὶ καὶ χειμῶνες γίνονται καὶ θέρους εὔκαιροι. Τῆς τε χώρας ἡ πλείστη πάμφορος μέν ἐστιν, οὐ πᾶσα δὲ τυγχάνει θεραπείας, τῶν λαῶν ἀπειροτέρων ὄντων. Τὸν μέντοι χρυσὸν ὀρύσσοντες ἐν τοῖς πλακώδεσι τῆς χώρας ὑπονόμοις εὑρίσκουσι πολύν, οὐ τὸν συντηκόμενον μετ' ἐπιστήμης καὶ τέχνης ἐκ τοῦ ψήγματος, ἀλλὰ τὸν αὐτόματον, καλούμενον δὲ διὰ τὸ συμβαῖνον παρ' Ἕλλησιν ἄπυρον· οὗ τὸ μὲν ἐλάχιστον ἔχει μέγεθος πυρῆνος, τὸ δὲ μέσον μεσπίλου, τὸ δὲ μέγιστον ὥστε βασιλικοῖς παραβάλλεσθαι καρύοις. Ὃν τρήσαντες ἐναλλὰξ διαφανέσι λίθοις περί τε τοὺς καρποὺς φοροῦσι τῶν χειρῶν καὶ περὶ τοὺς αὐχένας, πρός τε τοὺς ἀστυγείτονας μετάγοντες πωλοῦσιν εὐτελῶς· τὸν μὲν γὰρ χαλκὸν πρὸς τὸν χρυσὸν τρίσταθμον ἀλλάττονται, τὸν δὲ σίδηρον πρὸς διπλοῦν χρυσίον. Ὁ δὲ ἄργυρος τοῦ χρυσοῦ δέκα δύναται μοίρας, τῇ δαψιλείᾳ καὶ σπάνει τῆς ἀξίας παραμετρουμένης, ἐν οἷς ἀποβλέπει πᾶς ὁ βίος οὐ πρὸς τὴν φύσιν ἀλλὰ πρὸς τὴν χρείαν.

97 Τούτων δὲ τῶν ἀνδρῶν συνεχεῖς Κάρβαι κατέχουσι τὴν ἤπειρον ἐκδεχομένου λιμένος ἀγχιβαθοῦς, ἐν ᾧ κρῆναι πλείους ἀναβάλλουσιν.

40 ἔχων A : ἔχον A²M.

[458 a] **10** ὑετοὶ Wesseling : υἱετοὶ M : *om.* A || **12** λαῶν Diodore ἄλλων Photius || **15** ἐκ A : *om.* M.

Vient ensuite la peuplade des Sabéens qui est la plus considérable de l'Arabie ; elle jouit d'un bien-être qui tient à des causes diverses. La terre porte, en effet, tout ce qui pousse chez nous et qui sert à la vie ; les corps des habitants y ont plus belle allure qu'ailleurs. Ils disposent de troupeaux innombrables. Un parfum flotte sur tout le rivage, procurant à ceux qui y viennent un agrément supérieur à ce qu'on peut voir ou dire. En effet, au bord même de la mer, poussent en grande quantité le baumier, le laurier-casse et une autre plante qui, fraîchement cueillie, offre le plus grand agrément à la vue ; avec le temps, elle se fane vite, de sorte que la vertu de cette [458 b] plante est perdue avant qu'elle parvienne chez nous dans sa vigueur.

A l'intérieur du pays s'étendent beaucoup de vastes forêts ; des arbres très hauts s'y dressent : arbres à myrrhe et à encens et aussi à cinnamome, palmiers, roseaux et autres espèces du même genre ; aussi aucun mot ne peut-il exprimer ce qu'éprouvent ceux qui ont respiré directement ces essences. En effet, ce n'est pas un plaisir qu'on tire d'aromates mis en conserve et déjà vieux, ou de plantes séparées de la souche sur laquelle elles poussent et qui les nourrit, mais de plantes qui sont au plus beau de leur merveilleuse floraison et qui exhalent de leur site naturel ce parfum extraordinaire ; aussi beaucoup de gens en viennent-ils à oublier les félicités mortelles et s'imaginent-ils goûter à l'ambroisie, ce qu'ils ressentent exigeant un nom qui exprime l'excès de leur plaisir [1].

98. Dans les forêts d'aromates vit un serpent d'une espèce particulière, comme si la fortune, jalouse des

1. Diodore, III, 46, p. 224-226. Woelk, p. 232-241.

Ἐφεξῆς δὲ τὸ τῶν Σαβαίων ἐπισυνάπτει γένος, μέγιστον τῶν κατὰ τὴν Ἀραβίαν καὶ παντοίας κύριον εὐδαιμονίας. Καὶ γὰρ ἡ γῆ πάντα φέρει τὰ παρ' ἡμῖν γινόμενα πρὸς βίον, καὶ τὰ σώματά ἐστι τῶν κατοικούντων ἀξιολογώτερα. Βοσκημάτων κεχορήγηνται πλήθεσιν ἀμυθήτοις. Ὀσμή τε πᾶσαν ἐπέχει τὴν παραλίαν, θέας τε καὶ λόγου κρείττω τέρψιν τοῖς ἀφικνουμένοις κατασκευάζουσα. Παρὰ μὲν γὰρ αὐτὴν πέφυκε τὴν θάλατταν τό τε βάλσαμον πολὺ καὶ κασσία καί πόα τις ἄλλη πρόσφατος μὲν ἡδίστην δὲ ἔχουσα τῶν ὀμμάτων τέρψιν, ἐν δὲ τῷ χρονίζειν γινομένη συντόμως ἐξίτηλος, ὥστε πρότερον ἀπαμαυροῦσθαι τοῦ φυτοῦ τὴν χρείαν ἢ πρὸς ἡμᾶς παρα- [458 b] πέμπεσθαι τοῦ γένους τὴν δύναμιν.

Ἐπὶ δὲ τῆς μεσογείου δρυμοὶ συνεχεῖς στείχουσι καὶ μεγάλοι· δένδρα γὰρ ἠλίβατα σμύρνης τε καὶ λιβανωτοῦ, πρὸς δὲ καὶ κινναμώμου φοίνικός τε καὶ καλάμου καὶ τῶν ἄλλων ἀνεῖται τῶν τοιούτων, ὥστε εἶναι μηδενὶ λόγῳ τὸ πρᾶγμα δηλωτόν, ὃ συμβαίνει τοῖς περὶ τὰς αἰσθήσεις εἰληχόσι τοῦ γένους τὴν δοκιμασίαν. Οὐ γὰρ τὴν τεθησαυρισμένην καὶ παλαιὰν ἔχει τῶν ἀρωμάτων ἀπόλαυσιν, οὐδὲ τὴν ἀπὸ τοῦ γεννῶντος καὶ τρέφοντος ὄγκου διακεχωρισμένην, ἀλλὰ τὴν ἀνθοῦσαν ἀπὸ τῆς θείας ἀκμῆς καὶ τὴν ἀπὸ τῶν οἰκείων καὶ φυσικῶν τὸ θαυμαζόμενον ἀποπέμπουσαν· ὥστε πολλοὺς εἰς λήθην ἀφικομένους τῶν θνητῶν εὐτυχημάτων τῆς ἀμβροσίας ὑπονοεῖν ἀπολαμβάνειν, ὄνομα τοῦ πράγματος ἐπιζητοῦντος οἰκεῖον τῆς ὑπερβολῆς.

98 Περὶ δὲ τοὺς δρυμοὺς τῶν εὐωδῶν γένος ἐστὶν ὄφεων ἰδιώτατον πάντων, οἱονεὶ φθονούσης

30 δὲ M : *om.* A || **32** γινόμενα Bekker : γενόμενα *codd.* || **33** βίον A : τὸν βίον M || **37** πέφυκε A : πέφηνε M || **38** πόα Diodore : *om.* Photius.

[458 b] **2** δένδρα A[3] : δένδρη AM

avantages que procure la nature, voulait mêler le nuisible au meilleur afin que personne ne pousse jusqu'au bout une démesure titanesque et ne conçoive, à cause des biens de la fortune, une superbe qui lui fasse mépriser la divinité, mais soit formé par la juxtaposition et le souvenir des contraires. Cette sorte de serpent est de couleur pourpre, il a environ un empan de long et sa morsure est sans remède s'il a mordu jusqu'au sang et plus haut que la hanche ; il blesse en sautant en l'air[1].

99. Chez les Sabéens eux-mêmes, l'odeur des aromates est extrêmement vive, mais le plaisir qu'ils en retirent est incomplet, car ce qui dure sans interruption depuis la première enfance excite moins la sensation et la rend moins vive quand la vie n'apporte aucun changement. Bien plus, comme ils ne peuvent régler leur vie de manière à lui donner un certain équilibre — en effet, leur corps est imprégné d'une odeur excessive et pénétrante et qui renforce sa condensation constante au point de provoquer un effet d'extrême affaiblissement — alors, ils font des fumigations avec un peu de bitume et de barbe de bouc pour dissiper par ces odeurs l'excès de parfum qui est dans l'air qu'ils respirent, et pour atténuer, en y mélangeant ce qui passe pour incommoder l'odorat, ce qu'il peut y avoir de nuisible dans leur plaisir. Ainsi, tout avantage gouverné par la modération et l'ordre favorise l'existence ; mais, quand il est sans proportion et sans mesure, sa possession n'a rien d'utile[2].

100. La ville des Sabéens, qui porte le nom de toute la peuplade, est située sur une petite montagne ; c'est de [459 a] loin la plus belle ville d'Arabie ; elle s'appelle Saba. Le roi de tout le clan tient son pouvoir du peuple, pouvoir qui est un honneur sous un certain rapport et qui, par ailleurs, est la pire des infortunes : c'est un

1. Diodore, III, 47, 1-2, p. 226-228. Woelk, p. 242.
2. Diodore, III, 47, 3, p. 228. Woelk, p. 241-242.

τοῖς ἁδροῖς ἐπιτεύγμασι τῆς τύχης καὶ παραπλεκούσης τἀγαθῷ τὸ βλαβερόν, ὅπως μηδεὶς εἰς τέλος ἐξυβρίζων τιτανῶδες καὶ κατεγνωκὸς τοῦ θείου τὸ φρόνημα λαμβάνῃ τῶν ἀγαθῶν εὐτυχούντων, παιδεύηται δὲ τῇ παραθέσει καὶ μνήμῃ τῶν ἐναντίων. Τὸ δὲ γένος τῶν ὄφεων χρῶμα μὲν ἔχει φοινικοῦν, μῆκος δὲ ὅσον σπιθαμῆς, δῆγμα δὲ ἀνίατον, ἂν τῆς λαγόνος ἀνώτερον αἱμάξῃ· τὴν δὲ πληγὴν δίδωσι παλλόμενον εἰς ὕψος.

99 Παρ' αὐτοῖς δὲ τοῖς Σαβαίοις ἡ μὲν ὀσμὴ τῶν εὐωδῶν ἀκροτάτη, ἡ δὲ χάρις ἐλλιπής· τὸ γὰρ ἐνδελεχὲς ἐκ νηπίου κινεῖ μὲν τὴν αἴσθησιν ἧττον, ἀμβλυτέραν δὲ κατασκευάζει, μεταβολῆς τοῖς βίοις οὐχ ὑποκειμένης. Οὐ μὴν ἀλλὰ κἀπειδὰν οὐ δύνωνται τὴν ζωὴν παιδαγωγεῖν παραπλησίως εὐσταθῆ, διαπνεομένου τοῦ σώματος ὑπ' ἀκράτου καὶ τμητικῆς δυνάμεως καὶ τὴν σύμμετρον πύκνωσιν ἐπὶ πλεῖον ἀγούσης ὥστε ἄγειν εἰς ἔκλυσιν ἐσχάτην, τότε δὴ ἀσφάλτου παραθυμιῶντες βραχὺ καὶ τράγου πώγωνα τοῖς τοιούτοις ἀφαιροῦνται τὴν ἄγαν εὐώδη τῆς ἐπιφορᾶς ὑπερβολήν, καὶ τῇ μίξει τοῦ δοκοῦντος λυπεῖν τὸ τῆς ἡδονῆς βλαβερὸν ὑποκαταστέλλουσιν. Οὕτως ἅπαν ἐπίτευγμα μεσότητι μὲν καὶ τάξει κυβερνώμενον παραπέμπει τὸν βίον, συμμετρίας δὲ καὶ καιροῦ στερηθὲν οὐκ ἔχει τὴν κτῆσιν ὀνησιφόρον.

100 Τὸ δὲ τῶν Σαβαίων ἄστυ τοῦ παντὸς ἔθνους προσηγορίαν δηλοῦν, ἐπ' ὄρους ἐστὶν οὐ μεγάλου, πολὺ κάλλιστον τῶν [459 a] κατὰ τὴν Ἀραβίαν, ὃ καλεῖται Σάβας. Ὁ δὲ βασιλεύων τοῦ παντὸς ἔθνους προεδρίαν ἔχει παρὰ τοῦ λαοῦ τῇ μὲν ἔντιμον τῇ δὲ ἀκληροτάτην, ἔντιμον μὲν ὅτι πολλοῖς

19 κατεγνωκὸς A[1]M : κατεγνωκὼς A || **24** δὲ πληγὴν A : πληγὴν δὲ M || **29** δύνωνται Bekker : δύνανται *codd.* || **32** πλεῖον Photius : ἀραιὸν Diodore || **33** δὴ M : δὲ A.

[459 a] **2-3** τῇ μὲν — τῇ δὲ AM : πῇ μὲν — πῇ δὲ A[2].

honneur parce que le roi commande à une population nombreuse et fait ce qu'il lui plaît en vertu d'un pouvoir discrétionnaire ; c'est une infortune parce que, dès qu'il a reçu sa charge, il ne peut plus désormais sortir du palais royal ; sinon, conformément à un oracle ancien, il est lapidé par tout le peuple et ainsi son haut rang lui est funeste [1].

101. Parmi les hommes, il en est qui sont destinés à la vie domestique et se comportent avec à peine plus de vaillance que des femmes ; une tranquillité continuelle les efféminé ; tous les autres s'entraînent à la guerre, travaillent tout le pays et ils exportent leurs produits à l'aide de grands radeaux. Ils transportent, entre autres marchandises, surtout la plante aromatique qui pousse dans l'arrière-pays — en arabe, on l'appelle larimna — et qui, de tous les aromates, a le parfum le plus fort ; cette plante passe pour venir à bout de la plupart des maladies du corps.

Comme le pays ne porte aucune sorte de bois, ils sont forcés de brûler du cinnamome et du laurier-casse pour leurs usages quotidiens et pour les autres besoins de la vie, tant la nature a partagé inégalement ses biens, provoquant chez les uns la rareté des choses essentielles, chez les autres leur abondance. Parmi les Sabéens, il en est beaucoup qui utilisent aussi des nacelles de cuir dont la marée leur a appris à se servir bien qu'ils vivent dans la mollesse [2].

102. En effet, aucun peuple ne paraît mieux pourvu que les Sabéens et les Gerrhéens qui profitent de tout ce que l'Asie et l'Europe ont d'exceptionnel. Ce sont eux qui ont fait la richesse en or de la Syrie de Ptolémée ;

1. Diodore, III, 47, 4, p. 228. Woelk, p. 242-245.
2. Ce fr. 101 n'est connu que par Photius. Woelk, p. 245-247.

ἐπιτάττει, κατὰ κρίσιν ἀνυπεύθυνον ὃ βούλεται πράττων, ἄκληρον δὲ ὅτι παραλαβὼν τὴν ἐπιμέλειαν οὐ δύναται πάλιν ἐκ τῶν βασιλείων ἐξελθεῖν, εἰ δὲ μή, λιθόλευστος ὑπὸ πάντων γίνεται κατὰ χρησμὸν ἀρχαῖον, ὥστε εἶναι τὴν ὑπεροχὴν βλαβεράν.

101 Τῶν δὲ ἀνδρῶν οἱ μὲν καταγινόμενοι πρὸς τὸ οἴκοι ἐνδιατρίβειν βραχύ τι τοῦ θήλεος γένους ἀλκιμώτερον ἄγουσιν, ὑπὸ τῆς συνεχοῦς ἀπογυναικούμενοι ῥᾳστώνης· οἱ δὲ ἄλλοι πάντες πρὸς πόλεμον μελετῶσι καὶ τὴν χώραν ἅπασαν ἐργάζονται καὶ στέλλουσιν ἀπ' οἰκίας ταῖς μείζοσι χρώμενοι σχεδίαις. Κομίζουσι δὲ ἄλλα τε καὶ μάλιστα τὸν εὐώδη καρπὸν τὸν ἐν τῷ πέραν φυόμενον (ἀραβιστὶ λέγεται λάριμναν), μεγίστην ἔχοντα τῶν ἄλλων θυμιαμάτων εὐωδίαν· ὧν κρατεῖν λέγεται γένος ἀρρωστίας ὡς ἐπὶ τὸ πολὺ σωματικῆς.

Οὐδεμίαν δὲ τῆς γῆς ἄλλην ὕλην φερούσης, ἀναγκάζονται πρὸς τὰ καθ' ἡμέραν τὸ κιννάμωμον καὶ τὴν κασσίαν καίειν, καὶ πρὸς τὰς ὑπολοίπους ἐν τῷ βίῳ χρείας· οὕτως ἀνίσως τὰ αὐτῆς ἡ τύχη μεμέρικε, τοῖς μὲν σπάνιν τῶν σπουδαίων τοῖς δὲ πλῆθος διδοῦσα. Τῶν δὲ Σαβαίων χρῶνται καὶ τοῖς δερματίνοις οὐκ ὀλίγοι πορείοις, διδασκούσης τὴν χρείαν τῆς ἀναπώτιδος καίπερ ἐν τρυφῇ καταγινομένους.

102 Οὐδὲν γὰρ εὐπορώτερον Σαβαίων καὶ Γερραίων εἶναι δοκεῖ γένος, ἐκτεταμιευμένων πᾶν τὸ πῖπτον εἰς διαφορᾶς λόγον ἀπὸ τῆς Ἀσίας καὶ τῆς Εὐρώπης. Οὗτοι πολύχρυσον τὴν Πτολεμαίου Συρίαν πεποιήκασιν, οὗτοι τῇ Φοινίκων

9 πρὸς — ἐν διατρίβειν A² *mg.* : *om.* AM ‖ 11 πάντες A : τά τε M ‖ 13 ἀπ' οἰκίας Bekker : ἀποικίας *codd.* ‖ 15 ἀραβιστὶ A : ἀραβιττὶ δὲ M ‖ 16 ἔχοντα A : ἔχων M ‖ θυμιαμάτων A : θαυμάτων M ‖ 17 γένος AM : γένους A² ‖ 20 καίειν M : κάειν A ‖ 21 τὰ αὐτῆς A² : ἑαυτῆς M ταύτης A ‖ 27 ἐκτεταμιευμένων A : ἐκτεταμιευνένον M.

eux aussi ont procuré à l'activité des Phéniciens des marchés avantageux et ont mis en train mille entreprises. La magnificence s'étale chez eux, non seulement dans d'admirables objets ciselés et dans la variété des vases à boire, mais aussi dans les dimensions des lits, des trépieds et de beaucoup d'objets domestiques qui sont courants chez nous et qui surabondent chez eux, car beaucoup de gens y ont, semble-t-il, des moyens d'existence princiers. Ils ont, dit l'auteur, érigé beaucoup de colonnades dorées ou faites d'argent ; en outre, les plafonds et les portes sont garnis d'une profusion d'ornements sertis de pierreries ; de même, les entre-colonnements offrent un beau coup d'œil ; en somme, il y a grande différence entre leur richesse et celle des autres. Voilà donc ce qu'on raconte d'eux jusqu'à notre temps. Si leurs [459 b] habitats étaient moins éloignés des peuples qui dirigent leurs troupes dans n'importe quelle direction, leurs biens seraient gérés par ceux qui savent conserver leurs conquêtes, car leur mollesse ne pourrait sauvegarder longtemps leur liberté[1].

103. Sur les côtes de ce pays, la mer apparaît blanche et pareille à un fleuve ; on se demande avec étonnement la cause de ce phénomène ; des îles heureuses se situent dans ces parages ; tous les bestiaux y sont blancs et aucune bête femelle n'a de cornes. Dans ces îles, on peut voir au mouillage des bateaux marchands des peuples voisins ; la plupart viennent de l'endroit où Alexandre a créé un port sur l'Indus ; beaucoup viennent de Perse et de Carmanie et de tout le voisinage[2].

104. Dans ces pays, les phénomènes célestes eux aussi sont étonnants, notamment celui qui affecte l'Ourse. En effet, à partir du mois athénien de maimactérion, aucune de ses sept étoiles n'est visible jusqu'à la première

1. Diodore, III, 47, 5-8, p. 228-230. Woelk, p. 247-250.
2. Diodore, III, 47, 8-9, p. 230-232. Woelk, p. 250-252.

φιλεργίᾳ κατεσκευάκασι λυσιτελεῖς ἐμπορίας, καὶ μυρία ἄλλα. Ἔστι δὲ πολυτέλεια παρ' αὐτοῖς οὐ μόνον ἐν τορεύμασι θαυμαστοῖς καὶ ποτηρίων ποικιλίαις, ἔτι δὲ κλινῶν καὶ τριπόδων μεγέθεσι, καὶ τῶν ἄλλων τῶν κατ' οἰκίαν παρ' ἡμῖν ἐκτεινομένων λαμβάνει τὴν ὑπερβολήν, πολλῶν, ὡς ἔοικε, κεκτημένων χορηγίαν βασιλικήν. Κίονάς τε πολλοὺς αὐτοῖς φησι κατεσκευάσθαι ἐπιχρύσους τε καὶ ἀργυροῦς, πρὸς δὲ καὶ τὰς ὀροφὰς καὶ θύρας φιάλαις λιθοκολλήτοις ἐξειλῆφθαι πυκναῖς, ὡσαύτως καὶ τὰ μεσοστύλια θέαν ἔχειν εὐπρεπῆ, καὶ καθόλου τοὺς παρὰ τῶν ἄλλων πλούτους ἐκκεῖσθαι τὴν διαφορὰν μεγάλην. Ἀλλὰ ταῦτα μὲν ἕως τοῦ καθ' ἡμᾶς παρ' [459 b] αὐτοῖς ἐπαγγέλλεται βίου. Εἰ δὲ μὴ πόρρω διεστηκυῖαν τὴν οἴκησιν κατεῖχον τῶν ἐπὶ πάντα τόπον τὰς δυνάμεις στρεφόντων, οἰκονόμοι τῶν ἀλλοτρίων ἂν ὑπῆρχον οἱ κύριοι τῶν ἰδίων ἄθλων, τῆς ῥᾳθυμίας ἀδυνατούσης τὸ ἐλεύθερον πλείω χρόνον διατηρεῖν.

103 Παρὰ δὲ τὴν χώραν ταύτην ἡ μὲν θάλαττα λευκὴ φαίνεται, ποταμῷ ἐμφερής, ὥστε παραπλήττεσθαι τοῦ γινομένου τὴν αἰτίαν, νῆσοι δὲ εὐδαίμονες παράκεινται, ἐν αἷς βοσκήματα λευκὰ μέν ἐστι πάντα, οὐδενὶ δὲ τῶν θηλειῶν ἐπιφύεται κέρας. Ἐν ταύταις ταῖς νήσοις ἰδεῖν ἔστιν ὁρμούσας ἐμπορικὰς τῶν προσχώρων σχεδίας, πλείστας μὲν ἐκεῖθεν οὗ κατεστήσατο παρὰ τὸν Ἰνδὸν ποταμὸν ὁ Ἀλέξανδρος ναύσταθμον, οὐκ ὀλίγας δὲ ἀπὸ τῆς Περσίδος καὶ Καρμανίας καὶ τῆς σύνεγγυς πάσης.

104 Ἔστι δὲ αὐτοῖς καὶ τὰ κατὰ τὸν οὐρανὸν θαυμασίως ἔχοντα · ὧν ἐστι καὶ τὸ περὶ τὴν ἄρκτον συμβαῖνον. Ἀπὸ γὰρ μαιμακτηριῶνος, ὃς ἄγεται παρὰ τοῖς Ἀθηναίοις, οὐδεὶς ἀστὴρ τῶν ἑπτὰ φαίνεται μέχρι φυλακῆς πρώτης,

33 καὶ τῶν *codd.* : ἀλλὰ καὶ τῶν Müller || **40** παρὰ τῶν ἄλλων AM : παρ' αὐτῶν τῶν A².

[459 b] **3** στρεφόντων Bekker : τρεφόντων *codd.* || **11** ἐμπορικὰς A : *om.* M || σχεδίας AMˣ : σχεδίαις M.

veille ; dans le mois de poseideion, c'est jusqu'à la deuxième veille, et le phénomène continue au même rythme au cours des mois suivants. Parmi les autres astres, des planètes ne sont pas visibles, d'autres y sont plus grosses ; d'autres encore ne se couchent ni ne se lèvent au moment habituel[1].

105[2]. Le lever du soleil, dans les régions situées au-delà de la Ptolémaïde, se produit, dit-on, d'une façon particulière et étrange. D'abord, il n'y a pas, comme chez nous, cette lumière sans soleil que nous voyons dès l'aurore pendant un temps assez long avant de voir le soleil se lever ; alors que règne l'obscurité de la nuit, le soleil éclate tout d'un coup, et il ne fait jamais jour là-bas avant que le soleil ne soit visible. Il semble ensuite se lever au milieu de la mer. En troisième lieu, il se lève pareil à un charbon ardent et il projette de grandes étincelles, les unes dans le disque de lumière et les autres plus au loin. En quatrième lieu, le soleil, disent-ils, n'a pas la forme d'un disque mais il ressemble d'abord à une grosse colonne qui porte à son sommet une masse un peu plus large, comme une tête. En cinquième lieu, le soleil ne projette ni éclat ni rayons, ni sur la terre ni sur la mer, jusqu'à la première heure, mais c'est un feu sans lumière dans l'obscurité ; quand la deuxième heure commence, l'astre entier, dans son ascension, prend la forme d'un bouclier et projette sa forme et sa lumière [460 a] sur la terre et sur la mer, une lumière si étrange et si brûlante que les deux étendues en paraissent immenses. En sixième lieu, à l'approche du soir, on voit, dit-il, le phénomène solaire inverse ; en effet, après qu'on l'a vu s'enfoncer sous terre, il éclaire encore pendant pas

1. Diodore, III, 48, 1-2, p. 232. Woelk, p. 252.
2. Le fr. 106 qui manque ici est emprunté à Diodore, III, 48, 5, p. 234-236.

ἐν δὲ ποσειδεῶνι μέχρι δευτέρας, ἐν δὲ τοῖς ἑξῆς τῶν μηνῶν κατὰ λόγον. Τῶν δ' ἄλλων ἀστέρων οἱ μὲν πλάνητες ἀόρατοι, τινὲς δὲ τοῖς ὄγκοις μείζονες, οἱ δὲ οὐδὲ κατὰ τοὺς ὑφεστῶτας καιροὺς τὰς δύσεις ποιούμενοι καὶ τὰς ἐπιτολάς.

105 Τοῦ δὲ ἡλίου τὴν ἔκφασιν ἐν τοῖς ἐπέκεινα Πτολεμαΐδος ἰδίαν λέγουσι καὶ παρηλλαγμένην. Πρῶτον μὲν γὰρ οὐ καθάπερ παρ' ἡμῖν φῶς ἀνήλιον ἕωθεν ὁρῶμεν ἐπὶ χρόνον οὐκ ὀλίγον, εἶτα τὴν ἀνατολήν · ἀλλὰ νυκτὸς σκοτίας ὑπαρχούσης ἐξαίφνης ἀνέλαμψεν ἥλιος, ἡμέρα δὲ οὐδέποτε γίνεται ἐκεῖσε πρὶν τὸν ἥλιον ἰδεῖν. Δεύτερον ὁ ἥλιος ἀναφερόμενος φαίνεται ἐκ μέσου τοῦ πελάγους. Τρίτον, ποιεῖ δὲ τοῦτο ἄνθρακι μὲν ὢν τῶν πυρωδεστάτων παρόμοιος, σπινθῆρας δὲ μεγάλους ἀπορρίπτων, τοὺς μὲν εἰς τὸν κύκλῳ τόπον τοῦ φωτίζοντος, τοὺς δὲ εἰς τὸν ἀπωτέρω. Τέταρτον καὶ τὸ σχῆμα δὲ οὐ δισκοειδὲς ἔχειν τὸν ἥλιόν φασιν, ἀλλὰ κίονι παχεῖ τά γε πρῶτα ἐμφερῆ, μικρὸν ἐμβριθέστερον ἔχοντι τὴν ἀπὸ τῶν ἄκρων φαντασίαν, οἱονεὶ κεφαλήν. Πέμπτον ἔτι τοίνυν οὔτε αὐγὴν οὔτε ἀκτῖνα ἀπολάμπειν οὐδεμίαν, οὔτε ἐπὶ τὴν γῆν οὔτε ἐπὶ τὴν θάλατταν, ἕως πρώτης ὥρας, ἀλλ' ἐπὶ σκότει πῦρ ἀλαμπές · δευτέρας δ' ἐνισταμένης τὸ ὅλον ἄστρον ἀναβαῖνον, ἀσπιδοειδὲς καθιστάμενον, τοῦ σχήματος τὸν τύπον καὶ [460 a] τὸ φῶς ἐπί τε τὴν γῆν καὶ τὸ πέλαγος βάλλει οὕτως ἄτοπον καὶ πυρῶδες, ὥστε ἀμφοῖν νομίζεσθαι παμμεγέθεις τὰς ὑπερβολάς. Ἕκτον εἰς δὲ τὴν ἑσπέραν ἐναντίον τὸ περὶ τὸν ἥλιον πάθος φασὶν ὁρᾶσθαι · ὑποδείξαντα γὰρ ὅτι δέδυκε κατὰ τῆς γῆς, οὐκ ἐλάττω χρόνον

26 χρόνον A^{x}M : *quid prius praeb.* A *non liquet* || **30** τρίτον *codd.* : *secl.* Bekker || **33** τέταρτον *codd.* : *secl.* Bekker || **35** κίονι παχεῖ A : κιονοπαχεῖ M || **37** πέμπτον *codd.* : *secl.* Bekker || **38** ἀπολάμπειν M : ἀπολάμπει A.

[460 a] **3** ἕκτον *codd.* : *secl.* Bekker || **4** ὁρᾶσθαι A^{2}M : *quid prius praeb.* A *non liquet* || **5** τῆς A : *om.* M.

moins de trois heures après son coucher et c'est le moment que les indigènes considèrent comme le plus agréable de la journée[1].

107. L'auteur parle de différentes explications du reflux et il les rejette toutes parce qu'elles n'ont rien de vrai, puis il ajoute : « On se rend aisément compte que tout cela n'est qu'un bavardage qui devrait avoir la pudeur de se taire, n'étant fondé sur aucune réalité capable de le soutenir ». Puis, après d'autres propos relatifs à la même idée, il ajoute encore : « Aussi, pour ce qui est du reflux, des séismes, des vents, de la foudre et de tous les phénomènes de cet ordre, nous laissons le soin d'en expliquer les causes à ceux qui sont mieux parés que nous pour le faire aisément ; quant aux accidents qui suscitent les calamités visibles, nous les avons expliqués d'après des gens compétents qui nous en ont instruits. Découvrir des explications plus convaincantes à propos d'un sujet qui sort de l'ordinaire, c'est notre ambition ; quant à développer une information véridique, nous ne nous y risquons pas »[2].

108. Dans le détroit dont on vient de parler, dit l'auteur, les oliviers sont l'objet du phénomène étrange que voici. Quand la marée est haute, tous sont immergés ; quand le reflux se produit en mer, ils sont constamment en fleur. Il pousse là, sous l'eau, dans les creux de falaises, une herbe qui ressemble à un jonc noir ; les gens du pays disent que c'est la chevelure d'Isis : ils cherchent à donner à une invention fabuleuse une explication naïve. Il arrive à cette plante, quand elle est battue par le flot, de plier dans tous les sens car son enveloppe est tendre comme celle d'autres herbes ; si quelqu'un l'arrache et l'expose à l'air libre, aussitôt, l'herbe arrachée devient plus dure que du fer[3].

1. Diodore, III, 48, 2-4, p. 232-234.
2. Les fr. 107-111 ne sont connus que par Photius.
3. Woelk, p. 252.

ὡρῶν τριῶν μετὰ ταῦτα φωτίζειν, ὃν καὶ νομίζουσι παρ' αὐτοῖς καιρὸν εἶναι τῆς ἡμέρας τὸν ἥδιστον.

107 Ὅτι εἰπὼν περὶ ἀμπώτεων ὁ συγγραφεὺς διαφόρους αἰτίας, καὶ πάσας ὡς οὐδὲν ἐχούσας ἀληθὲς ἀποδοκιμάσας, ἐπάγει· ὅτι δὲ ταῦτα πάντα λαλιὰν μὲν ἔχει σιγᾶν αἰσχυνομένην, πράγματος δὲ οὐδενὸς ἀντείληπται βοήθειαν δυναμένου τοῖς εἰρημένοις παρασχεῖν, εὐχερές ἐστι μαθεῖν. Εἶτα προσθεὶς καὶ ἕτερα τῆς αὐτῆς ἐννοίας ἐχόμενα, πάλιν ἐπιφέρει· διὸ περὶ μὲν ἀμπώτιδος καὶ σεισμοῦ καὶ πνευμάτων καὶ κεραυνῶν καὶ τῶν τοιούτων ἁπάντων τὰς μὲν αἰτίας, δι' ἃς γίνεται, παραχωροῦμεν τοῖς ἑτοιμότερον ἔχουσι πρὸς εὐκολίαν ἡμῶν· τὰ δὲ πάθη τὰ γεννῶντα τὰς προφανεῖς συμφορὰς δεδηλώκαμεν, μαθόντες παρὰ τῶν εἰδότων. Εὑρίσκειν δὲ πιθανώτερα τούτων εἰς μὲν ὑπόθεσιν παράδοξον φιλοτιμούμεθα, ἱστορίαν δὲ ἀπαγγέλλοντες ἀληθινὴν οὐκ ἂν ὑπομείναιμεν.

108 Ὅτι ἐν τῷ προειρημένῳ πόρῳ, φησί, περὶ τὰς ἐλαίας τοιοῦτόν τι ξένον συμβαίνει. Πλημμυρίδος ὑπαρχούσης πᾶσαι καλύπτονται, τῆς δ' ἀμπώτεως γινομένης ἐν τῇ θαλάσσῃ πάντα τὸν χρόνον θάλλουσιν. Ἔστι δέ τι φυόμενον αὐτόθι κατὰ βάθος ἐν ταῖς ῥαχίαις, μελαίνῃ σχοίνῳ παραπλήσιον, ὅ φασιν οἱ ἐκεῖσε κατοικοῦντες Ἴσιδος εἶναι τρίχωμα, μυθώδει πλάσματι πίστιν εὐήθη περιτιθέναι ζητοῦντες. Συμβέβηκε δ' αὐτῷ τυπτομένῳ μὲν ὑπὸ τοῦ κύματος κάμπτεσθαι πολλαχῶς, ἁπαλῆς οὔσης τῆς ὅλης περιοχῆς καὶ τοῖς ἄλλοις παραπλησίας φυτοῖς· ἂν δέ τις ἀποκόψας εἰς τὸν ὕπαιθρον ἀναφήνῃ τόπον, σιδήρου παραχρῆμα γίνεται τὸ διῃρημένον σκληρότερον.

7 αὑτοῖς Bekker : αὐτοῖς *codd.* || καιρὸν *hic* A : *post* νομίζουσι (*v.* 6) *ponit* M || **21-22** ἂν ὑπομείναιμεν A : ἀπομείναιμεν M || **25** ἀμπώτεως M[x] : ἀναπώτεως AM || γινομένης A : γενομένης M || **27** μελαίνῃ A : μέλανι M.

109. Parmi nombre d'autres poissons qui naissent dans les parages en question et qui ont, dit l'auteur, une nature étrange, il en est un qui est extraordinairement noir ; il a la taille d'un homme et on l'appelle l'Éthiopien parce qu'il a la face camuse. Ceux qui furent les premiers à pêcher ce poisson estimaient qu'à cause de sa ressemblance avec l'homme, ils ne devaient ni le vendre ni le [460 b] manger ; puis, avec le temps, ils se sont mis à faire l'un et l'autre sans se sentir coupables [1].

110. Nous avons donc rapporté en cinq livres ce qui concerne les peuples situés au sud avec autant de soin que possible ; mais, pour les îles découvertes plus tard dans la mer, pour les peuplades qui sont au-delà d'elles, pour les aromates que porte le pays des Troglodytes, nous nous sommes récusé et nous avons entièrement abandonné l'exposé qui les concerne, parce que ce travail, à notre âge, était trop lourd [2], et parce que nous avons abondamment écrit sur l'Europe et sur l'Asie et parce que nos sources, à cause des troubles survenus en Égypte [3], ne nous fournissaient pas d'information exacte ; mais celui-là ne se dérobera pas qui a eu connaissance de ces sujets dans le détail, qui possède un style digne de l'histoire et qui se propose d'atteindre à la notoriété par son travail.

111. Arrien*, qui a écrit un petit ouvrage sur la nature, l'essence et l'apparition des comètes, tente, en de nombreuses discussions, de démontrer que les apparitions de ce genre ne présagent rien ni en bien ni en mal.

251.

Lu d'Hiéroclès, le *Traité sur la Providence* [4].

Pourquoi, demande l'auteur, cette énumération alors

1. Woelk, p. 252-253.
2. Cf. « codex » 213, Bekker, p. 171 a 6-27 (t. III, p. 123 de la présente édition).
3. Sur l'importance de ces événements pour dater Agatharchide, cf. les données réunies par Woelk, p. 253.
4. Auteur et ouvrage déjà étudiés au « codex » 214, Bekker, p. 171 b 19-173 b 12 (t. III, p. 125-130 de la présente édition) où sont énumérés

109 Ὅτι καὶ ἄλλοι μὲν πολλοί, φησιν, ἰχθύες περὶ τοὺς προειρημένους τίκτονται τόπους, παρηλλαγμένην ἔχοντες τὴν φύσιν, γίνεται δέ τις ἰχθὺς ὑπερβαλλόντως μέλας, ἀνδρὸς ἔχων μέγεθος, ὃν καλοῦσιν Αἰθίοπα διὰ τὸ καὶ τοῦ προσώπου σιμὸν ἔχειν τὸν τύπον. Τοῦτον κατ' ἀρχὰς μὲν οἱ θηρεύσαντες διὰ τὴν ὁμοιότητα οὔτε πωλεῖν ἠξίουν [460 b] οὔτε καταναλίσκειν, τοῦ δὲ χρόνου προϊόντος ἀμφότερα πράττοντες οὐδὲν ἁμαρτάνουσι.

110 Τὰ μὲν οὖν ὑπὲρ τῶν ἐθνῶν τῶν ἐκκειμένων πρὸς μεσημβρίαν, ὡς ἦν ἐφ' ἡμῖν, ἐν πέντε βιβλίοις ἐπιμελῶς ἱστορήκαμεν · ὑπὲρ δὲ τῶν ἐν τῷ πελάγει νήσων ὕστερον τεθεωρημένων, καὶ τῶν ἑξῆς ἐθνῶν, καὶ τῶν εὐωδῶν ὅσα φέρειν συμβαίνει τὴν Τρωγλοδῦτιν χώραν, ἡμεῖς μὲν παραιτησάμενοι τὴν ἐξήγησιν ἄρδην ἀπολελοίπαμεν, οὔτε τὸν πόνον τῆς ἡλικίας ὁμοίως ὑποφέρειν δυναμένης, πολλῶν ἡμῖν ὑπέρ τε τῆς Εὐρώπης καὶ τῆς Ἀσίας ἀναγεγραμμένων, οὔτε τῶν ὑπομνημάτων διὰ τὰς κατ' Αἴγυπτον ἀποστάσεις ἀκριβῆ παραδιδόντων σκέψιν · ὁ δὲ καὶ τοῖς κατὰ μέρος πράγμασιν ἐντετευχώς, καὶ λόγοις κατεσκευασμένος ἱστορίας ἀξίοις, καὶ προαίρεσιν ἔχων δυναμένην δόξαν πόνῳ θηρεύειν, οὐκ ἀφέξεται.

111 Ὅτι Ἀρριανὸς περὶ κομητῶν φύσεώς τε καὶ συστάσεως καὶ φασμάτων βιβλιδαρίον γράψας, πολλοῖς ἀγωνίσμασι πειρᾶται δεικνύναι ὅτι μηδὲν μήτε τῶν ἀγαθῶν μήτε τῶν φαύλων τὰ τοιαῦτα φάσματα ἀποσημαίνουσιν.

251

Ἀνεγνώσθη Ἱεροκλέους ὁ περὶ προνοίας.

Καὶ τί, φησί, καταλέγω σοι τούτους, ὅπου γε καὶ τῶν

39 Αἰθίοπα A^{2}M : *quid prius praeb.* A *non liquet* ‖ **40** τοῦτον Bekker : τοῦτο *codd.*

[460 b] **5** τῷ M : *om.* A ‖ **13** ἐντετευχώς A : ἐντετυχηκώς M ‖ **17-20** ὅτι — ἀποσημαίνουσιν A : *om.* M ‖ **21** 251] σνα' M : σν' A ‖ **23** τούτους A : τούτοις M.

que certains disciples de Platon eux-mêmes ne s'en tiennent pas à la juste conception du Dieu créateur? Celui-ci, estiment-ils, n'est pas capable en effet, de créer intégralement le monde par sa propre puissance et sa propre sagesse, opérant de toute éternité; il ne peut créer qu'en recourant à l'aide d'une matière increéée et d'une nature qui ne tient pas son existence de lui, le tout préexistant dans ladite matière, et Dieu ne faisant, en quelque sorte, que tracer des linéaments, que mettre en ordre et faire un choix dans la matière. Ce serait là un passe-temps plutôt qu'un acte de bonté divine. En effet, en vertu de quelle connaissance apprise va-t-il essayer de mettre de l'ordre dans des éléments qu'il n'a pas créés, alors que cet ordre existait sans aucun doute dans leur nature increéée? En effet, ce qui existe de soi-même sans avoir été créé, s'il s'adjoint quoi que ce soit, se l'adjoindra en allant à l'encontre de sa nature; et subir un traitement contraire à sa nature est un mal pour l'être affecté par le changement; en sorte que, pour la matière dont il est question, si elle était increéée non seulement en dehors du temps, mais aussi en dehors d'une cause dans le sens où nous disons que Dieu est increé, se trouver ordonnée ne serait pas un bien.

[461 a] Mais Dieu lui-même ne sera pas innocent de tout mal s'il a commencé sa création par quelque mauvaise action en entreprenant de mettre un ordre contraire à sa nature dans une essence increéée au même titre que lui, et en ne laissant pas sa sœur jumelle, que le mouvement spontané a suscitée en même temps que lui, rester dans son ordonnance increéée. Sans compter qu'il n'est même pas possible de se rendre maître d'une chose qui se trouve increéée au même titre que soi-même, soit qu'on tente d'atteindre de toute éternité à cette souveraineté, soit qu'on l'entreprenne à un moment du temps. Et on serait encore plus loin de la vérité si, non content de devoir admettre l'insuffisance de l'énergie matérielle, on envisageait que c'est à un moment du temps que Dieu a commencé sa mise en ordre; ce comportement

les sujets des sept livres de l'ouvrage. Bibliographie, *loc. cit.*, p. 125 n. 1. L'argumentation antifataliste d'Hiéroclès a été étudiée avec

Πλατωνικῶν τινες οὐκ ὀρθὴν τὴν περὶ τοῦ δημιουργοῦ θεοῦ διασῴζουσιν ἔννοιαν; Οὐ γὰρ ἱκανὸν αὐτὸν εἶναι ᾠήθησαν αὐτοτελῶς ὑποστῆσαι δύνασθαι κόσμον οἰκείᾳ δυνάμει καὶ σοφίᾳ ἐξ ἀϊδίου ἐνεργοῦντα, ἀλλ' ἀγενήτου ὕλης συνεργίᾳ καὶ τῇ μὴ παρ' αὐτοῦ ὑποστάσῃ φύσει καταχρώμενον μόνως δημιουργεῖν δύνασθαι, πάντων μὲν δυνάμει προϋποκειμένων ἐν τῇ λεγομένῃ ὕλῃ, αὐτοῦ δὲ οἱονεὶ διαζωγραφοῦντος αὐτὰ καὶ τάττοντος μόνον καὶ διακρίνοντος ἐκ τοῦ ὑλικοῦ σχήματος. Ὃ περιεργία μᾶλλον ἂν εἴη ἢ ἀγαθότης θεοῦ. Τί γὰρ δὴ μαθὼν ἃ μὴ ὑπέστησε διατάττειν πειρᾶται, πάντως που τῆς εὐταξίας αὐτοῖς ἐν τῇ ἀγενησίᾳ τῆς ἑαυτῶν φύσεως κειμένης; Τὸ γὰρ ἀγενήτως καθ' ἑαυτὸ ὑφεστὸς εἴ τι προσλάβοι, παρὰ φύσιν προσλήψεται· τὸ δὲ παρὰ φύσιν διατεθῆναι κακὸν τῷ μετατρεπομένῳ· ὥστε οὐκ ἀγαθὸν τῇ λεγομένῃ ὕλῃ τὸ κοσμεῖσθαι, εἴπερ ἀγένητος εἴη μὴ ἀπὸ χρόνου μόνον, ἀλλὰ καὶ ἀπὸ αἰτίου, καθὸ σημαινόμενον καὶ τὸν θεὸν ἀγένητον λέγομεν.

'Αλλ' οὐδὲ ὁ θεὸς αὐτὸς [461 a] κακῶν ἀναίτιος ἔσται, τὴν ἀρχὴν τῆς δημιουργίας ἀπό τινος κακοποιΐας ἐνστησάμενος τῷ παρὰ φύσιν διατιθέναι τὴν ἐπ' ἴσης αὐτῷ ἀγένητον οὐσίαν πειρᾶσθαι, καὶ τὴν ἀδελφήν, ἣν τὸ αὐτόματον αὐτῷ συνήγαγε, μὴ ἐᾶν μένειν ἐπὶ τῆς ἀγενήτου τάξεως. Πρὸς τῷ μηδὲ δυνατὸν εἶναι κατισχῦσαι πράγματος ἰσοτίμως ἀγενήτου τυγχάνοντος, εἴτε ἐξ ἀϊδίου ποιεῖσθαι τὴν τοιαύτην ἐπικράτειαν εἴτε ἀπὸ χρόνου ἐπιχειροίη. Καὶ μᾶλλον ἂν εἴη τῆς ἀληθείας ἀφεστώς, εἰ πρὸς τῷ ἐνδεεῖ τῆς ὑλικῆς ἐνεργείας καὶ ἀπὸ χρόνου τινὸς κοσμεῖν ἤρξατο,

27 ἀγενήτου A : ἀγενητῆς M || **32** περιεργία M : περιεργίᾳ A || **33** εἴη ἢ M : ῄ ἢ A² εἴη *fortasse* A || **36** ὑφεστὸς Bekker : ὑφεστὼς *codd.* || **40** καὶ A : καὶ τὸ M || **41** αὐτὸς A¹ : αὐτοῖς AM.

[461 a] **4** αὐτόματον A²M² : ἀσώματον M *quid prius praeb.* A *non liquet* || **5** μηδὲ A : μὴ M,

lui enlève la possibilité de rester constant dans sa propre nature. Car s'il valait mieux ne pas agir, comment en est-il venu à agir? Et s'il valait mieux agir, pourquoi ne l'a-t-il pas fait de toute éternité, si du moins même agir de toute éternité lui semblait indifférent? A moins qu'on ne dise qu'il est d'une nature capable de créer et de détruire tour à tour, mais incapable de créations éternelles parce que la malice de la matière dont il se sert rejette l'ordre imposé et momentané en retournant constamment, pourrait-on dire, à son désordre incréé; ainsi, au cours des temps, ce serait tantôt l'ordre et tantôt le désordre qui l'emporterait ou, plus exactement, c'est toujours le désordre puisque l'ordre, qui est une disposition contraire à la nature, paraîtra toujours un désordre à celui qui raisonne correctement.

Beaucoup de disciples de Platon et d'Aristote, dit-on, ont employé leur zèle et leur travail à mettre leurs maîtres en contradiction sur les points essentiels de leurs doctrines, poussant le goût de la querelle et l'outrecuidance jusqu'à falsifier les écrits de leurs maîtres pour mieux montrer leur désaccord. Et ce fléau n'a cessé de sévir dans les écoles de philosophie jusqu'à Ammonius d'Alexandrie, le disciple instruit par Dieu[1].

Lui le premier, en effet, s'enthousiasma pour la vérité de la philosophie et fit bon marché des opinions du vulgaire qui ne font que jeter du discrédit sur la philosophie; il prit une vue nette des idées des deux penseurs, les ramena à un seul et même esprit et laissa pour tous ses disciples la philosophie à l'abri des désordres; il le fit en particulier pour les meilleurs de ceux qui l'avaient

beaucoup de pénétration par D. Amand, *Fatalisme et liberté dans l'Antiquité grecque*, Louvain, 1945, p. 171-176.

Il n'est pas sans intérêt de remarquer que, en 250-251, nous voyons se succéder Agatharchide et Hiéroclès, comme en 213-214.

1. L'épithète θεοδίδακτος est déjà appliquée à Ammonius au « codex » 213, Bekker, p. 172 a 4 (t. III, p. 126 de la présente édition). Sur l'identité de cet Ammonius, cf. t. III, Notes complémentaires, p. 243. Sur la comparaison entre 214 et 250, cf. l'étude de A. Elter citée, t. III, p. 126.

ὅπερ οὐκ ἐᾷ μένειν αὐτὸν ἐν τῷ αὑτοῦ ἤθει. Εἰ γὰρ ἄμεινον μὴ ποιεῖν, πῶς εἰς τὸ ποιεῖν μεταβέβηκεν; Εἰ δὲ τὸ ποιεῖν, τί μὴ ἐξ ἀϊδίου ἔπραττεν, εἴγ' ἀδιάφορον αὐτῷ καὶ τὸ ἐξ ἀϊδίου ποιῆσαι ἐφάνη; Εἰ μὴ ἄρα φύσεως αὐτὸν εἴποι τις ἀνὰ μέρος ποιεῖν τε καὶ φθείρειν δυναμένης, αἰώνια δὲ δημιουργεῖν ἀσθενούσης, διότι ἡ τῆς ὕλης κακία, ᾗ προσχρῆται, τὴν ἐπίθετον καὶ ἐπεισοδιώδη τάξιν ἀποσείεται, συνεχῶς εἰς τὴν ἀγένητον αὑτῆς (ὡς ἂν εἴποιεν) ἀταξίαν ἀνατρέχουσα, καὶ οὕτως ἀνὰ μέρος τοῖς χρόνοις κόσμον καὶ ἀκοσμίαν ἐπικρατεῖν, ἤ (ἀληθέστερον εἰπεῖν) ἀεὶ ἀκοσμίαν, ἐπεὶ καὶ ἡ κόσμησις, παρὰ φύσιν οὖσα διάθεσις, ἀκοσμία τῷ ὀρθῶς λογιζομένῳ φανήσεται.

Ὅτι πολλοὶ τῶν ἀπὸ Πλάτωνος καὶ τῶν ἀπὸ Ἀριστοτέλους συγκρούειν ἀλλήλοις τοὺς σφῶν διδασκάλους κατὰ τὰ καίριά φασι τῶν δογμάτων σπουδὴν καὶ μελέτην εἰσενηνοχότες, μέχρι τούτου φιλονεικίας καὶ τόλμης ἤλασαν ὡς καὶ τὰ συγγράμματα τῶν οἰκείων νοθεῦσαι διδασκάλων, εἰς τὸ μᾶλλον ἐπιδεῖξαι τοὺς ἄνδρας ἀλλήλοις μαχομένους. Καὶ διέμεινε τοῦτο τὸ πάθος ταῖς φιλοσόφοις διατριβαῖς ἐνσκῆψαν ἕως Ἀμμωνίου τοῦ Ἀλεξανδρέως τοῦ θεοδιδάκτου.

Οὗτος γὰρ πρῶτος ἐνθουσιάσας πρὸς τὸ τῆς φιλοσοφίας ἀληθινόν, καὶ τὰς τῶν πολλῶν δόξας ὑπεριδὼν τὰς ὄνειδος φιλοσοφίᾳ προστριβομένας, εἶδε καλῶς τὰ ἑκατέρου καὶ συνήγαγεν εἰς ἕνα καὶ τὸν αὐτὸν νοῦν, καὶ ἀστασίαστον τὴν φιλοσοφίαν παραδέδωκε πᾶσι τοῖς αὐτοῦ γνωρίμοις, μάλιστα δὲ τοῖς ἀρίστοις τῶν αὐτῷ συγγε-

11 αὑτοῦ Bekker : αὐτοῦ *codd.* ‖ **13** εἴγ' Bekker : εἰ *codd.* εἰ δὲ Hoeschel ‖ **19** αὑτῆς Bekker : αὐτῆς *codd.* ‖ **24** καὶ τῶν ἀπὸ A : καὶ M ‖ **25** συγκρούειν A : συγκροτεῖν M ‖ **26** φασι A : φησι M ‖ **27** εἰσενηνοχότες A : εἰσενενηχότες M ‖ **30** καὶ M : *om.* A ‖ **34** ὄνειδος A : πλεῖστον ὄνειδος M.

fréquenté : Plotin, Origène et leurs successeurs.

[461 b] Platon, dit-il, fait passer d'un corps à un autre les seules âmes humaines, et non pas tout bonnement d'un corps à un autre, mais uniquement de corps d'homme à corps d'homme. Mais il ne professe nullement, dit-il, que des âmes d'animaux puissent passer dans des corps humains ou des âmes humaines dans des corps d'animaux.

Platon, dit-il, fait préexister un Dieu créateur, maître de toute création visible et invisible, qui ne tient son origine de rien qui lui préexiste : la volonté de Dieu suffit, en effet, à la subsistance des êtres. C'est par l'adjonction de la nature corporelle à la création incorporelle que le monde, fait de ces deux éléments, existe dans sa perfection et qu'il est à la fois double et unique ; en lui, il y a des êtres supérieurs, des êtres moyens et des êtres inférieurs ; les premiers, il les nomme êtres célestes et dieux ; les moyens sont des êtres pourvus de raison, des êtres aériens, des démons bienfaisants qui expliquent et annoncent aux hommes ce qui est bon pour eux ; les derniers sont des êtres doués de raison et terrestres et des âmes humaines ou des hommes immortels.

Les êtres d'une catégorie supérieure commandent toujours à ceux de la catégorie qui est au-dessous d'eux ; sur tous, règne Dieu leur créateur et leur père dont la royauté paternelle est la providence qui détermine pour chaque espèce ce qui lui convient ; et la justice qui accompagne cette providence est ce qu'on appelle le destin ; celui-ci n'est, en effet, ni la nécessité aveugle des tireurs d'horoscopes, ni la contrainte des stoïciens, ni celle qu'imagine Alexandre d'Aphrodise[1] en l'identifiant à la nature platonicienne des corps, ni notre « géniture »[2] dont on détourne les effets par des incantations et des sacrifices, comme d'aucuns le pensent, mais c'est

1. Sur ce contemporain de Septime Sévère, cf. A. Gercke, *s. v. Alexandros* (n. 94) *von Aphrodisias*, in *R. E.*, t. I, 1894, col. 1453, et P. Moraux, *Alexandre d'Aphrodise exégète de la noétique d'Aristote*, Liège, 1942. L'attitude de ce philosophe devant le fatalisme a été étudiée par D. Amand, *op. cit.*, p. 136-156.

2. Sur cette traduction, cf. notre t. IV, p. 10, n. 1 (« codex » 223 consacré à Diodore de Tarse).

γονότων, Πλωτίνῳ καὶ Ὠριγένει καὶ τοῖς ἑξῆς ἀπὸ τούτων.

[461 b] Ὅτι Πλάτωνά φησι τὰς ἀνθρωπίνας μόνας ψυχὰς μετενσωματοῦσθαι, καὶ ταύτας οὐχ ἁπλῶς ἐξ ἀνθρώπων δὲ μόνον εἰς ἀνθρώπους. Ἐξ ἀλόγων δὲ ζῴων εἰς ἀνθρώπους μετάβασιν ἢ εἰς ἄλογα ἐξ ἀνθρώπων οὐδαμῶς αὐτόν φησι δοξάζειν.

Ὅτι δημιουργὸν θεόν, φησί, προϋφίστησιν ὁ Πλάτων ἐφεστῶτα πάσης ἐμφανοῦς τε καὶ ἀφανοῦς διακοσμήσεως, ἐκ μηδενὸς προϋποκειμένου γεγενημένης· ἀρκεῖν γὰρ τὸ ἐκείνου βούλημα εἰς ὑπόστασιν τῶν ὄντων. Τῆς δὲ σωματικῆς φύσεως συντεταγμένης τῇ ἀσωμάτῳ δημιουργίᾳ κόσμον ἐξ ἀμφοῖν συνίστασθαι τελεώτατον, διπλοῦν ἅμα καὶ ἕνα· ἐν ᾧ ἄκρα εἶναι καὶ μέσα καὶ τελευταῖα, ὧν τὰ μὲν πρῶτα οὐράνια καλεῖ καὶ θεούς, τὰ δὲ μέσα λογικά, αἰθέρια καὶ δαίμονας ἀγαθούς, ἑρμηνέας τε καὶ ἀγγέλους τῶν συμφερόντων ἀνθρώποις γινομένους, τὰ δὲ τελευταῖα λογικὰ καὶ περίγεια καὶ ἀνθρωπίνας ψυχὰς ἢ ἀθανάτους ἀνθρώπους.

Καὶ τῶν μὲν ὑποβεβηκότων τὰ προηγούμενα ἀεὶ ἡγεῖσθαι, πάντων δὲ βασιλεύειν τὸν ποιητὴν αὐτῶν θεὸν καὶ πατέρα, καὶ ταύτην τὴν πατρονομικὴν βασιλείαν αὐτοῦ πρόνοιαν εἶναι τὴν ἑκάστῳ γένει τὰ προσήκοντα νομοθετοῦσαν, τὴν δὲ ταύτῃ ἑπομένην δίκην εἱμαρμένην καλεῖσθαι· οὐ γὰρ τὴν τῶν γενεθλιαλόγων ἀνεπιλόγιστον ἀνάγκην, οὐδὲ τὴν στωϊκὴν βίαν, οὐδ' ἣν Ἀλέξανδρος ὁ Ἀφροδισιεὺς οἴεται, εἰς ταὐτὸν τῇ πλατωνικῇ τῶν σωμάτων φύσει ταύτην περιάγων, οὐδὲ τὴν ἐπῳδαῖς καὶ θυσίαις παρατρεπομένην γένεσιν, ὥς οἴονταί τινες, ἀλλὰ τὴν τῶν ἐκβαινόντων κατὰ τὸν

[461 b] **1** ψυχὰς A[3] *s. v.* M : *om.* A || **7** ἐφεστῶτα A : ὑφεστῶτα M || ἐμφανοῦς A[2]M : *quid prius praeb.* A *non liquet* || **13** καλεῖ A[1] : καλεῖν AM || **19** δὲ A[2]M : *om.* A || **20** πατρονομικὴν AM : πατρωνυμικὴν A[2] || **22** ταύτῃ A : αὐτῇ M || **25** ταὐτὸν A : ταὐτὸ M || **28** κατὰ Needham : ***om. codd.***

l'activité justicière de Dieu qui juge les événements selon le dessein de sa providence et qui, par ses dispositions et ses interdictions, dirige nos affaires vers le choix que nous faisons de nos œuvres libres.

Providence et ordre s'étendent également du Dieu créateur à toutes les espèces d'êtres immortels ; surtout, et plus étroitement, aux premiers d'entre eux qui tiennent directement de lui leur origine, qui viennent immédiatement à sa suite et jouissent de la participation la plus complète aux biens intelligibles. Car, parmi les trois espèces intelligentes qui sont dans le monde, la plus haute et la première des œuvres du créateur possède sans aucune altération ni changement la ressemblance avec lui [462 a] et se situe pleinement dans l'ordre divin ; nous désignons ainsi l'espèce des êtres célestes. La deuxième espèce ne reçoit la nature divine qu'en second ordre et à un degré inférieur ; elle ne participe pas sans changement ni division à la ressemblance avec le créateur, mais elle se conforme sans défaut ni dommage aux lois ancestrales ; ce sont là les attributs que nous avons donnés aux êtres aériens. La troisième espèce, en tant que dernière des espèces divines, a non seulement un rang inférieur à l'excellence des êtres célestes, du fait qu'elle est sujette à certains changements, mais elle se situe aussi au-dessous des êtres aériens du fait qu'elle subit parfois les atteintes du mal. En effet, toujours comprendre Dieu et en posséder la connaissance en union avec lui est l'apanage des êtres célestes ; le comprendre constamment et d'une manière étendue est propre à l'essence des espèces aériennes ; le comprendre, mais non constamment et seulement d'une façon partielle est l'attribut donné en propre aux âmes humaines qui manquent par nature de la faculté intégrale de comprendre qu'ont les êtres célestes et aussi de la riche connaissance qu'ont les êtres aériens ; ces âmes, en effet, ne pensent ni d'une façon une ni d'une façon perpétuelle ; mais quand elles s'élèvent à la dignité de la pensée, elles imitent le mode de con-

τῆς προνοίας θεσμὸν δικαστικὴν τοῦ θεοῦ ἐνέργειαν, τάξει καὶ εἱρμῷ πρὸς τὰς προαιρετικὰς ὑποθέσεις τῶν αὐτεξουσίων ἔργων ἐπανορθουμένην τὰ καθ' ἡμᾶς.

Ὅτι κοινῶς μὲν ἡ πρόνοια καὶ τάξις ἀπὸ τοῦ δημιουργοῦ θεοῦ διήκει ἐπὶ πάντα τὰ ἀθάνατα γένη, μάλιστα δὲ καὶ προσφυέστερον ἐπὶ τὰ πρῶτα καὶ προσεχῶς ἀπ' αὐτοῦ τὴν γένεσιν ἔχοντα καὶ ἑξῆς ὄντα ἐκείνῳ, καὶ τῆς τῶν νοητῶν ἀγαθῶν ἀρίστης μετουσίας ἀπολαύοντα. Τριῶν γὰρ ὄντων τῶν ἐγκοσμίων νοερῶν γενῶν τὸ μὲν ἀκρότατον καὶ πρῶτον τῶν τοῦ δημιουργοῦ γεννημάτων ἀτρέπτως καὶ ἀμεταβλήτως τῆς πρὸς αὐτὸν ὁμοιώσεως [462 a] τυγχάνον ἐν πάσῃ ἐστὶ θεοειδεῖ εὐταξίᾳ, οἷον τὸ τῶν οὐρανίων ἔφαμεν γένος. Τὸ δὲ δεύτερον, δευτέρως καὶ ὑφειμένως τὴν θείαν τάξιν παραδεχόμενον, οὐκ ἀτρέπτως μὲν οὐδ' ἀμερίστως τῆς δημιουργικῆς ὁμοιώσεως μεταλαγχάνει, ἀναμαρτήτως δὲ καὶ ἀκακύντως τῶν πατρικῶν ἐπιστρέφεται νόμων, ὃ τοῖς αἰθερίοις ἀποδεδώκαμεν. Τὸ δὲ τρίτον, ὡς ἔσχατον τῶν θείων γενῶν, οὐ μόνον τῷ ὁπωσοῦν τρέπεσθαι τῆς ὑπεροχῆς τῶν οὐρανίων ὑπέβη, ἀλλὰ καὶ τῷ ποτε κακύνεσθαι τῆς τῶν αἰθερίων ἀξίας ὑπέστη. Τὸ μὲν γὰρ ἀεὶ νοεῖν τὸν θεὸν καὶ ἡνωμένως αὐτοῦ τὴν γνῶσιν ἔχειν τοῖς οὐρανίοις πρόσεστι· τὸ δὲ ἀεὶ μὲν διεξοδικῶς δὲ τοῖς αἰθερίοις κατ' οὐσίαν ὑπάρχει· τὸ δὲ μήτε ἀεὶ νοεῖν καὶ ἐν αὐτῷ τῷ νοεῖν μεμερισμένως νοεῖν ταῖς ἀνθρωπίναις ψυχαῖς ὡς ἴδιον ἀποδέδοται, ἀπολειπομέναις κατὰ φύσιν τῆς τε ἀμερίστου νοήσεως τῶν οὐρανίων καὶ τῆς ἐν τάξει πληθυομένης γνώσεως τῶν αἰθερίων, ἐπεὶ μήτε ἑνιαίως μήτε ἀϊδίως νοοῦσιν αὗται, ἀλλὰ καὶ ὅταν πρὸς τὴν τοῦ νοεῖν ἀξίαν ἀνάγωνται, τὴν αἰθε-

29 ἐνέργειαν M : ἐνεργεῖ A ‖ **31** καθ' ἡμᾶς A²M : *quid prius praeb.* A *non liquet* ‖ **35** ἑξῆς A : ἐφεξῆς M ‖ **38** τῶν A : *om.* M.

[462 a] **2** δὲ M : *om.* A ‖ **8** et **9** τῷ Bekker *ex cod.* B : τὸ AM.

naissance des êtres aériens et c'est en s'y attachant qu'elles jouissent de la contemplation de l'intelligible. Après la troisième espèce d'êtres intelligents qui tantôt pratique l'exercice de la pensée et tantôt ne le pratique pas, pourrait se trouver, dans l'ordre de la répartition parfaite, ce qui ne pense jamais, qui, par nature, est privé de l'intelligence et ne peut, en aucune façon, participer à la vérité et à la vertu. C'est pourquoi il est exclu qu'une telle œuvre soit du créateur. Comment, en effet, ce qui est dépourvu de raison et d'intelligence pourrait-il être l'image du Dieu intelligible ? Toute image de lui est naturellement pourvue d'intelligence et de raison, capable de se connaître elle-même et de connaître son auteur.

Nous devons, dit l'écrivain, rendre compte de nos actes d'ici-bas aux êtres dont le lot est un sort moyen puisqu'ils sont nos gardiens et nos surveillants. Toute leur action à notre endroit s'appelle le destin qui règle nos affaires selon les lois de la justice. Et, dit l'auteur, s'ils sont les gardiens de la vie qui a été déterminée pour nous selon notre mérite, il est évident qu'ils pourraient bien être aussi ceux qui veillent à ce que s'accomplisse le temps attribué par le sort à chaque existence ; il n'est pas possible, en effet, de veiller sur une vie dont la durée est indéterminée. Aussi le temps doit-il être déterminé par la sauvegarde de la vie fixée par le destin, et le genre de la mort déterminé en même temps que la durée de la vie, puisqu'il est le terme de l'existence qu'on a méritée. Quand la naissance est fixée, la mort l'est nécessairement aussi.

[462 b] Le point de départ de notre destinée est déterminé par le destin qui fixe le moment où nous quittons cette vie ; c'est une volonté divine et une loi de la justice de Dieu. En sorte que le moment fixé pour la mort sera observé par le destin qui détermine le moment du passage de cette vie dans l'autre. C'est pourquoi sont déterminées aussi les causes qui nous font venir à la vie et celles qui nous la font quitter. Car si elles sont indéterminées,

ρίαν μιμοῦνται γνῶσιν, καὶ ταύτῃ συνεπόμεναι τῶν νοητῶν καρποῦνται τὴν θεάν. Μετὰ δὲ τὸ τρίτον νοερὸν γένος, τό ποτε μὲν νοοῦν, ποτὲ δὲ μὴ νοοῦν, εἴη ἂν τὸ μηδέποτε νοοῦν κατὰ τὸν τῆς τελείας διαιρέσεως λόγον · ὃ δὴ φύσει ἐστὶν ἀνόητον, ἀληθείας τε καὶ ἀρετῆς οὐδαμῇ μετέχειν δυνάμενον. Διὸ καὶ τὸ εἶναι γέννημα ἐκείνου ἐκβάλλεται. Πῶς γὰρ εἰκὼν τοῦ νοητοῦ θεοῦ τὸ ἄλογον καὶ ἀνόητον; Πᾶσα γὰρ ἐκείνου εἰκὼν ἔννους καὶ λογική, καὶ γινώσκειν ἑαυτὴν καὶ τὸν ποιήσαντα πέφυκεν.

Ὅτι τῶν ἐνθάδε πραττομένων ἡμῖν λόγον ἡμᾶς ἕπεται, φησιν, ὑπέχειν τοῖς τὴν μέσην λῆξιν λαχοῦσιν, ἅτε δὴ φύλαξι καὶ ἐφόροις οὖσιν ἡμῶν. Πᾶσαν δὲ τὴν περὶ ἡμᾶς αὐτῶν ἐνέργειαν εἱμαρμένην καλεῖσθαι, δίκης νόμοις τὰ ἡμέτερα διατάττουσαν. Εἰ δὲ φύλακές εἰσι, φησί, τοῦ πρὸς τὴν ἀξίαν ἀφοριζομένου βίου, δῆλον ὅτι καὶ τοῦ χρόνου εἶεν ἂν ἀποπληρωταί, ὃν ἕκαστος βίος ἐκληρώσατο · οὐ γὰρ ἔστι τὸν βίον τηρεῖν τοῦ χρόνου τὸ ἀόριστον ἔχοντος. Ὥστε δεῖ τὸν μὲν χρόνον ὡρίσθαι διὰ τὸ σῴζεσθαι τὸν εἱμαρμένον βίον, τὸν δὲ τρόπον τῆς τελευτῆς συνδιωρίσθαι τῷ χρόνῳ ὡς μέρος ὄντα τὸ ἔσχατον τοῦ πρὸς τὴν ἀξίαν ἀπονεμηθέντος βίου. Καὶ γὰρ τῆς γενέσεως ὡρισμένης, ἀνάγκη καὶ τὸν θάνατον ὡρίσθαι.

[462 b] Τὴν δὲ ἀρχὴν τῆς γενέσεως ὁρίζει ἡ τῆς ἐκεῖθεν ἐκπομπῆς εἱμαρμένη, θεία βούλησις οὖσα καὶ νόμος τῆς τοῦ θεοῦ δίκης. Ὥστε καὶ τὸν θάνατον ὡρισμένον τηρήσει ἡ τῆς ἐνθένδε ἐκεῖσε μεταστάσεως εἱμαρμένη. Διὸ ὥρισται καὶ τὸ διὰ τῶνδε μὲν παρελθεῖν εἰς τὸν βίον, διὰ δὲ τῶνδε ἐκ τοῦ βίου ἀπελθεῖν. Εἰ γὰρ ἀόριστα ταῦτα, καὶ ὁ βίος

20 *ante* γνῶσιν : τάξιν *habet* M. ‖ 22 τό ποτε A : ποτε M ‖ 25 οὐδαμῇ μετέχειν δυνάμενον M : οὐδαμοῦ μένον A² οὐ δυνάμενον A *ut vid.* ‖ 27-28 λογική, καὶ A : λογικῆς M ‖ 29 τῶν A : *om.* M ‖ 40 τὴν A : τε M.

[462 b] 2 νόμος A² : νόμοι AM ‖ 3 θάνατον A²M : *quid prius praeb.* A *non liquet* ‖ ἐνθένδε A : ἐκεῖθεν δὲ M ‖ 5 δὲ τῶνδε A : τῶνδε δὲ M.

toute la vie l'est aussi et elle n'a aucune direction supérieure.

Où, en effet, et dans quels êtres résidera le souci du jugement divin et de la juste répartition, si tout ce qui concerne notre corps et les choses extérieures nous arrive au hasard et n'importe comment? Car nous n'allons pas laisser ces éléments dans le désordre, tout en prétendant que les volontés de l'âme, ses jugements et ses impulsions ont leur origine dans une nécessité supérieure, puisque ce serait nous enlever la responsabilité du vice et de la vertu et en accuser la destinée.

Il n'est cependant pas raisonnable non plus d'attribuer toutes choses à la nécessité; j'entends par là ce qui regarde notre âme, notre corps et les choses extérieures; ni davantage de tout abandonner aux élans irraisonnés et non contrôlés, puisque l'esprit dirige tout et que Dieu est la cause de l'univers. Une explication s'impose, à savoir que les choix volontaires dépendent de nous, et que les justes conséquences de ces choix dépendent des êtres aériens en tant qu'ils nous sont commis pour juges par Dieu et qu'il est dans leur nature de s'occuper de nous. En ce qui nous concerne, il y a, en effet, trois possibilités : que tout soit contrainte ou que rien ne le soit, que tout se fasse avec ou sans contrainte alternativement ou comme il le faut; elles sont également absurdes et elles ruinent également toute notion de providence. Car l'idée de la juste rétribution a pour corollaire absolu la providence dont dépend la destinée; le jugement providentiel, qui règle les affaires humaines selon la justice et la loi, postule le principe de notre libre arbitre et de notre libre choix. De sorte que le destin est une partie du tout qu'est la providence; c'est la partie qui est affectée, à la manière d'un juge, au domaine des âmes humaines.

L'activité des âmes humaines, leur libre arbitre et ce qu'on appelle « dépendant de nous » est pour les juges divins le motif raisonnable d'une distribution inégale; l'origine des êtres mortels et dépourvus de raison est

ἅπας ἀόριστος καὶ τῆς κρείττονος ἐπιστασίας ἄμοιρος. Ποῦ γὰρ ἔτι ἢ ἐν τίσι τῆς θείας κρίσεως καὶ τῆς πρὸς ἀξίαν διανομῆς ἔσται ἡ ἐπιμέλεια, τῶν περὶ τὸ σῶμα καὶ τὰ ἐκτὸς εἰκῇ καὶ ὡς ἔτυχεν ἡμῖν συμπιπτόντων; Οὐ γὰρ ταῦτα μὲν ἄτακτα καταλείψομεν, τὰς δὲ τῆς ψυχῆς προαιρέσεις καὶ κρίσεις καὶ ὁρμὰς ἀπὸ κρείττονος ἀνάγκης ἐγγίνεσθαι φήσομεν · οὕτω γὰρ ἀρετῆς καὶ κακίας οὐχ ἡμᾶς αὐτοὺς ἀλλ' ἐκείνην αἰτιασαίμεθα.

Οὐδὲ μὴν πάντα τῇ παρ' ἐκείνων ἀνάγκῃ εὔλογον ἀνατιθέναι, τὰ τῆς ψυχῆς λέγω καὶ σώματος καὶ τῶν ἐκτός · ἀλλ' οὐδὲ πάντα ἀνεῖσθαι ταῖς ἀλόγοις καὶ ἀνεπικρίτοις φοραῖς, νοῦ τῶν πάντων ἡγουμένου καὶ θεοῦ τῶν ὅλων ὄντος αἰτίου. Ἀναγκαῖον δὴ τὸ λειπόμενον, τὰς μὲν προαιρέσεις ἐφ' ἡμῖν εἶναι, τὰς δ' ἐπὶ ταῖς προαιρέσεσι δικαίας ἀμοιβὰς ἐπὶ τοῖς αἰθερίοις κεῖσθαι ὡς ὑπὸ θεοῦ τεταγμένοις δικασταῖς καὶ πεφυκόσιν ἡμῶν ἐπιμελεῖσθαι. Τριττῶν γὰρ ὄντων τῶν καθ' ἡμᾶς, καὶ τὸ πάντα ἠναγκάσθαι καὶ τὸ μηδὲν καὶ τὸ ἐπηλλαγμένως ἢ ὡς δεῖ τὴν ἴσην ἀτοπίαν ἔχει, καὶ προνοίας πάσης ἐπ' ἴσης ἐστὶν ἀναιρετικά. Ἥ τε γὰρ τοῦ πρὸς ἀξίαν ὑπόθεσις πάντως συνεισάγει τὴν πρόνοιαν καὶ τὴν ἀπ' αὐτῆς εἱμαρμένην · καὶ ἡ προνοητικὴ κρίσις, δίκῃ καὶ νόμῳ τὰ ἀνθρώπινα τάττουσα, τῆς αὐτεξουσίου ἡμῶν καὶ προαιρετικῆς ἀρχῆς δεῖται. Ὥστε μέρος ἐστὶ τῆς ὅλης προνοίας ἡ εἱμαρμένη τὸ πρὸς τὰς ἀνθρωπίνας ψυχὰς δικαστικῶς ἁρμοζόμενον.

Ἀνθρωπίνων δὲ ψυχῶν ἐνέργεια ἡ αὐτοκίνητος προαίρεσις καὶ τὸ λεγόμενον ἐφ' ἡμῖν, ὃ δὴ τοῖς θείοις δικασταῖς ὑπόθεσις εὔλογος γίνεται τῆς ἀνίσου διανομῆς · τὸ δὲ τυχαῖον ὅλον τοῖς θνητοῖς καὶ ἀλό-

11 τῆς ψυχῆς A : τύχης M || 21 ὡς A : καὶ M || 28 ἀνθρώπινα A : ἀνθρώπεια M || 31 εἱμαρμένη M : εἱμαρμένην μέρος ἐστὶ A.

considérée comme relevant du hasard. Car ce n'est pas dans chaque cas en vertu d'un ordre ni d'une rétribution raisonnée que ce feu-là qui s'éteint naît de l'air ; que l'eau est produite par la condensation de l'air ; que certaines nourritures produisent un corps de cheval ou de chien et d'autres nourritures un corps différent ; mais tout peut venir de tout par des changements fortuits à cause du [463 a] caractère commun de la matière et de son aptitude à évoluer vers toutes choses, lesquelles participent à l'ordonnance et à la nécessité commandées par la divinité, de telle manière qu'elles subsistent toutes selon les lois de leurs espèces et qu'elles obéissent pour l'éternité, dans leur succession, aux causes qui les ont suscitées.

Dans chaque espèce d'animaux et de plantes, dans celles des êtres inanimés eux-mêmes, rien n'est défini ni fixé comme sanction attribuée en juste répartition ; car aucune rémunération ne leur est due en fonction d'une existence antérieure, et ils ne doivent pas s'attendre à rendre des comptes pour les actions qu'ils font dans cette vie. Rien, en effet, ne leur est venu par dégradation de la région éthérée, afin de les rééduquer en vue du jugement divin pour une réascension, ainsi que chaque fois, chez les hommes, les âmes raisonnables et immortelles qui descendent de ce séjour doivent nécessairement trouver dans leurs sœurs beaucoup de sollicitude et de soucis afin de redresser leur penchant au mal. C'est pourquoi elles souffrent et optent au milieu de leurs souffrances, puis optent à nouveau et souffrent selon le mérite de leur choix.

Voilà pourquoi, dans les êtres dépourvus de raison, le hasard et ce qui échappe au jugement divin ont une grande place. Dans nos affaires à nous, même ce qui semble l'œuvre du hasard contribue à servir le destin voulu par la providence, en sorte qu'il semble que nous souffrons en vertu du hasard et de la même manière que les êtres privés de raison, mais que, dans notre corps et

γοις ἀποδέδοται γένεσιν. Οὐ γὰρ καθ' ἕκαστον τεταγμένως, οὐδὲ κατά τινα λελογισμένην ἀξίαν, ἐκ μὲν τοῦδε τοῦ πυρὸς σβεννυμένου ἀὴρ γίνεται, ἐκ δὲ τοῦ ἀέρος παχυνομένου ὕδωρ, οὐδὲ ἐκ τῶνδε μὲν τῶν σιτίων ἵππου σῶμα ἢ κυνός, ἐκ τῶνδε δὲ ἄλλο τι· ἀλλὰ πάντα ἐκ πάντων ταῖς προσπιπτούσαις μεταβολαῖς δύναται γίνεσθαι διὰ τὸ [463 a] κοινὸν τῆς ὕλης καὶ πρὸς πάντα εὐάγωγον, τοσοῦτον τάξεως μετέχοντα καὶ θείας ἀνάγκης, ὥστε κατὰ γένος ἕκαστα διασῴζεσθαι καὶ συμπαραθεῖν πρὸς τὸ ἀΐδιον τῇ διαδοχῇ τοῖς ὑποστήσασιν αὐτὰ αἰτίοις.

Ἐν δὲ τοῖς κατὰ μέρος ζῴοις τε καὶ φυτοῖς, καὶ αὐτοῖς τοῖς ἀψύχοις, οὐδὲν διώρισται οὐδὲ τέτακται ὡς πρὸς ἀξίαν ἀποδιδόμενον πάθος, τῷ μήτε ἐκ προβιοτῆς ἀμοιβάς τινας αὐτοῖς ἐποφείλεσθαι μήτ' ἐπὶ τοῖς νῦν δρωμένοις προσδοκᾶσθαι εὐθύνας. Οὐ γὰρ ἐπεισῆλθέ τι ἐκείνοις ἐκ τοῦ αἰθερίου τόπου τὴν ὑπόβασιν ποιησάμενον, ἵνα καὶ τῇ θείᾳ κρίσει παιδαγωγηθῇ πρὸς ἐπάνοδον, ὡς ἐν τοῖς καθ' ἕκαστα ἀνθρώποις τὰς λογικὰς καὶ ἀθανάτους ψυχὰς ἐκεῖθεν κατιούσας ἀνάγκη πλείστης ἐπιστροφῆς καὶ κηδεμονίας τυγχάνειν παρὰ τῶν συγγενῶν πρὸς ἐπανόρθωσιν τῆς εἰς κακίαν ὑποφορᾶς. Διὸ πάσχουσί τε καὶ αἱροῦνται ἐν αὐτοῖς τοῖς πάθεσι· καὶ πάλιν αἱροῦνται καὶ πάσχουσι πρὸς τὴν ἀξίαν τῶν αἱρεθέντων.

Διὰ τοῦτο οὖν πολὺ τὸ ὡς ἔτυχεν ἐν τοῖς ἀλόγοις καὶ τὸ θείας κρίσεως ἄμοιρον. Ἐν δὲ τοῖς καθ' ἡμᾶς καὶ τὸ δοκοῦν εἶναι τυχαῖον εἰς τὴν τῆς προνοητικῆς εἱμαρμένης ὑπηρεσίαν τελεῖ, ὥστε δοκεῖν μὲν ἀπὸ ταὐτομάτου πάσχειν ἡμᾶς καὶ ὁμοίως τοῖς ἀλόγοις ζῴοις, τοῦτο δὲ πάσχειν

36 γένεσιν AM : γενέσει A² ‖ **38** τοῦ A : *om.* M ‖ **41** μεταβολαῖς A²M : *quid prius praeb.* A *non liquet.*

[463 a] **6** ὡς M : *om.* A ‖ **9** ἐκείνοις Bekker *ex cod.* B : ἐν ἐκείνοις AM ‖ **13** πλείστης A : πλεῖστον M ‖ **16** αἱροῦνται M : ἀναιροῦνται A.

dans les choses extérieures, nous subissons ce qu'a décrété la justice qui nous surveille. Ce sont, en effet, les états de tension et de détente résultant de ce qui nous arrive ainsi que leurs modifications qui instruisent le libre arbitre de notre âme à agir sainement, ce qui se produit assez vite si elle accueille avec générosité les épreuves qui lui arrivent ; mais si, devant ces épreuves, son comportement est impudent et insensé, ce ne sera qu'après de nombreux et longs détours. C'est alors, en effet, qu'elle encourt des châtiments pour son inconscience, mais elle n'en est pas moins menée à travers ses souffrances vers son devoir.

L'âme, dit l'auteur, dont l'élan vers n'importe quel choix n'est pas sans encourir de sanction, est jugée digne d'être dirigée par l'espèce supérieure qui lui est apparentée ; et elle trouve toujours la justice, la purification ou le châtiment que mérite sa disposition. Le choix dépend d'elle, mais ce qui résulte de ses choix est déterminé par le jugement de la providence qui sanctionne selon leur mérite les dispositions de l'âme. Et c'est ainsi qu'on dit que nous choisissons et obtenons d'un coup une seule et même vie. Car la rétribution attachée à nos actions met en évidence à la fois le mouvement de notre libre arbitre et la souveraineté divine, de sorte que, du début à la fin, nous avons la liberté de nos mou-
[463 b] vements, encore que cette liberté ne soit pas égale pour tous ; nous-mêmes, d'ailleurs, nous ne préservons pas toujours également bien cette liberté ; et les rétributions méritées de nos actions ne sont pas arbitraires. Et c'est là cette destinée qui nous mène d'un côté puis d'un autre ; entrelacs et rencontre de liberté humaine et de jugement divin, de sorte que, quand nous avons choisi ce que nous voulons en vertu de la liberté de notre volonté, nous subissons souvent ce que nous ne voulons pas à cause du jugement qui suit inévitablement.

περί τε σῶμα καὶ τὰ ἐκτὸς, ὃ ἡ ἔφορος κρίσις ὥρισε. Τῇ γὰρ τῶν περὶ ἡμᾶς ἐπιτάσει τε καὶ ἀνέσει καὶ ταῖς παντοίαις τούτων μεταβολαῖς τὸ αὐτεξούσιον τῆς ψυχῆς παιδαγωγεῖται πρὸς εὐεξίαν, θᾶττον μὲν ἐὰν εὐγνωμόνως ὑποδέχηται τὰ περὶ ταῦτα συμβαίνοντα πάθη, ἐν πολλαῖς δὲ καὶ μακραῖς χρόνου περιόδοις, ὅταν ἰταμῶς καὶ ἀνοήτως πρὸς αὐτὰ διατεθῇ. Τότε γὰρ δίκας μὲν ὑπέχει τῆς ἀγνωμοσύνης, οὐδὲν δὲ ἧττον δι' ὧν πάσχει φέρεται πρὸς τὸ δέον.

Ὅτι ἡ ψυχή, φησιν, οὐκ ἀνεύθυνον ἔχουσα τῆς ὁποιασοῦν αἱρέσεως τὴν ὁρμήν, καὶ ὑπὸ τοῦ προσεχοῦς κρείττονος γένους ἐπιστασίας ἀξιοῦται, δίκης καὶ καθάρσεως καὶ τιμωρίας τυγχάνουσα ἀεὶ πρὸς τὴν ἀξίαν τῶν ἑαυτῆς διαθέσεων. Καὶ τὸ μὲν ἑλέσθαι ἐπ' αὐτῇ κεῖται, τὰ δὲ ἐπισυμβαίνοντα ταῖς αἱρέσεσι τῇ τῆς προνοίας κρίσει ὥρισται, πρὸς ἀξίαν ἀμειβομένη τὰς ψυχικὰς διαθέσεις. Καὶ οὕτως αἱρεῖσθαί τε ἅμα καὶ κληροῦσθαι τὸν αὐτὸν βίον λεγόμεθα. Ἡ γὰρ ἐπὶ τοῖς εἰργασμένοις ἡμῖν τεταγμένη ἀμοιβὴ καὶ τὴν αὐτεξούσιον κίνησιν καὶ τὴν θείαν ἐπιστασίαν ἐκφαίνει, ὥστε ἀπ' ἀρχῆς εἰς τέλος αὐτε-
[463 b] ξουσίους μὲν ἔχειν ἡμᾶς τὰς κινήσεις, εἰ καὶ ἄλλοι ἄλλων μᾶλλον καὶ ἧττον· καὶ αὐτοὶ δὲ οὐχ ὁμοίως ἀεὶ τὸ ἐφ' ἡμῖν διασῴζομεν, οὐκ ἀδεσπότους δὲ τὰς πρὸς τὴν ἀξίαν ἀντιδόσεις. Καὶ τοῦτο εἶναι τὴν ἄγουσαν ἡμᾶς πρὸς τὰ τῇδε καὶ πάλιν ἐντεῦθεν ἀπάγουσαν εἱμαρμένην, πλέγμα οὖσαν καὶ συνδρομὴν ἀνθρωπίνης προαιρέσεως καὶ θείας κρίσεως, ὥστε ἑλομένους ἡμᾶς ἃ βουλόμεθα διὰ τὸ τῆς προαιρέσεως ἀδούλωτον, πάσχειν πολλάκις ἃ μὴ βουλόμεθα διὰ τὸ τῆς κρίσεως ἀδιά-

23 ὃ ἡ M : ἡ A² *quid prius praeb.* A *non liquet* ‖ **26** εὐεξίαν M : εὐξίαν A εὐταξίαν A² ‖ **39** αἱρεῖσθαί Bekker *ex cod.* B : αἵρεσθαι AM.

[463 b] **1** μὲν A : *om.* M ‖ εἰ A : *om.* M ‖ **4** εἶναι A : *om.* M ‖ **6** οὖσαν A²M : *quid prius praeb.* A *non liquet* ‖ **9** βουλόμεθα A : βουλώμεθα M ‖ κρίσεως A : προαιρέσεως M.

Dans l'ensemble déterminé de la vie se trouve tout ce qui concerne l'existence humaine, notamment le moment et le genre de notre mort qui ont été fixés en même temps par l'arrêt du destin.

Il est bon de savoir, dit l'auteur, que l'âme, quand elle se tourne vers l'esprit, n'est pas débarrassée de la faiblesse qui la fait déraisonner ; et qu'inversement, au comble de la malice, elle n'a pas perdu la capacité de revenir sur son raisonnement et de se repentir sainement. Car l'âme humaine, telle qu'elle a été naturellement créée, participe à la fois au bonheur divin et à la destinée mortelle, donnant le pas à chacune de ses deux possibilités tour à tour, puisque c'est conformément au dessein providentiel de Dieu qu'elle a été engendrée pour l'une et l'autre condition. C'est ainsi, en effet, qu'elle a la possibilité de se diriger elle-même selon sa nature ; et si elle passe plus de temps dans le monde d'en-haut que dans celui d'en-bas, c'est le fait de sa disposition spontanée. C'est pourquoi on dit que certaines d'entre elles accomplissent des cycles de dix mille ans et d'autres de trois mille : leur vertu raccourcit leur course errante, et leur constance dans l'amour du bien abrège la longueur de leur séjour terrestre.

Tiré du deuxième livre.

L'auteur écrit : ces éléments dont on dit qu'ils agissent selon leur essence sont ceux qui demeurent immuables dans leur essence propre et dans leur activité, sans rien détacher d'eux-mêmes, sans se mettre en mouvement afin de susciter l'existence des êtres engendrés, mais qui, du seul fait qu'ils sont ce qu'ils sont, suscitent la génération des êtres qui leur sont inférieurs. Il s'ensuit qu'ils n'utilisent pas de matière, qu'ils n'agissent pas à partir d'un moment du temps, qu'ils ne cessent pas d'agir à un moment du temps et que ce qui naît n'existe pas en dehors de l'activité de ce qui le produit ; tous ces êtres, en effet, dérivent de l'activité occasionnelle, comme dans le cas de celui qui construit une maison et dans d'autres semblables.

Il dit : Platon écrit dans le *Phèdre* : « Le lieu supra-céleste, aucun poète de ce monde ne l'a jamais chanté

πταιστον. Ἐν ὅλῳ δὴ τῷ ἀφοριζομένῳ βίῳ τά τε ἄλλα κεῖται, ὅσα συνεκτικὰ τῆς ἀνθρωπίνης ζωῆς, καὶ ὁ καιρὸς καὶ ὁ τρόπος τοῦ θανάτου τῷ τῆς εἱμαρμένης ψηφίσματι συνδιατέτακται.

Ὅτι φησίν, ἐπιστῆσαι ἄξιον ὡς ἡ ψυχὴ οὔτε ἐν τῇ πρὸς νοῦν στροφῇ τὴν τοῦ ποτε ἀνοηταίνειν ἀσθένειαν ἀφῄρηται, οὔτε ἐν τῇ ἐσχάτῃ κακίᾳ τὴν τοῦ αὖθις νοεῖν δύναμιν καὶ ὀρθῶς μετανοεῖν. Φύσει γὰρ ἡ ἀνθρωπίνη ψυχὴ τοιαύτη δημιουργηθεῖσα καὶ πρὸς τὴν θείαν εὐζωΐαν καὶ πρὸς τὴν θνητὴν γένεσιν ἐπιτηδείως ἔχει, ἀνὰ μέρος ἑκατέραν προβάλλουσα δύναμιν, ἐπεὶ καὶ κατὰ πρόνοιαν θεοῦ πρὸς ἄμφω γεγένηται. Οὕτω γὰρ τὸ μὲν δύνασθαι αὐτὴν πολιτεύεσθαι κατ' οὐσίαν κέκτηται · τὸ δὲ πλείονα χρόνον ἄνω διάγειν ἢ κάτω πρὸς τὴν αὐτοκίνητον αὐτῆς συμβαίνει διάθεσιν. Διὸ αἱ μὲν μυριετεῖς αἱ δὲ τρισχιλιετεῖς περιόδους λέγονται ποιεῖσθαι, τῆς ἀρετῆς ἐπιτεμνομένης τὴν πλάνην, καὶ τοῦ συντόνου τῶν ἀγαθῶν ἔρωτος ὑφαιρουμένου τῆς περιγείου λειτουργίας τὸ πολυχρόνιον.

Ἐκ τοῦ β' λόγου.

Ὅτι φησί, κατ' οὐσίαν ἐκεῖνα λέγεται ποιεῖν ὅσα μένοντα ἀτρέπτως ἐν τῇ αὐτῶν οὐσίᾳ καὶ ἐνεργείᾳ, καὶ μηδὲν ἑαυτῶν ἀπομερίζοντα μηδὲ κινοῦντα πρὸς τὴν τῶν γεννωμένων ὑπόστασιν, κατ' αὐτὸ μόνον τὸ εἶναι ὅ ἐστι παράγει τὴν τῶν δευτέρων γένεσιν. Οἷς ἕπεται μήτε ὕλῃ προσχρῆσθαι μήτε ἀπὸ χρόνου ποιεῖν μήτε εἰς χρόνον παύεσθαι μήτε ἔξω τῆς τοῦ ποιοῦντος ἐνεργείας κεῖσθαι τὸ γινόμενον · ταῦτα γὰρ πάντα τῇ κατὰ συμβεβηκὸς ἐνεργείᾳ παρέπεται ἐπὶ τοῦ οἰκοδόμου καὶ τῶν ὁμοίων.

Ὅτι φησί, ὁ Πλάτων ἐν Φαίδρῳ λέγων · « Τὸν δὲ ὑπερουράνιον τόπον οὔτε τις ὕμνησέ πω τῶν τῇδε ποιη-

10 βίῳ **A** : *om.* M || **31** αὑτῶν Bekker : αὐτῶν *codd.*

et ne le chantera jamais comme il le mérite »[1]. Ici, il ne parle pas de lieu au sens propre — car lieu est ce qui [464 a] contient des corps — il prend ici lieu dans le sens d'une certaine essence et d'une certaine espèce qui se situe au-dessus du monde, et qui est intelligible, tout comme nous avons l'habitude, en discutant de certaines affaires, de dire : arrivés en ce lieu de notre discours, nous dirons... et nous appelons ce point de notre développement et cet aspect des choses « lieu ».

Dans les *Lois*, dit l'auteur, Platon[2] montre quelle est l'excellence de la providence divine à notre égard en rappelant que c'est Dieu qui gouverne tout, mais qu'avec lui la fortune et l'occasion gouvernent toutes les affaires humaines. D'où il s'ensuit, évidemment, qu'il a attribué aux êtres impassibles et toujours parfaits, et pour cela infaillibles, la providence de Dieu dans sa forme unique et pure, tandis qu'aux êtres raisonnables qui glissent parfois vers la déraison et s'emplissent ainsi de malice, il a accordé une providence faite d'occasions et de hasards mêlés.

Ainsi, l'attribution préalable des biens et la conservation de ceux qui sont de propriété naturelle sont l'ouvrage propre de la providence pure, tandis que la correction des dispositions contraires à la nature et le châtiment des fautes incombent à la providence matérielle qui utilise la fortune et l'occasion. Car ce n'est pas d'après un dessein préétabli que le jugement divin apporte les malheurs à certains d'entre nous et attribue aux autres les félicités, mais bien en se fondant sur le mérite de notre vie antérieure, puisque le jugement des juges qui siègent pour nous ressemble à la science médicale, qui prend en charge ceux qui sont tombés malades sans cause extérieure, et qui prescrit au moment voulu tout ce qui sera avantageux à ceux qu'il faut soigner. C'est pour cela que la valeur des actions à juger, chaque fois différente et modifiée par nos mouvements

1. Platon, *Phèdre*, p. 247 c.
2. Platon, *Lois*, p. 709 b.

τῆς οὔτε ποτὲ ὑμνήσει κατ' ἀξίαν », τόπον νῦν οὐ τὸν κυρίως φησίν (οὗτος γὰρ σωμάτων ἐστὶ περιεκτικός), τό- [464 a] πον δὲ νῦν ἀντὶ τοῦ οὐσίαν τοιάνδε καὶ γένος τοιόνδε, λέγει, οἷον ὑπερκόσμιον καὶ νοητόν, ὥσπερ εἰώθαμεν περὶ πραγμάτων τινῶν διηγούμενοι λέγειν ὅτι κατ' ἐκεῖνον τὸν τόπον τοῦ λόγου γενόμενοι ἐροῦμεν, τὸ κεφάλαιον ἐκεῖνο καὶ τὸ εἶδος τῶν πραγμάτων τόπον καλοῦντες.

Ὅτι ἐν τοῖς νόμοις Πλάτων, φησί, τὸ διαφέρον τῆς περὶ ἡμᾶς τοῦ θεοῦ προνοίας ἐνδείκνυται, λέγων ὡς θεὸς μὲν πάντα, καὶ μετὰ θεοῦ τύχη καὶ καιρὸς τὰ ἀνθρώπινα διακυβερνῶσι ξύμπαντα. Ἐξ ὧν δῆλός ἐστι τοῖς μὲν ἀπαθέσι καὶ ἀεὶ τελείοις καὶ διὰ τοῦτο ἀναμαρτήτοις τὴν καθαρὰν καὶ μονοειδῆ τοῦ θεοῦ ἐπιστήσας πρόνοιαν, τοῖς δὲ καὶ εἰς ἄνοιάν ποτε ὑποφερομένοις λογικοῖς καὶ διὰ τοῦτο κακίας ἀναπιμπλαμένοις τὴν συμμιγῆ καιροῖς καὶ τύχαις πρόνοιαν ἀποδιδούς.

Ἔστι γὰρ ἡ μὲν τῶν ἀγαθῶν προηγουμένη δόσις καὶ ἡ τῶν κατὰ φύσιν προσόντων τήρησις ἴδιον ἔργον τῆς καθαρᾶς προνοίας, ἡ δὲ τῶν παρὰ φύσιν διατεθέντων διόρθωσις καὶ αἱ τῶν ἁμαρτημάτων εὐθῦναι τῆς ἐνύλου καὶ τύχῃ καὶ καιρῷ προσχρωμένης. Οὐ γὰρ κατὰ τὸν προηγούμενον λόγον ἡ θεία κρίσις τοῖσδε μὲν ἡμῶν ἐμφέρει τὰ δεινά, τοῖσδε δὲ τὰς εὐπαθείας ἀποδίδωσιν, ἀλλ' ἐξ ὑποθέσεως τῆς τῶν προβεβιωμένων ἀξίας, ἐπεὶ καὶ ἔοικεν ἡ κρίσις τῶν ἐφεστώτων ἡμῖν δικαστῶν τῇ ἰατρικῇ τέχνῃ, ἣ παραλαβοῦσα τοὺς ἀφ' ἑαυτῶν νοσήσαντας πάντα πρὸς τὸ δέον αὐτοῖς συντάττει κατὰ καιρόν, ὃ ἂν αὐτοῖς τοῖς θεραπευομένοις εἴη λυσιτελές. Καὶ διὰ τοῦτο ἡ μὲν ἀξία τῶν κρινομένων ἄλλοτε ἄλλη

[464 a] **10** δῆλός *mg.* Hoeschel : δῆλον *codd.* ‖ **17** τήρησις M : ῥῆσις A ‖ **21** ἐμφέρει M : συμφέρει A.

spontanés, fait intervenir en même temps et la fortune et la providence qui s'occupe de nous ; le degré de gravité propre à chacun de nos actes commande le moment du châtiment et celui de la purification. Quand la fortune et l'occasion opèrent en liaison avec la providence divine, tout ce complexe devient la destinée qui assume la fortune suscitée par la volonté humaine et qui, du jugement divin, fait sortir l'occasion. C'est à l'art, en effet, qu'il appartient de déterminer les modalités du traitement, et c'est le propre de l'homme de se trouver dans un état tel qu'il ait besoin d'une incision, d'un cautère ou de quelque autre traitement douloureux. Et Platon, en beaucoup d'autres passages encore, dit l'auteur, émet de semblables considérations sur la nature humaine et sur la destinée providentielle qui nous corrige.

[464 b] Platon, dit l'auteur, expliquant la différence qu'il y a entre le philosophe et l'amoureux, et comment il se fait qu'on les déclare égaux, dit que le vrai philosophe est celui qui est épris de contemplation pure, qui reste à l'écart de l'action politique, qui fait fi de tout le reste, s'appliquant à pratiquer les vertus purificatrices et à s'élever vers la sainte perfection, comme il l'explique dans le *Théétète*[1]. Tel est donc le vrai philosophe selon Platon[2].

Il appelle amoureux celui qui a aimé les jeunes gens d'un amour philosophique[3], qui a pratiqué les vertus d'action à cause de leur caractère divin et de leur beauté propre, qui s'est évertué à atteindre aux biens intelligibles, qui mène une vie de véritable citoyen et d'éducateur. C'est dans la *République* qu'il fait cet exposé en disant qu'il place les philosophes à la tête des cités afin qu'elles soient quittes de leurs maux et que jamais une cité

1. Dans le *Théétète*, p. 173 c-176 a, Platon parle de la désaffection du vrai philosophe pour tout ce qui est du domaine public et de son attachement pour tout ce qui est spéculatif.

2. L'expression φιλοσοφήσαντος ἀδόλως est dans le *Phèdre*, p. 249 a.

3. L'expression παιδεραστήσαντος μετὰ φιλοσοφίας est également dans le *Phèdre*, p. 249 a.

τυγχάνουσα, καὶ ταῖς αὐτεξουσίοις κινήσεσιν ἐναλλαττομένη, τύχην τῇ περὶ ἡμᾶς προνοίᾳ συμμίγνυσιν· ἡ δὲ προσήκουσα ἑκάστοις τάξις τὸν τῆς τιμωρίας καὶ τῆς καθάρσεως καιρὸν συνεισάγει. Τύχης δὲ καὶ καιροῦ τῇ θείᾳ προνοίᾳ συνταττομένων τὸ ὅλον πλέγμα γίνεται εἱμαρμένη, ἐκ μὲν τῆς ἀνθρωπίνης προαιρέσεως τὴν τύχην προσλαβοῦσα, ἐκ δὲ τῆς θείας κρίσεως ἐκφέρουσα τὸν καιρόν. Καὶ γὰρ τῆς τέχνης ἔστιν ἀφορίσαι τὰ μέτρα τῆς θεραπείας, τοῦ δὲ ἀνθρώπου διατεθῆναι οὕτως ὥστε τομῆς δεηθῆναι ἢ καύσεως ἢ ἄλλης τινὸς ἀλγεινῆς θεραπείας. Πολλαχοῦ δέ, φησι, καὶ ἄλλοθι ὁ Πλάτων τὰ τοιαῦτα φιλοσοφεῖ περὶ τῆς ἀνθρωπίνης οὐσίας καὶ τῆς ἀπευθυνούσης ἡμᾶς προνοητικῆς εἱμαρμένης.

[464 b] Ὅτι ἀποδιδούς, φησίν, ὁ Πλάτων φιλοσόφου καὶ ἐρωτικοῦ διαφοράν, καὶ πῶς ἰσοτίμως ἀνάγεσθαι λέγονται, φιλοσοφῆσαι μὲν ἀδόλως λέγει τὸν θεωρίαν ἄνευ πράξεως πολιτικῆς ἀγαπήσαντα, καὶ πάντα τὰ ἄλλα παρ' οὐδὲν θέμενον, καὶ ταῖς καθαρτικαῖς ἀρεταῖς ἑαυτὸν παραδόντα τῇ πρὸς μόνην τὴν ἱερὰν τελείωσιν ἀναγωγῇ, ὡς ἐν Θεαιτήτῳ διέξεισιν. Ἀλλ' ὁ μὲν ἀδόλως φιλόσοφος κατὰ Πλάτωνα τοιοῦτος.

Ὁ δὲ ἐρωτικὸς λέγεται παρ' αὐτῷ, ὃς καὶ παιδεραστῆσαι μετὰ φιλοσοφίας, ὁ ταῖς πρακτικαῖς ἀρεταῖς διὰ τὸ θεῖον καὶ τὸ αὐτόκαλον ἐνασκηθείς, καὶ τῶν νοητῶν ἀγαθῶν τὴν μετάδοσιν ἐπιτηδεύσας, πολιτικὸν τῷ ὄντι καὶ παιδευτικὸν τρόπον τοῦ βίου μεταχειριζόμενος. Καὶ τοῦτο ἐν Πολιτείᾳ παραδίδωσι, τοὺς φιλοσόφους λέγων ἄρχοντας ταῖς πόλεσιν ἐφεστάναι, ἵνα λήξωσί ποτε τῶν κακῶν, καὶ ὡς

29 αὐτεξουσίοις Bekker : αὐτεξουσίαις *codd.* ‖ **33** πλέγμα M : πρᾶγμα A ‖ **40** περὶ A : περί τε M ‖ **41** ἀπευθυνούσης M : ὑπευθυνούσης A.

[464 b] **6** ἀναγωγῇ A : ἀγωγῇ M ‖ **9** ὃς A²M : ὡς A ‖ **10** καὶ τὸ A : καὶ M.

ne sera heureuse si son dessin n'a pas été tracé par des hommes qui travaillent sur le modèle divin [1].

Et de quelle sorte est ce dessin? Prenant comme toile de fond la cité et les mœurs des hommes, ils commenceraient par la purifier ; puis ils esquisseraient le plan de la constitution ; puis, je pense, en la précisant, ils regarderaient souvent de deux côtés : vers ce qui est par nature juste, beau et sage, et vers toutes les vertus de ce genre, mais aussi vers ce qui produit dans les humains, ainsi que l'a dit Homère, l'élément divin et semblable aux dieux, tantôt effaçant et tantôt ajoutant un trait jusqu'au moment où ils auraient rendu les mœurs des hommes le plus possible agréables aux dieux.

Voilà l'architecte des constitutions : l'homme qui aime les jeunes gens d'un amour philosophique, c'est-à-dire celui qui administre l'État dans un esprit contemplatif. Le jeune garçon, en effet, c'est la sensibilité avec ce qu'il y a de beau en elle, de même que le mentor et l'éducateur de la sensibilité, c'est l'esprit. Aussi est-ce celui qui n'use que de l'esprit seul, dans un sage mépris des affaires de ce monde, qu'il proclame vrai philosophe, c'est-à-dire exempt de raffinement, dégagé de tout contact avec la matière et de toute charlatanerie. Car la sensibilité cherche à exercer sur nous par son contact une sorte d'enchantement et à convaincre l'esprit d'assumer comme son bien propre je ne sais quel bien matériel. L'homme qui soumet la sensation à l'autorité de l'esprit, c'est celui-là, dit-il, qui aime les jeunes gens d'un amour philosophique, possédant la meilleure garantie pour agir sans erreur dans l'ordre de la sensation, à savoir l'esprit contemplatif dont il ne souhaite pas tracer des représentations privées et publiques en essayant de redresser les mœurs des hommes jusqu'à les rendre [465 a] autant que possible agréables aux dieux. Car ce

1. Platon, *Rép.*, VI, 500 e-501 a 19.

οὐκ ἄν ποτε εὐδαιμονήσειε πόλις, εἰ μὴ αὐτὴν διαγράψειαν οἱ τῷ θείῳ παραδείγματι χρώμενοι.

Τίς δ' ὁ τρόπος τῆς διαγραφῆς; Ὅτι λαβόντες, ὥσπερ πίνακα, πόλιν τε καὶ ἤθη ἀνθρώπων πρῶτον μὲν καθαρὰν ποιήσειαν, καὶ μετὰ τοῦτο ὑπογράψαιντο ἂν τὸ σχῆμα τῆς πολιτείας, ἔπειτα, οἶμαι, ἀπεργαζόμενοι αὐτὴν πυκνὰ ἂν ἑκατέρωσε ἀποβλέποιεν, πρός τε τὸ φύσει δίκαιον καὶ καλὸν καὶ σῶφρον καὶ πάντα τὰ τοιαῦτα, καὶ ὡς ἐκεῖνο αὖ ὃ τοῖς ἀνθρώποις ἐμποιεῖ, ὡς καὶ Ὅμηρος ἔφη, τὸ θεοειδές τε καὶ θεοείκελον, καὶ τὸ μὲν ἐξαλείφοιεν, τὸ δὲ πάλιν ἐγγράφοιεν ἐς ὅ τι μάλιστα τὰ ἀνθρώπινα ἤθη θεοφιλῆ ποιήσειαν.

Τοιοῦτός ἐστι πολιτειῶν ζωγράφος ὁ παιδεραστῶν μετὰ φιλοσοφίας, τουτέστιν ὁ μετὰ θεωρητικοῦ νοῦ πολιτευόμενος. Παῖδα γὰρ εἶναι τὴν αἴσθησιν καὶ τὸ ἐν αἰσθήσει καλόν, ὡς πρὸς πρεσβυτὴν καὶ παιδαγωγὸν τῆς αἰσθήσεως τὸν νοῦν. Διὸ τὸν νῷ μόνῳ χρώμενον ἐν ὑπεροψίᾳ τῶν τῇδε σώφρονι ἀδόλως φιλοσοφεῖν ἀποφαίνεται, τουτέστιν ἀπεριεργάστως καὶ ἀΰλως καὶ ἀγοητεύτως · γοητεύειν γάρ πως ἡ αἴσθησις ἐθέλει συνοῦσα, καὶ ἀναπείθειν τὸν λογισμὸν τῶν ἐνύλων τι ἀγαθὸν ὑπολαμβάνειν οἰκεῖον. Τὸν δὲ τὴν αἴσθησιν κατὰ νοῦν διατάττοντα παιδεραστεῖν λέγει μετὰ φιλοσοφίας, φυλακτήριον ἔχοντα μέγιστον τοῦ ἀνεξαπατήτως κατὰ τὴν αἴσθησιν ἐνεργεῖν τὸν θεωρητικὸν νοῦν, οὐκ εἰκόνας ἰδίᾳ καὶ δημοσίᾳ γράφειν ἐρᾷ, τὰ τῶν ἀνθρώπων ἐπανορθούμενος ἤθη, ἕως εἰς
[465 a] ὅσον ἐνδέχεται θεοφιλῆ ποιήσειεν. Ἃ γὰρ ἐκεῖ ὁρᾷ,

16 εὐδαιμοσήσειε A : εὐδοκιμήσειε M ‖ **20** ποιήσειαν AM[3] : ποιήσειν M ‖ **24** ὡς A : πρὸς M ‖ ἐμποιεῖ M : *om.* A ‖ **26** ὅ τι AM : ὅτου A[2] ‖ **30** ἐν M : *om.* A ‖ **31** πρὸς A : *om.* M ‖ **32** τὸν M : τῷ A ‖ **37** παιδεραστεῖν M : παιδεραστὴν A.

[465 a] **1** γὰρ A : δὲ M.

qu'il voit chez les dieux, le dessinateur qui travaille sur le modèle divin essaie de l'inscrire en d'autres, sans le céder en rien au premier philosophe dans l'ordre de l'esprit, mais apparemment supérieur à lui en humanité, de même que le premier, en revanche, l'emporte sur lui par son action personnelle. Telles sont donc les différences qu'il y a entre eux : d'une part, le vrai philosophe qui n'a ni besoin ni souci des affaires humaines ; d'autre part, l'amoureux philosophe, c'est-à-dire, qui philosophe humainement et en réglant les affaires de ses semblables ; néanmoins, du fait qu'ils possèdent une seule et même philosophie, on dit qu'ils détiennent le même rang dans les honneurs, qu'ils s'envolent au même moment et qu'ils sont jugés dignes de la même élévation.

Tiré du livre III, chapitre 10.

Ce n'est donc pas en vain, dit l'auteur, qu'il y aura des lois pour les hommes ; ce n'est pas au hasard que la raison leur a été donnée ni que le fait de délibérer les retarde ; la prière n'est pas superflue s'il y a une providence qui conduit les affaires humaines en réglant par une loi juste les rétributions qu'entraînent nos décisions. Et, de même, si ces dons sont nécessaires, bons et salutaires, l'ordonnance de la destinée providentielle n'en est pas détruite, elle qui nous éduque dans ce qui dépend de nous grâce à des épreuves qui ne dépendent pas de nous. Ces deux notions sont confirmées l'une par l'autre bien plus que détruites l'une par l'autre. Car, s'il existe une providence, il s'ensuit nécessairement que lois, raisonnements et prières en grand nombre nous sont un secours, tandis que, si elle n'existe pas, le tout est non seulement dépourvu du moindre sens, mais ne peut même pas exister du tout. C'est pourquoi ce qui dépend de nous implique l'idée de providence, et la providence l'idée de ce qui dépend de nous. Car notre volonté confirme l'idée de destinée juste et celle-ci confirme

ἐγγράφειν ἐν ἄλλοις πειρᾶται ὁ τῷ θείῳ χρώμενος παραδείγματι ζωγράφος, οὐδὲν μὲν τοῦ πρώτου κατὰ νοῦν ἀπολειπόμενος, φιλανθρωπίᾳ δὲ αὐτοῦ δοκῶν διαφέρειν, ὥσπερ αὖ ἐκεῖνος τούτου τῇ ἰδιοπραγίᾳ κρατεῖ. Τοιαύτας δὲ πρὸς ἀλλήλους ἔχοντες διαφοράς, ὁ μὲν τὸ ἀδόλως, τουτέστιν ἀνενδεῶς καὶ ἀνεπιστρόφως τῶν ἀνθρωπίνων πραγμάτων, ὁ δὲ τὸ ἐρωτικῶς, ὃ ταὐτόν ἐστι τῷ φιλανθρώπως καὶ κοσμητικῶς τῶν συγγενῶν, ὅμως διὰ τὸ μίαν αὐτοὺς καὶ τὴν αὐτὴν φιλοσοφίαν κεκτῆσθαι τῆς ἀποκαταστάσεως ἰσοτίμως τυγχάνειν λέγονται, ἰσοχρονίως πτερούμενοι καὶ τῆς αὐτῆς ἀναγωγῆς ἀξιούμενοι.

Ἐκ τοῦ τρίτου λόγου, κεφαλαίου δεκάτου.

Οὐ μάτην οὖν, φησί, νόμοι κείσονται τοῖς ἀνθρώποις, οὐδὲ λογισμὸς εἰκῇ δέδοται, οὐδὲ τὸ βουλεύεσθαι παρέλκει, οὐδὲ τὸ εὔχεσθαι περιττόν, εἰ πρόνοια τῶν ἀνθρωπίνων πραγμάτων ἡγοῖτο, νόμῳ καὶ δίκῃ τὰς ἀμοιβὰς τῶν προαιρέσεων τάττουσα. Οὐδὲ μήν, εἰ ταῦτα ἀναγκαῖα καὶ καλὰ καὶ σωτήρια, ἡ τῆς προνοητικῆς εἱμαρμένης τάξις ἀνῄρηται, ἡ τὸ ἐφ' ἡμῖν τοῖς οὐκ ἐφ' ἡμῖν παιδεύουσα πάθεσι. Δι' ἀλλήλων δὲ ταῦτα βεβαιοῦται μᾶλλον ἢ διὰ θατέρου θάτερον ἀναιρεῖται. Προνοίας γὰρ οὔσης ἀνάγκη καὶ νόμους καὶ λογισμοὺς καὶ εὐχὰς πλείστας ἡμᾶς ὠφελεῖν, μὴ οὔσης δὲ οὐ μόνον ἀνόητα παντελῶς ταῦτα, ἀλλ' οὐδὲ τὴν ἀρχὴν ὑποστῆναι δυνάμενα. Διὸ καὶ τὸ ἐφ' ἡμῖν τὴν πρόνοιαν συνεισάγει, καὶ ἡ πρόνοια τὸ ἐφ' ἡμῖν. Ἡ γὰρ ἡμετέρα προαίρεσις τὴν δικαίαν εἱμαρμένην κρατύνει, καὶ αὐτὴ τὴν αὐτεξούσιον ἡμῶν κίνησιν βεβαιοῦται. Ἣν εἰ μὲν καθαρὰν καὶ λελο-

5 αὖ M : ἂν A || **6** ἀλλήλους M : ἀλλήλας A || **7** ἀνενδεῶς Bentley : ἐνδεῶς *codd.* || **8** τῷ A² : τὸ AM || **12** *καὶ* — ἀξιούμενοι A : *om.* M || **13** λόγου *edd.* : *om. codd.* || **15** βουλεύεσθαι Morelli : βούλεσθαι *codd.* || **19** προνοητικῆς A²M : προνομητικῆς A || **24** πλείστας A : πλεῖστα M || οὐ A : *om.* M.

celle de notre action libre. Et cette liberté, si nous l'orientons vers Dieu, pure et conforme à la raison, en respectant les lois, en usant de la prière, en faisant honneur à la bonne volonté et en veillant constamment sur nous-mêmes, nous atteindrons aux biens les plus grands; dans l'attitude contraire, nous subirons intégralement les souffrances régénératrices des châtiments prévus pour nos fautes et, par l'expérience nous réapprendrons notre devoir. Pour réaliser nos bonnes et saines dispositions en nous purifiant de la volonté mauvaise, nous retirerons le plus grand concours de la prière, de la loi, des conseils et des autres éléments du même genre qui conduisent notre pensée vers un ordre et un consentement respectueux de l'obéissance à Dieu.

Notre libre arbitre, dit l'auteur, est incapable par ses propres mouvements volontaires de rien modifier : de ce qui existe et apparaît. S'il en était ainsi, en effet, [465 b] il y aurait un monde et un genre de vie propres à chaque homme puisque nos volontés individuelles ne concordent pas ; les dispositions d'esprit individuelles, si elles étaient efficaces et capables de créer des substances, changeraient toutes les choses bouleversées par les variations impulsives des volontés humaines. Aussi est-il logique que la puissance du libre arbitre humain, qui est mobile et éphémère, soit tout à fait inapte à créer ou à modifier quoi que ce soit sans aide extérieure ; mais, ajoute l'auteur, la volonté humaine ne modifie pas les êtres existants puisqu'une loi divine veille sur eux, et elle ne modifie, parmi les êtres qui naissent, aucun de ceux qui concourent aux activités universelles.

Elle n'a de pouvoir sur rien d'autre que sur elle-même, sur la possibilité de s'améliorer ou de se dégrader par ses comportements ; elle peut juger seulement ce qui est, accueillir ce qui arrive, et elle acquiert ainsi vertu ou vice par les dispositions bonnes ou mauvaises qu'elle manifeste dans ses activités. Notre liberté d'action révèle, en effet, que la seule chose qui dépend de nous, c'est de

γισμένην προσάγοιμεν τῷ θεῷ, νόμοις ἐμμένοντες καὶ εὐχαῖς χρώμενοι καὶ εὐβουλίαν τιμῶντες καὶ διὰ πάντων ἐπιμέλειαν ἑαυτῶν ποιούμενοι, τῶν μεγίστων ἀγαθῶν τευξόμεθα · εἰ δὲ τἀναντία, πάντως που τῶν ἐπὶ τούτοις τεταγμένων δικῶν τὰς ἰατρικὰς οἴσομεν ἀλγηδόνας, πείρᾳ τὸ δέον μεταμανθάνοντες. Πρὸς αὐτὸ δὲ τὸ εὖ καὶ καλῶς ἡμᾶς διατεθῆναι, τῆς χείρονος καθαρεύσαντας προαιρέσεως, πλείστην φέρει συντέλειαν εὐχὴ καὶ νόμος καὶ συμβουλὴ καὶ τὰ τοιαῦτα, εἰς τάξιν ἄγοντα καὶ συμφωνίαν θεοπειθῆ τὴν ἡμετέραν διάνοιαν.

Ὅτι οὐ τοιοῦτόν ἐστι, φησί, τὸ ἡμέτερον αὐτεξούσιον, ὡς ταῖς ἑαυτοῦ προαιρετικαῖς κινήσεσι πάντα μετατιθέναι δύνασθαι τὰ ὄντα καὶ τὰ γινόμενα. Οὕτω γὰρ ἂν οὐ [465 b] μόνον καθ' ἕνα ἕκαστον ἄνθρωπον κόσμος ἄλλος ἐγένετο καὶ ἄλλη βίου κατασκευή, μὴ τὰ αὐτὰ βουλομένων ἁπάντων ἡμῶν, ἀλλὰ καὶ ταῖς ἑκάστου διαθέσεσιν, εἴπερ δραστήριοι ἦσαν καὶ οὐσιοποιοί, συμμετέβαλλε τὰ πάντα ταῖς ὀξυρρόποις μεταβολαῖς τῶν ἀνθρωπίνων προαιρέσεων συναλλοιούμενα. Διὸ εὐλόγως ἡ δύναμις τοῦ ἀνθρωπίνου αὐτεξουσίου, εὐκινήτου ὄντος καὶ ἐφημέρου, ἀδρανής ἐστι παντελῶς ὡς ὑπόστασίν τινος ἢ μετάθεσιν, μὴ συνεργουμένη ἔξωθεν · ἀλλὰ δὴ τὰ ὄντα, φησί, μὴ μετατιθέτω ἡ ἀνθρωπίνη προαίρεσις, ἐπειδὴ θεῖος νόμος αὐτὰ φρουρεῖ, μηδὲ τῶν γινομένων ὅσα εἰς κοσμικὰς ἐνεργείας συντελεῖ.

Ὅτι οὐδενός ἐστι κυρία πλὴν ἑαυτῆς καὶ τοῦ ἑαυτὴν ἀμείνονα ἢ χείρονα ταῖς διαθέσεσιν ἀπεργάζεσθαι, κριτικὴ μόνον οὖσα τῶν ὄντων καὶ ἀποδεκτικὴ τῶν γινομένων, καὶ οὕτως ἀρετὴν ἢ κακίαν κτωμένη τῷ εὖ ἢ κακῶς ἐν ταῖς οἰκείαις ἐνεργείαις διατεθῆναι. Τὸ γὰρ αὐτεξούσιον τοῦτο μόνον ἐφ' ἡμῖν εἶναι δηλοῖ τὴν

31 εὐβουλίαν A³ *v. l.* M : εὐβουλίᾳ A.
[465 b] 7 ἀνθρωπίνου A : ἀνθρώπου M ‖ 8 ὡς A : πρὸς M.

nous transformer nous-mêmes à notre gré, sans que le corps dont nous sommes revêtus, ni les choses extérieures soient du domaine de cette liberté. Car si ce qui passe pour dépendre de nous, sortant de l'essence dans laquelle il se situe, parvenait en quelque sorte en territoire étranger et voulait faire tomber d'autres éléments sous sa dépendance, le corps, par exemple, et la possession des biens, il rencontrerait mille obstacles du fait que les choses n'iraient pas selon ses vues et il lui faudrait d'innombrables collaborations pour obtenir que n'importe quoi devînt conforme à son plan. Si ce qui nous contrarie n'arrive pas, si ce qui est en notre faveur arrive, cela ne dépend pas de nous mais d'un autre vaste dessein, de l'ordonnance qui en découle et que réalise, dit-on, la destinée qui est le jugement de Dieu dans les choses qui ne dépendent pas de nous pour la juste rétribution de ce qui dépend de nous. Car la liberté de l'âme humaine n'est pas annihilée du fait que c'est à Dieu à répartir ce qui est hors du domaine de cette âme et à le distribuer à chacun selon le mérite de ses dispositions. Car c'est surtout de notre mouvement spontané vers la vertu ou le vice que le destin providentiel a besoin; autrement, en effet, il n'y aura pas de justice dans une distribution inégale qui n'aurait pas notre liberté comme point de départ.

A la fin du *Timée*[1], dit l'auteur, Platon discutant des affections corporelles et de leur traitement, interdit d'user à la légère des purgations médicamenteuses parce qu'il faut attendre la maturation naturelle des maladies au [466 a] lieu de les multiplier en les coupant brutalement; développant ainsi la suite naturelle de son exposé, il montre qu'il y a un temps fixé par la nature pour la maladie, proportionné, dit-il, à la constitution des êtres vivants dont la formation, au moment où elle a lieu, inclut le temps attribué à la vie de chaque espèce; ainsi, un che-

1. Les maladies sont traitées dans le *Timée*, p. 82 a-90 d. La recommandation reprise ici se lit en 89 b-d. Cf. R. Joly, *Platon et la médecine*, in *Lettres d'humanité*, Bulletin Budé, t. XX, 4 (1961), p. 435-451.

μετάθεσιν ἡμῶν αὐτῶν πρὸς τὸ δοκοῦν ἡμῖν, τοῦ περικειμένου σώματος καὶ τῶν ἐκτὸς οὐ συναριθμουμένων τῷ αὐτεξουσίῳ. Εἰ γὰρ τὸ λεγόμενον ἐφ' ἡμῖν, παρελθὸν τὴν οὐσίαν ἐν ᾗ ἵδρυται, καὶ ὥσπερ ἐν ἀλλοτρίᾳ χώρᾳ γενόμενον, ἄλλα ἐπ' αὐτῷ εἶναι βουληθῇ, οἷον τὸ σῶμα ἢ τὴν κτῆσιν, μυρίων ἐναντιωμάτων πειράσεται, μὴ κατὰ σκοπὸν προβαινόντων αὐτῷ τῶν πραγμάτων, καὶ μυρίων δεήσεται τῶν συνεργούντων εἰ μέλλοι τι τούτων κατὰ νοῦν αὐτῷ γενήσεσθαι. Τὸ δὲ τὰ ἐναντιούμενα μὴ συμβῆναι καὶ τὰ συνεργοῦντα συμβῆναι οὐκ ἦν ἐφ' ἡμῖν, ἀλλ' ἄλλης τινὸς καὶ μακρᾶς ὑποθέσεως καὶ τῆς ἑπομένης ταύτῃ τάξεως, ἣν ἡ εἱμαρμένη ἐπιτελεῖν λέγεται, κρίσις θεία οὖσα ἐν τοῖς οὐκ ἐφ' ἡμῖν, πρὸς τὴν ἀξίαν ἀμοιβὴν τῶν ἐφ' ἡμῖν. Οὐ γὰρ ἀναιρεῖται τὸ αὐτεξούσιον τῆς ἀνθρωπίνης ψυχῆς, εἰ τὰ ἐκτὸς αὐτῆς ἐπὶ τῷ θεῷ εἴη διανέμειν καὶ ἀποδιδόναι ἑκάστῳ πρὸς τὴν ἀξίαν τῶν διαθέσεων. Μάλιστα γὰρ τῆς πρὸς ἀρετὴν καὶ κακίαν αὐτοκινησίας ἡμῶν ἡ προνοητικὴ εἱμαρμένη δεῖται · οὐ γὰρ ἄλλως ἔσται δικαία ἡ ἄνισος διανομή, μὴ ὑπόθεσιν λαβοῦσα τὸ ἡμέτερον αὐτεξούσιον.

Ὅτι ἐν τῷ τέλει τοῦ Τιμαίου ὁ Πλάτων, φησί, περὶ σωματικῶν παθῶν διαλεγόμενος καὶ τῆς τούτων θεραπείας, καθάρσεσι φαρμακευτικαῖς ἀπαγορεύει χρῆσθαι προχείρως, διὰ τὸ δεῖν περιμένειν τὴν κατὰ φύσιν τῶν [466 a] νοσημάτων πέπανσιν καὶ μὴ ταῖς βιαίοις ἐκτομαῖς πολλαπλάσια ταῦτα ἀπεργάζεσθαι · καὶ οὕτως ἔκ τινος ἀκολουθίας προιὼν ἑκάστῃ νόσῳ χρόνον τινὰ φύσει τεταγμένον ἀποφαίνεται τῇ τῶν ζῴων συστάσει ἀνάλογον, ὧν ἡ σύνοδος γεννᾶται τεταγμένους, ὥς φησιν, ἔχουσα τοῦ βίου τοὺς χρόνους καὶ κατὰ γένος, οἷον ἵππος

26 τῶν A : *om.* M || **27** τὸ δὲ τὰ M : τὸ δὲ τὸ τὰ A || **28** συμβῆναι A : *om.* M || **35** τῆς A : *om.* M.

[466 a] **5** τεταγμένους Bekker : τεταγμένως *codd.* || ὥς A : *om.* M.

val vit un certain nombre d'années au maximum, un bœuf autant, et ainsi pour chaque espèce : par exemple, un bœuf peut vivre dix ans si une bête sauvage ou une autre cause extérieure ne survient et ne le tue avant le terme. Il y a pour chaque espèce, en effet, en vertu de la loi naturelle, un temps jusqu'où son organisme peut subsister et au delà duquel il ne pourrait plus vivre.

Il s'en faut que toutes les espèces atteignent le terme accordé à leur constitution, étant données les agressions violentes du dehors que la providence, disions-nous, détermine pour nous et qui, pour les bêtes, surviennent au hasard. Pour les bêtes et les plantes, il n'existe pas, en effet, comme c'est le cas pour les hommes, de terme nécessairement fixé pour leur mort en fonction des mérites de l'âme, puisque ces êtres-là ne vivent pas de la même façon que nous. Nous, en effet, c'est par une décision des divinités qui nous jugent que nous recevons, chacun, selon ce que nous avons mérité au cours de nos existences antérieures, une vie dans laquelle tout est inclus : race, cité, père, mère, moment de la conception, qualité du corps, manières de vivre, hasards divers inhérents à notre existence, genre et heure de la mort ; et la gardienne de toutes ces déterminations, gardienne chargée de leur accomplissement, c'est la divinité à qui ce partage incombe. Rien de semblable n'est à envisager chez les bêtes. En effet, ce qui est propre à l'essence des êtres raisonnables en tant que telle est totalement étranger à la nature des bêtes.

Il n'est donc pas juste de juger dignes de la même providence des êtres raisonnables et des bêtes ; mais les bêtes, du fait que leur espèce est sauvegardée, jouissent d'une providence qui est bien suffisante, car il n'y a chez elles que cela d'immortel et qui subsiste toujours inchangé ; mais nous, si nous ne sommes pas, chacun en particulier, l'objet d'une providence au point qu'il n'y ait rien qui ne soit calculé par elle dans ce qui nous concerne, nous n'obtiendrons pas encore la sollicitude qui

μὲν τοσάδε ἔτη ζήσειε τὸ μήκιστον, βοῦς δὲ τοσάδε, καὶ καθ' ἕκαστον, οἷον ὅδε ὁ βοῦς συσταίη ἔτη δέκα, εἰ μὴ θηρίον ἢ ἄλλη τις ἔξωθεν συμπεσοῦσα περίστασις αὐτὸν προανέλῃ. Εἶναι γὰρ ἐκ φύσεως ἀφωρισμένον χρόνον τινὰ ἑκάστῳ, μέχρις οὗ δυνατόν ἐστιν ἐξαρκεῖν τὴν σύστασιν, καὶ οὗ εἰς τὸ πέραν οὐκ ἂν ἔτι βιῴη.

Μὴ πάντως δὲ πάντας πρὸς τὸν δυνατὸν τῆς συστάσεως ἀφικνεῖσθαι χρόνον διὰ τὰς ἔξωθεν βιαίους ἐπιφοράς, ἃς ἐφ' ἡμῶν μὲν τὴν πρόνοιαν διατάττειν ἔφαμεν, ἐπὶ δὲ τῶν ἀλόγων ζῴων ὡς ἔτυχεν ἐπισυμβαίνειν. Μὴ γὰρ ἀνάγκην εἶναι, ὡς ἐπ' ἀνθρώπων, οὕτω καὶ ἐπὶ τῶν ἀλόγων ζῴων ἢ τῶν φυτῶν, τὴν τάξιν τοῦ θανάτου φυλάττεσθαι πρὸς τὴν ἀξίαν τῆς ψυχῆς ἀποδιδομένην, ἐπεὶ μηδὲ ὁμοίως ἡμῖν ἐκεῖνα εἰς τὸν βίον παρέρχεται. Ἡμεῖς μὲν γὰρ κρίσει δικαστῶν δαιμόνων πρὸς τὴν τῶν βεβιωμένων ἡμῖν ἀξίαν λαγχάνομεν ἕκαστος βίον, ἐν ᾧ πάντα συνείληπται, ἔθνος, πόλις, πατήρ, μήτηρ, καιρὸς ἀποκυήσεως, σῶμα τοιόνδε, ἀναστροφαὶ καὶ τύχαι παντοῖαι τῷ βίῳ προσήκουσαι, τρόπος τελευτῆς καὶ καιρὸς ἀποτεταγμένος· καὶ τούτων ἁπάντων φύλαξ καὶ ἀποπληρωτὴς ὁ εἰληχὼς δαίμων ἕστηκεν. Ὧν οὐδὲν ἐπ' ἐκείνων θεωρεῖσθαι πέφυκε. Τὰ γὰρ τῇ λογικῇ οὐσίᾳ ὡς λογικῇ προσήκοντα τῆς ἀλόγου φύσεως παντελῶς ἐστιν ἀλλότρια.

Οὐ δίκαιον οὖν ἐστι τῆς αὐτῆς ἀξιοῦσθαι προνοίας λογικὰ καὶ ἄλογα, ἀλλ' ἐκεῖνα μὲν τῷ κατ' εἶδος σῴζεσθαι τὴν ἀρκοῦσαν ἔχει πρόνοιαν (τοῦτο γὰρ μόνον ἀθάνατον καὶ ἀεὶ τὸ αὐτὸ διαμένον)· ἡμεῖς δὲ εἰ μὴ καθ' ἕνα ἕκαστον προνοηθησόμεθα, ὥστε μηδὲν ἀλογίστευτον εἶναι τῇ προνοίᾳ τῶν καθ' ἡμᾶς, τῆς προσηκούσης οὔπω τευξόμε-

8 ὅδε A²M : ὧδε A ‖ 22 βεβιωμένων ἡμῖν A : προβεβιωμένων M ‖ 24 ἀναστροφαὶ M : ἀνατροφαὶ A ‖ 26 καὶ καιρὸς M : καιρὸς A ‖ 32 ἔχει Bekker : ἔχειν *codd.*

nous revient. Il convient que les êtres qui ont été créés en nombre déterminé par le démiurge suivent la « géniture » qui leur est fixée par lui et aient droit à sa providence chacun en particulier. En effet, le démiurge n'a pas façonné une âme unique dont il détache chacun de nous [466 b] au petit bonheur pour nous y mêler à nouveau ; non : il a fait chaque âme humaine en la circonscrivant dans les limites qui lui sont propres. C'est pourquoi, pour chacune, il existe une providence, un jugement, une peine, une purification, un envoi vers une naissance, une part de vie convenable, une fin qui ne survient pas d'elle-même et, après la mort, un voyage vers l'Hadès sous la conduite de la divinité à qui notre existence a été confiée.

Pour les autres êtres vivants et pour les plantes, nos décisions à nous, la nécessité où ils sont de s'entredévorer, des accidents divers et fortuits enfin les acculent tous à une destruction désordonnée et indéterminée, antérieurement à toute dissolution naturelle, vu que nul châtiment ne pèse sur eux à cause d'une existence antérieure, qu'ils n'ont pas de jugement à attendre pour ce qu'ils font ou subissent dans la vie présente. Pour les humains, ce sont des décrets de la providence, des jugements des divinités, le lot des vies, les châtiments de fautes anciennes qui déterminent notamment le moment et le genre de notre mort ; de sorte que ce qui se fait en vertu d'un choix et ce qui semble arriver au hasard se combinent dans la destinée de chacun de nous et réalisent la punition méritée, car les faits passés fournissent toujours à ceux qui les suivent leur raison d'arriver, et ce qui dépend de nous entraîne les situations qui déterminent ce qui n'en dépend pas, du fait que les décisions humaines sont sanctionnées par les lois de la destinée que le créateur a fixées pour les âmes.

θα κηδεμονίας. Πρέπει δὲ τοὺς πρὸς ἀριθμὸν ὡρισμένον ὑποστάντας ὑπὸ τοῦ δημιουργοῦ, ἑπομένους τῇ ἀπ' ἐκείνου γενέσει καὶ καθ' ἕνα ἕκαστον τῆς προνοίας αὐτοῦ μεταλαγχάνειν. Οὐ γὰρ δὴ μίαν εἰργάσατο ψυχήν, ἕκαστος δὲ ἡμῶν ὡς ἔτυχεν ἀπὸ ταύτης ἀπομερίζεται καὶ πάλιν [466 b] εἰς ταύτην ἀνακιρνᾶται, ἀλλ' ἑκάστην ἀνθρωπίνην ψυχὴν ἰδίοις ὅροις περιγεγραμμένην ὑπέστησε. Διὸ καὶ ἑκάστης ἐστὶ πρόνοια καὶ κρίσις καὶ δίκη καὶ κάθαρσις καὶ εἰς γένεσιν ἔκπεμψις καὶ βίου λῆξις προσήκουσα, καὶ τελευτὴ οὐκ ἀπὸ ταὐτομάτου συμβαίνουσα, καὶ μετὰ τὴν τελευτὴν εἰς Ἅιδου πορεία μετὰ ἡγεμόνος τοῦ τὴν ζωὴν ἡμῶν εἰληχότος δαίμονος.

Ἐπὶ μὲν οὖν τῶν ἄλλων ζῴων καὶ φυτῶν καὶ προαιρέσεις ἡμέτεραι καὶ ἀλληλοφαγίας ἀναγκαῖαι χρεῖαι, παντοῖαι καὶ τυχηραὶ περιπτώσεις, ἐκβιάζονται ἕκαστα πρὸ τῆς κατὰ φύσιν διαλύσεως ἀτάκτως καὶ ἀορίστως φθείρεσθαι ὡς μήτε προβεβιωμένων αὐτοῖς δίκης ἐφεστώσης, μήτε ἐφ' οἷς νυνὶ ποιοῦσιν ἢ πάσχουσι κρίσεως προσδοκωμένης. Ἐπὶ δὲ ἀνθρώπων θεσμοὶ προνοίας καὶ δαιμόνων κρίσεις καὶ βίων κλῆροι καὶ παλαιῶν ἁμαρτημάτων ἀμοιβαὶ τά τε ἄλλα καὶ τοὺς καιροὺς καὶ τοὺς τρόπους τῆς τελευτῆς ἀφορίζουσιν· ὥστε καὶ τὰ ἀπὸ προαιρέσεως ἐνεργούμενα καὶ τὰ ὡς ἔτυχε δοκοῦντα συμπίπτειν πρὸς τὴν ἑκάστου ἡμῶν εἱμαρμένην συνείρεσθαι καὶ τὴν τῆς ἀξίας ἀποπληροῦν δίκην, ἀεὶ τῶν παρεληλυθότων τοῖς ἐφεξῆς τὴν αἰτίαν τῆς συμβάσεως παρεχομένων, καὶ τοῦ ἐφ' ἡμῖν τὰς τῶν οὐκ ἐφ' ἡμῖν περιστάσεις ἐφελκομένου, τῷ τὰς ἀνθρωπίνας προαιρέσεις τοῖς εἱμαρμένοις ἀπευθύνεσθαι νόμοις, οὓς ὁ δημιουργὸς ἔταξε ταῖς ψυχαῖς.

[466 b] **10-11** πρὸ τῆς — διαλύσεως M : πρὸς τὴν — διάλυσιν A ‖ **11** ὡς A : ὥστε M ‖ **12** μήτε A : *om.* M ‖ ἐφεστώσης A : ὑφεστώσης M ‖ **19** ἀξίας M : ἀταξίας A ‖ **24** *post* ψυχαῖς : *vers, vac. in* A 10, *in* M 39.

252.

Lu des extraits de la vie, agréable à Dieu, de Grégoire, le saint évêque de la ville de Rome, qui a composé ces quatre dialogues très utiles à la conduite de la vie[1].

Ce saint Grégoire naquit d'une mère nommée Silvia qui était d'une grande famille romaine ; il fut moine dans le couvent de saint André l'apôtre, couvent nommé « Cleioscauris » dont il fut plus tard le supérieur ; outre les activités auxquelles devait se livrer un homme aimé de Dieu, il s'adonna aussi à des travaux littéraires[2]. La vertu réglait sa vie et il se distinguait surtout par ses aumônes. En effet, parmi de nombreux traits qui faisaient connaître sa pitié et sa compassion envers ceux qui étaient dans le besoin, en voici un qui, plus que tout autre, peut illustrer ce qu'avaient d'admirable son amour des hommes et sa charité.

Vint un jour chez lui un solliciteur qui attribuait à un naufrage la nécessité où il était de mendier ; Grégoire [467 a] lui donna généreusement six sous d'or. Le même quémandeur revint une deuxième fois le même jour lui dire que, eu égard à l'étendue de son infortune, ce qu'il avait reçu ne suffisait pas et qu'il demandait un nouveau don. Grégoire l'accueillit avec la même bienveillance et avec un don de la même importance que le premier. Le personnage se présenta une troisième fois en tenant les mêmes propos et en faisant la même requête que la deuxième fois ; Grégoire, à cette troisième fois, sans modifier ses dispositions envers son solliciteur, invita celui qui avait rempli cet office les autres fois à donner la même somme. Comme il ne lui restait plus d'argent liquide, il

1. Cet *incipit* est celui du manuscrit M. Celui de A (cf. notes critiques) est donné aussi par les tables anciennes des deux manuscrits. Je conserve néanmoins celui de M, quoiqu'il soit visiblement un remaniement, parce qu'il est celui de Bekker dont je garde la pagination et le compte des lignes, ceci afin de ne pas dérouter le lecteur.

2. Le pape saint Grégoire le Grand (540-604). Sur ce pontife et sur son activité littéraire, cf. Jülicher, *s. v. Gregorios*, n. 8, in *R. E.*, t. VII, 1910, col. 1869.

252

Ἀνεγνώσθη ἐκλογαὶ τοῦ θεαρέστου βίου Γρηγορίου, ὃς ἱεροπρεπῶς ἀρχιερατεύσας τῆς Ῥωμαίων ἐκκλησίας τοὺς βιωφελεστάτους τέσσαρας διαλόγους ἐφιλοπονήσατο.

Οὗτος ὁ θεῖος Γρηγόριος μητρὸς μὲν προῆλθεν ὄνομα Σιλβίας, οἴκου περὶ τὴν Ῥώμην λαμπροῦ, μονάζει δ' ἐν τῇ μονῇ τοῦ ἁγίου Ἀνδρέου τοῦ ἀποστόλου, ᾗ ἐπώνυμον Κλειοσκαύριν, καὶ ὕστερον καθηγήσατο τῶν ἐν αὐτῇ, τἄλλα μὲν πράττων ἃ πράττειν ἔδει θεοφιλῆ, ἔργον δὲ διδοὺς τῇ χειρὶ καὶ τὸ γράφειν. Ἀρεταῖς δὲ τὸν βίον ἰθύνων ἐλεημοσύναις προέλαμπε. Μετὰ γὰρ πολλῶν ἄλλων, δι' ὧν αὐτοῦ τὸ πρὸς τοὺς δεομένους ἔλεος καὶ ἡ συμπάθεια ἐγνωρίζετο, καὶ τοῦτο ἂν μάλιστα χαρακτηρίσειε τῆς φιλανθρωπίας αὐτοῦ καὶ ἐλεημοσύνης τὸ θαυμάσιον.

Ἧκέ τις αἰτῶν ποτέ, καὶ τὴν τοῦ αἰτεῖν ἀνάγκην εἰς ναυάγιον ἀνῆπτεν · ὁ δὲ προθύμως δίδωσι χρυ- [467 a] σοῦ νομίσματα ἕξ. Ὁ δ' αὐτὸς ἐκ δευτέρου κατὰ τὴν αὐτὴν ἡμέραν ἐπελθὼν οὐκ ἐξαρκεῖν ἔλεγε πρὸς τὸ μέγεθος τῆς συμφορᾶς τὸ δοθέν, καὶ ᾔτει λαβεῖν. Ὁ δὲ πάλιν καὶ γνώμῃ καὶ δώροις τοῖς ἴσοις αὐτὸν ἐδεξιοῦτο. Καὶ τρίτον ἐφίσταται, τὰ ὅμοια τοῖς δευτέροις καὶ λέγων καὶ αἰτῶν · ὁ δὲ οὐδὲ τὸ τρίτον ἀλλοιότερος τῷ αἰτοῦντι κατέστη, ἀλλὰ κελεύει πάλιν διὰ τοῦ καὶ τὰ πρότερον διακονησαμένου ἴσην αὐτῷ καὶ ὁμοίαν τὴν ἐπίδοσιν παρασχεῖν. Ἐπεὶ δὲ τῶν μὲν νομισμάτων οὐδὲν ὑπε-

25 252] σνβ' M : σνα' A || **26-29** ἀνεγνώσθη — ἐφιλοπονήσατο M *in textu* : ἀνεγνώσθη Γρηγορίου τοῦ διαλόγου ὁ βίος οὗ ἡ ἔκδοσις ἐκλογήν τινα ἀναγράφει A *in textu et* AM *pinax* || **26** ἀνεγνώσθη *codd.* : ἀνεγνώσθησαν *edd.* || **27** ὅς M : ὡς *edd.* || **31** περὶ A : τῶν περὶ M || λαμπροῦ A²M : λαμπρῶν A || **34** θεοφιλῆ Bekker : θεοφιλεῖ *codd.* || **37** ἔλεος A : ἔλεον M || **38** χαρακτηρίσειε A : χαρακτηρίζειε M || **40** αἰτῶν M : αὐτῶν A.

découvrit, en cherchant bien, un moyen d'aider son quémandeur ; comme le plateau d'argent sur lequel sa mère avait l'habitude d'envoyer à son fils des légumes cuits n'avait pas encore été renvoyé, il le fit donner au solliciteur.

Voilà ce qui se passa à ce moment-là. Plus tard, quand le jugement de Dieu et le suffrage des saintes assemblées lui attribuèrent la direction de l'épiscopat, il fit, conformément à la coutume des patriarches, dîner douze pauvres avec lui et il confia le soin de les réunir à son sacellaire. Quand l'ordre eut été exécuté et que les convives se trouvèrent autour de la table, l'évêque en vit un treizième qui s'était joint aux autres ; il reprochait déjà au responsable des invitations d'avoir augmenté d'un convive le nombre des invités ; l'autre de nier qu'il y eût un convive supplémentaire et de les compter en montrant qu'il n'y en avait que douze. Comme saint Grégoire en voyait un treizième dont l'aspect, différent de celui des autres, se modifiait de plus, souvent de façon étrange, il comprit que ce n'était pas un être ordinaire ; il se leva de table, prit ce convive à part et le contraignit par des serments redoutables à révéler qui il était. Et l'autre lui dit qu'il était celui-là même qui, autrefois, n'avait pas hésité à lui présenter une requête trois fois le même jour et dont la requête avait été chaque fois satisfaite ; cette action avait été tellement agréable à Dieu que, depuis lors, il avait reçu l'ordre d'En-Haut de rester à ses côtés pour veiller sur sa vie et guider ses actions et qu'il était un ange de Dieu. Et Grégoire, à ces paroles, tomba à genoux et rendit grâces à Dieu ; l'autre s'en alla et, tout en restant invisible, il continua à veiller sur son bienfaiteur [1].

1. Selon F. Halkin, *La date de composition de la « Bibliothèque » de Photius remise en question*, in *Anal. Bol.*, t. LXXXI (1963), p. 414-417, ces deux traits forment toute la matière d'une « Vie » grecque (*B. H. G.*[3], 721) tirée de la vie latine de Saint-Grégoire par Jean Hymmonide (*P. L.*, t. LXXV, col. 59-242). Or, cette vie n'a été achevée qu'en 875-876 et Photius n'a donc pu en connaître l'abrégé grec avant cette date ; or on situe la *Bibliothèque* aux environs de 855. L'argument est de poids mais il n'est pas possible d'en discuter ici. Signalons qu'il n'a pas convaincu B. Hemmerdinger, *Le « codex » 252 de la Bibliothèque de Photius*, in *B. Z.*, t. LVIII (1965), p. 1-2, ni

λείπετο, ἔμαθε δέ ζητῶν ἐπιμελῶς ὅθεν τῷ δεομένῳ ἐπικουρήσειεν, ὡς ὁ ἐξ ἀργύρου πινακίσκος, ἐν ᾧ ἡ μήτηρ εἰώθει ὀσπρίων τινὰ διάβροχα πέμπειν τῷ παιδί, οὔπω ἀπεδόθη, τοῦτον ἐπιδοθῆναι τῷ αἰτοῦντι προστάττει.

Ἀλλὰ ταῦτα μὲν τότε. Χρόνῳ δ' ὕστερον κρίσει μὲν θείᾳ ψήφῳ δὲ τῶν ἱερῶν ταγμάτων τὸν ἀρχιερατικὸν λαχὼν ἰθύνειν θρόνον, δώδεκά τινας τῶν πενήτων, ὡς ἔθος πράττειν τοῖς πατριάρχαις, συνεστιαθῆναι κελεύει, καὶ συγκαλέσασθαι τούτους τὸν οἰκεῖον σακελλάριον ἐπιτρέπει. Ὡς δὲ τὸ πρόσταγμα τέλος ἔλαβε καὶ τὴν τράπεζαν οἱ δαιτυμόνες ἐπλήρωσαν, συνεωρᾶτο δὲ τῷ ἀρχιερεῖ καὶ τρισκαιδέκατος συνεστιώμενος, ᾐτιᾶτο τὸν καλέσαντα ἑνὸς προσθήκῃ τὸν ἀριθμὸν τῶν δώδεκα χυδαιώσαντα · ὁ δὲ ἀπηρνεῖτο τὸν ἐπείσακτον, καὶ ἀπηρίθμει τοὺς συνεστιωμένους, δεικνὺς ἐν τῷ ἀπεριττῷ τοὺς δώδεκα. Ἐπεὶ δὲ ὁ ἱερὸς Γρηγόριος καὶ τρισκαιδέκατον ἔβλεπε, καὶ ἡ μορφὴ τούτου οὐ τῶν ἄλλων μόνον ἀλλὰ καὶ ἑαυτῆς πολλάκις ἐπὶ τὸ ξενίζον παρήλλαττε, συνῆκε μὲν μὴ τῶν πολλῶν ἕνα τοῦτον εἶναι, ἀναστὰς δὲ τῆς τραπέζης καὶ τοῦτον ἰδίᾳ μετακαλεσάμενος ὅρκοις ἐδέσμει φρικτοῖς, ὅστις ποτὲ εἴη, δῆλον ποιῆσαι. Ὁ δὲ αὐτὸν ἐκεῖνον ἔφη εἶναι τὸν πάλαι ποτὲ τρὶς τῆς αὐτῆς ἡμέρας τὴν αἴτησιν προσενεγκεῖν ἀξιώσαντα καὶ τοσαυτάκις μὴ διαμαρτόντα τῆς αἰτήσεως · καὶ ἡ πρᾶξις ἐκείνη οὕτω τὸ θεῖον ἐξεθεράπευσεν ὡς ἐξ ἐκείνου μέχρι νῦν κρίσιν ἄνωθεν λαβεῖν σοὶ συμπαρεῖναι φύλακά τε τῆς ζωῆς καὶ ὁδηγὸν τῶν πρακτέων, ἄγγελον δὲ τὴν φύσιν Θεοῦ χρηματίζειν. Καὶ ὁ μέν, ἀκούσας ταῦτα, πεσὼν προσεκύνησε καὶ τῷ Θεῷ ηὐχαρίστησεν · ὁ δὲ ᾤχετό τε καὶ οὐχ ὁρώμενος τὸν εὐεργέτην διεφύλαττεν.

[467 a] **21** συνεστιώμενος A : συνεσθιόμενος M || **27** ἑαυτῆς A : ἑαυτοὺς M || **31** ἡμέρας M : *om.* A.

L'admirable Grégoire a composé en latin, entre autres [467 b] nombreux ouvrages utiles à l'âme, des homélies pour expliquer les Évangiles ; il y a mêlé de remarquables biographies de personnages d'Italie et des récits propres à enseigner les voies du salut ; il les a agencés en quatre dialogues. Mais, pendant cent soixante-cinq ans, ceux qui parlent le latin furent seuls à profiter de ses utiles travaux. Ce fut Zacharie, élu plus tard successeur [1] à ce grand prélat digne des temps apostoliques, qui, transposant en grec les utiles connaissances limitées au seul domaine du latin, en accorda généreusement le profit au monde entier. Il s'est appliqué à traduire en grec non seulement les ouvrages appelés *Dialogues*, mais encore d'autres travaux de lui qui sont d'un grand prix.

253.

Lu en partie le *Martyre des sept saints jeunes gens* [2] dont on a rédigé un sommaire utile.

C'est le martyre des sept saints jeunes hommes qui avaient nom Maximin, Jamblique, Martimos, Denys, Exacustodianos, Antonin et Jean ; ces sept jeunes gens étaient de condition patricienne ; convaincus de suivre et d'affermir la vraie religion, ils furent, dit l'auteur, arrêtés sous Dèce, qui, au mépris de Dieu, avait corrompu l'Empire romain en tyrannie ; une fois arrêtés, ils firent leur éclatante profession de foi ; mais, comme un autre souci accaparait le tyran, ils trouvèrent le moyen de se réfugier dans une grotte sur une montagne proche de la métropole d'Éphèse ; ils étaient servis, pour les besoins

P. Lemerle, *Le premier humanisme byzantin*, Paris, P. U. F., 1971, p. 190, n. 48.

1. Successeur assez lointain, en effet : 741-752.

2. Il s'agit du martyre des septs Dormants d'Éphèse, « la légende hagiographique la plus fameuse », écrivait H. Grégoire, *Les persécutions dans l'Empire romain*, Bruxelles, 1951, p. 44. F. Halkin, *B. H. G.*, II, 1957,³ p. 223-225, relève dix versions grecques de cette passion. Il en existe également des versions syriaques, sémitiques et latines. Cf. H. Leclercq, *s. v. Sept Dormants d'Éphèse*, in *D. Arch. Chr.*, t. XV, 1950, col. 1254-1258. Je n'ai pu démêler si le texte lu par Photius

Οὗτος ὁ θαυμάσιος Γρηγόριος πολλὰς μὲν καὶ ἄλλας [467 b] ψυχωφελεῖς τῇ Ῥωμαίων συνετάξατο βίβλους, ὁμιλίας τε τὰ εὐαγγέλια ἀναπτύσσων προσωμίλησεν· ἀτὰρ δὴ καὶ βίους τῶν κατὰ τὴν Ἰταλίαν ἀξιολόγους, καὶ διηγήματα σωτηρίαν ἐκπαιδεύοντα συγκαταμίξας τούτοις, ἐν τέσσαρσι διαλόγοις ἐφιλοπονήσατο. Ἀλλὰ γὰρ πέντε καὶ ἑξήκοντα καὶ ἑκατὸν ἔτη οἱ τὴν Ῥωμαίων φωνὴν ἀφιέντες τῆς ἐκ τῶν πόνων αὐτοῦ ὠφελείας μόνοι ἀπήλαυον. Ζαχαρίας δέ, ὃς τοῦ ἀποστολικοῦ ἀνδρὸς ἐκείνου χρόνοις ὕστερον τοῖς εἰρημένοις κατέστη διάδοχος, τὴν ἐν τῇ Ῥωμαϊκῇ μόνῃ συγκλειομένην γνῶσιν καὶ ὠφέλειαν εἰς τὴν Ἑλλάδα γλῶσσαν ἐξαπλώσας κοινὸν τὸ κέρδος τῇ οἰκουμένῃ πάσῃ φιλανθρώπως ἐποιήσατο. Οὐ τοὺς διαλόγους δὲ καλουμένους μόνους, ἀλλὰ καὶ ἄλλους αὐτοῦ ἀξιολόγους πόνους ἐξελληνίσαι ἔργον ἔθετο.

253

Ἀνεγνώσθη ἐκ τοῦ μαρτυρίου τῶν ἁγίων ἑπτὰ παίδων· ἐξ οὗ κεφαλαιώδης διετυπώθη χρεία.

Ὅτι τὸ μαρτύριον τῶν ἁγίων ἑπτὰ παίδων Μαξιμιανόν, Ἰάμβλιχον, Μάρτιμον, Διονύσιον, Ἐξακουστουδιανόν, Ἀντωνῖνον καὶ Ἰωάννην, τούτους τοὺς ἑπτὰ τῶν εὐπατριδῶν ὄντας καὶ τὰ τῆς εὐσεβείας φρονεῖν καὶ κρατύνειν ἐπιγνωσθέντας, ἀχθῆναι μὲν ἐπὶ Δεκίου ἀναγράφει τοῦ τὴν Ῥωμαίων ἀρχὴν Θεοῦ παροράσει εἰς τυραννίδα διαφθείραντος, ἀχθέντας δὲ τὴν καλὴν ὁμολογίαν ὁμολογῆσαι, σχολῆς δέ τινος ἄλλης τὸν τύραννον μεθελκούσης ἄδειαν εὑρόντας καταφυγεῖν ἐπί τι σπήλαιον ἐν ὄρει πλησιάζοντι τῇ Ἐφεσίων διακείμενον

[467 b] **4** ἐκπαιδεύοντα M : ἐμπαιδεύοντα A ‖ **6** Ῥωμαίων A : ῥωμαίαν M ‖ **10** μόνῃ M : μόνην A ‖ **15** 253] σνγ´ M : σνβ´ A ‖ **17** ἐξ — χρεία A : *om.* M ‖ **18** τῶν ἁγίων A : *om.* M ‖ Μαξιμιανὸν A : Μαξιμιλιανὸν M ‖ **20** Ἀντωνῖνον M : καὶ Ἀντωνῖνον A ‖ **22** ἀναγράφει A : *om.* M.

qu'exigeaient leurs personnes, par l'un d'eux que le récit nomme Jamblique ; peu de temps après, l'empereur, informé de leur fuite, de l'endroit où ils étaient et de la façon dont ils vivaient, ordonna, dans sa colère, de murer l'orifice de la grotte afin de faire mourir les martyrs de faim.

Plus tard, après trois cent soixante-douze ans [1], sous le règne de Théodose [2], héritier de deux générations d'empereurs, alors que la charge de la sainte Église d'Éphèse était entre les mains de Marus, on vit — spectacle extraordinaire et surnaturel — les témoins victorieux du Christ apparaître ressuscités. L'empereur et l'évêque [468 a] se rendirent auprès d'eux — car l'empereur, quoiqu'il fût au loin, avait été attiré par le caractère plus qu'étonnant de cette merveille — et beaucoup d'autres s'y rendirent avec eux ; ils tombèrent aux pieds des martyrs et furent gratifiés de leur prière et de leur bénédiction.

L'empereur et l'archevêque s'assirent auprès d'eux et ils eurent avec eux un entretien qui confirma l'histoire des saints martyrs et lui donna un caractère indubitable : sous les yeux de l'empereur lui-même et de tous les assistants, ils se reposèrent tous ensemble dans la grotte même où ils avaient été gisants et leur mort indiscutable, qui eut lieu sous les yeux de tous, attesta leur commun départ de cette vie, tel qu'il avait eu lieu une première fois sans témoins.

Théodose régnait depuis trente-huit ans [3] quand la

nous est parvenu. Le premier récit de cette légende doit avoir été écrit en grec selon H. Leclercq, *loc. cit.*, et P. Peeters, *Le texte original de la passion des Sept Dormants*, in *Anal. Bol.*, t. XLI (1923), p. 369-385.

1. Chiffre inconciliable avec les autres données du sommaire. L'omission de καὶ τριακόσια avec M n'arrange rien.

2. Théodose II, 408-450.

3. Donc, en 446.

μητροπόλει· καὶ διακονεῖσθαι αὐτοὺς ἐν ὅσοις ἡ σωματικὴ ἐβιάζετο χρεία ὑφ' ἑνὸς αὐτῶν, ὃν προεῖπεν Ἰάμβλιχον ὁ λόγος· μετὰ δέ τινα βραχὺν χρόνον μαθόντα καὶ τὴν φυγὴν καὶ τὸ χωρίον τῆς διατριβῆς καὶ τὴν δίαιταν, καὶ ὀργῆς ἐμπλέω γεγονότα, ἀναφραγῆναι τὸ τοῦ σπηλαίου στόμα προστάξαι, ὡς ἂν λιμῷ διαφθαρεῖεν οἱ μάρτυρες.

Εἶτα μετὰ ἔτη δύο καὶ ἑβδομήκοντα καὶ τριακόσια, Θεοδοσίου μὲν τοῦ ἐκ τριγονίας τὴν βασίλειον ἀρχὴν διαδεξαμένου καὶ διέποντος, Μάρου δὲ τῆς ἐν Ἐφέσῳ ἐκκλησίας τὰς ἱερὰς φροντίδας ἐγκεχειρισμένου, τὸ παράδοξον τοῦτο καὶ ὑπερφυέστατον θέαμα, ἐφάνησαν οἱ τοῦ Χριστοῦ καλλίνικοι μάρτυρες ἀναβεβιωκότες. Οἷς προσελθόντες ὅ τε βασιλεὺς καὶ ὁ ἐπίσκο- [468 a] πος (ἐκάλει γὰρ καὶ τὸν βασιλέα καὶ πόρρωθεν διατρίβοντα τὸ τοῦ θαύματος ὑπερθαύμαστον) μεθ' ὧν καὶ ἄλλοι πολλοὶ προσέπεσάν τε τοῖς ποσὶν αὐτῶν, καὶ τῆς παρ' αὐτῶν εὐχῆς ἠξιώθησαν καὶ εὐλογίας.

Συνεκάθισέ τε αὐτοῖς ὅ τε βασιλεὺς καὶ ὁ ἀρχιεπίσκοπος, καί τινος ὁμιλίας προελθούσης, δι' ἧς καὶ τὰ κατὰ τοὺς ἁγίους ἐπὶ μᾶλλον ἐβεβαιοῦτο καὶ τὸ ἀδίστακτον προσελάμβανε, κατενώπιον αὐτοῦ τε τοῦ βασιλέως καὶ τῶν παρόντων, ἐν αὐτῷ πάλιν τῷ σπηλαίῳ ἐν ᾧ καὶ κατέκειντο, ἀνεπαύσαντο ἅμα, τῆς ἀδιαιρέτου τελευτῆς αὐτῶν ὑπ' ὄψιν πάντων γεγενημένης ἐπιμαρτυρούσης αὐτῶν καὶ τὴν οὐχ ὁραθεῖσαν πρότερον τῆς παρούσης ζωῆς κοινὴν ἀναχώρησιν.

Ὄγδοον δὲ καὶ τριάκοστον τηνικαῦτα Θεοδόσιος τῆς βασιλείας ἤνυεν ἔτος, ἡνίκα

34-35 καὶ τριακόσια A : *om.* M.

[468 a] **5** *post* ἀρχιεπίσκοπος : *verba* ἐκάλει — διατρίβοντα *quae iam supra* (*v.* 1-2) *sunt, add.* M *exp.* M[3] ‖ **6** προελθούσης M : προσελθούσης A ‖ **9** παρόντων A : συμπαρόντων M ‖ **14** ἤνυεν M : ἤνυσεν A.

divinité décida de révéler à l'univers cette merveille des merveilles. Or, la conjoncture appelait un miracle comme celui-là. Un certain Théodore — pût-t-il ne pas en avoir été ainsi — était évêque d'Égées[1]. Ce personnage vomissait des propos immondes tirés je ne sais où du bourbier de l'hérésie ; il condamnait la résurrection des morts, entraînant beaucoup de gens de son entourage dans sa propre démence ; mais quand le miracle fit resplendir dans le monde entier la lumière de la résurrection, eux-mêmes et tout ce qui restait de païens furent, ou bien plongés dans une confusion et un mutisme sans pareils, ou bien ramenés à une espérance inébranlable dans la résurrection.

Voici comment la grotte fut ouverte : Adolios, qui était alors le propriétaire de la colline où la grotte avait été creusée, faisait construire par ses gens une étable pour son bétail ; on travaillait depuis deux jours à exécuter son ordre. Pour édifier la construction, on apportait les pierres qui fermaient et protégeaient l'orifice de la grotte. C'est ainsi qu'on ouvrit celle-ci et que les martyrs qui y gisaient ressuscitèrent par un ordre miraculeux de Dieu ; ils envoyèrent Jamblique, qui les servait d'habitude autrefois, acheter et rapporter des vivres. Celui-ci, arrivé à Éphèse, fut arrêté à cause des pièces de monnaie qu'il portait et pris pour quelqu'un qui aurait découvert un trésor ancien. C'est ainsi que le miracle des martyrs vint à se répandre aux oreilles de tous et leur fut offert en spectacle.

1. Sur ce personnage, cf. W. Ensslin, *s. v. Theodoros*, n. 139, in *R. E.*, 2e série, t. V, 1934, col. 1911.

τὸ τῶν θαυμάτων ὑπερθαύμαστον τῇ οἰκουμένῃ ἀναδειχθῆναι τὸ θεῖον ᾠκονομήσατο. Ἐζήτει δὲ ἄρα καὶ ὁ τότε καιρὸς τοιοῦτον τεράστιον. Θεόδωρός τις, ὡς εἴθε μὴ ὤφελε, τῆς Αἰγέων πόλεως ἐπεσκόπει. Οὗτος οὐκ οἶδ' ὅθεν τοῦ τῆς ἀπιστίας σπάσας βορβόρου φωνὰς δυσωδίας ἀπηρεύγετο, τῆς τῶν νεκρῶν ἀναστάσεως καταψηφιζόμενος, καὶ πολλοὺς ἅμα τῶν σὺν αὐτῷ πρὸς τὴν οἰκείαν μεθέλκων ἀπόνοιαν, τοῦ δὲ θαύματος λαμπρὰς τὰς τῆς ἀναστάσεως ἀκτῖνας καθ' ὅλην ἀφιέντος τὴν ὑφ' ἡλίῳ, αὐτοί τε καὶ ὅσον Ἑλληνικὸν ὑπελείπετο, οἱ μὲν εἰς ἀμήχανον αἰσχύνην καὶ ἀφωνίαν κατεδύοντο, οἱ δὲ εἰς ἀμετάθετον ἐλπίδα τῆς ἀναστάσεως μετετίθεντο.

Τίς δ' ὁ τρόπος τῆς τοῦ σπηλαίου ἀνοίξεως, Ἀδόλιος ὁ τοῦ ὄρους τότε κύριος, ἐν ᾧ τὸ σπήλαιον λελατόμητο, μάνδραν θρεμμάτων οἰκοδομῆσαι κελεύει τοὺς παῖδας· καὶ τὸ προσταχθὲν ἐπὶ ἡμέρας δύο διεπράττετο. Ἡ δ' οἰκοδομὴ αὐτοῖς ἐτελεῖτο μετακομιζομένων τῶν λίθων οἳ τὸ τοῦ σπηλαίου στόμα ἀπέφραττόν τε καὶ ἀπετείχιζον. Καὶ οὕτω μὲν ἠνεώχθη τὸ σπήλαιον, οἱ δ' ἐγκατακείμενοι αὐτῷ μάρτυρες τηνικαῦτα παραδόξῳ Θεοῦ κρίσει ἀναβεβιωκότες ἀποστέλλουσι τὸν συνήθως αὐτοῖς πάλαι ὑπηρετησάμενον Ἰάμβλιχον τροφὰς ὠνήσασθαι καὶ κομίσαι· ὃς τὴν Ἐφεσίων καταλαβὼν πόλιν συλλαμβάνεται δι' ἃ ἐκόμιζε νομίσματα, ὡς θησαυρῶν ἀρχαίων εὑρετής. Κἀκεῖθεν τὸ κατὰ τοὺς μάρτυρας θαῦμα εἰς ἀκοὰς πάντων περιηχούμενον διηπλοῦτο καὶ εἰς θέαμα προὔκειτο.

15 θαυμάτων AM : θαυμαστῶν A² ‖ **22** μεθέλκων M² : μεθεῖλκον AM ‖ **24** ἡλίῳ A : ἥλιον M ‖ ὑπελείπετο A : ὑπελίπετο M ‖ **27** μετετίθεντο A : μετετίθοντο M ‖ **41** περιηχούμενον διηπλοῦτο A : περιηχεῖτο διαπλούμενον M ‖ **42** προὔκειτο A : *om.* M.

[468 b] 254.

Lu en partie le récit du *Martyre de l'Apôtre Timothée*[1].

Le présent récit rapporte d'abord que Timothée, le premier évêque d'Éphèse, fut tué à coups de gourdins pour avoir voulu empêcher les Éphésiens de célébrer les abominables et criminels mystères païens; une de ces cérémonies s'appelait la fête du Retour; c'est au cours de cette fête, et parce qu'il avait voulu l'interdire, que Timothée encourut la mort par le martyre. Domitien, en ce temps-là, régnait en tyran sur l'empire romain. Quand saint Timothée eut quitté la vie comme on vient de le dire, que Domitien eut disparu d'entre les hommes et que Nerva eut reçu le sceptre de l'empire romain, Jean le Théologien quitta son exil et revint à Éphèse d'où il avait été banni auparavant par Domitien. C'était dans cette ville, en effet, qu'il vivait depuis qu'il avait fait naufrage non loin de la côte et qu'il avait été rejeté encore vivant par la mer à l'époque où Néron, ce dément, ne respirait que pour persécuter les chrétiens. C'est alors aussi qu'il reçut des gens qui les lui apportaient des récits écrits dans les langues différentes, relatant les souffrances rédemptrices du Maître, ses miracles et ses enseignements; il les mit en ordre, les distingua les uns des autres et leur donna à chacun son nom, celui d'un des trois évangélistes. Mais, comme je l'ai dit, rappelé d'exil par une décision de Nerva, il prit la tête de la métropole d'Éphèse et, avec l'assistance de sept évêques, se chargea de diriger la métropole et il y vécut annonçant la parole sainte jusqu'au règne de Trajan. Tels sont les faits, avec d'autres du même genre, que le martyre de saint Timothée relate dans un style fort simple.

1. Il s'agit du disciple et ami de saint Paul. F. Halkin, *B. H. G.*, t. II, p. 305, énumère cinq passions de Timothée dont l'une, éditée par H. Usener, *Acta Timothei*, Bonn, 1877, un texte sans doute du ve siècle, d'après H. Delehaye, *Les Actes de saint Timothée*, in Anatolian studies presented to W. H. Buckler, Manchester, 1939, p. 77-84, est le texte que Photius a lu. Tout ce qu'on lit dans le présent « codex » se retrouve, en effet, dans le texte édité par Usener avec de nombreux rappels littéraux mais Photius a modifié l'ordre des données de l'original.

254 [468 b]

Ἀνεγνώσθη ἐκ τῆς μαρτυρικῆς Τιμοθέου τοῦ ἀποστόλου συγγραφῆς.

Ὅτι πρῶτον Τιμόθεον ἡ παροῦσα συγγραφή φησιν Ἐφέσου ἐπισκοπῆσαι, ῥοπάλοις δ' ἀναιρεθῆναι, διότι τοὺς Ἐφεσίους διεκώλυε τὰς μυσαρὰς καὶ μιαιφόνους τῶν Ἑλλήνων ἐπιτελεῖν τελετάς, ὧν μία ἦν καὶ ἡ καλουμένη Καταγώγιον, καθ' ἣν οὗτος, καὶ ὅτι ταύτην ἐξεκήρυττε, τοῦ μαρτυρικοῦ τέλους ἠξίωται. Δομετιανὸς δὲ τηνικαῦτα τῆς Ῥωμαϊκῆς ἀρχῆς καθειστήκει τύραννος. Τοῦ δὲ ἱεροῦ Τιμοθέου τρόπῳ τῷ εἰρημένῳ τὸν βίον λιπόντος, καὶ Δομετιανοῦ ἐξ ἀνθρώπων ἀποφθαρέντος, Νέρβα δὲ τοῦ Ῥωμαϊκοῦ κράτους τὸ σκῆπτρον ἀναδεδεγμένου, ὁ θεολόγος Ἰωάννης τῆς ὑπερορίου φυγῆς ἀφεθεὶς κατάγεται πρὸς τὴν Ἔφεσον, ἧς καὶ πρότερον ὑπὸ Δομετιανοῦ πεφυγάδευτο. Καὶ γὰρ ἐν ταύτῃ διέτριβε ναυαγήσας μὲν περὶ τὸν αἰγιαλόν, ἐκβρασθεὶς δὲ τῆς θαλάσσης ἐμπνέων ἔτι, ἡνίκα Νέρων ὁ ἐμμανὴς τὸν κατὰ τῶν Χριστιανῶν ἔπνει διωγμόν· ὅτε καὶ τοὺς τόμους, οἳ ἀνέγραφον διαφόροις γλώσσαις τὰ σωτήρια τοῦ δεσπότου πάθη τε καὶ θαύματα καὶ διδάγματα, τούτους παρὰ τῶν κομιζόντων δεξάμενος διέταξέ τε καὶ διήρθρωσε, καὶ ἑνὶ ἑκάστῳ τῶν τριῶν εὐαγγελιστῶν τὸ ὄνομα ἐνηρμόσατο. Ἀλλὰ γάρ, ὅπερ εἶπον, ψηφίσματι Νέρβα τῆς ὑπερορίας ἀνακληθεὶς τῇ Ἐφεσίων ἐπέστη μητροπόλει, καὶ αὐτὸς δι' ἑαυτοῦ, ἑπτὰ συμπαρόντων ἐπισκόπων, τῆς Ἐφεσίων ἀντιλαμβάνεται μητροπόλεως, καὶ διήρκεσε τὸν τῆς εὐσεβείας κηρύσσων λόγον ἄχρι τῆς βασιλείας Τραιανοῦ. Ταῦτα δὴ καὶ τοιαῦθ' ἕτερα διηγεῖται τὸ μαρτύριον ἁπλουστέρᾳ φράσει τοῦ ἁγίου Τιμοθέου.

[468 b] **1** 254] σνδ′ M : σνγ′ A ‖ **3** συγγραφῆς A : γραφῆς M ‖ **19** ὅτε A : ὥστε M ‖ **23** διήρθρωσε A : συνδιήρθρωσε M.

L'apôtre Timothée avait été élu évêque de la métropole d'Éphèse par le grand Paul qui l'y avait installé[1].

La fête diabolique et maudite qui avait lieu à Éphèse et qui s'appelait fête du Retour se célébrait de la façon suivante : les gens s'affublaient d'affreux oripeaux et, pour ne pas être reconnus, se cachaient le visage sous des masques ; ils portaient à la ronde de nombreuses[2] idoles et, en chantant certaines chansons, ils attaquaient comme des brigands, des hommes et des femmes respectables, commettant des assassinats dans les beaux [469 a] quartiers de la ville et perpétrant leurs crimes de tout leur cœur, mettant tout leur zèle à leurs mauvais coups comme à des actes légitimes[3].

255.

Lu en partie le *Martyre du grand saint martyr Démétrius*, qui est présenté de la même manière[4].

Ce martyr du Christ, Démétrius, héraut et propagateur de la foi, imitait les pérégrinations des Apôtres et leurs combats et, par la lumière de ses prédications, il était en train de conquérir au Christ la ville de Thessalonique en la tirant des ténèbres de l'erreur ; sa vie avait le même éclat que son enseignement.

Maximien, l'ennemi de Dieu, régnait alors et séjournait à Thessalonique ; il se rendait à un spectacle de gladiateurs quand le martyr, chargé de liens, lui fut présenté, non loin du stade, par les suppôts de l'idolâtrie comme

1. Usener, *op. cit.*, p. 8, 14-15.

2. L'original porte ῥόπαλα τε, p. 11, 47.

3. Dans l'original, le nom de la fête est au pluriel. J'ai traduit faute de mieux par « Fête du Retour » d'après Bailly et Liddel-Scott qui citent en référence un texte d'Athénée, 394 F, qui n'éclaire pas notre passage. A part la phrase 468 b 35 (ὅτι)- 36 (ἐτελεῖτο) qui est une formule d'introduction de Photius, cette fin du « codex » est reprise à peu près mot pour mot au texte édité par Usener, p. 11, 45-51.

4. Les textes inspirés par la vie, le martyre et les miracles de saint Démétrius de Thessalonique sont légion. Ils ont été répertoriés par F. Halkin, *B. H. G.*³, t. I, p. 152-165. Deux passions grecques : un texte anonyme (*B. H. G.*, 497) et celui de Syméon Métaphraste (498),

Ὅτι ὁ ἀπόστολος Τιμόθεος ὑπὸ τοῦ μεγάλου Παύλου καὶ χειροτονεῖται τῆς Ἐφεσίων μητροπόλεως ἐπίσκοπος καὶ ἐνθρονίζεται.

Ὅτι ἡ παρὰ τοῖς Ἐφεσίοις δαιμονιώδης καὶ βδελυκτὴ ἑορτή, ἡ λεγομένη καταγώγιον, τόνδε τὸν τρόπον ἐτελεῖτο· προσχήματα μὲν ἑαυτοῖς ἀπρεπῆ περιετίθεσαν, πρὸς δὲ τὸ μὴ ἐπιγινώσκεσθαι προσωπείοις κατακαλύπτοντες τὰ ἑαυτῶν πρόσωπα, πολλά τε καὶ εἴδωλα ἐπιφερόμενοι καί τινα ᾄδοντες ᾄσματα, ἐπῄεσάν τε ἀνδράσι καὶ σεμναῖς γυναιξὶ κατὰ λῃστρικὴν ἔφοδον, καὶ φόνους εἰργάζοντο κατὰ τοὺς ἐπισήμους τόπους τῆς πό-
[469 a] λεως, καὶ ἔπραττον προθύμως τὰ ἄθεσμα, ὡς ἐνθέσμοις ἔργοις τοῖς ἀθεμίτοις καλλωπιζόμενοι.

255

Ἀνεγνώσθη ἐκ τοῦ μαρτυρίου τοῦ ἁγίου μεγαλομάρτυρος Δημητρίου, εἰς τὸν αὐτὸν τρόπον ἐκδεδομένον.

Οὗτος ὁ τοῦ Χριστοῦ μάρτυς Δημήτριος, κῆρυξ ὢν καὶ διδάσκαλος τῆς εὐσεβείας, τοὺς ἀποστολικοὺς δρόμους καὶ τοὺς ἀγῶνας ἐμιμεῖτο, καὶ τὴν Θεσσαλονικέων πόλιν τῷ φωτὶ τῶν αὐτοῦ κηρυγμάτων τοῦ τῆς πλάνης σκότους ἀπάγων Χριστῷ προσῆγεν· ἦν δ' αὐτῷ καὶ ὁ βίος συνεξαστράπτων τοῖς δόγμασι.

Μαξιμιανὸς δὲ τότε ὁ θεόμαχος ἐβασίλευε, καὶ τῇ τῆς Θεσσαλονικῆς πόλει ἐπεχωρίαζεν, ἐπορεύετο δὲ ἐπὶ θέαν μονομάχων, καὶ ὁ μάρτυς αὐτῷ δεδεμένος, πλησίον που γενομένῳ τοῦ σταδίου, ὑπὸ τῶν τῆς ἀσεβείας ὑπηρετῶν ὡς τὰ χριστια-

39 πολλά M : *om.* A.

[469 a] **3** 255] νε' M^x : σνδ' A *om.* M ‖ **4** ἀνεγνώσθη A : *om.* M ‖ τοῦ ἁγίου A : *om.* M ‖ **5** εἰς — ἐκδεδομένον A : *om.* M ‖ τρόπον *edd.* : τόπον A ‖ **6** οὗτος A^2M : οὕτως A ‖ **9** αὐτοῦ Bekker : αὑτοῦ *codd.* ‖ **11-12** ὁ θεόμαχος ἐβασίλευε A : ἐβασίλευεν ὁ θεόμαχος M.

partageant la foi des chrétiens et la prêchant. L'empereur, qui se hâtait vers le spectacle, ordonna que le saint — car il y avait un établissement de bains publics tout près du stade — fût gardé dans une de leurs chambres de chauffe [1].

Parmi les gladiateurs, le préféré de l'empereur, qui passait pour le meilleur combattant de tous, s'appelait Lyaios. L'homme qui devait le combattre ce jour-là était quelqu'un du peuple ; il était tout jeune et s'appelait Nestor. Bien qu'animé d'instincts sanguinaires contre tout le monde, le tyran voulut épargner sa jeunesse ; pensant que c'était pour l'amour de l'argent que le jeune homme allait se jeter dans un duel avec un adversaire si redoutable, il promit de le lui donner, l'engageant à renoncer au combat qui devait lui être fatal. Mais Nestor répondit qu'il aimait non l'argent mais la gloire qui serait celle de l'homme qui tuerait Lyaios. Ayant ainsi dit, il en vint aux mains avec celui que tous considéraient comme un champion, il l'abattit très vite et le tua. Il ne reçut aucune des récompenses proposées aux vainqueurs : il remplit au contraire l'empereur d'un chagrin et d'une colère insupportables. L'impie exaspéré quitta sa place et voulut rentrer chez lui quand on vint lui parler du martyr Démétrius ; ivre de colère et d'impiété, il crut du coup que sa rencontre avec le saint au moment où il se rendait au stade lui avait été un mauvais présage ; il ordonna de le tuer à coups de lances dans l'endroit où on l'avait enfermé.

Restait le corps du martyr ; les chrétiens d'alors vinrent en cachette, la nuit, à un moment où leur crainte des

sont reproduites dans Migne, *P. G.*, t. CXVI, suppl. p. 1173-1201. Aucun de ces deux textes n'a grand chose de commun avec ce qu'on lit chez Photius.

Parmi tant d'écrits dont beaucoup sont inédits, je n'ai pu, évidemment, repérer le modèle dont Photius s'est servi. A. Ehrhard, *Ueberlieferung und Bestand der hagiographischen und homiletischen Leteratur der gr. Kirche*, I, 353[15], in *T. U.*, t. L, Leipzig, 1937, et F. Halkin, *op. cit.*, 496 b, signalent un inédit d'un manuscrit de l'Athos (Col. Athon. Philoth. 9) qui a le même *incipit* que le « codex » de Photius : οὗτος-Δημήτριος.

1. Ce sens de καμάρα est précisé par le texte des Vies grecques de Migne où il est question de καμάραι καμίνων.

νῶν καὶ φρονῶν καὶ κηρύσσων προσάγεται. Ὁ δὲ πρὸς τὴν θέαν σπεύδων τὸν ἅγιον κελεύει (παρὰ τὸ στάδιον γὰρ λουτρὸν δημόσιον ἐγειτόνευεν) ἔν τινι τούτου φρουρεῖσθαι καμάρᾳ.

Ἦν δὲ τῶν μονομάχων ὁ μάλιστα τῷ τυράννῳ καὶ φιλούμενος καὶ δοκῶν κατὰ πάντων ἀριστεύειν Λυαῖος ὄνομα. Ὁ δὲ μέλλων κατ' ἐκείνην τὴν ἡμέραν ἀνταγωνίζεσθαι αὐτῷ εἷς μὲν ἦν τοῦ δήμου, νέος δὲ τὴν ἡλικίαν, καὶ τὴν κλῆσιν Νέστωρ. Ὁ δὲ τύραννος ἔδοξεν αὐτοῦ τῆς ἡλικίας, καίτοι μιαιφονίαν κατὰ πάντων πνέων, φείδεσθαι· καὶ χρήματα μέν, ὧν ἐρῶντα πρὸς τὴν τοῦ τηλικούτου ἀνταγωνιστοῦ μονομαχίαν ἐπιρρίπτειν ἑαυτὸν ἐνόμιζε, δώσειν ὑπισχνεῖτο, ἀποστῆναι δὲ τοῦ ἀγῶνος ὡς ὀλεθρίου αὐτῷ ἐσομένου παρῄνει. Ὁ δὲ Νέστωρ οὐκ ἔφη χρημάτων, δόξης δ' ἐρᾶν τῆς δι' ὧν ἀναιρεθείη Λυαῖος τῷ ἀνελόντι φυομένης. Καὶ τοῦτο εἰπὼν συμπλέκεται τῷ παρὰ πάντων ὑμνουμένῳ ἀριστεῖ, θᾶττον δὲ καταβάλλει καὶ ἀναιρεῖ. Καὶ τυγχάνει μὲν τῶν ἀποκειμένων τοῖς κρατοῦσι βραβείων οὐδενός, πληροῖ δὲ τὸν τύραννον ἀφορήτου λύπης καὶ ὀργῆς. Καὶ ἀνίσταται τῆς καθέδρας θυμομαχῶν ὁ δυσσεβής, καὶ οἴκαδε ἐπανῄει. Ἐπεὶ δὲ αὐτῷ τινες λόγους ἔφερον περὶ τοῦ μάρτυρος Δημητρίου, ἅτε δὴ μεθύων καὶ τῷ θυμῷ καὶ τῇ ἀσεβείᾳ, καὶ ἅμα νομίσας ὡς οἰωνὸς αὐτῷ γέγονεν οὐκ ἀγαθὸς ἡ κατὰ τὸ στάδιον ἀπιόντι τοῦ ἁγίου συνάντησις, λόγχαις ἐν οἷς καθεῖρκτο τόποις κελεύει τοῦτον ἀναιρεθῆναι.

Τὸ δὲ σῶμα τοῦ μάρτυρος οἱ τότε τῶν εὐσεβούντων λάθρᾳ καὶ νυκτός, καθ' ὅσον αὐτοῖς ὁ τῶν δυσσεβούντων φόβος συνεχώ-

18 γὰρ A : ᾧ M ‖ τινι A : τῇ M ‖ 22 δὲ M : μὲν A ‖ 29 ἐρᾶν A : ἐρῶν M ‖ ὧν AM : οὗ A[2] ‖ 35 τῆς M : καὶ τῆς A ‖ 37 περὶ A : παρὰ M ‖ 38 καὶ τῷ A : τῷ M.

[469 b] païens les y autorisait, l'ensevelir en creusant le sol dans les déchets mêmes où il avait été assassiné. Ainsi, il resta un certain temps, parmi les outrages, protégé contre eux car ils étaient détournés par la grâce des miracles et le bruit des guérisons qu'il opérait détournait les outrages. Un certain Léonce, homme aimé de Dieu, qui obtint plus tard le gouvernement de la province dont dépendait l'Illyricum, fit nettoyer et dégager l'endroit où gisaient les restes du martyr ; il éleva en son honneur le célèbre sanctuaire qui est un lieu de propitiation et de refuge pour tous, pour la ville de Thessalonique et aussi pour ses voisins.

256.

Lu en partie l'ouvrage intitulé *Vie de nos saints Pères Métrophane et Alexandre* [1] ; on y trouve aussi la vie de l'empereur Constantin*, qui est aussi utile à faire connaître.

Dans la onzième année du règne de Dioclétien, en l'an trois cent et cinq après la naissance de notre Sauveur Jésus-Christ, la persécution contre nous reprit vigueur ; à cette époque, Constantin, le fils de Constance, était un tout jeune homme. Constantin, rapporte l'auteur, qui le tient je ne sais d'où*, fut instruit par son père dans les Saintes Écritures ; il fut aussi élu César par lui* ; l'auteur dit aussi avoir vu Constantin servant dans le corps des éphèbes en Palestine tandis qu'il accompagnait Dioclétien dans son expédition contre l'Égypte ; une révolte avait provoqué la guerre*.

Maximien, dit l'auteur, manœuvrait pour assassiner Constantin qui ne fut pas dupe ; c'est pourquoi il s'enfuit

1. Respectivement évêques de Byzance de 315 à 327 et de 327 à 340. Cf. Winkelmann, *Die Bischöfe Metrophanes und Alexandros von Byzanz*, in *B. Z.*, t. LIX (1966), p. 44-71. L'original dont Photius s'est servi a été identifié par P. Heseler, *Hagiographica*, III, in *Byz. neugr. Jahrb.*, t. XIII (1936-1937), p. 81 89. C'est un texte anonyme publié par M. Gédéon, in Ἐκκλησιαστικὴ ἀλήθεια, t. IV (1884), p. 287-291 ; 296-300 ; 305-310 ; 324-326, Halkin, *B. H. G.*[3], 1279. J'ai pu le comparer au sommaire de Photius.

[469 b] ρει, ἐν αὐτοῖς τοῖς ἐρειπίοις ἐν οἷς τὴν σφαγὴν ὑπέστη, τὴν γῆν ἀνορύξαντες θάπτουσι. Καὶ χρόνον οὕτως ἔμεινεν ἐφ' ἱκανόν, ἐν ὕβρει μὴ ὑβριζόμενος · τῶν γὰρ θαυμάτων ἡ χάρις καὶ τῶν ἰάσεων ἡ εὐφημία τὴν ὕβριν ἀπήλαυνε. Λεόντιος δέ τις ἀνὴρ θεοφιλέστατος χρόνοις ὕστερον τῆς ἐπαρχότητος, ᾗ διεῖπε τὸ Ἰλλυρικόν, τὸν θρόνον λαχών, περικαθάρας τὸ χωρίον ἐν ᾧ τὸ τοῦ μάρτυρος ἀπέκειτο λείψανον, καὶ εὐρύνας ἀνεγείρει τὸν περιώνυμον οἶκον τῷ μάρτυρι, κοινὸν ἱλαστήριον καὶ προσφύγιον οὐ τῇ Θεσσαλονικέων μόνῃ πόλει ἀλλὰ καὶ πᾶσι τοῖς πέρασιν.

256

Ἀνεγνώσθη ἐκ τοῦ λόγου ὃς ἐπιγέγραπται Πολιτεία τῶν ἁγίων πατέρων ἡμῶν Μητροφάνους καὶ Ἀλεξάνδρου, ἐν ᾧ καὶ ὁ βίος Κωνσταντίνου τοῦ βασιλέως, τὴν αὐτὴν διὰ τῆς ἐκδόσεως παρεχόμενος χρείαν.

Ἐννεακαιδεκάτῳ ἔτει τῆς Διοκλητιανοῦ βασιλείας, τῆς δὲ τοῦ σωτῆρος ἡμῶν Ἰησοῦ Χριστοῦ παρουσίας πέμπτου καὶ τριακοστοῦ ἔτους, πάλιν ὁ καθ' ἡμῶν ἐκρατύνθη διωγμός · ἐν ᾧ χρόνῳ Κωνσταντῖνος ἔφηβος ἦν, ὁ παῖς Κωνσταντίου. Τὸν Κωνσταντῖνον δέ, οὐκ οἶδ' ὅθεν ὁ συγγραφεὺς μαθών, καὶ τὰ ἱερὰ γράμματα παρὰ τοῦ πατρὸς μαθεῖν, ἀλλὰ καὶ Καίσαρα παρ' αὐτοῦ χειροτονηθῆναι ἀναγράφει · καταστῆναι δὲ καὶ εἰς θέαν Κωνσταντίνου ἐν τοῖς ἐφήβοις τελοῦντος ἐν Παλαιστίνῃ, ἡνίκα συνῆν Διοκλητιανῷ κατὰ τῆς Αἰγύπτου στρατεύοντι· ἐπανάστασις δέ τις ἐκίνει τὸν πόλεμον.

Ὅτι φησὶ τὸν Μαξιμιανὸν ἐνεδρεύοντα τὸν Κωνσταντῖνον ἀνελεῖν μὴ λαθεῖν · διὸ καὶ πρὸς τὸν πατέρα

[469 b] **5** χρόνοις A : χρόνον M || **12** 256] νς' M[x] : σνε' A[2] *om.* AM || **13** ἐνεγνώσθη A : *om.* M || **15-16** τὴν— χρείαν A : *om.* M.

auprès de son père. Il le trouva mourant et il fut choisi par lui pour lui succéder sur le trône. On rapporte qu'à ce moment-là, le pieux Constance déclara [1] : « Maintenant, la mort m'est plus douce que la vie puisque j'ai reçu ton accession au pouvoir, mon fils, comme le plus insigne des honneurs funèbres. Car laisser sur terre un souverain capable d'essuyer les larmes des chrétiens et d'arrêter le massacre criminel que Maximien ne cesse de machiner contre eux me procure déjà le repos bienheureux [2] ». La persécution contre nous durait déjà depuis trois ans quand Constance reçut sa royauté impérissable en échange de la périssable, proclama son fils empereur et le laissa pour être le héraut de la foi et le défenseur des chrétiens [3].

Sévère mourut de maladie [4], dit l'auteur, et Licinius, [470 a] beau-frère de Constantin, devint empereur tandis que Maximien régnait sur le reste de l'Orient. Maxence commandait la région de Rome : c'était le neveu de Maximien* ; ce dernier était le fils du premier Maximien et l'autre celui de Dioclétien*.

Constantin, le pieux empereur, apprit les assassinats cruels, les viols de vierges, les enlèvements d'épouses et les excès auxquels se complaisait Maxence le maudit ; quand une ambassade des Romains vint lui demander de se faire leur sauveur et leur libérateur, il invita d'abord par une lettre le tyran à cesser ses agissements criminels ; puis, ne pouvant le persuader par la parole, il entreprit la guerre. Au premier engagement, il fut bien près d'avoir le dessous, mais l'image de la Croix lui apparut dans le ciel, gravée en une lumière surnaturelle ; elle lui annonçait la victoire en lettres faites du même feu — l'inscrip-

1. 469 b 28 (ὅτι φησὶ)-32 (Κωνστάντιον) condense un assez long passage de Gédéon, p. 228 a 2-b 21.

2. 469 b 32 (νῦν ὁ θάνατος)-38 (λῆξιν) reproduit avec quelques variantes de détail les paroles que le texte original prête à Constance. Cf. Gédéon, p. 288 b 20-26.

3. 469 b 38 (τρίτον δ' ἤδη)-42 (καταλέλοιπεν) est un sommaire très succinct de Gédéon, p. 288 b 26-289 a 15 et ne reprend à peu près textuellement que ces quelques mots de l'original : τρίτῳ ἔτει τοῦ καθ' ἡμᾶς διωγμοῦ (289 a 13).

4. Gédéon, p. 289 a 15-16.

φεύγει. Καὶ τελευτῶντα καταλαβὼν χειροτονεῖται παρ' αὐτοῦ τῆς βασιλείας διάδοχος. Τότε καί φασιν εἰπεῖν τὸν εὐσεβῆ Κωνστάντιον · « Νῦν ὁ θάνατός μοι τῆς ζωῆς ἡδύτερος, μέγιστον ἐντάφιον λαβόντι τὴν σὴν ἡγεμονίαν, υἱέ μου. Τὸ γὰρ καταλιπεῖν ἐπὶ γῆς βασιλέα τὰ χριστιανῶν δάκρυα περιμάξαι δυνάμενον καὶ στῆσαι τὸν ἄδικον φόνον, ὃν Μαξιμιανὸς οὐ λήγει κατὰ τῶν χριστιανῶν παλαμώμενος, ἤδη μοι τὴν μακαρίαν δίδωσι λῆξιν ». Τρίτον δ' ἤδη τότε ἦν ἔτος τοῦ καθ' ἡμῶν διωγμοῦ, ἐν ᾧ καὶ Κωνστάντιος πρὸς τὴν ἄφθαρτον βασιλείαν τὴν ἐπίκηρον ἤμειψε, καὶ τὸν υἱὸν ἀνακηρύξας βασιλέα κήρυκα τῆς εὐσεβείας καὶ τῶν χριστιανῶν ὑπέρμαχον καταλέλοιπεν.

Ὅτι φησί, Σεβήρου νόσῳ τελευτήσαντος Λικίννιος [470 a] ὁ ἐπ' ἀδελφῇ γαμβρὸς Κωνσταντίνου βασιλεύει, τὴν δὲ λοιπὴν τῆς ἑῴας μοῖραν Μαξιμιανὸς ἐπεῖχε. Μαξέντιος δὲ τῆς κατὰ Ῥώμην ἦρχεν, ἀδελφιδοῦς ὢν Μαξιμιανοῦ · καὶ γὰρ ὁ μὲν ἦν Μαξιμιανοῦ τοῦ προτέρου, ὁ δὲ Διοκλητιανοῦ.

Ὅτι Κωνσταντῖνος ὁ εὐσεβὴς βασιλεύς, τοὺς μιαιφόνους φόνους καὶ τὰς διαφθορὰς τῶν παρθένων καὶ τὰς ἁρπαγὰς τῶν ἀλλοτρίων γυναικῶν καὶ τὰς βίας, αἷς ὁ ἐξάγιστος ἐνετρύφα Μαξέντιος, ἀκοῇ μαθών, καὶ τῶν ἐν Ῥώμῃ διαπρεσβευσαμένων σφίσιν αὐτοῖς σωτῆρα καὶ λυτρωτὴν γενέσθαι, παραινεῖ μὲν διὰ γραμμάτων τὸν τύραννον ἀποσχέσθαι τῶν ἐκθέσμων ἔργων, οὐ πείθων δὲ λόγοις ἅπτεται πολέμου. Καὶ συμπλακεὶς μάχῃ τὰ πρῶτα μὲν ἐγγὺς γίνεται τοῦ λαβεῖν τὸ ἧττον · φανέντος δ' αὐτῷ κατὰ τὸν οὐρανὸν τοῦ τύπου τοῦ σταυροῦ, φωτὶ ἀΰλῳ ἐγκεχαραγμένου καὶ γράμμασι τῆς αὐτῆς ὕλης εὐαγγελιζομένου τὴν νίκην (ἔλεγε γὰρ τὸ γράμμα

33 λαβόντι A : *om.* M ‖ **43** φησί A : *om.* M.

[470 a] **6** μιαιφόνους A²M : μιαιφόνως A ‖ **17** τὴν AM² : τῆς M *ut vid.*

tion disait, en effet : « Sois vainqueur par ce signe » — il attaqua l'ennemi, remporta la victoire et dépouilla le tyran de son pouvoir. Avant l'engagement, il avait fait représenter la vision en forme d'un trophée orné de pierreries serties dans de l'or et l'avait donné à porter aux cavaliers de son escorte.

Et Maxence fut sa proie, car il fut pris lui-même au piège qu'il voulait tendre à Constantin. Il avait, en effet, construit devant Rome, dans les parages du pont Mulvius, un autre pont truqué par lequel il espérait que Constantin passerait dans sa marche en avant et qu'il y périrait ; la déroute des troupes venues de Rome se déclencha brutalement ; dans un grand désordre, l'inventeur de la ruse lui-même et ceux qui le suivaient tombèrent dans le fleuve et périrent noyés, car leur pont truqué se rompit sous eux.

Ainsi mourut Maxence ; sa part d'empire passa aux mains de Constantin ; ses sujets respirèrent après leurs insupportables malheurs et vécurent même en fête dans une tranquillité totale[1]. Licinius, qui soutenait le paganisme, se mit à sévir contre les chrétiens d'une façon discrète d'abord, par peur de son parent, puis ouvertement ; en effet, le mal qui s'invétère et se replie dans une âme ne peut, le plus souvent, demeurer enfoui, mais ce qu'on méditait depuis longtemps éclate au dehors.

L'indescriptible persécution contre les chrétiens poussa donc le pieux empereur à une juste aversion contre ce beau-frère impie ; cette aversion suscita la guerre. De [470 b] grands combats aux succès divers eurent lieu sur terre et sur mer, et Licinius vaincu, confiant dans l'hu-

1. 470 a 6 (ὅτι Κωνσταντῖνος)-34 (ἑώρταζε) est le sommaire fidèle quant au fond d'un assez long passage de la vie avec, de temps en temps, un emprunt littéral. Cf. Gédéon, p. 289 a 23-290 b 14.

« Ἐν τούτῳ νίκα »), συμβαλὼν τοῖς πολεμίοις καὶ τοῦ πολέμου καὶ τοῦ τυράννου σκυλεύει τὸ κράτος. Πρὸ δὲ τῆς συμπλοκῆς τὴν θείαν ὄψιν εἰς τροπαίου σχῆμα μορφώσας καὶ χρυσοκολλήτοις λίθοις ἁρμόσας ἐδίδου φέρειν τοῖς προιππεύουσι.

Καὶ γίνεται μὲν Μαξέντιος αὐτοῦ θήραμα· οἷς γὰρ ἐνήδρευε Κωνσταντῖνον θηράτροις, αὐτὸς ἐθηράθη. Ἐπήγνυ μὲν γὰρ πρὸ τῆς Ῥώμης περὶ τὴν Μουλίαν γέφυραν δόλου γέφυραν ἄλλην, δι' ἧς ἤλπιζε τὸν Κωνσταντῖνον ἐπελαύνοντα διαφθαρῆναι· τῆς τροπῆς δὲ τῶν ἀπὸ Ῥώμης ὀξείας καὶ σὺν ταράχῳ πολλῷ γεγενημένης, αὐτὸς ὁ τοῦ δόλου τεχνίτης σὺν τοῖς ἑπομένοις, διαρραγείσης αὐτοῖς τῆς σεσοφισμένης γεφύρας, κατέδυ τε εἰς τὸν ποταμὸν καὶ ἐξέπιε τὸν θάνατον.

Ἀλλ' οὕτω μὲν καὶ Μαξέντιος διεφθάρη καὶ εἰς Κωνσταντῖνον ἡ ἐκείνου μερὶς περιΐσταται· καὶ τὸ ὑπήκοον οὐ μόνον ἀνέπνευσε τῶν ἀνηκέστων κακῶν, ἀλλὰ καὶ ἐν εὐδίᾳ πάσῃ ἑώρταζε. Λικίννιος δὲ τὴν Ἕλληνα δόξαν συγκροτῶν ἐξεμαίνετο κατὰ τῶν εὐσεβῶν, τὰ πρῶτα μὲν λάθρᾳ φόβῳ τοῦ κηδεστοῦ, ὕστερον δὲ καὶ κατὰ τὸ ἐμφανές· χρονίζον γὰρ καὶ ὑποστρεφόμενον ἔνδον τὸ δεινὸν ὡς τὰ πολλὰ συγκεκλεισμένον μένειν οὐ δύναται, ἀλλὰ διὰ τῶν ἐκτὸς θριαμβεύει καὶ τὸ πάλαι μελετώμενον.

Ὁ τοίνυν κατὰ τῶν χριστιανῶν ἀδιήγητος διωγμὸς κινεῖ τὸν εὐσεβῆ βασιλέα κατὰ τοῦ δυσσεβεστάτου γαμβροῦ εἰς μῖσος δίκαιον, καὶ τὸ μῖσος τὸν πόλεμον ἔτικτε. Πολλῆς δὲ καὶ [470 b] παντοδαποῦς συγκροτουμένης μάχης κατά τε γῆν καὶ κατὰ θάλασσαν ἡττᾶται Λικίννιος, καὶ τῇ τοῦ βασι-

22 προιππεύουσι M : προιππεῦσιν A || 25 Μουλίαν M : βουλβίαν A || 26 ἐπελαύνοντα A : ἀπελαύνοντα M || 34 ἐν εὐδίᾳ M : εὐδαιμονίᾳ A || 36 φόβῳ A : *om.* M || 41 τῶν M : *om.* A.

[470 b] 1 τε A : γε M.

manité de l'empereur, se livra à lui. Il fut prouvé que sa confiance n'était pas vaine, car il fut laissé en liberté sans châtiment alors qu'il en méritait plus d'un ; Thessalonique lui fut assignée comme résidence pour y vivre en toute sécurité. Mais lui, dans sa folie, se fit de cette bonté une arme pour se rétablir de sa défaite par la lutte ; il entreprit une rébellion qui le fit retrancher de la vie par le glaive de la justice[1].

Le saint martyr Pierre mourut ; Achillas succéda à ce saint homme sur le siège d'Alexandrie et Alexandre succéda à Achillas. L'Église était désormais libérée des persécutions et elle avait acquis un prestige dû aux épreuves des martyrs[2] ; c'est alors que le fléau né dans son sein, Arius, qui bouleversa l'univers, changea à nouveau en douleur l'allégresse de l'Église[3] ; il réduisait, en effet, au rang d'une créature le Fils de Dieu, Dieu lui-même, de la main duquel toute création est l'œuvre. Quand Alexandre d'Alexandrie dut renoncer aux remontrances et aux exhortations — car l'épaisseur de l'ivraie étouffait la semence de la raison — il le retrancha de l'Église par le glaive de l'excommunication.

Eusèbe, qui avait dédaigné Bérytos et convoité le siège de Nicomédie, enhardi parce qu'il n'avait pas été puni pour son usurpation, mit au premier rang de sa sollicitude Arius et les sectateurs de son hérésie ; il y avait parmi eux des gens qui avaient été évêques : Secundus et Théonas ; parmi les diacres et les prêtres, il y avait Arius, le promoteur de l'hérésie, Achillas, un autre Arius et d'autres gens du même acabit et de la même clique ; ils étaient neuf. Ils furent condamnés par un synode de près de cent évêques venus d'Égypte et de Libye qui les frappèrent d'anathème[4]. Constantin ne

1. 470 a 34 (Λικίννιος)-b 10 (διέτεμεν) résume le texte de Gédéon, p. 290 b 15-291 a 20.

2. 470 b 11 (ὅτι τελευτᾷ)-15 (σεμνυνομένης) reprend d'assez près Gédéon, p. 291 a 20-24.

3. 470 b 15 (τὸ ἐγκόλπιον κακὸν) = Gédéon, p. 201 a 24-25 : ἔκ τινος πάλιν φιλονεικίας τῶν ἐν αὐτῇ ταραχὴν ὑφίσταται.

4. 470 b 15 (καὶ τῆς οἰκουμένης)-33 (τῷ ἀναθέματι) résume le texte de Gédéon, p. 296 a 16-297 b 17.

λέως φιλανθρωπίᾳ πεποιθὼς ἑαυτὸν ἐκδίδωσι. Καὶ μάτην θαρρεῖν οὐκ ἠλέγχετο· ἀφίεται μὲν γάρ, πολλῶν ὑπεύθυνος ὢν τιμωριῶν, ἀτιμώρητος, καὶ ἡ Θεσσαλονίκη αὐτῷ σὺν ἀδείᾳ ζῆν ἁπάσῃ διατριβὴ ἀφορίζεται. Ὁ δὲ τὸ φιλάνθρωπον εἰς τὸ τὴν ἧτταν ἀναμάχεσθαι ἀπονοίας ποιησάμενος ὅπλον, τὴν ἐπανάστασιν ἐγχειρίζεται, ἥτις αὐτὸν καὶ τοῦ βίου τῷ δικαίῳ ξίφει διέτεμεν.

Ὅτι τελευτᾷ μὲν ὁ ἱερομάρτυς Πέτρος, καὶ Ἀχιλλᾶς τὸν Ἀλεξανδρείας θρόνον καὶ τὸν ἅγιον διαδέχεται, τοῦτον δὲ Ἀλέξανδρος. Τῆς ἐκκλησίας δὲ τῶν διωγμῶν ἤδη λοιπὸν ἠλευθερωμένης καὶ τοῖς τῶν μαρτύρων ἄθλοις σεμνυνομένης, τὸ ἐγκόλπιον κακὸν καὶ τῆς οἰκουμένης ὁ τάραχος Ἄρειος τὴν εὐφροσύνην τῆς ἐκκλησίας εἰς κατήφειαν πάλιν συνέστελλεν· ἐν κτίσμασι γὰρ κατῆγε τὸν τοῦ Θεοῦ υἱὸν καὶ Θεόν, οὗ χειρὸς ἔργον ἡ σύμπασα κτίσις. Ἐπεὶ δ' ὁ Ἀλεξανδρείας Ἀλέξανδρος καὶ νουθετῶν καὶ παρακαλῶν ἀπεῖπεν (ἐνίκα γὰρ τῶν ζιζανίων τὸ βάθος τὸν σπόρον τοῦ λόγου), ἐκτέμνει τοῦτον καθαιρετικῇ μαχαίρᾳ τῆς ἐκκλησίας.

Ὅτι Εὐσέβιος ὁ τὴν Βηρυτὸν μὲν ὑπεριδών, τὴν δὲ Νικομηδέων ἐκκλησίαν ἐποφθαλμίσας, ἐπεὶ μὴ δίκην ἔδωκε τῆς ἁρπαγῆς ἐπαρθείς, Ἀρειόν τε καὶ τοὺς τῆς αἱρέσεως συνεραστὰς διὰ προνοίας τῆς πρώτης ἦγεν· ὧν ἐπίσκοποι μέν ποτε γεγονότες Σεκοῦνδος ὑπῆρχε καὶ Θεωνᾶς, ἐν δὲ διακόνοις καὶ πρεσβυτέροις Ἄρειός τε ἡ τῆς αἱρέσεως ἀρχὴ καὶ Ἀχιλλᾶς καὶ ἄλλος Ἄρειος καί τινες ἕτεροι τῆς αὐτῆς καὶ τιμῆς καὶ φατρίας, ἀριθμὸν ἀπαρτίζοντες τὸν ἐννέα. Οὓς καὶ καθεῖλε σύνοδος ἐγγὺς ἑκατὸν ἐπισκόπων, οἳ ἐξ Αἰγύπτου καὶ Λιβύης συνεληλύθεσαν, ὑπαγαγόντες καὶ τῷ ἀναθέματι. Ὧν

[470 b] 6 διατριβὴ M : διατριβῇ A ‖ 7 ἀναμάχεσθαι A : ἀναμαχέσασθαι M ‖ 9 ἐγχειρίζεται A : ἐχειρίζετο M.

fut pas sans souffrir de cette nouvelle et il envoya à Alexandrie un évêque appelé Pie[1], et qui menait une vie de piété — Cordoue, une ville d'Espagne, l'avait pour évêque — il lui remit des lettres adressées à Alexandre, l'évêque de Dieu, et à Arius, le père de l'hérésie ; l'une demandait de la mansuétude en faveur d'Arius ; l'autre ordonnait à celui-ci de renoncer à sa folie et de se rallier à la doctrine de l'Église ; il les exhortait tous à abandonner leur querelle et leur controverse parce qu'elles [471 a] étaient la cause de bien des maux pour bien des lieux[2].

Comme le mal issu d'Arius ne se guérissait ni par la présence de l'illustre Pie, ni par son enseignement, ni par les remontrances de l'empereur[3], celui-ci convoqua un synode d'évêques à Nicée en Bithynie ; tous les évêques étaient assis ; lui-même, debout au milieu d'eux, ne consentit à s'asseoir que quand l'illustre assemblée le lui eut permis. L'hérésie d'Arius avait pour défenseurs Eusèbe de Nicomédie, Théogonios de Nicée et Marès de Chalcédoine ; la vraie foi avait Alexandre, un prêtre de Constantinople, qui représentait son évêque, le pieux Métrophane étant absent à cause de son grand âge et de sa mauvaise santé ; avec eux, il y avait Athanase[4], l'archidiacre d'Alexandrie, et l'évêque de cette Église, Alexandre[5].

Il y avait aussi au synode des gens qui n'étaient pas prêtres et qui n'avaient même pas reçu l'initiation chrétienne, mais qui avaient un grand renom pour leur habileté dialectique ; dans le langage simple et sans apprêt de la sagesse divine et avec l'aide de la grâce de Dieu qui

1. J'ai opté pour cette traduction afin de rendre tant bien que mal en français le jeu de mots sur ὅσιος.

2. 470 b 33 (ὧν τὴν ἀκοὴν)-4 (γινομένης) reprend librement Gédéon, p. 297 b 30-298 b 16 où on lit in extenso un message de Constantin.

3. 471 a 1 (ἐπεὶ δὲ)-4 (θεραπείαν) reprend librement Gédéon, p. 298 b 17-20.

4. Une vie de cet illustre lutteur est résumée par Photius au « codex » 258 (à paraître au t. VIII de la présente édition).

5. 471 a 4 (σύνοδος)-15 (Ἀλέξανδρος) reprend assez librement Gédéon, p. 298 b 21-299 a 9.

τὴν ἀκοὴν Κωνσταντῖνος οὐκ ἀναλγήτως ἐνεγκών, ἀποστέλλει πρὸς τὴν Ἀλεξάνδρειαν Ὅσιον μὲν τοὔνομα ὅσιον δὲ τὸν βίον (πόλις δ' αὐτὸν ηὔχει μία τῶν Ἱσπανίων, ἡ Κουδρούβη), ἐγχειρίζει δ' αὐτῷ καὶ γράμματα πρός τε τὸν ἀρχιερέα Θεοῦ Ἀλέξανδρον καὶ πρὸς Ἄρειον τὸν τῆς ἀσεβείας διαγεγραμμένα γεννήτορα, ὧν τὰ μὲν ᾔτει φιλανθρωπευθῆναι πρὸς Ἄρειον, τὰ δὲ προσέταττεν ἀποστῆναί τε τῆς λύσσης καὶ τὸ φρόνημα τῆς ἐκκλησίας ἀνθελέσθαι, παρῄνει δὲ καὶ τῆς πρὸς ἀλλήλους ἔριδος καὶ ἀντιλογίας ἀναχωρεῖν ὡς πολλῶν κακῶν αἰ[471 a]τίας ταύτης ἐν πολλοῖς γινομένης.

Ἐπεὶ δὲ τὸ τοῦ Ἀρείου νόσημα οὔτε τῇ τοῦ περιβοήτου Ὁσίου παρουσίᾳ καὶ διδασκαλίᾳ, οὔτε τῇ τοῦ βασιλέως νουθεσίᾳ προσεδέχετο τὴν θεραπείαν, σύνοδον ἀρχιερέων ἐν τῇ κατὰ Βιθυνίαν Νικαίᾳ ὁ βασιλεὺς συγκροτεῖ· ἧς τῶν ἐπισκόπων συνεδριαζόντων αὐτὸς εἰς τὸ μέσον στὰς οὐκ ἄλλως ἠνέσχετο καθεσθῆναι ἢ τοῦ ἱεροῦ χοροῦ ἐπινεύσαντος αὐτῷ. Καὶ τῆς μὲν Ἀρείου αἱρέσεως Εὐσέβιός τε ὁ Νικομηδείας καὶ Θεογόνιος ὁ Νικαίας καὶ Μάρης ὑπερήσπιζον ὁ Καλχηδόνος, τῆς δ' εὐσεβείας Ἀλέξανδρος ὁ Κωνσταντινουπόλεως πρεσβύτερος, καὶ τὸ πρόσωπον τοῦ ταύτης ἀρχιερέως ἐπέχων (Μητροφάνης γὰρ ὁ ὅσιος διά τε βαθὺ γῆρας καὶ νόσον οὐ παρῆν)· μεθ' ὧν Ἀθανάσιός τε ὁ τῆς ἐν Ἀλεξανδρείᾳ ἐκκλησίας ἀρχιδιάκονος, καὶ ὁ ταύτης ἀρχιερεὺς Ἀλέξανδρος.

Παρῆσαν δὲ τῇ συνόδῳ καί τινες ἱερατικὴν μὲν χάριν οὐκ ἔχοντες, ἀλλ' οὐδὲ τὰ χριστιανῶν τετελεσμένοι, ἐπὶ δὲ διαλεκτικῇ δυνάμει μέγα ὄνομα φέροντες· οὓς ἐν τῷ ἀπλάστῳ καὶ ἀκατασκεύῳ τῆς τοῦ Θεοῦ σοφίας λόγῳ τι-

36 Ἱσπανίων Bekker *ex cod.* B : σπανίων AM || **37** ἐγχειρίζει δ' A²M : *quid prius praeb.* A *non liquet* || **39** διαγεγραμμένα A : διαγεγραμμένον A² γεγραμμένα M || **42** τῆς A²M : τοὺς A *ut vid.*

était en eux, certains des saints vieillards en firent leur capture ; ils les purifièrent de l'erreur païenne et de celle d'Arius pour laquelle ils combattaient de toutes leurs forces et ils les firent passer parmi les ouailles du Christ [1].

Assistait aussi au synode l'admirable Paphnuce, un Égyptien, qui avait confessé le Christ par ses épreuves ; Maximien, l'ennemi du Christ, lui avait fait crever l'œil droit et couper les tendons du coude gauche, puis l'avait astreint au travail dans les mines : un homme qui avait accompli beaucoup d'œuvres d'un caractère surnaturel et beaucoup de miracles ; l'empereur très aimé de Dieu le traitait avec tous les honneurs et ne pouvait se lasser de baiser son œil crevé [2].

Parmi eux était aussi le vénérable Spyridon de qui nous dirons brièvement quelques traits entre mille. Un jour, bien que revêtu de la dignité épiscopale, il faisait paître ses moutons ; des brigands qui avaient fait irruption dans son pâturage s'étaient trouvés entravés par d'invisibles liens. Quand il eut découvert ligotés ceux qu'il avait chargés d'entraves par ses prières, il les libéra de leurs liens par les mêmes moyens et il leur donna en outre un bélier en disant que ce serait le dédommagement de leur mésaventure nocturne. Il avait une fille vierge qui vivait avec lui ; elle reçut un dépôt de quelqu'un et mourut ; celui qui lui avait confié son or pour partir en voyage s'en mit en quête à son retour. Spyridon [471 b] cherchait avec lui sans succès. C'est pourquoi il alla au tombeau de sa fille et dit : « Irène, mon enfant — c'était le nom de la jeune fille — où se trouve le dépôt ? » Et elle répondit de sa tombe, indiquant l'emplacement et le moyen de découvrir le dépôt. Spyridon le découvrit aisément et le rendit à celui qui l'avait confié [3]. Nous voulons le faire connaître à ces traits comme on fait reconnaître le lion à ses griffes*.

1. 471 a 16 (παρῆσαν)-24 (παρεσκεύασαν) résume fort sommairement un assez long passage du texte de Gédéon, p. 299 a 13-300 a 12.

2. 471 a 24 (ἐν τῇ συνόδῳ)-31 (ὀφθαλμόν) reprend en plus bref, mais avec pas mal d'emprunts littéraux, le texte de Gédéon, p. 300 a 12-25.

3. 471 a 32 (ἀλλὰ καὶ)-b 6 (τῷ παραθεμένῳ) paraphrase en l'abrégeant le texte de Gédéon, p. 306 a 4-b 3.

νὲς τῶν ἱερῶν γερόντων καὶ τῇ ἐνοικούσῃ θείᾳ χάριτι ἐζώγρησάν τε, καὶ τῆς πλάνης ἐκκαθάραντες τῆς τε ἑλληνικῆς καὶ τῆς 'Αρείου, ἧς ὑπερηγωνίζοντο μάλιστα, τῆς Χριστοῦ ποίμνης γενέσθαι παρεσκεύασαν.

'Εν τῇ συνόδῳ δὲ παρῆν καὶ Παφνούτιος ὁ θαυμάσιος, Αἰγύπτιος μὲν τὸ γένος, ὁμολογητὴς δὲ τοὺς ἄθλους, οὗ καὶ Μαξιμιανὸς ὁ μισόχριστος τόν τε δεξιὸν ἐξώρυξεν ὀφθαλμὸν καὶ τὴν λαίαν ἐνευροκόπησεν ἀγκύλην καὶ μεταλλείαις ἐκακούχησεν, ἀνὴρ ὑπερφυῶν ἔργων πολλῶν καὶ δυνάμεων δημιουργός · ὃν καὶ ὁ φιλοθεώτατος βασιλεὺς διὰ πάσης τε ἦγε τιμῆς, καὶ κόρον οὐκ ἐλάμβανε καταφιλῶν τὸν διωρυγμένον αὐτοῦ ὀφθαλμόν.

'Αλλὰ καὶ Σπυρίδων ὁ σεβάσμιος συνῆν, περὶ οὗ βραχέα τινὰ ἐκ μυρίων ὁ λόγος ἐρεῖ. 'Εποίμαινεν αὐτός ποτε τὰ πρόβατα αὐτοῦ ἐν τῷ τῆς ἐπισκοπῆς τελῶν ἀξιώματι · λῃσταὶ δ' ἐπῄεσαν τῇ ποιμνῇ καὶ δεσμοῖς ἀοράτοις ἐπεπέδηντο. Καὶ καταλαβὼν δεδεμένους οὓς αὐτὸς εὐχαῖς ἐδέσμησε, λύει μὲν τῶν δεσμῶν σοφίᾳ τῇ ἴσῃ, ἐπιδίδωσι δὲ καὶ κριόν, μισθὸν αὐτοῖς ἐσόμενον εἰπὼν τῆς νυκτερινῆς ταλαιπωρίας. Παρθένον δὲ θυγατέρα σύνοικον εἶχε, καὶ αὕτη τινὸς παραθήκην λαβοῦσα μετήλλαξε τὸν βίον · καὶ ὁ παραθέμενος τὸ χρυσίον (ἔσταλτο γὰρ εἰς ἀποδημίαν) ἐπανελθὼν ἐζήτει τὸ χρυσίον. Συνεξηρεύνα οὖν καὶ ὁ Σπυρίδων, καὶ οὐχ [471 b] εὑρίσκετο. Διὸ ἐφίσταται τῷ τῆς θυγατρὸς τάφῳ καὶ · « Ὦ τέκνον Εἰρήνη, φησί (τοῦτο γὰρ ὄνομα τῇ παρθένῳ) ποῦ ἡ παραθήκη ; » Ἡ δὲ ἀποκρίνεται τοῦ τάφου, καὶ τὸ χωρίον ἀναδιδάσκουσα καὶ τῆς εὑρέσεως τὸν τρόπον. Καὶ ἀνευρὼν ῥᾳδίως τὴν παραθήκην ἀποκαθίστησι τῷ παραθεμένῳ. 'Αλλὰ τούτοις μὲν ὡς ἐξ ὀνύχων δηλοῦμεν τὸν λέοντα.

[471 a] **22** ἧς ὑπερηγωνίζοντο A : ὑπὲρ ἧς ἠγωνίζοντο M ‖ **32** συνῆν A : παρῆν M ‖ **34** αὐτοῦ *edd.* : αὑτοῦ *codd.* ‖ **40** αὕτη M : αὐτὴ A ‖ παραθήκην A : παρακαταθήκην M.

Ces personnages trois fois saints et tout le groupe des évêques de Dieu condamnèrent avec leur hérésie Arius et son parti, proclamant par un vote unanime que le Fils de Dieu est consubstantiel au Père. Quelques membres du synode — ils étaient environ dix-sept — semblèrent favorables à la folie d'Arius. Mais, quand leur exil eut été décidé par l'empereur, six seulement persévérèrent dans leur hérésie tandis que les autres affichaient le revirement de gens qui sont revenus au parti de la piété, non, à vrai dire, en toute limpidité, mais avec une intention trouble ; leur chef était Eusèbe de Nicomédie [1].

A dater de ce moment, l'ensemble des Églises, délivrées de leurs fréquents désordres et de leurs discordes, respirèrent en paix [2]. Pie, l'évêque de Cordoue, avec sa suite, apporta les actes du synode aux fidèles d'Occident et se fit pour eux l'arbitre de la paix ; pour ceux d'Égypte et de Libye, ce fut le bouillant Athanase. Alexandre, quoique d'un âge très avancé — car il était septuagénaire — assuma néanmoins la tâche d'apporter la bonne nouvelle de la concorde et de la paix des Églises aux fidèles de Thrace et d'Illyricum ; il voyageait avec le bienheureux Paul [3], alors lecteur et scribe dans l'Église de Constantinople ; lors du synode, il avait douze ans et vivait auprès d'Alexandre [4].

Mais cela se passa un peu plus tard* ; Alexandre se présenta d'abord au très saint Métrophane qu'il réjouit des bonnes nouvelles qu'il apportait et de sa présence ; il le quitta, en priant pour lui, le laissant, attristé de son départ, accomplir la mission qui lui avait été confiée*. Quand ils eurent traversé la Thrace, la Macédoine, la

1. 471 b 8 (οὗτοι)-18 (Εὐσέβιος) résume le texte de Gédéon, p. 306 b 6-307 a 1.

2. Cette phrase 471 b 18 (ἐντεῦθεν)-20 (ἀνέπνευσαν) n'a pas son équivalent dans l'original. C'est donc bien une réflexion personnelle de Photius.

3. Futur patriarche de Constantinople dont la vie très mouvementée est résumée au « codex » 257 de Photius (à paraître au t. VIII de la présente édition).

4. 471 b 20 (καὶ Ὅσιος)-31 (συνδιέτριβεν) résume, en lui empruntant quelques morceaux littéralement, le texte de Gédéon, p. 307 a 18-b 38.

Οὗτοι οὖν οἱ τρισόσιοι καὶ τὸ ἄλλο τῶν τοῦ Θεοῦ ἀρχιερέων σύνταγμα καταδιδάσκουσιν αὐτῇ δυσσεβείᾳ τόν τε Ἄρειον καὶ τοὺς σὺν αὐτῷ, καὶ ὁμοούσιον τῷ Πατρὶ τὸν Υἱὸν ἀνεκήρυξαν, ὁμοφώνους τὰς ψήφους θέμενοι. Τινὲς δέ, εἰς ἑπτακαίδεκα τὸν ἀριθμὸν συμπληρούμενοι, εἰς τὴν Ἀρείου λύσσαν ἀποκλίνειν ἔδοξαν. Ἀλλὰ τούτων ὑπερορίας βασιλικῇ ψήφῳ κυρωθείσης, ἓξ μόνοι τῇ δυσσεβείᾳ διέμειναν, τῶν ἄλλων παλινῳδίαν ἐνδειξαμένων καὶ τῷ τῆς εὐσεβείας φρονήματι, εἰ καὶ μὴ ἐξ εἰλικρινείας, ἀλλ' ὑφάλῳ γνώμῃ συνδεδραμηκότων, ὧν ἦν κορυφαῖος ὁ Νικομηδείας Εὐσέβιος.

Ἐντεῦθεν αἱ ἁπανταχοῦ ἐκκλησίαι τῶν πολλῶν θορύβων καὶ στάσεων πρὸς εἰρήνην ἀνέπνευσαν. Καὶ Ὅσιος μὲν ὁ Κουδρούβης, ἅμα τῶν οἱ συνεπομένων, τὰς συνοδικὰς φέρων πράξεις τοῖς ἑσπερίοις τὴν εἰρήνην ἐβράβευε, τοῖς δὲ κατ' Αἴγυπτον καὶ Λιβύην ὁ θερμὸς Ἀθανάσιος. Ἀλέξανδρος δὲ καίτοι πρὸς γῆρας ἐλαύνων (ἑβδομηκοντούτης γὰρ ἦν) τοῖς κατὰ τὴν Θρᾴκην ὅμως καὶ τὸ Ἰλλυρικὸν τὸ τῆς ὁμονοίας καὶ εἰρήνης τῶν ἐκκλησιῶν πόνους ὑφίστατο διακομίζειν εὐαγγέλιον, συνέκδημον ἔχων τὸν πανόλβιον Παῦλον, ἀναγνωστῶν τηνικαῦτα καὶ ὑπογραφέων τῆς κατὰ Κωνσταντινούπολιν ἐκκλησίας πληροῦντα βαθμόν· ὃς καὶ κατὰ τὴν σύνοδον δωδέκατον ἔτος ἐκ γενέσεως ἄγων τῷ Ἀλεξάνδρῳ συνδιέτριβεν.

Ἀλλὰ ταῦτα μετ' ὀλίγον· πρότερον δὲ εἰς θέαν ἧκε τοῦ πανοσίου Μητροφάνους, καὶ τοῖς μὲν εὐαγγελίοις καὶ τῇ παρουσίᾳ εὐφράνας, οὐκ εὐφράνας δ' οἷς ἀποδημεῖν ἔμελλε, μετ' εὐχῶν πρὸς τὴν καταπεπιστευμένην αὐτῷ διακονίαν ἐστέλλετο. Διελθόντες δὲ Θρᾴκην τε καὶ Μα-

[471 b] **22** ἐβράβευε AM : ἐβράβευσε M[x] ‖ **24** πρὸς A : *om.* M ‖ **25** τὸ A[1]M : τὸ τῆς A ‖ **35** καταπεπιστευμένην A : πεπιστευμένην M ‖ **36** τε A : *om.* M.

Thessalie, l'Achaïe entière, l'Hellade et les terres du continent, ils ne négligèrent pas les îles ; ils s'embarquèrent pour y aller extirper l'ivraie jusqu'aux racines et répandre la vraie semence des dogmes de l'Évangile et des décrets du synode [1].

Le synode prit fin au bout de trois ans et six mois : il avait commencé, en effet, quand avril en était à son [472 a] quinzième jour et il s'acheva quand la troisième année eut dépassé avril et atteint septembre ; c'est ainsi, en effet, que l'a noté le sage Alexandre en rédigeant alors les actes du synode [2]. Quand le saint synode eut pris fin [3], l'empereur, debout au milieu de l'assemblée des évêques, demanda à obtenir d'eux une faveur unique ; ils lui donnèrent un assentiment empressé ; cette faveur était qu'ils entrassent avec lui dans la capitale pour visiter son évêque à qui l'empereur donnait le nom de père et pour que, par leur présence et par leurs prières, le nom donné à la ville par son fondateur fût solennellement consacré*.

Tandis que les évêques rendaient visite au très illustre Métrophane, un dimanche, en présence de l'empereur, divers propos furent échangés et l'empereur, intervenant dans la conversation, dit : « Comme je te vois, toi, le plus vénérable des pères, accablé par la vieillesse et par la maladie, je te conjure de nous dire et de nous désigner celui qui sera après toi le guide de notre troupeau ». Et lui, tournant un visage heureux vers l'empereur : « Je suis convaincu devant le Seigneur, dit-il, que l'Esprit Saint vient de parler par ta bouche, mon fils. Car, comme je m'inquiétais à propos de cette succession, le Seigneur m'a révélé, il y a sept jours, que je mourrais dix jours plus tard, et il m'a désigné celui qui reprendrait ma sainte

1. 471 b 36 (διελθόντες)-41 (διέσπειρον) reprend le texte de la *Vie*, Gédéon, p. 308 a 1-22.

2. Les données de cette phrase du sommaire, 471 b 42 (ὅτι τῆς)-472 a 2 διαδραμούσης) sont empruntées au texte de Gédéon, p. 310 a 1-5. Ce « saut en avant » me paraît un signe d'une manière bien personnelle de lire.

3. Formule de transition de Photius qui résume le texte de Gédéon, p. 308 a 28-33.

κεδονίαν καὶ Θεσσαλίαν καὶ Ἀχαΐαν πᾶσαν καὶ Ἑλλάδα καὶ τὰς ἠπείρους οὐδὲ τῶν νήσων ὠλιγώρησαν, ἀλλ' ἐπιπλεύσαντες ἅπαν ἀνέσπων ἐκ ῥιζῶν αὐτῶν ζιζάνιον, τὸν εὐγενῆ δὲ σπόρον τῶν εὐαγγελικῶν δογμάτων καὶ συνοδικῶν κηρυγμάτων διέσπειρον.

Ὅτι τῆς συνόδου τέλος διὰ τριῶν ἥμισυ λαβούσης ἐτῶν (καὶ γὰρ ἤρξατο μηνὸς ἀπριλλίου πεντεκαιδεκάτην [472 a] ἀνύοντος, ἐπερατώθη δὲ τῆς τριετίας πάλιν τὸν ἀπρίλλιον καταλαβούσης καὶ μέχρι σεπτεμβρίου διαδραμούσης · οὕτω γὰρ ὁ σοφὸς Ἀλέξανδρος τὰ πεπραγμένα γράφων τότε τῆς συνόδου ἐπεσημήνατο) τελεσθείσης οὖν τῆς ἁγίας συνόδου, στὰς ὁ βασιλεὺς μέσος τοῦ χοροῦ τῶν ἀρχιερέων ᾔτει χάριν αὐτῷ μίαν παρ' αὐτῶν δοθῆναι · οἱ δὲ προθύμως κατένευον, ἡ δὲ χάρις συνεισελθεῖν αὐτῷ ἐν τῇ πόλει ἐφ' ᾧ θεάσασθαί τε τὸν ἀρχιερέα, ὃν πατέρα ὁ βασιλεὺς ἑαυτοῦ ἀνωμολόγει, καὶ ὥστε τῇ πόλει, ἣν αὐτὸς ἀνέστησε, διὰ τῆς αὐτῶν παρουσίας καὶ εὐχῆς τὸ τοῦ κτίσαντος ὄνομα ἐγκαινισθῆσαι.

Ἐπισκεπτομένων δὲ τῶν ἀρχιερέων τὸν διορατικώτατον Μητροφάνην ἡμέρας κυριακῆς ἐνισταμένης καὶ τοῦ βασιλέως συμπαρόντος, ἄλλοι τέ τινες προῆλθον λόγοι καί · « Ὁρῶ σέ, φησιν ὑπολαβὼν ὁ βασιλεύς, ὦ πατέρων ἐμοὶ τιμιώτατε, καὶ γήρᾳ καὶ νόσῳ κάμνοντα, καὶ δυσωπῶ ἀνειπεῖν τε καὶ ἀναδεῖξαι ἡμῖν τὸν μετὰ σὲ τοῦ ποιμνίου ἡγησόμενον ». Ὁ δὲ πρὸς τὸν βασιλέα εὐθυμοῦντι προσώπῳ · « Πέπεισμαι, φησίν, ἐν Κυρίῳ ὅτι νῦν τὸ Πανάγιον Πνεῦμα διὰ γλώσσης, ὦ τέκνον, εἶπε τῆς σῆς. Φροντίζοντι γάρ μοι περὶ τούτου ἐφανέρωσεν ὁ Κύριος πρὸ τῶν ἑπτὰ τούτων ἡμερῶν, καὶ ὅτι μετὰ δεκάτην ἡμέραν μεταλλάξω τὸν βίον, καὶ ὃς τὸ ἱερὸν ἀξίωμα ἀνα-

[472 a] 1 ἀνύοντος A : ἀνιόντος M || 4 τότε A : τὰ M || 12 ἀρχιερέων M : ἱερέων A

charge, et c'est mon compagnon dans le sacerdoce, Alexandre, qui est vraiment digne du choix et de la proclamation de l'Esprit Saint ; en outre, il aura lui-même pour successeur le lecteur Paul qui est comme son fils ». Et tournant les yeux vers saint Alexandre d'Alexandrie : « Toi aussi, dit-il, mon frère, tu laisseras un bon successeur ». Et prenant la main de l'archidiacre Athanase : « Vois, dit-il, le vaillant soldat du Christ ; c'est lui qui te succédera ; non seulement il a lutté avec mon frère Alexandre contre l'hérésie d'Arius, mais il livrera encore avec lui beaucoup de grands combats ; et cette seconde lutte ne sera pas la seule ; il en soutiendra une troisième avec le vaillant Paul »[1].

Il dit et, quand il les eut en quelque sorte réchauffés de son esprit, il descendit à l'église avec les évêques ; après la lecture de l'Évangile, il parla un peu au peuple, il se mit d'accord avec lui et proclama le prêtre Alexandre, bien qu'il fût absent, comme évêque et successeur à son siège. Et le peuple, d'une seule voix, pendant plusieurs heures, avec l'empereur lui-même, fit retentir [472 b] le cri : « Il est digne ». Ensuite, il déposa l'huméral sur le saint autel en ordonnant qu'on le gardât pour son successeur ; il annonça que ce dernier arriverait sous peu, sept jours après que lui-même serait parti vers le Christ. Tout se passa selon ce qu'il avait annoncé et réglé ; il mourut à cent dix-sept ans, le quatre juin[2].

Constance, la sœur du pieux Constantin, épouse de l'impie Licinius, dit à son frère au moment de mourir : « Je te demande une unique et dernière grâce : c'est de rappeler d'exil Arius qui a été la victime d'une machi-

1. 472 a 11 (ἐπισκεπτομένων)-37 (Παύλῳ) résume, avec pas mal d'emprunts littéraux, mais aussi de variantes, le texte de Gédéon, p. 308 b 11-309 b 2. Les propos rapportés en style direct dans le sommaire sont fort abrégés.

2. 472 a 37 (ταῦτα) b 7 (ἄγοντος) résume à larges traits le texte de Gédéon, p. 309 b 2-310 a 1.

δέξοιτο, καὶ ἔστιν οὗτος ὁ συμπρεσβύτερός μου Ἀλέξανδρος, ἄξιος ὡς ἀληθῶς τῆς ἐκλογῆς ὑπάρχων καὶ τῆς τοῦ Ἁγίου προρρήσεως Πνεύματος· ἔτι δὲ καὶ τοῦτον ὡς τὸ παιδίον Παῦλος ὁ ἀναγνώστης διαδέξεται ». Ἀποβλέψας δὲ καὶ πρὸς τὸν Ἀλεξανδρείας θεῖον Ἀλέξανδρον· « Καὶ σύ, φησίν, ὦ ἀδελφέ, καλὸν σεαυτοῦ διάδοχον καταλείψεις ». Καὶ τῆς χειρὸς Ἀθανασίου τοῦ ἀρχιδιακόνου λαβόμενος· « Ἴδε ὁ γενναῖος, ἔφη, στρατιώτης τοῦ Χριστοῦ οὗτός σε διαδέξεται· ὃς οὐ μόνον νῦν Ἀλεξάνδρῳ κατὰ τῆς δυσσεβείας Ἀρείου τῷ ἐμῷ συνηγωνίσατο ἀδελφῷ, ἀλλ' ἔτι σὺν αὐτῷ μεγάλους ἄθλους καὶ πολλοὺς ἀγωνιεῖται· οὐ μόνον δὲ δεύτεροι αὐτὸν ἐκδέξονται ἀγῶνες, ἀλλὰ καὶ τρίτους σὺν τῷ γενναίῳ ὑποστήσεται Παύλῳ ».

Ταῦτα εἶπε, καὶ ὥσπερ ἀναζωπυρήσας τῷ πνεύματι κάτεισι σὺν τοῖς ἐπισκόποις εἰς τὴν ἐκκλησίαν, καὶ μετὰ τὴν τοῦ εὐαγγελίου ἀνάγνωσιν ὀλίγα προσομιλήσας τῷ πλήθει καὶ συνταξάμενος, ἀνακηρύττει καὶ μὴ παρόντα τὸν πρεσβύτερον Ἀλέξανδρον ἀρχιερέα καὶ τοῦ θρόνου διάδοχον. Καὶ ὁ λαὸς μιᾷ φωνῇ σὺν αὐτῷ βασιλεῖ ἐπὶ πλείους ὥρας ἐβόα [472 b] τὸ ἄξιος. Εἶτα τὸ ὠμοφόριον τῇ ἁγίᾳ ἐναποτίθησι τραπέζῃ, ἐντειλάμενος αὐτὸ φυλάττεσθαι τῷ διαδόχῳ· ἥξειν δ' αὐτὸν προεῖπεν οὐκ εἰς μακράν, μετὰ δ' ἑβδόμην ἡμέραν τῆς αὐτοῦ πρὸς Χριστὸν ἀναλύσεως. Γίνεται οὖν ὡς προέφη καὶ ἐνετείλατο, ἅπαντα· ἐτῶν δ' ἀνεπαύσατο ἑπτακαίδεκα καὶ ἑκατόν, ἰουνίου μηνὸς τετάρτην ἄγοντος.

Ὅτι Κωνσταντία ἡ τοῦ εὐσεβοῦς Κωνσταντίνου ἀδελφή, γυνὴ δὲ τοῦ δυσσεβοῦς χρηματίσασα Λικιννίου, μέλλουσα τελευτᾶν τῷ ἀδελφῷ· « Μίαν, φησί, καὶ τελευταίαν αἰτῶ σε χάριν, τῆς ὑπερορίας Ἄρειον ἀνακλη-

[472 b] 5 οὖν ὡς M : ὡς A² *quid prius praeb.* A *non liquet*,

nation inique, car il est en accord avec le synode ». Près d'elle se trouvait, en effet, un prêtre sectateur de l'hérésie d'Arius ; il s'était d'abord mêlé aux eunuques de Constance puis, par eux, était arrivé jusqu'à elle et cherchait à la convaincre, par des discours séduisants et brillants de beaucoup de flatterie, qu'Arius avait été frappé par inimitié, vu qu'il professait la vraie doctrine de l'Église. Elle, à son tour, ébranla l'empereur par des propos analogues : il écrivit aussitôt pour qu'Arius fût tiré de son exil. Elle mit auprès de son frère ce prêtre qui était un flatteur tout autant qu'un hérétique ; grâce à son caractère et à son langage insinuants, il acquit en peu de temps son franc-parler auprès du pieux empereur et tint sur Arius des propos qui le présentaient comme un orthodoxe. Et l'empereur dit : « Si Arius observe la foi du synode, je le verrai volontiers et je le rétablirai avec honneur dans l'église d'Alexandrie[1]. »

Ce disant, il fit, par une lettre, mander Arius auprès de lui. Et Arius, accompagné de l'exécrable Euzoïus, arriva à Constantinople ; l'empereur les reçut avec bonté. En les questionnant sur leur foi, il s'entendit répondre qu'ils n'avaient d'autre opinion que celle exposée par les trois cent dix-huit saints Pères. Ces misérables ajoutaient même un serment à leur fausse confession de foi. L'empereur leur ordonna de mettre leur croyance par écrit et ils s'empressèrent de consigner leurs mensonges, disant dans ce texte qu'eux-mêmes et leurs partisans croyaient tout ce que leur langue avait forgé. Du fait qu'ils confessaient la vraie foi, l'empereur rapporta donc sa décision et renvoya aussitôt Arius et les siens avec honneur à Alexandrie[2].

1. 472 b 8 (ὅτι Κωνσταντία)-28 (ἐκκλησίᾳ) est un sommaire fort succinct de Gédéon, p. 321 a 43-322 a 3. Sans rien omettre de ce qu'il y a d'essentiel dans l'original, le sommaire a ici le ton très libre et très personnel d'un lecteur qui possède son texte et le domine sans s'y asservir.

2. 472 b 29 (ταῦτα)-42 (ἐκπέμπει) résume Gédéon, p. 322 a 4-323 a 5 à larges traits sans rapporter ni le message de Constantin à Arius ni la profession de foi des Ariens dont il est question en 472 b 35-37 (ἔγγραφον... τὸ φρόνημα... γράφουσι τὰ ψευδῆ).

θῆναι, συσκευὴν ἄδικον ὑποστάντα· σύμφρων γάρ ἐστι τῆς συνόδου ». Ἦν γάρ τις παρ' αὐτῇ τῶν τῆς Ἀρείου σπουδαστῶν αἱρέσεως πρεσβύτερος, ὃς ἑαυτὸν πρότερον τοῖς τῆς Κωνσταντίας εὐνούχοις οἰκειώσας δι' αὐτῶν καὶ πρὸς αὐτὴν διέδυ, καὶ λόγοις ἔπειθεν ἐπαγωγοῖς καὶ πολὺν προφαίνουσι τὸν θῶπα ὡς Ἄρειος φθόνῳ ἐβλήθη· τὸ γὰρ ὀρθὸν τῆς ἐκκλησίας δόγμα πρεσβεύει. Οἷς κἀκείνη, πρὸς τὸν βασιλέα τοιαῦτα εἰποῦσα, διέσεισε· καὶ αὐτίκα γράφει τῆς ὑπερορίας ἀνεθῆναι τὸν Ἄρειον. Παρατίθεται δὲ τἀδελφῷ καὶ τὸν οὐδὲν ἧττον τῆς αἱρέσεως ἢ τῆς κολακείας πρεσβύτερον· καὶ τοῖς ἐπικλόποις ἤθεσι καὶ λόγοις οὐκ εἰς μακρὰν παρρησίαν πρὸς τὸν εὐσεβῆ λαμβάνει βασιλέα, καὶ κινεῖ περὶ Ἀρείου λόγους ὀρθόδοξον ποιοῦντας αὐτόν. Καὶ ὁ βασιλεύς· « Εἰ Ἄρειος, φησί, τὰ τῆς συνόδου φρονεῖ, ὄψομαί τε αὐτὸν εὐμενῶς, καὶ σὺν τιμῇ τῇ τῶν Ἀλεξανδρέων ἐγκαταστήσω ἐκκλησίᾳ ».

Ταῦτα ἔλεγε καὶ πρὸς ἑαυτὸν μετεπέμπετο γράφων. Καὶ ὁ Ἄρειος ἅμα τῷ συγκαθῃρημένῳ Εὐζωΐῳ πρὸς τὴν πόλιν Κωνσταντίνου παραγίνεται· καὶ δέχεται αὐτοὺς φιλανθρώπως ὁ βασιλεύς. Καὶ τὸ φρόνημα ἐπερωτῶν ἀκούει λεγόντων μὴ ἄλλο τι φρονεῖν παρὰ τὴν ἔκθεσιν τῶν τριακοσίων δέκα καὶ ὀκτὼ ἁγίων πατέρων. Ἀλλὰ καὶ ὅρκον οἱ δείλαιοι τῇ πεπλασμένῃ ἐπετίθεσαν ὁμολογίᾳ. Ὁ δὲ βασιλεὺς ἔγγραφον αὐτοὺς ἐπιδοῦναι τὸ φρόνημα κελεύει. Οἱ δὲ προθύμως γράφουσι τὰ ψευδῆ· πιστεύειν γὰρ αὐτούς τε καὶ τοὺς σὺν αὐτοῖς τῷ γράμματι ἔλεγον, ὅσα καὶ τῇ γλώττῃ ἐπλάττοντο. Ἐξίστατο τοίνυν ὁ βασιλεὺς οἷς διωμολόγουν τὴν εὐσέβειαν, καὶ παραχρῆμα πρὸς τὴν Ἀλεξάνδρειαν αὐτόν τε καὶ τοὺς σὺν αὐτῷ μετὰ τιμῆς ἐκπέμπει.

23 οὐκ M : καὶ οὐκ A ‖ 37 γράφουσι A : ἐγγράφουσι M.

Mais l'évêque d'Alexandrie, Alexandre, soutenu par [473 a] Athanase, refusa de recevoir l'apostat ; Arius dévoila à nouveau son hérésie et l'agitation se mit en Égypte. L'empereur le fit mander et s'enquit de savoir s'il persévérait dans les dispositions qu'il avait confessées devant lui ; Arius s'empressa à nouveau de déclarer qu'il s'y tenait et confirma ses dires par serment. Tout cela n'était qu'une comédie ou une pièce mieux montée encore. On dit qu'Arius avait écrit en secret un livre qu'il portait sous son aisselle — le texte exposait impudemment son hérésie — et qu'il jurait, en exhibant le papier, que sa croyance était conforme à ce qu'il avait écrit [1].

Peu après, l'empereur passa de sa vie périssable à la vie éternelle après soixante-cinq ans d'existence et un règne de trente et un ans. En mourant, il confia son testament au prêtre hérétique en le chargeant de le remettre à son fils Constantin que le testament désignait pour succéder au lot et à l'autorité paternels au titre d'empereur [2]. Le prêtre, qui n'avait de loyauté ni envers Dieu ni envers les hommes, remit en secret le texte à Constance, trahissant à la fois le testament du père et le droit du fils à l'héritage. Il eut pour complice de sa trahison l'impie chambellan [3] Eusèbe et quelques comparses de ce prêtre efféminé.

Il livra donc le dépôt qui lui avait été confié à Constance et, comme salaire de sa loyauté, il exigea de Constance qu'il trahît sa vraie foi. Il s'associa Eusèbe de Nicomédie

1. 472 b 42 (ὁ δὲ τῆς)-473 a 12 (ὑπογράψειε) résume de façon très libre le texte de Gédéon, p. 326 a 6-28. Par exemple, la phrase 437 a 7 (ἦν δὲ σκηνὴ)-8 (δραματικωτέρα) est une réflexion étrangère à l'original.

2. 473 a 13 (μετὰ δὲ)-20 (ἔγραφεν) reprend fidèlement quant au fond, librement quant à la forme, Gédéon, p. 322 b 1-9.

3. Cf. Du Cange, *s. v.*, πραιπόσιτος et Lampe, *P. G. L.*, *s. v.* πραιπόσιτος, 3.

Ὁ δὲ τῆς Ἀλεξανδρείας ἀρχιερεὺς Ἀλέξανδρος, συμπνέοντος αὐτῷ [473 a] Ἀθανασίου, τὸν ἀποστάτην οὐ δέχεται · καὶ αὖθις Ἄρειος τὴν αἵρεσιν ἀνεκάλυπτε, καὶ τὰ τῆς Αἰγύπτου ἐταράττετο. Καὶ ὁ βασιλεὺς μετάπεμπτον ποιεῖται τὸν Ἄρειον, καὶ ἀναπυνθάνεται εἰ διαμένοι οἷς αὐτῷ συνωμολόγησε κατὰ πρόσωπον · ὁ δὲ πάλιν ἑτοίμως τοῖς αὐτοῖς ἐμμένειν συγκατετίθετο, καὶ ὅρκον τοῖς λόγοις ἐπέβαλλεν. Ἦν δὲ σκηνὴ ταῦτα πάντα, καὶ σκηνῆς δραματικώτερα. Φασὶ δ' ὡς ἐν μυστηρίῳ γράψας Ἄρειος βιβλίον καὶ ὑπὸ μάλης φέρων (τὸ δὲ βιβλίον ἀναιδῶς ἐλάλει τὴν δυσσέβειαν) ὤμνυεν οὕτω φρονεῖν, τὸν τῆς εὐσεβείας εἰς τὸ ἐμφανὲς προτείνων χάρτην, ὡς καὶ ὑπογράψειε.

Μετὰ δὲ βραχὺν χρόνον ὁ βασιλεὺς τὸν ἐπίκηρον εἰς τὸν ἀκήρατον μεταλλάττει βίον, ἕνα μὲν ἐνιαυτὸν καὶ τριάκοντα βασιλεύσας, πέντε δὲ καὶ ἑξήκοντα τὸν ὅλον διαπερανάμενος βίον. Τελευτῶν δὲ τῷ τῆς αἱρέσεως πρεσβυτέρῳ τὴν διαθήκην παρατίθησιν, ἐντειλάμενος ἐγχειρίσαι Κωνσταντίνῳ ταύτην τῷ παιδί, ὃν καὶ ἡ διαθήκη τῆς πατρῴας μοίρας καὶ ἀρχῆς διάδοχον καὶ βασιλέα ἔγραφεν. Ὁ δὲ καὶ πρὸς Θεὸν καὶ πρὸς ἀνθρώπους τὸ πιστὸν οὐκ ἔχων πρεσβύτερος ἐπιδίδωσιν ἐν κρυφῇ τὴν διαθήκην Κωνσταντίῳ, προδότης φανεὶς ἅμα πατρός τε διαθήκης καὶ παιδὸς κληρονομίας. Συνέτρεχον δὲ τῇ προδοσίᾳ Εὐσέβιός τε ὁ δυσσεβὴς πραιπόσιτος καὶ ἄλλοι τινὲς καὶ τῆς δυσσεβείας καὶ τῆς ἀνδρογύνου φύσεως συνθιασῶται.

Ἀλλὰ γὰρ προδίδωσι μὲν τὰ πιστευθέντα Κωνσταντίῳ, τῆς δὲ πρὸς ἀνθρώπους αὐτοῦ ἀπιστίας αἰτεῖ μισθαποδοσίαν Κωνστάντιον τῆς ὀρθῆς αὐτοῦ πίστεως προδοσίαν. Καὶ

[473 a] **4** αὐτῷ A[1] : αὐτοῦ AM. ‖ **20** δὲ καὶ A : δὲ M ‖ **23** τε A : τε καὶ M ‖ **26** συνθιασῶται M : συνθιασάται A.

et ils manœuvrèrent pour qu'Arius fût entendu non à Alexandrie mais à Constantinople, estimant qu'ils l'emporteraient très facilement en l'absence d'Athanase et s'ils avaient pour eux l'autorité de l'empereur. Après avoir longuement discuté avec Alexandre de Constantinople sur une convention qui amputait les dogmes de la vraie foi, comme ils ne pouvaient le convaincre, ils produisirent un ordre de l'empereur qui lui enjoignait de recevoir Arius avec bienveillance ou de quitter son siège épiscopal ; faute de choisir un de ces deux partis, Alexandre avait à savoir qu'on l'enverrait en exil[1].

Ils surent aussi persuader le servile Constance de mander saint Alexandre dans les mêmes termes pour lui faire dire sous la menace que son hostilité pour Arius [473 b] venait de sa rancune et non de raisons de foi. Alexandre, confiant dans la puissance du Christ et dans le caractère irréprochable de sa vie et de sa conscience, répondit à l'empereur : « La vérité sur ceux qui sont accusés, le jour d'après la vie la révélera ; quant à moi, celui qui a été convaincu d'une hérésie aussi grave et qui a été condamné par un aussi grand nombre d'évêques, je ne suis pas en mesure de l'admettre à la communion aux redoutables mystères ». Constance lui dit : « Prends garde, évêque — car un synode d'évêques est réuni — tu pourrais bien le recevoir malgré toi[2]. »

A ces mots, l'évêque se leva et sortit ; il se rendit à l'église de Dieu ; gémissant et pleurant, il cria vers Dieu de ne point permettre que son troupeau fût dispersé à cause du retour d'Arius ; l'évêque pria toute la nuit, prosterné devant l'autel[3].

1. 473 a 20 (ὁ δὲ καὶ)-40 (ἐκπέμπεσθαι) résume librement, mais avec des emprunts textuels, Gédéon, p. 323 b 9-324 a 24.

2. 473 a 40 (ἔπειθον)-b 10 αὐτόν) reprend très librement Gédéon, p. 325 a 25-b 43. Les propos échangés entre l'évêque et l'empereur, notamment, sont très schématisés dans le sommaire, mais le texte de l'original est bien rappelé. Par contre, les mots 473 b 4 (τῶν μὲν)-5 (δηλώσει) ne s'y trouvent pas.

3. 473 b 10 (ἐφ' οἷς)-15 (ἐπετελεῖτο) résume le texte de Gédéon, p. 125 a 1-19.

συνεταιρίζεται τὸν Νικομηδείας Εὐσέβιον, καὶ διαμηχανῶνται τὸν Ἄρειον μὴ ἐν Ἀλεξανδρείᾳ ἀλλ' ἐν Κωνσταντινουπόλει ἀκουσθῆναι, ῥᾷστα οἰόμενοι Ἀθανασίου περιέσεσθαι μὴ παρόντος, καὶ ἅμα τὴν τοῦ βασιλέως αὐθεντίαν μεθ' ἑαυτῶν φέροντες. Πολλὰ δὲ τῷ Κωνσταντινουπόλεως Ἀλεξάνδρῳ διαλεχθέντες περὶ συμβάσεως τὰ τῆς εὐσεβείας περικειρούσης δόγματα, ὡς οὐκ ἔπειθον προτείνουσι δῆθεν βασιλικὸν πρόσταγμα ἢ μετὰ τοῦ φρονήματος δέχεσθαι Ἄρειον ἢ τοῦ θρόνου ὑποχωρεῖν · εἰ δὲ μηδέτερον ἕλοιτο, γινώσκειν αὐτὸν εἰς ὑπερορίαν ἐκπέμπεσθαι.

Ἔπειθον δὲ καὶ Κωνστάντιον τὸ ἀνδράποδον ἐν τοῖς ὁμοίοις λόγοις μεταπεμψάμενον τὸν ἱερὸν Ἀλέξανδρον ἀπειλαῖς τε ὑποβαλεῖν καὶ μνησι- [473 b] κακίας ἀλλ' οὐκ εὐσεβείας λόγῳ τὴν πρὸς Ἄρειον στέργειν ἀπέχθειαν. Ὁ δὲ τῇ τοῦ Χριστοῦ δυνάμει καὶ τῷ ἀνεπιλήπτῳ καὶ τοῦ βίου καὶ τῆς συνειδήσεως θαρρῶν ἀμείβεται τῷ βασιλεῖ · « Τῶν μὲν αἰτιαθέντων τὴν ἀλήθειαν ἡ ἐκεῖθεν ἡμέρα δηλώσει, ἐγὼ δὲ τὸν ἐπὶ τοσαύτῃ δυσσεβείᾳ ἁλόντα καὶ παρὰ τοσούτων ἀρχιερέων κατακριθέντα οὐχ οἷός τέ εἰμι τῶν φρικτῶν μυστηρίων λαβεῖν κοινωνόν ». Ὁ δὲ Κωνστάντιος · « Ὅρα, φησίν, ὦ ἐπίσκοπε (καὶ γὰρ σύνοδος ἐπισκόπων ἀθροίζεται) μὴ καὶ ἄκων δέξῃ αὐτόν ».

Ἐφ' οἷς ὁ ἀρχιερεὺς ἀναστὰς ἐξῆλθε, καὶ πρὸς τὴν τοῦ Θεοῦ παραγεγονὼς ἐκκλησίαν στεναγμοῖς καὶ δακρύοις ἐβόα πρὸς τὸν Θεὸν μὴ διὰ τὴν παρείσδυσιν Ἀρείου ἀνασχέσθαι διασκεδασθῆναι τὴν ποίμνην αὐτοῦ · καὶ ἡ εὐχὴ παννύχιος ὑπὸ τὸ θυσιαστήριον κειμένου τοῦ ἀρχιερέως ἐπετελεῖτο.

32-33 Ἀθανασίου περιέσεσθαι A : περιέσεσθαι Ἀθανασίου M || **37** δῆθεν M : μηδὲν A *del.* A[2] || **41** ἐν A : *om.* M.

[473 b] **5** τὸν A : *om.* M.

Eusèbe, qui était un chaud partisan de l'hérésie, accompagné de son armée d'hérétiques, alla trouver Arius pour l'inviter à se présenter au synode qui allait lui restituer, même malgré Alexandre, sa dignité sacerdotale injustement enlevée. Le tumulte et le trouble consécutifs à cette agitation avaient gagné toute la ville, les uns prenant fait et cause pour Arius, les autres n'admettant pas qu'on trahît la vraie foi[1].

La réunion se tenait donc à l'église. Arius, qui arrivait avec ses partisans, descendit de cheval pour pénétrer dans un lieu d'aisance public aménagé derrière le forum de Constantin et, tandis qu'il soulageait ses entrailles de ses excréments, le misérable rejeta sa vie avec elles. Comme il s'attardait et qu'on ignorait ce qui se passait, Eusèbe, à ce qu'on raconte, se précipita vers l'endroit pour lui reprocher sa lenteur et l'affront qu'il faisait à ses partisans, car ce retard injustifié équivalait à les traiter comme des esclaves. On ne savait pas encore qu'Arius les offensait par son silence plus que par sa lenteur. Mais Eusèbe, changeant d'attitude, l'encourageait à se présenter en toute assurance vu qu'il était attendu par tout le synode afin d'être absous.

Et l'autre se taisait de son dernier silence ; non sans peine, le misérable Eusèbe comprit que l'objet de son zèle n'existait plus. Le synode fut donc dissout ; ceux qui voulaient condamner Alexandre à l'exil, renonçant à leur suffrage impie en voyant le chef de leur hérésie descendu vivant en enfer, furent affligés d'un grand deuil[2].

1. 473 b 15 (ὁ δὲ Εὐσέβιος)-23 (ἀνεχομένων) serre d'assez près le texte de Gédéon, p. 325 a 19-28.

2. 473 b 23 (ἤθροιστο)-42 (συνέχονται) reprend librement, mais avec des emprunts littéraux, le texte de Gédéon, p. 325 b 1-326 a 1.

Ὁ δὲ Εὐσέβιος, οἷα τῆς ἀσεβείας θερμὸς ἐραστής, παραγίνεται μετὰ τῆς αἱρετικῆς φάλαγγος πρὸς τὸν Ἄρειον, καὶ προϊέναι κελεύει πρὸς τὴν σύνοδον, ἥτις αὐτῷ καὶ ἄκοντος Ἀλεξάνδρου ἀποδώσει τὸ παρὰ δίκην ἀφῃρημένον τῆς ἱερωσύνης ἀξίωμα. Ἐπεῖχεν οὖν θόρυβος καὶ ταραχὴ ἐπὶ τοῖς κινουμένοις πᾶσαν τὴν πόλιν, τῶν μὲν ὑπὲρ Ἀρείου σπουδαζόντων, τῶν δὲ τῆς εὐσεβείας τὴν προδοσίαν οὐκ ἀνεχομένων.

Ἤθροιστο δ' οὖν ἐν τῇ ἐκκλησίᾳ ὁ σύλλογος. Καὶ τοῖς ὁμοδόξοις συμπροϊὼν ὁ Ἄρειος, ἀποβὰς τοῦ ἵππου, ἔν τινι ἀφεδρῶσι δημοσίῳ, ὃς ὄπισθεν κατεσκεύαστο τοῦ Κωνσταντίνου φόρου, εἴσεισι, καὶ ἐν τῷ ἀποπατεῖν τοῖς σκυβάλοις μὲν τὰ ἔντερα, τοῖς ἐντέροις δὲ τὴν ψυχὴν ὁ δείλαιος συναποβάλλει. Ἐπεὶ δὲ ἐβράδυνε καὶ τὸ πραχθὲν ἐκάλυπτεν ἄγνοια, ἐπεισπηδῆσαι λόγος τὸν Εὐσέβιον καὶ ἐξονειδίζειν μὲν τῆς βραδυτῆτος, ἐξονειδίζειν δὲ τῆς εἰς αὐτοὺς ὕβρεως· ἐν ἀνδραπόδων γὰρ μοίρᾳ τὸ ἄλογον αὐτοὺς ἐκπέμπειν βράδος. Ὁ δὲ τῷ ἀφώνῳ μᾶλλον αὐτοὺς ἢ τῷ βραδεῖ καταισχύνων τέως διελάνθανεν. Ἀλλ' ὁ Εὐσέβιος μεταβαλλόμενος ἀναστῆναι παρεκάλει θαρροῦντα, προσδόκιμον γὰρ εἶναι ἐπὶ ἀθωώσει πάσῃ τῇ συνόδῳ.

Ὁ δὲ τὴν ἐσχάτην ἐσίγα σιγήν. Καὶ μόλις ὁ κακοδαίμων Εὐσέβιος συνῆκεν ὅτι τέθνηκεν ὁ σπουδαζόμενος. Διαλύεται τοίνυν ἡ σύνοδος, καὶ οἱ τὸν Ἀλέξανδρον ὑπερορίᾳ καταδικάζοντες, ῥίψαντες τὰς ἀνοσίους ψήφους, τὸν τῆς αἱρέσεως αὐτῶν ἀρχιστράτηγον ζῶντα εἰς Ἅιδην βλέποντες καταβεβηκότα πένθει μεγάλῳ συνέχονται. Ἐπ' ὀλίγον

18 αὐτῷ Bekker *ex cod.* B : αὐτὸν AM || 27 ἐντέροις A^2M : *quid prius praeb.* A *non liquet* || 30 λόγος A^2M : λόγον A *ut vid.* || 35 θαρροῦντα M : θαρροῦντας A θαρρούντως A^2 || προσδόκιμον A : πρὸς δόκιμον M.

Pendant quelque temps, quoique confondus par ce coup [474 a] frappé par Dieu, ils se regroupèrent et s'évertuèrent à faire passer l'effet de la colère divine contre Arius pour une mort ordinaire ; cette mort, cependant, rapportée au temps où ils s'évertuaient à mettre Arius à la tête de l'Église, apparaît bien comme étrange et envoyée par Dieu. Ils cherchèrent pourtant à persuader au servile Constance qu'Arius avait payé sa dette à la nature et non à la colère divine. Ce misérable a terminé lamentablement sa vie par l'effet des prières d'Alexandre ; quant à saint Alexandre, peu après, il obtint en toute piété et sainteté le céleste séjour en échange de celui de la terre, ayant passé vingt-trois ans dans l'épiscopat et vécu quatre-vingt-dix-huit ans [1].

L'ouvrage dont on a tiré le présent sommaire n'est pas fort travaillé, ni pour l'exactitude, ni pour l'habileté du style ou de la pensée, mais il ne tombe ni dans le commun ni dans le négligé [2]. S'il raconte certains faits d'une façon différente des autres sources [3], cela tient à une autre façon de voir les choses et de juger, cela n'a rien à voir ni avec le choix ni avec le résumé.

1. 473 b 42 (ἐπ' ὀλίγον)-474 a 14 (ἐνενήκοντα) reprend librement le texte de Gédéon, p. 326 a 10-b 16.

2. Orth, *Stilkritik*, n'a pas étudié ce jugement.

3. Ce παρὰ τοὺς ἄλλους (474 a 18-19), comme le οὐκ οἶδ' ὅθεν... μαθών (469 b 21-22), suggère que Photius a comparé plusieurs textes sur le sujet. Cf. Heseler, *op. cit.*, p. 82-83.

[474 a] δὲ τῇ θεηλάτῳ πληγῇ αἰσχυνθέντες πάλιν εἰς φατρίας συνετάττοντο, καὶ τὴν κατὰ Ἀρείου θεομηνίαν εἰς τὸν κοινὸν ἐφιλονείκουν ἀναφέρειν θάνατον· καίτοι καὶ ὁ κοινὸς αὐτοῖς κατ' ἐκεῖνο καιροῦ συνενεχθείς, ὅτε τῆς ἐκκλησίας ἐπιβαίνειν αὐτὸν διεσπούδαζον, εἰς τὸν καινὸν καὶ θεήλατον μεταβάλλεται θάνατον. Ὅμως Κωνστάντιον τὸ ἀνδράποδον ἔπειθον ὡς τὸ τῆς φύσεως χρέος ἀπέδωκεν ἀλλ' οὐ θείας ὀργῆς δίκην ἀπέτισεν Ἄρειος. Ἀλλ' ὁ μὲν ἄθλιος ἐκεῖνος ταῖς Ἀλεξάνδρου προσευχαῖς ἐλεεινῶς οὕτω τὸν βίον κατέστρεψεν· ὁ δὲ θεῖος Ἀλέξανδρος ὁσιοπρεπῶς τε καὶ ἁγίως μετ' ὀλίγον ἀντὶ τῆς ἐπιγείου τὰς οὐρανίους σκηνὰς ἐκληρώσατο, τρία μὲν καὶ εἴκοσιν ἐν τῇ ἐπισκοπῇ διατελέσας ἔτη, βιοὺς δὲ ὀκτὼ καὶ ἐνενήκοντα.

Ὅτι ἡ συγγραφή, ἐξ ἧς ἡ παροῦσα προῆλθεν ἐκλογή, οὔτε παντελῶς εἰς τὸ διηκριβωμένον καὶ σοφὸν τῆς φράσεως καὶ τῆς διανοίας ἐκμεμόρφωται, οὔτε πρὸς τὸ χυδαῖον καὶ ἠμελημένον διαπέπτωκεν. Εἰ δέ τινα παρὰ τοὺς ἄλλους ἱστορεῖ, τοῦτο διαίτης καὶ κρίσεως ἄλλης, ἀλλ' οὐκ ἐκλογῆς οὐδὲ συντομίας.

[474 a] **7** τὸ M : τὸν A || **16** τὸ A : *om.* M || **20** *post* συντομίας *in* M *versus vac.* 18.

NOTES COMPLÉMENTAIRES

Outre Mme Marie Delcourt et les professeurs C. A. Behr et J. Irigoin, dont j'ai eu l'occasion de parler dans mes notes, je tiens à remercier ici ceux qui m'ont apporté leur aide au cours de la période difficile que je traversais pendant que j'avais à corriger ce volume ; ce sont les RRPP. Bogaert et Delforge de Maredsous, le professeur J. Labarbe, de l'Université de Liège, mes amis J. Loicq, maître de conférences à la même Université, et J. Mossay, professeur à l'Université catholique de Louvain.

Page 8, *ligne* 3 :

Sur cet écrivain pourtant relativement célèbre (117-181), il n'existe pas beaucoup de travaux d'ensemble. Il faut encore se reporter à des livres assez anciens : A. Boulanger, *Aelius Aristide et la sophistique dans la Province d'Asie au IIe siècle de notre ère*, Paris, De Boccard, 1923, réimpr. 1968 (Bibliothèque des Écoles françaises d'Athènes et de Rome, fasc. 126) ; U. von Wilamowitz, *Der Rhetor Aristeides*, in *Sitzb. der Berl. Akad. Philol.-hist. Klasse*, t. XXX (1925) ; C. A. de Leeuw, *Aelius Aristides als bron voor de kennis van zijn tijd*, Amsterdam, 1939.

J. H. Oliver, *The civilizing power. A study of the Panathenaic Discourse of Aelius Aristides against the background of Literature and Cultural Conflict*, in *Trans. of the amer. philos. Society*, t. LVIII, 1 (1968) édite, traduit — pour la première fois dans une langue moderne — et commente le *Panathénaïque*. On trouvera des données générales sur Aristide dans l'introduction de ce travail. Le texte n'est pas basé sur une étude complète de la tradition manuscrite.

Sur cette tradition manuscrite, il faut encore se reporter à B. Keil, *Aelii Aristidis opera*, II, Berlin, Weidmann, 1898. Aucun des discours lus par Photius ne figure dans cette excellente édition et, en attendant mieux, il faut toujours recourir à l'ancienne édition de Dindorf, 3 vol., Leipzig, 1828. C'est par rapport à ce texte que je localise les extraits de Photius et les scolies qu'il a reproduites ; dans l'édition de Canter, 3 vol., Genève, 1604, on lit une traduction latine assez approximative qui est reproduite dans l'édition de Jebb (1722).

La place de Photius dans la tradition indirecte d'Aristide a été étudiée par F. W. Lenz, *Die indirekte Ueberlieferung der Reden des Aristeides in der Bibliothek des Photios*, in *Aristeidesstudien*, Berlin, Akad. Verlag, 1964, p. 167-210. Lenz a conclu que Photius ne représente pas une tradition différente de celle de nos manuscrits d'Aristide

et qu'il est difficile de le rattacher à une des familles de ceux-ci. Le témoignage de Photius doit être, selon lui, utilisé avec circonspection. Lenz préparait une édition critique d'Aristide qui est à l'impression à Leyde, chez Brill, mais il est mort à la tâche en novembre 1969. C'est le professeur C. A. Behr de New-York qui achèvera le travail. J'ai échangé avec lui plusieurs lettres et il a bien voulu me donner d'excellents conseils pour cette édition des extraits d'Aristide par Photius. Je tiens à l'en remercier ici.

L'édition de ces extraits pose, en effet, un problème tout particulier.

Dans le *Marcianus* M, une main du XIIIe siècle (cf. Martini, *Textgeschichte*, p. 18 et 56) a revu d'un bout à l'autre les extraits d'Aristide (« codices » 246-248) sur un manuscrit de cet auteur et il y a opéré tout un travail qui consiste la plupart du temps en additions marginales et interlinéaires dont l'importance varie d'un mot isolé à une phrase entière. Il a aussi indiqué des transpositions de mots au moyen des premières lettres de l'alphabet mises au-dessus des mots à changer de place. Il a, enfin, opéré des corrections en exponctuant le texte de A M pour lui substituer des mots entre les lignes (cf. Lenz, *op. cit.*, p. 203-210).

Dans les copies de M — notamment dans le *Par. Gr.* 1226 dont Bekker s'est servi — beaucoup des modifications opérées par M^3 ont passé dans le corps du texte et Bekker, qui ne connaissait pas M, leur a donné droit de cité dans son édition parce qu'il n'avait pas le moyen de retourner au texte original de Photius. Il a donné ainsi par endroits une version altérée du travail de ce dernier.

Pour restituer intégralement celui-ci, il aurait fallu faire sauter tout ce qui provient de M^3. Il en serait résulté un grand bouleversement du texte de Bekker sur lequel est basée la mise en pages de la présente édition et auquel on a l'habitude de se référer depuis quelque cent cinquante ans.

Sur les conseils de Mme Marie Delcourt et des professeurs C. A. Behr et J. Irigoin, j'ai laissé en place tout ce qui provient de M^3. Ses interventions sont imprimées entre crochets droits avec un filet droit les soulignant. En quelques endroits seulement, j'ai renoncé à suivre M^3 parce que son texte a *supplanté* un *consensus* valable de A et de M et *a fait disparaître* le texte original de Photius. J'ai signalé ces passages en note. Pour le reste, je m'en suis tenu à mon principe, approuvé sans réserve par le professeur Behr, de suivre au maximum le *Marcianus* A.

Le présent volume était déjà composé quand j'ai reçu, aimablement envoyé par son auteur, le premier tome d'Aristide paru à Londres : Aristides I, *The Panathenaic Oration*, *In defense of Oratory*, I. II, Text and Translation by C. A. Behr, Londres, Heinemann, 1973 (Loeb class. Libr.).

Page 11, *ligne* 17 :

Cf. III, p. 105, 2-106, 15.

Page 11, *ligne* 22 :

Il faut bien adopter la correction τὰς ἠπείρους de M^3 (401 b 15) ; le ταύτας de A M n'offre pas de sens satisfaisant.

Page 11, *ligne* 24 :

I, p. 189, 13-190, 1.

Page 11, *ligne* 29 :

L, p. 190, 4-7.

Page 15, *ligne* 3 :

Je n'ai retrouvé chez Isocrate, *Panégyrique*, 179, que cette phrase ὥσπερ πρὸς τὸν Δία τὴν χώραν νεμόμενος. Ou bien la citation du scoliaste appartient à un texte d'Isocrate inconnu de moi, ou bien il s'agit d'une citation de mémoire.

Page 24, *ligne* 20 :

Les mots τοὺς συγκρίνοντας 'Αθηναίοις Λακεδαιμονίους qu'on lit dans le seul Photius A sont une glose qui s'est glissée dans le texte. Cf. Lenz, *Aristeidesstudien*, p. 171.

Page 24, *ligne* 26 :

Les mots ἀλλὰ κατὰ τὸ πάρεργον οἷον ὥσπερ νῦν ἐγὼ qui se lisent dans le seul Photius A sont aussi une glose. Cf. Lenz, *loc. cit.*

Page 33, *ligne* 16 :

Le texte est bien attesté tel qu'il est, mais, à première vue, il offre une anomalie. J'ai traduit tant bien que mal en me disant qu'il faut peut-être donner un sens ironique à la phrase. Mme Marie Delcourt pense à une faute d'auteur due à une accumulation de négation.

Page 35, *ligne* 25 :

II, p. 1, 1-13.

Page 98, *ligne* 21 :

II, p. 271, 2-10.

Page 98, *ligne* 26 :

Je n'ai pas retrouvé cette scolie parmi celles de Dindorf, III.

Page 98, *ligne* 31 :

Il y a là, dans les mots ἐν τοῖς στενοῖς, un jeu de mots intraduisible en français.

Page 98, *ligne* 34 :

II, p. 272, 22-25. Allusion à *Iliade*, III, 132-140.

Page 98, *ligne* 35 :

Cf. III, p. 636, 15-20.

Page 126, *ligne* 38 :

Ce texte est assez peu connu. Cf. W. Burkert, *Weisheit und Wissenschaft. Studien zu Pythagoras*, 1962, qui en a bien replacé les données dans l'histoire du pythagorisme. Plus anciennement, A. De-

late, *Études sur la littérature pythagoricienne*, Paris, Champion, 1915 ; Ib., *La vie de Pythagore de Diogène Laërce*, Bruxelles, Lamertin, 1922.

Je n'ai pu consulter H. Thesleff, *An introduction to the Pythagorean writings of the Hellenistic period*, Abo, 1961 et Ib., *The Pythagorean texts of the Hellenistic period*, Abo, 1965, ni R. Cuccioni-Melloni, *Ricerche sul pitagorismo I : Biografia di Pitagora*, Bologne, 1969.

Burkert, *op. cit.*, p. 47, et D. Woelk, *Agatharchides von Knidos, Ueber das Rote Meer*, diss., Bamberg, 1969, p. 89, ont répété une opinion émise par Immisch selon laquelle cette vie aurait servi de préface à l'ouvrage d'Agatharchide, *Sur la mer Rouge*, qui fait l'objet du « codex » 250 de Photius. Si cette hypothèse est valable, je m'étonne que Photius n'ait rien dit de cette vie aux environs du « codex » 213, Bekker, p. 171 a 5-b 7 (t. III, p. 123-125 de la présente édition), qui est déjà consacré au même Agatharchide.

Page 127, *ligne* 25 :

Sur l'ὁμοίωσις θεῷ, cf. A. Delatte, *Litt. pyth.*, p. 59-60, et R. Joly, *Les origines de* l'ὁμοίωσις θεῷ, in *R. B. Ph. H.*, t. XLII (1964), p. 91-95.

Page 134, *ligne* 22 :

On sait, en effet, que, dans la liste des écrits aristotéliciens, figure un ouvrage *Sur la crue du Nil.* Cf. W. D. Ross, *Aristote*, trad. Parodi, Paris, Payot, 1930, p. 20 et n. 2.

Page 134, *ligne* 37 :

Dieter Woelk, *Agatharchides von Knidos, Ueber das Rote Meer*, Uebersetzung und Kommentar, diss., Bamberg, 1966, a reconstitué en traduction l'ouvrage d'Agatharchide en suivant tantôt Photius et tantôt Diodore de Sicile selon que l'un ou l'autre auteur lui paraissait plus complet. Il lui a consacré ensuite un copieux commentaire où voisinent la géographie, l'ethnographie, la zoologie, la botanique et la minéralogie. Ce commentaire rajeunit et met à jour celui de Müller (cf. G. Ch. Hansen, in *Gnomon*, 1968, p. 506-507).

Je ne pouvais songer à en faire autant dans le cadre de cette édition et je n'aurais eu aucun mérite à démarquer constamment mon devancier dans mes notes. Je l'ai cité quand son commentaire est utile pour préciser quelque point de traduction ou pour expliquer la structure de la notice de Photius et, ailleurs, je me suis borné à y renvoyer, ma tâche n'allant pas jusqu'à faire un nouvel Agatharchide mais se limitant à procurer le texte de Photius à ceux qu'Agatharchide intéresse.

A la fin de son commentaire, Woelk fournit (p. 256-266) une étude des sources d'Agatharchide et (p. 268-285) une riche bibliographie.

Je n'ai pu consulter Immisch, *Agatharchidea*, Heidelberg, 1919.

Page 135, *ligne* 17 :

Cette appellation recouvre chez Agatharchide ce qu'elle recouvre aujourd'hui pour nous. Cf. Woelk, p. 90.

Page 144, *ligne* 34 :

Müller introduit ἄλλοτε devant ἄλλῳ, p. 445 a 14.

Page 146, *ligne* 22 :

Müller suggère de lire καὶ εἰς οὕς au lieu de καὶ οἷς.

Page 150, *ligne* 7 :

Nous avons ici une série de jeux de mots sur κεφαλῆς-κεφάλαιον, Κύρου-ἄκυρον et ἄβατος-βάτου qu'il est impossible de faire passer en français.

Je ne garantis pas l'exactitude de ma traduction pour βάτου περικειμένου. On lit *via adjacente* chez Schott, *vado cinctus* chez Müller, *seichten Gewässer* chez Woelk.

Page 150, *ligne* 32 :

Sur Stratoclès, cf. Fiehn, *s. v. Stratokles*, n. 5, in *R. E.*, 2e série, t. IV, 1932, col. 269-271.

Page 164, *ligne* 18 :

Sur le fleuve Astabaras, cf. Woelk, p. 141.

Page 164, *ligne* 22 :

Sur l'île de Méroé, cf. Woelk, p. 141-142.

Page 173, *ligne* 13 :

A πέντε p. 455 a 5, Müller note *debetat* τέσσαρας *uti est apud Diodorum.*

Page 173, *ligne* 24 :

Diodore, III, 35, 3-5, p. 176-178. Woelk, p. 169.

Page 173, *ligne* 25 :

Le fr. 67 qui manque ici est tiré de Diodore, III, 35, 1, p. 178.

Page 173, *ligne* 29 :

Ce fr. 68 n'est connu que par Photius. Cf. Woelk, p. 172.

Page 189, *ligne* 29 :

Ce n'est pas l'historien bien connu, mais un astrologue. Cf. Wissowa, *s. v. Arrianus*, n. 12, in *R. E.*, t. II, col. 1247. Ce fr. 111 n'a pas de lien bien apparent avec ce qui le précède.

Page 215, *ligne* 16 :

Cette prédominance des faits et gestes de Constantin sur ceux des deux prélats existe dans toutes leurs biographies. Cf. Winkelmann, *op. cit.* La bibliographie sur Constantin et sur l'affaire d'Arius est, on le sait, considérable ; je me bornerai donc à renvoyer le lecteur désireux de rafraîchir ses connaissances à des ouvrages facilement accessibles en langue française : M. Besnier, *L'Empire romain de*

l'avènement des Sévères au concile de Nicée, Paris, P. U. F., 1937, p. 347-384 ; M. Piganiol, *L'Empire chrétien*, Paris, P. U. F., 1947, p. 1-109 ; G. Bardy, *La crise arienne*, in Fliche et Martin, *Histoire de l'Église*, Paris, Bloud et Gay, 1945, t. III, p. 69-176 ; I. Ortiz de Urbina, *Nicée et Constantinople*, Paris, Éd. de l'Orante, 1962.

Page 215, *ligne* 23 :

Réflexion de Photius qui implique une comparaison de Photius avec d'autres sources. Cf. P. Heseler, *op. cit.*, p. 82.

Page 215, *ligne* 24 :

469 b 17 (ἐννεακαιδεκάτῳ)-24 (ἀναγράφει) reproduit à peu près mot pour mot Gédéon, p. 287 b 1-8. (Je cite le texte d'après les pages et les lignes de la revue dans laquelle est publiée cette vie ; l'édition est peu satisfaisante du point de vue critique, mais n'est pas encore remplacée.)

Page 215, *ligne* 29 :

469 b 24 (καταστῆναι)-27 (πόλεμον) reproduit textuellement Gédéon, p. 287 b 11-16.

Page 216, *ligne* 18 :

469 b 43 (Λικίννιος)-470 a 4 (Διοκλητιανοῦ) résume Gédéon, p. 289 a 16-22.

Page 216, *ligne* 19 :

470 a 4 (καὶ γὰρ)-(Διοκλητιανοῦ) = Gédéon, p. 289 a 22-23 : ἦσαν γὰρ ἀμφότεροι παῖδες ὃς μὲν Μαξιμιανοῦ τοῦ προτέρου ὃς δὲ Διοκλητιανοῦ.

Page 220, *ligne* 33 :

Cette dernière phrase ne figure pas dans le texte publié par Gédéon et rien ne la rappelle dans la *Vie*. Elle-même, par contre, rappelle curieusement un extrait d'Aristide au « Codex » 247, Bekker, p. 421 b 29-30 (*supra*, p. 73), τὸν λέοντα ἀπὸ τοῦ ὄνυχος ἀπειργασάμην.

Page 221, *ligne* 25 :

Ce bout de phrase est de Photius.

Page 221, *ligne* 29 :

471 b 32 (πρότερον)-36 (ἐστέλλετο) reprend librement le texte de Gédéon, p. 307 b 17-30, qui fait partie du passage déjà résumé en 471 b 20-31.

Page 222, *ligne* 19 :

472 a 5 (στὰς)-11 (ἐγκαινισθῆναι) résume Gédéon, p. 308 a 33-b 9, en rapportant en style indirect et en l'abrégeant l'allocution de Constantin aux Pères du synode.

Ce volume,
de la Collection des Universités de France,
publié aux Éditions Les Belles Lettres,
a été achevé d'imprimer
en janvier 2003
sur presse rotative numérique
de Jouve
11, bd de Sébastopol, 75001 Paris

N° d'édition : 4633
Dépôt légal : janvier 2003

Imprimé en France